普通高等学校车辆工程专业卓越特色系列规划教材

# 轨道车辆设计

金新灿　编著

科学出版社

北京

## 内 容 简 介

本书全面而系统地介绍了轨道车辆设计理论和设计技术。内容主要涉及轨道车辆设计现代理论和设计技术的发展、轨道车辆的设计过程与方法、轨道车辆的总体与组成设计、轨道车辆主要结构的强度分析与设计计算、轨道车辆的运动及几何运动分析与设计计算、高速列车空气动力学与车体外形设计、列车碰撞安全性的设计技术等。

本书可作为高等学校轨道交通车辆类、机车车辆类专业以及城轨车辆方向的专业教材，也可供高等职业院校轨道车辆类专业学生和研究设计轨道车辆的工程技术人员使用和参考。

---

**图书在版编目(CIP)数据**

轨道车辆设计 / 金新灿编著. —北京：科学出版社，2022.1
（普通高等学校车辆工程专业卓越特色系列规划教材）
ISBN 978-7-03-070721-5

Ⅰ. ①轨… Ⅱ. ①金… Ⅲ. ①轨道车辆－设计－高等学校－教材
Ⅳ. ①U270.9

中国版本图书馆 CIP 数据核字（2021）第 240403 号

责任编辑：朱晓颖 / 责任校对：王 瑞
责任印制：赵 博 / 封面设计：迷底书装

---

科学出版社 出版
北京东黄城根北街 16 号
邮政编码：100717
http://www.sciencep.com

北京富资园科技发展有限公司印刷
科学出版社发行 各地新华书店经销
*
2022 年 1 月第 一 版　开本：787×1092　1/16
2025 年 8 月第四次印刷　印张：22 1/4
字数：569 000

**定价：88.00 元**
（如有印装质量问题，我社负责调换）

# 前　言

　　轨道交通车辆，尤其是高速列车，是综合交通运输体系的骨干和主要交通方式之一，其设计制造代表了一个国家工业设计水平的发展程度，是衡量国家科技、文化、经济等综合实力的重要依据。轨道车辆运行速度的不断提升及运行环境的复杂多样程度不断加强，对轨道车辆的结构性能提出了更高的要求。通过对轨道车辆结构进行合理的优化设计和减振参数优化分析，可有效实现轻量化，降低运行空气阻力，改善乘坐舒适性，提高运行安全和稳定性等。

　　本书共分为七章，其主要内容包括：轨道车辆设计的现代理论和设计技术方法、轨道车辆的总体设计技术、车体的结构设计及轻量化技术、高性能转向架技术、车端自动连接设计技术、高速列车空气动力学与车体外形设计技术、车体耐撞安全性的设计技术等。书中对近年来国内外关于这些方面的新技术、新理论作了较为全面而系统的论述。

　　在本书的编写过程中，作者吸取了铁道车辆专业书籍的相关经验，更吸取了北京交通大学车辆工程专业师生多年来在专业教学及轨道车辆结构设计实践方面的心得和相关科研成果，以及近年来国内外有关轨道车辆设计方面的技术规范、最新资料等。

　　本书的指导思想和追求的目标是，力求内容既有理论意义又有实用价值，既可用作高等工科院校的"轨道车辆设计"课程的教材，又可作为完成轨道车辆设计实践的参考书和工具书。用作教材，本书阐述了轨道车辆结构设计理论和设计计算方法；用作指导设计实践的参考书和工具书，不仅给出设计计算方法，还给出设计参考数据和尽量多的设计图表，并结合多个具体设计案例，供设计人员查寻、借鉴和参考。既注重理论基础，又结合实际，这是本书的重要特色之一。

　　轨道车辆设计的内容非常广泛、丰富，本书受篇幅所限，不可能对所有专题都阐述得很仔细、详尽，还望读者谅解。热忱欢迎阅读本书的高校师生、广大读者以及有关行业的专家、学者对本书提出批评和指正，以便再版时进行修改和补充。

作　者<br>
2021 年 1 月

# 目　　录

## 第一章　绪论 … 1

### 第一节　轨道车辆的分类及发展 … 2
一、铁路客车 … 2
二、铁路货车 … 3
三、城轨车 … 4

### 第二节　现代轨道车辆设计理论与方法 … 5
一、设计理论的分类 … 5
二、设计理论研究状况和发展趋势 … 6
三、现代轨道车辆结构设计的特征 … 7
四、现代轨道车辆计算机辅助分析设计方法 … 8

### 第三节　轨道车辆设计目标、准则及原理 … 11
一、设计目标 … 11
二、设计准则 … 11
三、几种典型的设计原理简介 … 12

### 第四节　轨道车辆设计的主要内容和宏观规律 … 13
一、轨道车辆设计的主要内容 … 13
二、轨道车辆设计的宏观规律 … 14
三、轨道车辆设计的直接目的和通用方针 … 14
四、轨道车辆设计的特点和要求 … 15
五、轨道车辆设计过程 … 17
六、现代轨道车辆设计的重点及发展趋势 … 18

### 第五节　轨道车辆的产品型号 … 19
一、客车产品型号 … 19
二、货车产品型号 … 21

### 第六节　本书的内容、性质与任务 … 22
复习思考题 … 22

## 第二章　轨道车辆总体设计 … 24

### 第一节　轨道车辆的基本组成及其设计技术特点 … 24
一、基本组成 … 24
二、设计技术特点 … 24

### 第二节　轨道车辆总体设计的基本原则、流程及内容 … 27
一、轨道车辆总体设计的基本原则 … 27
二、轨道车辆总体设计流程 … 28

三、轨道车辆总体设计内容……………………………………………………………30
第三节　轨道车辆限界及计算………………………………………………………………33
　　　一、车辆限界的基本知识…………………………………………………………………33
　　　二、车辆限界的尺寸………………………………………………………………………35
　　　三、相关分析计算…………………………………………………………………………37
第四节　轨道车辆主要尺寸参数和几何尺寸的选择和确定………………………………39
　　　一、车辆主要尺寸参数的选择……………………………………………………………39
　　　二、车辆各尺寸间的关系…………………………………………………………………41
　　　三、车辆相关部件之间间隙的确定………………………………………………………44
第五节　轨道车辆总布置图的绘制…………………………………………………………52
第六节　车辆强度有限元计算方法及疲劳强度计算基础知识……………………………61
　　　一、有限元计算方法………………………………………………………………………61
　　　二、许用应力………………………………………………………………………………62
　　　三、疲劳强度计算…………………………………………………………………………63
第七节　轨道车辆性能的优化匹配、预测和计算机模拟…………………………………69
复习思考题……………………………………………………………………………………70

# 第三章　车体结构设计……………………………………………………………………71

第一节　车体承载结构分类及车体结构设计的基本原则…………………………………71
　　　一、车体承载结构分类……………………………………………………………………71
　　　二、车体结构设计的基本原则……………………………………………………………73
第二节　现代车体结构设计中应关注的主要问题…………………………………………74
　　　一、流线型外形设计………………………………………………………………………74
　　　二、气密性结构设计………………………………………………………………………74
　　　三、轻量化设计……………………………………………………………………………75
第三节　车体结构设计………………………………………………………………………77
　　　一、车体结构的总体设计…………………………………………………………………77
　　　二、车体结构设计的主要步骤及措施……………………………………………………79
　　　三、车体结构设计中应采用的主要结构形式……………………………………………80
第四节　车体结构各组成部件的设计………………………………………………………84
　　　一、底架结构设计…………………………………………………………………………84
　　　二、侧墙结构设计…………………………………………………………………………95
　　　三、端墙结构设计…………………………………………………………………………100
　　　四、车顶结构设计…………………………………………………………………………105
　　　五、车体各部件间的连接方式……………………………………………………………108
　　　六、车体结构用材及制造工艺……………………………………………………………109
第五节　车体结构强度设计与分析…………………………………………………………111
　　　一、强度设计计算的基本原则及车体上作用的主要载荷………………………………112
　　　二、车体刚度校核分析……………………………………………………………………116
　　　三、车体结构有限元计算…………………………………………………………………118

　　四、车体结构有限元建模分析的一般原则 ·················· 118
　　五、CRH2型动车组头车车体结构的强度与刚度计算示例 ·············· 121
复习思考题 ·················· 128

# 第四章　转向架设计 ·················· 130
第一节　转向架总体设计及设计要求 ·················· 130
　　一、转向架总体设计 ·················· 130
　　二、转向架设计的具体要求 ·················· 131
　　三、转向架设计的步骤 ·················· 132
　　四、转向架设计中考虑的主要问题 ·················· 132
　　五、应协调处理的关系 ·················· 133
第二节　转向架结构主要类型及设计特点 ·················· 134
　　一、转向架主要类型 ·················· 135
　　二、转向架结构设计分析 ·················· 141
　　三、径向转向架设计分析 ·················· 151
第三节　转向架组成部件及悬挂系统的设计分析 ·················· 153
　　一、转向架主要组成部件设计分析 ·················· 153
　　二、车体和转向架间的连接组成 ·················· 162
　　三、弹性元件(弹簧)及减振器设计分析 ·················· 164
　　四、悬挂定位系统设计分析 ·················· 172
第四节　转向架主要结构部件强度校核计算 ·················· 192
　　一、构架结构强度校核计算 ·················· 192
　　二、车轮强度校核设计计算 ·················· 198
　　三、车轴强度校核设计计算 ·················· 204
第五节　转向架动态性能的设计计算分析 ·················· 213
　　一、锥形踏面轮对的蛇形运动和几何曲线通过 ·················· 213
　　二、单轮对有约束横向失稳临界速度分析 ·················· 215
　　三、车辆垂向振动计算分析 ·················· 216
　　四、车辆横向振动的计算分析 ·················· 228
　　五、曲线运行安全性的计算与校核 ·················· 233
　　六、影响高速转向架动力学性能的因素 ·················· 239
第六节　转向架结构设计的常用规范及标准 ·················· 242
　　一、列车运行安全性和平稳性及其评价标准 ·················· 242
　　二、转向架结构强度评定规范 ·················· 245
第七节　转向架结构疲劳可靠性评估的一般方法 ·················· 249
　　一、雨流计数法 ·················· 249
　　二、线性累积损伤理论 ·················· 250
　　三、疲劳寿命估算 ·················· 251
　　四、疲劳强度评估 ·················· 252
　　五、UIC规程的疲劳强度评估方法 ·················· 252
复习思考题 ·················· 255

## 第五章　车端连接装置设计……256

### 第一节　车端连接装置主要组成及功能设计……256
一、车端连接装置主要组成与设计原则……256
二、车钩缓冲装置主要功能设计……257
三、连接风挡结构组成……259

### 第二节　车钩缓冲装置结构组成与设计……262
一、普通客车车钩缓冲装置……262
二、密接式车钩缓冲装置设计……267

### 第三节　缓冲器结构作用原理与设计……274
一、摩擦环簧式缓冲器结构……274
二、摩擦环簧式缓冲器作用原理……275
三、气液缓冲器结构……275
四、气液缓冲器作用原理……275
五、缓冲器设计……276

### 第四节　风挡结构组成设计……283
一、高速列车对风挡结构设计的要求……283
二、密接式风挡结构组成设计……285
三、典型列车风挡结构组成设计……286

复习思考题……293

## 第六章　高速列车空气动力学与车体外形设计……295

### 第一节　列车空气动力学……295
一、明线（非隧道）上列车运行时的表面压力……295
二、会车时的列车表面压力……295
三、列车通过隧道时的表面压力……296
四、隧道微气压力波……297
五、列车风……298
六、气动阻力……298
七、列车的运行阻力……299

### 第二节　列车头形设计及外形设计……299
一、列车头形设计的基本原则……300
二、列车头部流线型外形设计……301
三、列车外形设计……302

### 第三节　列车空气动力性能与外形设计……303
一、列车空气动力性能与流线型头部长度……303
二、列车空气动力性能与头部纵向剖面形状……304
三、列车空气动力性能与头形俯视形状……306
四、CRH2型动车组及其他高速列车头部外形设计示例……307

第四节　列车密封技术 ··········································································· 309
　　　　一、压力波对旅客的影响 ································································· 309
　　　　二、对车辆压力密封性的要求 ··························································· 310
　　　　三、提高高速旅客列车密封性的主要措施 ············································ 310
　　　　四、密封性试验 ············································································· 311
　　复习思考题 ··························································································· 312

# 第七章　轨道车辆碰撞安全设计 ·································································· 313
　　第一节　列车碰撞安全系统设计技术 ······················································· 313
　　　　一、主动与被动安全防护技术 ··························································· 313
　　　　二、列车碰撞事故的分类及特点 ························································ 314
　　　　三、轨道车辆耐撞安全系统设计 ························································ 315
　　　　四、碰撞设计相关标准及规范 ··························································· 321
　　第二节　轨道车辆碰撞能量及吸能结构原理分析 ········································ 322
　　　　一、列车碰撞能量分析 ···································································· 322
　　　　二、能量吸收装置元件结构形式与塑性变形能和极限载荷 ····················· 324
　　第三节　耐撞车体的结构设计 ································································· 332
　　　　一、车辆耐撞性设计要求与方法 ························································ 332
　　　　二、碰撞结构设计理念 ···································································· 333
　　　　三、耐撞车体结构设计实例解析 ························································ 337
　　复习思考题 ··························································································· 342

# 参考文献 ···································································································· 343

# 第一章 绪 论

　　速度作为交通运输现代化的重要指标之一，往往在很大程度上影响着某种运输方式或某种交通工具的兴衰。正是由于在运输速度和运输能力上的巨大优势，铁路才在很长的历史时期内成为世界各国交通运输的骨干，极大地推动着人类社会进步和文明进程。曾几何时，由于忽视了行车速度，铁路在速度方面的优势迅速降低，甚至消失。尤其是随着航空、高速公路和管道运输的迅速发展，铁路不断受到新浪潮的冲击。

　　20 世纪中叶以来，世界铁路以高速客运为突破口开始了新一轮的复兴。高速铁路的问世，使"夕阳产业"焕发了青春，出现了新的生机。客运高速化是世界铁路发展的趋势，在许多国家，越来越多的旅客把乘坐舒适、便捷的高速列车作为出行的首选，如图 1-1 所示的复兴号高速动车组。

图 1-1　复兴号高速动车组

　　随着世界高速铁路技术的不断发展，高速列车的商业运行速度迅速提高，堪称陆地飞行。旅行时间的节约，旅行条件的改善，旅行费用的降低，再加上国际社会对地球环保意识的增强，使得高速铁路在世界范围内呈现出蓬勃发展的强劲势头。作为主要的公共交通运输工具之一，在适应自然环境角度，高速列车可以全天候运行，基本不受雨、雪、雾的影响；在出行角度，列车采取"公交化"的模式，旅客可以随到随走；在节能环保角度，高速铁路是绿色交通工具，非常适应节能减排的要求。世界将进入快速发展的高速铁路时代，打造更为密集的高速铁路网将成为现实。

　　与世界许多国家相比，我国高速铁路的发展有更加广阔的空间。我国国土东西跨度大，南北相距远，这决定了中长距离的客货运输需求巨大，而铁路是经济、快捷、环保的交通运输方式，因此有很大的发展潜力。高速铁路的发展和运营实践表明，高速铁路在我国有很强的生命力和很大的发展前途。中国高速铁路的建设和发展，将会给国内外铁路建设者带来巨大的商机，同时促进世界和区域经济的提速和发展，为世界经济的腾飞做出巨大的贡献。

　　重载铁路运输运能大、效率高、运输成本低，受到了世界各国的广泛重视，特别是在一些幅员辽阔、资源丰富、煤炭和矿石等大宗货物运输量占有比例较高的国家(如美国、加拿大、巴西、澳大利亚、南非等)发展尤为迅速。目前，重载铁路运输在世界范围内迅速发展，已被国际公认为是铁路货运发展的方向，成为世界铁路发展的重要趋势。

随着新材料、新工艺、电力电子、计算机控制和信息技术等现代高新技术在铁路上的广泛应用，重载铁路运输技术及装备水平又有了很大提高，特别是在大功率交流传动机车，大型化、轻量化车辆，同步操纵和制动技术等方面有了新的突破，极大地促进了重载铁路运输的发展，图1-2所示为运行中的加拿大重载列车。

图1-2 运行中的加拿大重载列车

# 第一节 轨道车辆的分类及发展

广义地讲，轨道车辆是指必须沿着专设轨道运行的车辆。除在铁路干线及专用线(厂矿和林区等)运行的轨道车辆外，城市中的轻轨车辆、有轨电车、地铁车辆、旅游设施中的观光缆车、悬挂式单轨车及磁悬浮车等均可列入轨道车辆的范畴。由于运送对象不同或其他某些特殊需要，轨道车辆的外形和内部结构各不相同。因此，轨道车辆按用途可主要分为铁路客车、铁路货车及城轨车三大类，每一大类中又可按用途细分为不同的车型。

## 一、铁路客车

铁路客车包括运送旅客的车辆、为旅客提供服务的车辆及挂运在旅客列车中的其他用途的车辆，分为旅客运送、旅客服务和特殊用途三类。根据用途，我国铁路客车主要分为如下几种：硬座车、软座车、硬卧车、软卧车、行李车、餐车、邮政车、试验车。高速客车中还有商务车、一等软座车、二等软座车等。此外，还有公务车、卫生车、医务车、维修车、文教车、特种车等。

伴随着我国铁路快速发展，铁路客车技术不断升级换代，产品平台持续完善，铁路客车形成了多样化、系列化的谱系产品结构,以高速动车组、城际动车组、25型铁路客车内燃动车组为主体,具备不同速度等级、不同档次水平、不同动力牵引方式,能满足多层次用户的多样化、梯次化需求。高速电动车组产品包括250km/h和350km/h速度等级的系列动车组,代表产品有和谐号CRH1、CRH2、CRH3、CRH5型电力动车组及中国标准动车组。城际动车组包括160km/h、200km/h速度等级的系列动车组,代表产品有CRH6A型、CRH6F型、CJ-1型、CJ-2型动车组。铁路客车产品主要有120~200km/h座车系列、卧车系列、餐车、行李车、发电车、特种车、高原车等。铁路客车产品包括120km/h、140km/h和160km/h速度等级的系列铁路客车,代表产品有25B型、25G型、25K型、25T型、特种铁路客车及出口铁路客车。内燃动车组产品包括动力分散型和动力集中型动车组,代表产品有阿根廷内燃动车组、突尼斯内燃动车组、马来西亚内燃动车组等。

把动力装置分散安装在每节车厢上,使其既具有牵引力,又可以载客,这样的客车称为动车,而动车组就是将几节自带动力的车辆加几节不带动力的车辆编成一组,带动力的车辆叫动车,不带动力的车辆叫拖车。动车组技术源于地铁,分为动力集中和动力分散技术。一般情况下,我们乘坐的普通列车是依靠机车牵引的,车厢本身并不具有动力,是一种动力集中技术。而采用了动车组的列车,其车厢本身也具有动力,运行的时候,不光是机车带动,车厢也会"自己跑",这样把动力分散,更能达到高速的效果。作为一种适合铁路中短途旅客运输的现代化交通工具,动车组的分类有多种:按照传动类型,可分为电动车组和内燃动车组;按照动力形式,可分为动力集中型和动力分散型;按照传动方式,又可划分为电传动和液力传动两种类型。由于动车组可以根据某条线路的客流量变化进行灵活编组,可以实现高密度小编组发车,并且具有安全性能好、运量大、往返不需掉转车头、污染小、节能、自带动力等优点,受到了国内外市场的青睐,被誉为21世纪交通运输的"新宠儿"。内燃动车组通常两端为动力车,部分带客室,国内常见的动车组都属于这一类型。

## 二、铁路货车

货物运输是铁路运输的重要组成部分,铁路上用于载运货物的车辆统称为铁路货车,按其用途不同,可分为通用货车和专用货车,主要类型有棚车、敞车、罐车、平板车等。我国铁路的年货物发送量居世界第一位,达30亿吨,可运送煤炭、谷物、液体、家畜、武器弹药、水泥等各种货物、物资。可见,货物运输在铁路运输中是非常重要的一部分。

通用货车是装运普通货物的车辆,货物类型不固定,也无特殊要求,在铁路货车中的所占比例较大,有敞车、平车、棚车、保温车和罐车等。

专用货车一般指只运送一种或几种货物的车辆,用途比较单一,大多以通用货车样式制造,同一种车辆要求装载的货物重量或外形尺寸较为统一。有时在铁路上的运营方式也比较特别,如固定编组、专列运行。专用货车一般有集装箱车、长大货物车、毒品车、家畜车、水泥车、粮食车、特种车和矿石车等。

敞车具有端墙、侧墙,无车顶,主要用来运送煤炭、矿石、矿建物资、木材、钢材等大宗货物,也可用来运送重量不大的机械设备。若在所装运的货物上蒙盖防水帆布或其他遮篷物后,可代替棚车承运怕雨淋的货物。因此,敞车具有很大的通用性,在货车组成中的数量最多,约占货车总数的50%。按卸货方式不同,敞车可分为两类:一类是适用于人工或机械装卸作业的通用敞车;另一类是适用于大型工矿企业、站场、码头之间成列固定编组运输,用翻车机卸货的敞车。

棚车有侧墙、端墙、地板和车顶，在侧墙上有门和窗，用于运送怕日晒、雨淋、雪侵的货物，包括各种粮谷、日用工业品及贵重仪器设备等，一部分棚车还可以运送人员和马匹。

罐车车体呈罐形，用来装运各种液体、液化气体和粉末状货物等，这些货物包括汽油、原油、各种黏油、植物油、液氨、酒精、水、各种酸碱类液体、水泥、氧化铅粉等。罐车在铁路运输中占有很重要的地位，用于装运液态、气态或粉状货物的车辆，通常有纵向水平置放的圆柱形罐体，以及排卸装置和进人孔、安全阀等附属装置。罐体为全封闭型结构，本身有足够的强度和刚度，因此有些新型罐车取消了枕梁间的部分底架，成为无底架罐车，这种罐车自重较轻，但由于所装货物多属易燃品或危险品，为了保证运输安全，罐体连接处必须保证极高的可靠性。罐车的用途不同，其结构也有差异。

有盖漏斗车是由棚车派生出来的一种专用货车，用于装运散装粮谷、化肥、水泥、化工原料等怕湿散粒货物。车体下部设有漏斗，侧墙垂直，没有门窗，端墙下部向内倾斜，车顶有装货口，口上有可以锁闭的盖，漏斗底门可以用人力或机械开闭。打开漏斗底门，货物靠自身重力自动卸出。

平板车是用于装运原木、钢材、建筑材料等长形货物和集装箱、机械设备等的货车，只有地板而没有侧墙、端墙和车顶。有些平板车装有高 0.5～0.8m、可以放倒的侧墙和端墙，需要时可以将其立起，以便装运一些通常由敞车运输的货物。

保温车又称冷藏车，用于运送易腐货物，其外形似棚车，周身遍装隔热材料，侧墙上有可密闭的外开式车门。车内有降温装置，可使车内保持需要的低温；有的车还有加温装置，在寒冷季节可使车内保持高于车外的温度。制冷方式不同，保温车也可分为不同类型。

货车提速重载是提高铁路货物运输能力，促进国民经济快速发展的重要举措，是铁路跨越式发展战略和装备技术现代化的重要组成部分。大秦铁路已经通行了 20000t 组合列车，货车运行速度一般在 80km/h 以下，也有行包快运专列运行速度达到 120km/h。

## 三、城轨车

城轨车指城市内载客量较高的轨道车辆，即城市轨道交通使用的轨道车辆，定义为采用专用轨道导向运行的城市公共客运交通车辆系统，包括地铁、轻轨、单轨列车、有轨电车、中低速磁悬浮列车、市域快速轨道列车系统。这为建造遍布城市地上、地下、地面空间的轨道交通立体网络提供了丰富多样而又经济适用的车辆选择，将更多的人员更快捷、方便地连接在一起。

地铁/轻轨 A 型车辆，适用于大运输量的城市轨道交通系统及市区内大客流运输，不同线路的运营速度等级有 80km/h、100km/h、120km/h，车体材质为铝合金或不锈钢。

地铁/轻轨 B 型车辆，适用于中大运量的城市轨道交通系统，不同线路的运营速度等级有 80km/h、100km/h、120km/h，车体材质为铝合金或不锈钢。B 型车辆是国内最早研发的地铁车辆。

地铁/轻轨 C 型车辆，适用于中小运量的城市轨道交通系统，不同线路的运营速度等级有 80km/h、100km/h、120km/h，车体材质为铝合金或不锈钢。C 型车辆为非标准推荐车型，国内使用较少。

地铁/轻轨 L 型车辆，列车为直线电机驱动、轮轨导向，适用于中运量城市轨道交通系统，不同线路的运营速度等级有 90km/h、100km/h，车体材质为铝合金或不锈钢。L 型车辆适用于隧道开挖断面小、线路坡度大的路况。

低地板现代有轨电车/轻轨车辆，适用于城区地面道路为大运量快速公共交通，车站可与公共汽车站兼容，运行路线按需设置，运营速度为 70km/h 左右，低地板设置使乘客上下车更为便利和快捷。

中低速磁悬浮列车适用于城区地上空间的小运量轨道交通系统，无轮轨噪声，爬坡能力强，转弯半径小，噪声与振动能够被周边居民接受，常规磁吸式磁悬浮列车的电磁辐射符合公众环保要求。地面主干道路的隔离带即可设置线路桥墩，挤占地面空间小，运营速度为 100km/h 左右。

跨座式单轨列车是适用于城区地上空间的中运量轨道交通系统，采用胶轮走行，爬坡能力强，转弯半径小，噪声与振动小。地面主干道路的隔离带即可设置线路桥墩，挤占地面空间小，运营速度为 90km/h 左右。

轨道车辆还可按轨距不同分为准轨车、宽轨车和窄轨车；按车辆具有的轴数分为四轴车、六轴车和多轴车；按制作材料分为钢骨车和铝合金车等。

## 第二节 现代轨道车辆设计理论与方法

研究设计的内在规律和相应的方法即构成设计理论与方法，设计理论与方法是关于设计本质和设计方法的系统理论，它将人们对设计的感性认识上升到理性认识，目的在于揭示设计过程的本质规律，探索各种有效的设计方法。设计理论和其他学科的理论一样要服务于设计实践，为实际的设计工作提供指南，并在设计实践中得到完善和提高。

轨道车辆设计主要涉及四方面的知识：①经典科学(如数学、物理学等)；②技术科学(如机械学、材料学、制造学等)；③实用工程理论(如流体力学、理论力学、工程力学、材料力学等)；④人机工程学和美学等。

轨道车辆设计理论涉及范围广，可从不同的角度去归纳和总结。

## 一、设计理论的分类

### 1. 从工程角度分类

**(1) 工程分析理论。** 确定变量的种类和数量、材料性能、物理参数和数学常数。建立工程中各主要过程的静、动态数学模型，如运动过程(静止、启动、加速、制动)、振动规律、能量传递过程、自动控制等。

**(2) 工程设计理论。** 在设计人员的直接参与下，确定工程系统的主要设计参数种类，在初步预测初始条件、边界条件和载荷条件的情况下，预测系统性能，优化设计参数，即根据一般的性能预测系统的特殊性(如强度分析和动态分析)。

### 2. 从设计角度分类

(1) 参数优化理论。

(2) 结构形状优化理论(有限元法、能量法)。

(3) 最优设计方法(三次设计法、系统分析法、动态设计法、创新设计法)。

(4) 科学设计过程(研究设计的规律和所遵循的思维过程)。

(5)评价和决策理论(主要用于方案设计和成果鉴定)。

### 3．从强度设计角度分类
(1)等强度设计理论(临界强度设计理论)。
(2)疲劳强度设计理论(包括机械疲劳、接触疲劳和热疲劳)。

### 4．从失效分析角度分类
(1)力和温度引起的弹性变形失效(弹性变形达到使结构功能失效的情况)。
(2)屈服失效(塑性变形达到干扰结构正常发挥预定功能的情况)。
(3)曲面变形失效(两接触曲面间的静态力产生局部屈服,使表面一定范围内产生不连续的现象,又称为过载压痕损伤,例如,轴承在开始运转前,静载过大,滚珠将压入滚道,使其型面受到破坏。
(4)塑性断裂失效(塑性变形达到断裂程度)。
(5)脆性断裂失效(弹性变形达到原子键(共价键)破裂程度)。
(6)疲劳失效,包括低、高周疲劳,热疲劳(交变温度场引起的失效),表面疲劳(滚动接触表面因开裂、点蚀、脱落引起的失效),冲击疲劳(反复冲击载荷引起的疲劳裂纹的产生和扩展),腐蚀疲劳(腐蚀和疲劳交互作用),微振疲劳(高频微振引起的交变载荷和交变应力作用导致疲劳裂纹产生和发展)。
(7)腐蚀失效,包括直接化学腐蚀、电化学腐蚀等。
(8)磨损失效,指接触表面质点逐渐被磨掉,因尺寸变化而发生失效,可分为黏附磨损(局部高压使粗糙接触点产生冷焊现象,随运动而引起塑性变形,粗糙接触点破裂导致局部金属磨掉脱落)、变形磨损、冲击磨损、微振磨损等。
(9)冲击失效,指动载荷或冲击载荷引起的结构应力和变形,使结构功能失效,可分为冲击断裂、冲击磨损、冲击变形、冲击疲劳。
(10)应力松弛,如螺栓放松失效等。

### 5．从设计寿命角度分类
(1)无限设计寿命理论。
(2)有限设计寿命理论。

### 6．从安全性和可靠性角度分类
(1)安全系数方法。
(2)可靠性设计理论。

### 7．人-机关系协调理论
研究人与机器相互间的合理协调方式,即对人的知觉显示、操作控制、人机系统的设计及其布置、作业系统的组合等进行有效的研究,其目的在于获得最高效,以及作业时感到安全和舒适。

## 二、设计理论研究状况和发展趋势

目前,轨道车辆设计处于半经验半理论阶段,尚不完善,还需要进一步研究其内在规律和特征。

轨道车辆设计的发展趋势如下:设计由静态走向动态,由单参数走向多参数;由安全走向可靠,方案设计由单解走向多解;最终,设计将走向自动化和智能化,所以设计理论将趋于完善。具体的设计发展趋势可概括为以下三个方面：性能上，朝高精度、高效率、高性能、智能化的方向发展；功能上，朝小型化、轻型化、多功能方向发展；层次上，朝系统化、复合集成化的方向发展。现代轨道车辆结构设计的优势在于其吸收了各相关学科之长，且综合运用各学科知识并加以整体优化。随着计算机技术、网络技术、检测技术、控制技术等学科的飞速发展，设计的内涵将更加丰富，设计出的产品将更加符合科学原理，结构将更加新颖，更加富有实用价值。

总之，轨道车辆设计理论的发展受相关学科理论的发展、设计手段和设计方法的影响，因此它是多学科理论的综合体在设计领域内的应用，可参见图 1-3。

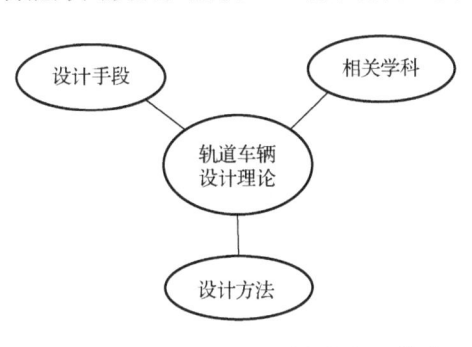

图 1-3　轨道车辆设计理论间的相互关系

## 三、现代轨道车辆结构设计的特征

现代设计方法与传统设计方法的差异主要体现在以下几个方面。

(1)在设计指导思想上，由过去的经验类比方法提升为逻辑、理性、系统的新设计方法。

(2)在设计对象上，现代设计方法考虑了人-机-环境的相互协调，从而发挥产品的最大潜力或最大可能地提高系统的有效性。

(3)在设计方法中，现代方法广泛采用了计算机辅助设计(computer aided design，CAD)、优化设计、可靠性设计、工业艺术造型设计、价值工程和创造性设计等方法，使设计水平有了一个质的飞跃。

(4)在设计手段上，充分采用电子计算机、自动绘图和数据库管理等新技术，大大提高了数据的准确性、稳定性和数据使用效率，使设计修改变得十分方便，分析工具的改进使设计采用的模型更加精准。

(5)在试验和测试的技术上，采用频谱分析、激光全息摄影和计算机数据处理等先进技术，可对整个结构系统或零部件的性能进行科学的试验和分析，并可进行计算机仿真。

从以上的对比可见，现代设计是传统设计的深入、丰富和完善，并非独立于传统设计的全新设计，可从以下几个特征来理解。

**1. 以计算机技术为核心**

以计算机技术为核心是现代设计的主要特征，计算机技术的飞速发展对设计产生了巨大影响，表现为以下几方面。

(1)设计手段的更新。计算机技术推动了设计手段从"手工"向"自动"的转变。

(2)产品表示的改变。计算机技术推动了产品表示从"二维"向"三维"的转变。

(3)设计方法的发展。计算机技术推动了一些新的设计方法的出现，高性能的计算机硬件和先进的软件技术是这些方法实施的保证。一些先进的设计方法，如有限元分析、优化、模态分析等都涉及大量的复杂计算，只有计算机技术的发展才能推动这些方法的进步和应用，新的设计方法有并行设计、虚拟设计、计算机仿真等。

(4)工作方式的变化。计算机技术促进了设计方式从"串行"到"并行"的变化。

(5)设计与制造一体化。产品模型加强了设计与制造两个环节的连接，提高了产品的开发效率。

(6) 管理水平的提高。产品设计是一个复杂的系统工程，设计过程中涉及大量设计数据和设计行为的管理。数据库技术的发展改变了传统的手工管理模式，大大提高了设计的管理水平，保证了设计过程的高效率。

(7) 组织模式的开放。网络技术的发展加快了数据通信速度，缩短了企业之间的距离。传统的局限于企业内部的封闭设计正在变为不受行政隶属关系约束、多企业共同参与的异地设计。为完成一种设计任务形成的虚拟企业或动态联盟将实现优势互补和资源共享，极大地提高设计效率和水平。

### 2．以设计理论为指导

受科学技术发展水平的限制，传统设计是以生产经验为基础，以运用力学和数学知识总结的计算公式、经验公式、图表、手册等作为依据进行的。随着理论研究的深入，许多工程现象不断升华和总结为揭示事物内在规律和本质的理论，如摩擦学理论、模态分析理论、可靠性理论、疲劳理论、润滑理论等。现代设计方法是基于理论形成的，利用这种方法指导设计可减小经验设计的盲目性和随意性，提高设计的主动性、科学性和准确性。因此，现代设计以理论指导为主、经验为辅。

### 3．技术上的特征

#### 1) 智能化

大型复杂机械的设计必须完成"分析—分解—综合"的过程，其中包含大量创造性思维过程和智能活动。

#### 2) 经济性

市场的竞争、用户的选择使得产品的经济性要求越来越高。

#### 3) 并行性

必须超前考虑后续的过程，以压缩废品和库存的消耗，确保经济性。

#### 4) 集成化

树立人机一体化、机电一体化、硬件软件一体化的观念，综合多方面测试分析数据来指导和评价设计，将多种现代科技成果和技术，特别是 CAD 技术融于产品设计中。

#### 5) 精确性

机械产品复杂度、综合性提高的必然结果要求设计过程中要采用先进的计算技术、计算理论和计算分析工具，使设计分析更为准确、设计参数更为精确。

#### 6) 动态性

设计的对象处在动态环境中，把握其动态过程对于提高产品的可靠性具有重要意义，同时设计组织的协调也具有动态性，所以要求在设计过程中，设计数据集成和设计系统必须无缝连接。

### 4．其他特征

机械应是一种有"头脑"和手足机构的延长，即使其中的"头脑"并不理想(具有主动控制功能)；不仅处理物质和能量，而且更关注处理信息；满足人们的综合需求，所有的机器都将是机器人，机械将更加智能化。车辆设计反映现代机械设计的哲理、准则和方法。

## 四、现代轨道车辆计算机辅助分析设计方法

现代轨道车辆设计方法就是研究设计过程中能够更加高效、高质量完成结构产品设计的方法，以现代计算机为辅助工具进行设计，是行之有效的方法。

## 1. 优化设计法

优化设计与传统设计的不同特点如图 1-4 所示，与传统设计相比，优化设计可寻求最佳的设计。

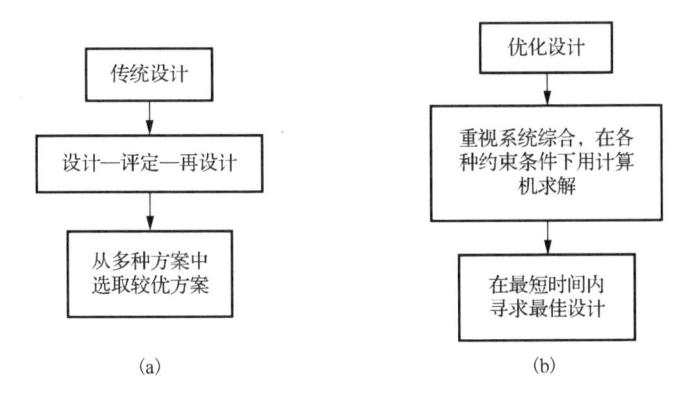

图 1-4 优化设计与传统设计的不同特点

一项设计常常要求在一定的技术条件下取得一个技术指标最佳的设计方案，以期达到最佳的设计目标，如重量、成本、性能、承载能力等。关于最优化问题的解法，软件开发者开发了各种最优化计算软件，供工程设计人员使用。但是，作为使用者必须了解各种最优化方法的特点，才能针对实际问题选择出合适的最优化方法来解决问题。

最优化数学模型是实际设计问题的抽象，一个完整的数学模型优化包括以下内容。

一个设计方案中有 $n$ 个设计变量：

$$X = [x_1, x_2, \cdots, x_n]^T \quad (X \in R^n)$$

在满足 $g_u(X) = g_u(x_1, x_2, \cdots, x_n) \leqslant 0$ $(u=1,2,\cdots,m)$ 和 $h_v(X) = h_v(x_1, x_2, \cdots, x_n) = 0$ $(v=1,2,\cdots, p<n)$ 时，求如下目标函数：

$$F(X) = F[x_1, x_2, \cdots, x_n] \to \min_{X \in R^n} F(X)$$

因此，可得出优化设计的主要流程如下。

(1) 将设计问题的物理模型转化为数学模型。
(2) 选用适当的优化方法和计算机程序。
(3) 通过计算机求解，得到最佳设计方案。

## 2. CAD 法

以计算机为工具，CAD 能够帮助完成机械设计中的图形设计（制图）及部分分析计算。与传统设计相比（图 1-5(a)），通过计算机优化设计（图 1-5(b)）可极大地提高设计精度和效率。

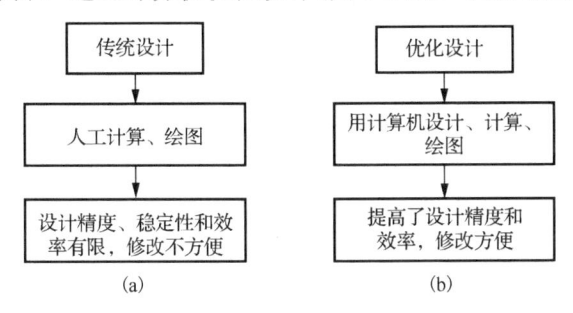

图 1-5 CAD 对设计精度和效率的影响

常用的计算机辅助设计软件主要有：AutoCAD、Pro/E、UG 和 CATIA 等。CAD 提供了产品设计所需的各种标准、规范、工艺参数等工程数据，还具有设备工作过程模拟和零件加工过程模拟的功能。

**3．模块化设计法**

以模块化设计理论为指导思想，以高效、提高可靠性和降低成本为主要目的，进行机械产品模块化设计，主要目标是用尽可能少种类和数量的模块组成尽可能多种类和规格的产品。

综上所述，模块化设计具有如下特点。

(1) 设计和制造时间短。

(2) 有利于产品的更新换代和新产品的开发。

(3) 有利于降低成本，提高产品的质量，便于产品的维修。

**4．有限元法**

有限元法是以计算机为工具的一种现代数值计算方法，主要计算过程：结构离散化→单元特性分析与计算→单元组求解方程。有限元法主要应用于以下几方面的分析计算：①求解工程中复杂的非线性问题、非稳态问题；②进行复杂结构的静态和动态分析；③计算复杂零件的应力分布和变形；④零件强度和刚度计算。

常用的有限元分析计算软件有 IDeaS、ANSYS、MARC、ABAQUS 等，可以分析应力、变形、温度场、磁场、振动、冲击、随机响应等，也可以进行动态特性分析，识别系统的模态参数，从而为动态设计提供理论依据。

**5．工业设计法**

工业设计是以工业产品为表现对象，在满足工业属性的前提下，用艺术手段创造出实用、美观和经济的产品。

工业设计的目的是保证产品的造型质量，使设计出的产品具有批量性、创造性、实用性、艺术性和经济性。除了要保证产品的外部特征外，还要考虑结构、功能与材料的关系，强调系统和整体效能。

**6．价值分析(价值工程)法**

价值分析的最终目的是寻求功能与成本的最佳比例，价值分析法是保证产品获得最大价值的一种现代设计方法。

价值分析法以功能分析为核心、以开发创造性为基础、以科学分析为工具，寻求功能与成本的最佳比例，价值分析的一般过程如下。

(1) 确定价值分析的对象。

(2) 成本分析和功能价值计算。

(3) 运用最新科技成果。

(4) 对现有的功能原理和方法进行革新。

(5) 选出最佳设计方案。

**7．相似设计法**

相似设计是相似性理论在车辆设计领域的具体应用，相似设计是工业产品开发的重要环节，相似设计过程如下。

(1) 选定某一档型号的产品作为模型。

(2) 进行最佳方案设计。

(3) 确定其材料参数和结构尺寸。

(4) 再通过相似性原理求出系列中其他产品的材料参数和结构尺寸。

# 第三节 轨道车辆设计目标、准则及原理

## 一、设计目标

轨道车辆设计目标为建立满足功能要求、经济合理和具有规定可靠性指标的技术系统。为满足设计目标，需进行以下几方面工作。

(1) 必须提出一种初步设计概念(功能原理设计)，以适应预期的功能要求，并满足经济要求和使用要求。

(2) 必须定量估算构件所承受载荷的种类、大小和相对变动范围。

(3) 对机械进行系统分析(传动、动力、执行、控制)和载荷定量估算(重力、径向力、轴向力、惯性力)。

(4) 根据机械性能、物理性能、设计性能要求，以及经济性、可靠性等方面的限制和约束条件，选择各零部件的材料和加工工艺。

(5) 必须使用统计的方法描述载荷特性和材料的主要强度特性。

(6) 必须定量估算各零部件的强度、刚度、失效特征及可靠性指标。

(7) 必须描述系统的总体强度、破坏特征及可靠性指标。

(8) 对零部件进行优化设计，包括参数优化、几何形状优化。

## 二、设计准则

从以下三方面研究设计准则。

**1. 设计人员应遵循的基本设计准则**

**1) 创造性地利用所需要的物理性能，同时将不需要的物理性能控制在规定的范围内**

为使设计车辆符合使用要求，满足特定功能，应综合考虑许多自然规律及构成系统的各零部件材料性能，如强度、刚度、惯性力、挠度、摩擦、热膨胀等，以及电学、化学现象等。

机械的物理性能一般都具有两重性：一种性能在某一场合是可用、有益的，而在另一场合则可能是有害的，例如，轴与轴承内环采用热装，冷却时可以得到预紧力，而轴承的内、外环和滚动体间不会因温差变化而抱死；在摩擦离合器上需要增大摩擦力，而摩擦离合器的支撑轴承上的摩擦力则越小越好。设计时，应创造性地利用和控制所需的物理性能，而同时将不需要的物理性能尽可能降低。

**2) 判别功能载荷及其意义**

对任何一个零部件都应分析其功能载荷和附加载荷是什么？要充分考虑它们的影响，如斜齿轮传动系统，磨耗后会产生附加冲击载荷；高速旋转的轴上要承受弯、扭矩和交变工作载荷或疲劳载荷作用，但由于环境、设计及选材问题，可能有其他附加载荷，如冲击载荷、不共面载荷产生的惯性力矩和静不定载荷。

设计中，应确定在一个工作循环中多种载荷的最不利组合，从而设计和选择关键零件，如轴和轴承。

**3) 充分估计和预测意外载荷**

应充分估计和预测意外载荷，如螺栓安装时的偏心载荷、不同心的两轴用刚性联轴器连接时产生的附加力、振动引起的载荷、两相配合零部件因热膨胀不协调产生的约束力，以及安

装和运输当中产生的附加力。

**4) 创造性地利用载荷条件，即利用或消除不利载荷的影响**

例如在平衡问题中，盘式摩擦制动器的摩擦片采用偶数配对，相对作用，达到力平衡；同一轴上相邻斜齿轮、螺旋角的调整均可使轴向力为零；对于齿轮传动机构，轴承部件中一侧的轴承可适度轴向移动，减少装配误差和热膨胀产生的轴向力。

**5) 合理设计零部件各位置的应力分布和刚度，最大限度地减少设置重量**

可应用应变能分布密度，进行几何形状优化。对于承受交变或脉动载荷的零部件，要注意引起应力集中部位的设计(如圆角、配合面)。必要时，关键部位应进行局部表面强化处理，轴承支撑处要有足够的刚度，以减少变形引起的啮合误差。

**6) 应用基本公式计算相应结构尺寸和有关参数时，需注意公式的准确性和误差范围**

对具体问题进行简化处理，以便应用基本公式或对公式的应用条件进行基本假设，可能会带来误差。例如，齿轮轮齿的弯曲强度计算公式可用悬臂梁的计算公式分析，但会带来一定的误差，必须引入修正系数。

**7) 综合考虑材料性能**

选择材料时，不仅要考虑强度、硬度和重量，还要考虑抗冲击性、抗疲劳性、抗腐蚀性及制造性能(加工性、可焊性等)。

**8) 保证零部件在装配中能准确定位、不发生干涉**

**2．以学科分类的结构设计准则**

(1) 符合力学要求的结构设计准则。
(2) 符合工艺要求的结构设计准则。
(3) 符合材料要求的结构设计准则。
(4) 符合装配要求的结构设计准则。
(5) 符合防腐要求的结构设计准则。
(6) 符合公差要求的结构设计准则。
(7) 符合支撑要求的结构设计准则。
(8) 符合安全要求的结构设计准则。
(9) 符合美学要求的结构设计准则。

**3．从结构方案设计角度分类的设计准则**

**1) 明确**

产品功能明确，工作原理明确，使用工况和应力状态明确，技术文件表达明确。

**2) 简单**

功能和结构的一一对应关系清晰。

**3) 安全与可靠**

采用设计安全技术、使用安全技术和预防安全技术。

# 三、几种典型的设计原理简介

**1．等强度原理**

通过几何形状设计和选择材料，力求构件中主要承载区的应力状态相同或应力幅值相近(可充分发挥材料强度潜力)。

## 2. 合理力流原理(力流——广义力传递的路线)

(1) 力流在构件中不会中断和消失。
(2) 在结构设计中,力求避免力流密度增加和突然转向(力流转向与密度改变是相关的)。
(3) 改善构件上的力流强弱来设计构件结构,如轴肩圆角等。

## 3. 短程力传递原理

力传递的路线是使构件变形量趋于最小的路线,在弹性范围内,力和变形之间的关系是线性的,该系统为保守系。因此,选择不同的传力路线,可以改变刚度,通常为拉压<弯曲<扭转。

## 4. 变形协调原理

进行结构设计时,力求相互作用的构件产生的相对变形量最小或变形方向一致。

## 5. 力平衡原理

构件(机构)工作时,要输入主参量($F,M,T,S,v,a,\cdots$),同时有相关的伴生副参量($F',M',T',S',v',a',\cdots$)产生,伴生的副参量一般对总功能或主要功能的实现是有害的。设计上要设法平衡掉副参量的影响,或者将副参量的影响转化为对总功能有益的参量。

## 6. 任务分配原理

**1) 功能和功能载体的关系**

一种功能往往对应一个功能载体,此时对应的载体结构简单,便于优化,但多种功能对应一个功能载体时,对应的结构复杂,精度要求高,如箱体类构件。

**2) 功能不同的任务分配**

对于相互抵触(矛盾)的功能,应设计为分别由不同构件来实现。

# 第四节 轨道车辆设计的主要内容和宏观规律

轨道车辆的设计开发工作是由根据市场调查及使用要求制定的设计任务书开始的。

## 一、轨道车辆设计的主要内容

轨道车辆设计的主要内容包括轨道车辆总体设计、总成设计和零件设计。

轨道车辆总体设计又称为总布置设计,其任务是使所设计的产品达到设计任务书所规定的整车参数和性能指标的要求,并将这些整车参数和性能指标分解为与总成有关的参数和功能。在这项高层次的设计工作中,既有轨道车辆各总成间的联系问题,又有人(司机、工作人员和乘客)与轨道车辆之间的联系问题。解决人车之间的联系问题属于人机工程设计,它在轨道车辆设计工作中占有极重要的位置,如驾驶操作空间尺寸的布置、车内乘客空间尺寸的布置、座椅尺寸参数与特性参数的选择、车体的外观造型与流线型、仪表板的造型、仪表的选型与布置、车体内饰材料与色彩的选择、乘客的观光视野和司机的驾驶视野、轨道车辆的牵引与制动性能、车辆的乘坐舒适性等,这些与人的感觉与视觉有直接联系的方方面面,都会对轨道车辆产品的设计质量、品位和市场竞争力产生巨大的影响。

一系列零件或者产品,组成一个实现某个特定功能的整体,这一系统的总称即为总成。轨道车辆总成设计的任务主要是合理、高效配置各组成功能,以满足整(列)车安全可靠运行的设计要求,同时也要求满足易于维修、保养的人机关系等。

零件设计主要是满足总成的设计要求并解决强度、寿命和生产技术问题。在完成前两个层次的设计时，还应取得各车的有关性能之间、相关总成参数之间的理想匹配。

现代轨道车辆是一种高度专业化、高水平的机电一体化产品，又是和人们日常接触紧密、使用广泛、与社会和人类生活有密切联系的公共交通工具，其使用地区广阔，使用条件复杂多变，在使用中要耗费大量的动(电)力、压力空气、润滑油及维修用的零配件(如车轮、制动装置等)。为了满足不同的使用要求，应设计不同类型、不同载客数量和不同乘坐条件、不同装载货物的轨道车辆。

## 二、轨道车辆设计的宏观规律

通常，人们对事物进行观察的方法是由宏观入手，首先观察事物的整体，研究其特征、功能、运行规律及与周围事物的联系，形成对整体的全面认识后再深入观察其内部的各个部分，进行某一方面的微观研究；另一种方法是沿相反路线进行，即从微观入手，首先去剖析事物的某一局部，这样将各个局部都一一研究透后再形成整体概念。轨道车辆设计，尤其是新车型设计，是根据社会发展、需要和使用要求而提出的整车参数与性能指标进行的，显然只能从宏观入手，即从整车的总体设计开始，然后通过总体设计的分析与计算，将整车参数和性能指标分解为与总成有关的参数和性能后，再进行总成和部件设计，进而进行零件甚至某一更细微的局部设计与研究。

设计与开发一种轨道车辆并不是仅仅为了追求新颖，而是为了满足一定的社会需求和获得一定的经济效益，这是设计的宏观目的。此外，对于某一具体的轨道车辆来讲，还有更直接的目的。

## 三、轨道车辆设计的直接目的和通用方针

### 1. 直接目的

(1)提高铁路机车车辆的技术水平，使其速度更快、装载更多、更安全、更可靠、更经济、更舒适、更便捷、牵引和制动性能更好、污染更少。

(2)提高轨道车辆的运行速度和装载能力，改进通过曲线的性能，增强结构的安全可靠性能，提升乘坐的舒适度和运行的安全性，缩短城际间的旅行时间，改善轨道车辆的外观造型，使其更美观、更科学、更新颖、更具时代感，这些均是轨道车辆设计的重要目的，也是与航空、公路、水运竞争的重要手段。

(3)改善轨道车辆的经济效果，调整轨道车辆在交通运输系列产品中的档次，以便改善其市场竞争地位并获得更大的经济效益。

产品设计的目的性明确以后，设计工作就有了重点和方向，接着应当考虑产品设计的时间性或时代感。设计开发一种新车型需要一定时间，因此在设计新车型时，不应以当前的技术水平和社会需求为目标，这就要求设计者要能掌握轨道车辆技术的发展趋势，具有预见性和推断能力。

由于情况复杂，不同类型轨道车辆设计工作的方针、路线不可能是一成不变的，但它们在存在特点与个性的同时也具有共性。

### 2. 工作的通用方针

(1)动车组的选型应根据产品的技术发展趋势、企业的产品发展规划和市场需求进行。

(2) 选型应在对同类型产品进行深入的市场调查、使用调查、生产工艺调查、样车结构分析与性能分析,以及全面的技术、经济分析的基础上进行,新车型应是技术先进、实用、经济的产品。

(3) 应从已有的基础出发,对原有车型和引进的样车进行分析比较,继承优点,消除缺陷,采用已有且成熟可靠的先进技术与结构,开发新车型,使新产品的设计脚踏实地,少走弯路。

(4) 应从解决设计中的主要矛盾或关键问题入手,依次解决设计方案中的其他问题和要求,通常要对方案进行多次修改才能基本满足各项要求。

(5) 设计应遵守有关标准、规范、法规、法律,不得侵犯他人专利。

(6) 力求零件标准化、部件通用化、产品系列化。

(7) 设计要从严要求,为防止发生严重的错误,每步都应进行检查,每阶段应尽可能进行实践考验,高质量地完成设计任务。

轨道车辆设计的工作方针是轨道车辆设计工作的指导思想,而设计原则是指导设计的准则,它包括对产品在技术先进性、制造工艺性、结构继承性、零件标准化与部件通用化程度及生产成本等主要技术和经济方面的要求,同时要规定在各种使用性能中优先保证的主次。有了正确的工作方针和设计原则,轨道车辆设计就有了明确的方向。

为了很好地完成轨道车辆设计任务,需要有一支专业齐全、富有经验、团结协作的设计队伍及设备完善的试制、试验研究基地,也需要工艺人员的配合。

确定开发对象是企业领导的责任,初始决策的正确与否,对企业关系重大,甚至会影响企业的兴衰存亡,必须慎重对待。

通过对轨道车辆设计工作的宏观考察,即可概括地认识它的全貌、特征及其宏观规律。有了这个基础,就可进一步分析其设计过程。

从做出设计的初始决策到第一列轨道车辆装配下线的整个期间,称为新产品开发的先行期,它由轨道车辆设计和生产准备两个阶段交错组成,其长短视工作量的大小和开发力量的强弱而定。

## 四、轨道车辆设计的特点和要求

### 1) 零件标准化、部件通用化、产品系列化

由于轨道车辆的产量大、零部件众多,在设计中实行零件标准化、部件通用化和产品系列化,可简化生产,提高工效,保证产品质量,降低生产成本,减少配件品种,方便维修。

产品系列化是指制造厂为了能供应不同型号动车组的产品,又能进行大量生产,而将产品合理分档,组成系列,并考虑各种变化,这样即可以较少的基本产品衍生出较多的系列产品,以满足广泛的需要。

部件通用化是指在同一系列或总质量相近的一些车型上,采用通用的总成或部件,以简化生产。

零件标准化是指在设计中广泛采用标准件,以利于组织生产、提高质量、降低造价和方便维修。

### 2) 考虑使用条件的复杂多变

为了使所设计的动车组在全国乃至世界这样的广阔市场上具有竞争力,设计中就要充分考虑提高其对复杂多变的使用条件的适用性,特别应注意热带、寒带等不同的气候条件和高

原、山区、沙漠、丘陵、沿海等不同的地理条件，以及电力供应、维修能力等不同的使用条件对轨道车辆结构、性能、材料、附件等的特殊要求。例如，在热带地区要考虑车辆的隔热、空调或通风；在寒带地区要考虑电机的冷启动和防寒；在山区则应考虑提高轨道车辆的牵引与制动等。

**3) 重视轨道车辆使用中的安全性、可靠性、经济性与环保性**

良好的使用性能显然是各种产品的设计者都要追求的目标，轨道车辆的设计更是如此。不同的是轨道车辆的使用性能是多方面的(如牵引动力性、操作控制稳定性、制动性、运行稳定性和舒适性、曲线通过性及可靠性、耐久性、维修性、对周围环境的影响性等)，而且在某些性能之间有时是相互矛盾的(如直线运行稳定性与曲线通过性等)。因此，轨道车辆设计的特点还在于，要在给定的使用条件下，协调各种使用性能的要求，使轨道车辆的综合使用性能达到最优，特别要重视使用中的安全性、可靠性、经济性与环保性。

**4) 车体外形的设计**

轨道车辆的车体外形是给人们的第一外观印象，是人们评价轨道车辆的最直接方面，是轨道车辆设计非常重要的内容。车体外形既是工程设计，又是美工设计，从工程设计来看，它既要满足结构的强度要求、整车布置的匹配要求和加工工艺要求，又要适应车体外形的空气动力学的要求(具有最小的风阻系数)；从美工设计来看，它应当适应时代的特点，给人以高度的美感，起到美化环境的作用。

**5) 在保证可靠性的前提下尽可能使轨道车辆轻量化**

合理的轻量化车辆即可节约大量的制造材料，降低生产成本，又可节省动力能源，提高运输效率。最优化设计方法可满足这方面的设计要求。

**6) 设计要在有关标准和法规的指导下进行**

除设计图纸的绘制与标注应按有关国家标准进行外，轨道车辆设计还应遵守与机车车辆有关的一些标准与法规。我国现有铁道机车车辆标准包括国家标准、行业标准和企业标准，还有国际上的相关标准规范，这些标准主要有：《标准轨距铁路限界 第1部分：机车车辆限界》（GB 146.1—2020）《标准轨距铁路限界 第2部分：建筑限界》（GB 146.2—2020）《机车车辆动力学性能评定及试验鉴定规范》（GB/T 5599—2019）《铁路客车通用技术条件》（GB/T 12817—2021）《城市轨道交通中低速磁浮车辆悬浮控制系统技术条件》（GB/T 39902—2021）《轨道交通 机车车辆 牵引系统组合试验方法》（GB/T 25117—2020）《滚动轴承 铁路客车轴承》（GB/T 25772—2010）《地铁车辆通用技术条件》（GB/T 7928—2003）。铁道行业标准：《机车车辆强度设计及试验鉴定规范 车体 第2部分：货车车体》（TB/T 3550.2—2019）《机车车辆转向架 动车组转向架》（TB/T 3316—2020）等。为使我国轨道车辆与国际接轨，设计时也应考虑到国际铁路联盟（International Union of Railway，UIC）标准、欧洲标准、日本工业标准（Japanese Industrial Standards，JIS），这些标准主要有：《铁道车辆试验与鉴定》（UIC518—2009）《铁道车辆旅客振动舒适性评定指南》（UIC513）《铁路应用-轮对和转向架-车轮-产品技术条件》（EN 13262—2016）《铁路应用—铁路机车车辆运行特性验收试验—运行特性试验和静态试验》（prEN 14363—2016）《铁路车辆－车轴强度设计方法》（JIS E 4501—1995—Reaffirmed 2001）。

**7) 轨道车辆设计是考虑人机工程、交通工程、制造工程、运营工程、管理工程的系统工程**

轨道车辆是由人来驾驶、控制和乘坐与装载的，因此其设计必须考虑人(货)-车关系，即操纵要方便、乘坐要舒适、装载要合理，使轨道车辆设计更具人性化。轨道车辆是一种铁路交通工具，因此其设计必须符合铁路交通工程的要求，如车长与车辆定距、车高车宽与轴重等均应符合相关技术规程。设计师必须懂得制造工艺，使所设计的零部件制造工艺性好、易于加工、便于装配、适于大批量生产；所设计的轨道车辆使用性能要好、运输效率要高、便于维修保养，以期得到高的运营效益；轨道车辆设计还应符合有关铁路管理部门制定的轨道车辆产品型谱及一切与轨道车辆有关的管理法规。

## 五、轨道车辆设计过程

(1) 调查研究与初始决策。任务是选定设计目标，并制定产品设计工作方针及设计原则。调查研究的内容应包括：已有产品在服役中的表现及用户意见；当前本行业与相关行业的技术发展，材料、零部件、设备和工具等行业可能提供的条件；本企业在科研、开发及生产方面所取得的新成果等，这些对新产品设计是很有价值的。

(2) 总体方案设计。根据技术决策所选定的目标及对开发目标制定的工作方针、设计原则等主导思想提出整车车辆设想，因此又称为概念设计(concept design)或构思设计，为此要绘制不同的总体方案图供选择。在总体方案图上进行初步布置和分析，对主要总成只画出大轮廓而突出各方案间的主要差别，使方案对比简明清晰，经过方案论证选出其中的最佳者。

(3) 绘制总布置图。确定整车主要尺寸、质量参数与性能指标以及各总成的基本形式。在总布置图上要较准确地画出各总成及部件的外形和尺寸并进行仔细布置；计算和调整各总成及部件的质心高度，以便较准确地确定车辆的长、宽、高、离地间隙等，并使之符合有关限界标准；进行性能计算及参数匹配分析。

(4) 车辆结构设计。随着计算机技术的飞速发展，可直接在计算机上构造车辆的三维形态，并且可以根据设计者的要求，方便迅速地对计算机屏幕所显示的车辆结构进行各种修改，能在计算机屏幕上产生不同投视方向的生动逼真的产品三维图。因此，在计算机上进行交互式设计，可大大缩短设计周期，直至得到满意的结果后再进行其他后续设计工作。

(5) 编写设计任务书。编写设计、试验及工艺准备的指导和依据，其内容常包括：任务来源、设计原则和设计依据；产品的用途及使用条件；承载容量、布置形式及主要技术指标和参数；各总成、部件的结构形式和特性参数；标准化、通用化、系列化水平；拟采用的新技术、新结构、新装备、新材料和新工艺；维修、保养及其方便性要求；生产规划、设备条件、预期制造成本和技术经济预测等。有时也可以增加与国内外轨道车辆技术性能的分析和对比等，有的还附有轨道车辆总布置方案图及外形方案图。

(6) 轨道车辆的总布置设计。主要任务是根据轨道车辆列车的总体布置及整车性能提出对各总成及部件的布置要求和特性参数等的设计要求；协调列车与总成间、相关总成间、总成与有关部件间的布置关系和参数匹配关系，确保组成一个在给定使用条件下的使用性能达到最优并满足设计任务书所要求的参数和性能指标的轨道车辆。

其具体工作有以下几个方面。

① 绘制轨道车辆总布置图。在总布置方案图和各总成、部件设计的基础上精确地绘制轨道车辆总布置图，用于精确控制各部尺寸和位置，为各总成和部件分配准确的布置空间，因此又称为尺寸控制图。要特别注意轨道车辆整体布置的合理性，司机室和车厢内部的布置应具有视野性好、驾驶操作方便、乘客座位舒适、装载量大、安全、维修方便等特点。

② 根据总布置设计确定的整车参数和性能指标提出对各总成和部件的设计要求，包括结

构形式、特性参数、尺寸与质量限制等,并提供列车有关数据与计算载荷等。

③ 计算分析通过曲线、进出车站等的车辆间和各部件间的运动关系,用于校核布置空间,以避免发生运动干涉。

④ 确定有关总成和部件支撑的方式、结构参数与特性等,特别对转向架一系、二系悬挂方式和参数要进行精心选择与优化。

⑤ 确定各总成的质心位置,核算车辆空车和满载时的质心高度。

⑥ 轨道车辆总成、部件及零件的选型与设计,除了要保证总成和整车的性能指标外,还要考虑零部件本身的强度、寿命与可靠性等问题。

⑦ 设计图纸的工艺审查及必要的修改。

⑧ 绘制轨道车辆总装配图。目的是进行图面装配校核,仔细检查连接总成及部件的连接关系、连接部分的尺寸与配合以及拆装的方便性;核算与标注整车和有关总成与部件的安装尺寸链,为轨道车辆总装做技术准备和提供依据。

⑨ 试制、试验、修改与定型。设计完成后,投入样品试制时,应考虑有一定数量的零部件和总成投入试验,因为试验,尤其是道路试验始终是考验轨道车辆设计与制造工艺最重要和不可代替的手段。对于试制与试验中暴露出的设计问题应及时解决并记录在档,作为修改设计的依据。注意了解制造和装配中的工艺问题及质量控制情况并及时把关,杜绝不合格的样品装车。要查明整车、总成及零部件的尺寸参数、质量参数、性能参数是否符合设计要求及问题所在,以便修改图纸或采取其他措施予以纠正。应按有关标准进行全面的试验,以检查新产品的各项性能指标。实践是检验真理的最终标准,轨道车辆试验同样在轨道车辆设计定型中起着关键的作用。

## 六、现代轨道车辆设计的重点及发展趋势

近年来,现代轨道车辆设计的重点及发展趋势集中表现在重视安全、节能和环保。当然,舒适、平稳、快速及操纵方便、可靠,也一直是设计所追求的目标,尤其是可靠性,始终是衡量产品质量的最重要的一项指标。

随着高速铁路的发展及轨道车辆速度的提高,运行安全性、舒适性也已成为轨道车辆设计及试验研究中最重要的课题之一,日本、法国、德国等国家的高速铁路研究部门在这方面都做了大量工作,包括从转向架结构形式、悬挂参数的优化设计到评价指标的分析确定、列车自动故障诊断监控系统等。

当前,在发达国家中,一种新的设计思想,即"绿色设计"已被制造厂家普遍接受,其要点就是设计师在设计产品时,就考虑到它达到使用寿命后,是否可被重复利用或被安全地处理掉且不产生污染。对于轨道车辆,应在其达到报废年限时,交给专业机构进行拆卸,并对拆下的材料进行回收。

随着现代高速列车的高速化和轻量化发展,噪声和振动控制日益成为高速列车设计的一项关键技术。因此,近年来,国际上形成了一个新的工程领域——噪声和振动控制(nosie, and vibration harshness, NVH)技术,并在高速铁路工业科技界的科研中占据了重要位置。

随着电子计算机技术的飞速发展和广泛应用,现代轨道车辆设计除表现出上述重点和发展趋势外,轨道车辆产品也和其他许多领域的产品一样,也越来越多地引进微处理机、各种传感器、调节和控制装置,使轨道车辆产品由单一的机械产品向机-电-仪一体化产品过渡,并

逐步朝自动控制和智能化方向发展,如主动/半主动悬挂控制系统、防滑器系统、列车自动控制/监控系统等,都是这一发展趋势的成果。由此可见,现代轨道车辆设计已不再是单一的机械设计,而是要综合运用多方面的基础理论、技术基础理论、专业知识和许多当代技术成就而进行学科交叉的现代化设计。

展望未来,通过充分利用现代高科技,轨道车辆载运工具将全面实现数字化、网络化、运营的信息化和智能化,以及列车系统整体运营性能的智能化管理。基于智能系统的集成整合运用,将全面运营无人驾驶、无人检测的智能列车。智能轨道车辆(动车组)将实现工作状态自感知、运行故障自诊断和导向安全自决策,这为轨道车辆设计智能化提出了更高的要求。

## 第五节　轨道车辆的产品型号

轨道车辆的产品型号标识中,客车和货车是不同的,下面分别予以描述。

### 一、客车产品型号

#### 1. 车种标示

车种代码由客车车种基本代码构成,结构如下。

×××──车种代码:以2位或3位汉语拼音大写字母表示

车种基本代码按照车辆的座别和使用特征确定,部分客车车种基本代码及名称见表1.1。

表1.1　部分客车车种基本代码及名称

| 序号 | 车种名称 | 车种基本代码 |
| --- | --- | --- |
| 1 | 软座车 | RZ |
| 2 | 硬座车 | YZ |
| 3 | 行李邮政车 | XU |
| 4 | 软硬座车 | RYZ |

#### 2. 车型标示

客车车型编码规则由速度特征代码、变型代码和技术平台代码构成,代码结构如下。

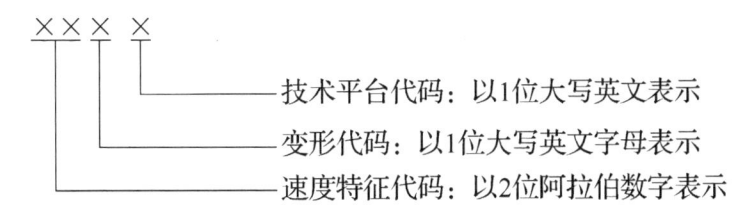

××××
　　├── 技术平台代码:以1位大写英文表示
　├── 变形代码:以1位大写英文字母表示
└── 速度特征代码:以2位阿拉伯数字表示

示例1:最高运行速度为160km/h,首次定型,A技术平台,其车型为16AA。
示例2:最高运行速度为160km/h,第1次改进,A技术平台,其车型为16BA。
示例3:最高运行速度为120km/h,第2次改进,A技术平台,其车型为12CA。
速度特征代码以客车最高速度(单位为km/h)的百位和十位阿拉伯数字表示,速度特征代码示例参见表1.2。

表 1.2 速度特征代码示例

| 最高速度/(km/h) | 速度特征代码 |
|---|---|
| 120 | 12 |
| 140 | 14 |
| 160 | 16 |
| 200 | 20 |

同一速度等级的客车进行改进时，用变型代码表示，按变形先后顺序依次选用英文字母 A～Z，首次定型的原型车变型代码为 A，字母 I、O 不使用。

**3. 大于或等于 200km 动车组中车辆车种和编号的编制**

动车组中车辆的车种和编号构成如下。

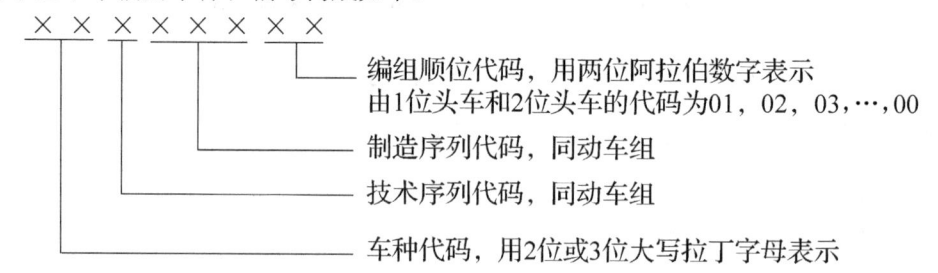

```
× × × × × × ×
          └── 编组顺位代码，用两位阿拉伯数字表示
              由1位头车和2位头车的代码为01，02，03，…，00
        └──── 制造序列代码，同动车组
      └────── 技术序列代码，同动车组
└──────────── 车种代码，用2位或3位大写拉丁字母表示
```

动车组编组中的车种代码规定如下：车种代码是汉语拼音缩写，分别为一等座车 ZY，二等座车 ZE，软卧车 RW，硬卧车 YW，餐车(含酒吧车)CA，二等座车/餐车 ZEC，餐车卧车合造车 CW。

各型号动车组技术序列代码规定如下：青岛四方庞巴迪铁路运输设备有限公司(BSP)动车组定为"1"，中车青岛四方机车车辆股份有限公司动车组定为"2"，中车唐山机车车辆有限公司动车组定为"3"，中车长春轨道客车股份有限公司动车组定为"5"。

各型号动车组的制造序列代码规定如下：按不同的技术序列单独编排，按 001～999 依次排列。

各型号动车组的型号系列代码按动车组的速度等级、车种确定。对已有的动车组规定如下：A——运行速度为 200km/h、8 辆编组、座车。

动车组编组顺位代码规定如下：用两位阿拉伯数字表示，位置排列编号自首车起从"01"开始顺序排列，尾车的排列编号为"00"。

动车组编号示例如下。

示例 1：动车组的型号和车号。

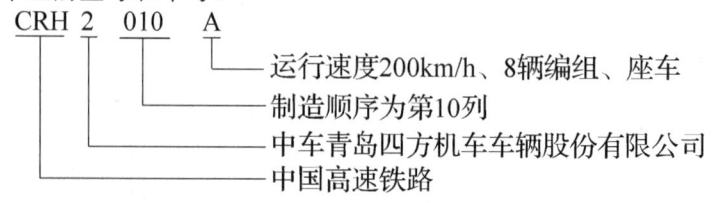

```
CRH 2 010 A
         └── 运行速度200km/h、8辆编组、座车
     └────── 制造顺序为第10列
   └──────── 中车青岛四方机车车辆股份有限公司
└─────────── 中国高速铁路
```

示例 2：动车组中车辆的车种和编号。

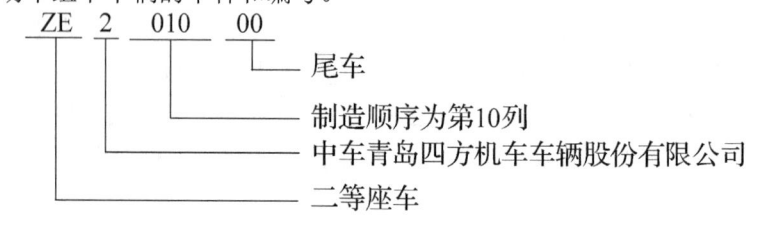

```
ZE 2 010 00
        └── 尾车
    └────── 制造顺序为第10列
  └──────── 中车青岛四方机车车辆股份有限公司
└─────────── 二等座车
```

## 二、货车产品型号

货车车型代码用大写汉语拼音字母和数字混合表示,其最大位数不得超过五位,依次由下面三部分组成:第一部分为货车所属的车种编码,用一位大写字母表示,作为车型代码的首部;第二部分为货车的重量系列或顺序系列,用一位或二位数字或大写字母表示;第三部分为货车的材质或结构,用一位或二位大写字母表示,具体表示如下。

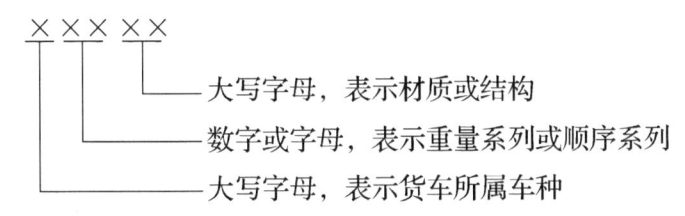

```
× × × × ×
        └── 大写字母,表示材质或结构
     └── 数字或字母,表示重量系列或顺序系列
└── 大写字母,表示货车所属车种
```

例1:C62A 型敞车。

```
C    62    A
│     │     │
车种  重量系列  结构
```

例2:N17A 型平车。

```
N    17    A
│     │     │
车种  顺序系列  结构
```

车号采用七位数字代码,可编货车的容量为 9999999 辆。同车种、车型货车的车号必须集中在本标准划定的码域内,以便从车号编码上反映货车的车种、车型,部分具体码域见表 1.3,货车部分车种编码见表 1.4,具体可参见《机车车辆车种、车型和车号编码规则第 2 部分:客车》(TB/T 3443.2—2016)。

表1.3 货车部分车号编码

| 车种 | 车号容量 | 车号范围 | 预留号 |
|---|---|---|---|
| 棚车 | 500000 | 3000000~3499999 | 3500000~3999999 |
| 敞车 | 900000 | 4000000~4899999 | 4900000~4999999 |
| 平车 | 100000 | 5000000~5099999 | 3100000~5199999 |
| 集装箱车 | 50000 | 5200000~5249999 | 5250000~5499999 |

表1.4 货车部分车种编码

| 车种 | 代码 | 车种 | 代码 | 车种 | 代码 |
|---|---|---|---|---|---|
| 棚车 | P | 集装箱车 | X | 水泥车 | U |
| 敞车 | C | 矿石车 | K | 粮食车 | L |
| 平车 | N | 长大货物车 | D | 特种车 | T |
| 罐车 | G | 毒品车 | W | 守车 | S |
| 冷藏车 | B | 家畜车 | J | | |

## 第六节　本书的内容、性质与任务

本书在简要介绍关于轨道车辆设计基本理论知识的基础上，重点讨论轨道车辆的主要组成及关键部件(如转向架、车体、车端连接装置等)的尺寸和参数设计，包括其基本设计理论和方法，以及有关标准和规范技术资料在设计中的应用等。

**1. 本书讨论的具体内容**

(1)绪论及总体设计——轨道车辆设计理论与设计技术的发展，轨道车辆设计的内容、特点、设计过程与发展趋势，轨道车辆的产品型号，轨道车辆的总布置设计、主要参数和几何尺寸的选择确定等方面的基本知识。

(2)车辆结构主要组成及部件设计——轨道车辆的相关设计规范和标准，轨道车辆零部件的作用载荷与计算工况和计算方法，轨道车辆车体、转向架及主要零部件的结构分析与设计计算，轨道车辆车端连接装置设计计算等。

(3)列车空气动力学与车体外形设计——高速空气动力学介绍，列车头形设计及外形设计，列车密封技术等。

(4)轨道车辆碰撞和人机界面设计——旅客界面技术，司机室界面技术，碰撞及公共安全技术简介等。

由上述可知，本课程以轨道车辆关键零部件与组成的设计为核心，论述其基本设计理论与方法。通过本课程的学习，应掌握有关轨道车辆结构设计的设计规律和技术措施，从而具备设计新一代轨道车辆产品的能力。

**2. 本课程培养学生的主要能力**

(1)具有正确的设计思想，勇于创新探索、实事求是、团结协作、艰苦奋斗。

(2)掌握轨道车辆车辆关键零部件与组成的设计原理、方法和一般规律，进而具备综合运用所学的知识，研究改进或开发新部件及设计的能力。

(3)具备运用标准、规范、手册和查阅有关技术资料的能力。

(4)掌握轨道车辆典型零部件与组成的实验分析方法，获得实验分析技能。

在本课程的学习过程中，要综合运用先修课程中所学的有关知识与技能，结合各个教学实践环节进行机械工程技术人员的基本专业训练，逐步提高自己的理论水平、构思能力、工程洞察力和判断力，特别是分析问题和解决问题的能力，为进行轨道车辆产品设计打下宽广而坚实的基础。

## 复习思考题

1-1　铁路客车主要有哪几类？160km/h 和 250km/h 速度等级动车组的代表产品主要有哪些？

1-2　铁路货车主要有哪些类型？专用货车主要包含哪些类型的车辆？

1-3　磁悬浮列车与低地板车辆各自的特点有哪些？一般直线电机驱动在哪种地铁车中运用？

1-4　轨道车辆设计理论的主要分类有哪些？失效分析主要分为哪几类？

1-5 试结合科技的发展，简述轨道车辆设计理论的发展趋势。
1-6 车辆优化设计与传统设计开发过程中主要存在的差别有哪些？
1-7 简述最优化数学模型设计主要过程，优化设计与传统设计法的特点有哪些？
1-8 模块化设计法和相似设计法的主要特点有哪些？
1-9 简述设计人员应遵循的设计准则，典型的设计原理主要包含哪些？
1-10 简述轨道车辆设计的主要内容和宏观规律，以及轨道车辆设计的通用方针。
1-11 简述轨道车辆设计的主要特点及设计过程。
1-12 试结合所学知识，论述轨道车辆设计的发展趋势。
1-13 简述铁路客车和动车组产品型号的定义及构成。

# 第二章 轨道车辆总体设计

## 第一节 轨道车辆的基本组成及其设计技术特点

### 一、基本组成

轨道车辆类型很多,构造各不相同,但从结构原理分析,车辆一般均由如下五部分组成。

(1)车体。车体是容纳旅客或货物的部分,固装在车底架上,包括侧端墙、车顶等组成部分。其中,底架是车体的基础,由各种横向梁、纵向梁、辅助梁和地板等构成。车辆上部的重量、车辆运行中的纵向冲击力由车体与车底架共同承受。车体与车底架构成一个整体,支撑在转向架上。动车组车体分为带司机室车体和不带带司机室车体两种,它是容纳乘客和司机的地方。

(2)转向架。转向架由两个或两个以上的轮对构成,并通常安装轮对轴箱装置、构架、弹簧悬挂装置、车体支承装置和制动装置,组成一个独立结构的走行装置(小车),称为转向架。转向架置于车体和轨道之间,用来牵引和引导车辆沿轨道行驶,承受和传递来自车体和线路的各种载荷,并缓和其动态作用力和振动,是保证车辆运行品质和安全的关键部件。另外,动力转向架还包括牵引电机及传动装置。

(3)车端连接装置。车辆必须借助连接装置编组成列车运行,连接装置将各车辆连挂在一起,并传递纵向牵引力,缓和各车辆之间的冲击,其中机械连接包括车钩缓冲装置和风挡等,要求具有强度大、摘挂方便、缓冲性能良好的特点;同时,还有车辆之间的电气和空气管路的连接、高压电器连接、辅助系统和动车组的供电连接、控制系统连接等。

(4)制动装置。制动装置是保证列车安全运行所必需的装置,保证高速运行的列车能减速,并在规定的距离内停车。客车常采用电气制动与空气制动相结合的复合制动模式,此外还有电子防滑器及基础制动装置等。

(5)车辆内部设备。车辆内部设备主要是指在客车上服务于乘客的车内固定附属装置,如车内电气系统、照明系统、供水装置、应急通风系统、取暖装置、空调、座席、车窗、车门、行李架、旅客信息服务系统等。货车内部设备一般比较简单,主要是根据各货车的用途而设的附属装置。

轨道车辆的性能参数主要有:自重、载重、容积、定员、自重系数、比容系数、构造速度、轴重、每延米轨道载重。

轨道车辆主要尺寸为:车辆全长、车辆定距、车辆长宽高、车辆最大宽度和最大高度、车钩中心线距轨面高度、地板面高度。

### 二、设计技术特点

从技术、经济两方面综合考虑,轨道车辆的发展趋势如下:客车高速化、货运重载化。高速客车在设计中需要解决以下技术问题:①设计在高速运行条件下动力性能良好的转向架；②设计优良的制动系统；③车体结构轻量化，并具有良好的空气动力性能；④控制噪声、提高气密性、强化防火措施和完善空气调节设施等。

大宗货物运输不断发展，对货车的载重能力要求不断提高，载重能力的增加主要有三种设计途径：①研究设计先进的车辆及其部件的结构形式，应用高强度耐腐蚀钢和铝合金，在保证车辆具有足够强度和刚度的前提下，减轻车辆自重；②增加车辆轴数，研制多轴车；③提高轴重，研制大轴重货车，这要求线路结构与轴重提高相协调。列车载重能力的不断提高，除要求设计车辆具有足够的强度外，还要求设计大容量车钩缓冲器装置，同时还需设计和研制低动力作用转向架、径向转向架等，以降低轮轨间的相互作用和冲击力。

随着轨道车辆高速化和重载化发展的不断深入，对车辆的结构设计提出了更高的要求，由此带来了更大的挑战。轨道车辆设计涉及多学科、多领域交叉学科的知识，尤其是对于200 km/h以上的高速动车组设计，其要求性能更高，耦合因素更多，而采用"试算—验证—修改"的传统设计方法，显然难于满足对高性能车辆产品的需求。采用现代优化理论进行结构优化设计是现代轨道车辆产品设计手段的升华，可以提升产品质量、缩短研究开发周期、减少设计盲目性。轨道车辆在设计过程中一般要经历概念设计阶段、结构形状（尺寸）详细设计阶段、结构整体组成设计阶段，每个阶段都可依据优化设计展开进行。例如，进行高速铝合金车体设计时，可以将板厚作为设计变量，以车体重量为优化目标，给出结构轻量化的优化方案。设计轨道车辆主型焊接结构时，可考虑将疲劳损伤约束的优化作为研究目标，通过分析古德曼疲劳安全系数、线性累积损伤理论及焊接接头的疲劳评估标准，优化预测产品的设计疲劳寿命，为可靠性设计提供依据。

随着对轨道车辆结构设计（如轻量化和环保化等）要求的不断提高，有许多问题需要研究人员去重新认识和解决，例如，从原来对结构问题的静态分析为主逐步转化为以动态分析为主，从简化的线性分析逐渐发展为更为准确的非线性分析。同时，必须适应新领域和新学科分析的发展，如车辆碰撞、空气动力学、环境噪声等。这就需要从采用计算机辅助工程（computer aided engineering，CAE）技术（如有限元法等）对已设计产品的性能进行简单校核，逐步发展到对产品性能的准确预测，再到对产品工作过程的精确模拟仿真，有限元法和仿真技术将发挥重要作用。在车辆设计分析中，运用较广的CAE分析软件主要有：有限元结构分析软件（ANSYS、ABAQUS、LS-DYNA等）、多体动力学分析软件（SIMPACK、MEDYNA等）、流体噪声分析软件（FLUENT、LMS SYSNOISE等）。在车辆设计开发过程中，采用这些软件可以做到提前介入、揭示问题本质；在概念设计阶段，就能回答关于性能和可靠性等方面的诸多重要问题，为轨道车辆设计研发提供强有力的技术支持，极大地提高设计研发效率，缩短车辆研发周期，降低设计成本。CAE技术在轨道车辆设计中的广泛应用，有效地推动了车辆行业的蓬勃发展，同时，轨道车辆工业对CAE技术的巨大需求也极大地带动了CAE技术的发展和完善，在这种良性的相互促进下，CAE技术必将全面而又深入地涵盖到轨道车辆设计的各个环节。

模块化设计是将一个产品从功能和结构上划分、设计成为数个相对独立的模块组件，分别设计、制造，通过模块的选择和组合就可以构成不同的产品。根据需要，各模块还可进一步细分为各级子模块，直到设计和制造较便利为止。产品模块化的主要目标是以尽可能少的模块种类和数量组成尽可能多种类和规格的产品，以满足市场的不同需求，其带来的优点如下：可大大缩短设计制造周期，易于组织生产，适应多品种、小批量、高度变化的市场需求，并为维修提供有利条件；产品结构易于实现标准化、系列化、通用化；有利于实现产品的更新换代和新产品的开发，提高企业对市场的快速应变能力；有利于提高产品质量，降低成本，提高产品的市场竞争能力。车辆的模块化是指在设计车辆时，将整车结构进行分解，形成若干独立而又相互联系的分系统，这可使非常复杂的模型有条理地分块分层建立起来。模块的最高层可以是产品的模型，如客车等；模块的下层可包含司机室、转向架、车体钢结构、室内布置、车辆电器装置等子模块；子模块的下层可以是一些基本的组件和零部件模块，如客车的底架、车顶、侧墙、端墙、车窗、车门、转向架的轮对等。这样，在设计中，可以将车辆划分为分段模块、次模块、组件和零部件模块等，并逐一定义其上下层次关系；模块化设计的采用，使设计层次丰富并易于控制，使不同车型、不同车种的相同部位得到最大程度的通用化，使重复设计错误大幅度减少，便于实现设计图集成化、利用率最大化、更改最小化，由此在车辆生产装配和运营维护方面带来了诸多便利。

轨道车辆绿色设计的目的是在满足正常设计生产成本要求和运营条件的前提下，通过绿色设计及绿色材料的应用，降低轨道车辆在生产、运营、维修及拆解报废过程中对环境的影响，使设计的轨道车辆对社会的贡献最大，对制造商、用户及环境的负面影响最小。轨道车辆的绿色设计要遵循以下原则：第一是技术先进性原则，绿色设计强调先进的技术，保证安全、可靠、经济地实现产品的各项功能，保证产品在全寿命周期中具有很好的环境协调性。技术创新是绿色设计的灵魂，绿色设计面对的是以前从来没有解决过的新问题，设计者们要善于思考，敢于想象，大胆创新。第二是功能实用性原则，产品功能先进实用是设计的首要目标，功能先进性意味着应采用先进的技术来实现产品的功能，同样的功能，采用先进技术来实现，产品的可靠性也会增强，产品会变得更加实用，功能的扩展也更容易。功能实用性意味着产品的功能能够满足用户要求，并且性能可靠、简单易用，同时它排斥了冗余功能的存在。第三是安全舒适性原则，轨道车辆的绿色设计不仅要求考虑如何确保车辆运营司乘人员和车辆生产工作人员的安全，而且还要求车辆符合人机工程学、美学等，使车辆安全可靠、操作性好、舒适宜人。第四是经济性最佳原则，经济合理性是绿色设计中必须考虑的因素之一，与传统设计略有不同，绿色设计不仅要考虑企业自身的经济效益，而且还要从可持续发展观点出发，考虑车辆全寿命周期的环境行为对生态环境和社会所造成的影响，确保以最低的成本费用获得最大的经济效益、生态效益和社会效益。

随着轨道交通的不断发展和生活水平的提高，人们对交通工具的乘坐舒适性、效率性和安全方便等方面有了更高的要求，过去简单的能载人的车辆设计理念已经不再适应时代的发展。因此，在车辆设计过程中应充分考虑人机工程学相关内容，保证设计生产的车辆产品能够适应市场的发展需要和满足人们日益提高的要求。轨道车辆的人机工程设计理念主要是考虑各种作业人员和乘客所需的乘坐活动空间与环境，以及在某些特定姿势中能否发挥人的正常体力，以便使有关作业能高效而安全地进行。此外，还要考虑到车辆室内环境设计，力求为乘坐轨道车辆的旅客创造一个生理和心理所需的旅行环境。另外，我国地域辽阔，不同地区的人体差异较大，每个地区各有其人体尺寸的统计平均值，故所设计的车辆结构应充分考虑适应该地区特点。

轨道车辆智能设计是指应用现代信息技术，采用计算机模拟人类的思维活动，提高计算机的智能水平，从而使计算机更多、更好地承担设计过程中的各种复杂任务，成为设计人员的重要辅助工具，其特点如下：①以设计方法学为指导，智能设计的发展从根本上取决于对设计本质的理解，设计方法学对设计本质、过程设计思维特征及其方法学的深入研究是智能设计模拟人工设计的基本依据；②以人工智能技术为实现手段，借助专家系统技术在知识处理上的强大功能，结合人工神经网络和机器学习技术，较好地支持设计过程自动化；③以传统 CAD 技术作为数值计算和图形处理工具，提供对设计对象的优化设计、有限元分析和图形显示输出上的支持；④面向集成智能化，不但支持设计的全过程，而且考虑到与计算机辅助制造技术的集成，提供统一的数据模型和数据交换接口；⑤提供强大的人机交互功能，使设计师对智能设计过程的干预，即与人工智能的融合成为可能。此外，轨道车辆设计智能化，使得设计的车辆更加科学，更加安全可靠。虚拟现实技术的运用，有助于设计过程中采用三维视野来实现轨道车辆的交互式设计，有助于全局把握设计局面，使得设计过程更加完善合理。

为适应市场经济发展和应对交通运输业的激烈竞争，轨道车辆设计开发需要关注的主要产品有：①超高速磁悬浮列车；②更高速的动车组、多用途双层客车、多层次的卧车和座车；③高档观光旅游客车；④轻轨和其他形式的城轨车辆；⑤大载重和大容积货车车辆等。

## 第二节　轨道车辆总体设计的基本原则、流程及内容

轨道车辆总体设计是车辆生产的第一道工序，轨道车辆设计图纸和技术文件直接表达了产品的技术水平和对产品的质量要求，规定了产品的性能和使用维修条件，是组织轨道车辆生产的主要依据之一。设计人员应深入实际，广泛调查研究，掌握使用、修理、生产、试验等方面的第一手资料，按设计技术任务书的要求精心设计，精心施工。

### 一、轨道车辆总体设计的基本原则

总体设计的基本原则，应符合我国的国情、路情，适应我国经济发展水平，在使用新材料时考虑采用复合型材、铝型材、不锈钢、玻璃钢等，同时也应符合生产厂家的生产条件，包括厂房、设备、工艺技术水平等，不断用新工艺取代旧工艺，使新结构的采用成为可能。另外，还应符合我国轨道车辆技术发展和铁路技术政策，如大运量、快速、舒适度高等，具体如下所述。

(1) 设计应当满足对机车所提出的基本要求，这些要求包括如下内容：必须保证车辆具有合理的技术经济参数、车辆与线路相互作用的条件、运行的安全性、结构的运用可靠性和耐久性。此外，还应考虑车辆限界、允许轴重、车钩纵向中心线距轨面的高度等因素。

(2) 设计上要做到方便使用，方便维修，利于制造，注意美观和舒适，采用具有高安全性、高可靠性和良好乘坐舒适性的结构和技术参数，经济合理，技术先进，应采用具有现代化气息和时代感的全新轨道车辆设计方案。

(3) 要积极采用和发展新技术、新工艺、新材料，贯彻一切通过试验的原则，要考虑成批生产的可能性，学习和借鉴国外的先进技术和经验，同自主创新相结合。

(4) 轨道车辆新产品设计和对已有产品的改进设计等，都必须经过试制、试验，特别是运行试验，以便充分暴露问题，予以改进，使设计切合实际。对于产品的改进设计，要做到既要有所改进、有所提高，又要便于在制造和维修中保持相对的稳定。

(5) 选用材料的规格、牌号力求简化、统一，要立足于国内市场供应。

(6)必须重视产品的标准化、通用化、系列化、模块化、信息化理念,设计中应尽量采用标准件、通用件,简化配件规格,凡影响通用性、互换性的新设计或改进设计均要慎重考虑。

(7)设计中尽量采用三维实体设计,采用标准化、模块化设计,减少设计失误,提高设计效率。

(8)节省能源和轻量化设计,适应环境影响的各种要求。

在进行总体设计时,需同时制定设计规划书,其主要内容包括设计指导思想、主要参数、各部分采用的结构及其互相关系。设计规划书中应提出重量控制及在平面和断面布置图中无法反映的各种要求,作为各零部件具体结构的设计依据。选用新材料时,应进行经济性能分析,并考虑加工组成性能等。

## 二、轨道车辆总体设计流程

轨道车辆设计工作一般是按照产品策划、方案设计、技术设计、工作图设计、设计评审、设计和开发验证、开发确认、产品持续改进等几个步骤进行。但在实际工作中,方案设计、技术设计、工作图设计步骤往往是交叉进行的。对于一些设计者所熟悉的产品,常常在方案设计之后直接进行工作图设计,以缩短设计周期。对于一些新型车辆,也可以先提出方案设想,然后进行各关键零部件的设计、试制、试验和研究工作,在这些工作取得成果的基础上,再进行车辆的方案设计、技术设计和工作图设计。

**1. 产品策划**

产品策划应与质量管理体系及其他过程的要求一致,在对产品进行策划时,应确定以下几个方面的内容。

(1)产品的质量目标和要求。

(2)针对产品确定过程的文件和资源的需求。

(3)产品所要求的验证、确认、监测、检验和试验活动,以及产品的接受准则。

(4)做好产品实现过程及产品满足要求所需的记录。

设计任务书是产品设计工作的依据,应给出技术政策与法规、用途、主要技术经济指标和特殊要求,一般设计任务书的主要内容包括以下几个方面。

(1)概述、产品用途。

(2)主要技术参数。

(3)车体形式及构造。

(4)转向架的形式与要求。

(5)制动装置的形式与要求。

(6)车钩缓冲装置的型号。

(7)材质要求。

(8)油漆要求。

(9)环境保护及职业健康安全要求。

(10)其他特殊要求。

**2. 方案设计**

**1)调查研究,搜集资料**

搜集同类型车辆的有关图纸、资料(结构图纸、计算资料、照片和试验报告),调查其在运用、检修和制造中存在的问题，了解国内外新结构、新技术的发展情况，掌握材料的供应情况，以及工厂的生产设备、工艺条件等，作为设计时的参考。

**2) 拟定结构方案**

根据设计任务书的要求，拟定一个或几个结构方案，并从以下几个方面进行分析比较。

(1) 结构的合理性和技术经济指标的先进性。

(2) 运用、检修、制造的方便性和经济性。

(3) 原材料的来源是否有保证。

**3) 本阶段应完成的工作**

(1) 车辆主要规格和性能说明文件。

(2) 车辆总图、主要剖视图。

(3) 特殊或关键性的零部件图。

(4) 必要的结构性能参数及强度计算、车辆满足限界和车辆进出曲线计算。

(5) 确定车辆主要技术经济指标，并与国内外同类产品的比较。

(6) 新技术、新结构及关键性零部件的先期试验计划，试验结构的设计，试验大纲编制，并进行必要的性能试验。

(7) 材料的主要规格，以及标准化的综合要求等。

### 3. 技术设计

技术设计阶段应完成的工作有以下几点。

(1) 车辆总图、必要的大部件组成图、主要的零件图。

(2) 各部件零件图的关系尺寸和运动位置图，以及尺寸链计算。

(3) 车辆总体及主要零部件的强度、刚度及性能参数计算或估算。

(4) 主要外购件的明细表和特殊材料估算等。

(5) 产品的包装、吊运施工技术要求及所需的主要材料估算。

### 4. 工作图设计

工作图设计阶段应完成的工作有以下几点。

(1) 绘制车辆全部零部件图纸，制定加工制造技术要求。

(2) 编制产品技术文件及使用维护说明书。

(3) 进行必要的性能、强度、刚度的校核计算，编写计算书，进行重量计算。

(4) 编写材料明细表、通用件和易损件明细表。

(5) 编制图样目录。

(6) 项目产品数据管理(product data management，PDM)系统建立。

(7) 会同工艺、标准技术人员共同审查会签产品图。

### 5. 设计评审

设计评审分为方案设计评审、工作图设计评审及技术审查。

**1) 方案设计评审的主要内容**

(1) 产品设计满足输入要求的能力。

(2) 计算方法的正确性。

(3) 采用新技术、新工艺、新材料的可能性。

(4) 产品运用的安全性、结构的合理性和可维护性。

(5)产品技术水平的先进性。
(6)产品与国家有关法律、法规、条例及有关标准的符合性。

**2)工作图设计评审及技术审查的主要内容**
(1)产品设计满足输入要求的能力。
(2)零部件的工艺性、继承性。
(3)标准化、通用化程度。
(4)技术条件的合理性、试验方法的可行性。
(5)使用维护说明书的正确性。
(6)特殊原材料、外购件采购及加工的可行性。
(7)质量特性及重要性分级的合理性。
(8)关键零部件的产品标识及可追溯性是否合理。

### 6. 设计和开发验证

为确保设计和开发输出满足输入要求,应对设计和开发进行试验验证,主要内容有以下几点。
(1)样车试制。
(2)样车静强度、刚度试验。
(3)样车冲击试验。
(4)样车主要承载件动应力测试。
(5)样车线路动力学试验。
(6)限界试验。
(7)翻车机的形式试验。
(8)样车过驼峰试验。
(9)样车过曲线大超高试验。
(10)运用考核试验。

## 三、轨道车辆总体设计内容

轨道车辆总体设计是关键性环节,确定了列车的组成方式、牵引与制动性能、结构形式、规格尺寸、主要结构参数和性能参数等,基本上决定了产品设计的主要内容,它对产品使用性能、结构形式、各种设备的布置、车辆主要参数等都做出了原则性规定。在进行总体设计前要收集同类型轨道车辆在运用、检修、制造上存在的问题和有关图纸资料,如结构图纸、计算资料、试验报告等。要了解国内外轨道车辆先进结构、先进技术等,以便为设计提供依据和参考。

### 1. 总体设计具体内容

(1)确定列车中车辆的组成方式、牵引与制动性能、结构形式、主要结构参数和性能参数等。
(2)设计或选用标准部件和专用部件,如转向架、牵引电机、车钩缓冲装置的设计或选用等。
(3)绘制列车、各车辆三维实体图、二维总图及断面图,包括客车平面布置图、立面布置图、梁柱布置图及车外设备的布置图,进行重量均衡估算;确定各组成部分(件)的尺寸和位置。
(4)确定特殊零部件的结构形式、主要尺寸;分析活动部件的运动范围并进行干涉检查;

确定部件间的连接形式或安装方式等。

(5) 制定各主要组成部件的设计要求。

车辆各主要组成部件的设计要求的内容一般包括以下几个方面。

**1) 车体结构组成**

车体及其各主要组成的结构形式和设计要求；关键性梁柱的断面形状和尺寸；结构的材质和要求；重量控制；内墙板、地板、车顶内顶板和间隔筋的材质、色调和特殊要求等。

**2) 转向架**

对于新开发设计的转向架，应提出设计技术任务书。转向架的结构形式主要取决于弹簧悬挂装置、牵引电机和齿轮传动装置、制动装置的组成及其布置等。

若采用现有转向架，应指明型号，以便为车体和制动装置等部件设计提供资料。

**3) 牵引电机与齿轮传动装置**

牵引电机的选型与安装方式(架悬式或体悬式)，设计与齿轮传动装置的连接方式等。

**4) 制动系统**

车辆必须采用能提供强大制动力、可充分利用黏着、由多个子系统组成的复合制动系统。设计选择电制动、基础制动、手制动装置等主要型号和结构形式；设计选择车辆制动器、控制阀(分配阀)、比例阀、空重车调整装置、制动缸、闸调器等主要配件的型号；设计手制动装置的结构形式；完成制动装置部件和制动管路的布置和设计要求等。

**5) 车钩缓冲装置**

车钩缓冲器、密接式车钩、电气和风管连接器的型号分析与设计选择，确定车钩是上作用式还是下作用式。

**6) 车内设备**

客车的门窗、桌椅、行李架等的设计要求、美工工艺、材质等；棚车、保温车的车内设备的结构形式和安装位置。

**7) 客车给水、采暖、卫生和空调设备**

水箱的容量、数量、形式和安装位置；采暖设施的结构类型；洗脸盆、洗手器、便器的形式和布置，给水管路的设计要求；空调装置的结构形式、主要参数；部件的布置；风道的结构形式和控制系统。

**8) 辅助电气设备**

辅助整流装置、蓄电池、充电机的型号；照明灯具和其他用电器的结构形式；其他特殊的电器设备，如列车播音装置、电视、显示器等的设计要求。

(1) 协调和解决各组成部件在设计中出现的矛盾和问题。

(2) 车辆的美工造型是轨道车辆设计过程中不可缺少的组成部分，可以使车辆新结构在功能、运用、工艺美学上都达到最佳效果。

(3) 各种有关的分析校核计算工作，如系统动力学、空气动力学、振动模态、强度、刚度、性能参数等的分析计算等。

(4) 对车辆的某些关键部件(如轮轴、制动等)应广泛采用试验研究的方法，广泛应用模型试验和计算机辅助分析设计。

在进行总体设计中，必须认真贯彻轨道车辆产品设计的各项原则，如结构简单、合理、性能先进、经济耐用、运行安全、便于使用、便于检修、利于制造等，要积极采用和发展新技术、新工艺、新材料,尽量采用标准化设计,并使车体断面和平面布置美观大方,布局敞亮、舒适。

**2. 总体设计应注意的问题**

(1)车下设备(如制动、电气、供水、空调等设备及管路)的布置,应便于使用、检修、维护。车下设备的布置应尽量合理,不得与车辆走行部分碰撞,尤其在通过最小半径曲线时。

(2)对安装动力机械(如电机等)的车辆,应考虑车体在底架下悬挂梁的刚度与振动频率,适当采取隔振、防振和消音措施。

(3)重量配置应均衡,特别要注意较重设备或集中载荷的均衡布置。设计时,须对全车进行重量均衡估算,以评估车内设备及各种装置的布局对车体偏重的影响。进行均衡估算时,应考虑空车和重车两种情况,若偏重过大,应对设备的安装位置进行适当调整。

(4)对于车内平面布置,既要充分利用车内空间,又要做到互不干扰,应在有限的空间内,使布置合理、匀称。

**3. 车辆主要技术参数的设计**

车辆主要技术参数包括车辆载重、车辆自重、车辆轴数、车体容积、地板面积、车辆商业运营速度、车辆长度和其他尺寸等。为了能对各种车辆的性能进行比较,可采用一些比值参数,如车体比容积、比面积、自重系数、轴重、每延米轨道载重等。

车辆的使用期限较长,因此上述各参数不仅应适应当前的运输要求,还应考虑长远的运行条件。

**1) 车辆载重**

大载重车的优点是运输效率高、运输费用低。增加载重能降低车辆自重系数,减小单位载重运行阻力,增加车辆每延米重量,能够在不变站线长度的情况下增加列车重量,减少制造车辆的总投资和维修保养总费用,以及减少调车作业量。

货物流通数量及其组成情况和运输距离是决定车辆载重、车辆数量和所需车种的重要依据。对于货运量大、货源较集中、运输距离较长的情况,采用大载重车辆运输比较经济。正确地预计远景运量,能够做到有计划地发展车辆类型(车种、数量和载重量)。

车辆载重与车辆轴重、轴数和每延米轨道载重等因素有关。

(1)线路允许轴重和车辆轴数。

车辆最大载重与线路允许轴重和车辆轴数的关系为

$$P = \frac{nq_B}{1+k} \tag{2-1}$$

式中,$P$ 为车辆的最大载重(t);$n$ 为车辆轴数;$k$ 为车辆自重系数;$q_B$ 为线路允许轴重(t)。

增加车辆轴数能有效地提高车辆载重,通用货车一般是四轴车,可发展六轴车和八轴车。

(2)线路允许的车辆每延米轨道载重。

车辆每延米轨道载重为车辆总重量与车辆全长之比。车辆载重受线路钢轨桥梁承载能力的限制,按线路允许的车辆每延米轨道载重计算,车辆的最大载重为

$$P = \frac{Lq_n}{1+k} \tag{2-2}$$

式中,$L$ 为车辆两车钩连接线之间的距离(m);$q_n$ 为线路允许的车辆每延米轨道载重(t/m),我国铁路允许的最大值为 8 t/m。

可以在车辆限界和车辆重心高度许可的情况下适当加大车辆宽度和高度,缩短车辆的长

度，提高车辆每延米载重，在现有的站线长度下提高车辆载重。

**2) 车辆比容积、比面积最佳值的确定**

车辆外廓尺寸设计是否合理，决定车体容积与车辆载重的比值(比容积)选取是否合理。对于平车来说，外廓尺寸设计是否合理取决于地板面积与车辆载重的比值(比面积)。在我国，敞车的比容积一般取 $1.15\text{m}^3/\text{t}$，主要是以运煤为确定依据；平车的比面积一般为 $0.65\text{m}^2/\text{t}$。

**3) 车辆自重系数最佳值的确定**

货车自重系数指货车自重与车辆标记载重的比值，客车自重系数指客车自重与客车定员数的比值。车辆自重是列车重量中无运输效益的部分，设计时应力求减轻这个重量，以提高运营效率。在保证强度、刚度和使用寿命的条件下，车辆自重系数越小，运输经济性越高，它是衡量车辆设计合理性的一个重要指标。

通常，车辆的自重系数如下：客车为 0.45～0.65，硬卧车为 0.65～0.75，软卧车为 1.35～1.45，敞车为 0.30～0.35，棚车为 0.31～0.40，平车为 0.30～0.35，罐车为 0.30～0.40。

降低车辆自重的途径有以下几种。

(1) 采用新结构，进行结构优化，合理设计车辆整体结构及其零部件的结构。例如，尽可能采用轻型中梁或无中梁的整体承载车体；采用焊接、模压成型薄壁构件；选择合理的截面形式；改进局部节点设计，减少承载元件连接点的偏心；减轻车辆走行部分、制动装置、车钩缓冲装置和车内设备各构件的重量；应用精确的计算方法，正确分析车辆及其零部件的应力状态，选择恰当的安全系数，减少过多的强度储备。

(2) 采用新材料。合理选择车辆结构各零部件的材料，可采用低合金结构钢、高强度耐候钢、不锈钢和铝合金材料，以及新型聚酯合成材料等。

(3) 采用新工艺，改进车辆制造工艺。

## 第三节 轨道车辆限界及计算

设计车辆时，其横断面的形状和尺寸必须与线路上留出的空间相适应。因此，要对车辆横断面轮廓尺寸有一定的限制。

## 一、车辆限界的基本知识

铁路限界由机车车辆限界(简称车限)和建筑限界(简称建限)共同组成(图 2-1)，两者间相互制约与依存，是铁路安全行车的基本保证之一。

机车车辆限界和建筑限界是指在平直铁路线上，两者中心线重合时的一组尺寸约束所构成的极限轮廓，机车车辆限界限制了机车车辆横断面的最大尺寸。无论是空车还是重载状态，其横断面的最大尺寸均不得超过机车车辆限界，这一点在机车车辆的设计和制造中必须得到保证。建筑限界则是每一条铁路线必须保证留有的最小空间的横断面尺寸，凡靠近铁路线的建筑物及其他设备的任何部分在任何情况下都不得侵

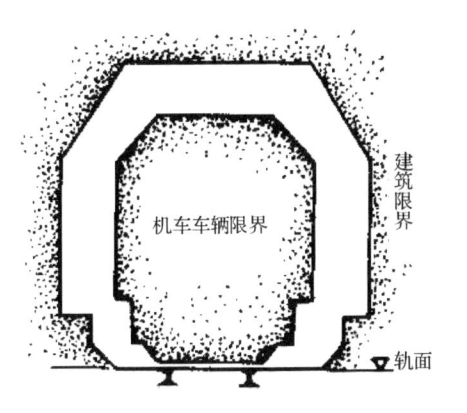

图 2-1 机车车辆限界和建筑限界及其相互关系示意图

入建筑限界,与机车车辆有直接作用的设备在使用中也不得超过规定的侵入范围。

在进行轨道车辆的总体设计时,要特别注意车辆的最大轮廓尺寸应控制在机车车辆限界内。同时,还要考虑当列车通过曲线区段时,车辆上各个部分是否会超出建筑限界。因此,设计轨道车辆时,还要进行轨道车辆曲线通过计算,以判明车辆在最小曲线半径上通过时,车体是否与建筑物或者与其交会的机车车辆相接触。当计算结果不能满足限界的要求时,则要调整轨道车辆轴距、减小车体的宽度或者长度,直到满足这一要求为止。

按照车辆限界的要求,实际的机车车辆与靠近铁路中心线的建筑物之间必须留有一定的为保证行车安全所需要的空间(图2-1),这部分空间包括以下8个方面。

(1)车辆制造公差引起的上下、左右方向的偏移或倾斜。

(2)车辆在名义载荷作用下,弹簧受压缩引起的下沉,以及弹簧由于性能上的误差可能引起的过大的偏移或倾斜。

(3)各个部分磨耗或永久变形而造成的车辆下沉,特别是左右侧不均匀磨耗或变形引起的车辆倾斜与偏转。

(4)轮轨之间及车辆自身各个部分存在的横向间隙造成车辆与线路之间可能形成的偏移。

(5)车辆在运行过程中因振动而造成的相对线路的偏移。

(6)在列车反复作用下产生的线路随机不平顺(高低、轨距、方向、水平不平顺)。

(7)运输某些特殊货物(不宜分解的大型、重型设备)时可能会超限。

(8)为应付可能出现的特殊情况,还应该有足够的裕留空间。

理论上,根据机车车辆限界定义及以上提出的8种空间的尺寸,可以分成三种不同的限界。

(1)无偏移限界。机车车辆限界仅考虑上述第(1)条内容时称为无偏移限界,又可称为制造限界。此时,车辆限界与建筑限界之间所留的空间应该很大。

(2)静偏移限界。机车车辆限界考虑了第(1)~(3)条的内容时称为静偏移限界或静态限界。

(3)动偏移限界。机车车辆限界考虑了第(1)~(5)条的内容时,则车辆限界与建筑限界之间所留的空间很少,这种限界称为动偏移限界或动态限界。

虽然三种限界都需要考虑以上8个方面的空间内容,但是在三种限界中,无偏移限界的空间利用率最低。这是因为对于不同的机车、车辆,可能发生的最大偏移量都各不相同。要把除了制造公差以外的全部空间内容都包含在机车车辆限界与建筑限界之间的空间内,所以这个空间只能留得尽可能大些,以免发生意外。动偏移限界的空间利用率最高,这是因为可以在车辆限界内考虑各种各样不同的机车、车辆可能发生的不同的偏移状况,而把车辆限界与建筑限界之间的不定因素减到最小限度。因此,车辆限界与建筑限界之间所留的空间可以最小。我国《标准轨距铁路限界 第1部分:机车车辆限界》(GB 146.1—2020)在横向基本属于无偏移限界;而在垂向除了要考虑车钩高度的变化外还要考虑弹簧的平均静挠度及垂向均匀磨耗,故基本属于静偏移限界。

在欧洲铁路,最权威的机车车辆限界是国际铁路联盟(International Union of Railways,UIC)动态限界。UIC动态限界是为了国际铁路联盟各个成员国的列车能够在该联盟所属范围内实现国际联运而制定的。它在动态限界的理论及实践上是目前比较完备的一个限界,分别对动车、无动力装置的客车、货车制订了动态限界,按有无受电装置、驱动装置及悬挂装置,以及是否需要通过驼峰等来进行限界区分。该限界由UIC 505-1~UIC 505-5五个规程及若干附件组成，为了能够较准确地确定各种偏移量，给出了较多的计算公式及应用实例。车辆停车时的净空称为静态限界，车辆运行时的净空称为动态限界，并定义如下：动态限界是以线路为基准的基准轮廓线的最外各点，按车轮在线路上运行时机车车辆各个部分最不利的位置来考虑，如轴承在轴箱内的偏移、车体相对轴箱的偏移、受未被平衡离心力作用或者过超高作用的影响车体产生的水平横向移动。车辆动态限界不考虑某些随机因素（如振动、偏载等），因而车辆簧上部件在振动过程中可能超过动态限界。另外，UIC 动态限界规定：沿线固定建筑物的限界则由各个成员国根据情况自行确定必要的安全裕量。图 2-2 为 UIC 动态限界示意图。

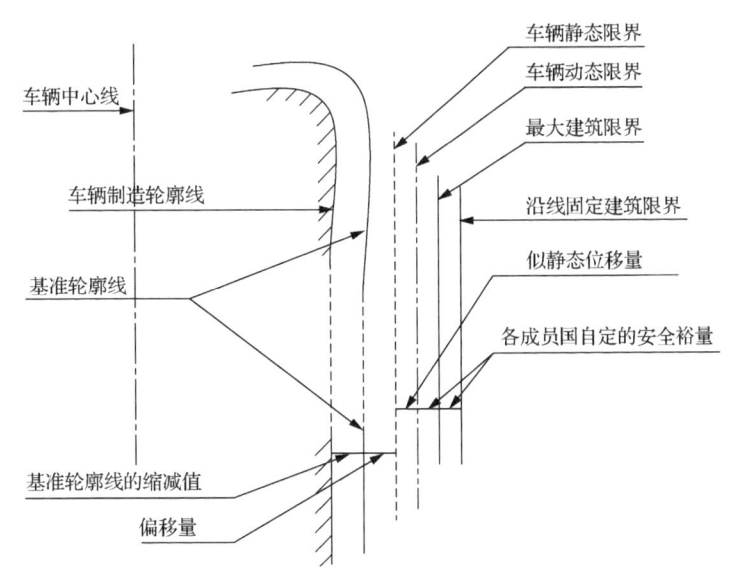

图 2-2　UIC 动态限界示意图

除了上述无偏移限界、静偏移限界和动偏移限界外，根据制订限界的原则，在某些特殊的路网上还可以使用特殊的限界。例如，地铁所涉及的路网仅在一个城市范围内，所使用的车辆形式又比较单一，故可以通过较精确的计算把第(1)～(6)条内容包括在车辆限界，这样的限界可以称为"动态包络线限界"。而在高速铁路客运专线上，在考虑行车安全时必须考虑空气动力学问题，因此复线的线间距及隧道截面积等都要比普通客运线路大。

## 二、车辆限界的尺寸

我国标准轨距铁路机车车辆限界须符合《标准轨距铁路限界　第 1 部分：机车车辆限界》(GB 146.1—2020)的要求，机车车辆限界基本轮廓以距轨面高 350mm 处为分界点，分为上、下两部分，即机车车辆上部限界-1A 和下部限界-1B，分别如图 2-3 和图 2-4 所示。

新造车辆上部在空载状态下横断面的最大尺寸，可按机车车辆上部限界-1A 中的实际轮廓尺寸设计制造。

在计入静载下的弹簧下沉量及最大磨耗量后，新造车辆下部的设计制造垂直尺寸不得小于机车车辆下部限界-1B 所规定的垂直尺寸。

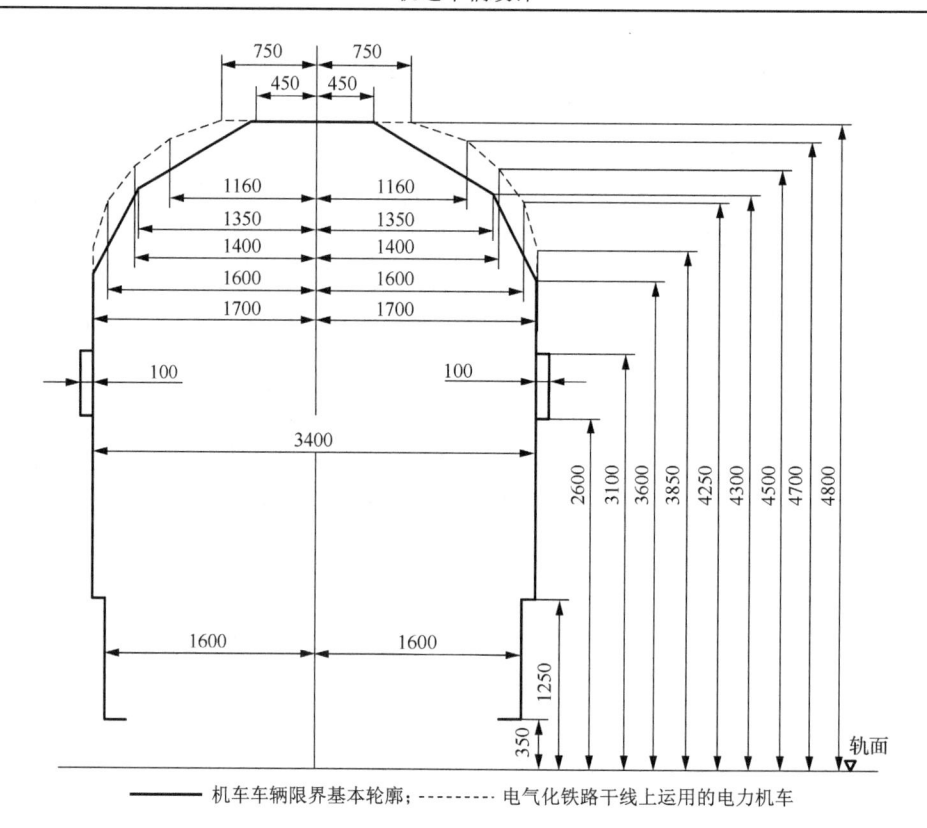

图 2-3 机车车辆上部限界-1A(单位：mm)

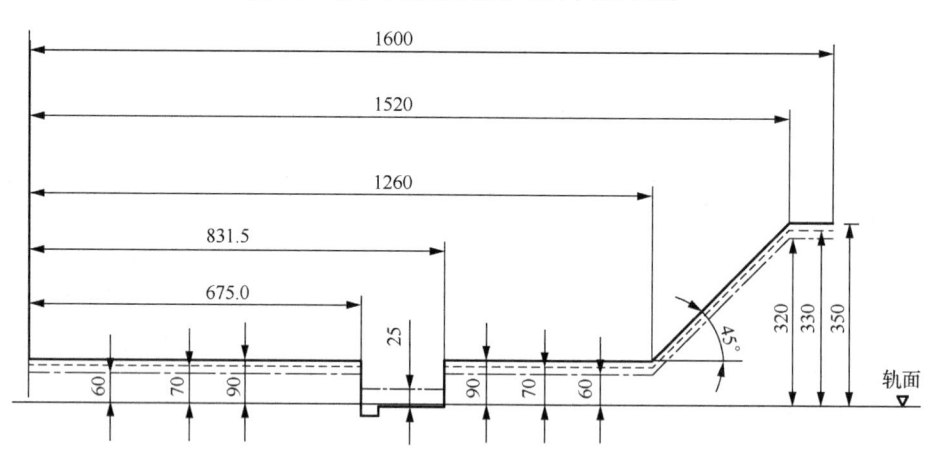

图 2-4 机车车辆下部限界-1B(单位：mm)

通过自动化、机械化驼峰车辆减速器的货车，在计入静载下的弹簧下沉量和最大磨耗后，其下部设计制造垂直尺寸不得小于车辆减速器在制动或工作位置时货车下部限界所规定的垂直尺寸(图 2-5)。车辆上部受电弓结构限界见图 2-6。

按车辆限界设计车辆时，限界的中心线为通过平直线路两钢轨中点的垂线。车辆中心线与限界中心线重合，车辆各部横向间隙和水平尺寸自中心线起算，以半宽与限界半宽进行比较，各垂直尺寸自轨面起算。

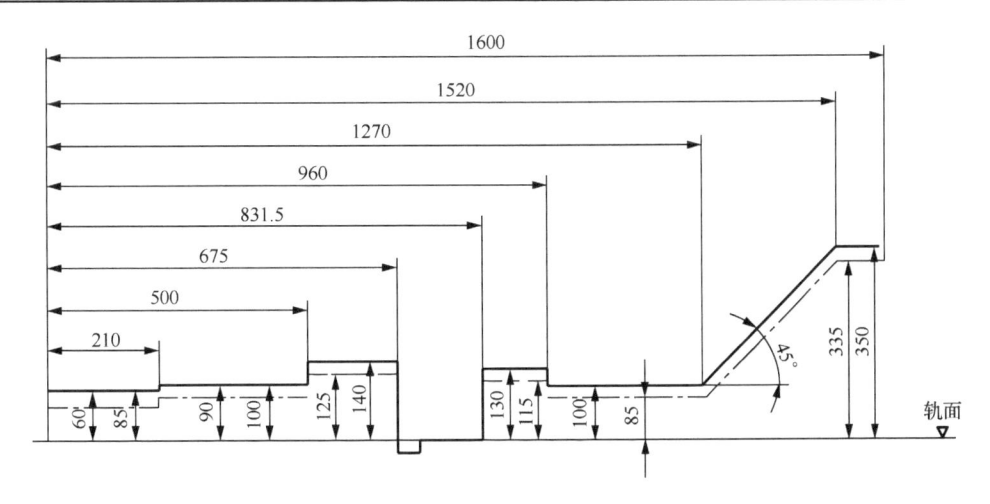

图 2-5　通过驼峰的货车下部限界(单位：mm)

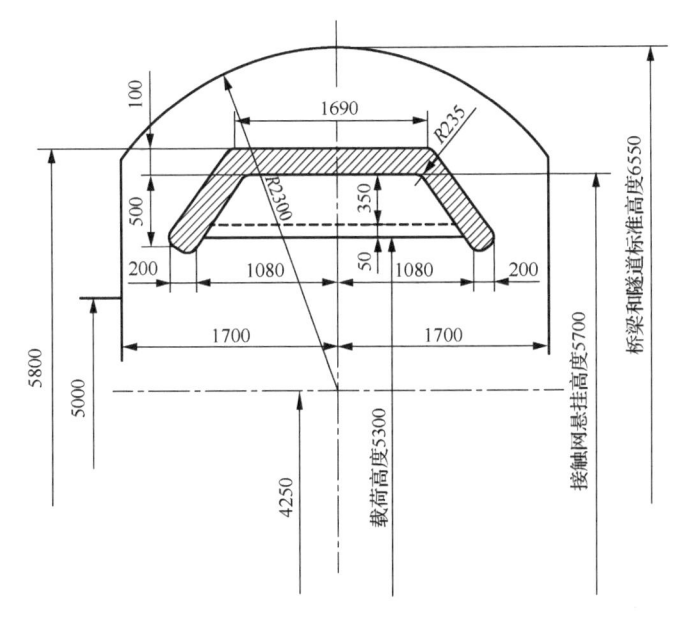

图 2-6　车辆上部受电弓结构限界(单位：mm)

## 三、相关分析计算

### 1. 在各种工况下满足静态限界的分析计算

中国高速铁路(China railway highspeed，CRH)动车组的静态限界主要包括以下几点：许可的最大车体宽度；最大许可车体高度及其可能出现的车体最小高度；允许的车体横截面；站台建筑限界等。

最大车体宽度计算需考虑三种不同情况下分别产生的最大许可车体宽度，这三种情况如下：①转向架外的直轨；②转向架之间的曲线轨道；③转向架外的曲线轨道。其中，限制性最强的是转向架之间半径为 300m 的曲线轨道，此时离轨面 1.25m 以上的最大许可车体宽度为 3.363m。需要注意的是，此数值还必须包括制造过程中的允许公差。此外，计算时还需考虑到部件的最大磨耗、制造公差、弹簧的最大压缩量等因素。

车体最小高度的计算需考虑两种不同情况：转向架之间和转向架之外。

车体横截面计算考虑两种工况,即车体中部和车体端部(图 2-7),实际车体的横截面应控制在此范围内。

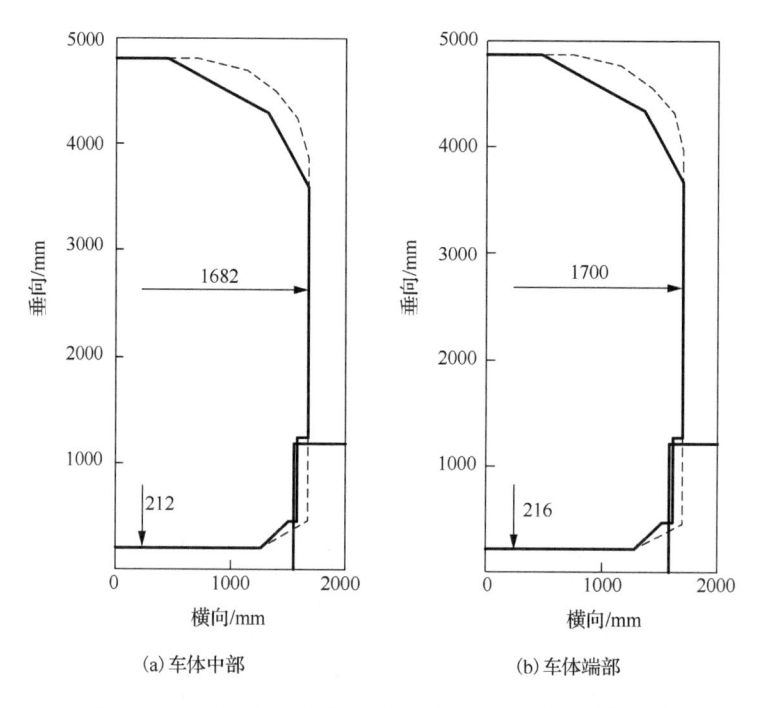

(a) 车体中部

(b) 车体端部

图 2-7 在各种工况下满足静态限界所允许的车体横截面

## 2. 动态包络线

**1) 计算意义**

为了更有效地利用限界空间,在留下与建筑限界之间安全间隙的情况下以机车车辆在运动中的静态轮廓所到达的最大位移点的连线,即动态包络线来判断机车车辆是否侵入限界。动态包络线的确定也就是对机车车辆振动偏移量的预估计,动态包络线的计算可以归结为机车车辆轮廓线最大振动偏移量的计算,即预先对目标机车车辆在不同线路状况、不同外界环境、不同运行速度下的振动偏移量进行估计。

**2) 动态包络线的定义**

机车车辆在正常运用中受线路不平顺、未平衡离心力和侧风等外界因素的综合扰动而产生偏移,由静态轮廓上的各点可能达到的最大偏移位置形成的轮廓范围称为动态包络线。

**3) 偏移量的组成**

偏移量可视为由两部分组成:静态部分和动态部分。其中,静态部分包括轨道误差和轮轨磨耗等。动态部分是指运动中的机车车辆对外界激励的响应,包括轮轨横向运动间隙、转向架的偏移、车体相对于构架的偏移、转向架侧滚形成的横移、车体侧滚形成的横移等。

**4) 最大偏移量的计算方法**

最大偏移量采用动力学计算方法计算,即通过对目标车辆、线路和轮轨的接触关系建模,模拟车辆运行时受外界因素,如轨道不平顺、风荷载等激励作用而产生的振动过程,从而求解车辆的最大偏移量。线路激励产生的车辆振动位移,也就是车辆偏移量的动态部分,通过动力学计算方法求得。加上动力学计算未涉及的静态部分,即可得出车辆的最大偏移量。

动力学计算可以采用两种方法：时域非线性计算和频域线性计算。采用频域线性计算时，建立车辆-轨道线性系统模型，轨道的位移激励以功率谱密度的函数（即线路谱）形式输入，求得车辆响应的功率谱 $Pc$，根据随机理论中自功率谱与方差、标准差之间的关系，即可得出车辆随机振动位移的标准差。将车辆的随机位移视为正态分布（均值为零），即可将标准差的 3 倍作为车辆最大振动位移的预估值。采用时域非线性计算时，直接对车辆部件及各部件间的连接单元模拟，其中的非线性单元，如止档间隙、抗蛇行阻尼、轮轨接触关系等不作线性化处理。轨道不平顺模型通过空间频率转换得到。外界侧风影响以等效恒力的形式引入计算模型中，并作用于车体的几何形心。等效风力与风速间有如下近似关系：

$$F_{\text{wind}} = Psv^2 / 2 \tag{2-3}$$

式中，$P$ 为大气压力；$s$ 为车体侧面积；$v$ 为风速。

## 第四节 轨道车辆主要尺寸参数和几何尺寸的选择和确定

轨道车辆属高速运行车辆的范畴，且以运送旅客或货物为目的，因此保持车辆高速运行的安全性、平稳性和舒适性是轨道车辆必须满足的重要指标和要求。另外，铁路限界、车钩高度、轴重、站台高度等，都会对车辆总体尺寸设计产生制约作用。此外，车辆的长度、宽度、高度三个尺寸之间是有一定内在联系的。轨道车辆总体设计就是要解决这些矛盾，在协调各种关系的基础上得到一个良好的结果。

## 一、车辆主要尺寸参数的选择

动车组主要尺寸参数包括车辆定距、转向架固定轴距、车辆总体尺寸等，如图 2-8 所示。

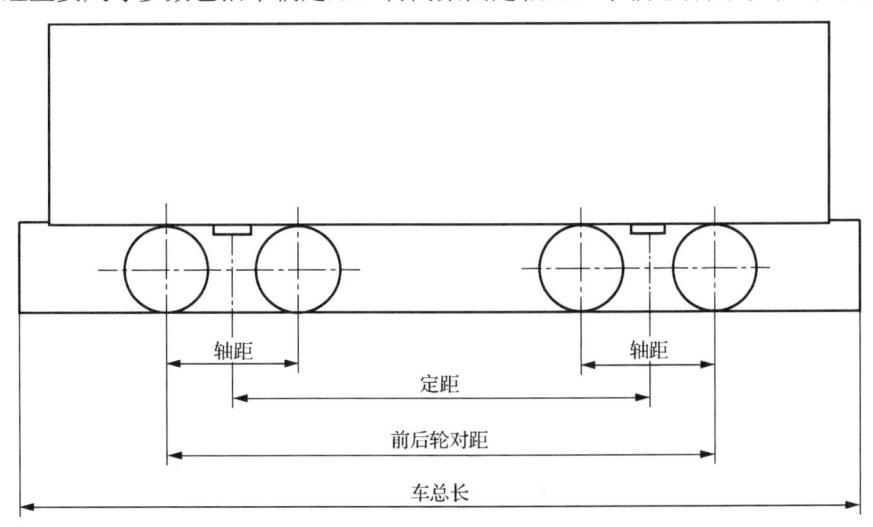

图 2-8 动车组几何尺寸

**1. 车辆定距**

车辆定距的选择要考虑它对整车其他尺寸参数、质量参数和使用性能的影响。车辆定距短一些，车辆总长、质量、最小通过曲线半径就小一些。但车辆定距过短也会带来一系列问题，如车厢长度不足、列车振动加大、高速运行性能恶化等。因此，在选择车辆定距时应综合考虑对相关方面的影响。现有动车组车辆定距一般取 18m 左右，如 CRH1 型、CRH2 型、CRH3 型、CRH5 型动车组的车辆定距分别为 19m、17.5m、17.375 m、19m。货车车辆定距一般取 9m 左右，如 C62 型货车、C70 型货车、C80 型货车、P64 型货车、P70 型货车分别为 8.7m、9.21m、8.2m、11.7m、12.1m。

### 2. 转向架固定轴距

较小的转向架固定轴距可使车辆更易于通过小半径曲线，减少轮轨间的磨耗，但其所带来的不利则是出现转向架蛇形运动速度提前，危及高速行车安全等。因此，转向架固定轴距应是高速运行稳定性与曲线通过性能的折中，一般动车组取值为 2.4～3.0m，如 CRH1 型、CRH2 型、CRH3 型、CRH5 型动车组的固定轴距分别为 2.7m、2.5m、2.5m、2.7m。地铁列车转向架固定轴距一般是 2.2m。货车转向架固定轴距通常取值为 1.65～1.80m，如转 K2 型、转 K3 型、转 K4 型分别为 1.75m、1.8m、1.75m。

### 3. 车辆总体尺寸

车体断面的轮廓（长、宽、高）尺寸的确定，以充分利用车辆限界为原则，以保证车内空间宽敞舒适为目标；车体顶部要考虑受电弓、空调机组、车顶高压配线等的高度，下部要考虑转向架各部件的磨耗，在车体振动下沉后应符合限界要求，一般需留有一定的间隙，宽度方向的间隙要考虑制造公差等。

**1）长度方向尺寸的确定**

车辆全长与车体外长间的关系主要与牵引缓冲装置的形式有关。车辆通过曲线时，其端部偏向曲线外侧而中部偏向曲线内侧，应尽量使这两个偏移量相等。车体长度与铁路限界的关系，限界对车辆最大宽度的制约问题主要体现在，车体长度增长后，在曲线上产生的偏移量超过计算车辆的偏移量之后，就要削减车体最大宽度的允许值。

车体长度的确定，必须与平面布置同时进行；对于系列产品，如头车、硬座车、软座车、餐车（酒吧车）、卧铺车等应进行通盘考虑，以确保系列产品合适的车长。例如，CRH2 型动车组车辆长度如下：头车 25.7m（含车钩）、中间车 25m（无车钩），车体长度头车 25.45m（含车钩）、中间车 24.5m（无车钩），车体宽度 3.38m，车体高度 3.7m；CRH3 型动车组车辆长度（包括车钩）24.825m、车体长度 24.175m（无车钩）、车体宽度 3.265m。

车体内长与运输对象有密切关系。对于客车，无论是软席车、硬席车、酒吧车，其座席之间均有必要的间隔距离。因此，车体的长度主要由客室长度（等于若干个间隔距离之和）决定，其余的面积则是辅助性的。乘务员室、盥洗室、厕所及通过台等辅助面积并不因座席数略有增减而变化。因此，客车发展的趋势也是增加载客量、增长车体。

**2）宽度方向尺寸的确定**

车辆宽度方向的尺寸主要受限界的严格控制，原则上，在设计轨道车辆时只要在限界的允许范围内，都应想办法把车体设计得尽可能宽些。

**3）高度方向尺寸的确定**

①车辆地板面高度的确定，地板面距轨高度不能由设计者随心所欲地确定，它受到客车、货车站台高度、车钩高度及转向架心盘面高度等多种因素的制约，而且这些因素对每一种车的影响又不完全一致。以目前我国车辆为例，在新造或修竣时，空车状态下的钩高标准值为 880mm。②车辆上部高度的确定，根据实践经验，在确定各种车辆上部尺寸时牵涉到的问题不尽相同，需要按矛盾的性质用不同的方法加以考虑。

而货车设计中可首先限定车体的比容积(或比面积),确定车辆的外廓尺寸和车辆定距等,然后再确定其他参数,如 C62 型、C70 型、C80 型通用敞车的比容积分别是 1.2 m³/t、1.1 m³/t、1.06 m³/t,车长分别是 13.438m、13.976m、12m,车宽分别为 3.242m、3.242m、3.284m,车高分别为 3.095m、3.143m、3.793m。

#### 4. 车辆客室平面布置设计

平面布置应根据技术设计任务书规定的车辆用途、使用范围等要求来拟定。

**1) 设计要求**

针对目前轨道车辆设计所采用的设计新理念,一方面要通过人机工程学中提供的人体尺寸、视觉分析、色彩知识等来进行车辆客室设计;另一方面,还要研究现有结构的优缺点,借鉴国外的资料,参考客运飞机、大客车、小轿车中客室设计的成功经验,处理和协调好车内的各种关系,还要在列车乘务、服务人员及旅客中进行广泛调查。

**2) 座车主客室设计**

座车主客室的设计关键在于座席的安排与布置,而座席的安排和布置又与定员数和车种有关。在参考现有车辆客室座椅安排的基础上,根据座椅的安排确定客室面积。另外,客室设计中还应充分考虑到便于列车乘务人员清扫客室,客室中不易清扫和抹擦的部分是:两层玻璃窗的内侧;座椅下部;座椅与侧墙间的间隙等处。车窗的设计与布置对客室总体效果的影响很大,从物理性能上说,车窗将削弱或影响车体的强度及隔热性能,但在白天必须用它来采光和通风(对于非空调客车),甚至在某些紧急状态下,车窗是车厢内外沟通的通道,必须设置。

一般座车的平面布置主要包括客室和辅助间两部分。客室部分直接用来服务旅客,因此应精确考虑座位布置尺寸、间距、走廊宽度等;客室两端通道的设计应考虑旅客进出方便;卧铺车应考虑包间造型敞亮、舒适、布置合理。

辅助部分面积、位置布局要方便使用,同时要考虑安装其他设备所需的空间大小,如电气控制装置等。车窗车门大小、位置及开启方向均应统筹安排,要利于旅客通过,互不干扰。门窗断面布置,主要考虑窗口高度、座椅、行李架、卧铺,以及通风、水、电等主要设备空间的位置尺寸和相互关系,并确保断面轮廓不超出车辆限界。

## 二、车辆各尺寸间的关系

### 1. 车辆全长与车体外长间的关系

车辆全长与车体外长间的关系主要与牵引缓冲装置形式有关,对于使用 CRH2 及 CRH5 型密接式车钩的车辆,其钩舌内侧面距车体外缘的距离分别约为 250 mm 及 450mm,而 C80 型铝合金运煤敞车的钩舌内侧面距车体外缘的距离为 520 mm,见图 2-9。

### 2. 车体外长与转向架中心距间的关系

当车辆通过曲线时,其端部偏向曲线外侧,而中部偏向曲线内侧(图 2-10),偏移量的大小与车辆长度、车辆定距、转向架固定轴距(多轴转向架为外侧两轮对中心距)以及曲线半径有关,为保证两个偏移量尽量相等,车长 $L$ 与两转向架中心距 $S$ 之比最好等于 $\sqrt{2}$,具体可按下列公式进行分析计算。

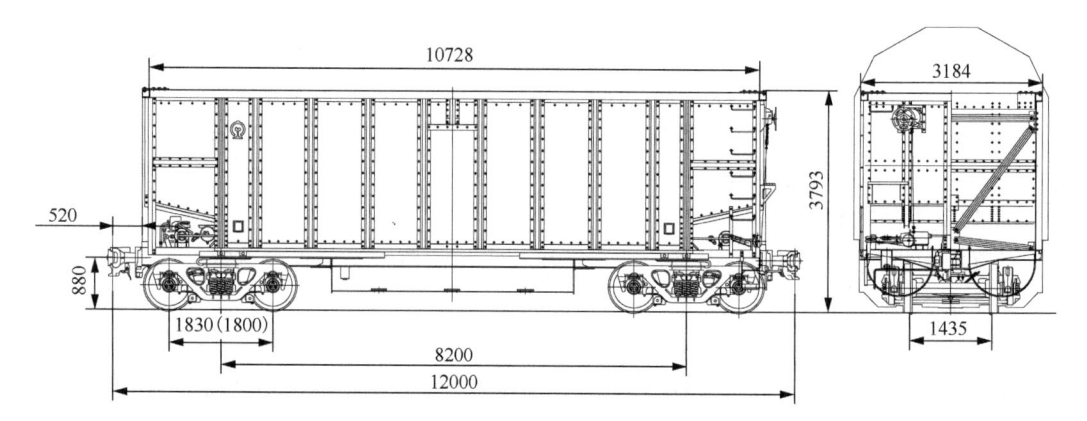

图 2-9 C80 型铝合金运煤敞车（单位：mm）

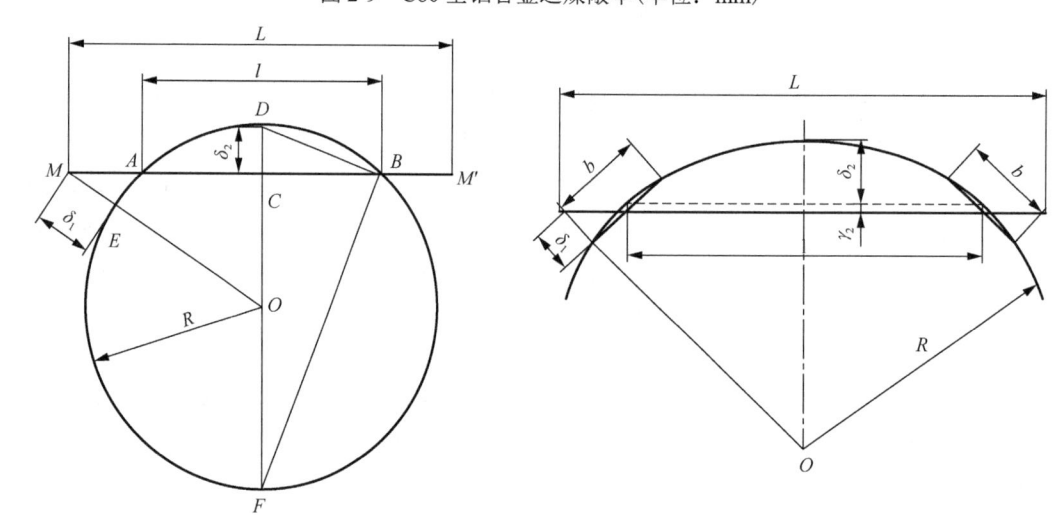

图 2-10 二轴和四轴车辆在曲线上的偏移情况

对于有转向架的四轴车，中部偏移量为

$$W_m = \delta_2 + \gamma_2 = \frac{l^2 + S^2}{8R} \tag{2-4}$$

端部偏移量为

$$W_e = \delta_1 = \frac{L^2 - l^2 - S^2}{8R} \tag{2-5}$$

式中，$L$ 为车体长度；$l$ 为车辆定距；$S$ 为转向架固定轴距；$R$ 为线路曲线半径。

上述公式是在假定车轮与钢轨之间没有间隙，车轮与钢轨之间没有相对移动的情况下得到的。为更充分合理地利用限界，应尽量使车辆中部的偏移量和端部的偏移量相等，即 $W_m = W_e$：

$$\frac{L^2 - l^2}{8R} = \frac{l^2}{8R} \tag{2-6}$$

得

$$L/l = \sqrt{2} \tag{2-7}$$

也就是说，在设计车辆时，其车体长度与车辆定距之比等于 1.4 左右时比较合适。

对于客（货）车，《标准轨距铁路机车车辆限界 第 1 部分：机车车辆限界》(GB 146.1—2020) 中规定的计算车辆为 $L=26\text{m}(13.22\text{m})$，$l=18\text{m}(9.35\text{m})$，最大容许制造宽度为 3400 mm，这

时有 $L/l = \sqrt{2}$。具有这样尺寸的车辆定义为计算车辆(用于宽度计算),计算车辆在曲线半径为 300 m 的计算曲线上,客车中部和端部的最大偏移量分别为 135 mm 和 147 mm,货车中部和端部的最大偏移量为 36 mm。

### 3. 车体尺寸与铁路限界的关系

铁路限界对车辆最大宽度的制约问题是指,若车体长度增加后在曲线上的偏移量超过计算车辆的偏移量,就需要缩小车体最大宽度的允许值。若设计车辆的曲线偏移量超过计算车辆的曲线偏移量,车体的增长就意味着需要减少车宽,两相比较,实质问题是地板承载面积是否能增大、客室设备是否好安排等。因此,世界各国的车辆虽有逐渐加长的趋势,但均受相应的机车车辆限界的制约,不能任意加长。

另一个相关的问题是对于轨道车辆这种类似二支点的车体,当车体总长及两转向架中心距均相应增加后,支点间的跨距及外伸端均加长了,所受弯矩也随之增大,为保证车体具有必要的强度与刚度,必须加大结构中各梁、柱的截面,这样又会使自重增加。

### 4. 车辆最大允许宽度的计算方法

(1) 计算车辆在计算曲线上中部和端部的最大静偏移量 $D_m$ 和 $D_e$ 的计算分别如式(2-8)和式(2-9)所示,计算曲线半径 $R$ 取为 300m。

$$D_m = \frac{l^2}{8R} \tag{2-8}$$

$$D_e = \frac{L^2 - l^2}{8R} \tag{2-9}$$

(2) 根据所设计车辆的车体长度、车辆定距和转向架固定轴距,按式(2-6)和式(2-7)计算所设计车辆在计算曲线上的静偏移量 $W_m$ 和 $W_e$。

(3) 按式(2-8)和式(2-9)确定车辆宽度的缩减量。

车体中部宽度缩减量为

$$C_m = W_m - D_m \tag{2-10a}$$

车体端部宽度缩减量为

$$C_e = W_e - D_e \tag{2-10b}$$

若 $W_m < D_m$,$W_e < D_e$,就不进行缩减。

(4) 确定车辆在距轨面某一高度处的最大容许宽度。

$$2B = 2(B_g - C) \tag{2-11}$$

式中,$B$ 为车辆距轨面某一高度处的最大容许设计制造半宽(mm);$B_g$ 为机车车辆限界在同一高度处的最大半宽(mm);$C$ 为 $C_m$、$C_e$ 中的较大者(若为负值,取零)。

在车辆设计中,当车体长度或转向架中心距超过计算车辆的规定时,需相应地缩减其最大容许宽度。

### 5. 高速车辆宽度方向尺寸的确定

高速车辆宽度方向的尺寸主要受限界的严格控制,原则上,只要在限界的允许范围内,车体应尽可能设计宽些。

由《标准轨距铁路限界 第 1 部分:机车车辆限界》(GB 1461—2020)可知,需计算车辆在半径为 300m 的计算曲线上时,其中部最大偏移量为 135mm,端部为 147mm。同时,对于机车车辆自轨面起 350~1300mm 处的宽度还应校核其动态包络线。动态包络线应不超过《标准轨距铁路限界 第 2 部分:建筑限界》(GB 1462—2020)中有关站台宽度的规定(供需双方另有协议的按协议办理)。其中,通过站台、非通过站台按大于160km/h速度运行计算;风速按15m/s计算。

### 6. 车辆高度方向尺寸的确定

**1) 车辆地板面高度的确定**

通常,动车组车辆地板面应与站台高度基本一致,这是为了方便适应旅客上下车。

为了安全可靠,列车中各辆车的钩高应基本一致。CRH型列动车组的车钩高度约为1000mm,保证正常传递力及动车组运行时不会发生脱钩事故。车钩缓冲装置安装在底架中梁前端的牵引梁内,同时底架又放置在两台转向架上,故车钩高度及转向架空气弹簧上表面距轨面的高度也是控制地板面高度的一个因素。转向架空气弹簧上表面距轨面的高度并非标准值,它与轮径和结构有关。

**2) 车辆上部高度的确定**

客车内部希望有较高的净空,因此车顶必须有一个合适的高度。高速机车车辆限界中的高车限,即上部限界-1A提供了顶部轮廓,自轨面3850mm高度处开始在横向收小,用了四段折线连接到顶部宽度为1500mm的水平线上。对于高速动车组,为减小空气阻力等,应适当降低车顶高度。

## 三、车辆相关部件之间间隙的确定

当列车通过曲线或变坡点时,车辆的某些部件之间及相邻的两车辆之间均会产生相对运动,故需要通过必要的计算来确定各部件合理的间隙。

### 1. 通过平面曲线时车体与转向架间的相对转动

车辆底架下部及转向架上部可能有凸出零部件,当车辆处于直线区段时,两者间有足够的间隙;但当车辆通过曲线时,车体与转向架产生相对转动,凸出部分可能与有关部位相碰,导致车辆构件损坏或引起行车事故。因此,在总体设计时应避免这种相碰的可能,为此要计算出车辆通过曲线时,底架与转向架间的相对转角$\gamma$。通常,在车辆通过曲线时,转向架可能出现三种位置,且当运行速度较低时必然处于最大倾斜位置,车体与转向架之间相对转动的最大夹角就产生在前、后两台转向架均处于最大倾斜位置时,见图2-11。

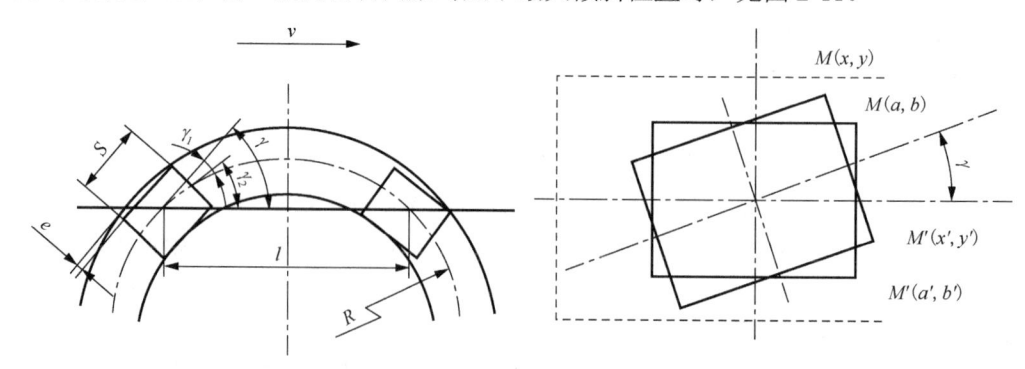

图2-11 车体与转向架在曲线处的相对位置

当不考虑转向架本身的各种游间(特指游动过程中的间隙,简称游间),即把轮对作为刚性定位考虑时,可以使问题简化。此时车体与转向架之间的夹角由$\gamma_1$及$\gamma_2$两部分构成,$\gamma_1$是转向架处于最大倾斜位置时,转向架纵向中心线与线路纵向中心线之间的夹角,可由式(2-12)求得:

$$\gamma_1 = \frac{e}{S} \tag{2-12}$$

式中，$e$ 为车轮轮缘与曲线外轨之间的总游间，包括新车轮的轮缘与钢轨之间的间隙、轮缘及钢轨侧面的最大磨耗量；$S$ 为固定轴距。

$\gamma_2$ 为车体纵向中心线与线路纵向中心线之间的夹角，可从图 2-11 中的几何关系求得：

$$\gamma_2 \approx \tan\gamma_2 \approx \frac{l}{2R} \tag{2-13}$$

式中，$l$ 为车辆定距；$R$ 为线路曲线半径。

因此有

$$\gamma = \gamma_1 + \gamma_2 = \frac{e}{l} + \frac{S}{2R} \tag{2-14}$$

求得最大夹角后即可确定车体与转向架之间横向或纵向的相对偏移量。在图 2-11 中假设转向架构架上有两个点 $M(a, b)$ 及 $M'(a, -b)$，当转向架反时针偏转 $\gamma$ 后，$M$ 及 $M'$ 点的坐标可由解析几何公式求得：

$$\begin{cases} x = a\cos\gamma - b\sin\gamma \\ y = a\sin\gamma + b\cos\gamma \\ x' = a\cos\gamma + b\sin\gamma \\ y' = a\sin\gamma - b\cos\gamma \end{cases} \tag{2-15}$$

以 $M$ 点为例，它横向偏移了 $y-b$，故转向架与底架这个凸出部分之间的横向间隙应大于 $y-b$；同理，$M$ 点纵向偏移了 $a-x$，也应保证这个部位与凸出部分之间的纵向间隙大于 $a-x$。

**2. 通过平面圆曲线时两车端部的最小间隙及车钩的摆角**

当列车通过半径为 $R$ 的圆曲线区段时，两相邻车辆所处的位置如图 2-12 所示，此时靠曲线内侧的两车端部互相接近，车端设有的风挡、脚蹬等需要通过校核，确保两相邻车辆在通过曲线时，端部的有关部件不会相碰。假定两车车体长度、两转向架之间的中心距及车宽均不相等，且其值分别为 $L_1$、$L_2$、$S_1$、$S_2$ 及 $B_1$、$B_2$。

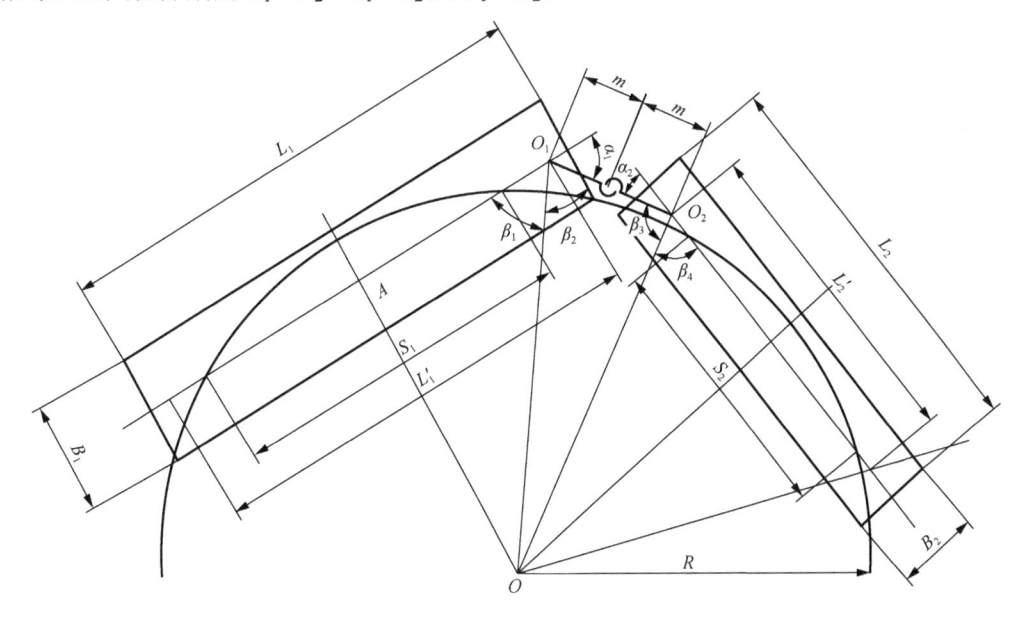

图 2-12 相邻两车辆在曲线上的位置

若不计车钩钩体与钩托板之间及车钩铰节点处的摩擦，则车钩中心线的位置必处在通过车钩铰接点 $O_1$、$O_2$ 的连线上，即 $O_1$、$O_2$ 与两车体的纵向中心线之间形成的角度分别为 $\alpha_1$、$\alpha_2$，其值分别为

$$\alpha_1 = 180° - (\beta_1 + \beta_2) \tag{2-16}$$

$$\alpha_2 = 180° - (\beta_3 + \beta_4) \tag{2-17}$$

若每节车辆两车钩铰接点之间的距离分别为 $L_1'$ 及 $L_2'$，同时 $OA \approx R$，则可得

$$\tan\beta_1 = \frac{2R}{L_1'}, \quad \tan\beta_4 = \frac{2R}{L_2'} \tag{2-18}$$

并由 $\triangle OO_1O_2$ 可求得

$$\tan\frac{\beta}{2} = \sqrt{\frac{1-\cos\beta}{1+\cos\beta}} \tag{2-19}$$

$$\tan\frac{\beta_2}{2} = \frac{DN}{Q-b_1} \tag{2-20}$$

$$\tan\frac{\beta_3}{2} = \frac{DN}{Q-b_2} \tag{2-21}$$

式中，$b_1 = OO_1 \approx R$；$b_2 = OO_2 \approx R$；$Q = \frac{1}{2}(b_1 + b_2 + 2m)$，即 $\triangle OO_1O_2$ 周长的一半，$2m$ 为相邻两车钩铰接点中心间的距离；$DN = \sqrt{\frac{(Q-b_1)(Q-b_2)(Q-2m)}{Q}}$，即 $\triangle OO_1O_2$ 内切圆的半径。

求得 $\alpha_1$、$\alpha_2$ 后，根据图 2-13 中的几何关系即可计算出相邻两车辆车端有关部件之间的间隙 $\Delta$：

$$\Delta = 2m - \left[\cos(\delta_1 - b_1)\sqrt{\left(\frac{B_1}{2}\right)^2 + K_1^2} + \cos(\delta_2 - b_2)\sqrt{\left(\frac{B_2}{2}\right)^2 + K_2^2}\right] \tag{2-22}$$

式中，$K_1 = \frac{L_1 - L_1'}{2}$；$K_2 = \frac{L_2 - L_2'}{2}$；$\delta_1 = \arctan\frac{B_1}{2K_1}$；$\delta_2 = \arctan\frac{B_2}{2K_2}$。

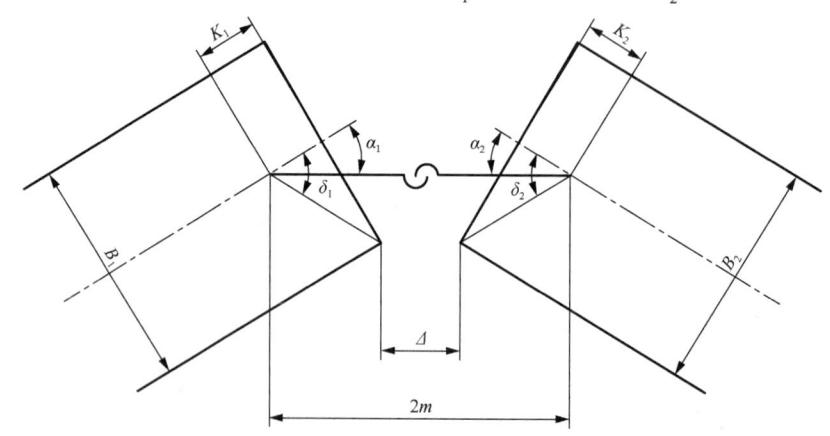

图 2-13 相邻两车辆的端部间隙

若相邻的两车辆为同一类型，式 (2-22) 可简化为

$$\Delta = 2\left[m - \cos(\delta - b)\sqrt{\left(\frac{B}{2}\right)^2 + K^2}\right] \tag{2-23}$$

为了确保相邻两车辆在通过曲线时，端部不会相碰，间隙 $\Delta$ 必须大于相邻两个缓冲器的全压缩行程之和加上钩缓装置各部分的最大纵向磨耗量，且应留有必要的安全裕量。

**3. 通过直线和曲线交接区段（直-圆曲线）时两车辆的端部情况**

如图 2-14 所示，一辆车位于曲线上，而与其相连的另一辆车位于运行方向直线上，当连挂车辆处于这种最不利的偏移位置时，假定前一辆车的车钩旋转中心点 $C$ 位于曲线与直线交接点 $H$ 处的曲线半径的延长线上。

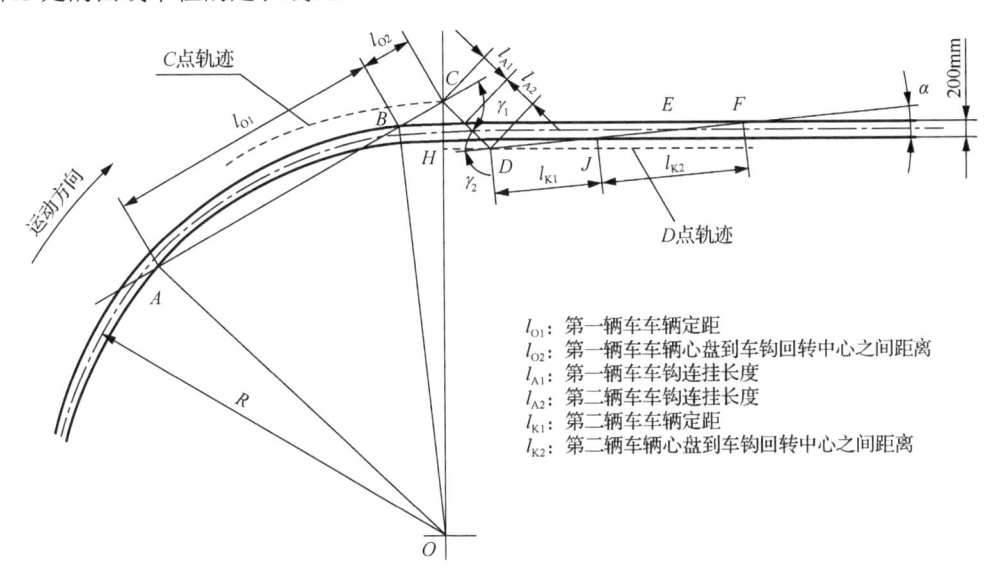

图 2-14 相邻两车辆在曲线上的位置

$l_{O1}$：第一辆车车辆定距
$l_{O2}$：第一辆车车辆心盘到车钩回转中心之间距离
$l_{A1}$：第一辆车车钩连挂长度
$l_{A2}$：第二辆车车钩连挂长度
$l_{K1}$：第二辆车车辆定距
$l_{K2}$：第二辆车辆心盘到车钩回转中心之间距离

点 $C$ 和点 $H$ 在对应上述位置时，偏移角 $\gamma_1$ 和 $\gamma_2$ 具有最大值，连挂车辆处于这种位置时，车钩纵向中心线对车体纵向中心线的偏移角 $\gamma_1$ 和 $\gamma_2$ 最大，从两个相应的三角形几何关系可以求得

$$CO^2 = AO^2 + AC^2 - 2AO \times AC \cos \angle AOB \quad (2\text{-}24)$$

$$\cos \angle ACO = \frac{AC^2 + CO^2 - AO^2}{2AC \times CO} \quad (2\text{-}25)$$

$$EJ = DE \sin \alpha = DE \frac{2C_n}{EF} \quad (2\text{-}26)$$

$$\cos \angle HCD = \frac{CH}{CD} = \frac{CO - R + C_n + EJ}{CD} \quad (2\text{-}27)$$

由此可得

$$\gamma_1 = 180° - \angle ACO - \angle HCD \quad (2\text{-}28)$$

$$\gamma_2 = 90° - \angle HCD + \alpha \quad (2\text{-}29)$$

**4. 通过反向无过渡直线的 S 形曲线时两车的端部情况**

如图 2-15 所示为车辆通过具有相同半径的反向 S 形曲线时的情况，假定两曲线间无直线插入段，当两辆车的车钩交接点在两曲线交点时最为危险，这种情况下车钩中心线相对于车体中心线发生的偏移量最大，其计算公式如下：

$$\begin{cases} a_1 = \sqrt{R^2 + d_1 f_1}, \quad a_2 = \sqrt{R^2 + d_2 f_2} \\ \alpha_1 = \arccos\left(\dfrac{d_1 + f_1}{2a_1}\right), \quad \alpha_2 = \arccos\left(\dfrac{d_2 + f_2}{2a_2}\right) \\ e_1 = 2R - a_2, \quad e_2 = 2R - a_1 \\ \beta_1 = \arccos\left(\dfrac{p^2 + a_1^2 - e_1^2}{2pa_1}\right), \quad \beta_2 = \arccos\left(\dfrac{p^2 + a_2^2 - e_2^2}{2pa_2}\right) \\ \gamma_1 = \pi - \alpha_1 - \beta_1, \quad \gamma_2 = \pi - \alpha_2 - \beta_2 \end{cases} \quad (2\text{-}30)$$

式中，$R$ 为曲线半径(m)；$p$ 为两连挂车钩中心线为一条直线时，两车钩转动中心间的长度(m)；$f_1$、$f_2$ 为车辆心盘中心到车钩转动中心间的长度(m)；$d_1$ 和 $d_2$ 为车辆定距与 $f$ 值之和(m)。

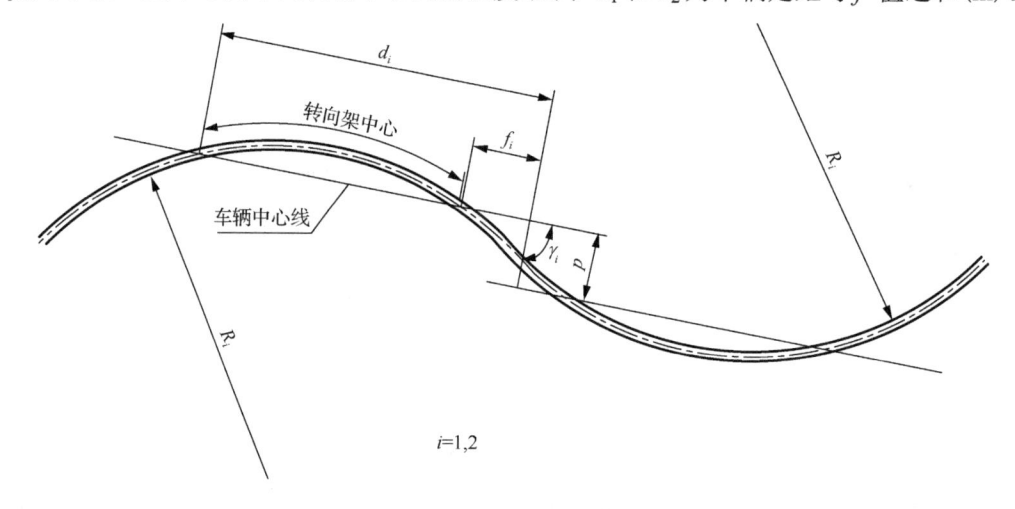

图 2-15 相邻两车辆在无过渡直线的 S 形曲线上的位置

**5. 通过反向有过渡直线的 S 形曲线时两车的端部情况**

如图 2-16 所示为车辆通过具有相同半径的反向 S 形曲线(曲线+过渡直线+曲线)时的一般情况，假定两辆车的车钩交接点在过渡直线的中间位置，这种情况下车钩中心线相对于车体中心线发生的偏移量最大，最为危险。

计算公式如下：

$$\begin{cases} \dfrac{f^2 + \left(\dfrac{S}{2} - x\right)^2 - \dfrac{p^2}{4}}{2f\left(\dfrac{S}{2} - x\right)} = \dfrac{x}{\sqrt{x^2 + y^2}} \\ \dfrac{\left(d - f - \sqrt{x^2 + y^2}\right) + (R - y)^2 - R^2}{2\left(d - f - \sqrt{x^2 + y^2}\right)(R - y)} = \dfrac{y}{\sqrt{x^2 + y^2}} = \cos\beta \end{cases} \quad (2\text{-}31)$$

式中，$f$ 为车辆心盘中心到车钩转动中心间的长度（m）；$S$ 表示直线段长度(一般取 10m)；$x$ 表示车体与直线段交点到圆与直线交点的距离；$y$ 表示圆与直线交点到圆心的直线与车体的交点距离。

因上述表达式过于复杂，无法求出解析式，只能采用数值求解方法。求出 $x$ 和 $y$ 后，可方便地求出 $\gamma_1$ 和 $\gamma_2$。

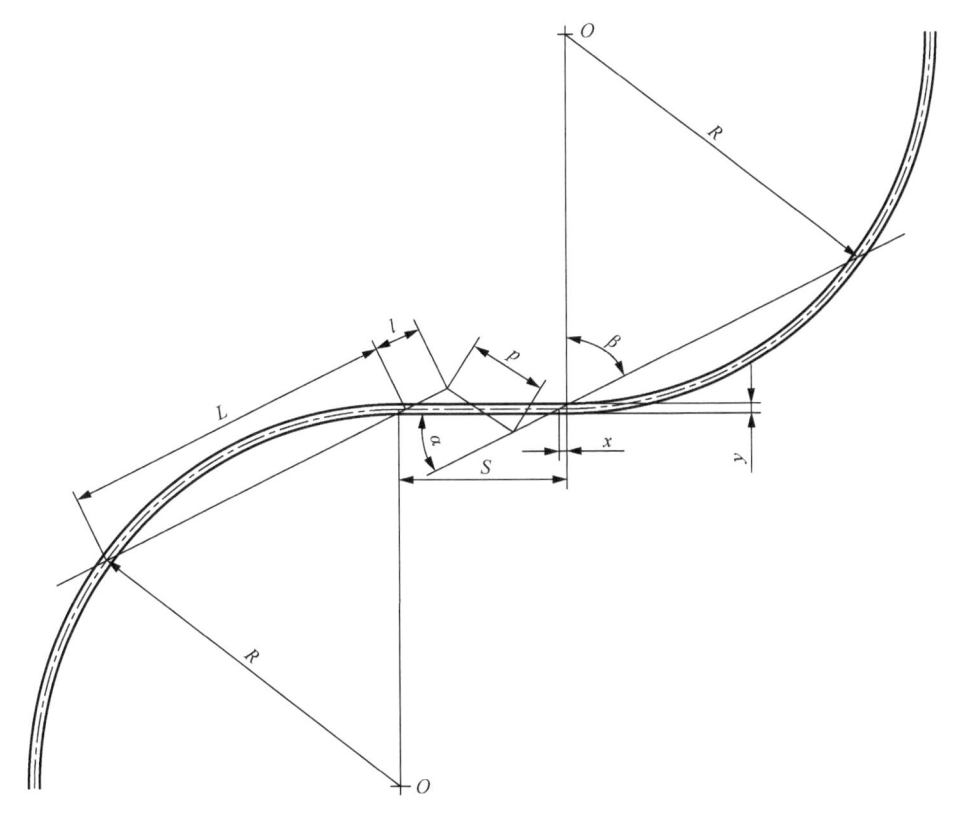

图 2-16 相邻两车辆在有过渡直线的 S 形曲线上的位置

**6. 通过反向无过渡直线的 S 形曲线，考虑带转向架时两车的端部情况**

当车辆运行于具有最小曲线半径的 S 形曲线上时，车钩中心线相当于车体中心线发生的偏移量最大。不同结构和尺寸的车辆连挂在一起，处在 S 形曲线时的位置简图如图 2-17 所示。

这些角度由下列公式确定：

$$\begin{cases} \beta_1 = \arctan\dfrac{l_1/2 + n_1 + m}{R_1} \\ \beta_2 = \arctan\dfrac{l_2/2 + n_2 + m}{R_2} \\ \gamma = \arcsin\dfrac{b_1 + b_2}{2m} \end{cases} \quad (2\text{-}32)$$

式中，$l_1$、$l_2$ 为两连挂车辆的定距；$n_1$、$n_2$ 为由心盘至钩尾销结中心之间的距离；$2m$ 为两个连接车钩钩尾销结中心之间的距离；$R_1$、$R_2$ 为 S 形曲线的两个半径；$b_1$、$b_2$ 为钩尾销结中心 $A_1$ 和 $A_2$ 点的横向位移(沿 $Oy$ 方向的位移)。

横向位移为

$$b_1 = \dfrac{(l_1 + n_1) - (S_1/2)^2 - m^2}{2R_1} \quad (2\text{-}33)$$

$$b_2 = \dfrac{(l_2 + n_2) - (S_2/2)^2 - m^2}{2R_2} \quad (2\text{-}34)$$

式中，$S_1$、$S_2$ 为两车辆转向架的轴距。

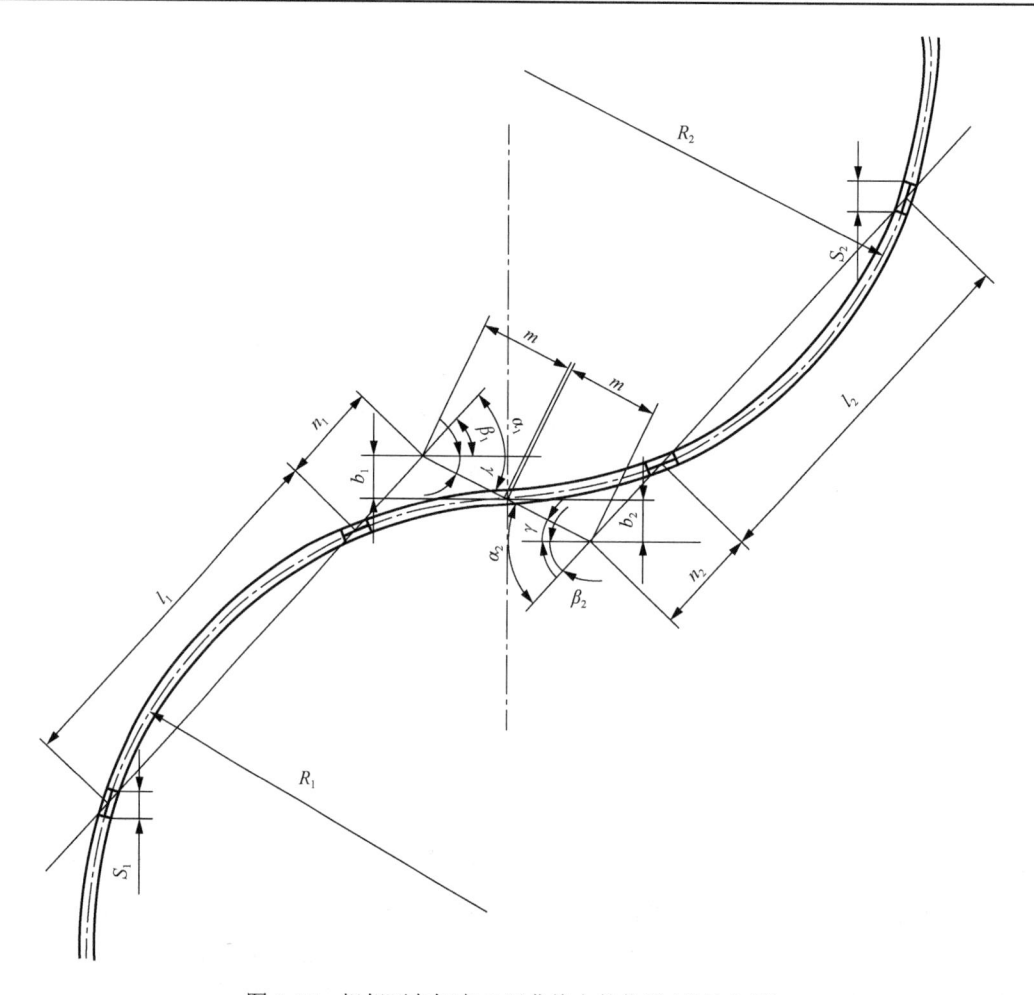

图 2-17 相邻两车辆在 S 形曲线上的位置（带转向架）

### 7. 货车车体枕梁下盖板与转向架侧架间的垂直间隙

由图 2-18 可见，旁承间隙 $H$ 为

$$H \geqslant \left(f_j - f_k\right) + f_d + h + f_c + \left(\Delta_1 + \Delta_2\right) + \sum \Delta + C \tag{2-35}$$

式中，$f_j$ 为转向架的弹簧总静挠度(mm)；$f_k$ 为空车时转向架的弹簧挠度(mm)；$f_d$ 为转向架的弹簧动挠度(mm)；$h$ 为最大旁承间隙(弹性旁承总压缩量减去工作压缩量)消除后，车体一侧在侧架顶面中心处的下沉量(mm)；$f_c$ 为侧向力引起的转向架弹簧挠度(mm)；$(\Delta_1 + \Delta_2)$ 为上、下心盘的最大磨耗量(mm)；$\sum \Delta$ 为侧架各部偏差累积可能引起的侧架顶面相对于弹簧承台面的最大上移量(mm)；$C$ 为考虑车体倾斜时 $k$ 处先接触而留有的间隙，一般取 $C=3$ mm。

$$h = \frac{L - \phi}{l - \phi} \times \delta_{\max} \tag{2-36}$$

式中，$L$ 为同一转向架两侧架中心间的距离(mm)，一般取 1981mm；$l$ 为同一转向架两旁承中心间的距离(mm)，一般取 1520mm；$\phi$ 为上心盘直径(mm)，一般取 375mm；$\delta_{\max}$ 为最大旁承间隙(mm)，一般取 (6±1) mm。

$$\sum \Delta = \sqrt{\delta_1 + \delta_2 + \delta_3 + \cdots} \tag{2-37}$$

式中，$\delta_1, \delta_2, \cdots, \delta_3$ 为侧架各有关部位尺寸偏差(mm)。

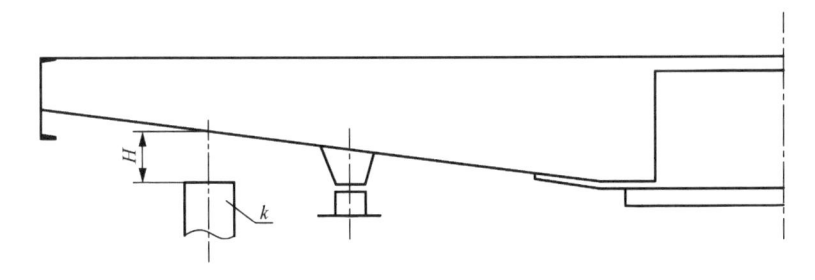

图 2-18 枕梁下盖板与转向架侧架位置

#### 8. 车辆重心位置计算

车辆垂直静载荷、垂直动载荷、车辆离心惯性力和制动惯性力的合力等均作用在车辆重心上，车辆的重心高度也直接影响其运行平稳性和稳定性，因此有必要确定车辆重心高度位置。

对于对称的车辆结构，车辆重心位于车体纵、横垂直对称面的交线上，因此只需计算其距轨面的垂直高度，即可确定车辆的重心高度。

$$h = \frac{\Sigma(T_i h_i + W_i h_{0i})}{T + W} \tag{2-38}$$

式中，$h$ 为车辆重心距轨面的高度(m)；$h_i$ 为车辆各部件重心距轨面的高度(m)；$h_{0i}$ 为乘客重心距轨面的高度(m)；$T_i$ 为车辆各部件的重量(t)；$W_i$ 为乘客重量(t)；$T$ 为车辆自重(t)。

注：在计算车辆簧上各部件和货物重心距轨面的高度时应该考虑弹簧的静压缩量，如果车辆的部件很多，可以采用列表方法进行计算。

如果是非对称的车辆结构，重心的位置偏于车辆的一侧或一端，还应确定车辆重心在水平面内的位置，其计算方法和上述类似。

《铁路货物装载加固规则》规定如下。

(1) 装车后货物总重心的投影应位于货车纵、横中心线的交点上。必须偏离时，横向偏离量不得超过 100mm；纵向偏离时，每个车辆转向架所承受的货物重量不得超过货车容许载重量的二分之一，且两转向架承受的重量之差不得大于 10t。

(2) 重车重心高度从钢轨面起算，超过 2000mm 时应按表 2-1 中的规定限速运行。

表 2-1 重车规定限速

| 重车重心高度/mm | 区间限速/(km/h) | 通过侧向道岔限速/(km/h) |
| --- | --- | --- |
| 2000<$h$≤2400 | 50 | 15 |
| 2400<$h$≤2800 | 40 | 15 |
| 2800<$h$≤3000 | 30 | 15 |

#### 9. 车体重量均衡计算

车辆偏重会引起转向架弹簧受力不均，车体发生倾斜，车辆动力性能变差。因此，设计车辆时，一定要注意车辆前后和左右的重量均衡。

车辆偏重主要是由车内设备(采暖设施、间壁、车内水箱等)和车外悬挂设备(制动装置、车电和空调装置、电机、变流器等)的分布不均引起的。在进行车辆总体设计时，要对车辆重量大的设备进行合理布置，并进行重量均衡的概略计算。

计算的方法是：以车体平面内纵、横两个中心线作为参考轴($x$ 轴和 $y$ 轴)，把引起重量不均衡的部件、内部设备和悬挂物的重量对参考轴取矩，看是否能得到近似平衡，即 $\Sigma T_i x_i$ 和 $\Sigma T_i y_i$ 是否接近于零($x_i$ 和 $y_i$ 为第 $i$ 个部件重心的坐标，具有正负号)，若不平衡，则应对一些设备的位置进行适当调整,以达到接近平衡。

在进行位置调整时,应注意尽量缩短气、水管路和电气导线的长度,要防止车下设备和转向架发生相碰(当车辆运行于最小曲线半径的线路上时)。

对于一些特定车辆(如酒吧车等),其重量不易均衡时,可以将车体四个方位的弹簧装置设为不同的自由高度,以保持车体的水平状态。

**10. 轻量化及轴重的限制**

车辆轻量化可以降低牵引功率,降低车辆和线路的动态作用力。国际铁路联盟将动车的最大轴重限定为17t(最高运行速度为160~300km/h),拖车的最大轴重限定为16t(最高运行速度为160~250km/h),后根据德国ICE高速列车的情况增补一条限定,即最高运行速度为250km/h时,动车的最大轴重限定为22.5t。

## 第五节 轨道车辆总布置图的绘制

在新车型的开发、研制的初始阶段,借鉴飞机、汽车和船舶等载运工具的先进设计经验,经过调查研究与初始决策,提出轨道车辆总体设想并对轨道车辆的参数进行选择以后,进行轨道车辆总布置图的绘制。首先是绘制总布置图,以便将整列车设想绘成具体的总体方案,并校核初步选定的各总成及部件的结构、尺寸、质量和性能指标等能否满足列车的结构、尺寸、质量及其轴重分配、性能指标等方面的要求,以寻求最佳的总体布置方案。

在总布置方案和各总成及部件的方案确定或总布置图完成以后,还要绘制轨道车辆总布置尺寸控制图,作为控制各总成、部件的尺寸及位置的依据。通过对总布置尺寸控制图上各相关总成及部件装配尺寸链进行计算,也可进一步校核各有关总成、部件的安装位置及车辆的安装尺寸。

侧视图和俯视图是总布置图及总布置尺寸控制图的主视图,当然还应辅以外形图,以及必要的横向和纵向剖面图、剖视图。

绘制轨道车辆总布置图是轨道车辆总体设计和总布置的重要内容,因为一旦动车组总布置图完成并确定了,具体的轨道车辆总体设计蓝图也就有了,这里仅就绘制总布置图的要点进行介绍。

**1) 搜集和绘制有关总成、部件的外形图**

这一步为绘制轨道车辆总布置图做准备。

**2) 基准线的选择及其画法**

在绘制总布置图时,首先要选择绘图的基准线(面),通常选择转向架、轮对、车体中心线、轨面中心和水平线等作为基准线(面)。

**3) 车内及司机室的布置**

总布置应由客车车内及司机室的内部布置开始,其内容主要是解决乘客和司机与座椅、车内与司机室之间的空间尺寸布置,其中人的尺寸是布置的关键因素。我国于1988年底首次发布了《中国成年人人体尺寸》(GB 10000—1988),从该标准中可知,90%的男子身高在1554~1823mm范围内,设计中所需的一些成年人人体尺寸数据均可在该标准中找出。以设计适应中国成年人乘坐的座椅尺寸为例,在确定这些尺寸时应以照顾大多数人为原则,分别选择男子或女子较小或较大百分位数的尺寸,如椅背的高度可参照男子较大百分位数相应的坐姿的身高尺寸;椅面宽度则须参考女子较大百分位数相应的坐姿臀宽尺寸,再加适当衣着厚度;椅面的高度则须参考女子较小百分位数相应的小腿加足高的尺寸,再加以适当的修正,修正是指既要考虑裤管及鞋袜的厚度又要考虑在非端直坐姿中小腿需要向前斜伸出的情况。

为使设计更切合实际,可用有机玻璃板、硬铝板或胶合板等制作人体样板。人体样板的各部关节处有铰链,以便在布置时能模拟人处于各种位置的体形,以检查所预留的空间是否符合人体活动的需要。

座席的设计关键在于座席的安排与布置,而座席的安排和布置又与定员数和车种有关。固定区间行驶的旅客列车,一般不可能在起点站或终点站掉头,所以是双向行驶的。如果单面座椅设置为朝着一个方向,可能在某个行程时,所有旅客均背对行驶方向,这也会造成某种生理上及心理上的不舒适感。因此,客车座椅采用双面座席和单面翻转座席两种方式。双面座席为面对面围坐,造成一种社交气氛,冲淡了背朝前进方向旅客在生理及心理上的不舒适感。采用这种方法,椅背都比较陡直,一般也无法调整椅背的倾斜角度,因双面座椅的每一个椅背供前后两面的旅客倚靠,增大椅背的倾斜角度就会增大椅背部分在客室地板面上的投影面积。单面翻转座椅可以围绕椅脚下的一个支点旋转或让椅背前后翻折,这样,无论列车朝哪边开,旅客通过调整座椅,都可以面朝前进方向。这种安排方法的另一个优点是椅背倾斜角度较大且有可能调节,使乘坐舒适,同时由于减少了面对面的机会,环境比较安静,其缺点是凡可活动的物体一般总比不能活动的物体容易损坏,单面单向座椅的使用寿命较低。又由于椅子能旋转或椅背能翻折,在最后一排座椅的后面必须留出一块无用的空间,以备换向后留给旅客搁脚伸腿的地方,这样便减少了面积的使用率。

由人体尺寸可知,椅子的间距与坐垫距地板面的高度有关。当坐垫较低矮时,小腿易往前伸,柔软的脊椎并不会使人因靠垫陡直而取端直的坐姿,一般都容易取臀部外移自动调节脊椎倾斜的姿势,因此椅子的坐垫矮,间距就应宽;反之,当坐垫较高时,如果没有专门的脚蹬,小腿容易取自然下垂的姿势,故椅子坐垫高,间距就可以窄一些,但不能让人的脚跟踩不着地板面,显然椅子坐垫高的舒适性要差些。

除上述的双面双向固定安排及单面单向并可转换方向的座椅安排方式外,在国外的一些客车中,如日本制造的新干线动车组和法国的一些客车的普通座席车中,采用了一种单向与双向相结合安排的方式,它既保留了单面单向座椅椅背倾角大及乘坐比较舒适的优点,又尽量避免椅子易坏及占用部分无效空间的缺点,其安排的方式是以客室中部为分界点,使客室前后两面的单向座椅均面向中部。

**4) 转向架及其他车外设备的布置**

根据新设计的转向架或选型的转向架按照车辆定距与车体进行布置装配,其他车外设备的布置根据车辆的重量均衡估算后确定。完成上述布置后,则可进一步完成车辆在侧视图的轮廓线等。当完成初步的总布置后,应对各组成部件质心位置等进行计算。

**5) 质心位置的计算和轴重的校核**

对已有产品或样品的总成、部件可直接度量以获取数据,对新设计、尚无实物的可按图纸估算或与类似的实物的质量对比后估算。将各总成、部件的质心和质量值标注在总布置图上并量出各质心距车体质心的距离,根据力矩平衡原理可算出各轴的轴重。

在进行总布置图的设计时,还应对各相对运动的零部件进行有无运动干涉或是否协调的校核,为此要绘制有关零部件的运动校核图。除采用作图法外,也可以采用解析法进行运动校核。近年来,随着计算机在动车组设计中的推广应用,对于比较复杂的空间运动关系,只要能推导出解析方程,编成程序,就可以利用计算机进行计算校核,既迅速又方便。

只有在完成上述各项工作并得到满意的结果以后方可确定总布置图最终设计方案。图 2-19～图 2-21 给出了 CRH2 型动车组的部分总布置图,图 2-22 为 CRH1 型动车组的部分总布置图,供设计时参考。CRH1 型动车组车底设备分布及数量见表 2-2。图 2-23 为 C80B 型货车敞车单元车组的总布置图。

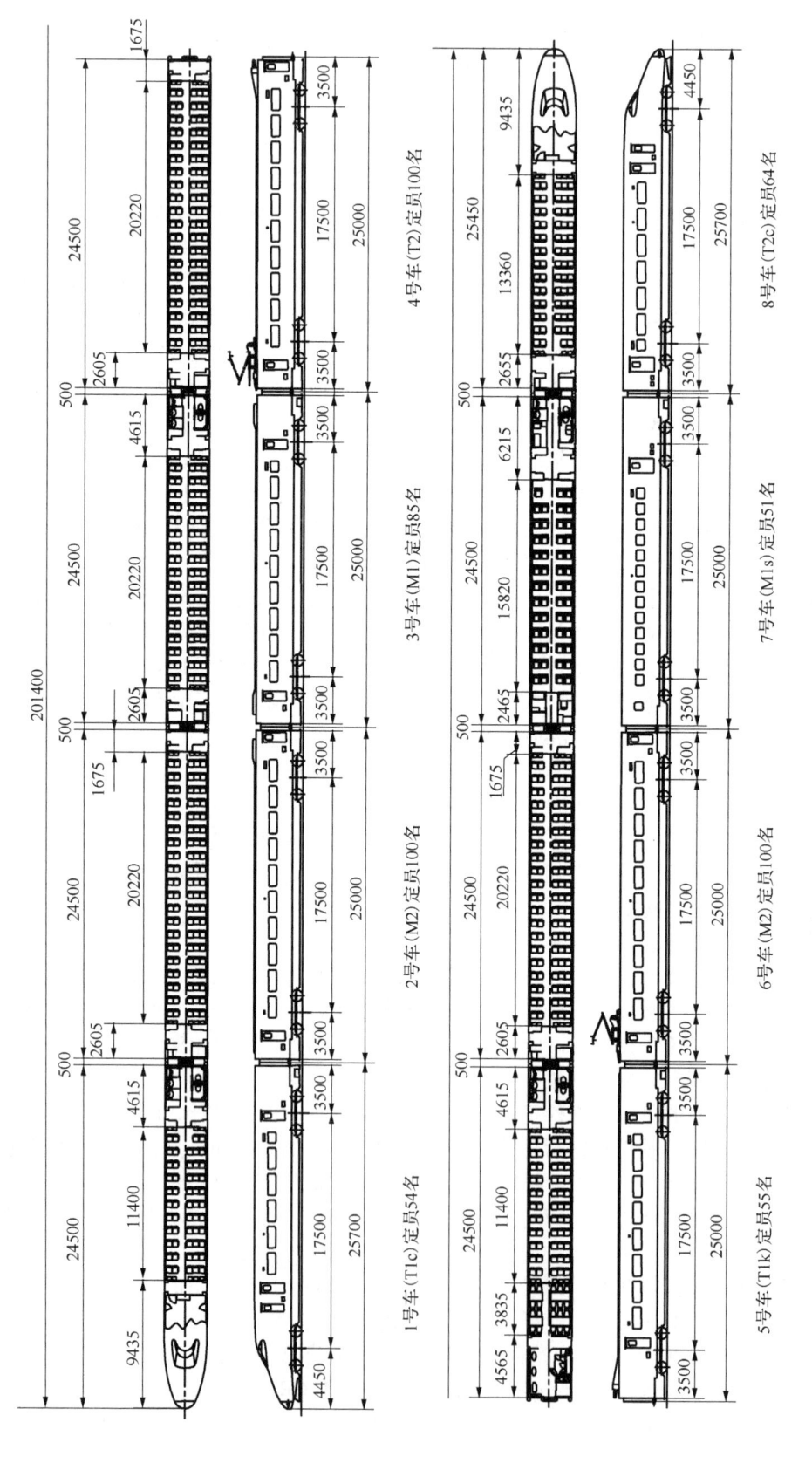

图 2-19 CRH2 型动车组总布置图 (单位: mm)

(a) 主视图和俯视图

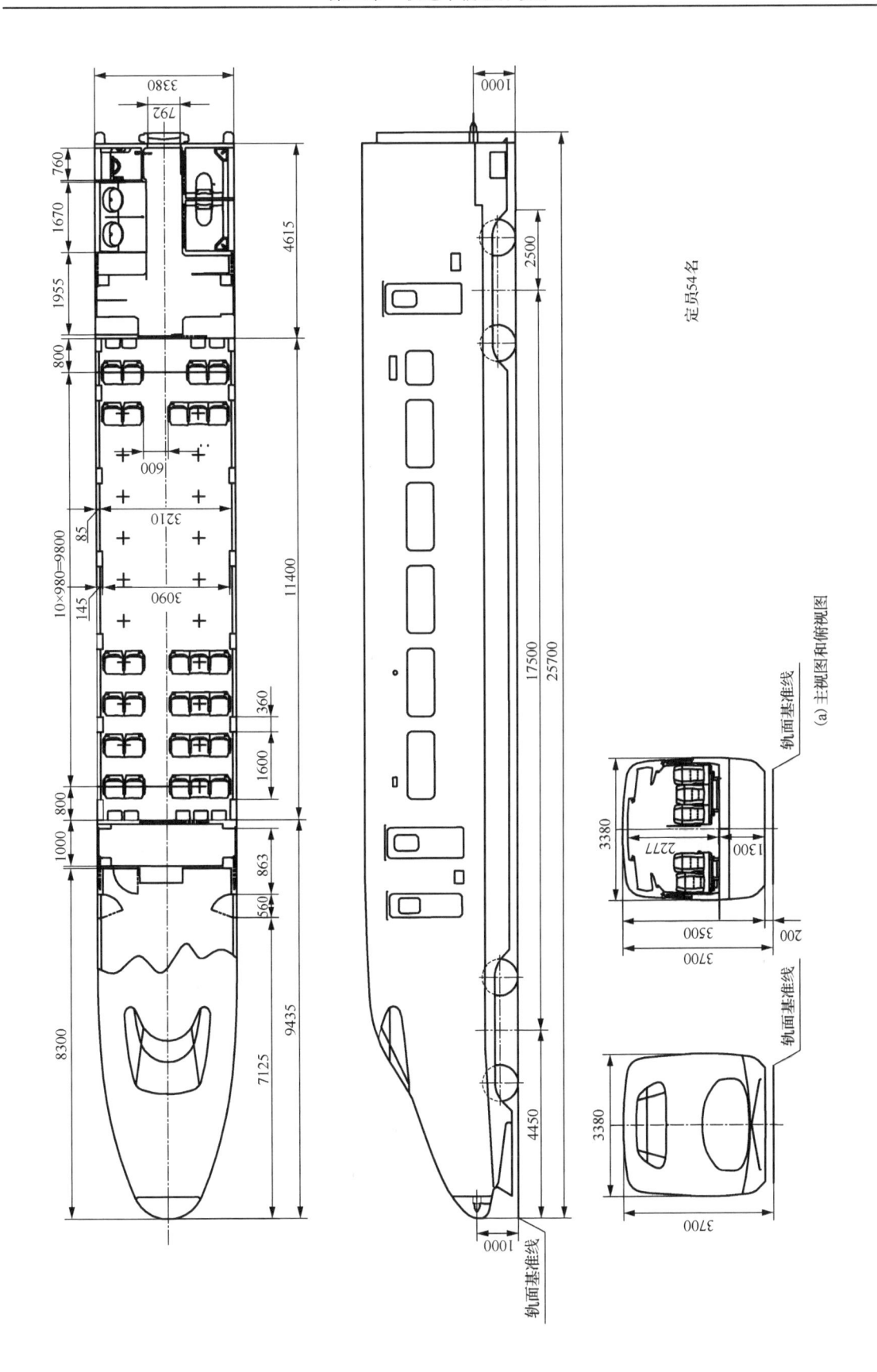

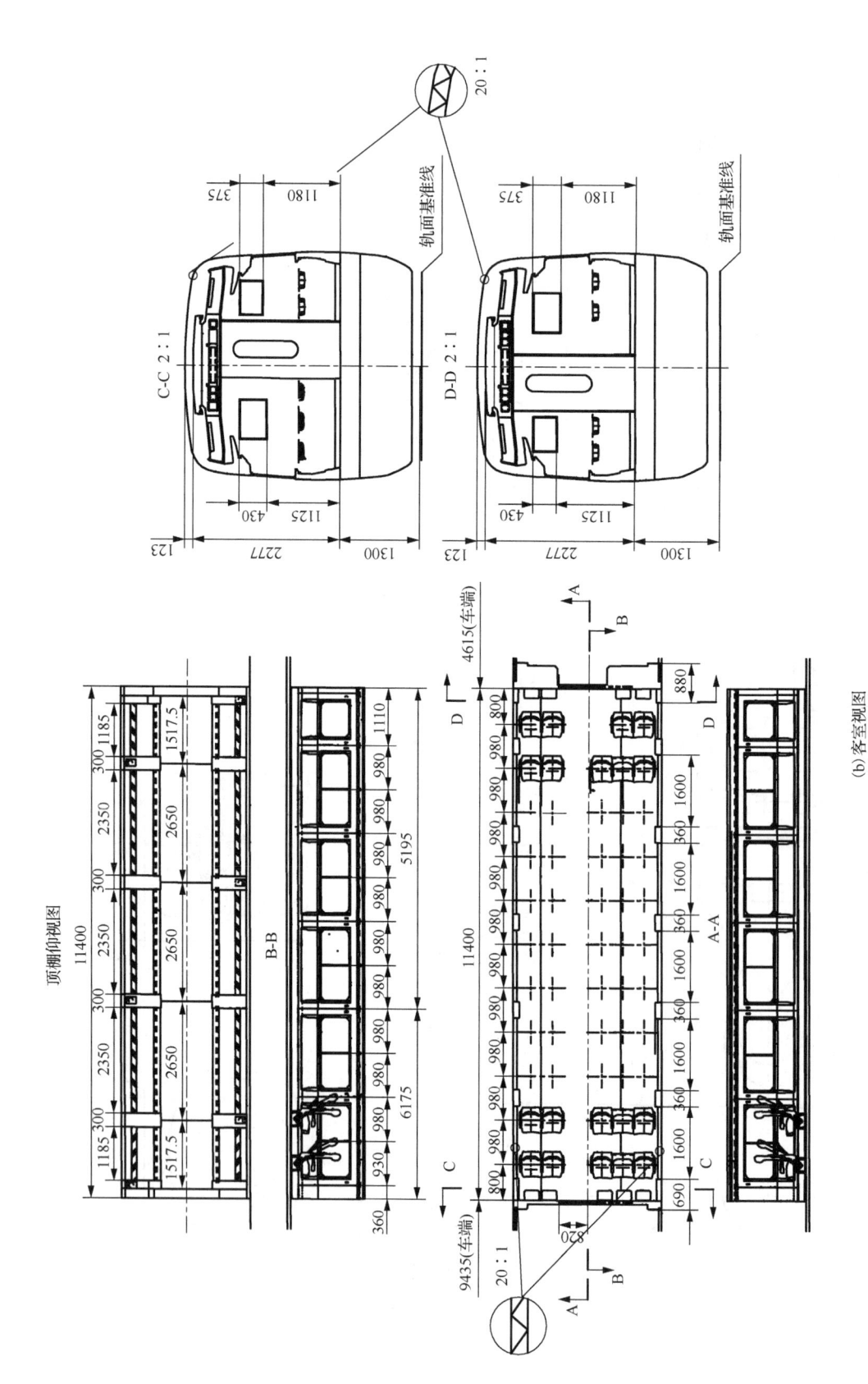

图 2-20 CRH2 型动车组头车总布置图(单位:mm)

(b) 客室视图

(a) 主视图和俯视图

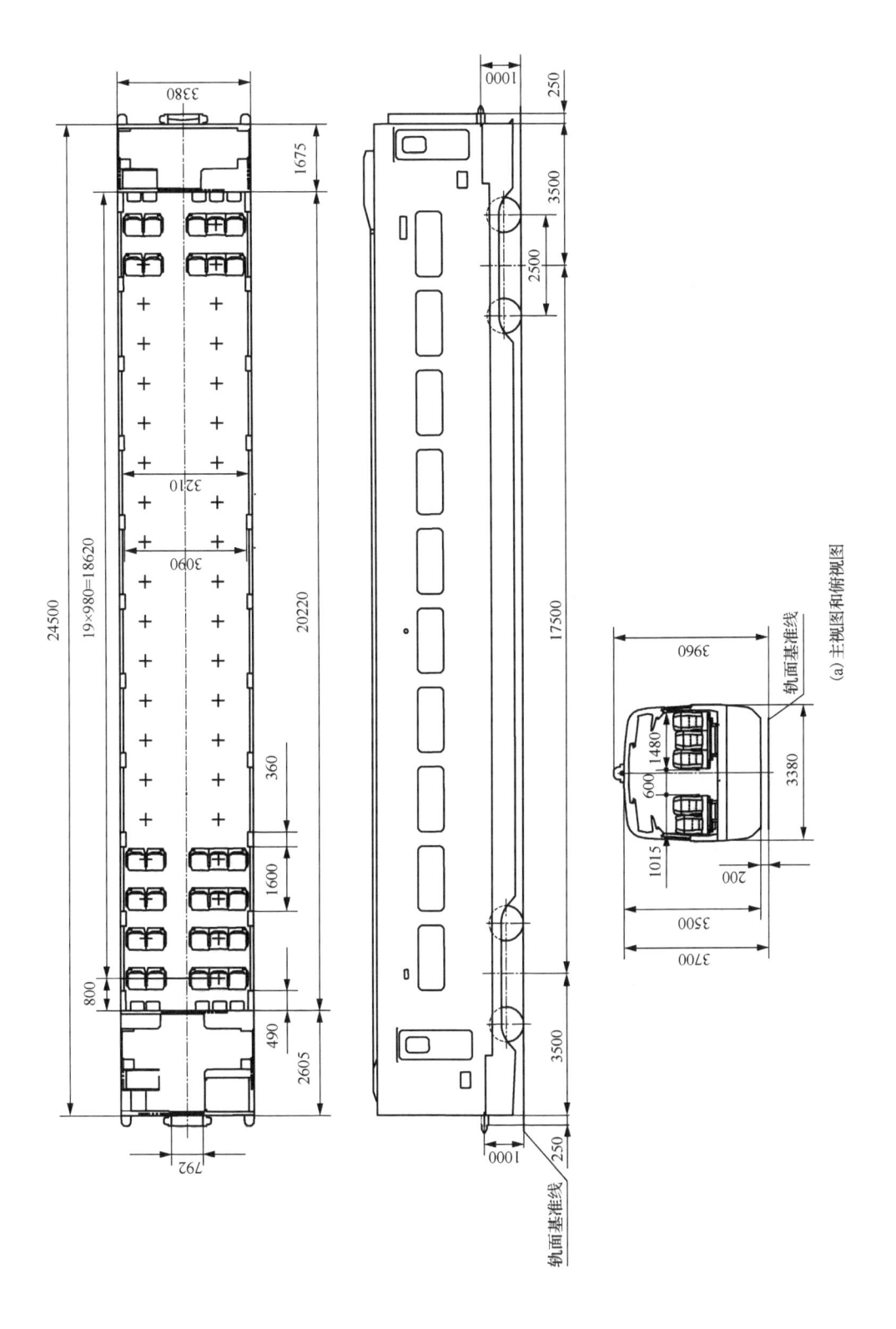

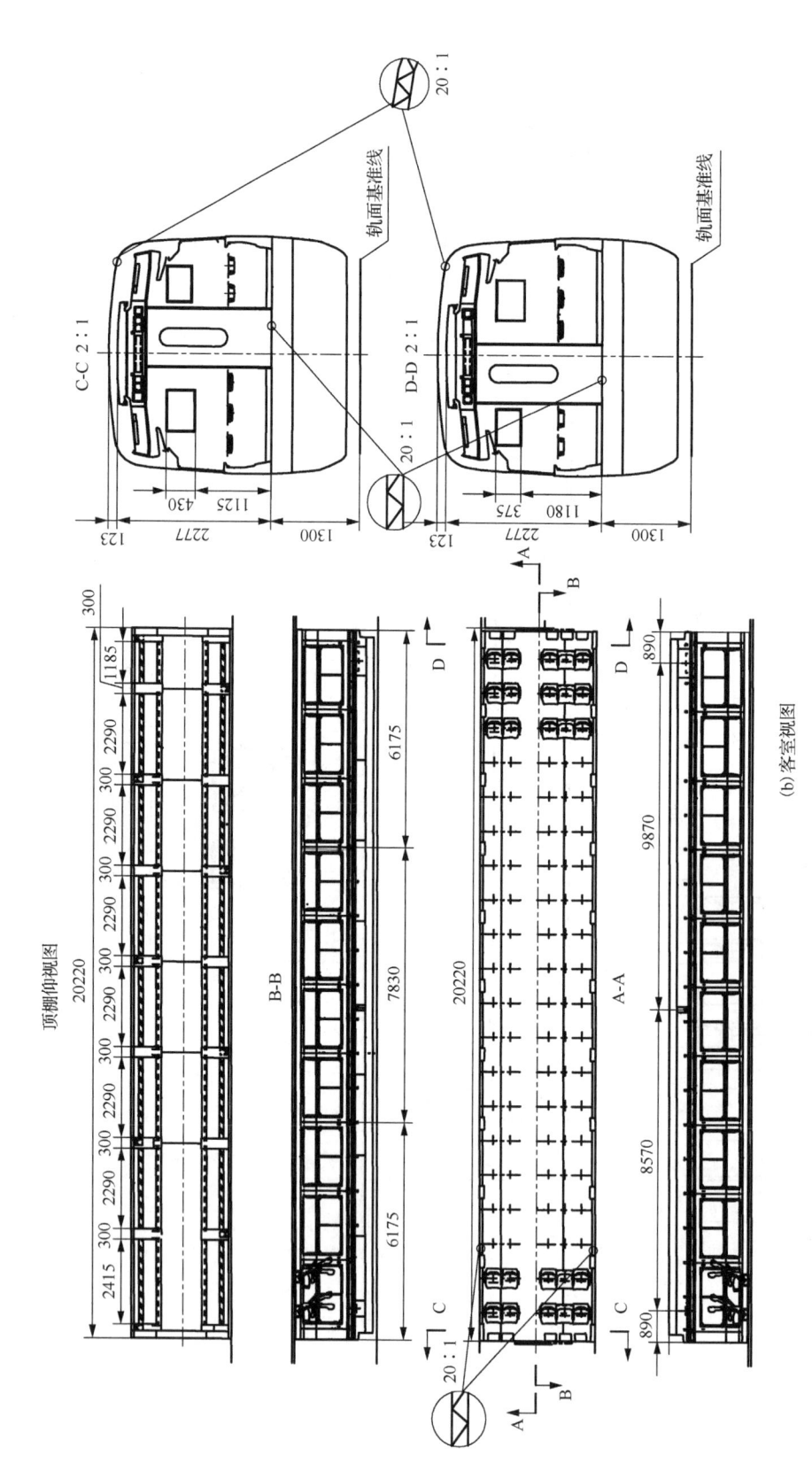

图 2-21 CRH2 型动车组中间动车总布置图（单位：mm）

(b) 客室视图

(a) 动车组成布置图

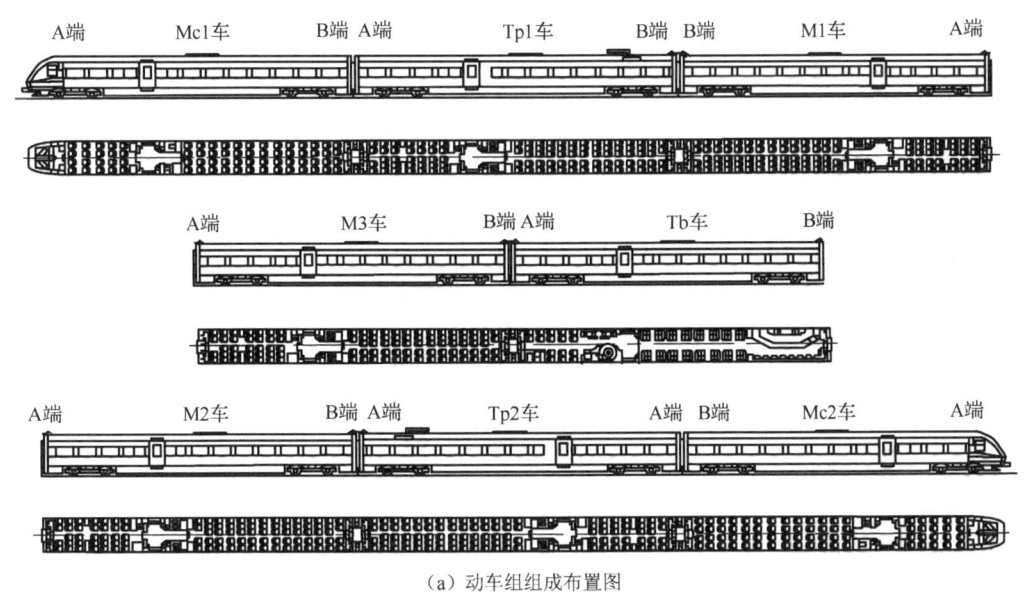

驾驶动车1 带弓拖车1 中间动车1 中间动车3 拖车 中间动车2 带弓拖车2 驾驶动车2

(b) 车底设备分布及数量

图 2-22 CRH1 型动车组总布置图

表 2-2 CRH1 型动车组车底设备分布及数量

| 车底设备 | 数量 | | | | | | | |
|---|---|---|---|---|---|---|---|---|
| 制动模块 | 1 | 1 | 1 | 1 | 1 | 1 | 1 | 1 |
| 二系弹簧储风缸 | 4 | 4 | 4 | 4 | 4 | 4 | 4 | 4 |
| 空调冷凝单元 | 1 | 1 | 1 | 1 | 1 | 1 | 1 | 1 |
| 辅助逆变器 | 1 | 0 | 1 | 1 | 0 | 1 | 0 | 1 |
| 蓄电池模块 | 1 | 1 | 1 | 1 | 1 | 1 | 1 | 1 |
| 充电机 | 0 | 1 | 1 | 1 | 0 | 1 | 1 | 0 |
| 滤波器 | 0 | 1 | 1 | 1 | 1 | 1 | 1 | 0 |
| 高压侧变流器 | 1 | 1 | 1 | 1 | 0 | 1 | 0 | 1 |
| 牵引逆变器模块 | 2 | 0 | 2 | 2 | 0 | 2 | 0 | 2 |
| 主风缸 | 1 | 0 | 1 | 1 | 1 | 1 | 1 | 1 |
| 空气压缩机 | 0 | 1 | 0 | 0 | 1 | 0 | 1 | 0 |

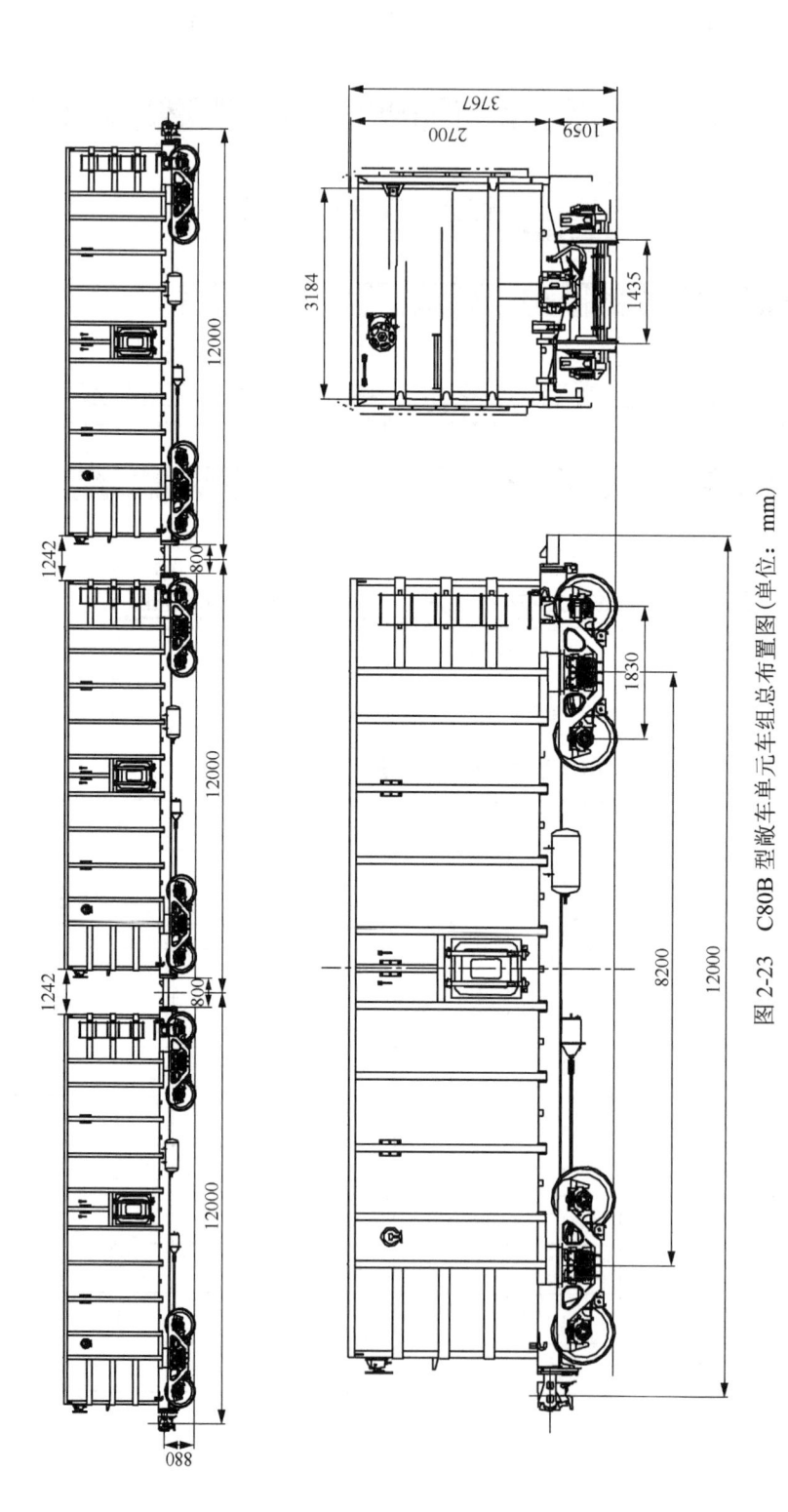

图 2-23 C80B 型敞车单元车组总布置图（单位：mm）

# 第六节　车辆强度有限元计算方法及疲劳强度计算基础知识

传统的强度分析方法是利用理论力学、材料力学、结构力学和弹性力学来求解，其中，力法在铁道车辆结构强度计算中得到了普及和广泛的使用，这种方法的计算精度较差，尤其对于不规则的结构形状，计算误差较大。随着有限元法的发展和普及，目前在对铁道车辆结构的计算中，该方法已起到了主导作用，不但可以获得较高的计算精度，还可以通过应力云图显示结构上的应力分布等。

## 一、有限元计算方法

采用有限元法对车辆零部件进行强度分析时，首先要确定计算模型，主要包括对称性的利用、载荷处理和约束设置，计算结果应包括应力与变形等结果。

**1) 对称性的利用**

在确定结构的计算模型时，应充分利用结构（包括支承）及载荷的对称性。当结构的几何形状、支承情况及材料性质均对称于某一平面时即为对称结构，此时若载荷也对称（或反对称）于该平面，可取该平面结构的 1/2 建立计算模型。同理，当结构及载荷具有两个对称面时，可取 1/4 结构。

如果结构具有对称性而载荷不对称，可根据力的叠加原理，将载荷分解成对称和反对称两组，利用对称性分别进行计算，然后将计算结果进行叠加。利用结构对称性建立计算模型时，在其对称面上的载荷取一半。

当载荷或结构及其支承略有不对称时，可取载荷较大的部分结构计算，其结果略偏于安全。对于承受单端冲击作用的货车，可沿车体的纵向对称面取其 1/2 结构建立计算模型。

进行模态分析时，必须用整体结构建立计算模型。

**2) 载荷处理和约束设置**

根据下列情况在计算模型的某些节点上设置约束。

(1) 结构实际支承点处应设置相应的约束。

(2) 用 1/2 结构或 1/4 结构建立计算模型时，在截开的对称面上的所有节点应根据载荷的对称性设置相应的约束。

(3) 结构有刚性位移时，应沿刚性位移方向设置必要的相应约束。

(4) 对承受单端冲击作用的货车车体，在两个心盘支承处设置垂向约束，在受冲击端的后从板座处设置纵向约束。此外，在计算有底架罐车的罐体时，还应考虑底架上罐体中部连接处的弹性约束，进行模态分析时所设置的约束与静态分析相同。

**3) 计算结果**

应力结果应给出主要承载构件关键部位及应力集中区域的应力值，必要时还可给出主要承载构件的应力分布图。变形结果应给出主要承载构件关键部位的变形值及该主要构件的变形曲线图。

此外，若根据需要进行稳定性（临界载荷）及自振频率计算时，应遵循以下原则。

(1) 进行稳定性计算时，建议给出有关承载件的临界载荷值。

(2) 进行自振频率计算时，建议分别给出车体和转向架的垂向自振频率。

## 二、许用应力

许用应力是评价结构强度的重要依据之一。车辆金属零件许用应力除直接取决于所用材料的机械性能以外,主要还与零件的尺寸、工作性质、重要程度、计算(或试验)载荷的取值、计算方法的精确性等因素有较大关系。

车辆构件的应力状态是用现代结构力学的方法确定的,即采用材料力学、弹性和塑性理论、杆系结构力学、板壳计算理论等方法来确定。例如,在结构部件的一些点上产生复杂的三向或平面应力状态,对于塑性材料,在该点上的等效应力按能量强度理论计算;对于脆性材料,在该点上的等效应力则按摩尔强度理论计算。

车辆部件的强度条件表示为

$$\sigma_\varepsilon \leqslant [\sigma] \tag{2-39}$$

式中,$\sigma_\varepsilon$ 为等效应力;$[\sigma]$ 为许用应力。

表 2-3 中所列的车辆金属零件许用应力值,适用于进行静强度计算(或试验)时,作为强度鉴定的依据,即零件各部分基本金属的计算应力(或测试应力)不得大于表 2-3 中相应的数值。

表2-3　车辆金属零件许用应力　　　　　　　　　　(单位:MPa)

| 零件名称 | | 普通碳素钢和低合金钢 | | | 铸钢 | | | 弹簧钢 |
|---|---|---|---|---|---|---|---|---|
| | | A3 | A5 | 16Mn | ZG15 | ZG25 | ZG20SiMn | 55SiMn |
| | | $\sigma_s=240$ | $\sigma_s=280$ | $\sigma_s=350$ | $\sigma_s=200$ | $\sigma_s=240$ | $\sigma_s=320$ | $\sigma_s=1200$ |
| 车体及转向架零件(轮对除外) | 第一工况 | 160 | 185 | 235 | 115 | 135 | 160 | 拉压及弯曲变形时取1000,剪切及扭转变形时取750 |
| | 第二工况 | 210 | 250 | 315 | 150 | 180 | 210 | |
| 制动零件 | | 140 | 160 | 200 | 95 | 115 | 135 | |

对于表 2-3 中未列出的其他金属材料,其许用应力可以由 A3 钢的许用应力乘以所用材料的屈服极限与 A3 钢的屈服极限的比值来近似得到。

表 2-3 中所列材料(弹簧钢除外)的屈服极限及零件的许用应力值是相对拉压变形而言的。车辆各金属零件承受剪切和扭转变形时,其屈服极限和许用应力值取为拉压变形时的 0.6 倍,剪切极限强度取为拉压极限强度的 0.75 倍。

对于主要承受弯曲的车辆零件,当危险截面最外层纤维达到屈服极限时,截面中部纤维的应力还很小,整个截面并未达到屈服,仍可继续承受更大载荷,故许用应力可以比表 2-3 中所列的数值高些,允许按"极限荷重法"来提高承弯零件的许用应力,即弯曲时的许用应力等于表 2-3 中所列的许用应力乘以比值 $M_1/M_2$,其中 $M_1$ 为整个截面全部纤维达到屈服时所能承受的弯矩,$M_2$ 为截面最外层纤维达到屈服时所承受的弯矩。

应在结构及工艺方面采取措施,来提高焊接点的强度,并避免把焊缝布置在大应力区。对于垂直动荷系数 $K_{dy} \geqslant 0.25$ 的车体焊接结构,无论采用普通碳素钢还是采用低合金钢,其节点处的焊缝及近焊缝区的基本金属,除第二工况外,均按下列许用应力考核:对于车辆簧上部分的零件,许用应力 $\leqslant 135\text{MPa}$;对于车辆簧下部分的零件及制动零件,许用应力 $\leqslant 120\text{MPa}$。

在动车组设计中，为进一步减轻自重、改善车辆的运行性能，大量采用了铝合金材质。铝合金的优良性质是具有良好的耐腐蚀性和低温特性，这对提高车辆结构的可靠性和耐用性十分有利。此外，铝合金具有良好的加工性能，经压制后可得到大型板材和任意截面形状的中空挤压型材等，这对提高动车组车辆的组装生产效率、降低焊接工作量十分有效。CRH2型动车组车体采用铝合金材料，其主要机械性能如表2-4所示。

表2-4 CRH2型动车组车体铝合金材料的主要机械性能

| 材料名称 | 弹性模量/GPa | 泊松比 | 弹性极限/MPa 基料部分 | 弹性极限/MPa 焊接部分 | 疲劳强度/MPa 基料部分 | 疲劳强度/MPa 焊接部分 |
|---|---|---|---|---|---|---|
| A5083P-O | 69 | 0.3 | 125 | 125 | 103 | 39 |
| A6N01S-T5 | 69 | 0.3 | 205 | 120 | 78 | 39 |
| A7N01P-T4 | 69 | 0.3 | 195 | 176 | 135 | 39 |
| A7N01S-T5 | 69 | 0.3 | 245 | 205 | 119 | 39 |

按照规定的载荷工况，只进行静载荷的计算。至于动载荷和载荷重复性的影响，可在许用应力中考虑。

计算工况、计算载荷标准和许用应力是综合多年的理论研究、试验分析和车辆的运用经验来确定的。这样，在绝大多数情况下，能够可靠地解决车辆结构的强度问题。可是在某些特殊情况下，车辆的构件还会由于材料的疲劳而引起破坏。另外，当构件没有破损时，下列问题是不明确的，即构件的安全系数在车辆使用寿命期限内是否取得过大，是否有过多的材料消耗？

为了更精确地评价车辆构件的强度，在考虑其使用寿命时，应进行非稳态载荷作用下的疲劳强度计算。

## 三、疲劳强度计算

### 1. 疲劳破坏及疲劳曲线

在疲劳强度设计中，首先应该解决的问题就是确定作用在机器或零件上的载荷。实际服役中的机器零件所承受的载荷，一般可分为两种：一种是有确定的规律变化的载荷；另一种是不确定的，幅值和频率随时间变化而变化的载荷，这种载荷称为随机载荷，如图2-24所示。

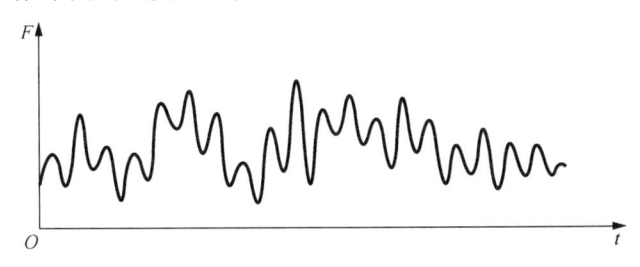

图2-24 随机载荷

一般的机器和零件（包括铁路车辆）承受的载荷都是一个连续的随机载荷，载荷的峰值和谷值是随时间历程千变万化的，且容量大、时间长，看起来杂乱无章，但它可用概率和数理统计的方法来描述。

图2-25中的曲线1表示车辆在很缓慢地运行时，其轴颈上测点的正应力随时间的变化情

况,它近似地呈现为正弦曲线的规律;曲线 2 表示以某一运营速度运行时,同一测点的应力随时间的变化情况。为了便于比较在不同运行速度下轮对转一圈的应力变化,曲线 1 和曲线 2 中沿横坐标轴所取的时间 $t$ 的比例尺是不同的,由图可以看出:以某速度运行时,轴颈上的应力幅值是变化的,因而轴颈上的载荷(整根轴也是一样)是随机载荷(非稳态载荷)。在所研究的例子中,平均应力等于零,从这个意义上说,该载荷类似于具有对称循环的稳态载荷。

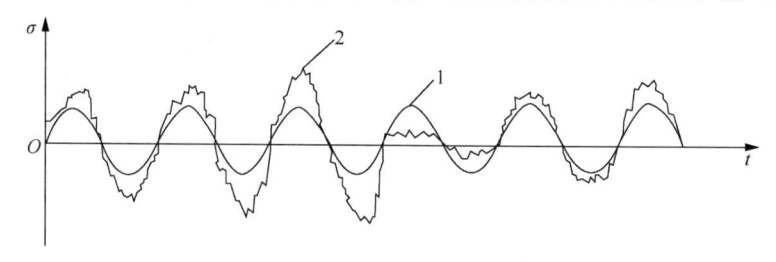

图 2-25 轮对轴颈上某测点的正应力随时间的变化曲线

描述随机(非稳态)状态时可以用对应关系表示:

$$\sigma_1, \sigma_2, \cdots, \sigma_i, \cdots, \sigma_k$$
$$n_1, n_2, \cdots, n_i, \cdots, n_k$$

也可以用矩形图的形式表示(图 2-26),在表格和矩形图中,$n_i$ 表示应力幅值 $\sigma_i$ 在零件使用寿命周期内的重复次数。为了明确和便于进一步讨论,将 $\sigma_i$ 布置为递减的序列,即 $\sigma_1$ 为最大的应力幅值,$\sigma_k$ 为最小的应力幅值。

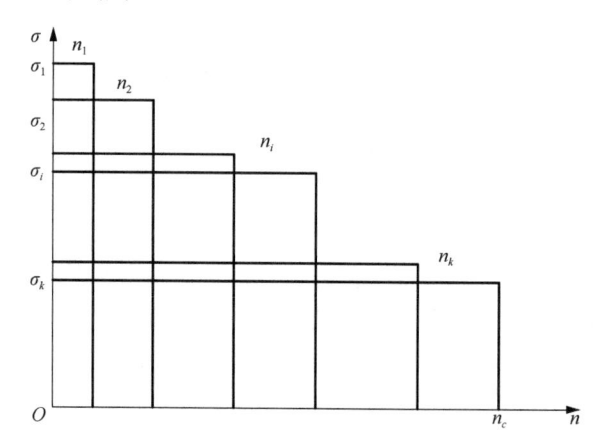

图 2-26 不同大小应力重复次数的矩形图

在实际运行中,机械零件在循环交变应力下的疲劳破坏与在静应力下的失效有本质的区别。静强度失效,是由于在零件的危险截面中,产生过大残余变形或最终断裂。在静强度计算中,所用的材料强度指标是屈服极限 $\sigma_s$ 和强度极限 $\sigma_b$,计算的出发点是截面上的平均应力。由于在零件局部高应力区,较弱的晶粒在变应力作用下形成微裂纹,然后发展成宏观裂纹,裂纹继续扩展导致最终的疲劳破坏。在疲劳强度计算中,所用的材料强度指标是疲劳极限 $\sigma_{-1}$,计算的出发点是局部高应力(或称为峰值应力),而材料的疲劳极限 $\sigma_{-1}$ 小于 $\sigma_s$ 和 $\sigma_b$。

疲劳破坏的过程分为三个阶段:①疲劳裂纹的形成;②疲劳裂纹的扩展;③瞬时断裂。在多次重复的变应力作用下,虽然材料的工作应力的最大值小于强度极限,但由于在材料的局部造成了某些永久性的变形,从而产生裂纹并且最终断裂。疲劳断裂是由循环变应力、拉应力和塑性应变同时作用造成的，循环变应力使裂纹形成，拉应力使裂纹扩展，塑性应变影响着整个疲劳破坏过程。

为研究构件在交变载荷作用下的强度问题，有必要对材料或构件进行疲劳试验。由于影响疲劳强度的因素是复杂的，随机载荷的统计特性对材料强度都有影响，要完全模拟实际载荷的试验是非常困难的。在实验室中进行疲劳试验，一般只能模拟实际载荷的某些主要特性，典型的疲劳试验是在等幅交变载荷作用下的试验。以这样的载荷对一批试件进行疲劳加载，使试件上产生幅值为 $\sigma_i$ 的交变应力，记录各试件直至破坏时的应力循环次数，取其均值 $n_i$ 作为材料（或试件）在 $\sigma_i$ 水平下的疲劳寿命，以不同的 $\sigma_i$ 进行一系列的试验，最后可给出疲劳寿命 $n_i$ 与交变应力 $\sigma_i$ 的关系图，如图 2-27 所示的 S-N 曲线，这里 S 表示广义应力。疲劳寿命 $N_i$ 和交变应力 $\sigma_i$ 有如下关系：

$$\sigma_i^k N_i = C$$

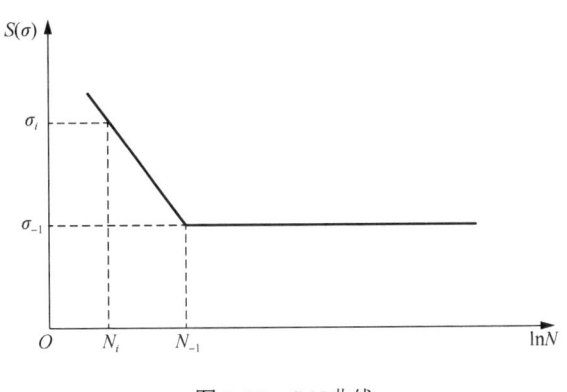

图 2-27　S-N 曲线

式中，C 为常数；k 由直线的斜率决定。

图 2-27 中的水平线段表示当交变应力 $\sigma_i$ 小于某一定值时，任凭应力循环次数再增加，试件也不会发生破坏，此时的交变应力幅值记为 $\sigma_{-1}$，称为持久疲劳极限应力，对应于 $\sigma_{-1}$ 的最小应力循环次数记为 $n_{-1}$，对于钢材，$n_{-1}$ 为 $10^6 \sim 10^7$ 次。

**2. 疲劳损伤积累**

疲劳损伤是指当材料承受高于持久疲劳极限应力 $\sigma_{-1}$ 的循环应力幅值 $\sigma_i$ 时，每一次循环都使材料产生一定量的损伤，其损伤率为 $(\Delta D)_j$，这里 j 为循环的序列号，那么 n 次应力循环导致的损伤率为

$$D_n = \sum_{j=1}^{n} (\Delta D)_j \tag{2-40}$$

如果 $n = N_i$，$N_i$ 是应力幅值为 $\sigma_i$ 时引起完全损伤的应力循环次数，则损伤率等于 1：

$$D_{N_i} = \sum_{j=1}^{N_i} (\Delta D)_j = 1 \tag{2-41}$$

函数 $D_n$ 也是损伤度，在材料的初始状态时等于零，在完全损伤时等于 1。

每一次应力循环导致的损伤度增加，既取决于应力循环的振幅，也取决于以前所有应力循环累积起来的损伤度。在实际计算中，广泛采用的假设是：在每一次应力循环中，损伤度均匀增加。这就是说，如果应力幅值 $\sigma_i$ 为常数，当 $\sigma_i > \sigma_{-1}$，应力循环次数为 $N_i$ 时出现完全损伤，则每一次应力循环损伤度的增加量为

$$(\Delta D)_j = \frac{1}{N_i} \quad (j = 1, 2, \cdots, N_i) \tag{2-42}$$

加载后，应力幅值为 $\sigma_i$、应力循环次数为 $n_i$ 时，损伤度为

$$D_i = \sum_{j=1}^{i}(\Delta D)_j = \frac{n_i}{N_i} \tag{2-43}$$

在非稳态载荷作用下，与式(2-41)类似，完全损伤在损伤率总和等于1时出现：

$$\sum_{i=1}^{k} \frac{n_i}{N_i} = 1 \tag{2-44}$$

式(2-44)就是著名的线性损伤累积理论的表达式。

试验证明，损伤率的总和一般不等于1，而是某一数值，即

$$\sum_{i=1}^{k} \frac{n_i}{N_i} = s_p \tag{2-45}$$

式中，$s_p$ 通常取值为 $0.5 < s_p < 2$。

在非稳态载荷作用下，强度计算所用的公式是根据线性损伤累积的假设得出的，用式(2-44)或式(2-45)表示，而疲劳曲线方程为

$$\sigma_i^m N_i = 常数 \tag{2-46}$$

当构件的疲劳极限为已知值时，式(2-46)可表示为

$$\sigma_i^m N_i = \sigma_{-1}^m N_{-1} \tag{2-47}$$

式中，$\sigma_i$ 为有限寿命的疲劳极限(即大于 $\sigma_{-1}$ 的疲劳极限)；$N_i$ 为在应力幅值 $\sigma_i$ 作用下的应力循环完全损伤次数；$\sigma_{-1}$ 为材料在对称循环下的疲劳极限，可由一般手册或近似按下列关系式求得。

$$\sigma_{-1} = 0.27(\sigma_s + \sigma_b) \quad (弯曲时)$$
$$\sigma_{-1l} = 0.23(\sigma_s + \sigma_b) \quad (拉伸时)$$
$$\tau_{-1n} = 0.15(\sigma_s + \sigma_b) \quad (扭转时)$$

式中，$\sigma_s$、$\sigma_b$ 分别为材料的屈服极限和抗拉强度极限；$N_{-1}$ 为疲劳极限对应的基本循环次数。

在对数坐标系中，式(2-46)和式(2-47)表现为线性关系，指数 $m$ 是斜线与横坐标轴负向夹角 $\theta$ 的余切(图2-28)。如果疲劳曲线穿过横坐标轴(图2-28中线1的虚线部分)，即没有疲劳极限，则式(2-46)表示为

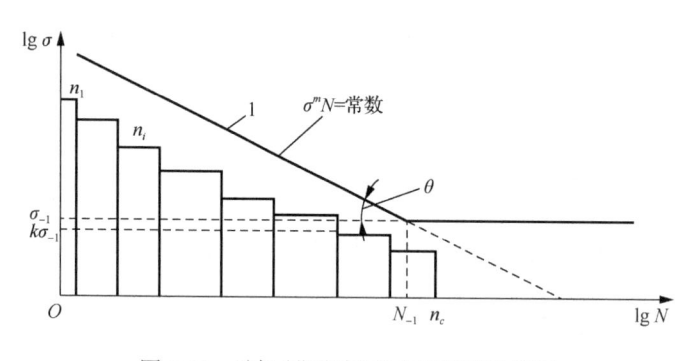

图2-28 随机(非稳定)状态下强度计算图

$$\sigma_i^m N_i = \sigma_j^m N_j \tag{2-48}$$

式中，$\sigma_i$ 为便于计算选取的有限寿命的疲劳极限；$N_j$ 为相应于 $\sigma_j$ 作用下的应力循环次数。

把式(2-47)求得的 $N_i$ 代入式(2-45)得

$$\sum_{i=1}^{k} \frac{\sigma_i^m n_i}{\sigma_{-1}^m N_{-1}} = s_p \tag{2-49}$$

从而得到

$$\frac{1}{\sqrt[m]{s_p}}\sqrt[m]{\frac{1}{N_{-1}}\sum_{i=1}^{k}\sigma_i^m n_i}=\sigma_{-1} \tag{2-50}$$

式(2-49)是在非稳态载荷下表示完全损伤的另一形式：

$$\sigma_s=\frac{1}{\sqrt[m]{s_p}}\sqrt[m]{\frac{1}{N_{-1}}\sum_{i=1}^{k}\sigma_i^m n_i} \tag{2-51}$$

式(2-50)是从实验室的光滑标准试件得出的，对于实际零件，式(2-50)和式(2-51)中的 $\sigma_i$ 取为零件计算截面的正应力，同时用实际零件的疲劳极限 $\sigma'_{-1}$ 和基本循环次数 $N'_{-1}$ 来代替 $\sigma_{-1}$ 和 $N_{-1}$。

在缺乏试验数据时，$\sigma'_{-1}$ 值可由机械工程手册查得，如果有

$$\sigma_\varepsilon=\sigma'_{-1} \tag{2-52}$$

则说明出现了零件完全损伤的条件。

如果有

$$\sigma_\varepsilon<\sigma'_{-1} \tag{2-53}$$

则非稳态载荷的疲劳安全系数为

$$n_\sigma=\frac{\sigma'_{-1}}{\sigma_\varepsilon} \tag{2-54}$$

式中，$n_\sigma$ 为疲劳安全系数；$\sigma_\varepsilon$ 为与所研究的非稳态载荷等价的稳态载荷应力幅值。

对于车辆的箱形零件，计算中当具有可靠的疲劳极限和运用载荷数据时，需用的疲劳安全系数取 $n_\sigma=1.2\sim1.4$；如果有可靠的疲劳极限数据，但载荷是近似值，或者反之，则采用 $n_\sigma=1.5\sim1.8$；如果两个数据都是近似值，则采用 $n_\sigma=1.8\sim2.2$；对于重要零件，$n_\sigma$ 取大值。

式(2-54)表明，为了满足式(2-52)的条件，式(2-51)中所有的 $\sigma_i$ 应增加 $n_\sigma$ 倍。

如果

$$\sigma_\varepsilon>\sigma'_{-1} \tag{2-55}$$

则说明结构可能不具有足够的疲劳强度储备。

按式(2-51)确定 $\sigma_s$ 时，必需知道指数 $m$、常数 $s_p$ 和基本循环次数 $N_{-1}$ 的数值。在没有专用的试验数据时，$m$ 通常采用如下方式进行取值。

对于未经表面加工的焊接构件，$m=6\sim8$；对于已旋削但未经表面硬化处理的车轴，$m=8\sim12$，而对于已旋削并经表面硬化处理的车轴，$m=15\sim18$。

如上所述，常数 $s_p$ 为 $0.5\sim2$。当 $m=6$ 时，则 $0.89<\sqrt[m]{s_p}<1.12$。因此，在缺乏试验数据时，为确定 $\sigma_\varepsilon$，常取 $s_p=1$。

其他的一些零件在缺乏专用的试验数据时，一般取 $N_{-1}=10^7$ 次，而轮轴一般 $N_{-1}=10^8$ 次。

在计算 $\sigma_i^m n_i$ 时，要考虑从 $\sigma_{\min}$ 到 $\sigma_{\max}$ 的应力幅。如果在应力谱中，应力幅值 $\sigma_i<\sigma'_{-1}$，则要考虑在非稳态载荷下，上述疲劳极限降低的效应，取 $\sigma_{\min}=K'\sigma'_{-1}$，$K'$ 是确定最小损伤应力的系数，一般取 $0.5\leqslant K'\leqslant1$。

如果应力幅不断变化，则完全损伤的条件由式(2-56)决定：

$$\int_0^{N_c}\frac{\mathrm{d}n_i}{N_i}=s_p \tag{2-56}$$

式中，$N_c$ 为造成疲劳损伤累积的应力循环次数总和。

若变化的 $\sigma_i$ 具有随机的性质，且 $\Phi(\sigma_i)$ 是 $\sigma_i$ 的分布函数，$\sigma < \sigma_i$ 的应力循环次数为

$$n_i = N_c \Phi(\sigma_i) \tag{2-57}$$

由此得

$$\mathrm{d}n_i = N_c \frac{\mathrm{d}\Phi(\sigma_i)}{\mathrm{d}\sigma_i}\mathrm{d}\sigma_i \tag{2-58}$$

或者

$$\mathrm{d}n_i = N_c f(\sigma_i)\mathrm{d}\sigma_i \tag{2-59}$$

式中，$f(\sigma_i) = \dfrac{\mathrm{d}\Phi(\sigma_i)}{\mathrm{d}\sigma_i}$，是 $\sigma_i$ 的分布密度函数。

把式(2-59)和由式(2-47)得出的 $N_i$ 代入式(2-56)得

$$\int_{\sigma_{\min}}^{\sigma_{\max}} N_c \frac{\sigma_i^m f(\sigma_i)\mathrm{d}\sigma_i}{\sigma_{-1}^m N_{-1}} = s_p \tag{2-60}$$

由此可得

$$\sigma_\varepsilon = \frac{1}{\sqrt[m]{s}}\sqrt{\frac{N_c}{N_{-1}}\int_{\sigma_{\min}}^{\sigma_{\max}} \sigma_i^m f(\sigma_i)\mathrm{d}\sigma_i} \tag{2-61}$$

确定 $\sigma_\varepsilon$ 后，疲劳安全系数仍用式(2-54)计算。

式(2-51)、式(2-54)、式(2-61)是在交变载荷作用下，零件中产生正应力的情况下得到的。在产生切应力为正应力的载荷作用下(例如在非稳态扭转的情况下)，保留原有的一切先决条件，只需将式(2-51)、式(2-54)、式(2-61)中的正应力用相应的切应力代替。

**3. 疲劳寿命计算**

**1) 程序加载应力谱的疲劳寿命计算**

随机载荷作用下构件的应力谱(随时间不稳定变化的应力历程)可由相应的载荷谱转化而来，也可通过试验实测得到，经整理后可简化为由若干级常幅交变应力组成的周期应力谱，称为程序加载应力谱。在该应力谱内，每个周期所包括的应力循环组合及其排列完全相同。

根据线性损伤累积理论，有

$$\lambda \sum_i \frac{n_i}{N_i} = 1 \tag{2-62}$$

式中，$i$ 为各应力水平的序号；$n_i$ 为周期中 $\sigma_i$ 作用下的应力循环次数；$N_i$ 为构件在常应力幅 $\sigma_i$ 作用下直到破坏的循环次数，即 $N_i = [\sigma_{-1}/\sigma_i]^m N_0$；$\lambda$ 为周期总数。

试验证明，$\lambda \sum_i \dfrac{n_i}{N_i}$ 一般不等于 1，而是某一数值 $\alpha$，即

$$\lambda \sum_i \frac{n_i}{N_i} = \alpha \tag{2-63}$$

式中，$\alpha$ 为与材料性质及应力变化情况有关的数值，称为过载系数，当缺少试验数据时，可取 $\alpha = 1$。

因此，构件安全工作的周期总数 $\lambda$ 为

$$\lambda = \frac{\alpha}{\sum_i \dfrac{n_i}{N_i}} \quad \text{或} \quad \lambda = \frac{1}{\sum_i \dfrac{n_i}{N_i}} \tag{2-64}$$

根据应力谱中每一周期所代表的走行里程或走行时间,即可算得总里程数或总时间,即构件安全工作的总寿命。

**2) 概率密度函数表示连续谱的强度计算**

对随机载荷进行雨流法统计处理,根据得到的幅值频率绘制直方图,可以判断所属分布形式,有正态分布、威布尔分布、瑞利分布和极值分布等,其中常用的有正态分布和威布尔分布两种。然后用相应的概率坐标纸进行检验,最终确定分布形式。

正态分布频率函数形式为

$$f(A) = \frac{1}{\sigma\sqrt{2\pi}} e^{-\frac{(A-\mu)^2}{2\sigma^2}} \tag{2-65}$$

式中,$A$ 为幅值;$\sigma$ 为母体标准离差;$\mu$ 为母体均值。

威布尔分布频率函数形式为

$$f(A) = \frac{b}{A_\alpha - A_0} \left(\frac{A - A_0}{A_\alpha - A_0}\right)^{b-1} e^{\left(\frac{A-A_0}{A_\alpha-A_0}\right)^b} \tag{2-66}$$

式中,$A_\alpha$ 为最小幅值;$A_0$ 为特征参数;$b$ 为形状参数。

设载荷幅值变化的概率密度函数为 $P(\sigma)$,$T$ 为零件的寿命,则有

$$T = \frac{1}{\int_{\sigma_{-1}}^{\sigma_{\max}} \frac{f_{(\sigma)}}{C} \sigma^m \mathrm{d}\sigma} \tag{2-67}$$

式中,$\sigma_{-1}$ 为零件材料的疲劳极限;$\sigma_{\max}$ 为载荷时间历程中的最大应力幅值;$f_{(\sigma)}$ 为应力幅值频率密度函数;$m$、$C$ 为和材料有关的系数。

$m$ 可由试件的疲劳试验确定。一般情况下,$m=3\sim10$。当 $m$ 已知时,由此可求得 $C$ 值,则由式(2-67)可算得寿命 $T$。若式(2-67)积分困难,则可用数值计算方法解决。

## 第七节 轨道车辆性能的优化匹配、预测和计算机模拟

轨道车辆的总体布置、列车和总成的设计参数,以及他们之间的匹配,对轨道车辆性能有决定性的影响。为了提高设计质量、缩短研制周期,在总体布置开始之前就应对轨道车辆和各总成的参数进行优化选择、合理匹配,对轨道车辆和各总成的性能进行初步预测。当轨道车辆方案和各总成的设计参数确定以后,还要根据各总成、部件设计所提供的具体数据对列车性能尽快地做出全面、准确的预测,以便尽早发现问题,及时进行调整和修改。

优化设计是在计算机推广应用到工程设计以后发展起来的一项新的设计技术。由于人力、物力及时间的限制,常规的设计方法只能提供几种设计方案供选择。而优化设计以数学理论及方法为基础、以计算机为计算手段,采用迭代的计算方法,因此可以极为迅速地从一切可能的设计方案中选择出在给定工程条件下的最佳方案,已广泛用于轨道车辆和总成及零部件的参数选择、结构形状选择和性能匹配等的设计工作中。有关这方面的基本理论、方法和优化设计已有许多研究,这里不再赘述。

随着大型计算机的广泛应用和近代物理-数学分析方法的发展,轨道车辆性能分析与计算的方法也达到了一个崭新的发展阶段,即广泛地采用计算机模拟这一现代化分析手段。轨道车辆性能的计算机模拟,就是将其物理模型转变为数学模型并用计算机对轨道车辆在各种典

型工况下的运动过程和动态过程进行模拟计算，求出其运动性能或响应特性。采用计算机模拟可以求解复杂的数学模型，因此所建立的数学模型可更接近实际，计算结果会更精确。计算机也能按预定程序模拟轨道车辆的各种运行工况，包括瞬变的非稳态工况以及难以进行试验的危险极端工况，因而能全面而精确地预测轨道车辆在各种工况下的性能。计算机能迅速地完成大量参数及其不同组合方案的运算，查明这些参数和组合方案对轨道车辆性能的影响，从而迅速求得满意的设计方案和参数匹配。

日本和欧洲在高速列车设计中广泛采用计算机模拟，在这方面做了大量的工作，形成了一整套新的理论和新方法，研制了一系列方便、可靠的计算机模拟程序。从车辆稳定性和平稳性的计算机模拟、结构强度和可靠性的计算机模拟，到近年来在高速列车设计分析中广泛采用的高速空气动力学和碰撞安全性的计算机模拟，这些计算机模拟程序在提高轨道车辆性能、加快研制周期方面起到了巨大的作用，国内有关单位在此研究方向上也取得了一定的成果。

轨道车辆的动态性能与车辆的悬挂参数和结构参数的合理匹配密切相关。为了得到良好的车辆振动性能，需对各参数间进行合理选择与匹配，采用计算机模拟进行研究和预测，以便更为合理地选择悬挂参数和结构参数，找出最佳匹配值。

轨道车辆的牵引动力性与发动机、传动系的参数匹配密切相关。为了协调和提高牵引性能，既可通过优化设计使发动机和传动系的参数达到最佳匹配，也可利用计算机模拟进行研究和预测，以便更合理地选择发动机及传动系的有关参数，找到其最佳匹配值。

通过计算机模拟可以研究和分析设计参数对轨道车辆性能的影响，可以更好地对设计参数进行匹配，以便得到良好的列车运行性能。

# 复习思考题

2-1 轨道车辆的总体设计原则是什么？一个详细、完整的总体设计要经过哪些过程？

2-2 确定车辆全长与确定一般机器设备的全长有何不同？为何这样规定车辆全长？

2-3 车辆重心位置的计算方法是什么？为什么要进行车体重量均衡计算？现有轨道车辆进行车辆重心和车体重量均衡的分析计算步骤是什么？

2-4 某一列动车组在进出一个车站时要通过一个半径 $R=200$m 的曲线，该列车中车辆定距为 19.2m，转向架固定轴距为 2.7m，设该车辆在曲线处的轮轨间隙为 35mm，转向架侧梁端部某点 $M$ 的坐标为 $M(1750，1050)$（参见图 2-3），该点纵向有 300mm 间隙，横向有 400mm 间隙。求该车通过曲线时，转向架相对车体的最大转角，以及侧梁端部距纵向和横向的最小间隙。

2-5 试分析讨论列车通过不同曲线线路的主要类型和特点，不同类型车辆通过不同的曲线线路时，如何选择确定其在曲线线路上的最不利组合位置状态？

2-6 试分析通过不同曲线线路时，两车端部的最小间隙及车钩摆角的主要影响参数有哪些？如何影响？

2-7 试分析和推导货车车体枕梁与转向架侧架间的垂直间隙。

2-8 试简述疲劳破坏经历的过程，疲劳断裂主要是由什么原因造成的？

2-9 试简述线性损伤累积理论，在非稳态载荷作用下，如何得到损伤累积？

2-10 疲劳寿命该如何计算？试分析正态分布和威布尔分布的主要差异？

2-11 轨道车辆设计中如何快速得出设计方案和参数匹配？

2-12 已知某型四轴货车，自重为 20.5T，载重为 60T，线路容许载荷为 6T/m。求：
(1)车辆的自重系数(取两位小数)；(2)轴重；(3)车辆最小长度；(4)换长。

# 第三章　车体结构设计

车体是车辆上供装载货物或乘客的部分，是车辆运输的载体，又是安装与连接车辆其他组成部分(如走行部、制动装置、连接缓冲装置、车辆内部设备及内装等)的载体。无论是普通客车，还是地铁、轻轨、磁悬浮列车、低地板有轨电车、电动车组，车体都可以分为车顶、侧墙、端墙和底架四个主要组成部分。

车体结构承担自重、载重、整备重量及由于轮轨冲击和弹簧振动而产生的垂直动载荷；列车启动、变速、上下坡道时，在车辆之间会产生牵引力和压缩冲击力等纵向载荷，以及风力、离心力、货物对侧墙的压力等侧向载荷。

车体按用途分为客车车体(包含城轨车体)、货车车体和司机室。客车车体和司机室分别供旅客和工作人员乘坐，安装生活所需的各项设备，具有隔声、隔热性能；货车车体用于装载各种货物，货车车体应符合货物的特性，并适应装卸的需要；车体外形与列车运行阻力有关，高速列车应采用流线型车体。

## 第一节　车体承载结构分类及车体结构设计的基本原则

### 一、车体承载结构分类

车体承受着作用其上的不同方向和不同性质的载荷，这些载荷包括垂向静载荷和动载荷、侧向力、纵向冲击和制动力及由此产生的纵向惯性力、扭转载荷和垂直斜对称载荷等。通常，轨道车辆的车体承载形式有三种，即底架承载结构、侧墙承载结构和筒形整体承载结构。底架承载结构即载荷全部由底架来承担，侧墙承载结构即全部载荷由侧墙、端墙及底架共同来承担。筒形整体承载结构是指将底架、侧墙、端墙及车顶牢固地组成为一整体，成为闭口的箱形结构，此时车体结构各个部分均能承受载荷。前两种承载结构主要应用于货车车体，而现代客车和城轨车体采用的均是筒形整体承载结构。筒形整体承载结构的最大特点是可以增强车体承载能力、减轻车体自重、降低能耗、减少运行成本和维护成本等。

车体结构既要满足轻量化的要求又必须保证结构的强度和刚度要求，以及高寿命的安全度和可靠性要求，设计寿命达到 20 年以上。

车体结构轻量化的实现主要是通过选用轻型的材料及合理的优化设计得以实现，例如，我国普通速度客车车体结构的重量在 14t 左右，而国外高速客车车体结构重量仅为 10t 左右。总体上看，实现结构轻量化的主要途径有两个：一是采用新材料，二是合理优化结构设计。

在保证车体强度和刚度的基础上，应充分利用等强度理论和结构的有限元分析程序，对车体结构进行优化设计，以减轻车辆自重。国内外经验证明，通过优化计算分析，车体结构重量可显著降低。例如，日本的新干线 100 系电力动车组，采用耐候钢(SPA-H)，车体钢结构重量仅为 10.3t，而我国的 25A、G、K、T 型客车，也采用耐候钢制造，车体钢结构重量为 13.1～13.2t，这说明，在我国车体结构设计中，需要进一步优化结构设计以减轻车辆自重。

车体结构按车体所用材料主要分为三种，即耐候钢车体结构、不锈钢车体结构和铝合金车体结构。其中，现代轨道车辆采用的是铝合金车体，是高速和城轨车辆车体发展的主流与趋势，随着各种铝合金材料的开发和制造技术的突破，铝合金车体结构也发生了一系列变迁。因此，有必要了解车体整体承载结构的类型。

**1. 骨架外壳结构**

最早的铝合金车体以 A5083 铝合金和 A6061 铝合金作为外板和小型骨架，形成外壳框架，与钢制车结构相似，小部件通过焊接组装在一起，但车体结构的总装一般采用铆接方式，其车体结构如图 3-1(a)所示。高强度焊接结构用 A7N01 铝合金开发成功后，逐渐应用于车体底架及上部车体结构骨架，车体大部件结构的总装可采用焊接。由于 A7N01 铝合金具有更优的挤压性能，部分外板和骨架的组焊结构可以制造为一体的挤压型材，从而达到了轻量化和减少组焊零件数量的目的，如图 3-1(b)所示。

(a) 骨架外壳结构

(b) A7N01 铝合金骨架外壳结构

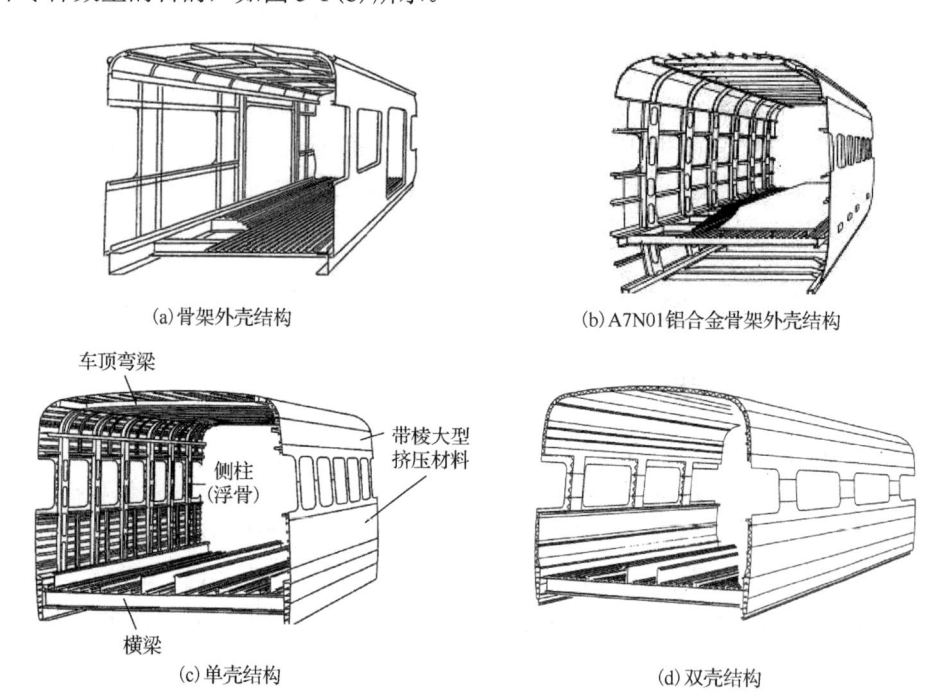

(c) 单壳结构

(d) 双壳结构

图 3-1 车体主要结构类型

**2. 薄型材（单壳）结构**

虽然铝合金车体结构与钢制车体结构相似，但最初，其材料价格、制造加工费用较高，车辆的制造成本较高。因此，通过减少零件数量和焊缝总长度使车体结构简化，以及通过焊缝的单一化提高焊接的自动化率是当时车体设计追求的目标。A6N01 铝合金开发成功，使制造大型薄壁挤压型材及大型薄壁中空挤压型材成为可能。

初期，铝合金车体以薄型材的单壳结构为主，车顶和侧墙外板采用带有加强筋的薄型材。同时，车体底架中的部分结构采用中空型材，考虑到中空型材比单壳薄型材重，为达到车体轻量化设计目的而有限度地使用单壳薄型材。以薄型材为主构成的车体结构称为单壳结构，高速车辆的单壳车体结构如图 3-1(c)所示。

### 3. 中空型材（双壳）结构

以中空型材为主构成的车体结构称为双壳结构，相对于单壳结构，其车体更重。但中空型材具有截面刚度高的特性，可以去掉在单壳结构中必须使用的加强材，从而减少零件数量，降低成本。但过度追求高速动车组的轻量化将对乘坐舒适性和列车空气动力学性能产生不利影响。近年来，人们更加重视乘坐舒适性，对车体结构也不单纯追求轻量化，而是合理控制车体结构的重量。因此，高速动车组的车顶及侧墙部的车体结构均开始使用双壳结构，适当增加车体重量以改善车辆的舒适性。我国 CRH2 型动车组车体即采用此种双壳结构，如图 3-1(d) 所示。

## 二、车体结构设计的基本原则

轨道车辆设计的总方针是保证使用、方便检修、兼顾制造、注意美观和舒适性等，为此，车体结构设计应遵循以下基本原则。

**1) 保证具有足够的强度和刚度**

轨道车辆运行速度和载重不断提高，必须更加注意车体结构的强度和刚度，以保证车辆运行中的安全性。

作为高速运行的结构物，车体在运行中承受着纵向、横向、垂向、扭转和气密载荷等动态载荷的作用，这些动态载荷往往与线路条件、司机操作方式和列车动力学品质相关，具有很强的随机变动特性。车体结构设计中需要考虑这些准静态载荷及动态载荷的单独或联合作用，需校核车体结构的强度和刚度。

**2) 具有合理的使用寿命**

要求新造车的车体结构抗腐蚀能力大大提高，使经过大修后的使用寿命达到 25～30 年。

**3) 轻量化的要求**

在保证安全和使用寿命的前提下，尽量做到结构的轻量化；车体结构所占车辆自重的比例很大，故设计时尤其应注意减轻其重量。车内的设备材料，首先应满足功能要求和防火阻燃要求，装饰板应反映时代感，车内设备约占车辆总重量的 20%，应确保其轻量化。

(1) 车内设备，如门、窗、行李架、座椅、供水设备、卫生设备等，均可选用轻质合金或高分子工程材料和复合材料，使重量大大减轻。

(2) 车内装饰板材广泛采用薄膜铝合金墙板、工程塑料顶板等。

**4) 注意标准化、系列化和通用化**

设计中所选用的材料及配件，其规格、牌号应力求简化和统一，尽量采用标准件和通用件，提高系列化和通用化程度，这样既方便制造，又利于检修。

**5) 具有良好的结构工艺性**

(1) 尽量采用部件组装和焊接结构，以满足大批量生产、提高效率的要求。分部件的设计要考虑车体结构总装时的工艺性，各个分部件之间的结合面要有定位点并便于控制公差。

(2) 在不影响结构强度、使用性能与美观的情况下，尽可能使所设计的结构几何形状简单、对称，以便于制造。

(3) 注意焊接形式，提高焊缝质量，避免焊缝局部堆积。不同厚度或不同宽度的材料对接时，接头处要平缓过渡等。此外，还应熟悉不同材料的焊接性能。

(4) 设计压型件时，应掌握材料的延伸性能，避免工件形成后，厚度降低太多或产生压裂。

压制各种型材时,应注意其转角的内圆半径 $R$ 不得小于所用板材的厚度。

**6) 注意克服产品的惯性质量问题**

在进行车体结构设计之前,必须到运用、检修部门进行广泛的调查分析,要注意克服产品的惯性质量问题,使产品利于检修、方便使用。

**7) 积极慎重地采用新技术、新工艺、新材料**

新技术、新工艺、新材料的采用要立足在技术过关、货源丰富的基础上,避免设计返工等。

## 第二节　现代车体结构设计中应关注的主要问题

轨道车辆速度和载重不断增加,在进行车体结构设计时,除了要考虑上述基本原则外,还应注意考虑以下主要问题。

(1) 为了减小空气阻力,车体外形应设计为流线型。

(2) 为了提高乘坐舒适度,车体应采用气密结构。

(3) 为降低能耗、减少轮轨作用力,车体应采用轻量化设计。

## 一、流线型外形设计

列车运行速度不断提高,周围空气的动力作用会对列车和列车运行性能产生影响;同时,列车高速运行引起的气动现象对周围环境也会产生影响。对于高速列车,列车头形设计非常重要,好的头形设计可以有效减少运行空气阻力、列车交会压力波,以及保证高速列车的运行稳定性。列车车体(包括动力车和拖车)设计,主要考虑列车交会压力波及气动侧向力、侧滚力矩的作用,侧墙尽可能设计为接近腰鼓型,并要求车体外壳表面平整光滑。一般来说,动车和拖车车体的长、宽、高根据内部布置的要求设计,所以车体气动外形的设计工作主要是横截面形状。除列车运行阻力之外,高速列车周围的空气流场及其对周围物体和环境产生的影响,高速列车会车、与长大货车间会车和通过隧道时短时内的气压波动对车体及对车内人员的压力作用,空气升力对列车运行的影响,车厢窗户的强度及密封性能等都是必须注意并加以解决的空气动力学问题。

## 二、气密性结构设计

### 1. 车体的密封性能

实现车体良好的密封性是高速列车必须解决的一项关键技术。压力波对旅客舒适性的影响,主要表现在高速列车会车时,特别是在隧道内会车时,车体表面将受到正负数千帕的瞬时压力变化。压力波动传递到车厢内,旅客会感到不舒适,轻则压迫耳膜,重则头晕恶心,甚至造成耳膜破裂。

### 2. 车体的隔声性能

高速列车的声源主要有以下几种：轮轨噪声(碰撞、摩擦声);空气沿车体表面流动产生的摩擦声、受电弓与接触网导线的摩擦声;风挡等构件的撞击声;列车进出隧道产生的压缩波和反射波所产生的噪声等。车辆的密封质量对列车的空气动力学性能及车内环境控制的影响很大。

从车体结构和部件进行考虑,采用的密封技术主要有以下几种。

(1)车体结构要取消排水孔,采用连续焊缝以消除焊接气隙,对直通车下的管路和电缆孔应采取必要的密封措施。

(2)车窗的组装工艺要保证密封的可靠性和耐久性,同时保证在压力波造成的气动载荷下不会造成变形和破坏。

(3)侧门采用密封性能良好的塞拉门,台风挡为密封结构,与具备密封性能的端墙门一起构成了密封组成。

(4)空调环控设备设置压力控制,如在客室进排气风口安装压力保护阀,在排气风道中装设带节气阀的排风机,安装压力保护通风机等,主要目的是既保证正常的通风换气,又保证车内压力变化在限值之内。

(5)采用密封式集便厕所。

## 三、轻量化设计

减轻列车重量可以降低轨道车辆对牵引功率的需求,实现高速和重载运行,同时也可以降低轴重,减小轮轨作用力。实现结构轻量化主要有两个途径,一是采用新材料,二是合理优化结构设计。

**1. 车体轻量化的意义**

(1)制造时可减少原材料的使用,从而有利于降低制造成本。

(2)可减少运用中的能源消耗,增加载重,降低运营成本。

(3)可减轻对铁路线路的损耗,从而减少线路的维修费用。

(4)在减速制动时,可减少制动能耗、制动发热、减少粉尘、减少噪声、减少环境污染等。

(5)有利于改善车辆运行品质,提高运行速度和运行平稳性,缩短制动距离。

(6)由于车体采用不锈钢、铝合金等材料,耐腐蚀性能好,外表面可不涂装或少涂装,内表面可不除锈,不作防腐处理,从而可节省涂料等材料或预处理设备,并可延长检修期限。延长修程和缩短在厂修理时间,相当于延长了车辆使用寿命,节省了运营成本。

(7)有利于提高和改进制造工艺水平和采用先进技术。

随着客货车辆的现代化,客车辅助设备重量和货车重量都有增大的趋势,但常受轨道等级、车辆运行加减速、轴重、牵引功率或列车编制数量的限制,可通过轻量化加以解决。

轻量化车体必须保证车辆在全部使用寿命期内具有足够的强度、刚度和小的维修工作量。为此,必须在设计、制造加工工艺、材料选择等各方面采取有效措施。

**2. 轻量化对车体用材的要求**

车体用材应具有优良的机械性能、理化性能和加工工艺性能。机械性能主要指具有高强度、大弹性模量;理化性能是指线膨胀系数小、耐化学腐蚀、耐电化腐蚀;工艺性能指具有较高的抗冲剪压性能,可焊性能、组装性能好。

当前,高速和城轨车体结构通常采用不锈钢或铝合金材料制造,而货车车体也逐渐开始采用类似材料生产,如 C80 等。

**3. 不锈钢车体**

车体结构使用不锈钢制造,可以不考虑腐蚀裕量,从而达到减重的目的,据估计,用不锈钢制造车体结构可以比用普通钢减轻重量 30%~40%。日本自 20 世纪 50 年代开始试制不锈钢车辆,先后有半不锈钢车辆(底架用普通钢,侧墙、端墙、车顶外板及其骨架用不锈钢)、全不锈钢车辆和轻型不锈钢车辆三代不锈钢车辆问世。特别是轻型不锈钢车辆,其车体结构可以实现无涂装、免维修和轻量化,取得了良好的经济效益。

开发轻量化不锈钢车体应满足以下条件:满足结构强度要求的轻量化结构设计;利用骨架结构形式来抑制变形;采用多功能外板复合加工机床整体辊轧或连续轧制筋板新技术;采用高强度不锈钢薄板和全点焊工艺技术。

不锈钢车体一般容易出现局部强度不够、变形大、刚度不足、自振频率低、焊缝腐蚀及疲劳强度低等问题,这些都应在设计、施工、运用和检修中加以注意。

**4. 铝合金车体**

用铝合金制造车体的尝试早在 20 世纪上半期就已经开始,最早用于地铁和市郊列车,后来应用于普通列车上。近年来,特别是进入 20 世纪 90 年代,全长的多品种异形截面以及大截面空腹铝合金挤压型材出现,铝合金已成为生产高速列车的主导材料。铝合金具有良好的塑性,挤压成型容易,可以根据车体结构优化设计的要求挤压出各种复杂形状大型中空铝型材,可大幅度减少焊接工作量,简化车辆的制造工艺。铝合金具有良好的耐腐蚀性和高的比强度(强度与密度之比),这就可以延长车体的使用寿命,大幅度降低重量。当前,碳钢、不锈钢和铝合金车体的重量比为 10∶7∶5 左右。

按铝合金车体结构特点,铝合金车体可分为三种。

(1)板梁组合式:以平板辊轧或连续轧压而成的带筋板为车体表板,用板轧压成角形、乙形、槽形、帽形和 W 形等冷弯型材为梁柱骨架,以接触焊接为主要方法将板梁柱连接为一体,组成筒形整体承载结构。

轻量化车体采用无中梁波纹板底架和带压筋侧墙板,结构仿制钢质车体,两者结构基本相似。由于铝合金的强度、刚度和稳定性较差,要求加厚铝板或铝合金型材,即铝板厚度≥1.4 倍钢板厚度。

(2)大型型材组合式:车体结构基本都采用型材组焊而成,对于车体制造来说,仅需将大型材间进行少量组焊,而无大量板梁柱的焊接工作,从而大大简化了车体制造工艺,降低了制造成本,而且变形小,表面平整。

(3)板梁柱与大型型材组合式:对于底架、侧墙、车顶等大部件,采用大型材组合,其他则采用板梁柱组合而成。

与一般的普通结构钢相比,铝合金材料的接合难度较大。但是,随着近年来铝合金挤压型材制造向大型化和轻薄化发展,车体结构由大型轻薄的挤压型材组合构成的趋势也越来越明显。车体结构制造上也可以采用纵向自动焊接技术,既提高了产品的质量和生产率,也为高速列车车体结构采用大型铝合金型材的设计和制造提供了广阔的前景。

与钢材比较,铝合金的纵向弹性模量及重量约为普通钢材的 1/3。因此,与全部为钢制车相比,铝合金车体结构在轻量化的选材方面占据了很大的优势。但是,铝合金车体结构的等效弯曲刚度也降低至钢制车的 1/3,增大了车体的挠度,从而影响车辆的基本性能(特别是乘车舒适度)。因此,为保持车体结构具有足够的刚度,通常在设计上采用扩大铝合金车体结构断面等方法。

**5. 其他复合材料在车体上的应用**

为了进一步减轻重量,改善隔声性能,以及便于设计、制造,国外已开始试用纤维增强塑料夹层结构代替金属制造车体。纤维增强塑料具有质量轻、比强度高、疲劳强度高、裂纹扩展速率低、较好的结构阻尼性、隔热和耐蚀性能等优点，其缺点是弹性模量（E）低，抗弯扭刚度比金属差，价格贵。若采用碳素纤维制造车体，将比铝合金车体减重 30%，这是下一代高速列车车体的理想材料。

### 6. 轻量化车体结构设计的原则

轨道车辆车体需要承受旅客或货物的重量和各种机件的重量，在运行中还承受纵向、横向、垂向扭转和气密载荷等动态载荷的作用。为此，车体结构应有足够的弯曲刚度，以使装在其上的有关机件之间的相对位置在轨道车辆运行过程中保持不变，并避免刚度不足引起的振动和噪声，提高乘坐舒适性，以及减少车体的变形，以免门、窗、梁、柱等破坏。车体结构也应有足够的强度储备，以保证其有足够的可靠性与使用寿命。在保证强度、刚度的前提下，车体承载结构的质量应尽可能小，以减少整车质量。从被动安全性考虑，车体底架结构应具有易于吸收撞击能量的特点。此外，进行车体结构设计时还应考虑车型系列化等方面的要求。

客车车体采用筒形整体承载结构，能够达到必要的强度和刚度，同时实现结构轻量化。筒形整体承载结构由很多轻便的纵向梁和横向梁组成封闭的环状骨架，并在外面焊接金属包板后形成承载结构。其中，金属包板承担剪切载荷和拉伸载荷，骨架承担拉伸载荷、压缩载荷和弯曲载荷，筒形整体承载结构示意见图 3-2。图 3-3 是筒形整体承载结构的铝合金车体示例，车体结构由底架、侧墙、车顶和端墙等部件组成一体。

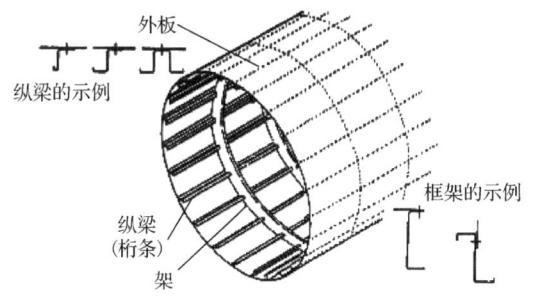

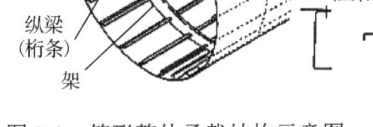

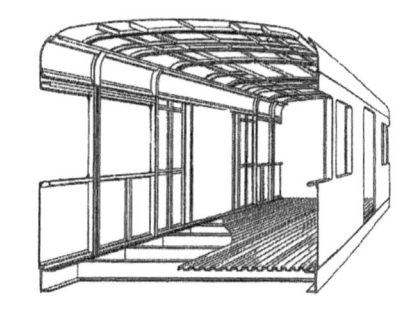

图 3-2 筒形整体承载结构示意图　　图 3-3 采用筒形整体承载结构的铝合金车体示例

高速动车组给车体结构设计带来了许多新的课题，如需要考虑高速动车组通过隧道时车体结构承受空气动力载荷的能力和车体铝合金型材断面设计问题等，这就要求在车体结构设计中采用先进的计算软件来进行强度、刚度分析和优化设计。ANSYS、I-DEAS 和 nastran 等有限元分析程序是目前世界上众多用户广泛使用的软件，我国铁路工厂和研究设计单位应用计算机进行辅助设计已相当普及，合理的结构设计和优化必将有效地提高我国轨道车辆车体的设计水平。

## 第三节　车体结构设计

轨道车辆车体的设计主要包括总体设计和结构设计。

## 一、车体结构的总体设计

车体的总体设计是根据设计任务书进行的，其内容主要包括车体外廓尺寸的确定、车体平面和断面布置,以及给水、暖气、通风、电气设备结构方案的选定和布置、车内美工设计等。总体设计原则上决定了设计客车的主要参数、结构形式、使用性能(舒适性和安全性等)及经济性。因此,总体设计是轨道车辆车体产品设计的关键性环节之一,必须全面、细致地考虑。另外,还应贯彻使车体的平面和断面布置体现出经济、实用、舒适、美观的原则。

**1. 车体外廓尺寸的确定**

车体外廓尺寸是指车体外形及其外长、外宽和外高的尺寸。车体外廓尺寸直接影响车辆的运行安全性、舒适性和经济性,因此是新车设计首先考虑的重要问题。车体外廓尺寸与车辆用途、机车车辆限界、转向架尺寸等有关。为便于制造、检修和运用,同一类型列车的各车(即系列产品),其车体外廓尺寸应尽量一致。

**1)车体长度的确定**

车体长度的确定,必须与车体平面布置同时考虑,对于系列产品(如动车组中包括头车,一、二等座车,酒吧车等)应通盘研究,以确定本系列产品较合适的车长。车体长些可以增加客室面积,相对地减小了辅助面积所占比例,故经济性较好。但是车体过长就必须考虑通过曲线时是否会与线路建筑物相碰,以及车辆在复线上运行时两条线路上的车辆是否会相碰的问题。建筑物接近限界及复线上两条线路中心线之间的距离是根据计算车辆决定的,根据《标准轨距铁路限界 第1部分:机车车辆限界》(GB 146.1—2020)中的规定,计算车辆的车辆长度可以增加到26m,若车体过长(超过26m),则必须缩减设计车体的宽度,以免与线路建筑物相碰,同时车体的强度和振动性能将会变差,也不利于制造和维修,故应慎重考虑。国外也有研究人员主张缩短车长,短车具有强度和振动性能好、使用方便、灵活等优点。

对于货车车长,除考虑车体结构的强度、刚度外,还应考虑每延米载重必须小于线路桥梁规定的容许限度值。目前,综合考虑各种因素影响,货车车体长度大致为13m。

**2)车体外宽和外高的确定**

外宽和外高的确定,以充分利用限界为原则,目的是得到较为宽敞的车内空间。车顶圆弧部分的尺寸要考虑产品的继承性及已有的工艺装备情况,车体下部要注意与转向架各部的垂直磨耗,以及空气弹簧全压缩后车体下沉后不与限界相碰。我国机车车辆限界中部最大宽度为3400mm,而下部为3200mm,故车体宽度限制一般为3200mm,再考虑每侧应留有15mm左右的制造公差等,车体外宽最大设计宽度只能为3170mm左右。如果把车体侧墙做成中部宽、下部窄的鼓形,车体最大宽度可达 3400-2×15=3370(mm),不过这将给制造和检修工艺带来很大不便。

此外,车体高度影响车辆重心高度,《铁路货物装载加固规则》中规定车辆重心高度不超过2000mm,应按所需容积与长、宽协调取值。

**2. 车体平面布置**

车体平面布置应根据设计任务书中所规定的列车中各车的用途、使用范围等要求来拟定。车体外宽和外长决定以后,可根据车窗安装及对隔热性能的要求来确定车体内墙的厚度,这样就可以得到车体的内长和内宽。旅客车辆的两端均设有通过台,设计通过台及通向客室的走廊尺寸时应考虑旅客上下车方便。

平面布置主要包括客室和辅助间(洗脸间、厕所等)两部分。旅客主要在客室生活,因此其布局(包括席位尺寸、席间距离、走道宽度等)应尽量宽敞。在车体内长一定的条件下,增加单元坐席的长度就会使辅助间面积缩小。辅助间的位置和设备情况,要从方便使用和符合我国国情及广大乘客的生活习惯等方面来考虑决定。

**3. 车体断面布置**

车体断面布置主要包括确定窗台高度、窗口尺寸、座椅,以及水、暖、通风、电等主要设备的空间位置和尺寸等。此项工作十分重要,是给水、暖气、通风、空调和车电等专业组进行设计的依据,它的涉及面较广,必须与各专业设计密切配合才能完成。首先由各有关专业设计组提出各种设备在车体上的布置和安装要求,然后由车体设计者统一考虑,进行合理安排,往往要经过几次调整才能完成。

**4. 车下布置**

车辆上的有些设备安装在车体底架下部,有变流器、牵引电机、制动、电气、给水、空调等装置的管路和部分零部件。车下部件的布置,既要注意使用和检修时的方便性,更要重视车辆前后、左右的重量要均衡。如果车体偏重过大将引起转向架弹簧受力不匀、车体偏斜和车辆振动性能恶化。因此,在完成平面布置和车下布置以后,需对全车进行重量分配的概略计算(包括空车和重车时)。若偏重较大,应首先对车下设备的布局进行适当的位置调整。在布置车下设备时,还应注意要尽量缩短管路,如电气装置的控制箱等要靠近车上控制柜,以缩短导线管路长度等。此外,还应校核车辆在最小曲线半径的线路上运行时,车下设备不能与转向架的任何部分相碰。

## 二、车体结构设计的主要步骤及措施

**1. 主要步骤**

(1)确定整个车体应由哪些主要的和次要的构件组成,使其成为一个连续的完整受力系统;确定主要结构、梁、柱、杆件采取怎样的断(截)面等。

(2)确定如何构成这样的断面,断面与其他部件的配合关系,密封或外形的要求,壳体上内、外装饰板或压条的固定方法以及组成断面的各部分的制造方法及其装配方法等。

(3)各个断面的初步方案制定以后,可以绘制由一个断面过渡到另一个断面的构图、梁柱连接结构图以及与此同时所形成的外覆盖件图(壳体、蒙皮)等。

(4)将车体分成几个分总成,如车底架、车顶、侧墙、端墙等。

(5)进行强度和刚度分析,进行动态性能(模态)分析。

(6)进行详细的车体结构图设计,画出零部件设计图等。

**2. 车体骨架梁柱的设计**

(1)按功能需求采用梁和柱结构,如底架、车顶、侧墙、端墙的端梁、侧梁、纵梁、横梁和立柱;门柱及门框上的横梁、窗柱上下横梁等。

(2)加强或增强梁和柱结构,如底架上安装车钩缓冲器的纵向梁和与转向架连接的枕梁,用于安装其他设备,如空调装置、受电弓等的梁柱结构。

(3)为安装座椅、行李架和其他车内设备而设计的梁和柱结构框架等。

**3. 梁柱和车体板壳截面形状与刚度的关系**

(1)薄壁梁柱的截面形状可分为闭口和开口两类,它们的截面特性有较大差别。

(2)在材料面积和壁厚保持不变的情况下,闭口截面的抗弯性能稍次于开口截面,但闭口截面的扭转惯性矩要比开口截面大得多。

(3)从提高整个车体和构件的扭转刚度出发,宜多采用闭口截面,但是还需要考虑构成截面的其他因素,如结构功能、配合关系、制造工艺等。

(4) 当受力梁柱的截面发生突变时,就会由刚度突变引起截面变化处的应力集中,应力集中可能诱发进展性裂缝,导致疲劳损坏。

(5) 应合理设计加强板的大小和厚度,若加强板太小,则不足以将集中载荷通过加强板分散到较大的面积上,太大则会增加质量。

(6) 车体承梁柱上的孔洞尽量放在应力较小的部位。

(7) 外覆盖板部件,如车体表面板等,尤其是高速列车头车流线型表面板或蒙皮,对这些零部件的要求是:表面光滑,棱角线条清晰,与相邻部件棱线吻合,完全符合造型要求,而且要有一定的刚度。

**4. 提高板壳零件刚度的主要措施**

刚度差的大型覆盖面板和蒙皮件容易在激励下引起板的强迫振动,造成部件的疲劳损坏。

(1) 曲面和棱线等的造型,以及拉延成型过程中零件材料的冷作硬化,对提高刚度极为有利,平直的零件造型是不可取的。

(2) 在不显露的外覆盖面板上设置各种形状的加强筋或肋。

## 三、车体结构设计中应采用的主要结构形式

### 1. 尽量采用筒形整体承载结构

轨道车辆车体结构的设计趋向于采用由大型轻薄的挤压型材组合构成的薄壁筒形整体承载结构。经粗略论证,在具有相同的强度条件下,整体承载车体的重量(或材料消耗)仅为底架承载车体的30%。这也可以从一简单的例子得以印证,一块薄板,当它被卷成筒形结构后,其承受弯曲和扭转的能力会大大增强。

对于车体结构,按其底架形式可以分为两种,即有中梁和无中梁车体。无中梁车体的特点是在底架的两根枕梁之间取消中梁,而以金属波纹地板来代替,两枕梁的外端仍保留有牵引梁,这是安装牵引缓冲装置所必需的。理论与实践证明,整体承载结构中,保留强大的贯通式中梁,往往不能充分发挥和利用侧墙和车顶构件的承载能力。在承受垂直载荷时,中梁除与整个车体一起变形外,还存在着中梁相对于车体的单独变形,这样就在中梁上产生了附加应力,从而减小了车体其他构件的应力。而在承受纵向载荷时,纵向力沿着贯通式中梁的轴线方向作用,故大部分纵向力由中梁承受,而不能通过枕梁分配给车体其他构件,故有中梁的结构会影响整体承载车体优越性的发挥。而中梁本身的应力分布也很不均匀(牵引梁接近枕梁部分的应力大于中梁中部),结构没有得到充分利用。因此,采用无中梁车体,可以进一步发挥整个车体钢结构的承载能力,并使车体自重得以减轻,而且取消中梁后,底架下部空间变大,有利于车下设备的布置和检修。无中梁底架的缺点是底架两端(牵引梁部分)的结构较复杂,需要有较强大的牵引梁补强板和斜撑,以保证作用在牵引梁上的纵向力能可靠地向侧墙传递。同时,在并接和检修时,金属波纹地板截换都较麻烦,而且其防腐蚀问题也须加以注意并解决。总之,从技术发展来看,无中梁结构是高速车体的发展趋势。

客车系列车体全部采用了筒形整体承载结构。图 3-4 分别为 CRH1 型和 CRH2 型车体筒形整体横断面结构图。CRH1 型车体承载结构设计制造为一个在整个长度上开放的不锈钢筒状壳体,CRH2 型车体承载结构采用车体全长的大型中空铝合金挤压型材组焊而成的筒形整体承载结构。25 型硬座车车体钢结构为骨架外壳型,是一个上部带圆弧、下部为矩形的封闭壳体,壳体内面或外面用纵向梁和横向梁、柱加强,形成整体承载的合理结构(图 3-5)。

(a) CRH1型

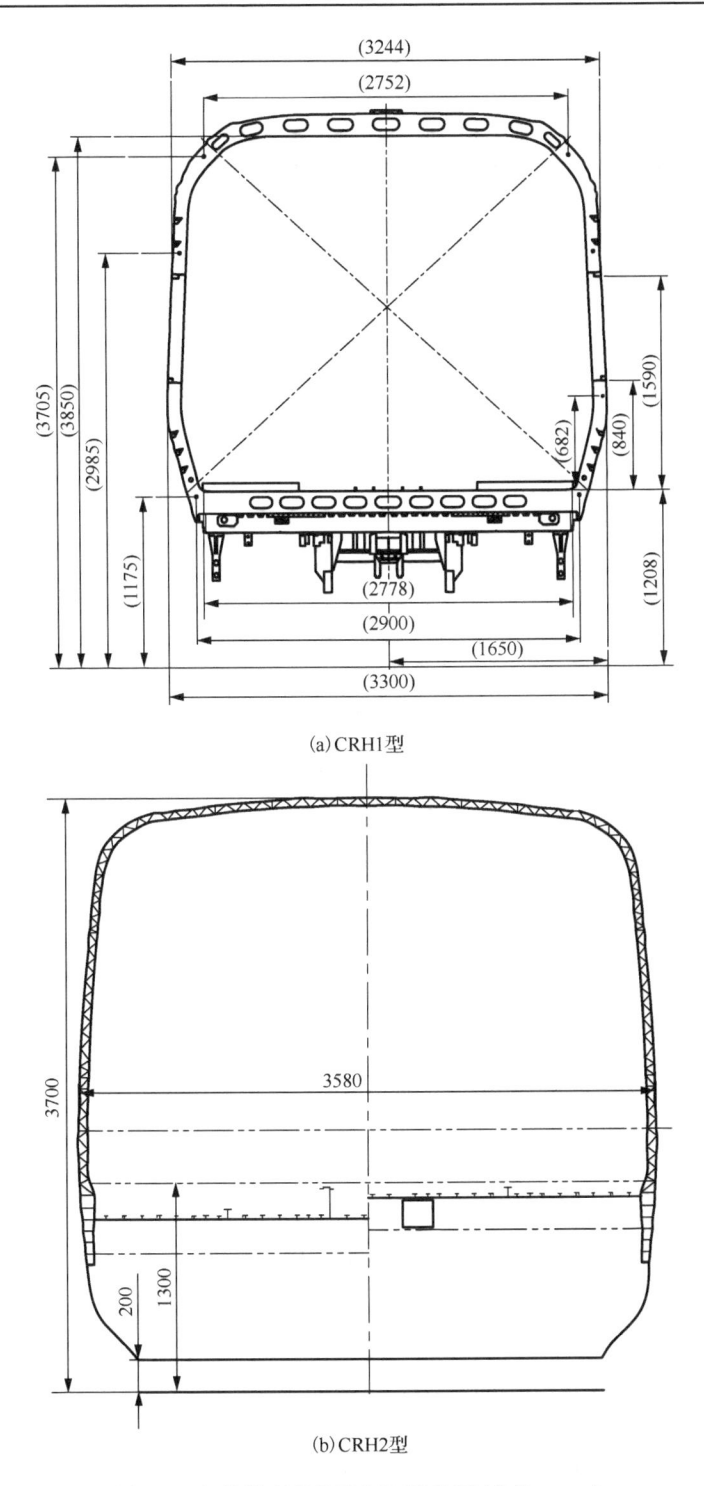

(b) CRH2型

图 3-4　车体筒形整体横断面结构图(单位：mm)

对于货车车体结构，则可视具体的车型特点选择相应的结构，如敞车应设计成侧墙承载结构，侧墙设计成板梁，这样强度和刚度较大，能与底架共同承担垂向载荷。可使底架中梁设计得小一些，以减轻车辆自重。还能适当调整大横梁的断面或位置来调整中梁的强度和刚度，而平车车体只能设计为底架承载结构。

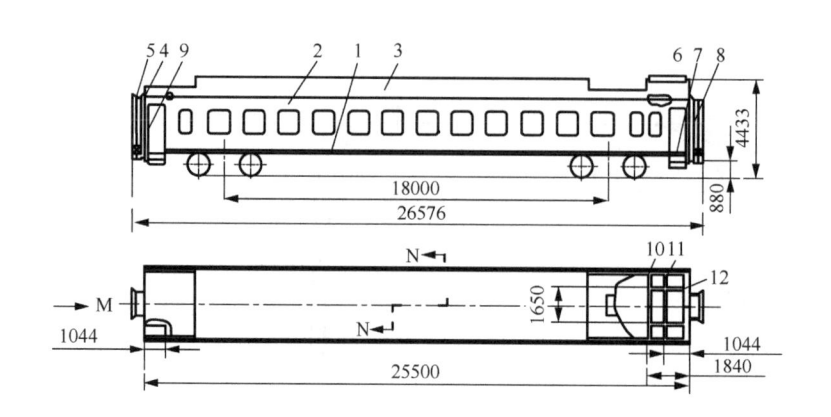

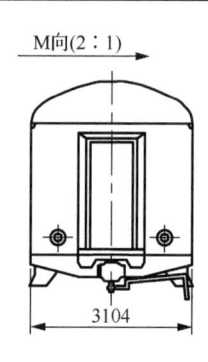

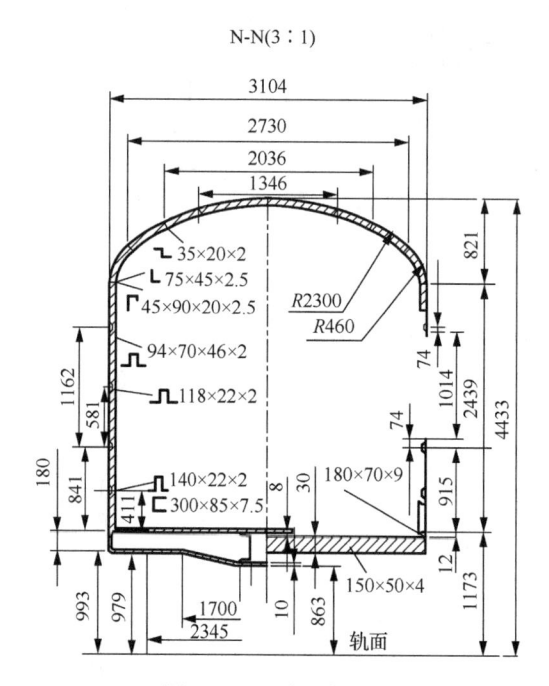

图 3-5  25 型硬座车车体钢结构(单位：mm)

1-底架钢结构；2-侧墙钢结构；3-车顶钢结构；4-端墙钢结构；5-风挡；6-一、四位翻板安装；
7-二、三位翻板安装；8-脚蹬组成；9-钩缓装置；10-水箱横梁；11-横梁；12-水箱吊梁

### 2. 尽量采用压型件

当前，在设计制造轨道车辆车体结构时都广泛采用压型结构，包括薄板压筋和压型梁件。薄板压型结构的优点是刚度大、表面平整、自重轻、外形美观、制造简单、焊接变形小、有利于木结构和防寒材料的安装等，无疑是一种先进的工艺方法。因此，侧墙板、端墙板、车顶板、底架地板等均采用了压型结构，其缺点是修理困难、易腐蚀、难清洗等。

### 3. 车体结构截面尺寸选定时所考虑的问题

车体结构截面尺寸是根据已经完成的总体设计和选定好的车体结构形式确定的，此项工作一般包括底架、侧墙、车顶、牵引梁、枕梁等部件的分布及其截面尺寸的选定。这部分工作不可能一蹴而成，需要经过结构设计、理论计算、试制和强度试验等阶段，在设计时主要

考虑以下几个问题。

**1) 满足总体设计的要求**

车体结构截面尺寸和梁柱布置应满足总体设计的要求，总体设计中的平面布置图在很大程度上决定了结构截面尺寸和梁柱位置，例如硬席车平面布置图中单元座席的尺寸、通过台的大小及辅助间的位置决定了门、窗的分布及尺寸等。

**2) 底架结构尺寸的确定**

确定了车体结构为薄壁筒形整体承载形式后，对于无中梁的底架结构，除了采用金属波纹地板外，边梁和枕梁等要进行相应的加强作用。

**3) 保证车体结构具有足够的强度和刚度**

车体结构的截面尺寸可以参考同类型产品在设计制造及使用中的经验来初步选定，然后根据车体的各种受力工况（垂直载荷、纵向力及扭转载荷）进行必要的强度计算，并根据计算结果对部分截面做适当修改或改变部分结构的设计，这样反复进行几次，最后可确定相关的结构截面尺寸。我国《机车车辆强度设计及试验鉴定规范总则》(TB/T 3548—2019)中对强度计算进行了详细的规定和论述，设计时必须满足这些要求。

**4) 注意与其他部件的关系**

车体结构的布置及截面尺寸的选定还必须注意与其他部件的关系，与车体结构有联系的主要部件有转向架，以及配电装置、给水系统、逆变器、空调（或通风）设备等。

CRH系列动车组车体与转向架的支承方式均为车体枕梁直接与转向架的空气弹簧接触，故枕梁两端应有与空气弹簧联系的平台，如图3-6所示。

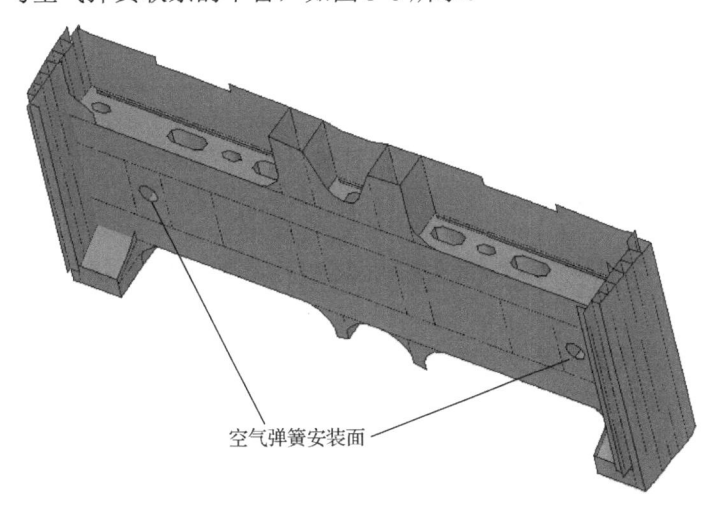

空气弹簧安装面

图3-6 CRH2型动车组枕梁结构

底架上的布置既要注意车体结构强度的要求，又要考虑车下设备（蓄电池、空调、逆变器、过滤器等）的吊挂需要。

**5) 注意所设计结构的工艺性**

一个优良的设计不仅体现在结构的性能先进上（如车体结构重量轻、承载能力强等），而且还必须具有良好的工艺性，即要在现有的或经过一定的努力可以具备的条件下，能够方便且经济地把产品制造出来。为此，设计者必须了解制造工厂现有的设备和工艺装备情况，考虑工人的技术熟练程度和传统操作习惯，当然还必须着重考虑产品本身的结构工艺性问题。

车体结构的结构工艺性表现在这几个方面,即便于检修、适于部件组装、节点的连接必须牢固且便于加工、便于调整制造公差、尽量采用通用件和标准件等,现分述如下。

(1) 便于检修。一般情况下,动车组的使用寿命为 20～30 年,需经过多次检修。因此,在进行车体结构设计时,一定要从便于检修的角度加以考虑。例如,以金属波纹地板代替中梁的无中梁底架结构,虽然从承载性能等诸方面来看都是合理的,并为很多国家(如德国、加拿大等)所采用,但是如果没有对金属波纹地板的材质加以改进,其在应用中易发生腐蚀,而腐蚀后截换困难,会给检修部门带来不便。因此,如果不采用耐腐蚀材料,又不采取很好的防腐措施,就不宜设计无中梁的金属波纹地板结构。

(2) 适于部件组装。对于大批量生产的动车组,为了提高生产效率,要求车体结构适于部件组装。为此,在结构设计中,必须考虑如何正确划分车体各大部件,使车体结构具有良好的组装工艺性,即便于总组装。例如,可把车体结构划分为底架、侧墙、车顶、端墙等组成部件,这些组成部件在各自的生产流水线上制成后,再进行车体结构的总组装。同时,还应考虑各组成部件如何具有良好的分组装工艺性,例如,底架又可分为焊接构架、牵枕缓梁、边梁和金属波纹地板等分组件。

(3) 节点的连接必须牢固且便于加工。车体结构中的节点往往是强度的薄弱环节,因此节点处的连接必须牢固且便于加工制造。

(4) 便于调整制造公差。车体结构是采用焊接成形的,焊接变形将严重影响组装尺寸的精度。因此,设计时要考虑这些因素影响,采用相关措施,以便于调整制造公差。

(5) 尽量采用通用件和标准件。在不影响结构强度和使用性能的前提下尽量采用通用件和标准件,以降低生产和修造成本。

**4. 保证车辆具有较长的使用寿命**

在车体结构的设计中,除了考虑强度、刚度、重量、工艺外,还必须注意应尽可能地保证车辆具有较长的使用寿命。进行车体结构设计时,应从结构和工艺上考虑避免或减少结构的腐蚀,以延长车辆的使用寿命。

# 第四节 车体结构各组成部件的设计

总体设计和车体结构的布置及截面尺寸确定以后,开始进行车体上几个大的组成部件(底架、侧墙、车顶和端墙等)的具体设计工作。各组成部件应根据总体设计的要求及部件结构和安装要求,具体确定相关尺寸和安装尺寸,并根据部件组装的要求,确定各组成部件之间的连接(节点)形式,最后在图纸上完整无缺地表示出来,这样车体结构的设计工作才算完成。

在底架等几个大的组成部件的具体设计中,应完成的工作简述如下。

## 一、底架结构设计

首先根据总体设计布置的要求确定底架的主要结构尺寸,按车辆通过曲线时端部与中部偏移量相等的要求计算,底架全长与两心盘间距离的比值为 $\sqrt{2}$,而实际设计中受多种因素的制约,可视具体情况进行调整。此外,根据受力特点,除了对受较大集中载荷的零件进行局部计算外,还应考虑以下几点。

(1) 确定底架与侧墙、端墙等的连接关系,然后进行底架内部各梁及挤压型材等的设计工作。

(2) 在底架上需安装空调、电气装置、车钩、座椅,在底架上要增加一些辅助梁件,均应在图纸上表达清楚。

(3) 绘制底架的分组件图和零件图。

**1. 动车组底架主要结构设计**

CRH2 型和 CRH5 型动车组车体侧墙与底架的连接形式如图 3-7 所示,CRH1 型动车组底架结构图如图 3-8 所示,它包括两个纵向的边梁及与其相连的横梁、缓冲梁(与车钩相连)和枕梁,其下部适于安装底架设备。在车体枕梁之间的中间位置,底架和一些横向的 Z 形梁相连,金属波纹底板通过点焊焊接在横梁的下缘上。每个车体枕梁包括两个加固的表面,以便和二系悬挂配合,二系悬挂安装在横向的箱形梁上,箱形梁上还装有不同的支座,用来安装车体和转向架之间的连接和减振装置。车体枕梁主要由低合金高抗拉强度钢制成,再通过电弧焊焊接在底梁上。在车体的入口处可以安装一个固定踏板,活动踏板的支座置于底梁下面。使用标准梁以增加强度和刚度,使用焊接的横向减振器和碰撞停车连接代替螺栓连接。采用敞开式设计,提高防寒性能,使用螺栓将垂向减振器和抗侧滚扭杆连接到支架上。

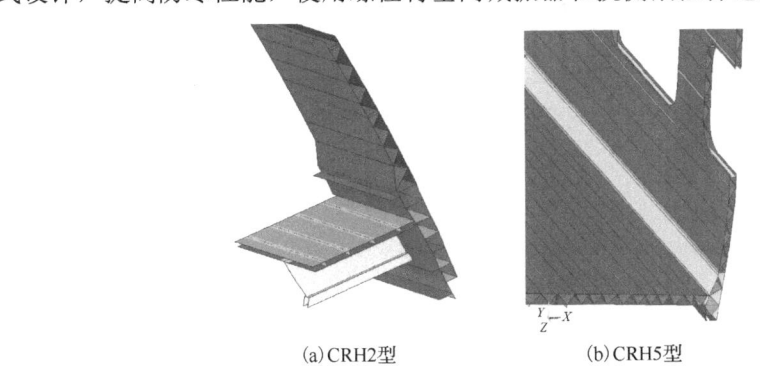

(a) CRH2型　　　(b) CRH5型

图 3-7　车体侧墙与底架的连接

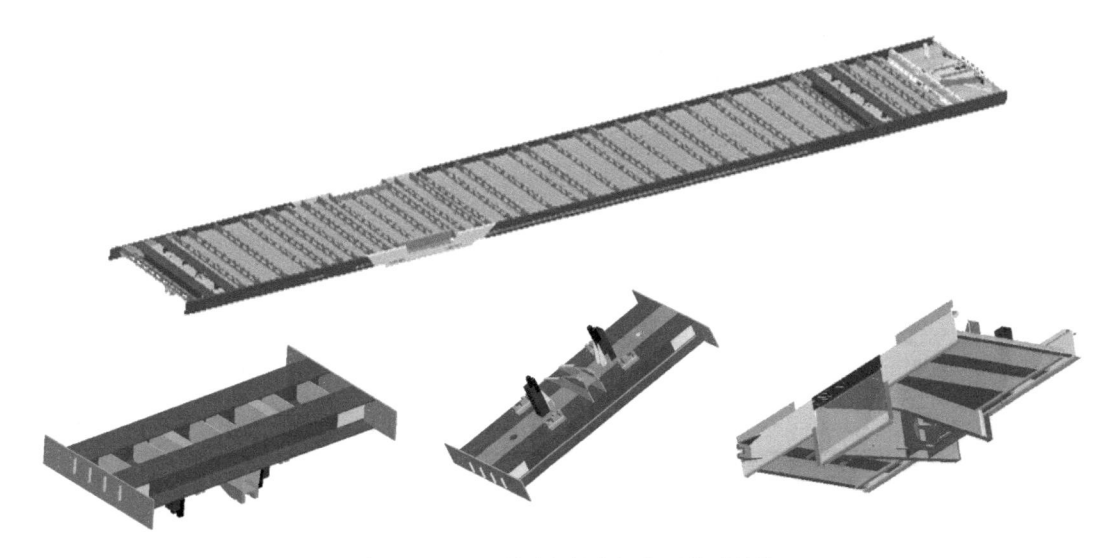

图 3-8　CRH1 型动车组底架主要组成结构

CRH2型动车组底架主要组成结构如图3-9所示，底架由牵引梁、枕梁、侧梁(边梁)、端梁、横梁和金属波纹地板等组成。其中，侧梁通长采用铝合金挤压型材拼焊而成。

牵引梁主要由铝合金挤压型材和铝合金板焊接而成，连接底架的端梁和枕梁，并为车钩缓冲装置设置相应的附加结构。车钩缓冲装置传递的纵向载荷通过固定在牵引梁上的从板座作用到牵引梁上，再通过枕梁等结构传递到整个车体结构，实现整体承载。因此，需要在车钩缓冲装置对应的牵引梁相应部位进行局部加强，牵引梁结构简图如图3-9(c)所示。

枕梁由铝合金挤压型材和铝板焊接而成，支撑车体载荷。枕梁设置相应结构，保证与转向架悬挂系统的正常连接(牵引座与枕梁的连接结构)。枕梁外侧设置顶车座，便于救援和维修时顶车作业，枕梁结构简图如图3-9(d)所示。

侧梁(边梁)为位于底架地板左右两侧的纵向梁，是底架与侧墙连接成筒体的关键部件。端梁由铝合金挤压型材和铝合金板焊接而成。横梁位于底架地板下方，起到了吊挂设备和均衡载荷的作用(横梁采用铝合金挤压型材，根据车下设备的布置情况，对不同车型的横梁断面和位置进行了相应调整。在质量大的设备安装处，还要对横梁进行加强)。

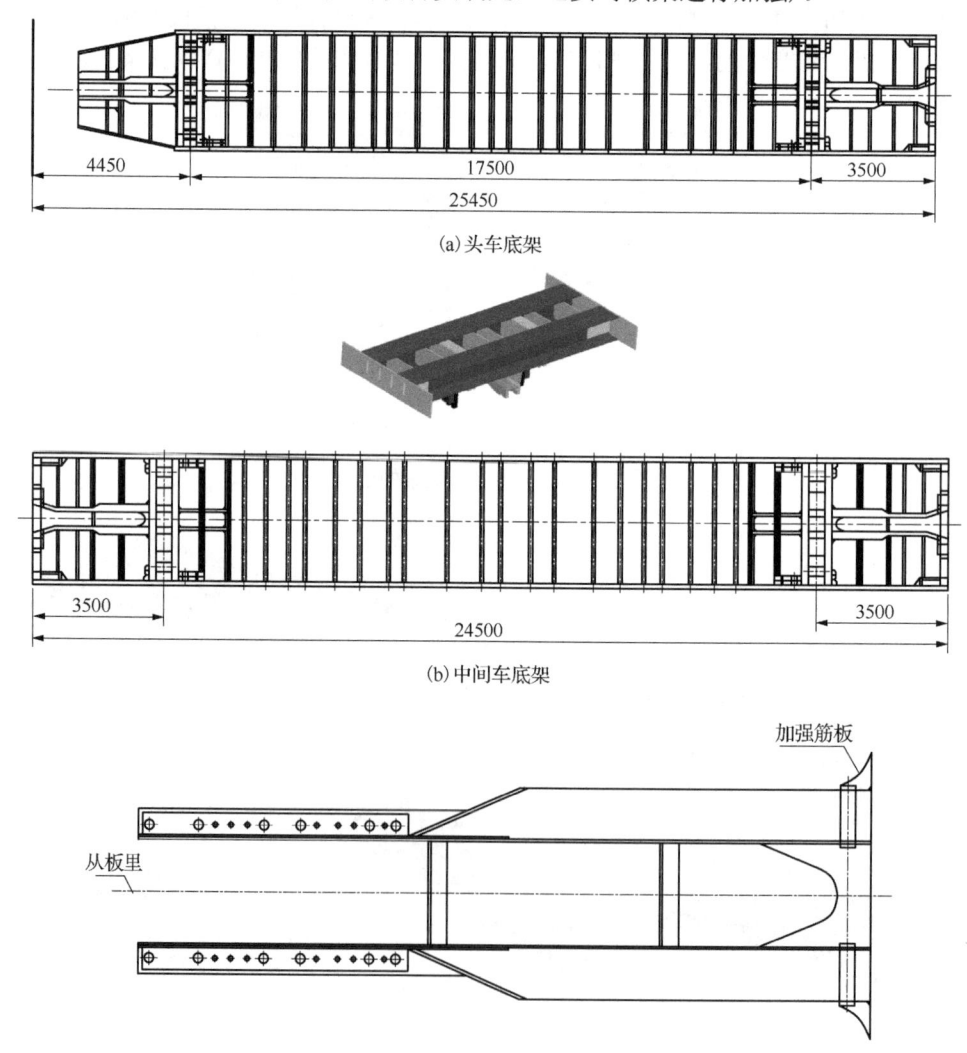

(a) 头车底架

(b) 中间车底架

(c) 牵引梁

(d) 枕梁

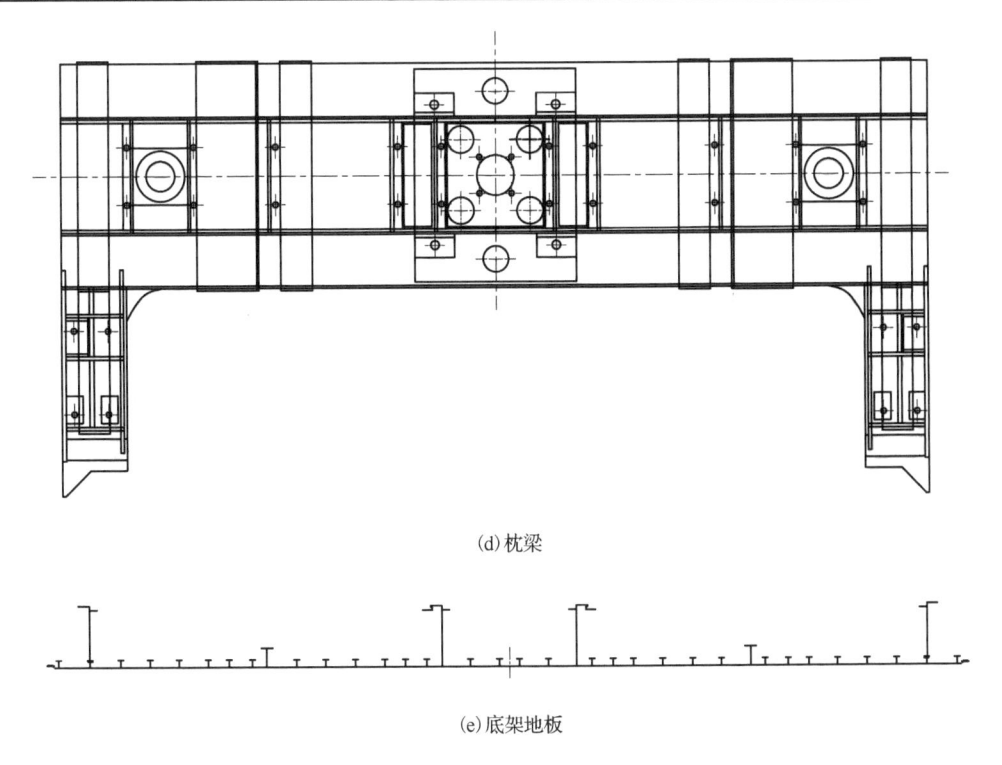

(e) 底架地板

图 3-9　CRH2 型动车组底架主要组成结构(单位：mm)

底架地板通常是由挤压铝型材通过熔化极惰性气体保护焊自动焊接而成，为了增强地板的纵向强度，在纵向设置了加强筋结构，地板组焊接后的简图如图 3-9(e)所示。

CRH5 型动车组底架牵枕缓梁组成如图 3-10 所示，该结构采用了特殊的牵枕缓梁装置设计，枕梁由焊在底架边梁上的 8 个枕梁座组成，枕梁座代替了传统的贯通式枕梁，枕梁座由型材机器加工而成，设计了全新的牵引梁结构，不再通过焊接工艺进行枕梁与牵引梁的组装连接。转向架摇枕用螺栓固定于枕梁底座平面的螺套孔，安装简单方便。该结构的主要优点如下：底架地板不需要切割，枕梁采用的焊接方式，不会发生危险；同时，作用力都施加在车体结构强度最高的边梁上，不与地板发生联系，从而减少了对车内的影响。采用该种结构形式既能有效地传递纵向力，保证车体结构强度的需要，又能有效消除因制造工艺的原因而造成的质量问题，从而避免引发安全隐患。

**2. 25 型客车车体底架结构设计**

25 型客车车体底架结构由牵引梁、枕梁、缓冲梁、下围梁(或称侧梁)、枕梁间的纵向金属波纹地板及枕外金属平地板等组成，如图 3-11 所示。

自底架上心盘中心到缓冲梁间的中梁称为牵引梁，由两根 30a 型槽钢及牵引梁上下盖板组焊而成，缓冲梁由 6mm 厚钢板压制成槽形断面。枕梁、缓冲梁和牵引梁组成的结构称为牵枕缓结构，如图 3-12 所示。

由于两枕梁间无贯通的中梁，作用于底架上的纵向拉压力均由金属波纹地板和底架侧梁来承担。车体钢结构静强度试验表明，纵向金属波纹地板能承受三分之一以上的总纵向拉伸或压缩力，这种结构的底架称为无中梁底架。

**1) 端梁**

端梁由 6mm 厚钢板压制而成，断面为"["形状，YZ25G 型硬座车的端梁高度为 400mm，

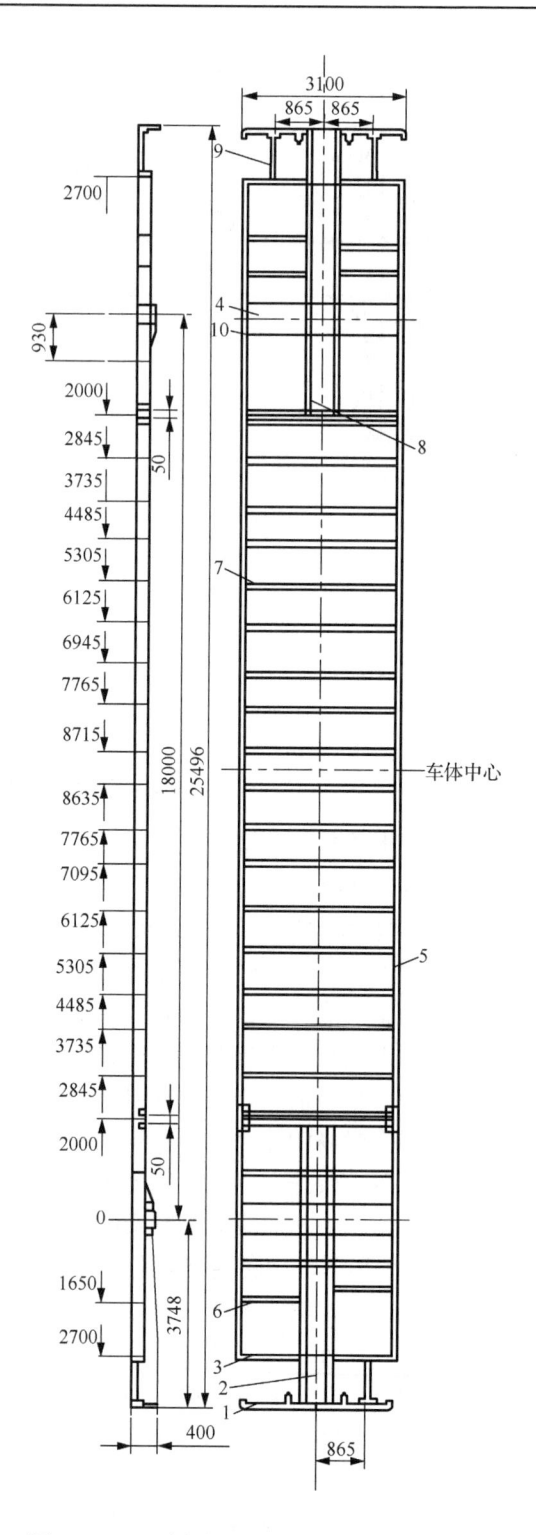

图 3-10 CRH5 型动车组底架牵枕缓梁组成

图 3-11 25 型客车车体底架结构(单位:mm)

1-缓冲梁;2-牵引梁;3-端梁;4-枕梁;5-侧梁;6-枕外横梁;
7-横梁;8-纵向加强梁;9-纵向梁;10-加强板

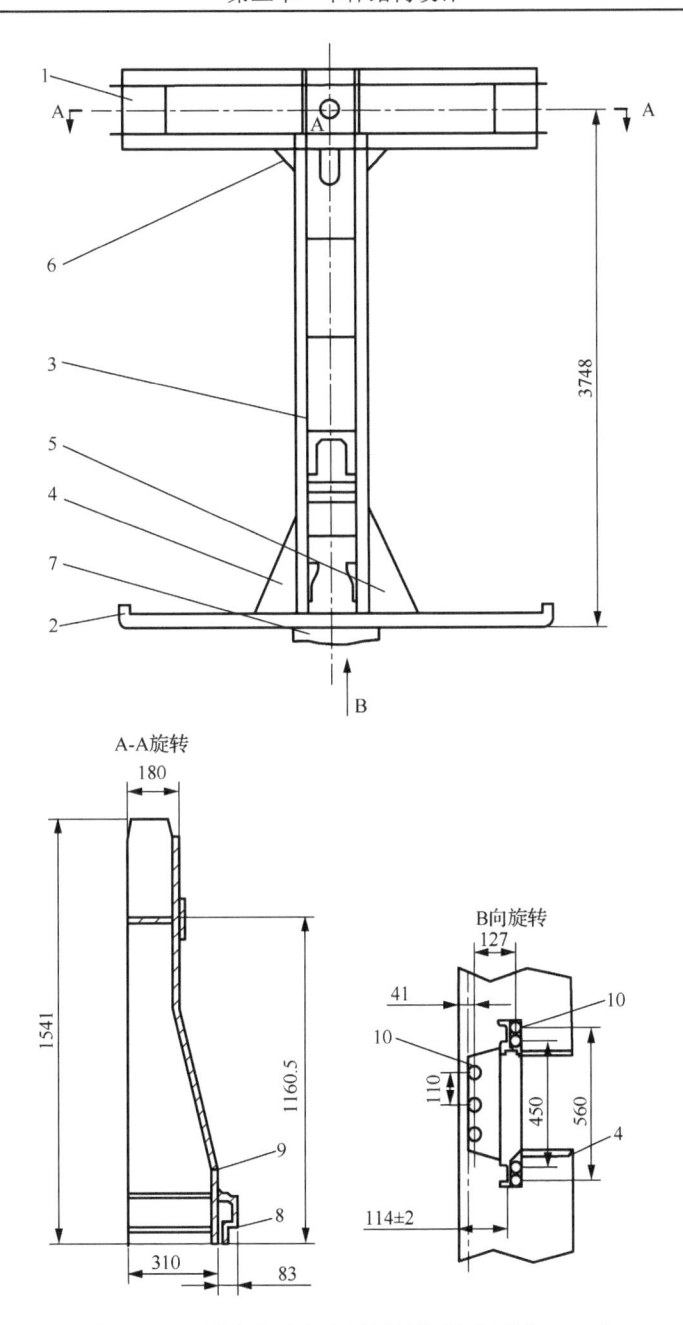

图 3-12 25 型客车底架牵枕缓结构组成（单位：mm）

1-枕梁组成；2-缓冲梁组成；3-牵引梁组成；4~6-补强板；7-冲击座；8-上心盘；9、10-铆钉

靠近侧梁处的高度为 180mm，称为转角，在转角下翼面焊有 3mm 的围板，围板可以在端部遮挡脚蹬，起到美观的作用。在端梁中部开有安装车钩用的缺口，宽度为 345mm，俗称钩门。YZ25T 型硬座车的端梁高度为 458mm，钩门的宽度为 790mm，端梁在钩门处与牵引梁相互组焊。

**2) 牵引梁**

自枕梁到端梁间的中梁称为牵引梁，YZ25G 型硬座车的牵引梁由两根 30b 型槽钢及牵引梁上下盖板组焊而成，上盖板厚 4mm、宽 464mm，下盖板厚 8mm、宽 490mm。为了符合在牵引梁腹板间安装车钩和缓冲器的尺寸要求，两槽钢腹板的间距设置为 350mm，并将牵引梁靠近端梁一端的高度增加到 400mm。在牵引梁两槽钢腹板内侧铆接前后从板座，焊有磨耗板和防跳板。YZ25T 型硬座车的牵引梁由两根直径为 8mm 的钢板压制而成，其上盖板厚 4mm、宽 524mm，下盖板厚 6mm、宽 560mm。为了符合在牵引梁腹板间安装车钩和缓冲器的尺寸要求，两牵引梁的腹板间距设置为 440mm，靠近端梁一端为喇叭状，间距为 790mm，高度为 458mm，在牵引梁两腹板内侧铆接车钩安装座。

**3）枕梁**

YZ25G 型硬座车枕梁由两个厚度为 8mm、间距为 350mm 的纵向腹板及厚 10mm、宽 600mm 的下盖板，厚 6mm、宽 600mm 的上盖板组焊而成闭口箱形断面"Ⅱ"，枕梁近侧梁端为小端，近牵引梁端为大端，它是一个近似的等强度鱼腹梁。在枕梁下盖板下面与牵引梁交叉处安装心盘座，以提高此处的承载作用，提高枕梁和牵引梁的连接强度和刚度。在枕梁两端的上旁承安装处焊接加强板，枕梁端部还焊有供顶车用的垫板。YZ25T 型硬座车的枕梁腹板厚 8mm、间距为 424mm，下盖板厚 12mm、宽 600mm，上盖板厚 6mm、宽 600mm。在枕梁两端焊有空气弹簧安装座，枕梁端部也焊有供顶车用的垫板。

**4）地板梁**

枕内横梁位于两个枕梁之间，横梁均匀布置，间距在 1m 以内，也可根据车下设备的位置进行调整。枕外横梁位于端梁和枕梁之间，有 2 对，断面为"["形状，高 180mm、厚 4mm（有集便器时为 6mm），翼面宽 50mm。枕内外第一根横梁一般距枕中 1700～2000mm，具体还要根据转向架所占据的空间而定。这些横梁的两端分别与侧梁和牵引梁焊接或与侧梁焊接，这些横梁的作用如下：一是把牵引梁结构与侧梁连接起来形成底架钢结构骨架，从而保证底架有足够的强度和刚度，以承受各种载荷；二是作为平地板和金属波纹地板的支撑，防止金属波纹地板在纵向力作用下失稳。

枕后纵向梁在枕内，靠近枕梁，每端四组，第一组为鱼腹形槽形断面，其余三组断面同枕内横梁，枕后纵向梁主要起传递纵向力的作用。

**5）侧梁**

底架两侧有通长的侧梁，其断面为 18 型槽钢。在横向，底架的枕梁及全部横梁的端部都与侧梁焊接，金属波纹地板也与侧梁的上翼面搭接。侧墙的立柱、侧墙板分别焊在侧梁的上翼面和腹板外表面上，所以侧梁是连接侧墙和底架的重要构件，其连接关系如图 3-11 所示。

底架的牵枕缓、侧梁和横梁共同形成底架钢骨架。

**6）金属波纹地板**

在底架钢骨架的上面焊上金属波纹地板，在端梁和枕梁上，盖板间为平地板，板厚为 2mm；两枕梁间为纵向金属波纹地板，断面为"⎿⎾⎽⏌"形状，板厚为 1.5mm，由底架钢结构骨架和金属波纹地板共同组成底架钢结构。由于两枕梁间无贯通的中梁，作用于底架上的纵向拉压力均由纵向金属波纹地板和侧梁来承担。车体钢结构静强度试验表明，纵向金属波纹地板能承受三分之一以上的总纵向拉伸或压缩力，这种结构的底架称为无中梁底架。

**7）有中梁的底架结构**

以 XL25G 型行李车为例来说明有中梁底架的结构，如图 3-13 所示，XL25G 型行李车底架钢结构由端牵枕、中梁、枕内横梁布置、一位枕外横梁布置、二位枕外横梁布置、主横梁、一位端铁地板、二位端铁地板、枕内铁地板、站铁组成、底架线管布置、底架配件布置、侧梁、补强梁等组成。牵枕缓和侧梁结构与 YZ25G 型硬座车类似，不同之处为枕内有四组鱼腹形的主横梁，厚度为 6mm，断面为"⌐"，下翼面宽度尺寸为 120mm。

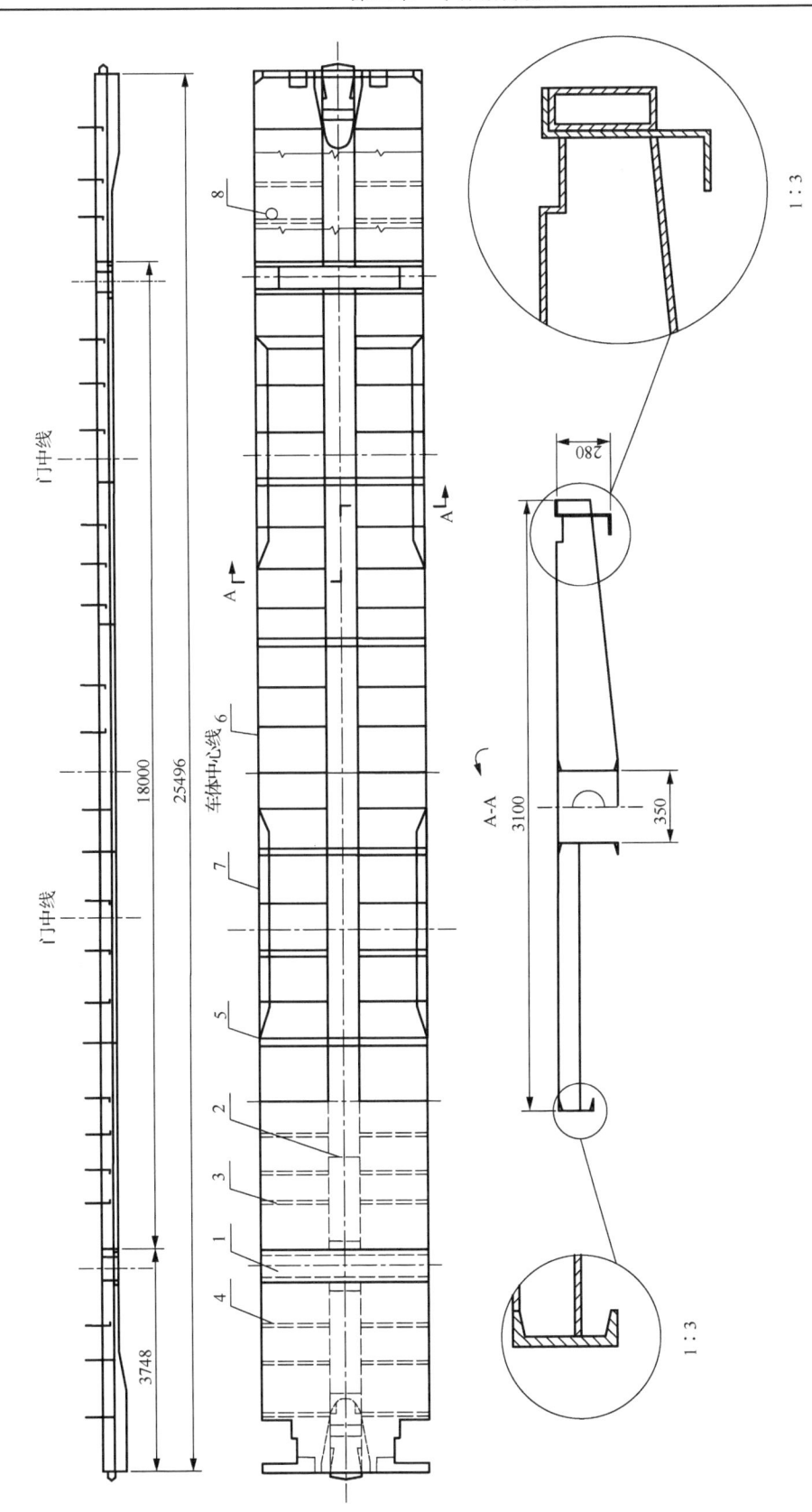

图 3-13 XL25G 型行李车底架钢结构（单位：mm）

1-牵引梁；2-中梁；3-枕内横梁；4-枕外横梁；5-主横梁；6-侧梁；7-补强梁；8-金属平地板

在大拉门处有两组补强梁，厚度为 6mm，断面为"└"，高度为 280mm，下翼面尺寸为 110mm。XL25G 型行李车无枕后纵向梁，有两根 30b 型槽钢组焊成的中梁，间距为 350mm。枕内外横梁断面均为"└"，高度为 110mm，下翼面尺寸为 70mm，厚度为 4mm 或 6mm。行李间地板为 4mm 的花纹钢板，其余部分为 2mm 的平地板。底架钢结构主要构件的断面尺寸见图 3-14。

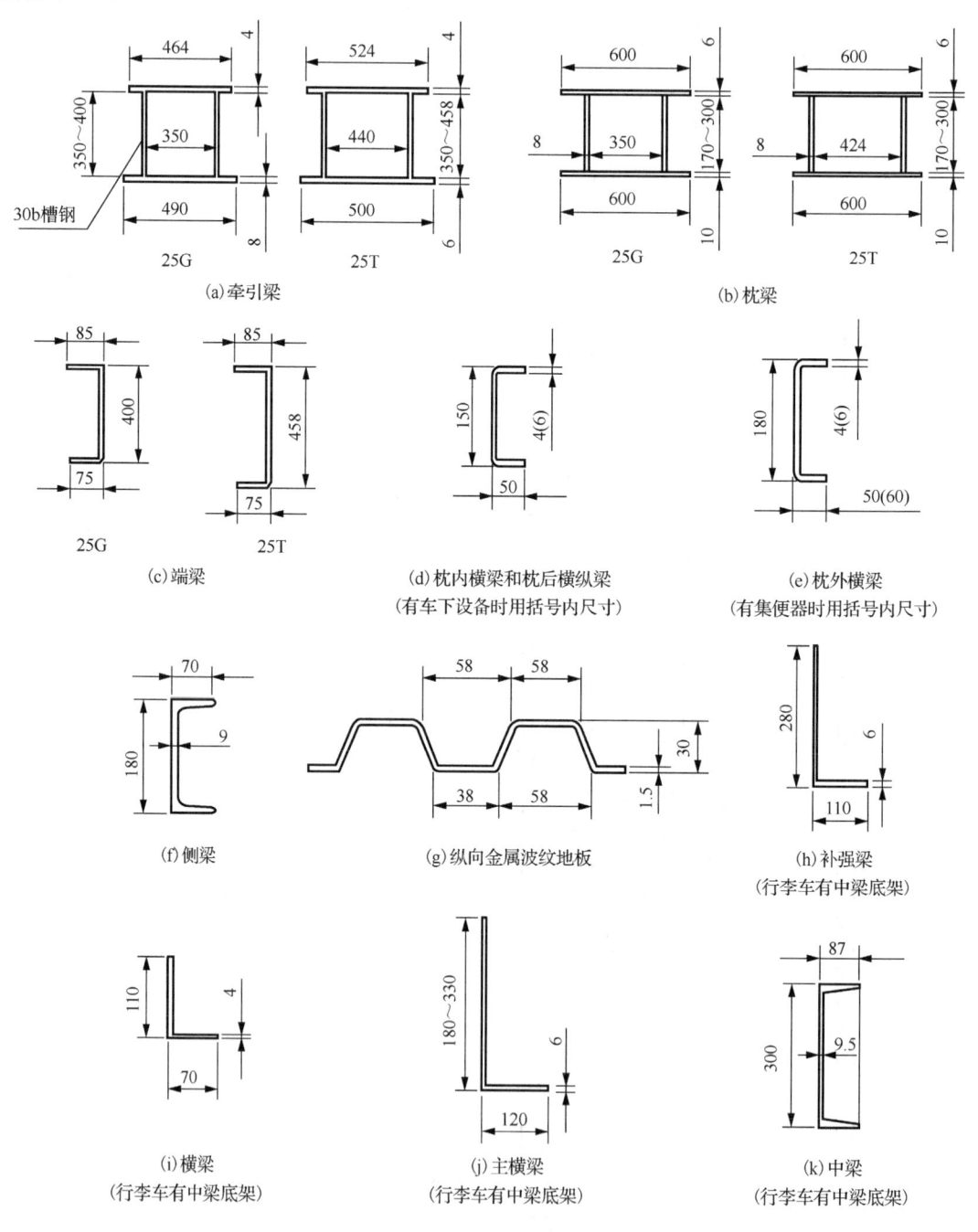

图 3-14 底架钢结构主要构件断面尺寸(单位：mm)

### 3. 货车底架结构设计

敞车是货车中用途最为广泛、占比最高的车型，它既能装运煤炭、矿石等散粒货物，也能装运钢材、木头等型材，还能装运机械设备、集装箱等大件货物，车顶上加上蓬布还能装运怕雨淋物品。敞车既可以用机械方式装卸，也可适应人工装卸，还能适应翻车机卸货。新设计敞车集载还应满足《铁路货物装载加固规则》的规定，必要时可参考北美铁路协会《货车的设计和制造》(AAR M-1001)标准中的集载规定值。因此，在设计敞车车体时，既要满足多种运用功能的要求，又要满足各种装卸方式的要求。选择各项技术参数较为繁杂，要进行多种参数的反复比较，权衡利弊后才能确定。

敞车应设计成侧墙承载结构，侧墙设计成板梁，具有较大的强度和刚度，能与底架共同承担垂向载荷。底架中梁质量可设计得小一些，以减轻车辆自重。侧墙承载结构还能适当调整大横梁的断面或位置，来调整中梁的强度和刚度。若采用铸钢一体心盘座，牵引梁长度最小可取1600mm，枕梁下盖板与侧架上平面的距离应≥81mm。如今，转向架弹簧静挠度已提高，此距离应取≥100mm为宜。另外，还须计算底架地板下平面或小横梁下边缘与车轮轮缘顶面的距离。并要考虑在曲线上，转向架与车体相偏移一转角后，地板下平面或小横梁下边缘与车轮轮缘顶面的距离。

底架中梁一般用310乙字钢组焊而成，310乙字钢是我国货车当今的常用型材，侧墙承载敞车中梁中部的垂直载荷会通过横梁传到侧墙，侧墙通过枕梁传到心盘、转向架。侧墙承载结构敞车的枕梁传递的垂直载荷比底架承载结构更多，因此敞车的枕梁要设计为有足够的强度，一般设计成箱形结构。C64敞车枕梁腹板内侧距为260mm，C70为320mm。而要对枕梁与中梁的连接结构有足够的重视，该位置通常是敞车(乃至其他货车)重要而复杂的受力节点，以往的货车在此处发生裂纹的情况较多。设计时用一块枕梁下盖板加前后各两块八字板来加强此处节点的强度，此方法可提高材料利用率。将枕梁下盖板连同前后八字板整体切制成一个零件，可以缓和该节点处的强度。采用心盘座与后从板座连成一体的铸钢一体心盘座，可以加强此处节点的强度和刚度，此方法已广泛使用，尤其在重载列车上，但铸钢件的重量较大。若用铸钢一体心盘座，可考虑取消枕梁下盖板，将枕梁下盖板与中梁下翼板连接处加宽，并带有圆弧形，可参见C80、C70、X4K等车的枕梁结构。上心盘采用铸钢件，直径为300mm，难以适应重载高速的要求，现都改材质为25Mn的锻钢上心盘；用于60t级货车时，直径为338mm；用于70t级货车时，直径为358mm。

图3-15为C70车的底架结构三维图，底架由中梁、侧梁、枕梁、大横梁、端梁、纵向梁、小横梁及钢地板组焊而成(图1-3)。中梁采用310乙字钢组焊而成，允许采用冷弯中梁，侧梁为240mm×80mm×8mm的槽形冷弯型钢；枕梁、横梁为钢板组焊结构，底架上铺6mm厚的耐候钢地板。采用锻造上心盘(直径为358mm)及材质为C级铸钢的前、后从板座，前、后从板座与中梁间，以及脚蹬、牵引钩、绳栓、下侧门搭扣与侧梁间均采用专用拉铆钉连接。C80车的底架结构如图3-16所示，底架主要由中梁、枕梁、端梁等组成。中梁采用材料屈服极限为450MPa的高强度耐大气腐蚀310热轧乙字钢或冷弯中梁；枕梁为双腹板箱形变截面结构；采用C级钢材质的整体式上心盘及整体式冲击座。

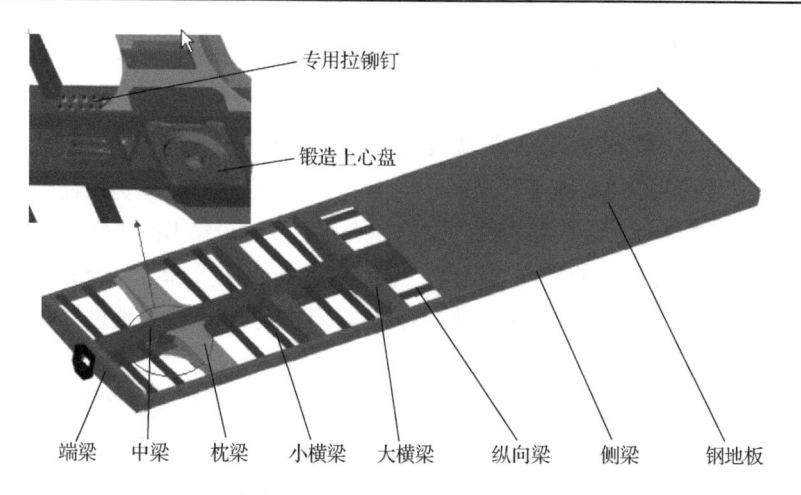

图 3-15　C70 底架结构三维图

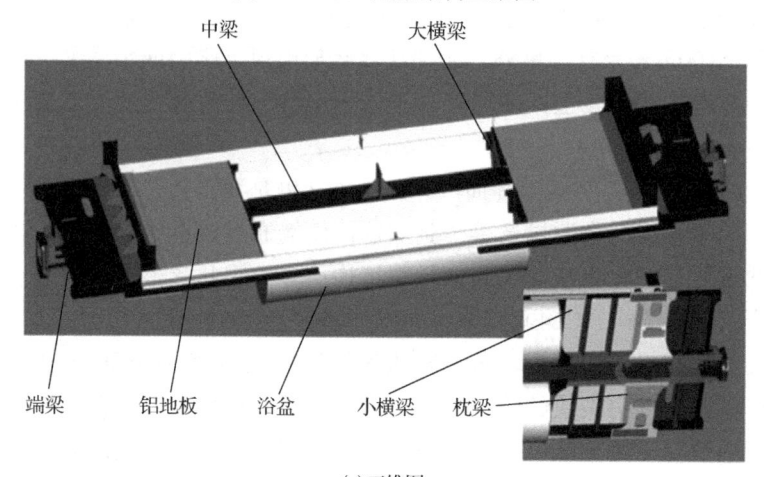

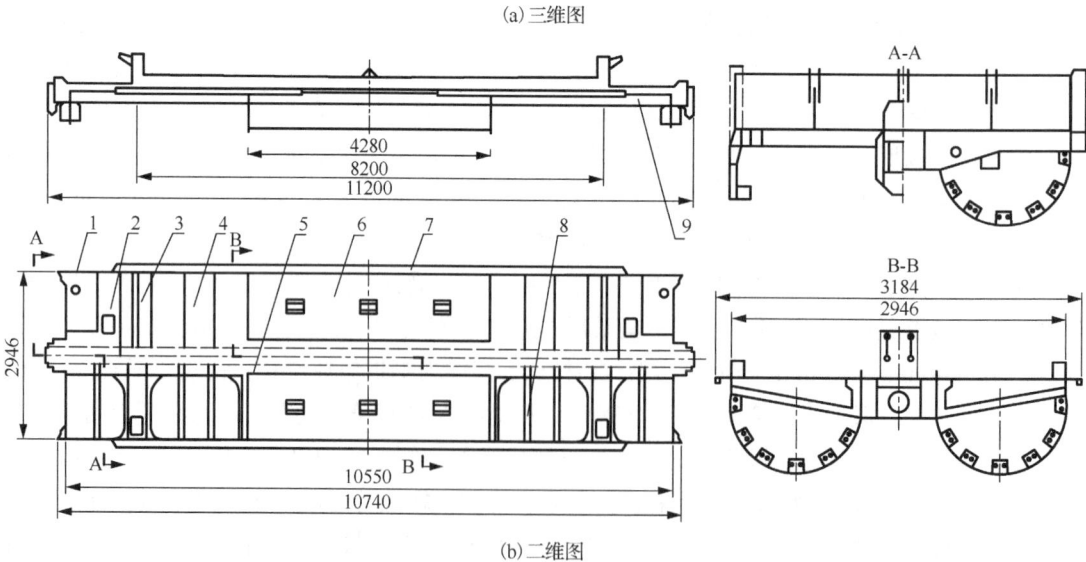

(a) 三维图

(b) 二维图

图 3-16　C80 底架结构图（单位：mm）

1-端梁；2-钢地板；3-枕梁；4-铝地板；5-大横梁；6-浴盆；7-下侧梁；8-小横梁；9-中梁

## 二、侧墙结构设计

与上述底架设计相类似,首先根据总体设计和布置的要求,确定侧墙的主要结构尺寸并进行必要的局部强度校核,其次选定侧墙与底架、车顶及端墙的连接方式。然后把需要在侧墙结构上增加的梁和孔等在侧墙的结构图上表达出来,还要给出暖气、通风、给水装置的零件,以及在侧墙上安装座椅、行李架、车床等时所需要增加的梁件和支座等。最后,绘制工艺性能良好的侧墙零件施工图。

### 1. 动车组车体侧墙结构

CRH1 型动车组车体侧墙结构示意图见图 3-17,整个侧墙由不锈钢制成,由冷拉侧柱和滚压成型的纵向梁通过电焊形成框架,再通过点焊在外面包上平板。侧墙盖住底梁,使外表面状态良好。侧墙上开有开口,用于固定车窗。车门柱、车门安装托架等也是侧墙的一部分。

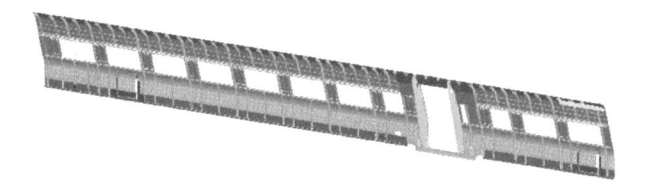

图 3-17 CRH1 型动车组车体侧墙结构

CRH2 型动车组车体侧墙采用大型中空挤压型材,不设车内侧立柱,结构断面与车顶连接如图 3-18 所示,头车与中间车侧墙结构相同但纵向长度不同。型材之间采用在车体长度方向上连续焊接的方式,侧墙与车顶采用车内侧、车外侧连续焊接的方式,侧墙和底架边梁之间采用车内侧点固相焊接,车外侧采用连续气密焊接。

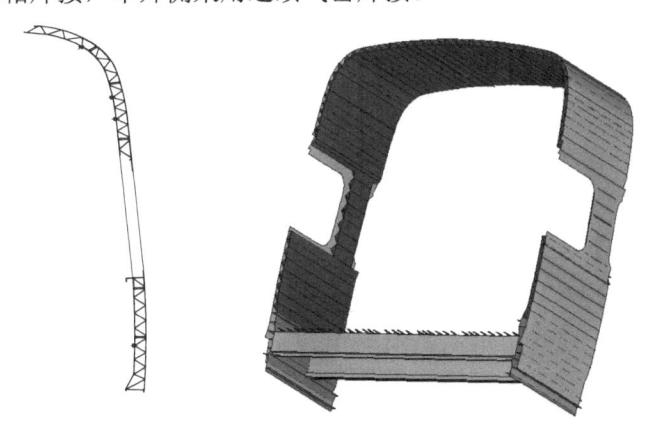

图 3-18 CRH2 型动车组车体侧墙结构断面与车顶连接

在行李架、侧顶板及侧墙板等安装位置,在挤压型材设置通长的 T 形槽,便于内装部件的安装。为了确保侧拉门的拉开空间,侧墙门口处设计成一个带棱的一体化箱形结构。侧墙下部安装断面变化的挤压型材,满足车下设备的安装和车下设备舱的连接要求,同时根据等强度设计理论,保证结构强度的可靠性。

侧墙结构分为侧门中间部分和门区部分。侧门中间部分主要由侧板和腰板组成,窗口及其以下部分称为侧板,通长板有四块,其中窗口部分由窗上、窗下通长板铣口与窗间板(小块)拼焊而成,两端连通到门区部分。腰板由 3 块通长板组成,均连通到外端与端墙搭接,通长板均为中空型材结构。窗口部分根据窗的安装结构关系焊接安装座，窗口部分结构简图如图 3-19 所示。

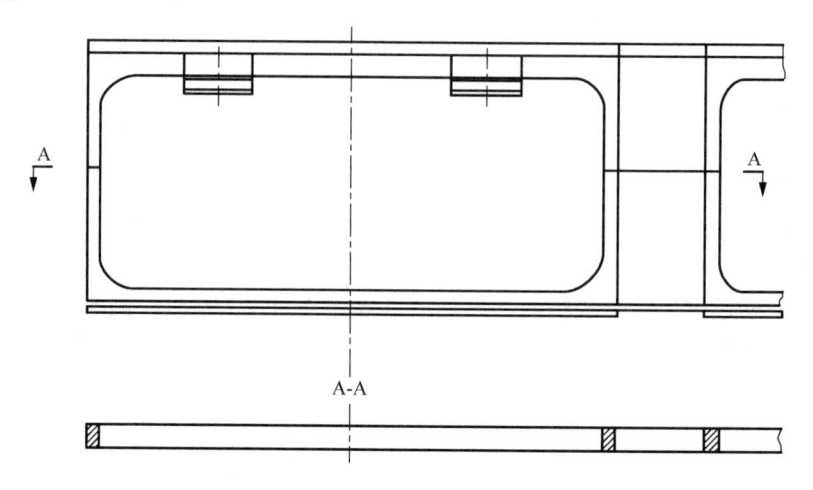

图 3-19　CRH2 型动车组车体窗口部分结构简图

门区部分即侧门出入口部分，根据门口与外端距离的大小分成板梁式结构和板梁加中空型材两种形式，门区部分结构简图如图 3-20 所示。

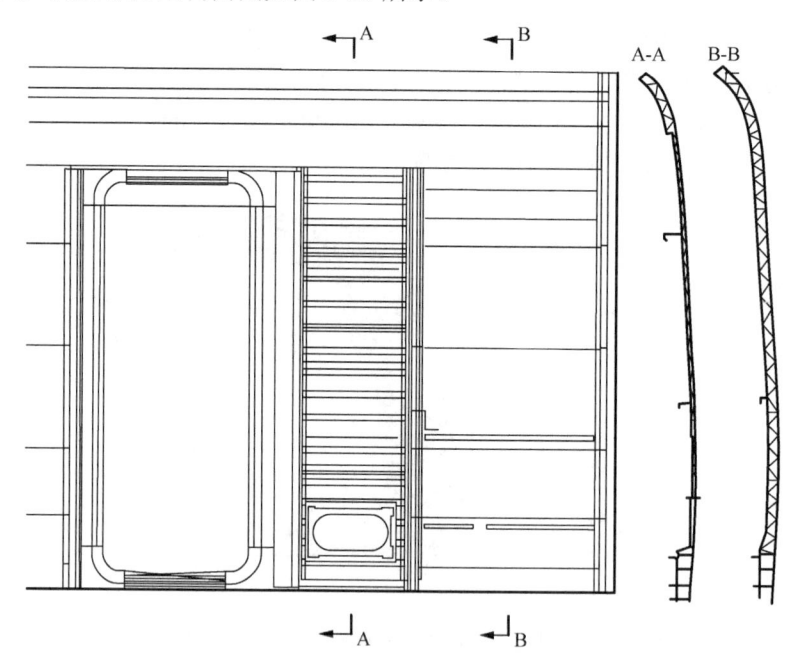

图 3-20　CRH2 型动车组车体门区部分结构简图

CRH5 型动车组车体的侧墙结构断面由 4 块挤压铝型材组成，型材材质为 6005A-T6 铝合金，厚度为 50 mm，蒙皮厚度为 2.5 mm，内筋厚度为 2.5 mm。为了解决焊接收缩问题，控制每块型材的公差，侧墙组成后，将公差控制在正公差范围内。型材由上到下开有 3 排 T 形槽，用来安装防寒装置及内饰件。4 块挤压铝型材组焊完成后，在侧墙开窗口、司机室门口、塞拉门口、区间牌口、紧急装置座口。为使应力降到最小，窗角外侧半径设为 170mm，内侧半径设为 180mm。保证车窗整体从车内安装，维护和更换玻璃时从车外拆卸。典型的 CRH5 型动车组车体侧墙断面及与底架和车顶的连接如图 3-21 所示。

## 2. 25 型客车侧墙

### 1) 侧墙结构组成

25 型硬座车车体钢结构的侧墙主要由立柱、纵向梁、上侧梁、门柱、门上横梁、门框、侧墙板等组成。侧墙外表面为平板无压筋，在平整的外墙板内侧焊有垂直立柱和水平纵向梁，形成板梁式平面承载侧墙结构，如图 3-22 所示(只给出半个侧墙结构)。

图 3-21　CRH5 型动车组车体侧墙断面及与底架和车顶的连接

### 2) 侧墙结构设计

侧墙上侧梁断面为"⌐"形，其尺寸为 45×90×25×2.5(mm)，长度为侧墙全长。侧墙水平纵向梁共四根，窗上一根，窗下三根，其断面为"⌒"形，其尺寸为 140×22×2.5(mm)。这四根纵向梁起到加强侧墙的垂直弯曲强度和刚度的作用，同时也减少了钢板的自由表面面积。在侧墙窗口间有一条短的窗间小纵向梁，其断面为"⌒"形，其尺寸为 140×22×2.5(mm)，设置目的是增强窗间板的强度与刚度。在窗口两侧各有一根垂向的窗边立柱，也称为侧立柱，其断面为"⊓"形，尺寸为 94×70×46×2.5(mm)。在侧门处均有断面为"⊐"形的门柱，其尺寸为 25×60×100×60×25×4(mm)，立柱和门柱与所有纵梁、上侧梁、底架侧梁连接起来，组成侧墙钢骨架，并与侧墙板焊接形成侧墙钢结构。如果侧门为折页门，在门柱处还有一个整体的门框组成，断面为"⌐"形。如果是塞拉门，就无此门框组成。侧墙板为厚度为 2.5mm 的耐候钢板(09CuPCrNi-B)，侧墙板上开有大窗孔，尺寸为 1064×1014(mm)，小窗孔为 614×1014(mm)。每侧侧墙端部有两个侧门孔，门窗开孔处是侧墙的薄弱区域，通过周边的梁柱予以加强，选择合适的窗角板圆角半径来降低其应力集中，设计出合理结构。

侧墙结构主要构件断面尺寸见图 3-23，其中侧墙板厚 2.5mm。

## 3. 货车侧墙结构设计

敞车侧墙的长、高由容积确定，侧柱间的位置应与底架横向梁匹配。侧墙中央通常开有安装对开式中门的门孔，一般门孔高 1900mm、宽 1620mm，其余侧柱之间的下部开有安装上翻式下侧门门孔，门孔高 954mm、宽 1250mm。侧墙板除满足必要的强度和刚度外，还要满足耐腐蚀性。采用过压型结构，检修不便，可改为平板外加加强斜撑结构。C62、C64 上侧梁采用 140×116×6(mm) 的冷弯矩形方管，C70 型敞车采用 140×100×5(mm) 的冷弯矩形方管。侧柱应具有较大的刚度，宜采用帽形钢专用轧制型材。如用钢板压型，其板厚不应小于 7mm，不锈钢侧柱厚度用 6mm。C70 型敞车采用冷弯侧柱，具体结构见图 3-24。为加强侧柱下部的强度和刚度，在内侧装有铸钢(或钢板压型)内补强座，同时在内补强座下面的大横梁处加两块小筋板将大横梁上下盖板、腹板连起来，以加强此处节点的刚度。C64 型敞车、C70 型敞车都用铆焊混合结构连接侧柱和底架，从理论分析，铆焊混合结构似乎并不合理，但实际运用中能解决侧柱焊缝开裂问题，侧柱与底架的连接方式在敞车设计中值得研究。敞车中门及下侧门也经常出现问题，主要是中门变形、中门门闩及下侧门搭扣的锁紧可靠性问题，这些在设计中都应引起注意。

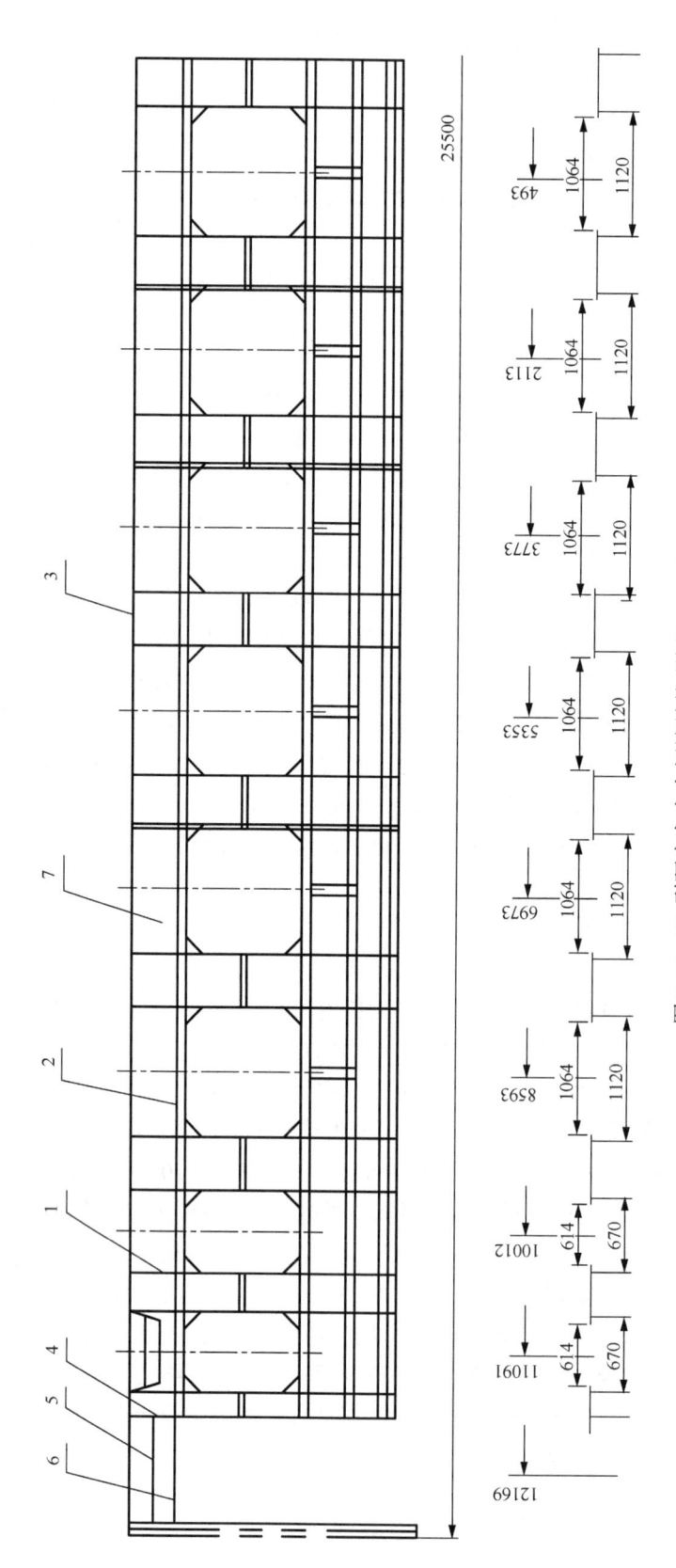

图 3-22 25 型硬座车半个侧墙结构（单位：mm）
1-立柱；2-纵向梁；3-上侧梁；4-门柱；5-门上横梁；6-门框；7-侧墙板

(a) 立柱　　　(b) 纵向梁　　　(c) 上侧梁

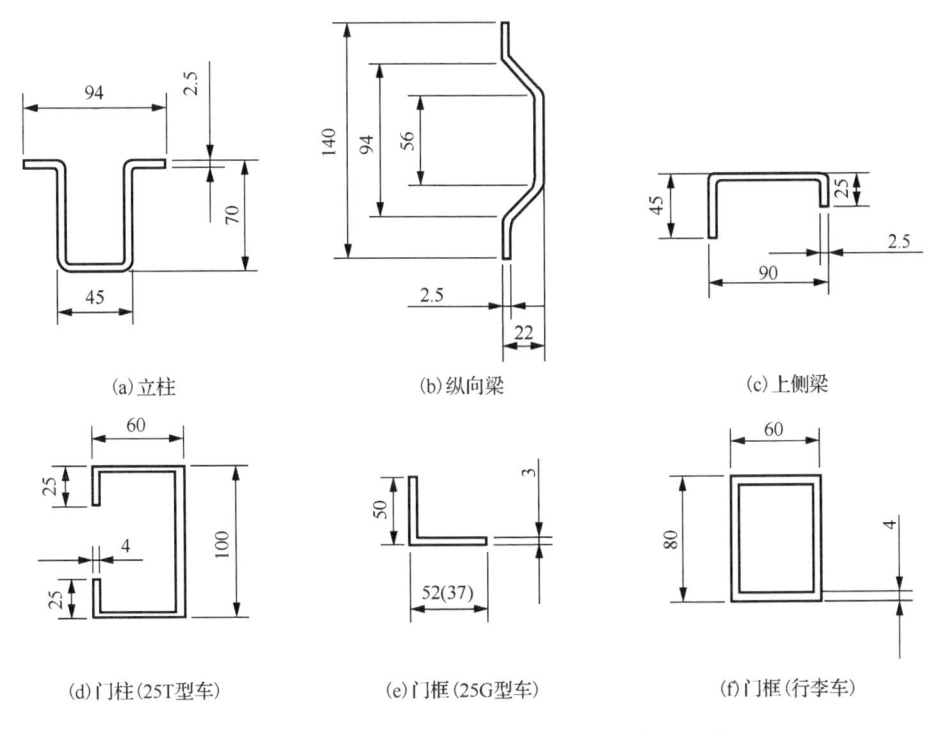

(d) 门柱(25T型车)　　　(e) 门框(25G型车)　　　(f) 门框(行李车)

图 3-23　侧墙结构主要构件断面尺寸(单位：mm)

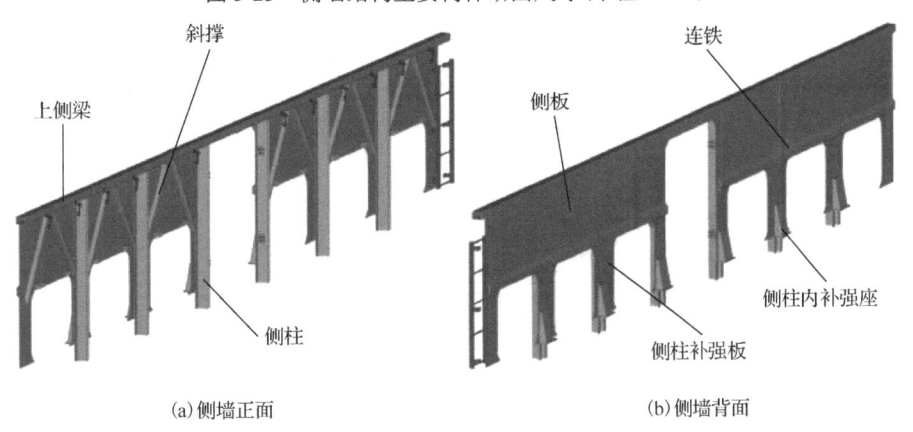

(a) 侧墙正面　　　(b) 侧墙背面

图 3-24　C70 型敞车侧墙结构

在 C70 车体两侧的侧墙上各安装一对侧开式侧开门及 6 扇上翻式下侧门。采用新型锁闭装置，门边处组焊槽形冷弯型钢，增强了刚度并将通长式上锁杆封闭其中，防止产生变形与磕碰。下门锁采用偏心压紧机构，车门关闭后，通长式上锁杆可防止下门锁蹿出，操作简单，安全可靠(图 3-25)。下侧门结构与 C64 型敞车相同(图 3-26)。

C80 型敞车侧墙由上侧梁、上门梁、侧柱、侧板、扶手和辅助梁等组成，参见图 3-27。上侧梁、下侧梁、侧柱、辅助梁采用专用挤压铝型材，侧板为铝合金板，下侧门门口内部应设置钢质护板，外部应设置钢制压条，门口周边涂专用密封胶。各零部件之间连接的专用拉铆钉及铝铆钉应按照专用运装货车要求批准的图样进行生产，铝铆钉可以采用专用拉铆钉代替。

图 3-25  C70 侧开门

图 3-26  C70 下侧门

(a) 三维图

(b) 结构图

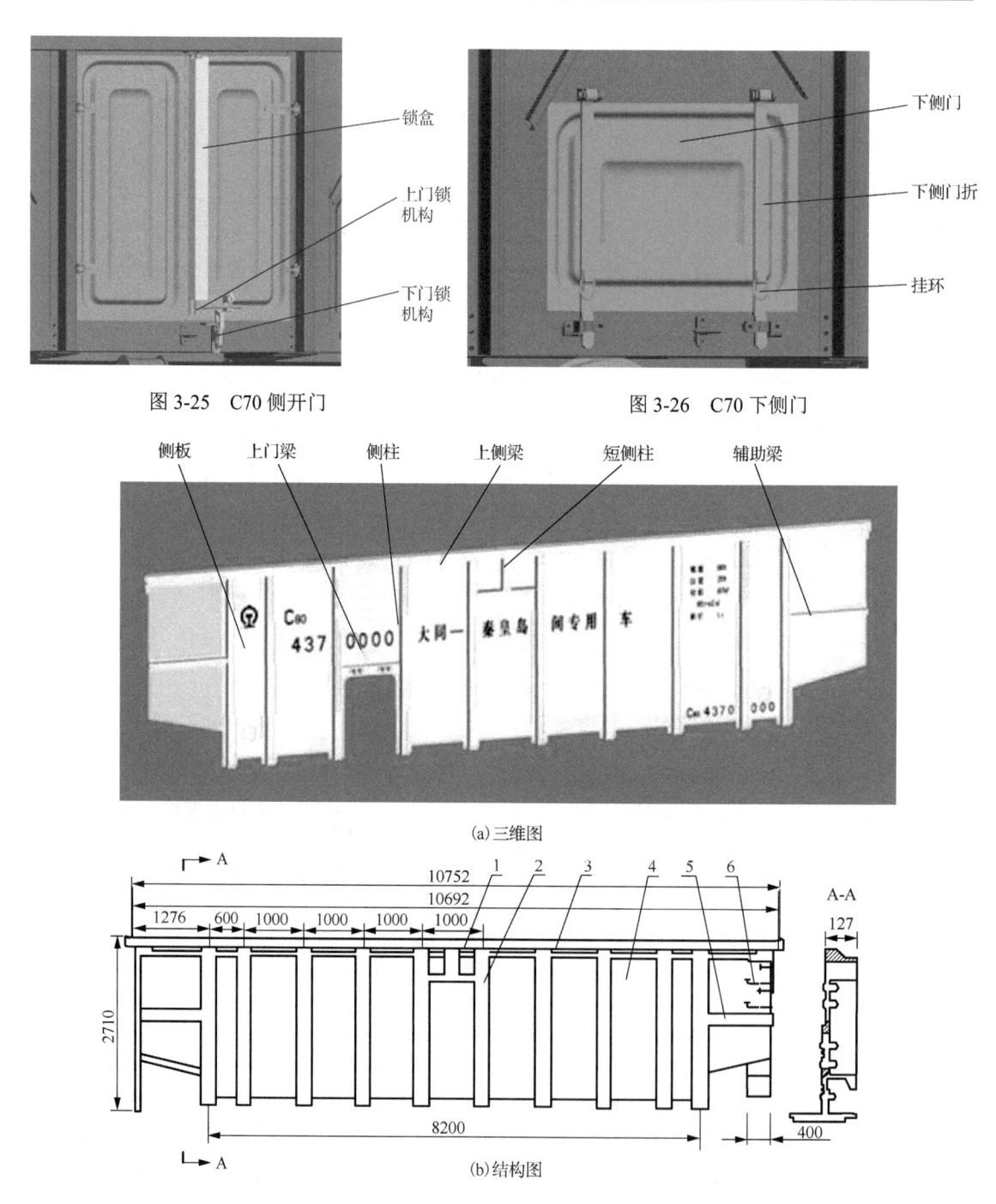

图 3-27  C80 型敞车侧墙结构（单位：mm）
1-短侧柱；2-侧柱；3-上侧梁；4-侧板；5-辅助梁；6-扶手

# 三、端墙结构设计

端墙结构设计所考虑的问题与上述结构设计所涉及的几个方面问题完全类似，不再赘述。

## 1. 动车组端墙结构

CRH1 型动车组车体车顶及端墙结构如图 3-28 所示，端墙由不锈钢制成，由车内过道两侧的两个车端立柱、角柱、横梁、车顶弯梁和外部平板组成。车端立柱焊接在缓冲梁上，车端立柱与底架之间牢固连接，防止撞击变形。

图 3-28　CRH1 型动车组车体车顶及端墙结构

根据车辆卫生间和洗脸间的布置方式，CRH2 型动车组车体端墙主要分为两种结构形式，即分体式和整体式，见图 3-29。在端部设有卫生间和洗脸间的车辆，其端墙是分体式结构，外板上设有用于搬运卫生间玻璃钢模块的开口，搬运完后，用螺栓安装由铝板和铝型材骨架焊接而成的闭塞板，并填充密封材料，保持气密性。端部未设卫生间和洗脸间的车辆，其端墙是整体式结构，是由铝板和铝型材骨架构成的焊接结构。

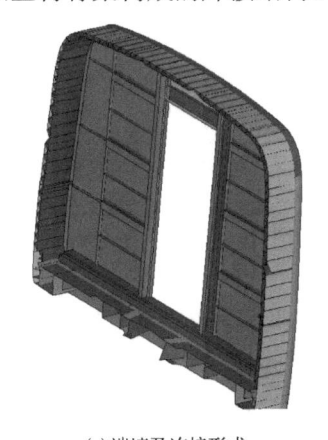

(a) 端墙及连接形式

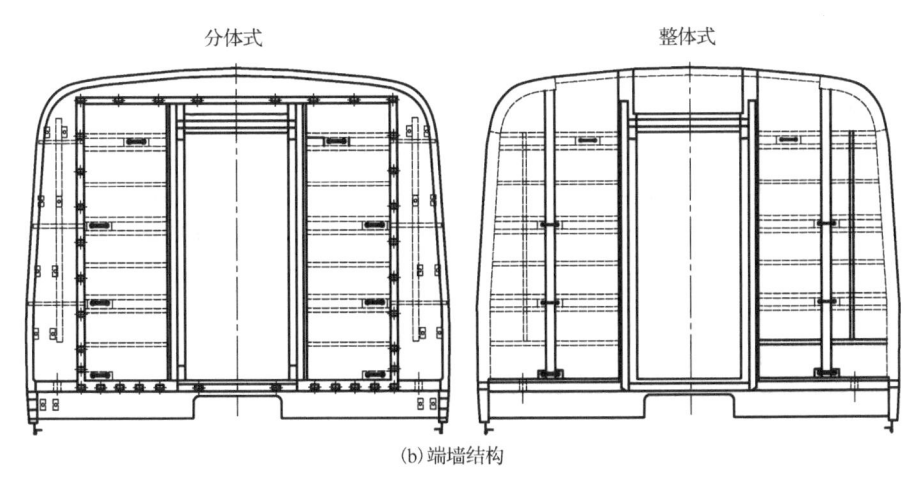

分体式　　　　　　　　　　　　整体式

(b) 端墙结构

图 3-29　CRH2 型动车组车体端墙结构

分体式和整体式端墙都在外端骨架上设置了适合安装风挡的结构，可以采用螺栓快速连接，大大减少了施工时间并降低了劳动强度。另外，端墙上还设有登车扶手。

CRH5 型动车组车体端墙设置了由横梁、纵梁、盖板等构成的加强结构，以提高整车刚度。端墙及车顶的连接形式见图 3-30。在车体侧门内侧焊接内端墙，其与端部车顶、外端墙、底架通过台部分形成整体承载框架结构，以提高整体结构强度，虽然增加的内端墙结构看似增加了车体重量，但实际上，内端墙的存在提高了车体的整体强度和刚度(尤其是纵向和抗扭刚度)，简化了底架、侧墙和车顶的结构和制造工艺，反而更有利于整车的减重，从而使整车的重量控制在一定范围内。

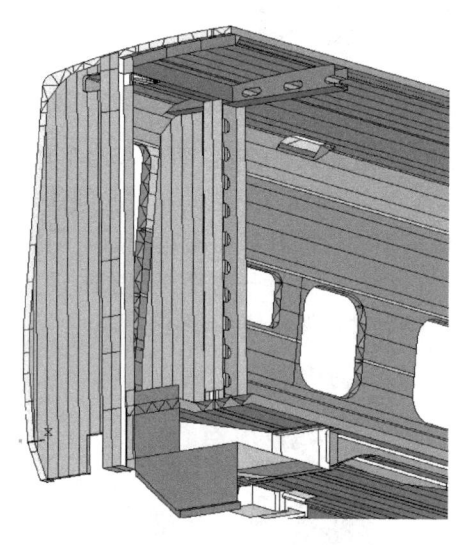

图 3-30　CRH5 型动车组车体端墙及车顶的连接形式

### 2. 25 型客车端墙结构

客车车体钢结构的两个外端，通常称为外端墙，它是车体钢结构最外端的部分。25G 型硬座车端墙结构分为风挡框组成、门框组成、端角柱组成、梁柱组成、端墙板组成、端墙配件。

风挡框折棚柱断面为"["形，即 24b 型槽钢，它是保证端墙强度和刚度的重要构件。还有两根断面为"⌐_"形、尺寸为 43×45.5×130×3(mm)的端角柱和断面为"⊐"形、尺寸为 25×60×100×60×25×4(mm)的侧门柱；两根位于端门两侧的断面为"⊓"形、尺寸为 50×54×50×28×3(mm)的端门框(端门为折页门时)；位于端门框和端角柱之间的"⊓"形立柱[94×70×46×2.5(mm)]和"〜"形横梁[140×22×2.5(mm)]。上述所有立柱的上端与车顶的顶端横梁焊接，下端焊在动力连接器座上面的"⊓"形横梁[94×70×46×2.5(mm)]上。动力连接器座两侧各有一个角形小立柱，尺寸为 25×50×3(mm)。上述梁柱构成端墙钢骨架，在钢骨架外表面焊有 2.5mm 厚的墙板，与钢骨架组成梁板组焊结构。在外端墙板外侧还焊装一些电力连接器座、风挡缓冲杆座(仅橡胶风挡有)、扶手等配件，参见图 3-31。端墙结构应具有足够的强度和刚度，特别是抗纵向冲击的强度。

25T 型硬座车端墙结构主要由两根断面为"⊓"形、尺寸为 130×208×6(mm)的折棚柱组成的风挡框组成，无侧门柱，其余结构和 YZ25G 型硬座车类似。端墙结构主要构件的断面尺寸见图 3-32 及图 3-5，其中端墙板厚 2.5mm。

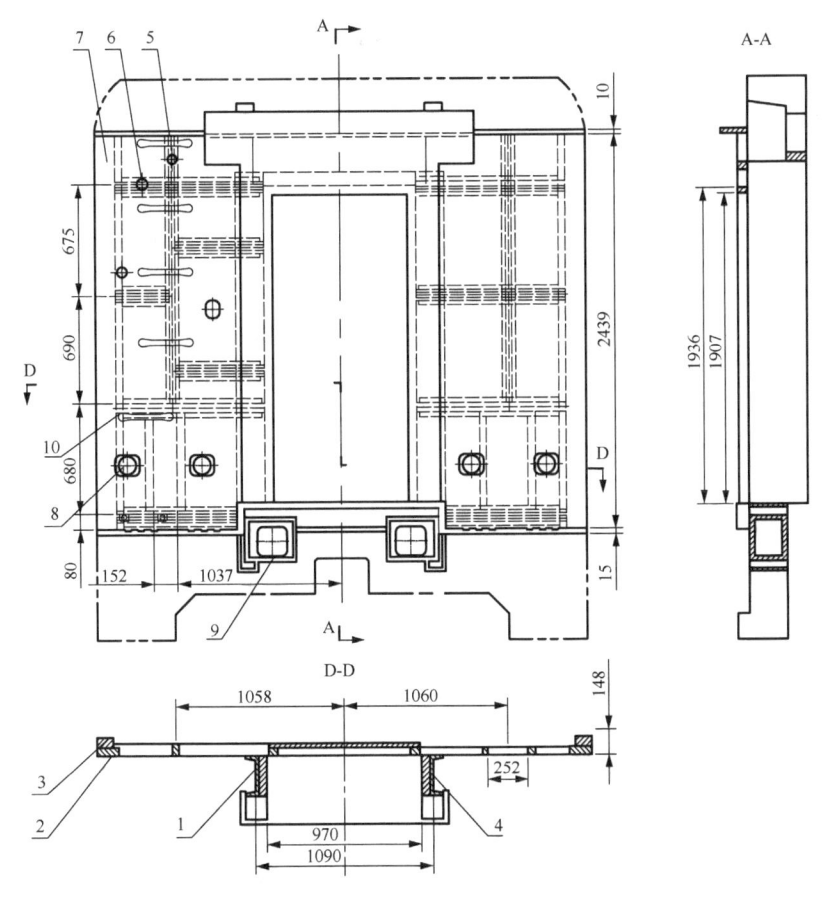

图 3-31　25G 型硬座车端墙结构(单位：mm)

1-风挡框；2-端角柱；3-侧门柱；4-端门框；5-立柱；6-横梁；7-端墙板；8-电力连接器座；9-风挡缓冲杆座；10-扶手

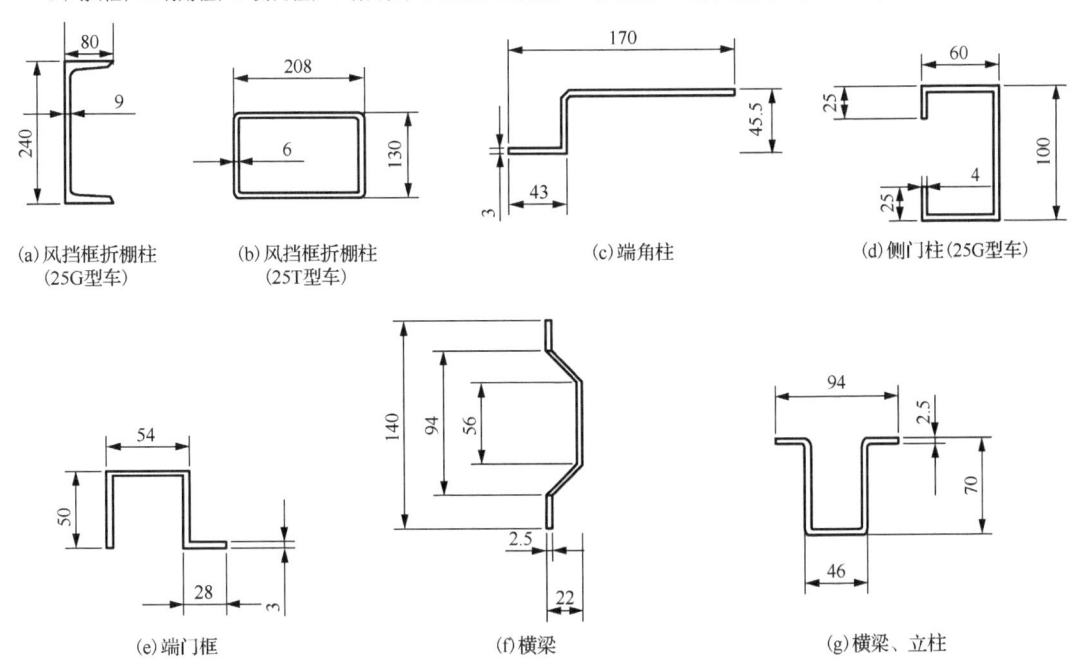

(a) 风挡框折棚柱 (25G 型车)
(b) 风挡框折棚柱 (25T 型车)
(c) 端角柱
(d) 侧门柱(25G 型车)
(e) 端门框
(f) 横梁
(g) 横梁、立柱

图 3-32　25T 型硬座车端墙结构主要构件的断面尺寸(单位：mm)

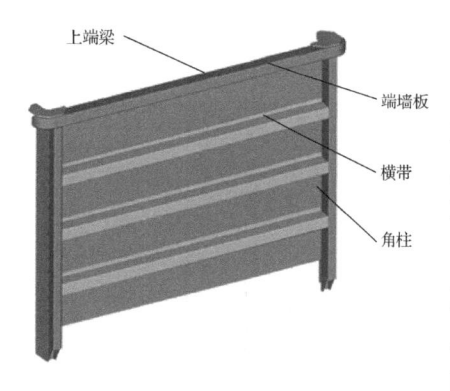

图 3-33 C70 型敞车端墙结构

### 3. 货车端墙

随着铁路货车重载、高速技术政策的实施，对端墙承受纵向载荷的要求也逐渐提高，因此应设计为具有足够强度和刚度的上端梁、角柱和横带（或端柱），端墙板厚度也不宜小于 5mm。C64 的上端梁和上侧梁均采用 140×116×6(mm)方管，横带采用《铁路货车耐大气腐蚀冷弯型钢 第 3 部分：端墙横带》(TB/T 1906.3—2003)中规定的专用轧制型材。C70 上端梁则采用尺寸为 160×100×5(mm)的冷弯矩形方管，角柱、横带采用高度为 150mm 的帽形冷弯型钢，见图 3-33。

C80 型敞车的端墙由上端梁、端柱、侧端柱、角柱、辅助梁和斜端板等组成，上端梁、端柱、侧端柱、角柱、辅助梁采用专用挤压铝型材，斜端板为铝合金板。各零件之间采用专用拉铆钉及铝铆钉（可用专用拉铆钉代替）连接，具体结构见图 3-34。

(a) 三维图

(b) 结构图

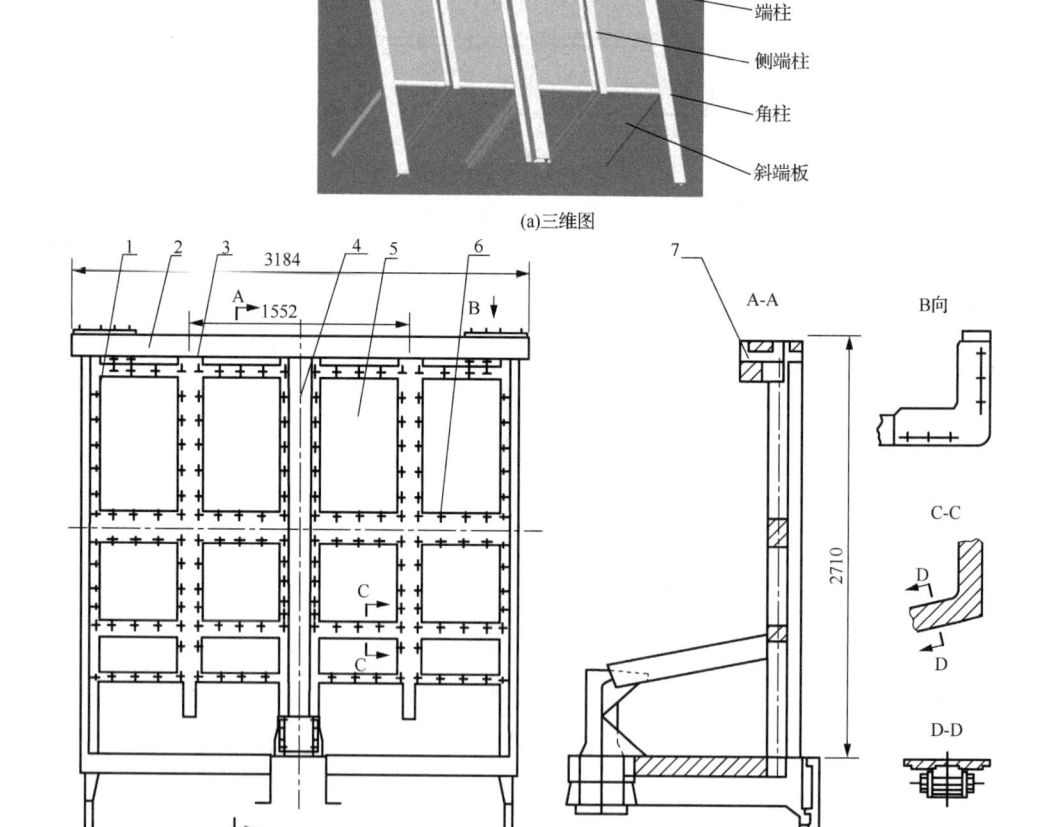

图 3-34 C80 型敞车端墙结构（单位：mm）
1-角柱；2-上端梁；3-侧端柱；4-端柱；5-端墙板；6-辅助梁；7-端梁剖面

## 四、车顶结构设计

### 1. 动车组车顶结构

CRH1 型动车组的车体车顶及端墙结构见图 3-35，不锈钢车顶主要由侧梁、弯梁和波纹板组成，所有车辆的车顶中央都有空调设备的部件。车顶组装成一个单元，在安装了大型车内设备，如地板后，再和其他构件焊在一起。两根冷弯型钢边梁和数根拉弯成形的车顶弯梁通过连接板点焊在一起，形成桁架结构，然后在桁架上铺设侧顶板和波纹板。车顶弯梁和侧立柱之间通过点焊连接，车顶连接缝部分形成上侧梁，起着非常重要的纵向承载作用。为了提高外表面的美观度，整个接缝隐藏在盖板下面。

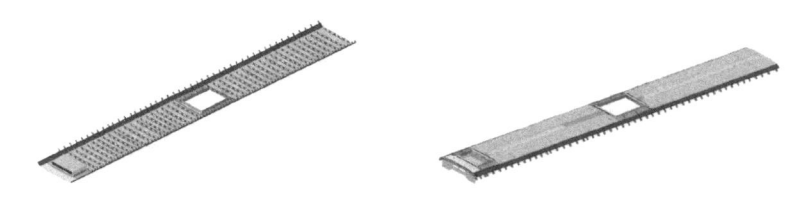

图 3-35 CRH1 型动车组车体车顶及端墙结构

CRH2 型动车组车体车顶由大型中空挤压型材构成，结构断面如图 3-36 所示，头车和中间车的车顶结构相同但纵向长度不同。车顶型材之间采用在车体长度方向上连续焊接的方式，车顶和侧墙采用车内侧、车外侧连续焊接结构。

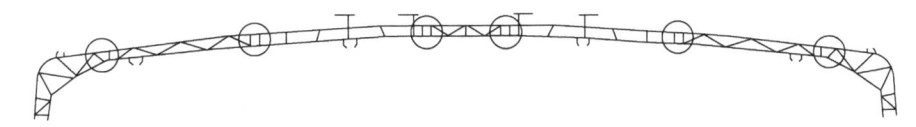

图 3-36 CRH2 型动车组车体车顶结构断面

根据车型的不同，在车顶采用受电弓、车顶电缆等设备焊接车顶焊接件。根据设备件的安装位置焊接车内骨架。另外，在车顶板内侧，铺设有隔音和隔热材料。

CRH5 型动车组的车顶由端顶、车顶型材、盖板、车顶焊接件组成。车顶共分 6 种，除了头车车头端车顶与中间车有明显区别外，中间车车顶的变化仅体现在车顶焊接件的区别上。

车顶型材由纵向放置的 7 块挤压型材对称排列组焊而成，共 4 种，型材材质为 6005A-T6 铝合金，厚度为 50 mm，蒙皮厚度为 3 mm，内筋厚度为 2.5 mm，每块型材的长度公差为±2.5mm。车顶外部开了 4 排 T 形槽，内部开了 4 排滑槽，用于内装及设备安装。车顶断面见图 3-37。

头车的车顶焊接件有空调座、天线座、司机室空调座、司机室空调座消音器座、废排座、通风管座、设备支架、空调进风口、空调出风口等，材质包括 6082-T6 铝板、5754-H22 铝板、6005A-T6 铝合金三种，头车的车顶见图 3-37(a)。中间车的车顶焊接件有空调座、空调排水管、通风管座、通风管、接地连接块、设备支架、空调进风口、

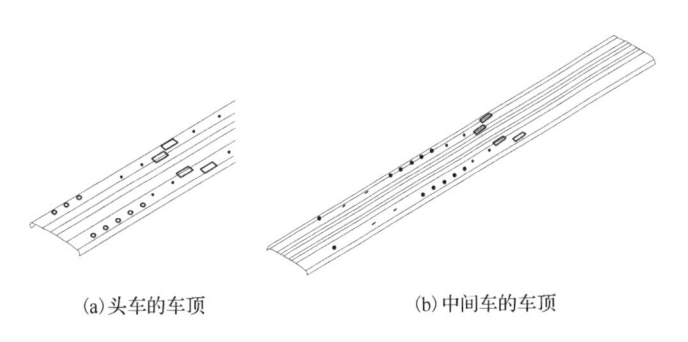

(a) 头车的车顶　　(b) 中间车的车顶

图 3-37 CRH5 型动车组头车及中间车的车顶断面

空调出风口等，中间车的车顶见图 3-37(b)。

### 2. 25 型客车车顶钢结构设计

25 型硬座车车顶钢结构由弯梁、纵向梁、顶板、一位端顶、二位端顶、中部端顶、车顶边梁等组成，如图 3-38 所示。车顶一、二位端顶(行李车仅一位端有)各有一个空调机组安装座平顶钢结构，作为安装空调机组的基础，是安装单元式空调机组的支撑框架。

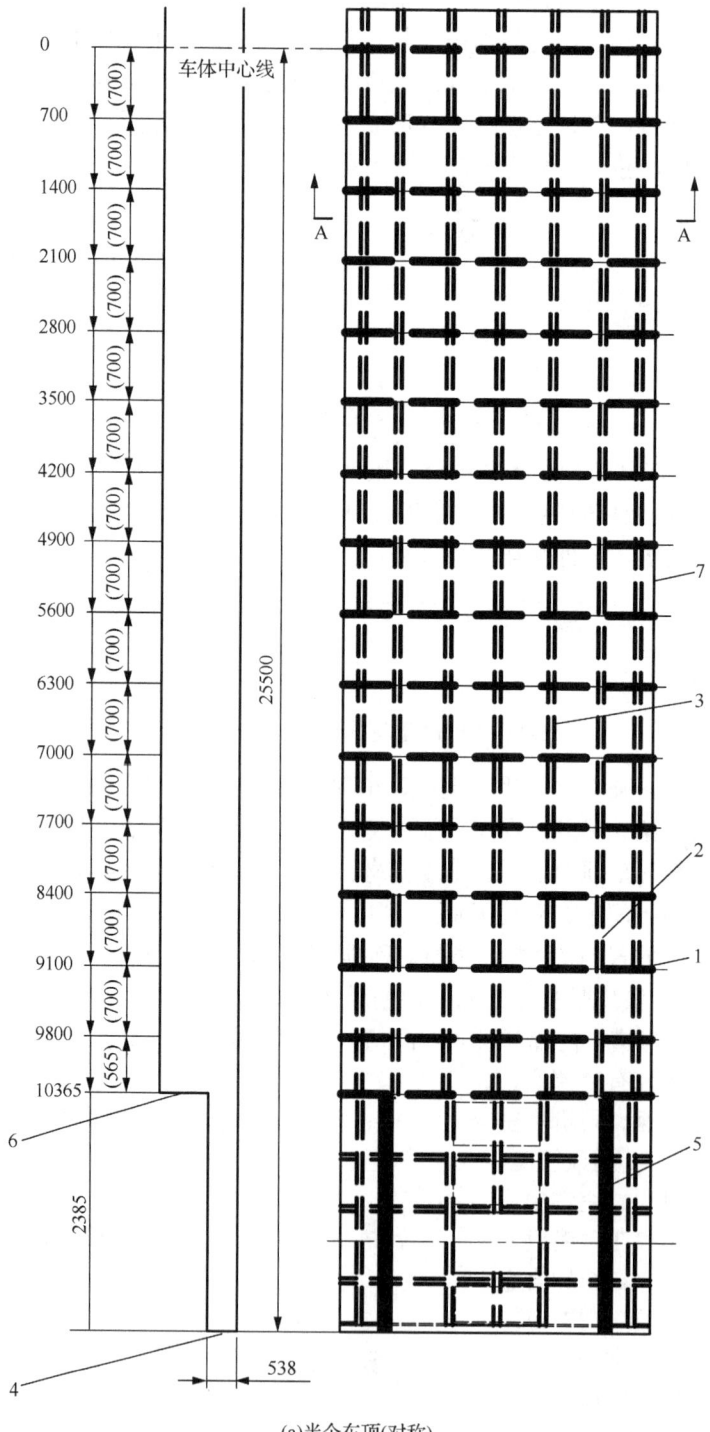

(a)半个车顶(对称)

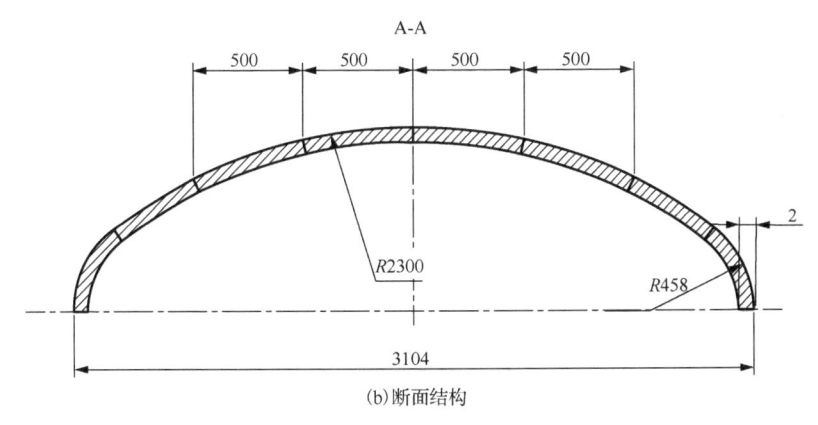

图 3-38 25G 型硬座车车顶钢结构(单位：mm)

1-弯梁；2-纵向梁；3-顶板；4-端顶；5-平顶；6-中部端顶；7-车顶边梁

端顶上边梁为 8 号(型)槽钢制成的顶端横梁，其断面尺寸为 80×43×5(mm)。25G 型行李车二位端顶无平顶，其二位端顶上边为端顶弯梁，断面为"⌐"形，尺寸为 30×55×62.5×45×2(mm)。平顶和圆顶相交的部分为中部端顶，将两部分连接，形成整体结构。圆顶的中间部分有很多断面为"⊓"形的车顶弯梁，沿车体纵向均布，间距一般在 700mm 左右，其尺寸为 94×46×70×24×2(mm)。车顶边梁沿车顶两侧布置，断面为"└"形，其尺寸为 45×75×2.5(mm)。车顶还有 5 根纵向梁，其断面为"⌐"形，尺寸为 50×50×3(mm)。车顶吊铁焊在车顶的弯梁或纵梁上，主要用于吊装设备及内装部件。

车顶板由侧顶板和中顶板两部分组成，侧顶板是冷轧型钢，将雨檐与小圆弧(半径为 458mm)板及纵向梁合为一体制造成型，从而提高了侧顶板的平整度，并提高了小圆弧部分的抗弯刚度和强度，还简化了制造工艺。中顶板为大圆弧板(半径为 2300mm)，车顶板厚度均为 2mm。平顶中顶板为不锈钢板，此处容易积水，需考虑耐腐蚀性能。中顶板沿车顶纵向倾斜 12mm，侧顶板向车两侧各倾斜 10mm。

车顶钢结构是由纵梁和横弯梁件组成的空间梁系，上面焊有曲面金属顶板(端顶和平顶由平板组成)的板梁结构，共同承受载荷作用，车顶结构具有足够的强度和刚度，并通过防漏雨试验。车顶钢结构主要构件的断面尺寸见图 3-39，其中顶板厚度为 2mm。

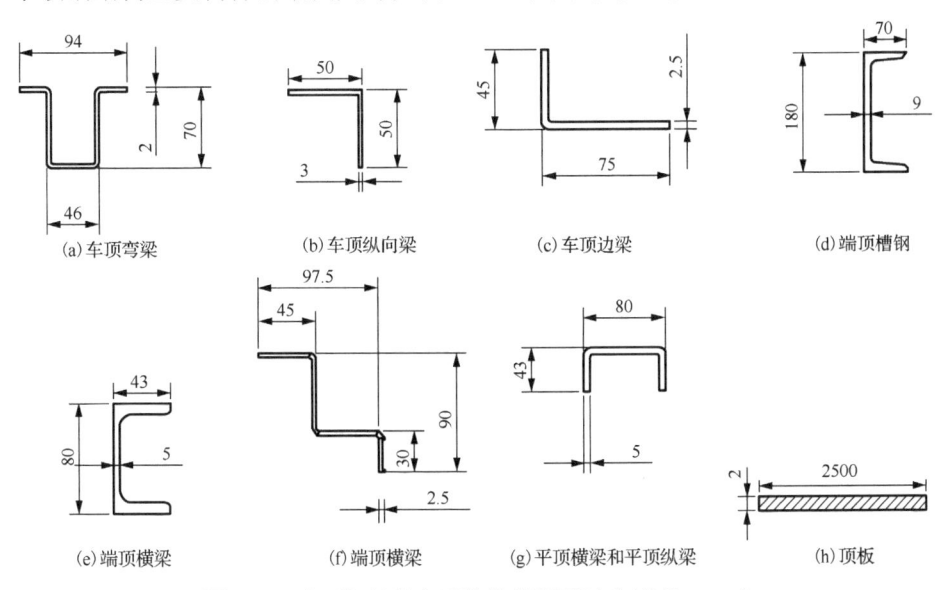

图 3-39 车顶钢结构主要构件的断面尺寸(单位：mm)

## 五、车体各部件间的连接方式

铝合金和钢结构车体各主要部件间的连接方式分别见图 3-40～图 3-42,主要连接方式有插接、搭接和对接等。

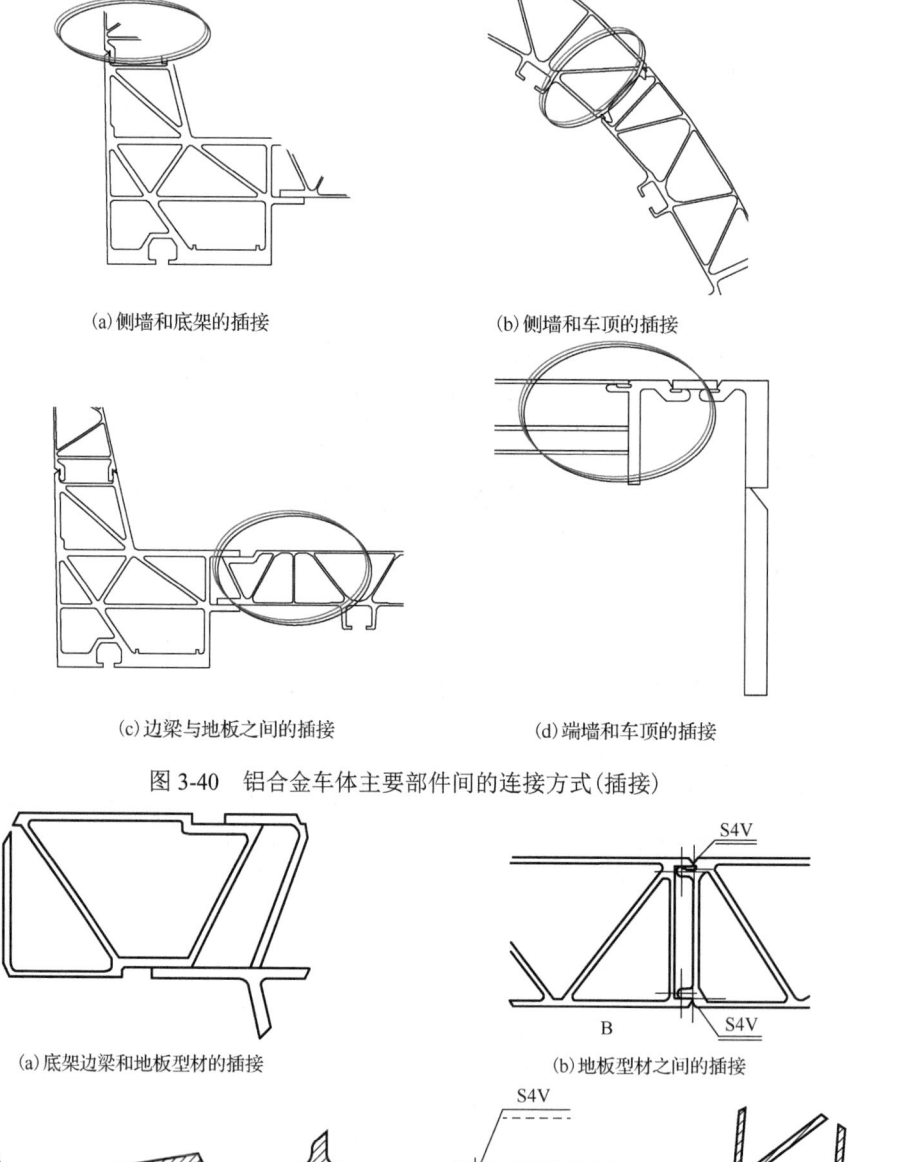

(a) 侧墙和底架的插接

(b) 侧墙和车顶的插接

(c) 边梁与地板之间的插接

(d) 端墙和车顶的插接

图 3-40 铝合金车体主要部件间的连接方式(插接)

(a) 底架边梁和地板型材的插接

(b) 地板型材之间的插接

(c) 边梁与中间型材之间的插接

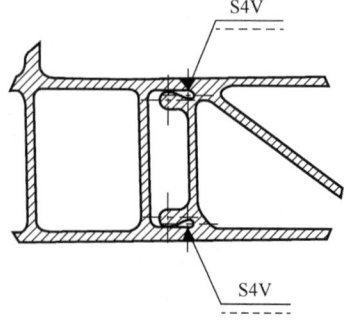

(d) 车顶中间型材之间的插接

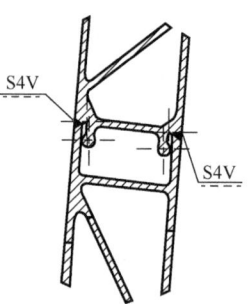

(e) 侧墙型材之间的插接

图 3-41 铝合金车体主要部件间的连接方式

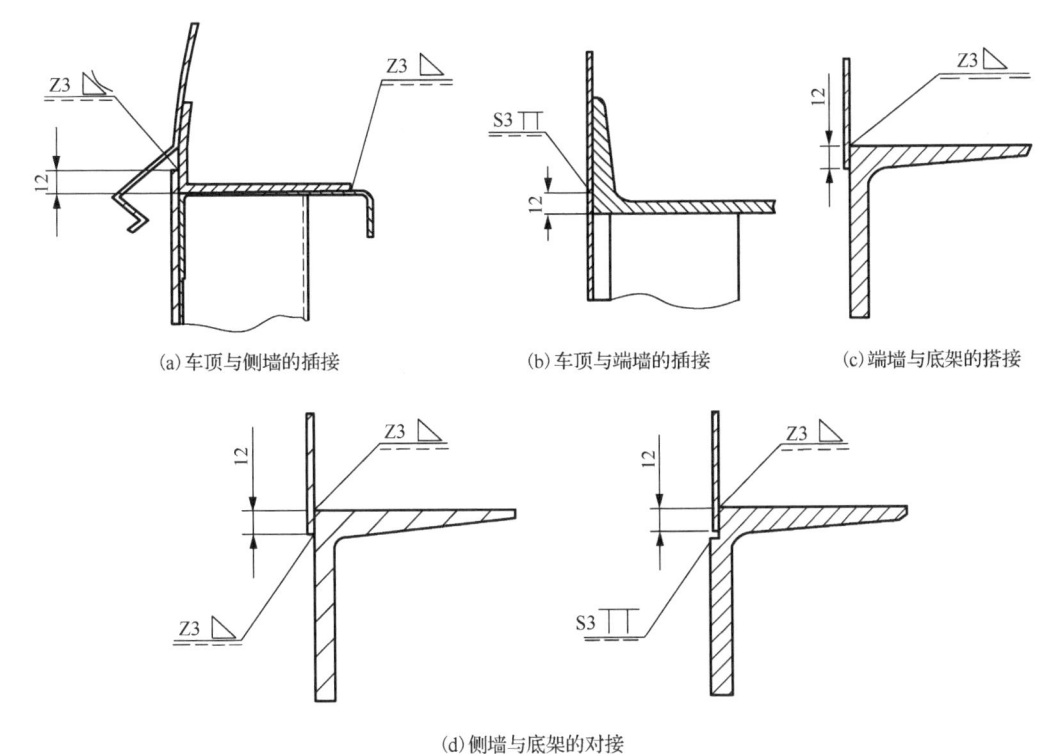

(a) 车顶与侧墙的插接　　(b) 车顶与端墙的插接　　(c) 端墙与底架的搭接

(d) 侧墙与底架的对接

图 3-42　钢结构车体主要部件间的连接方式（单位：mm）

车体底架、侧墙和车顶三大部件之间的连接形式应采用对接、坡口焊。车顶边梁与中间型材尽可能采用插接方式，留一定的可调节量，采用角焊缝。车顶中间型材之间通过插口对接在一起，焊接收缩量由车顶边梁与中间型材间的调节量保证。侧墙型材之间通过插口对接在一起，采用坡口焊等。

CRH 型动车组车体的主要技术参数如表 3-1 所示，通过这些参数对比可确定各车体设计的主要差别。

表 3-1　CRH 型动车组车体主要技术参数　　　　　　　　（单位：mm）

| 参数 | CRH1 | CRH2 | CRH3 | CRH5 |
| --- | --- | --- | --- | --- |
| 车体长度 | 26033（头车）/25910（中间车） | 25450（头车）/24500（中间车） | 25860（头车）/24825（中间车） | 27600（头车）/25000（中间车） |
| 车辆宽度 | 3330 | 3380 | 3257 | 3200 |
| 高度（距轨面） | 4040 | 3700 | 3915 | 4270 |
| 车辆定距 | 19000 | 17500 | 17375 | 19000 |
| 地板面距轨面高度 | 1250 | 1300 | 1300 | 1300 |

## 六、车体结构用材及制造工艺

世界各国在开发轨道车辆车体结构时，都在选用新材料和新工艺上进行了大量研究工作，以期达到减轻自重、耐腐蚀的目的，采用的车体材料主要有耐候钢、不锈钢和铝合金三种，近年来随着新材料的发展，有逐渐采用高分子材料的趋势。

### 1. 耐候钢和不锈钢

采用普通碳素钢作为车体材料时，往往要考虑腐蚀后的强度，即留有腐蚀裕量，因此在进行车体结构设计时应采用较大的安全系数，增加车体自重。使用耐候钢和不锈钢材料时，腐蚀裕量可以小些或不予考虑，从而达到减重的目的。

国外采用含铜耐候钢制造车体已有40多年历史，后来又开发了含钛耐候钢，含钛耐候钢具有较好的耐大气腐蚀性能和较高的强度，可焊性也比含铜耐候钢好。

自20世纪50年代以来，各国开始试制不锈钢车体，先后有半不锈钢车体（底架用普通钢，侧墙、端墙、车顶外板及其骨架用不锈钢）、全不锈钢车体和轻型不锈钢车体三代不锈钢车体问世，在设计上体现了艺术与科技的融合。车体结构的优化设计不仅实现了高速运行的要求，而且满足了碰撞安全性、乘坐舒适性、车辆自重轻和经济性产品的要求。特别是轻型不锈钢车辆，其车体结构实现了无涂装、免维修和轻量化，可以取得良好的经济效益。选择耐腐蚀性好、屈服极限高、疲劳强度高和焊接加工性能好的低碳奥氏体不锈钢作为车体材料，可比耐候钢车体结构减轻15%，比普通钢车体结构减轻30%~40%。例如，日本新干线0系和100系电力动车车体采用耐候钢材料，车体自重分别为10.5t和10.3t。我国CHR1型动车组车体承载结构采用的材料是含碳量低于0.05%的奥氏体不锈钢EN1.4301、EN1.4307和EN1.4318。

不锈钢车体轻量化、耐腐蚀、维修量低、寿命周期成本低、环保性能优越，但其密封性较差，所以适合在160~200km/h速度下运行。

### 2. 铝合金

早在20世纪上半叶，人们就已经尝试用铝合金制造车体，最早用于地铁和市郊列车，后来应用于普通列车。早期的铝合金车体类似碳钢车体的拼焊结构，采用小型化型材，与钢结构车体相比，增大了工艺制造难度。近年来，特别是进入20世纪90年代后，全长的多品种异形截面及大截面空腹铝合金挤压型材的出现，使得铝合金成为生产动车组的主导材料，车体大量采用大型、中空、薄壁的铝合金挤压型材，实现了纵向大幅度自动焊接工艺，提高了质量和生产效率。铝合金车体具有以下几点综合优势。

(1) 制造工艺简单，节省加工费用。铝合金具有良好的塑性，挤压成型容易，可以根据车体结构优化设计的要求，挤压出各种复杂形状的铝型材，其宽度可达600~800mm，长度可达30m。特别是大型中空挤压铝型材的应用，可大幅度减少焊接工作量，简化车辆的制造工艺，总的制造工作量相比钢质车体减少了很多。

(2) 减重效果好。用大型挤压铝型材组装的车辆型材为薄壁、中空，又减少了很多横向构件，板材为带筋板材，使车辆重量大幅度降低。钢制车辆、不锈钢车辆、铝合金车辆车体的重量比为10：7：5左右。另外，大型挤压铝型材组焊的车辆可提高其相当弯曲刚度，其刚性可以达到设计要求。

(3) 良好的运行品质。铝合金车辆自重小，节省了牵引的能量消耗，提高了加速性能，可降低制动功率，改善动力性能，提高舒适性，降低噪声，且具有良好的密封性。

(4) 耐腐蚀，维修费用降低。铝合金具有良好的耐腐蚀性，从而延长了客车的使用寿命，减少了检修工作量。

(5) 此外，铝合金车体还具有外表平滑美观的优点。

几十年来，随着铝合金材料的发展和生产工艺的提高，国外铝合金车体结构不断发展，在20世纪50年代开始制造的铝合金客车沿用钢结构形式，一直延续到70年代，当时对铝合金的要求是耐腐蚀、强度高、加工性和可焊性好。进入 80 年代，大型薄壁宽幅带筋板材开始在车辆制造中广泛应用，此时采用的铝合金材料具有良好的挤压性能。近十几年来，大型薄壁宽幅中空挤压铝型材在车辆用材中所占的比例不断增加，大幅度地降低了车体重量。挤压件要求大型、薄壁、宽幅、中空，因此采用挤压性能极好、强度值较高、耐蚀性好、可焊性也好的 Al-Mg-Si 系合金。

高速列车铝合金车体材料主要有 5000 系铝合金、6000 系铝合金和 7000 系铝合金，其各自的特性分述如下。

**1) 5000 系铝合金**

5000 系铝合金是形变 Al-Mg 合金，其中 Mg 含量少的可作为装饰材料、高级器具材料、建材材料等，如 5N01 型、5005 型等。Mg 含量较高的铝合金具有高强度、焊接性好的特点，广泛应用于船舶、铁道车辆、化学、机械等领域，如 5083 型。5000 系铝合金在冷加工的状态下强度较小，会出现拉长的老化现象，因此要进行稳定化处理，如 5083 型，经过冷加工后，再用高温去除应力，通常作为强度要求不高的结构骨架材料，在海水或工业污染严重的环境下，若不考虑外观，则基本不进行防腐蚀处理。

**2) 6000 系铝合金**

6000 系铝合金是形变 Al-Mg-Si 合金，其强度、耐腐蚀性较好，能够作为代表性的结构用材。但是，在焊接时焊缝接头效率低，多数通过小螺钉、铆钉、螺栓来进行结构组装。其中，6061-T6 型材料的屈服强度在 245MPa 以上，与钢材相当，其优点是能够同钢材一样获得同等的许用应力，可用于铁塔、起重机等。6063 型具有优良的挤压性，强度略低于 6061-T6 型，主要用于建筑用的门窗框。6N01 型是强度介于 6063 型和 6061-T6 型之间的铝合金。

**3) 7000 系铝合金**

7000 系铝合金是形变 Al-Zn-Mg 合金，其具有高强度特性，可细分为 Al-Zn-Mg-Cu 系合金和不含 Cu 的用于焊接结构的 Al-Zn-Mg 合金。Al-Zn-Mg-Cu 合金的代表是 7075 型，可用于制作飞机、体育用品类。不含 Cu 的 Al-Zn-Mg 合金具有比较高的强度，在焊接后的热影响区也能够通过自然时效恢复到与母材相近的强度，具有较高的焊缝接头效率。7N01 型是具有代表性的高强度铝合金，可作为高速列车车体材料。

### 3. 高分子材料

高分子材料(如玻璃纤维增强材料等)在头车车体中也有所应用，其具有重量轻、强度高、耐腐蚀、阻燃或不燃、易于加工成型、易于着色、隔热、可与其他材料组合等特点，如头车车头前端的流线型部分现大多采用纤维增强材料制造。

## 第五节 车体结构强度设计与分析

轨道车辆车体需要承受旅客的重量和各种机件的重量，作为高速运行的结构物，在运行中还承受纵向、横向、垂向、扭转和气密载荷等动态载荷的作用，这些动态载荷往往与线路条件、司机操纵和列车动力学品质相关，具有很强的随机变动特性。在车体结构设计中需要考虑这些准静态及动态载荷的单独或联合作用，通常需校核以下三个方面的设计问题。

(1) 强度设计。车体结构应有足够的强度储备，以保证其有足够的可靠性与使用寿命。

(2) 刚度设计。车体结构应有足够的弯曲刚度，以使装在其上的有关机件之间的相对位在车辆运行过程中保持不变,并避免由刚度不足引起的振动和噪声,提高乘坐舒适性。

(3)稳定性设计。必要时应校核车体结构的稳定性,避免结构失稳破坏或蒙皮起皱等。

此外,从被动安全性考虑,车体底架应设计成利于吸收撞击能量的结构,最大限度地保证乘客的安全。

解决上述轨道车辆车体结构设计问题的方法就是采用设计标准和规范进行分析,设计规范是人们对长期工程实践经验的总结,目前主要是以欧洲和日本为代表的车体结构设计规范(《铁路应用-铁道车辆车体结构要求》(EN12663:2000)和《铁路机车车辆客车车体设计一般要求》(JIS E7106:2006)),我国主要借鉴欧洲规范形成了自己的轨道车辆车体结构设计规范(《机车车辆强度设计及试验鉴定规范总则》(TB/T 3548—2019))等。车体结构设计规范中主要涉及设计载荷(包括静强度与疲劳强度设计载荷)、材料的许用应力及强度、刚度评价方法等。由于载荷往往与线路条件、司机操纵和列车动力学品质相关,具有很强的随机变动特性,规范中给出的是某些载荷的变动范围,而设计规范旨在提供一个统一的基础。

# 一、强度设计计算的基本原则及车体上作用的主要载荷

## 1. 基本原则

设计车辆及其零部件时,应当保证承受运行载荷的各构件均具有必要的承载能力。同时,应尽可能减小车辆及其部件的自重,并充分发挥结构的整体承载能力。

车辆设计应保证车辆在运行时,在各种载荷条件下,车体的自振频率不同于转向架的蛇行运动、点头等振动频率,从而在整个运行速度范围内避免产生共振现象。

车辆结构的承载能力,需根据相关规范和标准规定的各计算载荷及其组合值,按变形、应力、稳定性、疲劳强度指标进行分析评价。对于结构较为简单的车辆构件,其承载能力可用材料力学、弹性理论和结构力学的方法进行求解。对于复杂结构承载能力的计算,建议采用有限元分析方法。

## 2. 作用在车体上的主要载荷

在进行车体结构设计时,一般情况下应考虑以下作用载荷。

(1)垂向静载荷,包括结构自重、载重和整备重量。

(2)垂向动载荷。

(3)侧向力,包括离心惯性力和风力。

(4)气动压力。

(5)纵向力(纵向冲击力及由其产生的纵向惯性力)。

(6)制动时产生的力,包括制动系统中的力和制动时产生的惯性力。

(7)过曲线时所受到的钢轨横向力。

(8)由线路不平顺等引起的扭转载荷。

(9)修理时加在车辆上的载荷。

上述所列的作用载荷可归纳为 5 种主要作用方式:①垂向载荷;②纵向载荷;③侧向载荷;④气密载荷;⑤自平衡力矩,如扭转载荷等。一般情况下,垂向载荷和纵向载荷是考查车体结构的主要载荷,这两种载荷作用方式所产生的应力占整个应力总成的绝大部分。

部分轨道车辆车体载荷构成及大小分析如下。

**1) 垂向载荷**

(1) 自重。包括车体承载结构、内装及固接在车体上的其他零件的重量。

(2) 载重。包括旅客及其行李的重量及乘务人员的重量等，其计算方法如下：座车，按座位总数加允许的超员数计算，每一位旅客及其自带行李的质量之和取为80kg；卧车，按卧铺总数计算，每一位旅客及其自带行李的质量之和取为90kg；餐车，按餐桌座位总数计算，每人质量取为65kg；乘务人员数目按实际情况考虑。一般认为载重沿地板面均匀分布。

(3) 整备重量。包括用水及餐料的重量等，按装满备足考虑。

**2) 垂向动载荷**

由于轨面不平、钢轨接缝等线路原因及车辆本身状态不良（如车轮滚动圆偏心、踏面擦伤等）等因素，引起轮轨间冲击和车辆簧上振动，从而产生垂向动载荷 $P_d$。上述原因变化十分复杂，很难从理论分析得到垂向动载荷，通常可由垂向静载荷 $P_{st}$ 乘以从动力学试验测得的垂向动载荷系数 $K_{dy}$ 得到，即 $P_d = K_{dy} P_{st}$。

根据试验研究的有关资料推荐的垂向动载荷系数的经验计算公式如下：

$$K_{dy} = \frac{1}{f_j}(a+bv) + \frac{dc}{\sqrt{f_j}} \tag{3-1}$$

式中，$K_{dy}$ 为垂向动载荷系数；$f_j$ 为垂向静载荷下的弹簧静挠度(mm)；$v$ 为车辆的构造速度(km/h)；$b$ 为系数，取 0.05；$d$ 为系数，取 3.0；$a$ 为系数，簧上部分（包括摇枕）取 1.50，簧下部分（轮对除外）取 3.50；$a$ 为系数，簧上部分（包括摇枕）取 0.43，簧下部分（轮对除外）取 0.57。

垂向静载荷与垂向动载荷之和称为垂向总载荷。

**3) 侧向力**

作用在车体上的侧向力包括风力与离心力。车辆运行时受到自然界风力的作用，当风从车辆侧面吹来并垂直于车体侧墙，而车辆又运行在线路的曲线区段时，车体所收的侧向力为风力与离心力之和。

(1) 风力。

我国列车侧向风力取值是根据建筑界中有关全国风压分布图的研究而得，计算时风压力 540N/m²，风力的合力作用于车体侧向投影面积的形心上。

(2) 离心力。

车辆运行在线路的曲线区段时，将承受离心惯性力（俗称离心力）的作用，整个车辆的离心力作用在车辆的重心上，其方向沿径向指向曲线外侧。计算时，通常把车体及转向架的离心力单独考虑，一般客车的离心力取在距轮对中心线上方160cm处。离心力使车体产生向曲线外侧倾覆的趋势，并使车辆靠外轨一侧的零件产生垂向增载。车体离心力 $H_1$ 可按式(3-2a)计算：

$$H_1 = \frac{P_{st}}{gR}\left(\frac{V}{3.6}\right)^2 \tag{3-2a}$$

式中，$P_{st}$ 为车体垂向静载荷(N)；$g$ 为重力加速度(m/s²)，其值常取 10；$R$ 为曲线半径(m)；$V$ 为通过曲线时车辆最大允许速度(km/h)。

为了减小离心力 $H_1$ 对车辆的作用，在线路的曲线区段上，外轨的铺设高度比内轨高 $h$，$h$ 通常称为外轨超高量，其数值与曲线半径 $R$ 的大小有关。外轨超高，使得车辆内倾，这样，

车体垂向静载荷 $P_{st}$（包括车体自重、载重等）就会在与离心力 $H_1$ 相反的方向上产生一个分力 $H_2$，它可以抵消一部分离心力的作用：

$$H_2 = P_{st}\sin\alpha = P_{st}\frac{h}{2b_1} \tag{3-2b}$$

式中，$h$ 为曲线区段的外轨超高量(mm)，它与曲线半径及通过曲线时的列车平均速度有关，其值可参考铁路工程有关书籍；$2b_1$ 为轮对两滚动圆之间的距离(mm)，其值为 $2b_1$=1493mm。

考虑到外轨超高影响后，车体在曲线区段仍承受着未抵消的离心力作用，将 $H_1$、$H_2$ 沿着垂直于车体侧墙的方向（即 $H_2$ 的方向）投影，两者之差为

$$H = H_1\cos\alpha - H_2$$

$\alpha$ 角度很小，$\cos\alpha \approx 1$，因此有

$$H = H_1 - H_2 = P_n\left(\frac{V^2}{gR(3.6)^2} - \frac{h}{2b_1}\right) \tag{3-3}$$

为简化计算，一般规定可将 $H$ 的数值取为垂向静载荷 $P_{st}$ 的 10%，即

$$H = 0.1P_{st} \tag{3-4}$$

**4) 扭转载荷**

由于车辆制造的几何误差，线路不平顺等，即使是静止的重载车体也可以产生扭转载荷。在运动过程中，蛇形运动、车辆进出曲线或道岔侧线时均可以使车体产生扭转载荷。

由于车体中心距心盘面有一定的高度，当第一个转向架进入缓和曲线，而后面转向架仍处于平直道，或当第一个转向架驶出曲线，而后面的转向架仍处于缓和曲线时，都将使车体产生扭转载荷。

扭转载荷 $M_K$ 取 4t·m(40kN·m)，作用在车体枕梁所在垂直平面内。

**5) 纵向力**

当列车运动状态发生变化时，因相邻车辆间发生速度差，车辆牵引缓冲装置上就会产生纵向拉伸或压缩作用力，它经由车辆底架的前（或后）从板座作用于车体，使其产生偏心拉伸（或压缩）变形。

纵向力的大小与机车的启动牵引力和列车的重量、速度，甚至机务人员的操作水平等有关，同时也取决于单个车辆本身的质量、车体纵向刚度、制动机和钩缓装置的性能。纵向力的作用性质也相当复杂，不仅在不同工况下的作用力大小与性质不同，即使在同一工况，其特性也不是统一的。尤其应当指出的是，不管是在哪一种工况下发生的纵向力，其沿列车长度方向的分布都不是均匀的，换句话说，当列车发生纵向冲击时，若车辆所处位置不同，其所受力的大小是不等的。

一般情况下，客车纵向力及其组合的表述如下。

(1) 纵向力是指列车在各种运动状态下，车辆间所产生的压缩力和拉伸力。在计算一般客车强度时，仅按第一工况的载荷组合方式进行。

(2) 第一工况。纵向拉伸力取 980kN，压缩力取 1180kN，分别沿车钩中心线作用于车辆两端的前、后从板座上。

(3) 这种力产生的应力与垂向总载荷、侧向力、扭转载荷等所产生的应力相加，其和不得大于第一工况下材料的许用应力。

(4) 第二工况。纵向压缩力取 2250kN，沿车钩中心线作用于车辆两端的后从板座上。

(5)由这种力产生的应力与垂向静载荷产生的应力相加,其和不得大于第二工况下的材料许用应力。

**6)修理时加在车辆上的载荷**

鉴定车体强度时,还应考虑在车体一端枕梁的两侧,或在其他顶车处用千斤顶架起重载车体的工况。此时,车体上任何断面的应力不得大于所用材料的屈服极限,顶车位置处的结构不得产生永久变形。

使车体承受最大载荷的特定架修方法,必须在设计任务书中加以说明,以便在鉴定强度时考虑。

**3. 强度要求及基本评价**

应对新设计车辆结构中的杆、板或壳进行稳定性校核或试验,以避免结构因失去稳定而失效,所有承载构件的连接节点应有足够的强度,结构不得失稳。

在鉴定强度时,将换算应力值按照"最大可能组合"的原则进行合成,合成应力须小于规定的相应工况下的许用应力。对于复杂应力状态下的合成应力,应满足等效应力小于许用应力的要求。

等效应力计算公式:

$$\sigma_e = \sqrt{0.5\left[(\sigma_1-\sigma_2)^2+(\sigma_2-\sigma_3)^2+(\sigma_3-\sigma_1)^2\right]} \qquad (3\text{-}5)$$

式中,$\sigma_i\,(i=1,2,3)$ 为主应力(MPa)。

一般可根据材料技术规范中规定的最小屈服强度 $\sigma_s$,取安全系数为1.5,可近似计算出材料的许用应力,即许用应力[σ]为

$$[\sigma]=\frac{\sigma_s}{1.5} \qquad (3\text{-}6)$$

CRH2型动车组车体主要采用了5000系铝合金的5083、6000系铝合金的6N01、7000系铝合金的7N01等,这些铝合金车体的主要机械性能与许用应力见表3-2。

**表3-2 CRH2型动车组铝合金车体材料的机械性能与许用应力**

| 材料牌号 | | 板厚/mm | 抗拉强度/MPa | 屈服强度/MPa(车体计算采用的许用应力) | | 许用应力/MPa(安全系数取1.5以下) | | 疲劳许用应力/MPa | |
|---|---|---|---|---|---|---|---|---|---|
| | | | | 母材 | 接头 | 母材 | 接头 | 母材 | 接头 |
| JIS H4000 | A5083P-O | 0.8~40 | 275 | 125 | 125 | 83 | 83 | 103 | 39 |
| | A7N01P-T4 | 1.5~75 | 315 | 195 | 176 | 130 | 117 | 135 | 39 |
| JIS H4100 | A6N01S-T5 | ≤6 | 245 | 205 | 120 | 115 | 80 | 78 | 39 |
| | | 6~12 | 225 | 175 | 111 | 105 | 74 | 71 | 39 |
| | A7N01S-T5 | — | 325 | 245 | 205 | 152 | 137 | 119 | 39 |

部分铝合金材料的技术特征如下。

(1)5083是焊接结构用铝合金,是非热处理合金中强度最高的高耐腐蚀性合金,适合于焊接结构。但其挤压加工性较差,难以得到薄壁及中空型材。

(2)6N01是中等强度的耐腐蚀性铝合金,挤压加工性、加压淬火性均比较优良,能制造出复杂形状的大型薄壁型材,且耐腐蚀性、焊接性较好。

(3)7N01也是焊接结构用铝合金,其强度高,并且通过常温时效处理,焊接部分的强度能够恢复到接近于母材的强度,耐腐蚀性好。

CRH5 型动车组铝合金车体由 12 种与车体等长的铝合金挤压型材纵向焊接而成一个筒形整体承载结构，所用的型材为 6000 系列轻型铝合金，符合欧洲标准《铝及铝合金-挤压短棒材、管材和型材　第 2 部分：力学性能》(EN 755-2—2016)，这些铝合金的主要机械性能与许用应力见表 3-3。

表 3-3　CRH5 型动车组铝合金车体材料的机械性能与许用应力

| 材料牌号 | 屈服强度/MPa | 许用应力/MPa (车体计算采用) 母材 | 许用应力/MPa (车体计算采用) 接头 | 许用应力/MPa (安全系数取 1.5 下) 母材 | 许用应力/MPa (安全系数取 1.5 下) 接头 |
|---|---|---|---|---|---|
| AL6005A T6 型材 | 255 | 215 | 140 | 143 | 93 |
| AL6005A T6 型材(处理) | 290 | 240 | 156 | 160 | 104 |
| AL6082 T6 型材 | 300 | 255 | 165 | 170 | 110 |

## 二、车体刚度校核分析

新车设计除了必须满足结构的强度条件外，还应保证结构的刚度。前者用许用应力来衡量，后者则按刚度标准来评定。

刚度极限值可保证车体结构保持在其必需的空间壳体内，以及避免不可接受的动态反应。可以用预定载荷下的允许变形或最小固有振动频率定义必需的刚度，这些要求可以用于整个车体或具体的零部件或子组件。

对于整体承载的全金属客车车体，除了要考核它的垂直弯曲刚度外，还要评定其扭转刚度。

**1. 客车车体垂直弯曲刚度(或称抗弯刚度)的计算及评定标准**

首先，把车体看成沿其全长承受均布载荷 $W$(单位为 kN/mm，等于车体总重除以车体宽度)的两支点外伸梁，支点间距离为车辆定距 $l$ (mm)，外伸部分的长度为底架端梁至心盘的距离 $\alpha$ (mm)。由材料力学可以得到此"相当梁"的弯曲刚度 $EJ$(N·mm²) 为

$$EJ = \frac{Wl^2}{38.4f}(5l^2 - 24\alpha^2) \tag{3-7}$$

式中，$f$ 为"相当梁"(车体)中央截面的垂直挠度值(mm)。

将用计算(或试验)得到的在垂直静载荷作用下，车体中梁中央截面相对于心盘的垂直静挠度 $f_0$ (mm)或侧墙中央截面相对于枕梁端部的垂直静挠度 $f_0$ (mm)分别代入式(3-7)，即可求得中梁和侧墙的相当弯曲刚度 $EJ_z$ 和 $EJ_c$。

推荐采用下列评定标准：$EJ_z$ 不小于 $1.30\times10^{15}$(N·mm²)；$EJ_c$ 不小于 $2.00\times10^{15}$(N·mm²)；

**2. 客车车体扭转刚度(或称抗扭刚度)的计算及评定标准**

首先，把车体看成在一对扭矩 $M_k$(单位为 kN·m，取值为 40)作用下的圆柱体，两扭矩之间的距离为 $l$ (单位为 mm，等于车辆定距)。若两扭矩所在平面之间的相对扭转角为 $\varphi$，由材料力学可以得到此"相当圆柱体"的扭转刚度 $GJ_p$(N·mm/rad) 为

$$GJ_p = \frac{M_k l}{\varphi} \tag{3-8}$$

将用计算(或试验)得到的在扭矩 $M_k$=40 kN·m 作用下，车体两个枕梁所在横截面之间的相对扭转角 $\varphi$ 代入式(3-8)，即可得到车体的相当扭转刚度 $GJ_p$。通常，扭转角 $\varphi$ 可由式(3-9)近似计算得到：

$$\varphi = \frac{(\delta_1 - \delta_2) - (\delta_3 - \delta_4)}{b} \tag{3-9}$$

式中，$\delta_1$、$\delta_2$ 为车体一位枕梁端部两个点的垂直挠度（mm），假定向下为正（下同）；$\delta_3$、$\delta_4$ 为车体二位枕梁端部两个点的垂直挠度（mm），$\delta_i(i=1,2,3,4)$ 可由计算或试验得到；$b$ 为同一枕梁端部二个测点之间的距离（mm）。

客车车体的相当扭转刚度 $GJ_p$ 应小于 $55 \times 10^{13}$（N·mm/rad）。

以上是我国《机车车辆强度设计及试验鉴定规范 车体 第1部分：客车车体》（TB/T 3550.1—2019）的评定方法，日本也采用了类似的方法，具体如下。

### 3. 日本等效刚度计算

**1）垂向等效弯曲刚度**

图 3-43 示出了垂向等效弯曲刚度尺寸。由垂直载荷所造成的变形可计算得出结构的垂向等效弯曲刚度 $EI_{eq}$，计算公式如下：

$$EI_{eq} = \frac{QL_1^2}{384\delta} \times \left(5L_1^2 - 12L_2^2 - 12L_3^2\right) \tag{3-10}$$

式中，$EI_{eq}$ 为垂向等效弯曲刚度（N·m²）；$Q$ 为车梁长度方向单位长度载重（N/m）；$d$ 为车体底架中央部的挠度量（m）；$L_1$ 为转向架中心间距（m）；$L_2$ 为从前位转向架至前位车端的距离（m）；$L_3$ 为从后位转向架至后位车端的距离（m）。

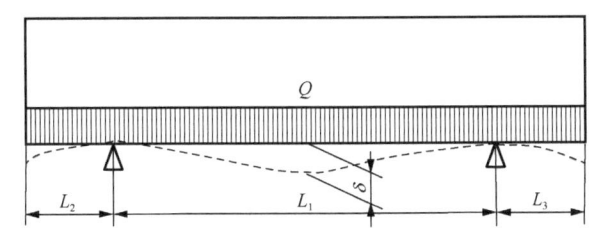

图 3-43 垂向等效弯曲刚度尺寸示意

**2）等效扭转刚度**

图 3-44 示出了等效扭转刚度尺寸，由扭转载荷所造成的转角可以计算得出结构的等效扭转刚度 $GJ_{eq}$，计算公式如下：

$$GJ_{eq} = \frac{ML_1}{\theta} \tag{3-11}$$

式中，$GJ_{eq}$ 为等效扭转刚度（N·m²）；$M$ 为扭矩（N·m）；$\theta$ 为车体枕梁处转角（rad）；$L_1$ 为转向架中心间距（m）。

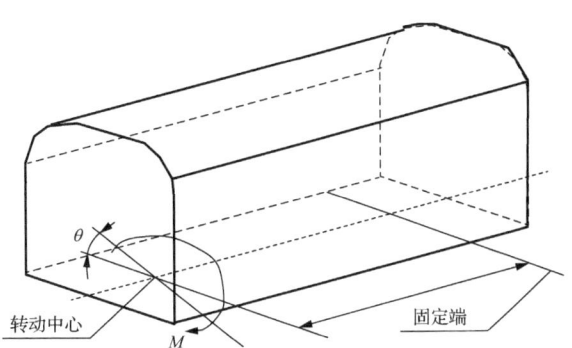

图 3-44 等效扭转刚度尺寸示意

## 三、车体结构有限元计算

在设计阶段，一般依据设计规范，采用有限元法对车体结构的强度和刚度进行计算分析和优化。经验证明，通过优化计算，可使结构具有更高的强度和刚度，并达到减轻车体自重的目的。此外，高速度给车体结构设计带来了新的课题，如高速列车通过隧道时车体承受的空气动力载荷问题、铝合金材料的应用带来的整体刚度可能下降的问题等，要求在高速列车车体设计计算中采用先进的计算软件进行强度分析和优化设计。

ANSYS、I-DeaS 和 nastran 等有限元分析程序是目前世界上众多用户广泛使用的软件，这些软件含有强大的结构分析功能，也具备一定的结构优化功能。目前，我国多数车辆制造企业和研究设计单位普遍应用计算机进行设计和理论分析计算工作。

采用有限元分析程序进行车体强度和刚度分析的流程如图 3-45 所示。前处理过程是指利用有限元软件建立有限元分析模型，包括结构几何图形的确定、结构对称性的利用、结构的离散化、载荷处理及边界约束的设置等；有限元分析计算是利用有限元软件具有的分析功能对分析对象进行应力和应变等计算；后处理是指对有限元分析结果进行显示，或输出计算结果并存盘。

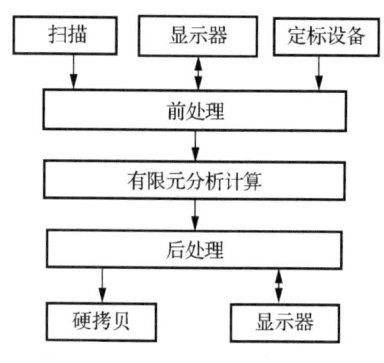

图 3-45　有限元分析流程

结构几何图形可以通过不同途径获得，例如，可以用扫描仪将几何图形输入计算机，然后进行显示和编辑修改，也可以用定标设备以交互方式输入，还可以通过数据交换的形式将几何图形转换成数据交换文件，在计算机显示器上显示和编辑修改。后处理是指可以利用计算机图形处理功能，将有限元计算结果(数值方式)以图形的形式进行显示，例如，车体受力后产生的应力可以用云图的方式在显示器上显示，使车体的变形更加清晰、直观。

## 四、车体结构有限元建模分析的一般原则

应用有限元法借助电子计算机对结构进行分析时，首先必须合理地确定计算模型(包括结构几何图形的确定、结构对称性的利用和结构的离散化、载荷处理及边界约束的设置等)，其次是正确选用或编制合适的结构分析程序，然后上机运算，最后用软件后处理程序对计算结果进行整理。

**1. 计算模型**

计算模型就是在对实际结构物的构造和受力特性等进行分析的基础上，给出适合于有限元法的计算简图。由于实际结构物的构造和受力往往是十分复杂的，且不适合直接采用有限元法进行计算(如边界支承和载荷条件不适合等)，这就要求在建立计算模型的过程中，进行种种必要的简化，也就是说，计算模型与实物相比，在不同程度上都具有一定的近似性。一般说来，这种近似性所造成的计算误差，要比有限元法理论本身的计算误差大得多。结构计算模型选择得合理与否，是直接影响计算结果精度的首要因素。因此，在选择计算模型时，既要力求最大限度地符合实际结构及其受力特点，又要有利于计算(在保证足够精度的情况下进行适当简化)和节省上机时间。

下面对确定计算模型时所必须考虑的几个问题予以简要阐明。

## 2. 结构几何图形

根据结构物的构造情况，其几何图形可以是空间或平面图形。构成实际结构物的一维构件(杆、梁、柱)、二维构件(板、壳)和三维实体构件应均以几何线条表示。一维构件系统中的杆、梁、柱等，要根据其以弯曲变形还是扭转变形为主而确定轴线：若杆件在结构中以承受弯曲变形为主，则取杆件截面形心的轴线代表该杆件；若以承受扭转变形为主，则取通过杆件截面弯心的轴线代表该杆件。板、壳的几何图形取其平分板(壳)厚度的中面表示。对于大截面薄壁中空型材铝合金车体结构，一般当作由薄板组成的构件来考虑。

同一个结构，其几何图形在设计的不同阶段中可以是不同的。一般在方案设计阶段，几何图形较简单，而在技术设计阶段则较为复杂。另外，在结构的高应力区或受力复杂区，用于计算的几何图形应复杂些，而在低应力区，则允许其几何图形有更大的简化。

## 3. 结构对称性的利用

在确定结构的计算模型时，应充分利用结构(包括支承)及载荷的对称性。结构对称是指结构的几何形状、构件截面(或板厚)及材料性质均具有对称性。当结构和支承均对称于某一轴线(空间结构为对称于某一平面)，而载荷也同时对称(或反对称)于该轴线(或该平面)时，由于结构中的应力、应变及位移也对称(或反对称)于该轴线(或该平面)，可沿结构的对称轴(对称平面)截开，取结构的一半作为计算对象，这样可大大减少计算工作量、节约机时，同时保持原有的精度。此时，作用于对称轴(对称平面)上的载荷应取其值的1/2，同时，根据力学原理，必须在截断平面处加上相应的约束，以代替另半个结构对该计算对象的影响。

同理，当结构具有两个对称平面时，则可取 1/4 结构计算。同时在这两个截开平面处，加上相应于载荷的约束(对称载荷下加对称约束，反对称载荷下则加反对称约束)。

## 4. 结构的离散化

结构的几何图形已确定并考虑了对称性以后，就可进行结构的离散化处理，这主要包括单元类型的选择、单元(网格)的划分等。

### 1) 单元类型的选择

结构离散时，选用何种单元取决于结构的几何形状、受力特点、对计算精度的要求和计算时间等因素，也与所选取的程序有关。

对于杆(梁)板组合结构(如客货车车体)中的杆或梁，可按"大梁作为组合板，小梁作为杆(梁)单元"的原则来定，且此处所说的大或小是指其截面高度与长度(跨度)之比(又称高跨比)。比较小的小梁(如客车车体的车顶纵向梁、侧立柱、大小腰带等)，可作为杆(只受拉压轴向力)或不考虑偏心的梁单元。至于大截面梁(如中、枕梁和大横梁等)，可作为组合的板元。

在应力集中区或者应力梯度较大的区域，应尽可能采用较高精度的单元，这样得到的计算结果中，单元内部各点的应力和应变都是变化的，能较好地反映出结构的实际应力状态；对于块体单元，一般用 8 节点块单元；对于边界形状复杂或精度要求较高的部分，建议采用 8~21 节点块单元。

### 2) 单元(网格)的划分

对于杆系单元(杆元及梁元等)，确定了节点位置就完成了单元划分的工作。确定杆系单元节点的位置，一般需遵循以下原则：不同方向杆件的交点、同一方向的杆件截面或材质发生突变处、杆件的支承点和自由端必须作为节点；而集中外力的作用点、分布载荷的起点和终点或载荷强度的突变点也宜作为节点。对于变截面杆件，必须以若干阶梯形等截面杆件来替代。对于曲杆,则以若干直杆来逼近它(这是因为一般程序中的杆、梁单元均是等截面材质的均匀直杆)。

对于板元,划分单元时应考虑以下原则。

(1)应互不重叠地沿着整个结构进行单元的划分,单元之间只能在节点处相连,一个单元的节点不能是相邻单元的"内点"(除采用4~8可变节点参元者外)。

(2)单元的划分应力求规则,以方便原始数据的整理,同时也为电子计算机程序自动生成原始数据创造条件。

(3)单元的划分应使节点和单元的边界线置于板的厚度、载荷及材料特性发生突变处,即划分好的板元应是等厚度和材质均匀的。

(4)单元的大小(或数量)要根据对计算精度、计算机的容量及计算时间的要求来确定,在保证必要的计算精度的条件下,单元应尽量取少。

(5)在同一结构的不同部位,单元网格的疏密程度可不同,在应力较大或变化急剧的部分,网格可划分密些,反之可划分得稀疏些。

(6)应尽量采用精度高的单元(如矩形元,6、8节点参元)。

(7)三角形单元的三条边长不要相差太大,长短边之比最好不要超过3:1,4节点任意四边形单元的内角不要接近和超过180°。

(8)相邻单元的面积大小尽量不要相差太大,因此网格划分应从密到疏(或反过来),尽可能逐步过渡。

### 5. 载荷处理

至于计算模型中的载荷工况、数值和作用方式,对于不同的计算对象,可根据车体结构设计规范中的有关规定来确定。

对于对称结构的1/2或1/4计算模型,如果载荷不对称,应按前述分解为对称载荷与反对称载荷分别计算,然后再叠加。

根据有限元法理论,所有载荷必须作用在结构离散图的有关节点上(称为节点载荷)。而对于作用于杆、梁单元跨度上,以及作用在板的平面内或边界上的载荷(非节点载荷),必须按一定原则移到相应节点上,成为等效节点载荷。这种载荷的移置方法,称为载荷处理。

在有限元法中,采用虚功等效的原则来进行载荷处理,即原来的非节点载荷与移置后的等效节点载荷在任何虚位移上所做的虚功相等。在一定的位移函数下,这样处理的结果是唯一的。

### 6. 边界约束的设置

在用有限元法进行计算时,必须在计算模型的某些节点上设置一定的约束条件,从而利用这些条件对结构刚度方程组进行处理(称为约束处理),使方程组可解。

边界约束的设置一般有以下几种情况。

(1)根据结构的实际支承情况设置约束。例如,车体支承在转向架空气弹簧上,则可在车体空气弹簧支承处的节点上设置一个限制车体位移的弹性约束。

(2)根据结构和载荷的对称条件设置约束。如前所述,当车辆结构和载荷具有对称性时,可取1/2或1/4结构作为计算对象,此时在截开的对称截面上的所有节点处设置相应的约束条件。

## 五、CRH2 型动车组头车车体结构的强度与刚度计算示例

### 1. 车体结构简介

CRH2 型动车组头车车体采用车体全长的大型中空铝合金挤压型材组焊成筒形整体承载结构，头车车体由底架、侧墙、车顶、端墙、车体附件及司机室头部结构组成。其中，端墙使用铝合金 A5083P-O 型（对应日本 JIS H4000），侧墙和车顶采用铝合金 A6N01S-T5 型（对应日本 JIS H4100），底架补强板采用铝合金 A7N01P-T4 型（对应日本 JIS H4000），底架采用铝合金 A7N01S-T5 型（对应日本 JIS H4100）。

头车底架由车身底架和车头底架两部分组成，车身底架包括牵引梁、枕梁、边梁、端梁、横梁和波纹地板等。其中，边梁采用通长铝合金挤压型材拼焊而成。牵引梁主要由铝合金挤压型材和铝合金板焊接而成，连接车体底架端梁和枕梁，并为车钩缓冲装置设置相应的附加结构。枕梁由铝合金挤压型材和铝合金板焊接而成，支撑车体载荷。边梁是位于底架地板下左右两侧的纵向梁，是底架与侧墙连接成筒体的关键部件。端梁由铝合金挤压型材和铝合金板焊接而成，横梁采用铝合金挤压型材，位于底架地板下方，支承安装在地板下的设备和地板，并连接左右两边梁。底架波纹地板由通长的挤压铝型材通过 MIG 焊自动焊接而成，另外，为增强地板的纵向强度，在纵向设置了加强筋结构。

侧墙、车顶均采用大型中空挤压型材，车顶和侧墙采用车内侧、车外侧连续焊接结构。分体式端墙结构外板中央开口处用螺栓安装闭塞板（由铝板和铝型材骨架组焊接而成）。司机室头部结构以骨架外壳结构为基础，按车头断面形状变化将纵骨架设置成环状，与横向骨架叉接组焊，骨架外焊接铝制板。

### 2. 模型建立及单元划分

借助 Pro/E 三维软件，建立流线型车体头部结构，如图 3-46 所示。采用 ANSYS 软件，采用板壳单元和实体单元对整车结构进行离散，如图 3-47 所示。

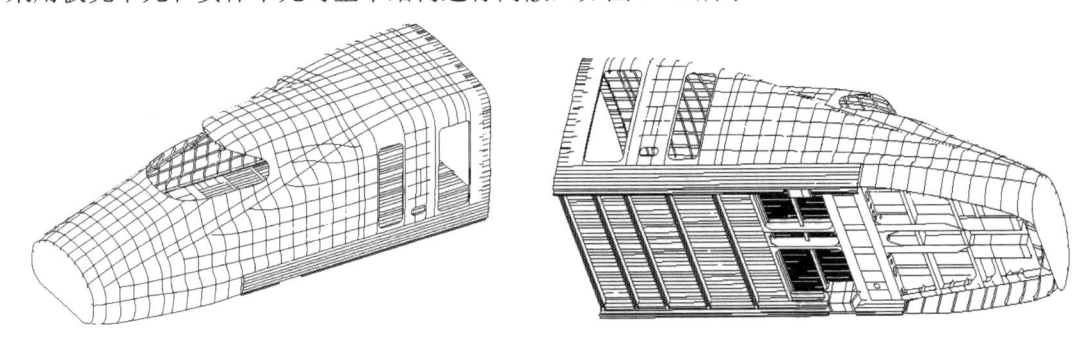

图 3-46　流线型车体头部结构

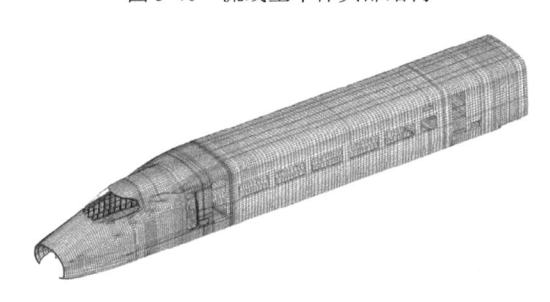

图 3-47　CRH2 型动车组头车车体有限元分析模型

材料弹性模量 $E=69\times10^3$MPa，泊松比 $\nu=0.30$，整车模型中采用的单元类型和尺寸列于表 3-4 中。

表 3-4 整车模型单元类型与尺寸统计数据

| 项目 | Shell63 | | Solid45 | Solid95 |
|---|---|---|---|---|
| 单元尺寸/mm | 40(车头) | 60(其他部位) | 60 | 30 |
| 单元数/个 | 47863 | 310852 | 6828 | 296 |
| 节点数 | 299257 ||||
| 解算器 | 快速算法 ||||

### 3. 载荷工况和约束设置

根据车体设计参数，依据日本标准《铁路机车车辆客车车体设计一般要求》(JIS E7106—2018) 确定各计算载荷和计算工况，由于计算工况较多，本小节只介绍部分载荷和工况的计算情况。

**1) 垂向载荷**

乘客重量取 80kg/人，最大乘客数取 136 人，则施加在地板上的均布载荷为：$W$=(车体重量+最大乘客重量-$W_u$)×1.1=405kN。机器设备集中载荷 $W_u$ 施加在底架横梁螺栓固定部位，在 4 个二系悬挂支撑位置施加约束条件，均布载荷和机器设备集中载荷及其约束施加方式如图 3-48 和图 3-49 所示。

**2) 车端压缩载荷**

沿车钩中心线作用的纵向压缩载荷 $F$ 取 980kN，以集中力的形式平均分配在牵引梁腹板相应的多个节点上，车体重量均布载荷 $W$ 取 282kN。车端压缩载荷作用在车体一端的牵引梁部位，在 4 个二系悬挂支撑位置施加约束条件，在非加载端的牵引梁部位施加约束条件，车端压缩载荷和约束施加方式如图 3-50 所示。

**3) 三点支撑**

考虑垂向载荷为车体重量，任选车体 4 个抬车位中的三个点施加垂向约束条件，在车体地板施加均布载荷 $W$=282kN，如图 3-51 所示。

**4) 扭转载荷**

考虑 39kN·m 的扭转载荷，作用在车体一端的二系悬挂点上，在非加载端的二系悬挂支撑位置施加约束条件，扭转载荷和约束施加方式如图 3-52 所示。

**5) 气密载荷**

考虑车体内外气压差为 8 kPa，在 4 个二系悬挂支撑位置施加约束条件，气密载荷施加方式如图 3-53 所示。

### 4. 强度与刚度评估标准

**1) 许用应力**

头车铝合金车体各部位材料的静强度和疲劳强度许用应力如表 3-5 所示。

表 3-5 头车铝合金车体各部位材料的静强度和疲劳强度许用应力 （单位：MPa）

| 材料名称 | 使用部位 | 静强度许用应力 | | 疲劳强度许用应力 | |
|---|---|---|---|---|---|
| | | 母材区 | 焊接区 | 母材区 | 焊接区 |
| A5083P-O (JIS H4000) | 头车车体、端墙 | 125 | 125 | 103 | 39 |
| A6N01S-T5 (JIS H4100) | 侧墙、车顶 | 205 | 120 | 78 | |
| A7N01P-T4 (JIS H4000) | 底架补强板 | 195 | 176 | 135 | |
| A7N01S-T5 (JIS H4100) | 底架 | 245 | 205 | 119 | |

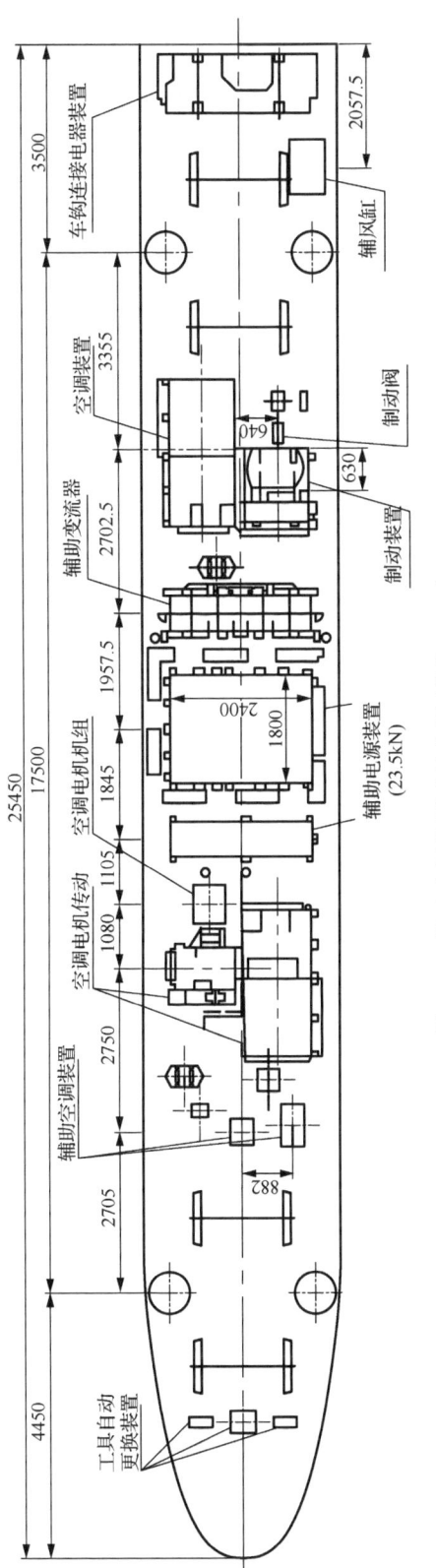

图 3-48 辅助电源装置系统位置（单位：mm）

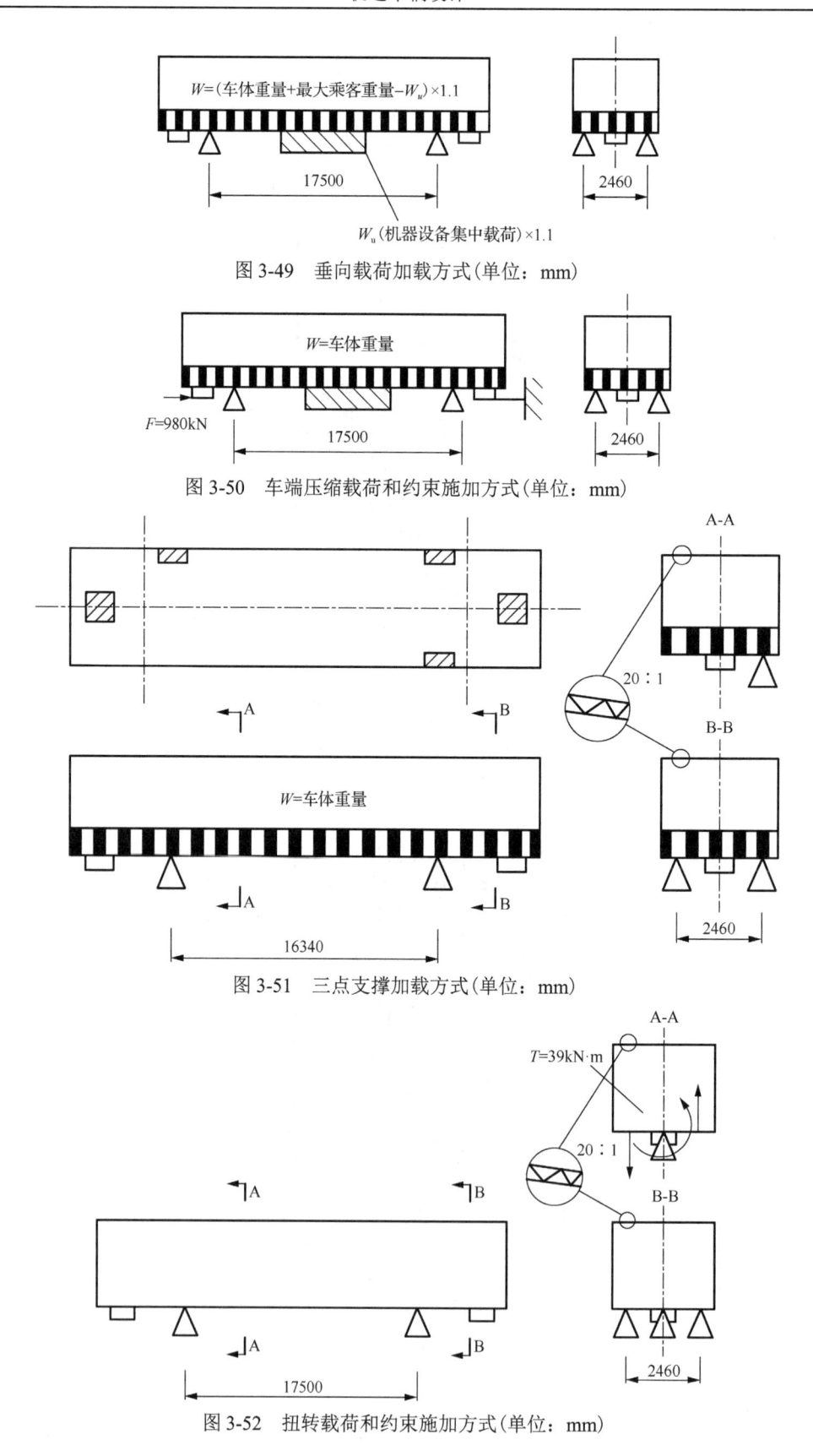

图 3-49 垂向载荷加载方式(单位：mm)

图 3-50 车端压缩载荷和约束施加方式(单位：mm)

图 3-51 三点支撑加载方式(单位：mm)

图 3-52 扭转载荷和约束施加方式(单位：mm)

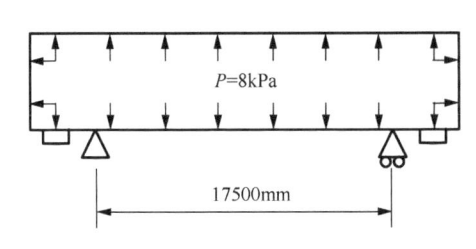

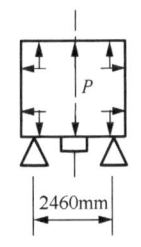

图 3-53　气密载荷施加方式

**2) 强度与刚度评估方法**

(1) 静强度评估。

根据 JIS E7106—2018 标准，在垂向载荷、车端压缩载荷及三点支撑载荷等的作用下，车体结构上的最大应力应不高于表 3-5 所示材料的静强度许用应力。

(2) 疲劳强度评估。

在扭转载荷作用下，车体结构各部位的应力应低于表 3-5 所示的材料的疲劳强度许用应力。

行驶于隧道中的列车车体所承受的压力变压如图 3-54 所示。如果最大压力 $P_{max}$ 取为 8kPa，气密载荷的强度设计应以反复承受该压力的一半(4kPa)来考虑。根据 JIS E7106 标准，在气密载荷反复作用下产生的应力应低于表 3-5 所示的材料的疲劳强度许用应力。

图 3-54　列车通过隧道时车体内的压力变化

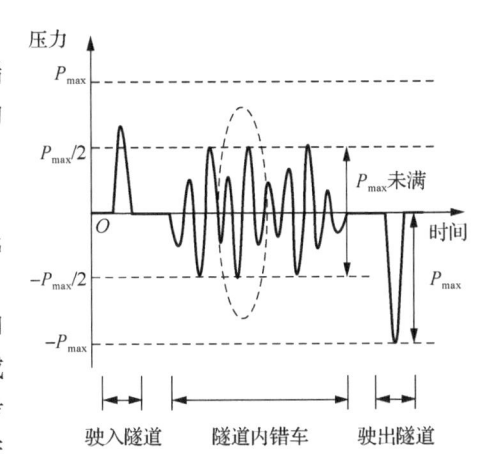

(3) 刚度评估。

车体结构的一阶弯曲固有频率应不低于规定值 10Hz。

**5. 计算结果**

以下简单给出本次计算部分结果。

**1) 位移计算结果**

车体结构在各载荷作用下的位移计算结果见表 3-6，垂向载荷条件下车体结构的位移计算结果的一个实例如图 3-55 所示，可见底架横梁的最大位移为 12.4mm，侧墙边梁的最大位移为 10.4mm。

表 3-6　各载荷作用下的位移计算结果

| 载荷类型 | 载荷值 | 部位 | 最大位移/mm |
| --- | --- | --- | --- |
| 垂向载荷 | $W$=398kN (60kg/人) | 侧墙边梁 | 10.4(垂向) |
|  |  | 底架横梁 | 12.4(垂向) |
| 车端压缩载荷 | $F$=980kN | 车头端部 | 8.3(纵向) |
|  | $W$=282kN |  | 6.4(垂向) |
| 三点支撑载荷 | 垂向 $W$=282kN | 车窗角端部位蒙皮 | 20.3(垂向) |
| 扭转载荷 | $T$=39kN·m | 车窗角端部位蒙皮 | 2.8(垂向) |
| 气密载荷 | $P$=8kPa | 中央截面车窗蒙皮 | 5.0(横向) |
|  |  | 中央截面车顶蒙皮 | 11.6(垂向) |
|  |  | 底架横梁 | 3.1(垂向) |

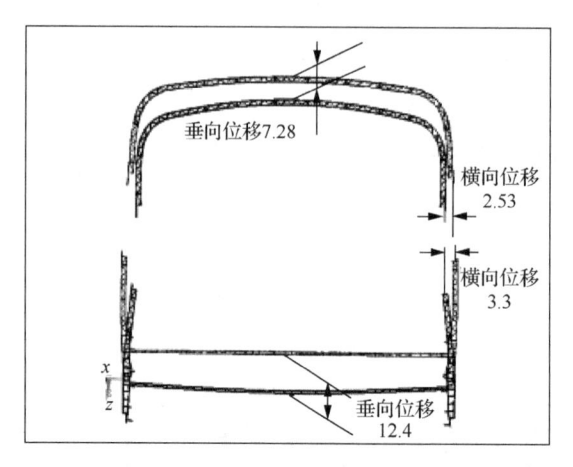

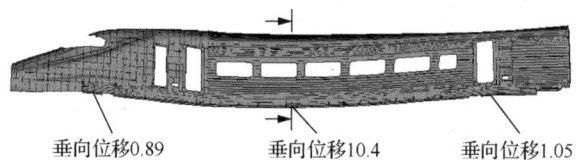

图 3-55 垂向载荷条件下的车体结构位移图(单位：mm)

**2)刚度计算结果**

(1)结构等效弯曲刚度计算。

结构的等效弯曲刚度 $EI_{eq}$ 可由式(3-12)计算得出：

$$EI_{eq} = \frac{W}{L} \times \frac{L_1^2}{384\delta} \times (5L_1^2 - 12L_2^2 - 12L_3^2) \tag{3-12}$$

式中，$W$ 为垂向载荷，取 398kN(60kg/人)；$L$ 为车体长($=L_1+L_2+L_3$)；$\delta$ 为车体中央部的挠度量，为 9.43m；$L_1$ 为转向架中心间距，为 17500mm；$L_2$ 为从前位转向架至前位车端的距离，取 3125 mm；$L_3$ 为从后位转向架中心至后位车端的距离，取 3500 mm。

计算得

$$EI_{eq} = 1.77 \times 10^9 \text{ N} \cdot \text{m}^2$$

(2)一阶弯曲固有频率计算。

车体一阶弯曲固有频率 $f_c$ 可由式(3-13)计算得出：

$$f_c = \frac{1}{2\pi}\sqrt{\frac{g}{\delta\left(\dfrac{W_c}{W}\right)}} \tag{3-13}$$

式中，$g$ 为重力加速度，为 9800 mm/s²；$W_c$ 为车体结构自重，为 66 kN；$W$ 为垂向载荷，取 398kN(60kg/人)；$\delta$ 为车体中央部的挠度量，为 9.43m。

计算得

$$f_c = 12.61\text{Hz}$$

**3)应力计算结果**

垂向载荷、车端压缩载荷及三点支撑载荷条件下车体结构的最大 von-Mises 等效应力计算结果、许用应力及其发生部位如表 3-7 所示，表 3-8 列出了扭转载荷和气密载荷作用下车体结构的最大主应力计算结果、疲劳强度许用应力及其发生部位。图 3-56 和图 3-57 分别给出了垂向载荷和扭转载荷下车体结构的 von-Mises 等效应力分布云图实例图。

**表 3-7　车体结构最大 von-Mises 等效应力计算结果**　　　　（单位：MPa）

| 载荷类型 | 载荷值 | 发生部位 | 等效应力 | 许用应力 |
| --- | --- | --- | --- | --- |
| 垂向载荷 | $W$=398kN（60kg/人） | 侧墙车窗开口角部 | 103.9 | 205 |
| 车端压缩载荷 | $F$=980kN，$W$=282kN | 牵引梁纵向加强梁与横梁连接部位 | 241.4 | 245 |
| 三点支撑载荷 | 垂向，$W$=282kN | 侧墙车窗开口角部 | 125.5 | 205 |

**表 3-8　车体结构最大主应力计算结果**　　　　（单位：MPa）

| 载荷类型 | 载荷值 | 发生部位 | 最大主应力 | 疲劳强度许用应力 |
| --- | --- | --- | --- | --- |
| 扭转载荷 | 39kN·m | 侧墙车窗开口角部 | 19.3 | 78 |
| 气密载荷 | 8kPa | 端墙与侧墙连接部位加强筋板 | 68.8 | 103 |
| | | 底架前端牵引梁两侧地板纵向加强筋边缘 | 77.1 | 119 |
| | | 端墙门柱与车顶焊接部位 | 26.1 | 39 |

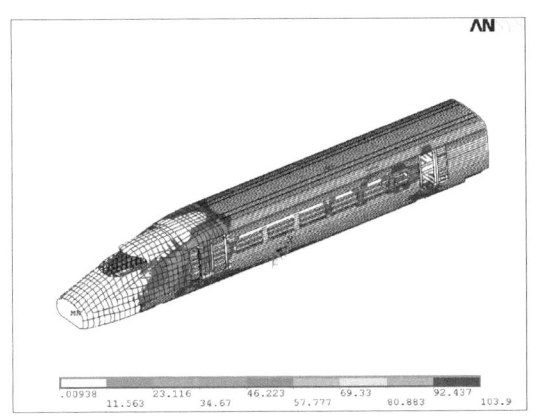

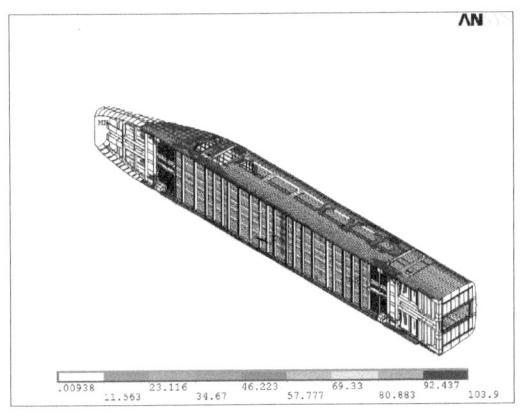

(a) 等效应力分布云图

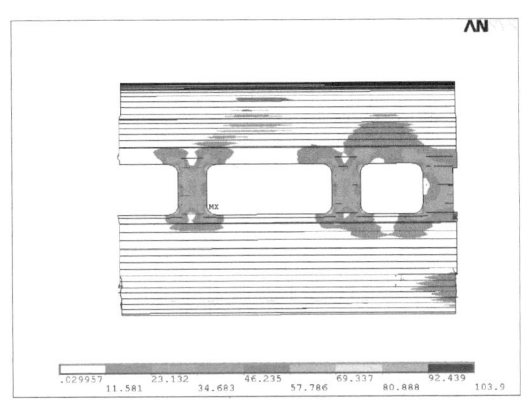

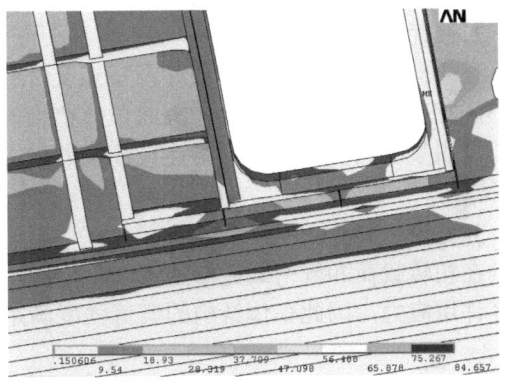

(b) 车窗及车门结构应力分布云图

图 3-56　垂向载荷下车体结构的 von-Mises 等效应力分布云图（单位：MPa）

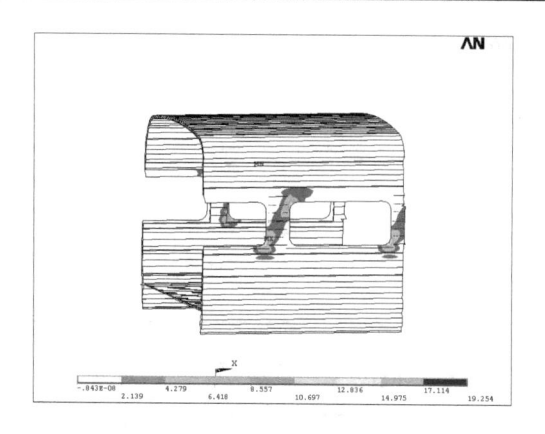

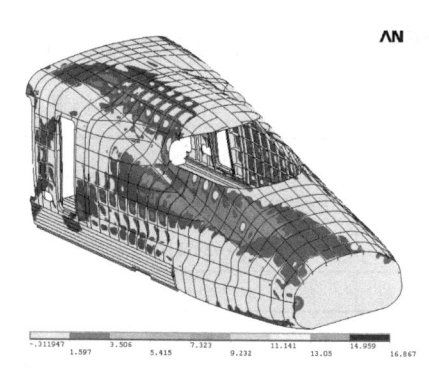

图 3-57 扭转载荷下车窗及车头结构最大主应力云图(单位：MPa)

车体以下部位存在较高应力。

(1) 垂向载荷工况：集中在枕梁上部的侧墙车窗开口角部、司机室头部车门角加强块与外板蒙皮连接部位及侧墙车门下角；其中，最大应力出现在侧墙车窗开口角部，为 103.9MPa。

(2) 车端压缩载荷工况：发生在牵引梁车钩的安装部位周围、牵引梁与枕梁的结合部位及牵引梁纵向加强梁与横梁的连接部位；其中，最大应力出现在牵引梁纵向加强梁与横梁的连接部位，为 241.4MPa。

(3) 三点支撑工况：发生在顶车位、顶车位上部侧墙的下墙部及侧窗开口角部；其中，最大应力在侧窗开口角部，最大应力为 125.5MPa。

(4) 扭转载荷工况：集中在侧墙车窗开口角部，最大主应力约为 19.3MPa。

(5) 气密载荷工况：发生在端墙与侧墙连接部位加强筋板、侧窗开口、司机室头部车门车窗、底架前端牵引梁两侧地板纵向加强筋边缘及端墙门柱与车顶的焊接部位；其中，母材区最大主应力出现在底架前端牵引梁两侧地板纵向加强筋边缘，为 77.1MPa，焊接区最大主应力出现在端墙门柱与车顶焊接部位，为 26.1MPa。

### 6. 强度与刚度校核

**1) 刚度校核**

结构相当弯曲刚度为 $1.77×10^9 N·m^2$，一阶弯曲固有频率为 12.61Hz，满足结构一次弯曲固有频率规定值 10Hz，因此结构的刚度满足要求。

**2) 强度校核**

在垂向载荷、车端压缩载荷及三点支撑载荷条件下，车体结构的最大等效应力(表 3-7)均小于相应材料的许用应力，因此车体结构的静强度满足要求。但是，在车端压缩载荷作用下，牵引梁纵向加强梁与横梁连接部位的最大等效应力已比较接近其许用应力，应给予充分注意。

**3) 结论**

在扭转载荷和气密载荷作用下，车体结构上的最大主应力(表 3-8)均小于相应材料的疲劳强度许用应力，因此车体结构的疲劳强度满足要求。

# 复习思考题

3-1 简述车体承载结构的分类及特点。

3-2 车体结构设计的主要原则和要求是什么？

3-3 车体结构设计中应注意的主要问题是什么？
3-4 铝合金车体结构主要有哪几种形式？各自的设计特点有哪些？
3-5 车体底架结构设计时主要有哪几种形式？各自的特点是什么？
3-6 简述车体轻量化的重要性和轻量化设计的相关措施。
3-7 车体外廓尺寸确定的依据是什么？一般车体设计制造公差取多少？
3-8 车体各组成部件结构设计有哪些?车体各组成部件间连接结构设计的特点有哪些？
3-9 简述车体横断面结构设计的特点。
3-10 何谓"计算车辆"，简述其尺寸要求。
3-11 车体结构强度计算包括那些工作？如何进行？
3-12 作用在车辆上的载荷有哪几种？
3-13 简述车体刚度的简化计算及评定。
3-14 应用有限元法对车辆结构进行强度分析时，确定合理的计算模型时应考虑的主要因素有哪些？
3-15 试简述车体结构强度设计规范的基本思想及其基本技术路线。

# 第四章　转向架设计

支承车体并使之在轨道上运行的装置称为转向架，也称走行部，它是轨道车辆的关键部件。转向架的各种参数直接决定了车辆的稳定性和车辆的乘坐舒适性，其主要功能如下。

(1) 承载——承受转向架以上各部分的重量(车辆自重、旅客、载重、设备及动态载荷等)，并把这些重量传递到钢轨上，使轴重均匀分配。

(2) 传递牵引力和制动力——充分利用轮轨之间的黏着性，产生牵引力和制动力，并把产生的牵引力和制动力经牵引装置传递到车体底架，最后传递到车钩，实现对列车的牵引和制动。

(3) 缓冲(走行)——在运行过程中，缓和线路对车辆的冲击，保证车辆具有良好的运行平稳性。

(4) 导向——在钢轨的作用下，引导车辆能灵活地沿直线线路运行及顺利地通过曲线和道岔，保证车辆在各种线路上安全运行。

## 第一节　转向架总体设计及设计要求

转向架是轨道车辆的重要部件之一，它与车辆运行的安全性和平稳性有直接关系。设计转向架时既要考虑继承性，又要考虑先进性；既要提高转向架的技术性能，又要注意经济效益；既要学习与吸收国外先进技术，又要结合我国的生产特点。转向架设计要综合考虑各种因素，综合运用各方面的知识。

### 一、转向架总体设计

#### 1. 总体设计一般原则

转向架总体设计遵循的原则也与车辆总体设计基本一致，仍然是在统筹兼顾、讲求效益的基础上尽量使其结构便于保养与维修等。

**1) 符合设计任务书的要求**

转向架设计任务书中一般要规定构造速度、通过最小曲线半径、轨距、轴型、轮径、轴承形式、悬挂定位方式、制动方式等，以及下部轮廓限界的要求。因此，新设计的转向架首先要符合设计任务书的各项要求。

**2) 零部件要尽可能通用化、标准化，产品要系列化**

在设计转向架时，其零部件应尽量采用通用件、标准件，以减少材料与配件的规格种类，有利于修理和备料。产品的系列化也有利于减少零部件的规格种类，降低产品成本，满足用户的要求。

**3) 积极采用新技术、新材料、新工艺**

新技术、新材料、新工艺的采用能改善产品的性能，提高经济效益，但也要考虑国内的资源和工厂设备、技术、生产能力及各种影响因素。

**4) 要求结构简单、运用可靠、检修方便、制造容易、成本低廉**

由于列车运行速度逐步提高，停站时间不断缩短，以及检修期限逐渐延长，在转向架设计中应尽量不用或减少使用磨耗件、紧固件和润滑件。应力求结构简单、运用可靠、检修方便、制造容易、成本低廉，以满足铁路运输的需要。

**2．转向架总体设计**

转向架总体设计工作的重点在于根据其预期达到的功能及技术要求，在综合考虑继承性与先进性的基础上提出切实可行的结构方案。通过总体设计绘制的转向架总图及部分部件图说明该转向架的结构形式及主要尺寸；还要通过适当的计算与校核，论证该方案是现实可行的，并能达到预期的技术要求。明确转向架及配用该转向架的车辆的运用条件是进行转向架功能分析的基础，而功能分析又将为转向架结构选型提供依据。运用条件包括列车最高运行速度、通常运行的速度范围、使用环境及车辆的运输对象等。运行速度是转向架的主要技术指标，也是转向架设计的重要依据。在通常的运行速度范围内，车辆应该具有较好的或尽可能高的动力性能。构造速度是进行构件强度计算的依据，同时还需要考虑将来列车速度普遍提高后，有提高该转向架动力性能的可能性。

进行转向架总体设计时，有一些垂向、横向及纵向的控制尺寸应尤其注意。带心盘的转向架的心盘面距轨面的高度、旁承与心盘面的高度差、横向两轴颈中心的横向间距都是需要控制的尺寸。由于传递垂向力的关系，构架两侧梁中心线的横向间距要和两轴颈中心的横向间距一致。此外，转向架横向最外端零件的尺寸必须容纳在限界之内，在纵向应确定合理的固定轴距。

# 二、转向架设计的具体要求

**1) 应具有一定裕度的运行安全性**

转向架在列车运行速度范围内应具有适当裕度的抗脱轨、抗倾覆（包括抗簧上倾覆）安全性和抗蛇形运动的稳定性。对危及行车安全的零部件应采取安全保护措施，以确保列车运行的安全性。

**2) 应具有符合速度要求的运行平稳性**

在转向架设计中，要注意避免垂向、横向和纵向振动在运行的速度范围内发生共振，其平稳性指标应符合要求。

**3) 零部件应具有足够的强度和合适的刚度**

为了保证转向架主要零部件在运用期间正常工作，在力求减轻自重的前提下，要符合"车辆强度设计规范"的强度要求并有合适的刚度。

**4) 具有承载和传递牵引力与制动力的能力**

转向架主要零部件应能保证车体的载荷尽可能均匀地通过各个轮对传给钢轨，并能无间隙、无冲击地传递牵引力与制动力。另外，运行中来自线路的垂向、横向和纵向的干扰位移和冲击，在向车体传递时，转向架应能起缓和、减振和抑制作用。

**5) 轮轨磨耗量少并具有通过曲线的导向能力**

设计转向架结构和车轮踏面外形时应注意尽量减小轮轨间的接触应力和侧向力，以减少轮踏面和轮缘的磨耗，使其对线路的破坏作用降到最小。在满足运行稳定性的前提下，转向架固定轴距应尽可能小,以便转向架能灵活地通过规定的最小曲线半径。

**6) 尽可能小的簧下质量**

由于转向架结构中存在未被弹簧缓和的簧下质量,在车辆通过线路的凸起或凹陷部分时,将产生很大的轮轨冲击力。因此,应尽量减小簧下质量,以减小轮轨间的动态作用力。

**7) 能在规定的制动距离内安全停车**

考虑列车的最高运行速度、信号装备情况、线路状态等,所设计的转向架制动装置应具有足够的制动能力,保证列车能在规定的制动距离内安全停车。

**8) 具有减少噪声、吸收高频振动的能力**

转向架零部件之间和具有相对位移的地方,要尽可能采用无间隙结构或用橡胶元件填充,以减少噪声的产生和传递。橡胶元件还能吸收高频振动,起到减振作用。

## 三、转向架设计的步骤

转向架设计的步骤主要分为调查研究、方案设计、技术设计与工艺设计等阶段。

**1) 调查研究**

根据设计任务书所规定的基本要求,对现有的转向架在制造、检修、运行中所存在的问题进行深入的调查研究。通过征求制造、检修、运用部门的意见,查询有关资料,翻阅有关的总结、报告,找出主要问题的症结,然后进行分析,分析影响产品质量、性能的原因。针对所要解决的问题,参考国内外的新技术、新结构、新工艺、新材料,找出解决的办法。

**2) 方案设计**

方案设计要根据设计任务书的具体要求,针对现有运行转向架存在的问题,对所设计的转向架提出总的结构设想方案(并绘制草图),初步确定主要的技术参数及主要的轮廓尺寸。对新设计或改进设计的部分还需要提出具体的结构方案,并论证实现的可能性和必要性。

**3) 技术设计**

根据初步方案进行具体的结构设计,以实现方案设计所选择的技术参数及结构要求。在此阶段的工作中,要进行主要零部件的结构选型和设计、强度计算和动力性能的校核,确定各部分间隙量,调整各部分相关尺寸,注明技术条件,最后确定并绘制全套图纸。对于新设计的重要零部件需要进行试验研究,以检验其性能。

**4) 工艺设计**

根据工艺装备及生产能力,由工艺部门确定各主要零部件尺寸公差和加工的技术条件,制定工艺流程和工艺卡片,修改和完成全套生产图纸,同时进行生产上的准备工作。完成工艺设计后,要进行标准化审查。

## 四、转向架设计中考虑的主要问题

转向架设计中应考虑的主要问题包括以下几方面。

**1) 脱轨安全性**

要求轨道车辆在小半径曲线上低速运行时不至于脱轨,应计算出脱轨系数的临界值,以确定轴箱垂向定位刚度等参数。脱轨系数,就是利用车轮横向作用力求出的相对于脱轨的安全裕度值。其中,车轮横向力是根据轮缘角等车辆技术参数计算得出的。

**2) 抗倾覆安全性**

要求采用具有足够安全性的倾覆临界值计算公式,以确定轴箱垂向定位刚度及车体的垂向支承刚度。

**3) 蛇行运动稳定性**

蛇行运动是由于轨道车辆的车轮踏面带有斜度而产生的现象。要合理确定轴箱纵向、横向定位刚度以及空气弹簧横向刚度，以保证车辆在正常运行速度范围内不至于发生蛇行运动失稳现象。

**4) 横向力**

横向力是指车轮沿横向挤压钢轨所产生的力，横向力一旦增大，有时会引起钢轨扣件脱落(失效)，还会降低车辆的曲线通过性能，并加剧车轮与钢轨的磨损。因此，为减小轮轨间的横向作用力，应慎重选取轴箱的纵向、横向定位刚度，以及空气弹簧纵向刚度、抗蛇行减振器的阻尼系数等参数值。

**5) 车辆限界**

车辆位移一旦超过车辆限界尺寸，将引起车辆与建筑物的干涉。因此，既要考虑横向止挡的间隙，还要保证空气弹簧的横向刚度及横向橡胶止挡的刚度值不能太小。

**6) 零部件之间的干涉和零部件的容许位移**

不仅要注意车辆与建筑物的干涉，而且还应该注意车辆各零部件之间的干涉。此外，电机与齿轮装置之间的弹性连接(弹性联轴器)等不能超过零部件的容许位移，轴箱的垂向定位刚度应该取较大的值。

**7) 车站站台阶梯差**

从无障碍要求来看，也必须满足站台阶梯差容许值要求(方便旅客上下)。特别是通勤电动车，空车与满员时的质量差别较大，所以，如果轴箱垂向刚度过低，当车辆满员时，车体便会下沉，致使车门与车站站台的阶梯差加大。

**8) 乘坐舒适度**

乘坐舒适度必须良好，因此除了满足上述要求外，还应选定满足乘坐舒适度良好要求的弹簧刚度及减振器阻尼系数。

## 五、应协调处理的关系

满足上述要求的技术参数往往是矛盾的，这就需要协调处理彼此之间的关系，转向架设计的难处就在于处理好这些互相协调的关系，因为如果满足一方面的要求时，另一方面的要求就可能不能满足。例如，若空气弹簧横向刚度及横向橡胶止挡刚度较低，则乘坐舒适度高，但当车辆通过曲线时，抑制车体由于离心力导致车辆向曲线外侧移动的力就会变小，所以车辆就会超出车辆限界。

另外，为了提高车辆抗蛇行运动稳定性，就应当增大轴箱的纵向、横向定位刚度，但这会导致轮轨横向力增大。设计人员应该协调处理好必须考虑的关系，同时应综合确定各方面评价为最优的技术参数值。

将上述问题大致归纳为垂向系统以及横向系统的协调关系问题(图 4-1 和图 4-2)，而且，由于运行区间等的限制，还必须附加考虑问题的优先顺序以及容许限度。

图 4-1 垂向系统的协调关系

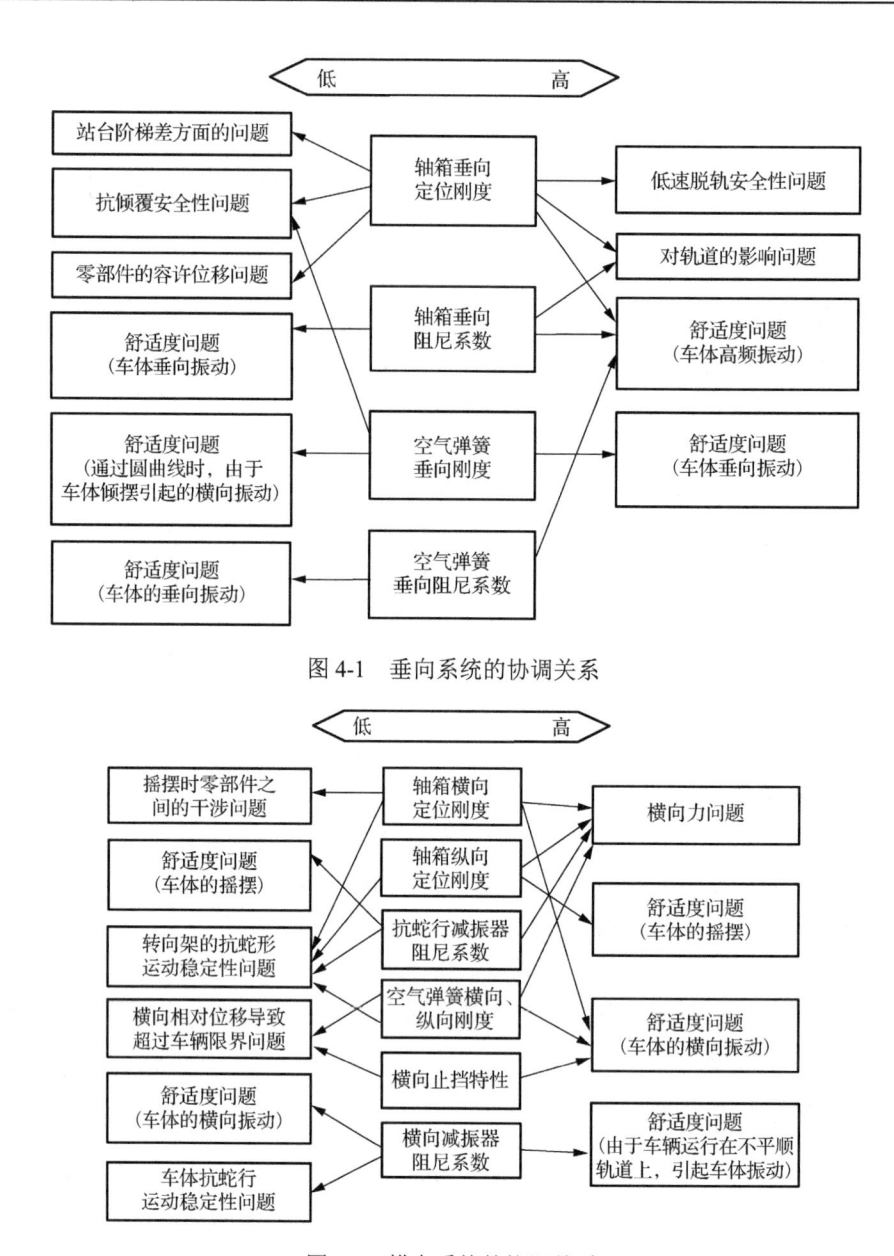

图 4-2 横向系统的协调关系

## 第二节 转向架结构主要类型及设计特点

由于车辆用途、运行条件、制造维修方法等具体因素的影响,以及对转向架的性能、结构、参数和采用的材料工艺等要求的差别,出现了多种形式的转向架,设计特点各不相同。常见的客车和城轨车转向架、货车转向架就有几十种,各种转向架的主要区别有转向架的轴数和轴型、轴箱定位方式、弹簧悬挂方式、垂向载荷的传递方式、车体与转向架的悬挂连接方式、作用原理等诸多方面。

# 一、转向架主要类型

## 1. 轴数与轴型

转向架有单轴、两轴、三轴和多轴,转向架的轴数一般根据车辆总重和每根车轴容许的轴重确定,其中两轴转向架最为常见。与单轴转向架直接将冲击力传递给车辆相比,两轴转向架设计结构简单,它在车体减振悬挂处能有效减轻并缓和线路不平顺对轨道车辆的冲击(图 4-3)。三轴及多轴转向架结构较为复杂,会对转向架构架的运行性能和强度产生影响,比较适用于重量较大、功率较大的机车,一般不适用于客货车辆。

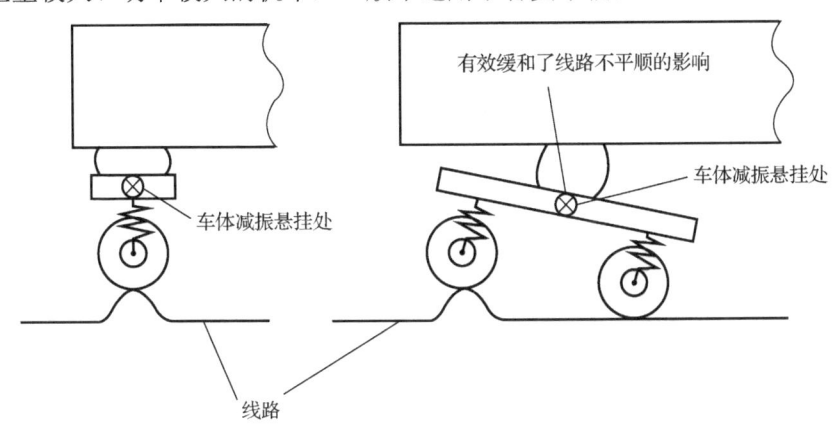

图 4-3 单轴和两轴转向架对线路不平顺的响应

车辆所用轴型基本可分为 B、C、D、E、F、G 六种。轴直径越大,容许轴重也越大,但大轴重要受线路和桥梁容许强度的限制,一般货车采用 B、D、E、F、G 五种轴型,客车采用 C、D 两种轴型,随着货车逐渐向重载发展,大载重货车逐渐开始采用 E 型轴以上的轴型。

## 2. 轴箱定位方式

(1) 固定定位。轴箱与侧架铸成一体,或是轴箱与侧架用螺栓及其他紧固件连接成为一个整体,轴箱和侧架之间不能产生任何相对运动,见图 4-4(a)。

(2) 导框式定位。轴箱上有导槽,侧架或构架上有导框,构架的导框插入轴箱的导槽内,这种结构可以容许轴箱与构架之间沿着垂向有较大的相对位移,但在前后、左右方向仅能在容许的范围内有相对较小的位移,见图 4-4(b)。

(3) 干摩擦导柱式定位。安装在构架上的导柱及坐落在轴箱弹簧托盘上的支持环均装配有磨耗套,导柱插入支持环,发生上下运动时,两磨耗套之间是干摩擦,其作用原理是轴箱橡胶垫产生不同方向的剪切变形,实现弹性定位作用,见图 4-4(c)。

(4) 油导筒式定位。把安装在构架上的轴导柱及坐落在轴箱弹簧托盘上的导筒做成活塞和油缸的形式,导柱插入导筒。导柱在导筒内上下移动时,油液可以进出导柱的内腔,产生减振作用。它的作用原理是,当构架与轴箱之间产生水平方向的相对运动时,利用导柱和导筒传递纵向力和横向力,再通过轴箱橡胶垫传递给轴箱体,使橡胶垫产生不同方向的剪切变形,实现弹性定位,见图 4-4(d)。

(5) 拉板式定位。用特种弹簧钢制成薄形定位拉板,一端连接轴箱,另一端通过橡胶节点连接构架。利用拉板在纵、横向的不同刚度来约束构架与轴箱的相对运动,实现弹性定位,见图 4-4(e)。

(6) 拉杆式定位。拉杆两端分别与构架和轴箱销接，拉杆可以容许轴箱与构架在上下方向有较大相对位移。拉杆中的橡胶垫和套分别限制轴箱与构架之间的横向与纵向位移，实现弹性定位，见图 4-4(f)。

(7) 转臂式定位（又称弹性铰定位）。定位转臂一端与圆筒形轴箱固接，另一端以橡胶弹性节点与焊在构架上的安装座连接。橡胶弹性节点容许轴箱相对构架有较大的上下方向的位移，但它里边的橡胶件使轴箱纵向与横向位移的定位刚度有所不同，以适应纵、横两个方向不同弹性定位刚度的要求，见图 4-4(g)。

(8) 橡胶弹簧定位。构架与轴箱之间设有橡胶弹簧，其相对构架在上下方向有比较大的位移，而它的纵横方向具有适宜的刚度，从而实现良好的弹性定位，见图 4-4(h)。

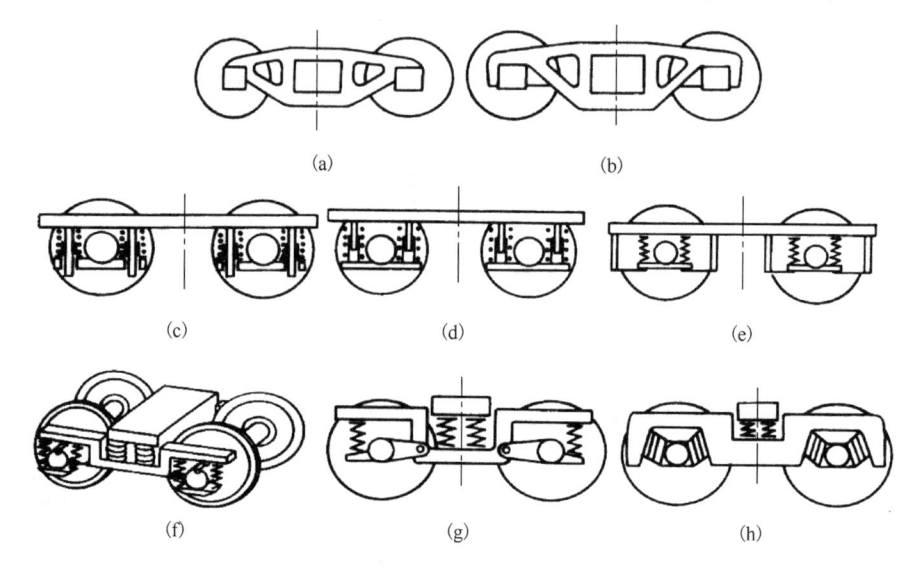

图 4-4 不同的轴箱定位方式

### 3. 弹簧悬挂方式

(1) 一系弹簧悬挂。在采用一系悬挂的车辆上，在车体至轮对之间只设有一系弹簧减振装置（图 4-5(a)），"一系"一般是指车体的振动只经过一次弹簧减振装置实施减振，该装置有的设置在车体与构架之间，有的设置在构架与轮对轴箱之间。采用一系弹簧悬挂的转向架结构比较简单，便于检修、制造，成本比较低。

(2) 二系弹簧悬挂。在采用二系弹簧悬挂的车辆上，在车体至轮对之间设有二系弹簧减振装置（图 4-5(b)），转向架中同时有摇枕弹簧减振装置和轴箱弹簧减振装置，使车体的振动经历二次弹簧减振装置衰减。

(3) 多级（系）弹簧悬挂。结构相对复杂，一般不用。

(4) 按弹簧横向跨距分类。对于心盘集中承载的转向架，按摇枕悬挂中弹簧的横向跨距与侧架中心线的位置关系分为内侧悬挂、外侧悬挂、中心悬挂，分别如图 4-5(c)、(d)、(e) 所示。

### 4. 垂向载荷的传递方式

(1) 心盘集中承载。车体上的全部重量通过前后两个上心盘分别传递给前后转向架的两个下心盘（图 4-6(a)）。

(2) 非心盘承载。该形式的转向架没有心盘装置，虽然有的转向架还有类似心盘的装置存在，但它仅传递纵向力及作为回转中心，而车体上的全部重量通过中央弹簧悬挂装置直接传递给转向架构架，其中有的转向架在中央弹簧悬挂装置与构架之间安装有旁承装置，这种转向架又称为旁承承载，如图4-6(b)所示。

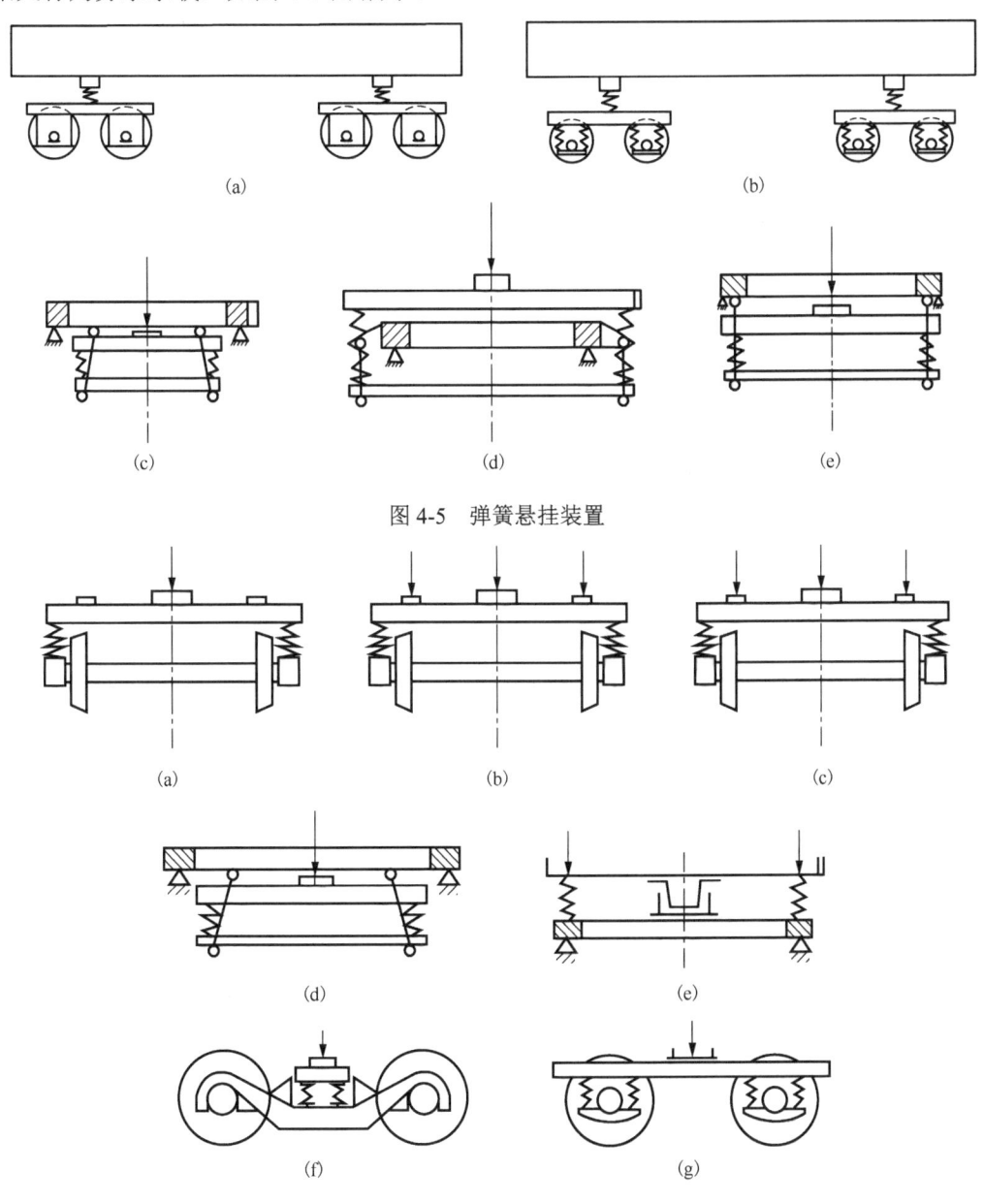

图4-5 弹簧悬挂装置

图4-6 垂向载荷传递方式

(3) 心盘部分承载。这种承载方式的结构是上述两种承载方式结构的组合，即车体上的重量按一定比例分配，分别传递给心盘与旁承，使之共同承载，如图4-6(c)所示。

(4) 具有摇动台装置的转向架。车体通过心盘(或旁承)支撑在摇枕上，摇枕两端支撑在摇枕弹簧的上支撑面，摇枕弹簧下支撑面坐落在弹簧托板(或托梁)上，弹簧托板通过吊轴、吊杆与吊销悬挂在构架上，如图4-6(d)所示。这样，摇枕、摇枕弹簧、弹簧托板、吊轴与吊杆连同车体，在侧向力作用下，可做类似钟摆的摆动，使之相对构架产生左右摆动。转向架中可以横向摆动的部分称为摇动台装置，它具有横向弹性特性，这种结构的载荷传递特点是心盘承载后通过摇动台将载荷传递给转向架。

(5) 无摇动台装置的转向架。

① 非心盘承载装置的转向架如图 4-6(e) 所示，车体直接通过中央弹簧将载荷传递给构架，没有摇动台装置。车体的左右摇动位移，以及车辆通过曲线时转向架与车体之间的转动位移均是依靠中央弹簧的横向纵向弹性变形来实现。这种结构的特点是无须心盘承载，中央弹簧不仅要有良好的垂向弹性，还具有良好的横向弹性。为此，一般采用空气弹簧或高圆螺旋弹簧，由于它的结构简单，在新型高速转向架得到了应用。

② 心盘集中承载或部分承载的无摇动台转向架如图 4-6(f) 所示，车体通过心盘或旁承坐落在摇枕上，摇枕两端坐落在左右摇枕弹簧上，左右摇枕弹簧又直接坐落在构架的两个侧梁（侧架）上，这种转向架设有摇枕弹簧装置，但无摇动台结构，三大件式货车转向架都是采用的这种承载方式。

③ 无摇枕转向架，如图 4-6(g) 所示，车体通过心盘或旁承支撑在构架上，构架直接坐落在轴箱弹簧上，车体与构架之间没有弹簧减振装置，整体焊接构架货车转向架采用这种承载方式。

**5. 车体与转向架间的悬挂连接方式**

根据车体与转向架间的悬挂连接方式来定义，可分为铰接式转向架和非铰接式转向架。一个铰接式转向架支撑前车的后端和后车的前端，而两个非铰接式转向架通常支撑一个车体，如图 4-7 所示。与传统的非铰接式转向架相比，铰接式转向架车辆的优点是可减少重量和降低重心，运行稳定性和乘坐舒适性好，乘客区远离转向架上方，从而降低了运行噪声等；缺点是连接结构相对复杂，增加了轴载重且难以维护等。

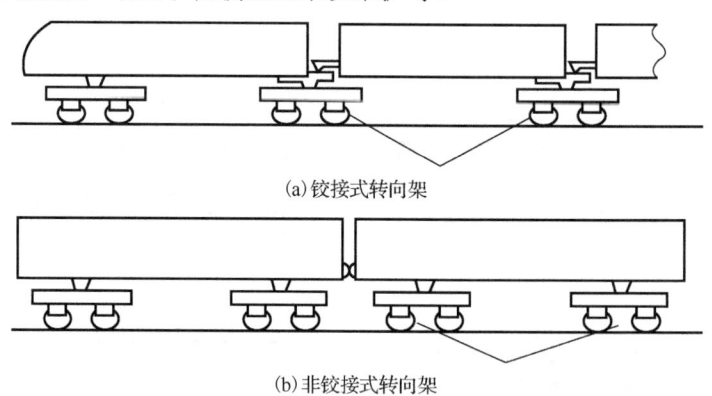

(a) 铰接式转向架

(b) 非铰接式转向架

图 4-7 铰接式转向架和非铰接式转向架

**1) 具有双排球形转盘的铰接转向架**

两个相邻的车体一端置于内盘，另一端置于外盘，转动盘通过摇枕弹簧与构架相连，构架坐落在轮对的两轴箱弹簧上。垂向载荷的传递方式为转盘→摇枕→摇枕弹簧→构架→轴箱弹簧→轮对。纵向牵引与冲击力通过内外转盘传递，通过曲线时，相邻两车体可绕转盘彼此回转，如图 4-8(a) 所示。

**2) 具有球心盘的铰接转向架**

两相邻车体端部通过球形心盘相互搭接，球面心盘座固定于摇枕梁之上，摇枕弹簧坐落在构架上，构架通过轴箱弹簧与轮对相连接，如图4-8(b)所示。

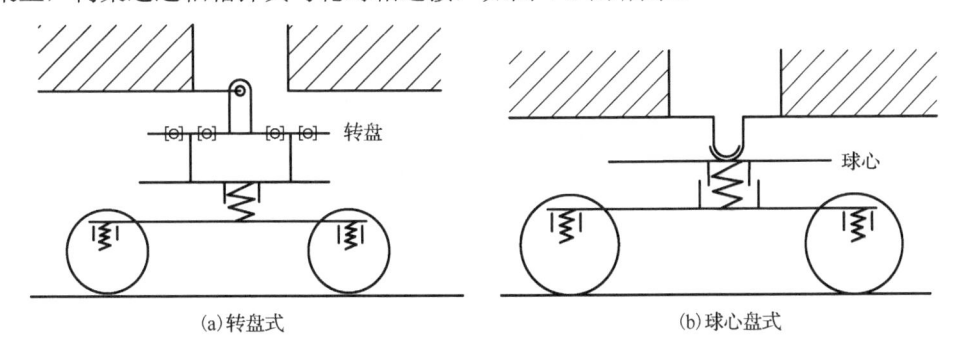

图 4-8 铰接式转向架示意图

**3) 无摇枕铰接式转向架**

一般使用空簧支撑车体，按照空气弹簧的使用个数，使用2个空气弹簧称为2点悬挂，使用4个空气弹簧称为4点悬挂。

运用在法国高速铁路系统动车组上的铰接式转向架就是最为经典的2点悬挂无摇枕铰接转向架。法国高速铁路系统动车组采用动力集中方式，铰接式转向架位于动车组中的两拖车之间，每辆拖车前后两端分别为支撑端和铰接端。两拖车连接处，一端为支撑端，另一端则为铰接端。在支撑端的车体端墙的两侧各设置1个二系悬挂弹簧承台，并在端墙中间位置设置1个下球心盘座。在铰接端的端墙上设置二系悬挂弹簧承台，但在端墙的中间位置设置1个上球心盘座。铰接端的上球心盘搭接于相邻车体支撑端的下心盘上，铰接在一起。垂向载荷的传递方式为：铰接端车体一部分垂向载荷通过球心盘传递给支撑端车体，两相邻车体的垂向载荷再通过弹簧承台传递给二系悬挂弹簧，最后作用到转向架上。两车辆之间的纵向力和横向力也通过该球心盘传递，如图4-9所示。

采用4点悬挂方式时，每个转向架侧梁上前后各安装2个空气弹簧，转向架上共4个空气弹簧，每2个空气弹簧分别支撑转向架前后车体。与2点悬挂方式相比，4点悬挂方式需增加1倍的空气弹簧及有关部件，但不需要在车体端墙伸出二系悬挂弹簧承台，和传统车体转向架连接类似。采用4点悬挂方式，垂向载荷直接由车体下的4个空气弹簧承担，铰接装置只需要承受纵向和横向2个方向的载荷，铰接装置可以较为简单。

**6. 按作用原理的不同**

传统常规转向架无法同时满足运行过程中的直线运行稳定性能和曲线通过性能要求，而径向转向架的出现有效地解决了这一矛盾，其既能保证转向架直线运行稳定性的要求，又能改善曲线通过性能。

传统和径向转向架通过曲线时的对比情况如图4-10所示，由图可见，传统转向架通过曲线时，两轴基本保持平行，近似垂直于构架，第一轴总是冲向外轨，轮缘与外轨贴靠，形成大的冲角(车轮平面与轮轨接触点切线的夹角)，利于车轮爬轨，且加剧了轮缘和钢轨的侧磨耗，噪声增大，限制了车辆曲线通过速度，增加了脱轨的风险和牵引力消耗，车辆和线路的维修量也随之增加。径向转向架通过曲线时，前轴和后轴都向曲线径向方向偏斜，车轴不再与构架垂直，冲角接近为零，轮缘磨耗减小，爬轨的危险性降低，车辆在曲线上的黏着性能得到改善。

(a) 2点悬挂方式

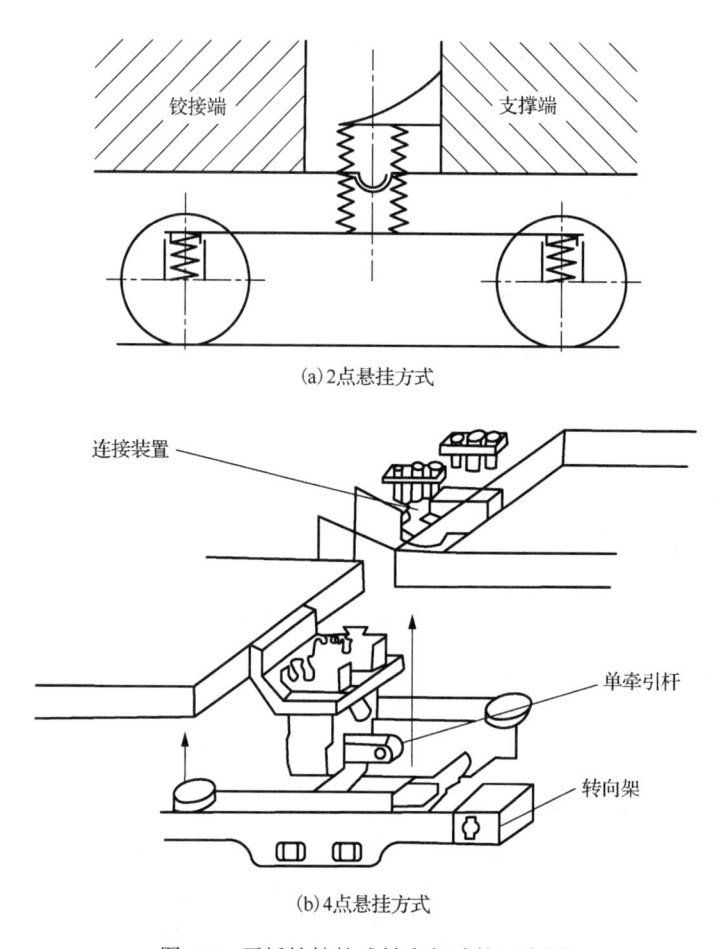

(b) 4点悬挂方式

图 4-9　无摇枕铰接式转向架连接示意图

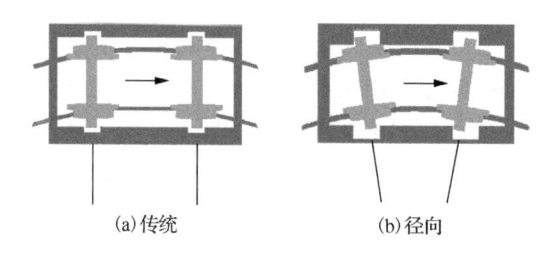

(a) 传统　　(b) 径向

图 4-10　传统和径向转向架通过曲线时的对比情况

　　径向转向架主要分为两大类：①自导向径向转向架；②迫导向径向转向架。自导向径向转向架利用外轮和内轮的纵向蠕滑力形成的力矩，使轮对自动向径向偏斜，应用较广。要使轮对在曲线上自动向径向偏斜，必须具备两个条件：一是要有足够的蠕滑力矩，为此必须采用等效斜度较大的磨耗型踏面；二是要减小轴箱在构架中的纵向刚度，使轮对向径向偏斜成为可能。上述措施又会引起轮对蛇行失稳，因此必须用杆系使前后轮对的摇头运动耦合，同时向径向偏斜。迫导向径向转向架利用机车车辆通过曲线时转向架与车体间产生的相对转角，通过杠杆系迫使转向架向径向位置偏斜，具体结构原理可见图 4-11。

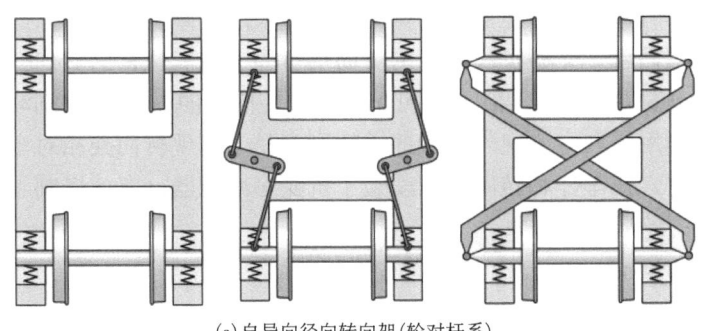

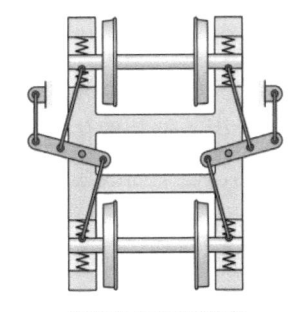

(a) 自导向径向转向架(轮对杆系)　　　　　　　　(b) 迫导向径向转向架

图 4-11　径向转向架结构原理

## 二、转向架结构设计分析

### 1. 客车转向架设计

**1) 转向架结构设计性能与特点**

客车转向架通常采用 H 形构架和两级减振悬挂装置，构架是转向架的骨架，是各种转向架零部件的承载体，承受和传递车体与轮对之间的各种方向的力和扭矩等。一系轴箱悬挂装置的主要功能是在直线和曲线线路上引导轮对安全运行，提高运行的稳定性，并尽可能隔离来自线路不平顺产生的动载荷作用。二系悬挂装置可有效减小影响车内乘客舒适度的振动加速度，而振动加速度主要源自运行速度变化、线路路况和线路不平顺、悬挂单元上构架和车体等固有振动引起的激励。为改善垂向运行平稳性，要求尽可能增大垂向静挠度。通常，与垂向振动相比，人们对横向振动更为敏感，所以减少横向加速度尤为重要。因此，二系悬挂的横向刚度应设计得尽可能小，以改善横向运行平稳性。

传统客车转向架大多采用 H 形铸钢构架，一系轴箱悬挂采用钢弹簧加导柱的定位方式，二系悬挂主要采用由长吊杆、高圆弹簧和弹簧托板、摇枕等组成的摇动台装置，其提供了较低的横向刚度，重心高度也较低，见图 4-12。当通过曲线时，转向架绕车体转动以减少轮轨间的横向作用力。而在直线运行时，车体和转向架间的二系回转阻尼(主要来自心盘和旁承摩擦力矩)抑制了转向架的摇头运动。此外，牵引杆可用来限制摇枕相对构架的纵向运动。二系摇动台装置可满足高达 200km/h 的速度运行，其缺点是存在多个磨耗部件，需频繁地进行维修以防止运行性能恶化。

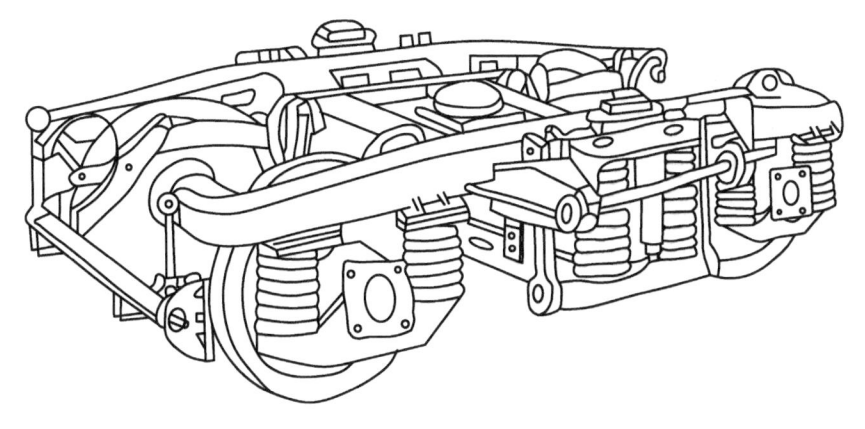

图 4-12　传统客车转向架

对现代客车中的转向架进行设计时，二系悬挂连接结构都尽可能采用无摩擦或少摩擦的部件以减少维修成本。无摇枕、无摇动台、无心盘和旁承的更简洁可靠、性能优良的转向架结构形式开始占据主导。图 4-13 为典型高速转向架组成，可见无摇枕转向架的纵向牵引/制动力可通过中心销装置传递到车体。利用纵向方向空气弹簧的柔软刚度易于实现转向架相对车体的转动，便于曲线通过运行，同时，在车体和转向架间安装了抗蛇形减振器，有效遏制了转向架在高速直线运行时可能出现的蛇形运动现象。

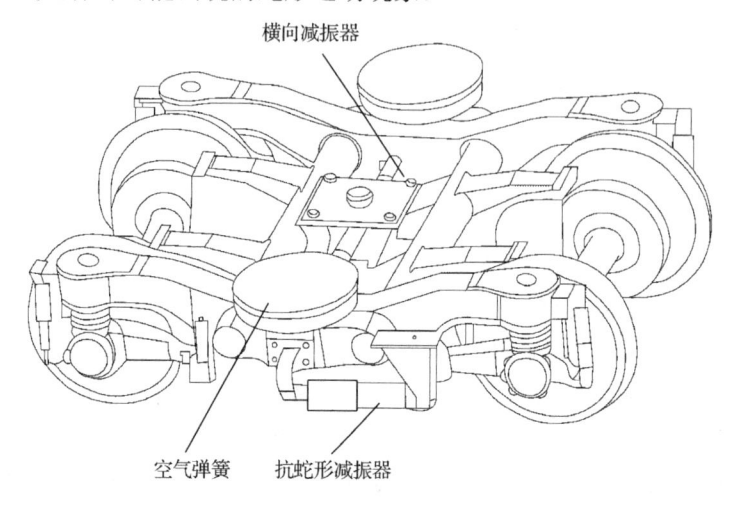

图 4-13 典型高速转向架结构形式示意图

现代转向架通常在二系中央悬挂中分别安装独立的垂向、横向减振器以抑制垂向和横向振动，横向减振器通常可采用液压减振阻尼器来实现，而垂向减振器利用空气弹簧中的节流孔阻尼器或液压减振阻尼器来实现。

一系轴箱悬挂装置中可采用多种类型的弹性元件。为了满足高速运行，一系轴箱的纵向刚度应该较高，而横向刚度则较低。通过曲线时，一系纵向刚度的增大会使轮轨间的横向接触力增大，从而导致车轮轮缘磨耗加剧。类似地，横向刚度增大可能导致运行在横向不平顺线路上时的动态作用力增大。因此，设计转向架一系刚度时，最好的选择是在横向和纵向方向上提供不同的刚度值。

**2) 弹簧悬挂系统的结构与设计参数**

车辆的运行特性主要取决于转向架弹簧悬挂系统的设计，现代高速客车中，转向架均采取超临界的设计原则，选用比较柔软的弹簧悬挂装置来尽可能降低车辆的主振动自振频率。一系轴箱和二系中央悬挂的柔度比多数在 20～30：80～70 的范围内。

在车辆垂向振动性能方面起决定作用的是弹簧悬挂系统的总静挠度及其在二系悬挂中的分配比例。关于总静挠度的分配情况，英国采用的规定是，20mm 的总静挠度，3/4 分配于二系中央悬挂，1/4 分配给一系轴箱悬挂。德国规定如下：当车体浮沉自振频率为 1Hz 时，总静挠度约为 250mm，而轴箱和中央悬挂的挠度比取为 15～25：85～75。苏联、法国、日本的试验结果与德国、英国类似。在垂向悬挂比较柔软的情况下，可采取如下措施减小车辆通过曲线时车体的侧滚角，一是设置抗侧滚稳定器，二是加大中央弹簧的横向间距。例如，德国的 MD36 型转向架设有扭杆式抗侧滚装置，而 MD530 型转向架中，中央弹簧的横向间距由 2000mm 加大到了 2480mm，从而取消了抗侧滚装置，见图 4-14。

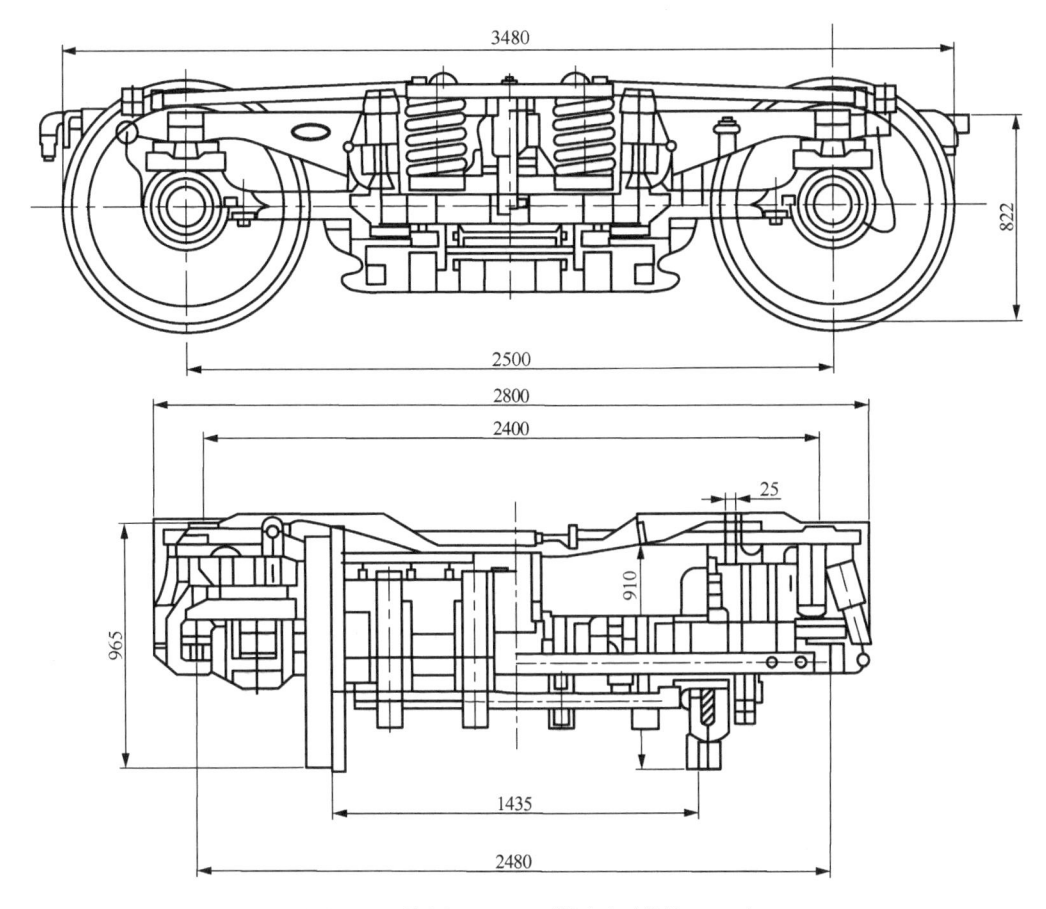

图 4-14 德国 MD530 型转向架（单位：mm）

柔软的横向悬挂对提高车辆的横向运行性能有重要作用。有摇动台的高速客车转向架应尽量采用长吊杆，吊杆的有效长度为 500～700m 时，可取得良好的横向运行性能。采用长吊杆不仅能减小车体的侧滚角，还能降低对线路状态的敏感性，并缓和对线路的动力作用。

对于无摇动台的高速客车转向架，二系中央悬挂可以按当量吊杆的概念来考虑。为了充分发挥柔软横向悬挂的作用，尽可能加大车体的横向游间，需设置递增特性的摇枕横向挡，这样能显著改善车辆的横向运行性能。

高速转向架一般在轴箱和中央悬挂部分设有阻尼装置。一系轴箱悬挂部分采用液压减振器或摩擦减振器，轴箱减振器对减小转向架点头振动和减少制动销套磨耗有明显的效果。二系中央悬挂部分一般设置垂向和横向液压减振器，为了同时获得垂向和横向阻尼，液压减振器采用的是斜装方式。但斜装方式对液压减振器的使用工况不利，磨耗严重时会影响其使用寿命。

采用空气弹簧悬挂时，通常利用节流孔的空气阻尼省去垂向液压减振器。客车转向架一般按减振因数 $D$ 来选取其阻尼值，垂向减振因数为 0.2～0.25，横向减振因数为 0.25～0.3。

**3）抑制转向架蛇行运动的结构与特点**

为提高运行舒适性和确保安全性，高速运行的客车转向架必须抑制蛇行运动，可以设置有效的轴箱定位装置和抗蛇行运动回转阻尼装置来实现。

(1) 客车转向架采用的主要轴箱定位方式。

轴箱的结构形式主要有转臂式、拉杆式、导柱式和采用橡胶弹簧定位的导框式方式等。

轴箱定位装置对防止转向架蛇行运动有显著的作用，因此其基本要求是在纵向和横向具有合适的定位弹性。弹性定位的优点：能使轮对蛇行运动稳定化；能实现无磨耗和免维护保养；可实现轮对在曲线上的径向调节，从而减小导向力，减少轮缘磨耗。

由于高速客车转向架结构形式和运行条件不同，所采用的轴箱定位刚度也不一样，其趋势是横向定位刚度较小，纵向定位刚度比横向定位刚度大几倍。图 4-15 给出了两种橡胶金属叠层弹性定位的结构，图 4-15(a)中钢弹簧承担垂向载荷，而橡胶金属叠层堆在纵向和横向，不仅能提供不同的刚度，还能抑制高频振动。图 4-15(b)中的一系垂直力会在橡胶金属叠层堆中同时产生剪切力和压缩力，根据橡胶堆的 V 形角和材料属性，纵向刚度可以比横向刚度高 3~6 倍。

(a) 导柱式橡胶金属叠层弹性定位

(b) V形橡胶金属叠层弹性导框式定位

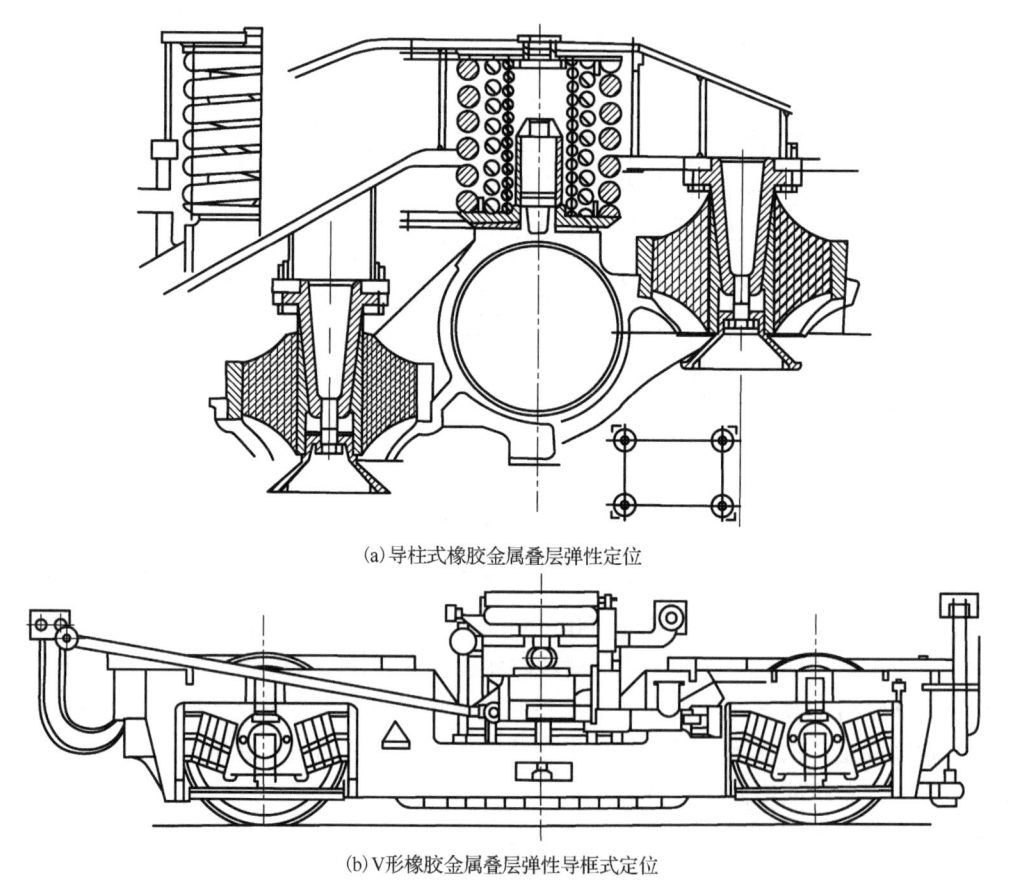

图 4-15 橡胶弹簧的定位方式

(2) 抗蛇行运动回转阻尼装置。

回转阻尼是抑制转向架蛇行运动的又一个措施，它有两种实现形式，一是利用旁承支重摩擦阻尼，二是采用抗蛇行运动的减振器。旁承支重方法具有结构简单、维护方便的优点，但由于是摩擦方式，性能不稳定；抗蛇行运动减振器有液压式、机械式两种，克服了摩擦式性能不稳定的缺点，对抑制转向架蛇行运动有重要作用。液压式减振器也应具有干摩擦式的特性曲线，在通过过渡曲线时，转向架相对于车体的回转角的变化比在直线上做高速蛇行运动时要慢，所以液压式抗蛇行减振器在这个阶段的工作要比机械式(包括旁承支重)的回转阻力柔和。由于液压式回转阻尼装置动态响应快、阻尼可调、适用范围广等，在高速客车转向架上得到了广泛应用。例如,德国 MD52 型转向架采用磨耗型踏面,速度为 160km/h,而装用抗蛇行减振器后,速度提高到 250km/h。

根据轴载荷和转向架的固定轴距来确定阻力矩,从抑制蛇行运动方面考虑,阻力矩取大些有利,但取太大时,在曲线上的车轮侧压力也将增大,这又增大了车轮轮缘和钢轨的磨耗,所以阻力矩的最佳值,应从转向架抗蛇行运动和曲线通过两个方面来考虑确定。

**4) 无摇枕式转向架的结构特点**

(1) 对无摇枕式转向架结构的基本要求是结构简单、性能优良、安全性和经济性高,易维护,其关键在于二系中央弹簧悬挂系统和牵引装置。

(2) 二系中央悬挂系统。

在通过曲线时容许有足够的纵向变形量,实用中达到±90mm 以上;具有稳定的水平方向复原力,在曲线上运行时不会因形成过大的回转阻力而产生较大的侧向力,从而导致车轮轮缘和钢轨的磨耗增大;在曲线上高速运行时,也不因回转阻力过小而使车辆产生较大的摇头振动;为了保证车辆有好的舒适性,又不因弹簧装置过分柔软而产生侧滚振动,应尽量使车辆的垂向和横向自振频率平均值达到 1Hz 左右。

(3) 牵引装置。

牵引装置应使中央悬挂系统在垂向和横向均有柔和的运动且随动性要好;牵引装置在纵向能可靠地传递驱动力和制动力,且具有适当的缓冲作用,不因过分柔软引起转向架的伸缩振动;在结构上避免存在滑动部分和间隙;转向架和车体的组装、分离作业简单,高度易调整,万一发生脱轨事故,能限制转向架脱开,将转向架整体吊起;对于无摇枕结构,需设置安装横向止挡、垂向和横向油压减振器、转向架吊装等零部件的位置,应便于拆装,并保持重量轻的特点。

(4) 无摇枕转向架采取的措施。

法国 Y231 型转向架二系中央弹簧采用单圈高螺旋弹簧系统来实现大的纵向位移量,并设置抗侧滚扭杆装置来保证车辆横向稳定性,取消了旁承,采用抗蛇行运动减振器来抑制蛇行运动的回转阻尼,见图 4-16。日本 700 系用转向架、德国 SF500 型转向架以及我国的高速转向架二系悬挂均采用了大位移自由膜式空气弹簧系统,采用空气弹簧结构的共同点是用转向架的侧架和横梁内腔作为附加空气室,并用设置在空气弹簧与附加空气室之间的节流孔阻尼来吸收车体的垂向振动,并在空气弹簧下部设置应急橡胶堆,使空气弹簧在无气的状态也能安全运行。

**2. 货车转向架设计**

大部分货车转向架都采用单级减振悬挂系统,或者在轮对和转向架侧架之间设置轴箱减振装置,又或者在转向架侧架和摇枕之间设置二系中央摇枕弹簧减振装置,见图 4-17。最为常见的货车转向架形式是三大件式货车转向架,见图 4-18。

三大件式货车转向架主要包括 1 个摇枕和 2 个侧架,通过螺旋弹簧和摩擦斜楔形成的中央减振系统将摇枕和侧架弹性连接一起,保持三大件结构间的正常功能。减振弹簧装置允许侧架进行垂向点头运动,以适应线路中的不平顺,使转向架能安全通过相对较差的线路。

车体通过心盘和有间隙的旁承与转向架连接。当在直线上运行时,车体在心盘上存在轻微晃动,但不会出现旁承接触。在曲线上运行时,车体出现侧滚,会出现旁承接触现象。中央摇枕弹簧减振装置包括多组钢弹簧和摩擦斜锲,摩擦斜锲的摩擦面夹角一般设计为 35°~45°。

(a)

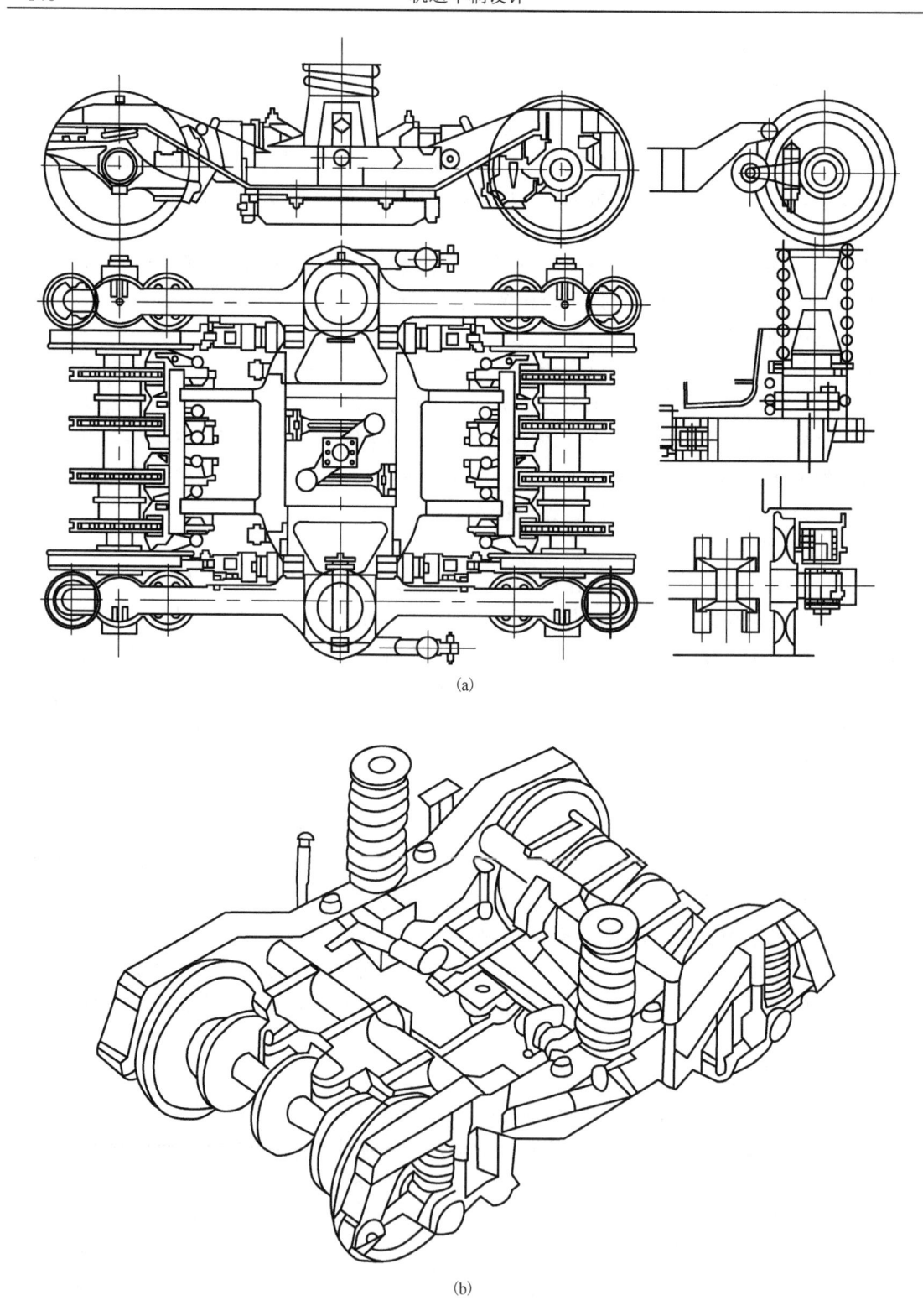

(b)

图 4-16 法国 Y231 型转向架

图 4-17 货车转向架单级减振悬挂装置示意图

(a)

(b)

图 4-18 三大件式货车转向架

1-轮对；2-侧架；3-摇枕；4-制动杠杆；5-心盘；6-旁承；7-枕簧；8-摩擦斜锲；9-轴箱

弹簧减振装置必须考虑从空车到重车的变化过程，通常轴载荷会变化 4 倍，弹簧减振装置上的载荷变化会超过 5 倍。如果弹簧减振装置的设计刚度不随载荷而变化，尤其在空、重车转换处，转向架运行性能可能会因弹簧的小位移变差，从而增加脱轨的风险。因此，弹簧减振装置通常需设计成至少具有 2 级刚度，以满足在空、重车不同运行条件下对减振性能的要求。

侧架通过承载鞍与轮对相连，在轴箱承载鞍与侧架之间的纵向和横向间隙允许轮对易于通过曲线和通过较长的水平不平顺线路。因此，轴箱装置不具有导向能力，但可通过承载鞍与侧架间的摩擦接触力和力矩消耗运动位移能量。由于没有一系悬挂装置，这类转向架有较大的簧下质量，从而增大轮轨作用力。

在曲线上，因两侧架保持平行四边形状态，三大件式货车转向架就会表现出"菱形"效果的影响。在这种状态下，轮对不会在曲线上偏向径向位置，会相对钢轨产生较大的冲角，导致导向轮对外轮缘贴靠外轨，两者间的磨耗较为严重。

法国 Y25 型货车转向架在欧洲国家和我国均有使用，见图 4-19。Y25 型货车转向架仅在轴箱处有一系减振装置，包括 2 个满足空、重车要求的两级钢弹簧和单侧垂向和横向阻尼的利诺尔(Lenoir)摩擦阻尼器组成。减振装置中的摩擦力取决于弹簧组上的垂向载荷，该载荷通过利诺尔摩擦阻尼器中倾斜的连杆转化为传递到摩擦面上的法向载荷。在弹簧组的内、外弹簧设置为不等高弹簧，形成二级刚度，使空车刚度相比重车降低，可以降低脱轨风险。

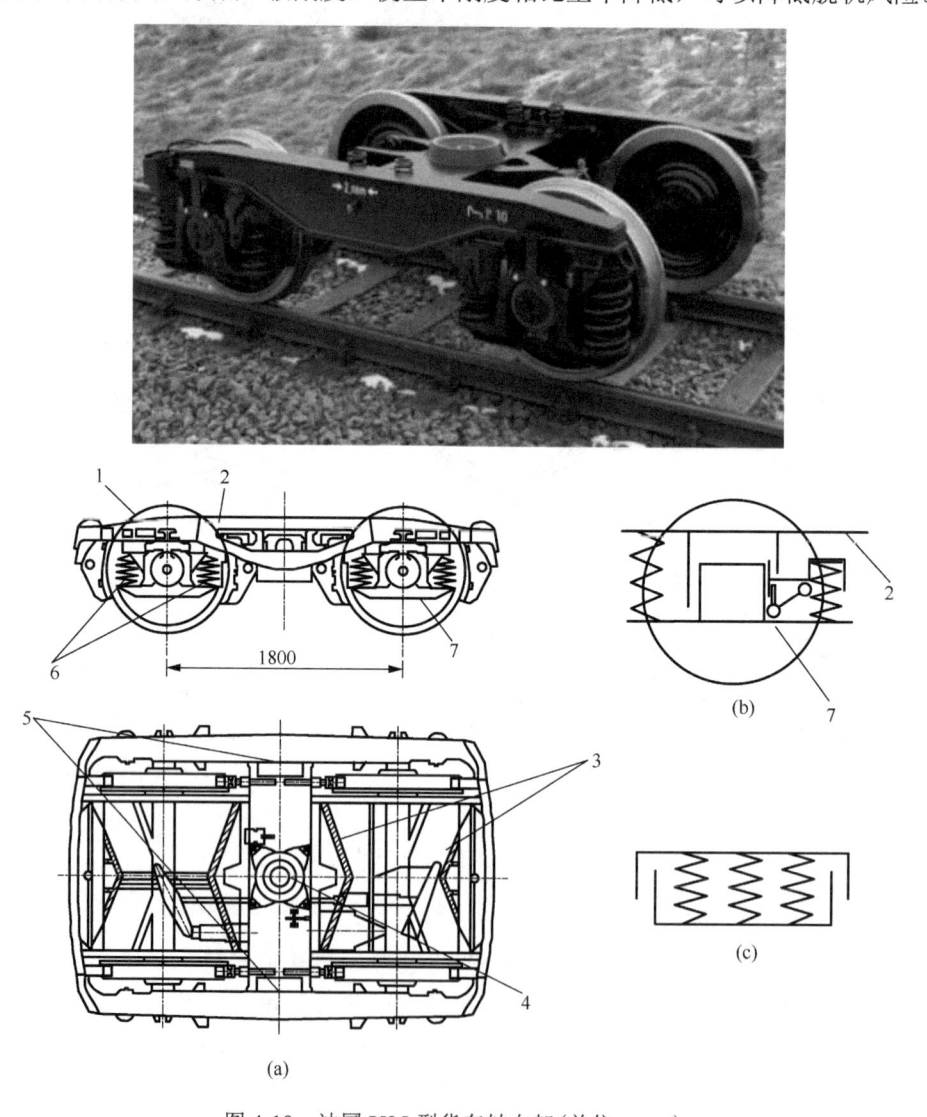

图 4-19 法国 Y25 型货车转向架(单位：mm)

1-轮对；2-构架；3-制动装置；4-心盘；5-旁承；6-轴箱弹簧；7-减振装置

法国 Y25 型货车转向架采用整体 H 形构架，包括 2 个纵梁、1 个横梁和 2 个端梁，构架可以采用焊接也可以采用铸造方式制造。车体的连接方式与三大件式货车转向架不同，采用球面心盘，可减少对构架的不对称作用力，而无间隙的弹性旁承则可以抑制车体的侧滚运动。

### 3. 有轨和轻轨电车转向架设计

有轨和轻轨电车通常设计成能通过非常小的曲线半径，且运行灵活、结构紧凑，尤其是低地板车便于乘客上下车，所以这类城轨车辆在车下结构部件设计和行驶驱动机构空间布置方面要求非常紧凑与合理。

转向架是实现有轨电车低地板的关键，传统的有轨电车转向架设计通常采用类似于客车转向架的构架和两级减振悬挂系统的结构，现代有轨电车转向架设计中大量采用铰接式转向架结构形式，如图 4-20 所示。还有一种低地板车辆，中部短车体安装在中间装有回转支承环的转向架上，通过曲线时，短车体与转向架可一起旋转，也可相对旋转。

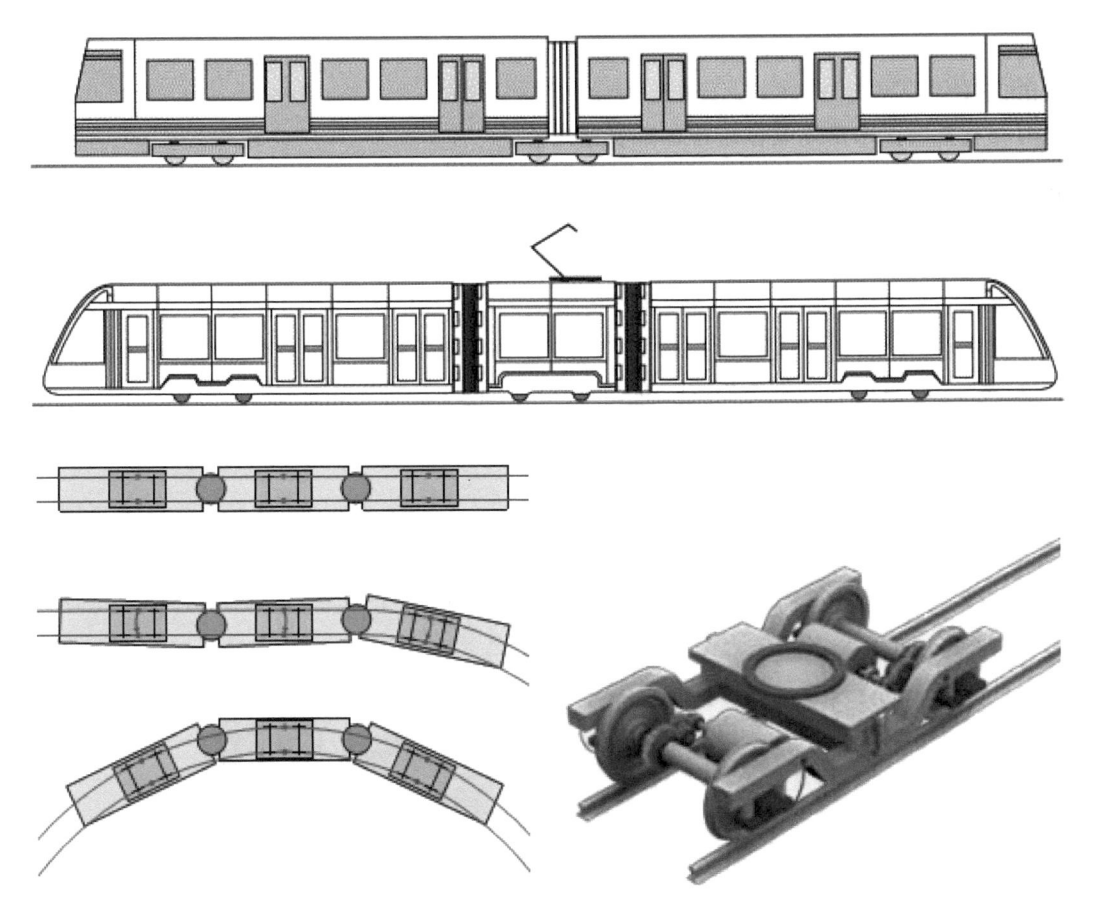

图 4-20 三车单元低地板有轨电车及运行在不同线路上的状态

低地板的标准是地板面距轨面的高度为 350～400mm，实现低地板的最大障碍是传统轮对的车轴，因此在独立旋转车轮这一新技术问世之前，降低地板面的措施无非是采用部分低地板或装用小轮径车轮。低地板转向架的主要设计特点如下。

**1）采用短轴距转向架**

与主干铁路线、地铁线路条件相比，有轨电车运行线路往往铺设在城市市区，线路条件较差，小曲线半径较多，为此，必须通过减小转向架轴距等一系列措施，保证车辆安全可靠地通过这种小曲线半径线路，故低地板转向架通常采用短轴距转向架。轴距的确定必须根据转向架的布置情况来考虑，轴距越小越有利于通过曲线。但是，轴距太小时，转向架设计困难；轴距太大，浪费空间，且增加转向架重量，综合考虑，轴距一般取1800mm为宜。

**2) 采用独立轮结构或小轮径车轮**

低地板车辆对车内地板高度有要求，这就要求转向架的设计高度尽可能低，转向架上部区域尽可能小。低地板车辆地板高度受车轴高度影响很大，只有采用独立轮对或小轮径的车轮才能满足地板高度，且有轨电车轴重较小，一般为11t，故采用小轮径车轮是可行的。此外，采用小车轮可以有效地减轻簧下质量，有利于提高车辆动力学性能。

独立轮对的优势在于可将车轴高度设计得更低，可最大限度地降低地板面高度。但独立轮对的牵引控制系统和耦合机构比较复杂，设计难度大，而采用传统轮对可以避开这些问题。车轮大小直接影响车轴高度，同时也影响轮轨接触应力、车轮的使用寿命以及车辆的动力学性能等，因此应在满足低地板要求的前提下，尽量选择大的车轮直径，车轮直径一般可取600mm左右。

**3) 结构紧凑、采用定制齿轮箱、布置方式考究**

要满足低地板要求，必须尽量减小转向架上部区域的高度及面积，为此，转向架结构必须非常紧凑。牵引电机及齿轮传动装置是转向架中占用空间较大的一部分，必须有效控制其尺寸。牵引电机及齿轮传动装置不能布置在转向架中部区域，否则无法降低地板高度。低地板转向架中的牵引电机往往采用高转速电机连接大减速比的齿轮传动装置，再输出到轮对上。

如图4-20所示的三车单元低地板有轨电车结构车组中，中间设置一个短车体，安装在中心转向架上，通过曲线时车体和转向架一起旋转，中间车与两端车采用双铰接连接。此外，还可根据运载量要求，采用多组单元连挂运行。如需考虑大转角运动，转向架上的回转环可用于满足车体和转向架的连接。

传统的有轨电车转向架轮对具有刚性轴和小轮径，然而，低地板有轨电车还可采用独立轮对转向架，独立轮对的基本思想就是将车轮通过滚动轴承安装在车轴上，使车轮能相对车轴自由转动，而车轴不必转动，这样车轴就可做成下凹的曲轴形状(图4-21)，满足低地板下部空间的要求。

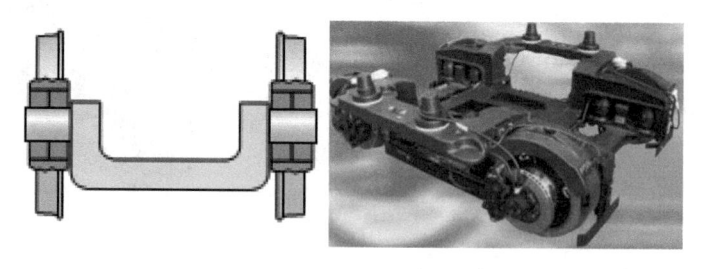

图4-21 曲轴轮对及转向架结构

一系减振弹簧常采用人字形橡胶叠层弹簧，其具有良好的不同方向的刚度匹配功能。一系悬挂系统和轴承常常布置在车轮内侧轴上，可减小转向架的尺寸。二系悬挂可采用空气弹簧或螺旋钢弹簧，前者的优点是允许在各种载荷条件下保持地板面高度恒定不变。因为有轨电车运行速度较低，且乘客乘坐时间较短，对乘坐质量的要求相对不高，所以弹簧装置可设计为有较小的静挠度。

## 三、径向转向架设计分析

转向架设计需要解决的最基本问题就是直线运行稳定性与良好的曲线通过性能间的矛盾。显然,期望设计的转向架应能在直线高速运行时保持稳定运行,而在曲线运行时,轮对采取径向位置或被迫采取近似径向位置运行,具备这种功能的转向架通常称为径向转向架,见图 4-22。径向转向架通过曲线时,因轮对冲角较小,大大减少了轮缘磨耗并有效降低了牵引力等。径向转向架一般分为两种类型,即迫导向转向架和自导向转向架。

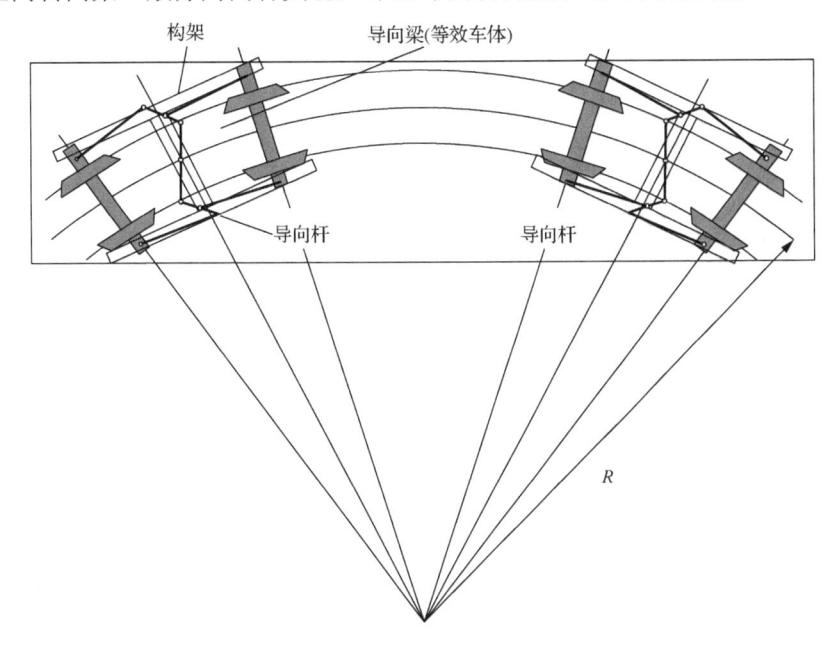

图 4-22 轴间导向连杆转向架轮对的径向位置

迫导向转向架由轮对间的连杆或从轮对到车体的连杆迫使轮对通过曲线时偏向径向位置,获得强迫导向的多种方式如表 4-1 所示。根据迫导向转向架所采用的控制原理,可分成三种类型:①由轮轨接触力驱使轮对偏转;②由转向架和车体间的相对运动驱使轮对偏转;③由外部能源(电、液力或气动作动器)驱使轮对偏转。

表 4-1 迫导向转向架导向机构分类

| 方式 | 导向机构 |||
| --- | --- | --- | --- |
|  | 连杆机构 | 杠杆机构 | 滑动机构 |
| 轮轨相互作用力 |  |  |  |
| 车体运动或离心力 |  |  |  |
| 主动外部作用力 |  |  |  |

表 4-1 所示的前两组方式中，有导向控制装置可以改变轮对在曲线上的偏转运动关系。与通过连接车体并与车速有关的机构驱使轮对偏转设计相比，采用轮轨接触处产生的导向力驱使轮对产生偏转的设计方式更为简单可取。在车辆通过曲线时，通过电、液力、气动作动器或这些方式组合的作动器，迫使轮对偏向曲线径向位置的设计方式也称为主动控制。

表 4-1 还给出了三种主要径向执行机构，即轮对间的连杆机构、组合的杠杆机构、滑动机构。

图 4-23 所示为由 Scheffel 发明设计的副构架式货车径向转向架，在轴箱之间采用对角交叉杆进行控制。

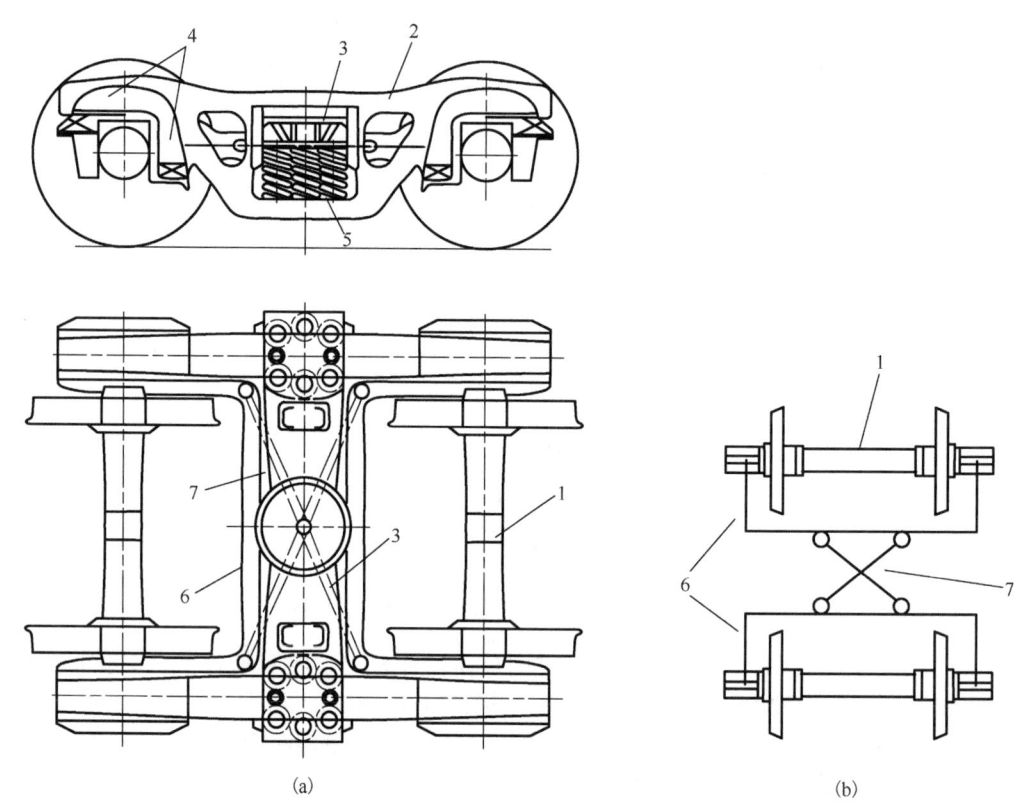

图 4-23 副构架式货车径向转向架

1-轮对；2-侧架；3-摇枕；4-轴箱减振装置；5-摇枕弹簧装置；6-副构架；7-交叉杆装置

自导向转向架的设计基于优化的剪切和弯曲刚度，借助于解耦刚度值可实现该结构的导向功能。在传统的一系悬挂系统中，剪切和弯曲刚度并不是独立存在的。减少弯曲刚度会导致剪切刚度降低，这意味着改善了曲线通过性能，但恶化了直线运行稳定性。因此，需在曲线通过性和直线稳定性间寻找最折中的刚度值。为解决这一矛盾，Scheffel 推荐了几种设计方案，见图 4-24 和图 4-25。在图 4-25 所示的径向臂转向架中，刚度表达式为

剪切刚度：
$$K_{s\Sigma} = 2k_y + K_s \tag{4-1}$$

弯曲刚度：
$$K_{b\Sigma} = 4b^2 k_x + K_b \tag{4-2}$$

式中，$k_x$、$k_y$ 分别为每侧轴间连接的纵向、横向刚度；$K_s$、$K_b$ 分别为转向架的剪切、弯曲刚度。

因此，总剪切和弯曲刚度 $K_{s\Sigma}$ 和 $K_{b\Sigma}$ 包含两个独立的、可优化的刚度 $k_x$ 和 $k_y$。

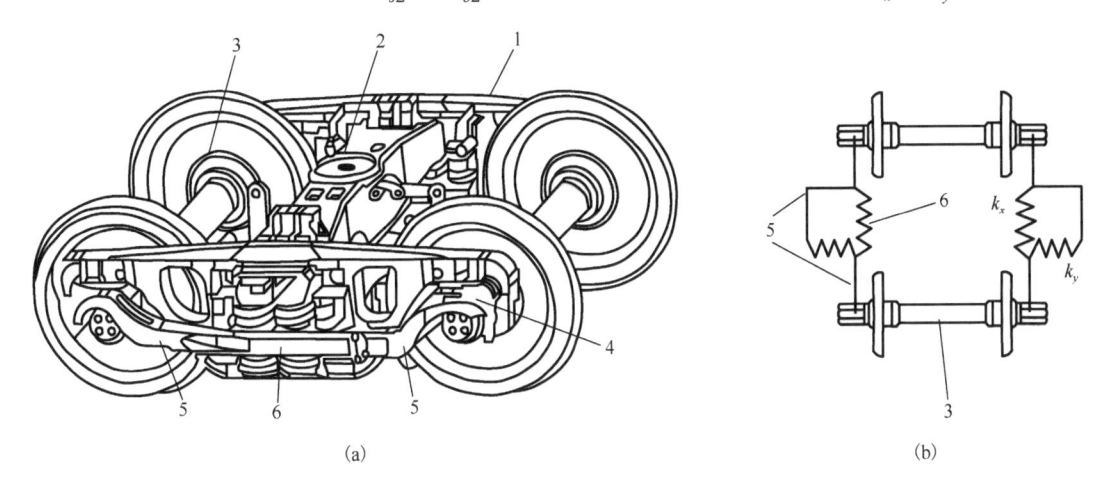

图 4-24 Scheffel 径向臂转向架设计方案一

1-侧架；2-摇枕；3-轮对；4-轴箱减振装置；5-两个纵向臂；6-弹性连接单元

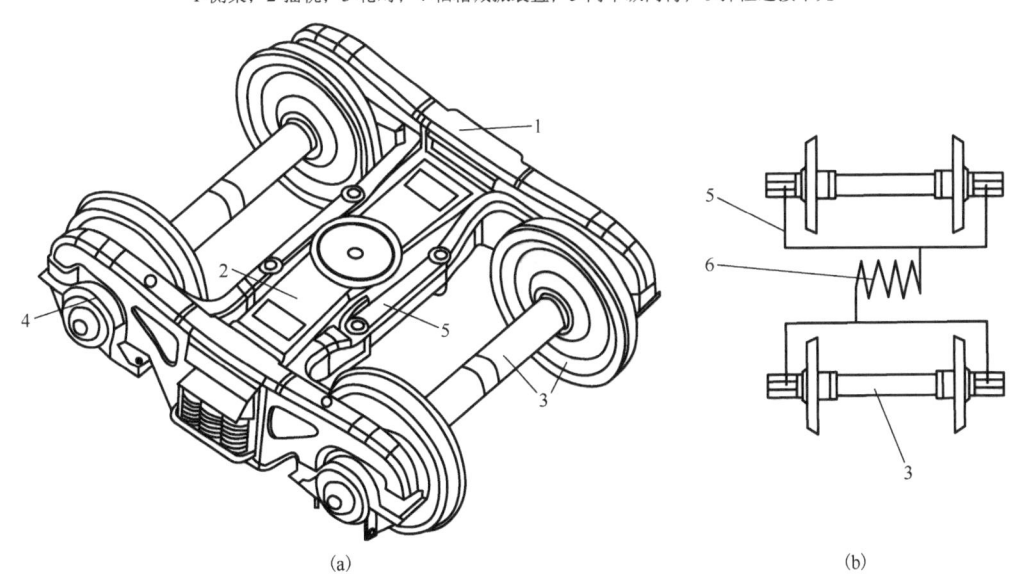

图 4-25 Scheffel 径向臂转向架设计方案二

1-侧架；2-摇枕；3-轮对；4-轴箱减振装置；5-两个纵向臂；6-弹性连接单元

## 第三节 转向架组成部件及悬挂系统的设计分析

### 一、转向架主要组成部件设计分析

#### 1. 构架结构设计

**1) 构架设计主要原则**

构架是转向架的骨架，是各种转向架零部件的承载体，承受和传递车体与轮对之间的各种方向的力和扭矩等。现代转向架构架上一般有空气弹簧安装座、制动装置安装座、一系或二系减振器安装座、轴箱定位座等。目前，高速转向架构架主要采用 H 形焊接构架，横梁采用无缝钢管，侧梁采用 U 形结构，拖车取消端梁以减轻自重，有的构架上还设置有空气弹簧的附加空气室。

构架的结构设计主要包括构架轮廓尺寸的确定、断面尺寸与板厚的确定以及结构的工艺性三方面内容。

构架长度方向的轮廓尺寸主要根据设计任务书或方案设计中规定的固定轴距、轮对、中央悬挂装置、电机齿轮传动装置、基础制动装置的结构形式、支座的安装位置、轴箱定位装置的需要确定。

目前，各国客车转向架的固定轴距一般为 2500~3000mm，为实现电机齿轮传动装置和基础制动装置等零部件的通用化，新设计的转向架固定轴距也取这一范围为宜。

构架两侧梁中心线间的距离由所选用的轴型确定，即构架两侧梁中心线应与轴颈中心线吻合。构架两横梁间的距离主要由电机齿轮传动装置、基础制动装置等各吊座的安装需要确定。

构架侧梁端部的底面(与轴箱对应处)距轨面的高度根据轴箱的结构与轴箱弹簧的设计需要确定，并应保证轴箱弹簧在压死状态下不与轴箱顶面相碰，该间隙值一般在 45mm 以上。构架设计中还应注意在车辆运行状态下，尤其是当车辆通过曲线，转向架相对于车体底架产生回转运动时，转向架各零部件之间，以及转向架与车体底架下部的悬挂件之间应互不相碰。例如，构架侧梁端部弹簧支柱座等凸出部位与轮箍之间、侧梁端部与车体底架下部污物箱之间，在车辆通过曲线时应互不相碰。设计时，转向架相对于车体的回转角一般可取 6°~7°。

**2) 考虑结构的工艺性**

对于焊接构架，可用腹板加上、下盖板组焊而成。焊缝的排列应尽可能对称于截面的重心。要正确选择焊缝的形式和尺寸，并应符合《埋弧焊的推荐坡口》(GB/T 985.2—2008)中焊接接头的基本形式与尺寸的规定。在横梁和侧梁连接处可用三角筋板等补强。进行焊接结构设计时应尽量避免焊缝的集中和多条焊缝的交叉，以减少交叉处的内应力。焊接构架一般均设计成全封闭断面，需要有开口断面时，在封闭断面与开口断面连接处应逐渐过渡，避免刚度的突变。对不同厚度或宽度的钢板焊接时，接头处要平缓过渡。焊接件的端部不应有锐角或截面突变，以免产生应力集中。进行焊接结构设计时还应注意防止锈蚀，例如，从结构上避免产生积水的可能，采用连续焊缝等。

为了保证转向架在线路上有良好的运行性能，以减少轮轨磨耗，应对转向架的制造误差和组装精度严格控制。研究表明，由结构误差所引起的横向位移量与轴箱定位刚度有密切关系，对于纵向定位刚度较小的转向架，应严格限制左右车轮直径差；而对于纵向定位刚度较大的转向架，则应严格限制左右固定轴距差。在制定这方面的工艺要求时，可以参照这一原则。

**3) CR400 型高速动车组动力转向架**

CR400 型高速动力组动力转向架构架的基本形式为 H 形焊接结构，两侧为对称的箱形侧梁，中间通过两根无缝钢管横梁连接组成，横梁中部设有两根箱形纵向辅助梁，外侧为空气弹簧支撑梁。构架侧梁内设有筋板，可提高侧梁承载刚度，并在侧梁外侧及两横梁间设置空气弹簧支承梁，两支承梁分别与两横梁连通，共同组成空气弹簧附加气室。两横梁之间设纵向辅助梁，主要用于设置横向减振器安装座及横向止挡安装座。为适应撒砂和排障装置的安装，构架侧梁端部应采用箱形结构。

CR400AF 型高速动车组动力转向架构架由两个侧梁、两个横梁、两个纵向辅助梁、两个空气弹簧支撑梁以及各部件安装座等组成。动力转向架构架的制动夹钳座安装在侧梁上，横梁上焊接牵引电机安装座、齿轮箱吊杆安装座。CR400AF 型高速动车组动力转向架构架组成如图 4-26(a) 所示。

CR400BF 型高速动车组动力转向架构架主体结构由两个侧梁、一个横梁组成，呈 H 形，侧梁和横梁均由钢板焊接而成。横梁上设有电机和齿轮箱装置的悬挂支座及牵引拉杆座、横向缓冲器座、二系横向减振器座等；侧梁外设有抗蛇行减振器座、扭杆座及二系垂向减振器座等。为满足制造工艺的可靠性和可接近性，所有安装座应尽可能对称布置或者均匀分布，如图 4-26(b) 所示。

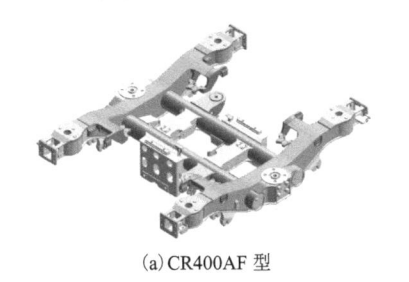

(a) CR400AF 型 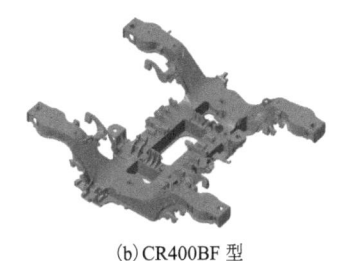　　　　　　　(b) CR400BF 型

图 4-26　CR400 型高速动车组动力转向架

**4) CR400 型高速动车组转向架拖车构架**

CR400AF 型高速动车组转向架拖车构架和动力转向架构架的主体结构基本一致，均设置有两个侧梁、两个横梁、两个纵向辅助梁、两个空气弹簧支撑梁。拖车构架制动夹钳座安装在横梁外侧设置的辅助横梁上，并且在两侧侧梁外侧设置有手制动缓解装置安装座，拖车构架组成如图 4-27(a) 所示。

CR400BF 型高速动车组转向架拖车构架主体结构由两个侧梁、一个横梁组成，侧梁和横梁均由钢板焊接而成。拖车构架的制动梁组成与横梁焊接为整体部件，以满足制动梁的总体强度。根据制动梁的形式，横向止挡座和横向减振器座区别于动车构架，其余安装座与动车构架相同，如牵引拉杆座、扭杆座等。拖车构架横梁上设有小纵向梁，轴盘制动吊座通过制动梁与小纵向梁焊接，拖车构架组成如图 4-27(b) 所示。

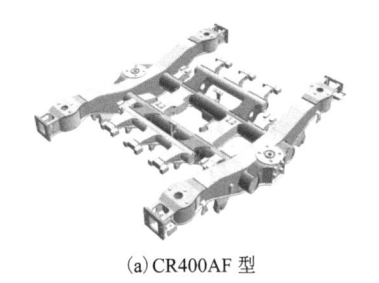

(a) CR400AF 型 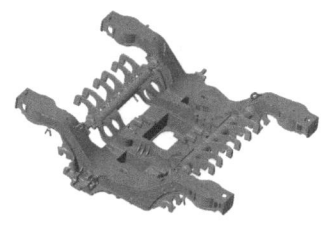　　　　　　　(b) CR400BF 型

图 4-27　CR400 型高速动车组拖车构架

**5) CRH2 型高速动车组构架**

CRH2 型高速动车组构架仍采用 H 形，主要由侧梁、横梁、纵向辅助梁、空气弹簧支撑梁、定位臂和齿轮传动装置座等组成。动车构架与拖车构架分别如图 4-28 和图 4-29 所示。

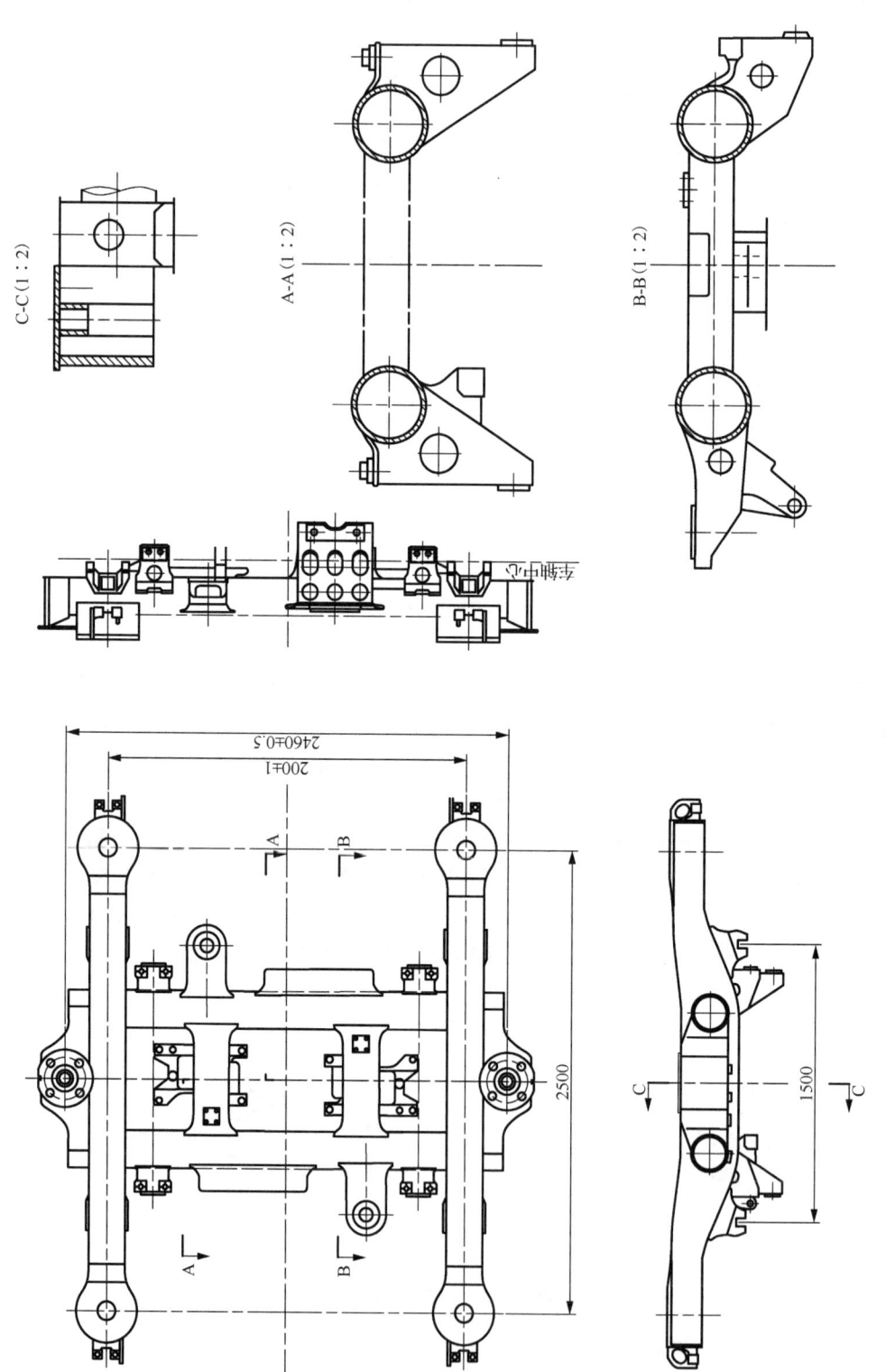

图 4-28 CRH2 型高速动车组动车构架(单位: mm)

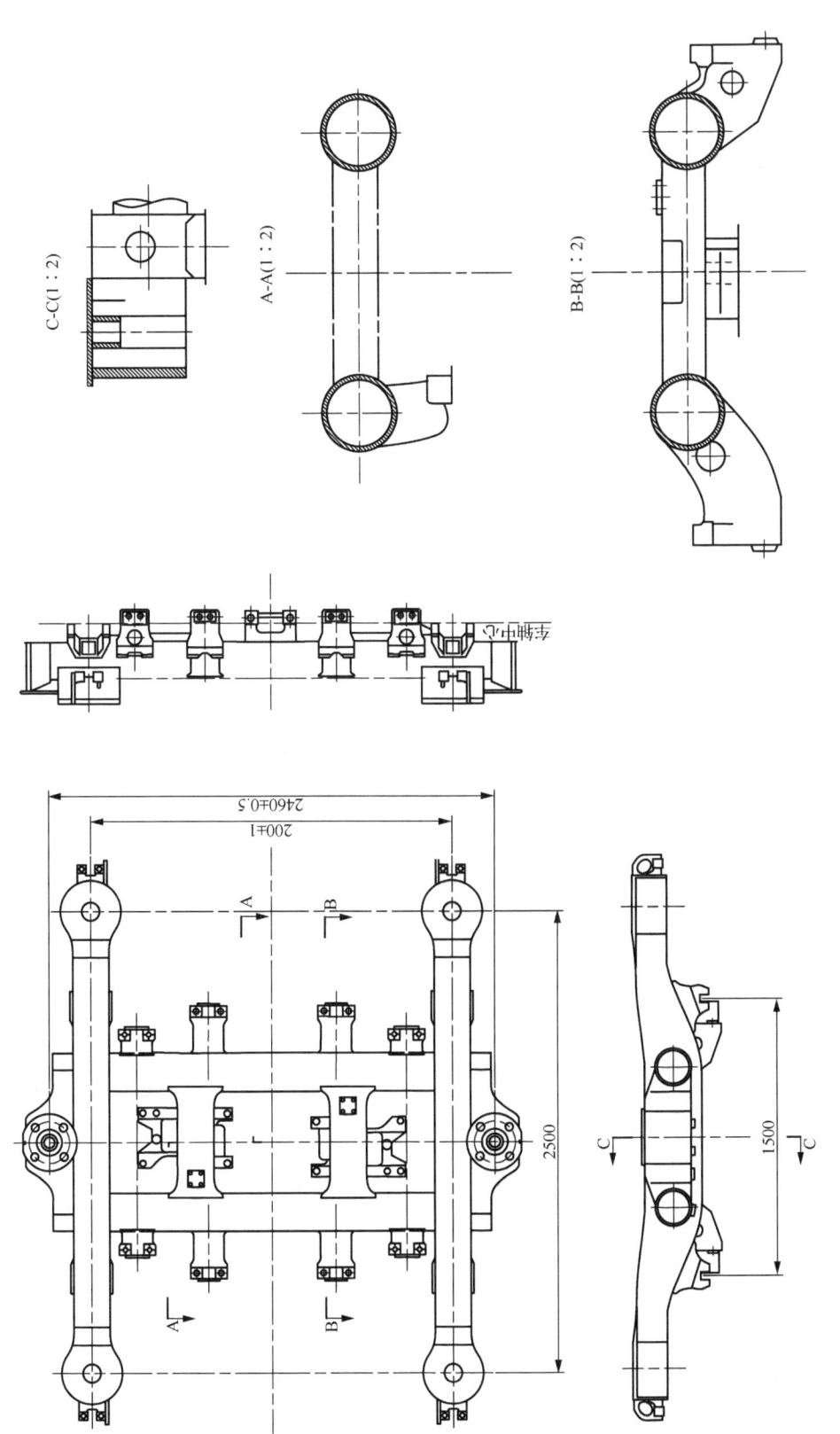

图 4-29 CRH2 型高速动车组拖车构架(单位：mm)

## 2. 轮对结构形式

轮对是转向架最重要的部件之一,它直接关系到车辆运行的安全性和平稳性。同时,轮对是车辆与钢轨直接接触的部件,它对钢轨的静动力作用会影响钢轨的应力大小与磨损状况。

轮轴的主要尺寸、化学成分及机械性能可参见相关的标准。设计时应根据车辆的总重(自重+载重),按轴重去选择轴型及轮型,同时根据采用轴承的形式去选择相应的型号。

**1) 车轮设计的一般原则**

(1) 控制轮轨间的接触应力。

轮轨间的接触应力随着轮重的增加和轮径的减小而变大,过大的接触应力是造成踏面磨耗和剥离的主要原因,通常采用控制轮重与轮径的比值($Q/D$)的方法来防止出现过大的接触应力。

(2) 提高断裂韧性。

为了防止车轮破损,必须通过改善材质来提高断裂韧性 $K_1$ 的数值,并通过改进车轮形状来减小拉伸残余应力。当客车速度高于 140km/h 时,宜采用盘形制动或者高强度材料的车轮。

(3) 提高踏面的耐磨性。

提高踏面的耐磨性可以提高车辆运行的安全性和舒适性,同时也具有经济意义。研究表明,当车轮踏面和钢轨表面都具有相近的较大硬度时,轮轨的磨耗量较小。各国车轮踏面的硬度值如下:我国为HB229~224,美国为HB197~341,日本为HS37~52(约为HB245~358)。

(4) 车轮主要部位的形状与尺寸。

① 采用磨耗型踏面。磨耗型踏面可以增大轮轨间的接触面积,减小轮轨间的接触应力,减小踏面磨耗。试验表明,LM 型 $\phi$786mm 磨耗型踏面车轮在各种试验载荷下的接触面积比 TB 型 $\phi$822mm 锥形踏面车轮大 30%~40%,相应地,接触应力减少了 25%以上。国外的研究表明,锥形踏面车轮的接触应力为 1323~1372MPa,而磨耗型踏面车轮的接触应力只有 686~725MPa,寿命可比锥形踏面车轮提高 50%~60%。② 轮缘和轮辋的厚度。轮缘厚度过小时,在轮缘根部容易产生裂纹,所以我国规定轮缘原型厚度为 32mm,运行限度为 25mm。

轮辋厚度变薄时,其热容量会减小,制动引起的热应力会随之变大。美国对 A-40 型新轮(轮径为 1016mm)与轮辋厚度因磨耗而减薄到 25.4mm 的旧轮进行了计算比较,在相同的制动载荷下,旧轮辐板内侧的最大应力比新轮增加了 20%。但是轮辋减薄对垂向载荷与侧向力作用下的应力场影响甚微,苏联建议将轮辋的最小允许厚度从 25mm 增加到 35mm。

我国辗钢轮轮辋的标准厚度为 65mm,国际联运列车、特快列车、直快列车及部署客车的运用限度统一为 25mm,其他客车为 22mm。

(5) 辐板的厚度与形状。

辐板的厚度与形状对辐板应力的大小会产生影响。美国对 A-40 型车轮的计算表明,辐板厚度从 1in(25.4mm)增加到 11/16in(27mm)后,在长时间的制动载荷作用下,应力值降低 10%~25%,在垂向载荷及侧向力作用下,应力值降低 30%~45%,所以辐板应具有一定的厚度。我国辗钢轮的辐板平均厚度为 19mm,俄罗斯铁路也把车轮辐板厚度从原来的 $15^{+2}_{0}$mm 增加到现在的 $17^{+3}_{0}$mm。

计算表明,采用 S 形辐板可以降低辐板内侧和外侧的最大等效应力(von-Mises 应力)。马鞍山钢铁股份有限公司曾对 E-40 型车轮(轮径为 40in,约 1016mm)的辐板进行了优化计算,并得到了满意的结果。在原型下计算，其内、外侧的最大等效应力都超过了车轮材料的屈服极限。经优化计算后，辐板内侧最大等效应力降低21%，外侧降低31.8%。

**2) 改善轮对动态性能的设计措施**

轮对属于转向架簧下部分，减小其质量不仅能减轻车辆自重，而且能改善车辆振动性能，减小轨道所受的冲击力。因此，在保证轮对结构具有足够的强度与刚度、轮轨接触应力较小的前提下，可考虑采取以下设计措施。

(1) 采用空心车轴。

采用空心车轴能节省金属材料，提高车轴的疲劳强度，改善运行中轴颈发热时的导热性能。此外，还有试验采用断开的车轴(独立轮)设计结构等，以达到减小簧下质量的目的。

(2) 缩小车轮直径。

动车组转向架大多采用小直径车轮，缩小车轮直径可以减小簧下质量，降低车辆重心。但是车轮受垂向载荷后，轮轨间会产生很大的接触应力，它是引起踏面、轨面磨耗剥离的主要原因。因此，轮径尺寸的选择设计应综合协调各相关因素的影响。

(3) 采用轻型车轮。

采用轻型车轮可以减小簧下质量，一般是把车轮幅板设计减薄(最薄设计的只有8mm)，并设计为波浪形，使其具有一定的弹性。

(4) 采用新外形的车轮踏面。

车辆蛇行运动是一种特有的自激振动，它是由系统结构本身的特性(轮对踏面等效斜度、悬挂等)引起的。从改善车辆失稳性考虑，踏面等效斜度越小，越有利于提高失稳的临界速度。但为了改进转向架通过曲线的导向性能，必须充分利用踏面斜度导向，也就是利用钢轨作用于轮对踏面的纵向蠕滑力矩对转向架产生导向作用。当实际曲线半径小于轮对能自由通过的曲线半径时，作用于转向架各轮对踏面的纵向蠕滑力矩迫使轮对紧靠外轨，从而增大轮对的轮缘力。为使轮对自由通过小半径曲线，可采用大斜度踏面的车轮。

由此可见，改进转向架通过曲线的导向性能和提高直线运行的横向稳定性是相互矛盾的，因此在设计和选择时必须综合考虑，慎重选择。

轮对的偏心和椭圆度会给车辆的平稳性带来不良的影响，尤其是车辆高速运行时，将引起巨大的惯性力。另外，钢轨上将承受谐振力的作用，这样不但增加了对钢轨的动态作用力，而且对车辆振动、轴承寿命、轮辋均会产生不良的影响。因此，在实现列车高速运行时，应注意轮对加工和组装的精度，以提高其动平衡性。

(5) 轮对的外形及接触状态。

虽然车轮外形存在一定差异，但它们有许多共同的特征，通常外形宽度为135mm，轮缘高度通常为28～30mm，轮缘角通常为65°～70°。在滚动圆附近，踏面锥度是1∶10或1∶20，对于高速运行的车辆，锥度减小到1∶40或1∶50。国内车辆常用的车轮外形和轮轨间可能的接触情况如图4-30所示。

对于磨耗型、弧形踏面或磨耗后的外形，可用等效锥度定义轮轨接触性能，即对应滚动半径差与轮对横向位移的比值：

$$\gamma_{eq} = \frac{\Delta R}{2y} \tag{4-3}$$

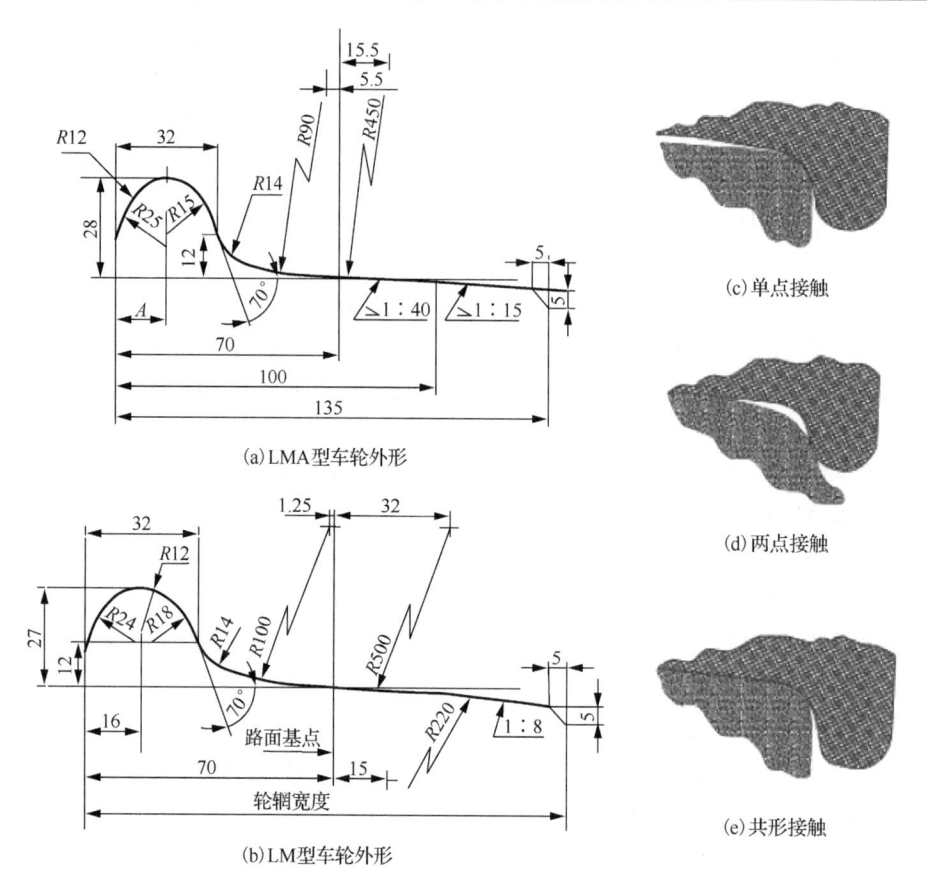

图 4-30 车轮外形和轮轨间可能的接触情况(单位：mm)

值得注意的是，滚动圆半径差是车轮和钢轨外形的函数，因此不能简单地将车轮外形斜率等同于等效锥度。

车轮和钢轨之间可能的接触情况主要有：单点接触、两点接触、共形接触，参见图 4-30。单点接触易引起轮轨局部接触点处的磨耗；两点接触一般在踏面和轮缘上存在接触点，因接触点半径不同，导致轮缘接触点相对钢轨产生滑动和磨耗；只在当车轮外形和钢轨头部侧面外形的接触斑(半径)均磨耗到非常接近的程度时才会出现共形接触。

### 3．轴箱装置

轴箱装置是装在轴颈上连接轮对和转向架构架的重要部件，其主要作用是使轮对沿钢轨的滚动转化为车辆沿线路的平动，承受车辆重量并传递各方向的载荷，具有良好的密封性，还能保证良好的润滑性能，减少摩擦，降低运行阻力。按所采用的轴承类型，轴箱装置分为滚动轴承轴箱装置和滑动轴承轴箱装置，滑动轴承现基本已在轨道车辆运用中淘汰。轴箱装置的外部结构形状主要由轴箱和转向架构架之间的连接方式确定，目的是使力均匀分布在轴承上，轴箱的内部结构由轴承及其密封方式决定，轴箱装置示意图如图 4-31 所示。

图 4-31 轴箱装置示意图

由于密封装置在轴箱装置中十分重要，需要对密封设计进行分析。现有的轨道车辆轴箱上的密封装置有迷宫式、橡胶油封式、毛毡式或以上几种的组合形式等。首先必须确定其所处的工作环境和外在条件,然后才能依据相关原则选择设计合理的密封结构和参数。

**1) 密封设计的相关原则**

(1) 在规定的工作条件下,具有可靠的密封性能,或允许其漏泄量保持在容许值内,并能阻止异物和水的侵入。

(2) 具有较小的摩擦阻力。

(3) 磨损小、工作寿命长。

(4) 结构简单、工艺性好、制造成本低。

(5) 组装、拆卸和维护方便。

(6) 具有较小的外形尺寸。

**2) 密封设计的基本原理**

在常用的密封设计方法中,密封件与被密封件之间都存在着宏观或微观的间隙,要防止在这种情况下的漏泄或外物的侵入。流体在压力作用下从间隙的漏泄量可简化为

$$Q = AV \tag{4-4}$$

式中,$Q$ 为漏泄量;$A$ 为间隙的总面积;$V$ 为介质在间隙中的平均流速。

从式(4-4)可以看出,若想减少漏泄量,应尽可能减少间隙面积和介质在间隙中的平均流速。间隙面积的减少可从间隙的宽度和长度两方面考虑,间隙宽度减少会显著增加流体阻力,从而降低流速,增加流体阻力的措施可归纳为如下几方面。

(1) 减少间隙宽度。一般情况下,流体阻力与间隙宽度的平方成反比,即间隙减少 1/2,流体阻力增加 4 倍。

(2) 增加流体在间隙中流过的路程(长度)。流体在间隙中流过的路程越长,流体流动阻力也越大。一般情况下,流体阻力与流过的路程成正比,即路程增大 1 倍,流动阻力也同时增大 1 倍。

(3) 突然改变流体在流动过程中的方向。流体突然改变流动方向时,可引起涡流,从而增大内摩擦损失和流动阻力。流体在间隙中的流速越大,效果越显著。突然增加(或减少)流体在间隙中的流速,将相应引起压力的改变,流体将随之发生膨胀(或压缩),部分能量转为不可逆的热损失,导致流体流速下降,流动阻力增加。

综合采用以上设计方式,就可达到迷宫式密封的效果。迷宫式结构设计示意简图如图 4-32 所示,由图可见,迷宫环与轴承盖间形成小间隙迷宫密封。

滚动轴承轴箱装置不仅可节约动力消耗、提高运行速度、提高列车牵引重量,而且这种装置各部件的游动间隙较小,有利于改进车辆运行质量,降低运行中产生故障的概率,可以减少维修工作。

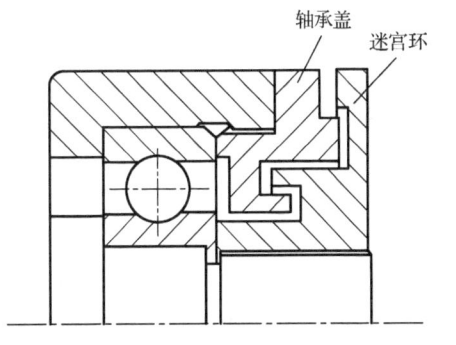

图 4-32 迷宫式结构设计示意简图

## 二、车体和转向架间的连接组成

车体和转向架间的连接组成必须满足如下条件：①允许转向架相对于车体转动；②传输垂向力、牵引力和制动力；③提供横向悬挂输入的额外控制；④协助保持转向架的稳定性；⑤保证转向架构架的纵向稳定性和轮对载荷的均衡分布。

根据车辆的类型（动力车辆或拖车车辆、高速或普速车辆、客车或货车）可以采取不同的解决设计办法。

若车辆在设计速度内可稳定运行，则不需引入额外的摇头阻尼力矩。若悬挂装置的静挠度足够大，则不需要增加车体到转向架连接部分的垂向弹性挠度。

设计通常旨在使用尽可能少的部件并减少摩擦部件数量，尽可能简化转向架与车体之间的有效连接结构。

在三大件式货车转向架中最普遍的连接方式是平面心盘，通过心盘中心销固定（图 4-33）。心盘传递大部分车体重量以及纵向和横向相互作用力。中心销与车体配合部位之间有很大的平面间隙，只能提供紧急状态下的约束。当车体在心盘面上滚动时就会产生具有软特性的抗重力力矩。平面心盘允许转向架在通过曲线时旋转，同时也会产生抵抗转向架旋转的摩擦转矩。因此，平面心盘在所有方向上都可提供转向架与车体之间的连接。

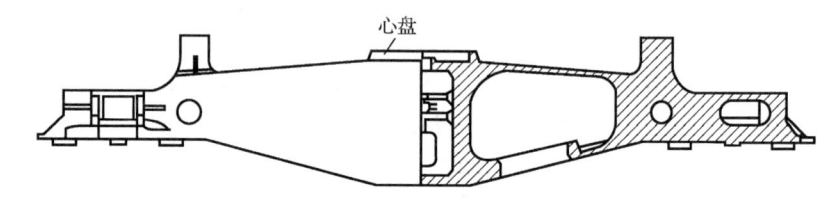

图 4-33 货车摇枕与平面心盘

平面心盘具有结构非常简单的特点，但其存在一些不足：在横向和纵向上存在间隙，有间隙就可能产生磨耗；发生相对运动时可能产生高接触压力，因此平面心盘表面会产生显著的磨耗；通过曲线时，车体侧滚出现接触旁承，产生额外的摩擦扭矩以抵抗转向架旋转，但同时也增加了轮轨力；当车体在直线运行产生侧摆运动时，平面心盘接触表面积会变得非常小，接触压力非常大，可能导致平面心盘上产生裂纹。为解决这些问题，现代转向架设计中常采用平面心盘结合常接触弹性旁承的方法，可以抵抗车体侧摆运动并减小平面心盘的作用载荷。

**1）球面心盘**

这种情况下，车体依靠球面心盘和弹性旁承支撑（图 4-34）。这种设计的优点是消除了水平方向的间隙，在车体侧滚时不会产生局部边缘接触现象，降低了接触应力水平并增加了心盘的服役寿命。球面心盘在客车、地铁车辆和货车中均有较广泛的使用。

**2）中心销**

为满足消除局部边缘接触和增大摩擦扭矩以抑制转向架摇头的要求，发展了带有中心销的转向架结构（图 4-35）。这种情况下，车体主要重量由旁承支撑，车体只能相对摇枕垂向轴旋转。此种结构设计仅适用于对二系悬挂有低横向刚度要求的转向架，其缺点是在纵向和横向有间隙，会产生磨耗，此结构在有些客车和轻轨车辆中已得到了应用。

**3）双牵引拉杆**

图 4-36 所示为双牵引拉杆结构，该结构允许转向架产生回转和横向运动，但约束其纵向移动。因此，该结构提供了一种传递纵向牵引力和制动力的方式，结构中的中心销带有橡胶衬套，以阻止高频振动的传递。

图 4-34 球面心盘和弹性旁承

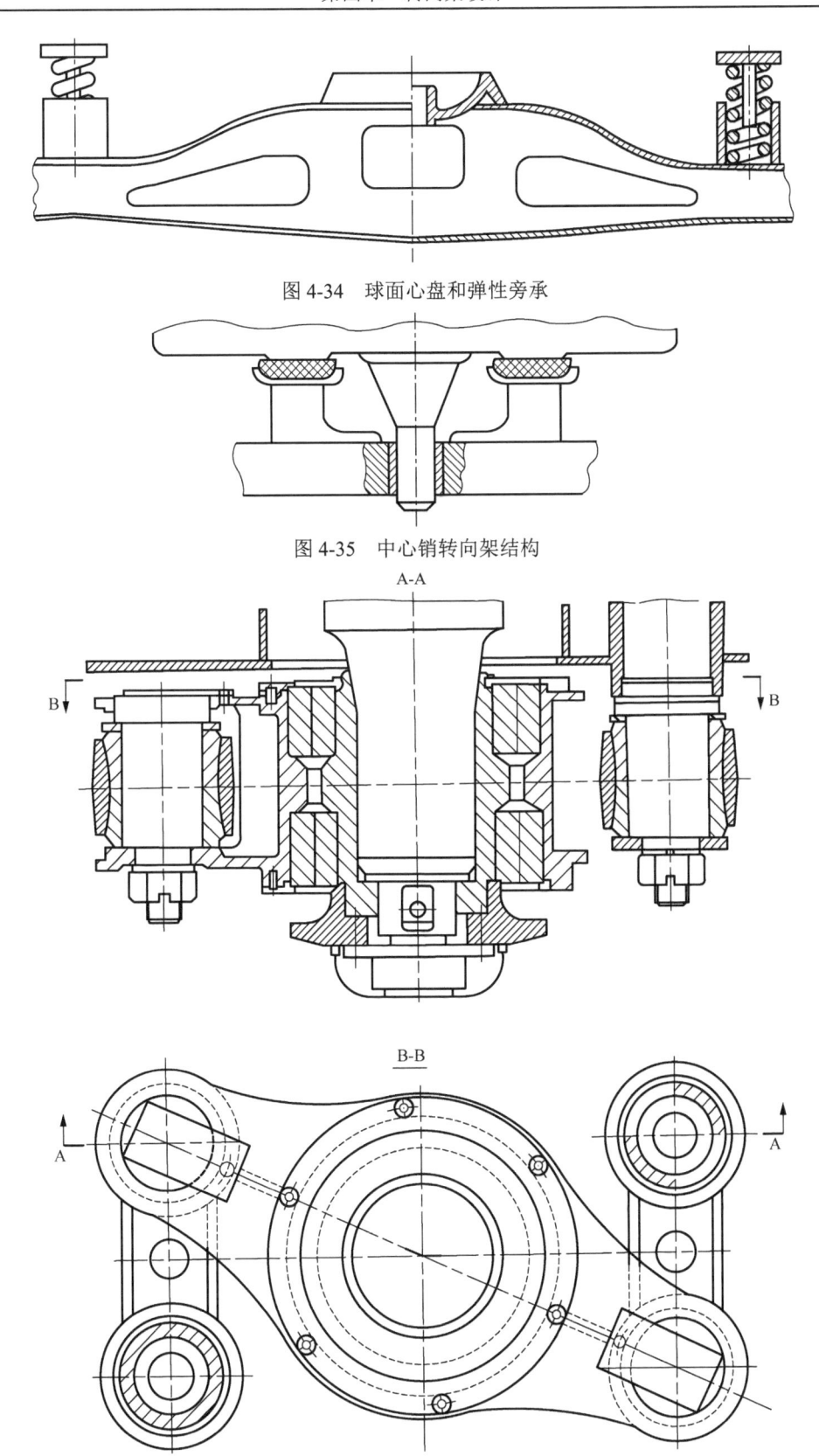

图 4-35 中心销转向架结构

图 4-36 双牵引拉杆与中心销

#### 4) 中央牵引装置

中央牵引装置主要包含中心销和销套、牵引拉杆、牵引梁等，图 4-37 为常用的双牵引拉杆装置结构形式。中心销的上端通过定位脐和螺栓固定到车体枕梁中心，下端插入牵引梁内，通过中心销套将中心销与牵引梁(座)连接在一起，牵引梁和构架之间通过两个呈 Z 字形布置的双牵引拉杆或单牵引拉杆连接，中心销套由内外钢套及橡胶硫化而成，通过挤压中心销套，消除中心销、中心销套、牵引梁之间的间隙，实现了无间隙牵引。中心销套的橡胶变形还可以满足车体和转向架之间的相对转动，从而消除磨耗。

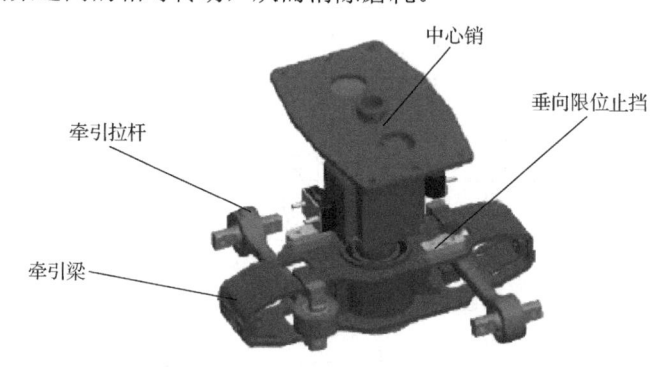

图 4-37 双牵引拉杆装置结构形式

单牵引拉杆装置由中心销与牵引拉杆组成，中心销上部与车体连接，下部通过单牵引杆与转向架构架连接，如图 4-38 所示。

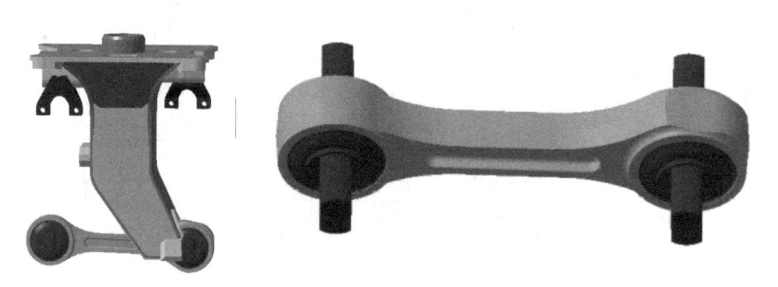

图 4-38 单牵引拉杆装置结构形式

#### 5) 无摇枕转向架与车体的连接

为满足二系悬挂大变形的要求，现代无摇枕转向架采用空气弹簧或高螺旋钢弹簧，这些弹簧装置可提供大的纵向位移以满足车辆通过曲线时转向架的转动要求。采用螺旋钢弹簧时，高圆弹簧的顶部安装弹性橡胶堆，橡胶堆的圆柱形关节可提供垂直于线路回转轴的转动(图 4-39)。

二系悬挂系统采用空气弹簧时，有类似的装置。空气弹簧通常与金属-橡胶堆串联组成，当空气弹簧漏气时，橡胶堆可提供一定的刚度，纵向力可通过中心销和牵引杆等方式传递。无摇枕转向架结构设计通常可减轻 0.5~1.0t 重量。

### 三、弹性元件(弹簧)及减振器设计分析

#### 1. 弹性元件

弹性元件(弹簧)在车辆转向架中的主要功能包括以下几点。

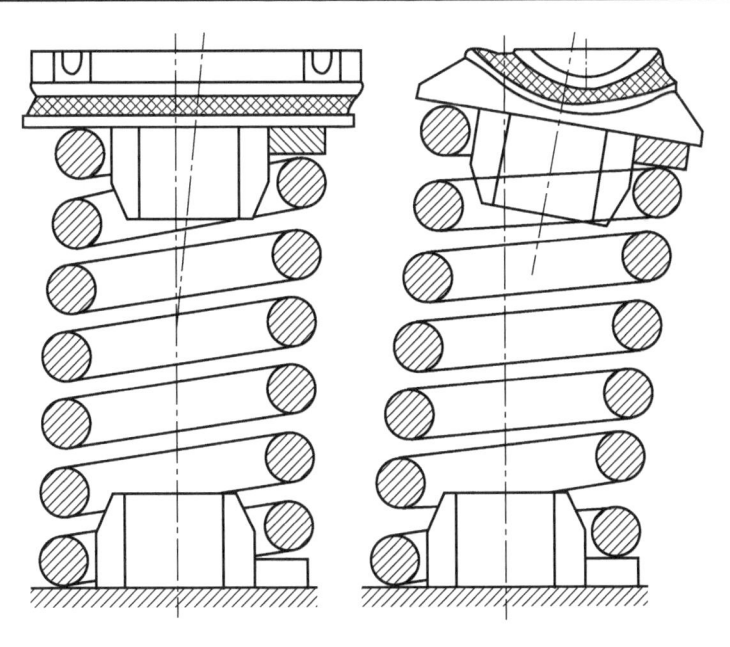

图 4-39 金属-橡胶堆圆柱形关节与高圆弹簧

(1) 均衡车轮间的垂向载荷：任意车轮的减载对车辆的安全运行都有一定的不利作用，减载会引起导向力的降低或减少。

(2) 提高车辆在线路上运行的稳定性：改善自激横向振荡，如有害的轮对蛇形运动。

(3) 减小由线路不平顺引起的动态作用力和加速度。

弹性元件力-位移特性有线性和非线性之分。螺旋钢弹簧是最常用的减振弹性元件，常见的有圆柱形或圆锥形，由圆断面的弹簧钢条卷制而成，见图 4-40(a)，可衰减多方向的振动和冲击，易于生产、重量轻、尺寸可控。

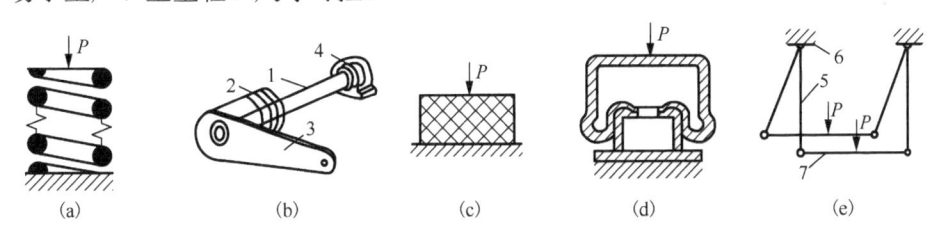

图 4-40 主要弹性元件(弹簧)结构示意
1-扭杆；2-连接轴承；3-扭臂；4-固定安装座；5-摆动吊杆；6-转轴；7-梁

扭转弹簧包括扭杆 1、连接轴承 2、扭臂 3、固定安装座 4，见图 4-40(b)，作用力 $P$ 使扭杆 1 产生了弹性扭矩，在车辆中最常用弹簧类型是抗侧滚扭杆。这种弹簧能获得大的位移，且重量轻、空间尺寸小。橡胶金属叠层弹簧将多个橡胶层与钢板硫化为一个整体橡胶堆弹簧[图 4-40(c)]，橡胶弹簧广泛应用于车辆中，尤其是客车的一系悬挂减振装置中，其能吸收一定的高频振动，可代替以往的干摩擦部件，减少维修量和成本。图 4-41 为某些典型橡胶弹簧的示例。可充分利用橡胶的弹性特性，在压缩和剪切方向完成减振作用。

空气弹簧主要包括橡胶囊、橡胶帘线、固定安装座等(图 4-40(d))，具有隔振、降噪、重量轻、在不同载荷下仍能维持高度不变等优点。空气弹簧通常与橡胶堆串联组成，一旦空气弹簧本体失效或出现故障时，橡胶堆就可提供相关减振弹簧的性能。轨道车辆中央悬挂装置常常使用摆动吊杆机构，其刚度可从重力分量推导得出，如图 4-40(e)所示，它包括安装于转轴 6 的摆动吊杆 5 和相连接的弹簧托板或梁 7。该装置类似于单摆机构，产生的横向频率基本是常数。

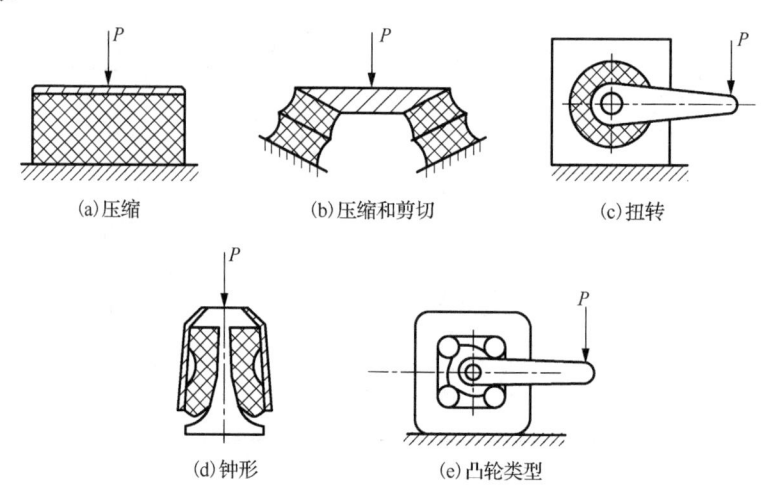

(a)压缩　　(b)压缩和剪切　　(c)扭转

(d)钟形　　(e)凸轮类型

图 4-41　典型橡胶弹簧

图 4-42 给出了空气弹簧中通过压力控制以维持其高度不变的工作过程。在空气弹簧系统的静平衡位置，空气弹簧压缩内腔 1 中的气压支撑外载荷 $P$，保持规定的高度。为降低空气弹簧刚度，内腔与附加空气室 2 相贯通。当载荷增大时，压缩内腔 1 带动控制系统 4 的高低调整阀 5 向下移动，引起来自主风缸 6 的压缩空气通过风管 9 和孔口 7 进入空气弹簧，增大了气压压力，直至再次恢复到平衡位置，此时，控制系统 4 关闭了从主风缸 6 流向空气弹簧内腔的气体。载荷降低会使空气弹簧内腔升高，高低调整阀 3 和 5 向上移动，使风管 9 通过孔 8 连通到大气 10 中，降低空气弹簧内腔压力，空气弹簧高度下降，并再次回到平衡位置。

附加空气室 2 和阻尼节流孔在空气弹簧工作过程中起着重要作用。增加附加空气室的体积，会降低空气弹簧刚度，减小节流孔尺寸会增加阻尼，即增加了运动能量的耗散，但同时也会增加空气弹簧的刚度。另外，空气弹簧的横向刚度依赖于压缩内腔的形状。

图 4-43 给出了典型弹性元件的力-位移性能关系，由图可见，不等高螺旋钢弹簧及有预压缩的不等高螺旋钢弹簧具有分段线性特征，锥形弹簧和橡胶弹簧具有抛物线特征，两种工作模式相结合形成了 S 形力-位移曲线，随车辆重量变化的自动压力控制空气弹簧可获得自动控制的抛物线特征，这些特性可与受压缩的弹性止档相结合，形成新的弹性特征。

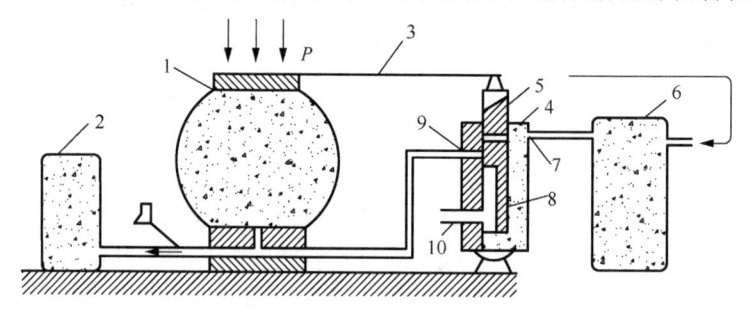

(a)平衡位置

(b) 上行运动

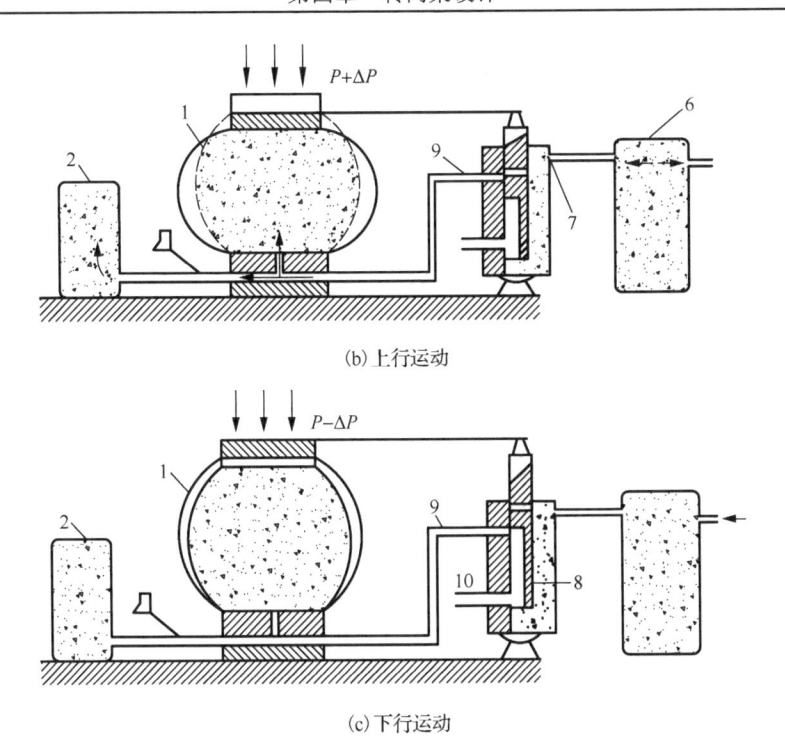

(c) 下行运动

图 4-42 空气弹簧工作过程
1-压缩内腔；2-附加空气室；3-平衡杆；4-控制系统；5-高低调整阀；6-主风缸；7-孔口；8-孔；9-风管；10-大气

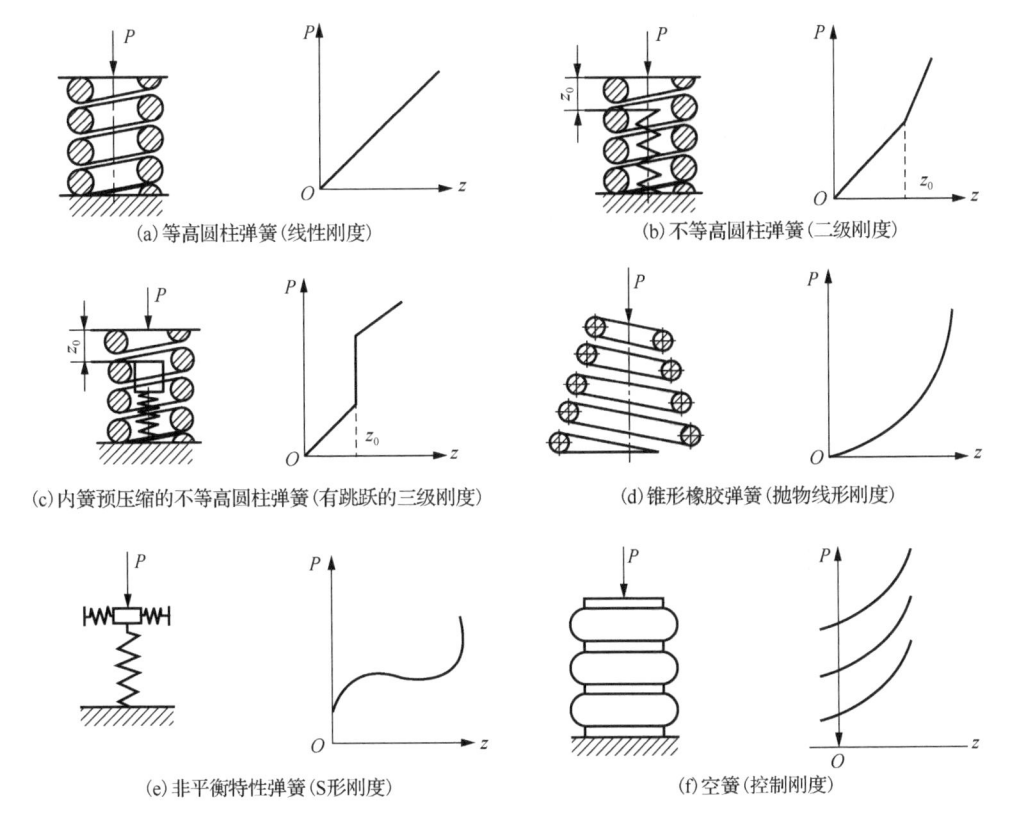

(a) 等高圆柱弹簧（线性刚度）

(b) 不等高圆柱弹簧（二级刚度）

(c) 内簧预压缩的不等高圆柱弹簧（有跳跃的三级刚度）

(d) 锥形橡胶弹簧（抛物线形刚度）

(e) 非平衡特性弹簧（S形刚度）

(f) 空簧（控制刚度）

图 4-43 典型弹性元件的力-位移特性

螺旋钢弹簧、橡胶弹簧和空气弹簧的优点是不仅在垂向具有柔性，而且在横向和纵向同样有柔性。

**2. 减振器**

在轨道车辆中，主要使用液压黏性减振器和摩擦减振器，摩擦阻尼总是阻止物体间的相对运动。摩擦力与摩擦系数 $\mu$、表面正压力 $Q$ 及接触表面积 $S$ 成正比，具体表达式为

$$F_{\text{dry fric}} = -\mu S Q \frac{\dot{z}}{|\dot{z}|} = -F_0 \frac{\dot{z}}{|\dot{z}|} \tag{4-5}$$

式中，$F_0$ 为摩擦力的幅值；$\dot{z}$ 为相对运动速度；负号表示摩擦力总是与速度的方向相反。

黏性阻尼主要通过液压减振器来实现，减振器中的黏性液体通过内部节流孔产生阻尼以消耗振动能量。黏性情况下的阻尼力与速度成比例：

$$F_{\text{hydr fric}} = -\beta \dot{z}^n \tag{4-6}$$

式中，$\beta$ 为系数；$\dot{z}$ 为相对运动速度；$n$ 为幂次方，根据装置的结构和液体特性，幂次方 $n$ 可以大于、等于或小于 1。

如果液体为层流，则 $n \approx 1$，阻尼为线性黏滞，有

$$F_{\text{lin visc fric}} = -\beta_1 \dot{z} \tag{4-7}$$

式中，$\beta_1$ 为系数，定义为液压减振器的阻尼系数。

对于 $n=2$ 的情况，阻尼称为紊流或二次阻尼，则有

$$F_{\text{lin visc fiv}} = -\beta_2 |\dot{z}| \dot{z} \tag{4-8}$$

气体也是具有黏性的，同理，施压气体通过节流阀也可以产生足够的阻尼力来抑制轨道车辆的振动，如空气弹簧。减振器是一种通过能量耗散来控制车辆一系和二系悬挂振动的装置。摩擦减振器是通过干摩擦将振动能量转化为热能，由于其成本低和结构简单，主要用于货车的悬挂减振装置中。

根据其结构，摩擦减振器可分为四种类型：结合弹性元件式、弹簧减振摩擦装置式，导杆伸缩式和杠杆式表4-2。结合弹性元件式减振器由导筒1和通过弹簧支撑的摩擦斜锲2组成。当弹性元件发生变形时，摩擦力作用于导筒1和摩擦斜锲2之间的接触表面上，将动能转化为热能。

表 4-2 摩擦减振器类型

| 组合弹性元件式 | 线接触 || 弹簧减振摩擦装置式 ||
| --- | --- | --- | --- | --- |
| | 导杆伸缩式 | 杠杆式 | 平面接触 | 球面接触 |
| 常摩擦 | | | | |
| 变摩擦 | | | | |

注：1-导筒；2-摩擦斜锲；3-摇枕；4-侧架。

导杆伸缩式摩擦减振器包括导筒 1 和其内部由弹簧压紧的摩擦斜楔 2 上的活塞。弹簧减振摩擦装置式减振器主要用于三大件式货车转向架，它由相对于侧架 4 和摇枕 3 移动的摩擦斜楔 2 组成，减振器的结构因弹簧数量、倾角以及摩擦斜楔结构而异。例如，有些减振摩擦装置中的摩擦斜楔 2 与摇枕 3 斜面接触，并通过其下的弹簧压挤，与侧架 4 接触。摩擦减振器可以设计为常摩擦力或变摩擦力的方式。

结合弹性元件式摩擦减振器也较多地应用于货车转向架中，因其具有以下优点：设计制造简单、成本低、维护便利。缺点有：在部分载荷情况下阻尼达不到最优值；难以控制摩擦到所需设计值；当表面磨损或污染时，对摩擦程度的控制较为困难。

在整体构架式转向架中，一系摩擦减振器必须能够抑制轮对位移，并期望具有非对称特性，即压缩阻尼力比拉伸时更低，液压减振器在这方面具有更好的性能。

平面和球面接触摩擦减振器的主要优点是可减弱多个方向的振动，并在转向架构架部件间提供弹性摩擦连接的能力。这些性能使得在保持复杂振动的合理减振阻尼力的同时，可以显著地简化转向架结构。尽管存在一些不利因素，如难以预测摩擦力、维修和调整摩擦力时可能需要抬起车体或拆卸弹簧组等，但它们还是广泛应用于货车转向架中。

图 4-44 给出了几种典型摩擦减振器的力-位移特性曲线。为将法向力传递到摩擦表面，摩擦减振器中部件的不同组合排列布置会产生不同的效果。根据设计的不同要求，摩擦减振器可设计为常摩擦和变摩擦方式。对于变摩擦设计，通常可采用将摩擦减振器中的一个或多个弹簧力的分力通过摩擦斜楔或连杆传递到摩擦面上的方式。

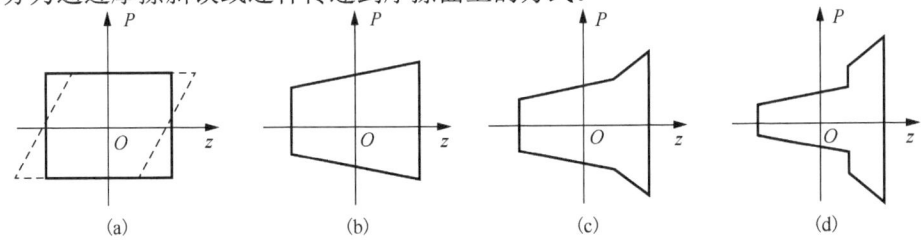

图 4-44 典型摩擦减振器的力-位移特性曲线

图 4-44(a) 为常摩擦减振器的力-位移特性，这时摩擦力与弹簧组的变形无关，且在压缩和拉伸下的情况是同样的。虚线表示同一类摩擦减振器的特性，其中摩擦副弹性耦合在一起，这种现象主要由位于摩擦表面下的弹性层引起，法向力 $P$ 首先使弹性层产生变形，当剪切力大于最大静摩擦力 $\mu N$ 时，则发生摩擦副的相对位移。

在货车转向架上使用的大多数摩擦减振器都具有与图 4-44(b) 类似的特性，摩擦力取决于悬挂装置的挠度，并且在拉伸和压缩状态下是不同的。

图 4-44(c) 和 (d) 是典型的复合模式摩擦减振器的力-位移特性，摩擦力按给定的规律变化，并取决于弹簧拉伸或压缩时的挠度。

由此可见，由摩擦减振器提供的各种各样的力-位移特性可以设计出具有令人满意的运行性能的悬挂装置系统。

液压减振器普遍应用于客车转向架，有时也应用于现代货车转向架。液压减振器中的能量耗散与速度成比例，因此也与振动的幅值和频率成比例。因此，液压减振器可自动调节，以适应动态激励，并提供可靠和可预测的车辆振动阻尼。

如图 4-45 所示，铁路车辆通常使用导筒伸缩式液压减振器。当车辆悬挂装置产生振动时，液压减振器借助节流孔(流量控制阀)将液体从一个腔室压入另一个腔室,以产生黏性阻尼的方式进行减振工作,振动产生的动能转化为热能耗散。伸缩式液压减振器由装有密封装置的外缸体1、装有阀门4的工作油缸2、装有阀门6的活塞5及活塞杆3组成。当活塞装置相对于油缸运动时,工作液体通过阀门从活塞的上腔室流动到下腔室。

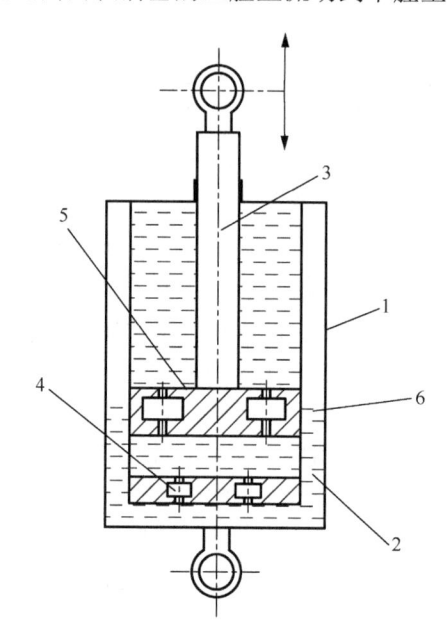

图 4-45 导筒伸缩式液压减振器

1-外缸体;2-工作油缸;3-活塞杆;4-阀门;5-活塞;6-阀门

液压减振器的可靠性主要取决于活塞杆与缸体间的密封性,常出现的故障是活塞上部的内腔压力过大,导致腔内工作油液泄漏。以力和速度特性作为液压减振器的耗能能力评价指标,即液压减振器中产生的阻尼力 $P$ 和活塞速度 $v$ 之间的关系。

液压减振器的特性可以是对称的,此时阻尼力对拉伸和压缩的作用相同,也可能是非对称的。具有对称特性的液压减振器通常用于二系悬挂。在一系悬挂中,通常使用不对称性能的液压减振器,因为车轮运行在凸起不平顺线路上所产生的力大于运行在凹形不平顺线路上所产生的力。因此,液压减振器可以设计成非对称性,在压缩时可以提供更小的阻尼力。然而,拉伸时产生较大的阻尼力可以显著降低车轮的垂向载荷,从而导致脱轨风险提高。因此,铁路上使用的液压减振器相较汽车而言具有更小的非对称性。

图 4-46 给出了液压减振器的常见力-速度特性,如图 4-46(a)所示,在不超过饱和力范围内,阻尼力与速度成正比。当在工作腔内的压力值达到预定值时,流量控制阀打开,防止液压减振器产生过大的阻力。具有特性(b)的液压减振器所产生的阻力与速度和位移成比例,通过在流量控制阀中,提供经专门校准的阀嘴(或其他类似装置)改变阀孔横截面而获得这种特性,一般可通过弹簧的静态偏移量来控制阀孔的横截面大小。

方案(c)主要适用于耗散力与速度成比例的设备,但是流量控制阀的操作是根据活塞的位移和速度来控制的。在方案(d)中,阀门横截面的大小和紧急阀的饱和极限都是通过活塞的相对位移和速度来控制的。

将液压减振器安装到车辆上时,安装部位通常使用弹性元件或衬套以消除高频振动的传递。液压减振器的内部压力通常具有一定的弹性特征，因此液压减振器通常可以视为由黏滞减振器和弹簧串联组成的装置。在有些设计中，液压减振器与弹性元件结合在一起，一个集成在同轴橡胶金属弹簧中的液压弹簧减振装置示意图如图 4-47 所示。

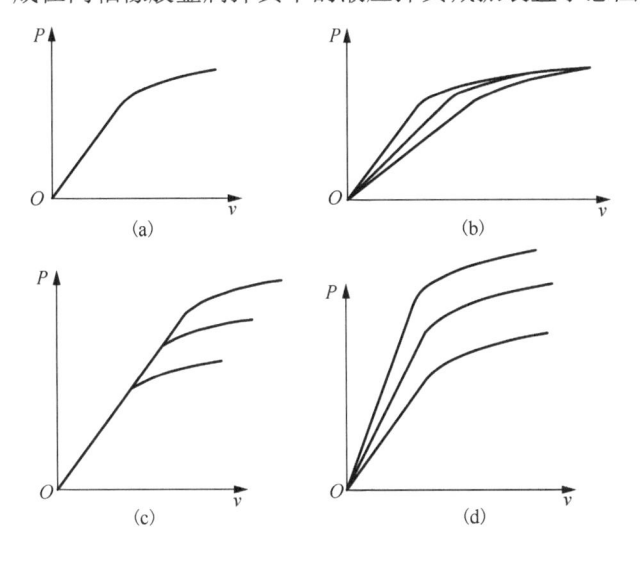

图 4-46　液压减振器常见的力-速度特性

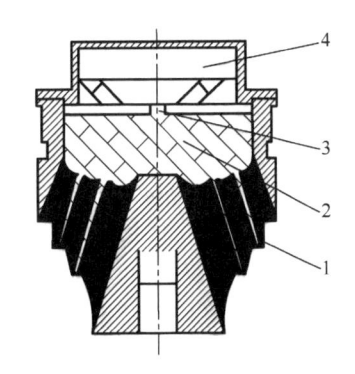

图 4-47　液压弹簧减振装置
1-橡胶-金属圆锥形弹簧；2-工作液体；
3-流量控制阀；4-带橡胶隔膜的补偿油

车辆液压减振器参数设计的主要步骤如下。

(1) 阻尼特性的选择。根据液压减振器的安装部位和被衰减振动的性质来确定阻尼特性；通常一系、二系垂向和横向液压减振器采用对称的线性阻尼特性，而抗蛇行减振器采用摩擦型阻尼特性。

(2) 根据液压减振器两端的相对运动形式和受力大小选择端部连接结构的形式和规格。

(3) 活塞行程及外部尺寸的确定。根据液压减振器所在的部位，考虑最不利的运动工况，对其两端座进行运动学分析，从而确定活塞的最大行程。然后根据所选液压减振器的品牌、型号及其固定结构尺寸来确定液压减振器的安装长度。

(4) 阻尼率的设计计算。悬挂系统设计中有两个重要参数：一是弹簧的静挠度值，二是阻尼率。弹簧静挠度值应设计得尽可能大，以降低系统的自振频率。而阻尼率过大和过小均不利，它有一个优化范围，目前国内外解决这一问题的最完善的方法是借助计算机技术，应用车辆动力学软件来优化和确定各项阻尼参数，以期获得最佳的车辆动力学性能，然后通过线路试验来验证。

对于垂向和横向液压减振器的阻力特性，一般设计为减振阻力与振动速度成正比关系，按照波形线路干扰的强迫振动，在挠度比一定的情况下，兼顾高、低速运行的舒适度，以及控制共振振幅的要求，取减振因数 $D$ 为 0.2~0.3，甚至还可取更大些。

关于抗蛇行回转阻尼的选择，各国不一致。一般情况下，为提高转向架直线运行时的抗蛇行运动稳定性，应将抗蛇形回转阻尼取大些。但是从减少转向架通过曲线时轮轨间的侧向力及其磨耗方面考虑，抗蛇形回转阻尼不宜过大。

转向架抗蛇行运动稳定性不仅与其几何参数和质量特性有关，还与运行速度有关。对于弹性定位轮对转向架，由于轮对在转向架构架中的回转角或回转速度比转向架构架相对车体的回转角或回转速度小得多，对高速转向架抗蛇行运动的稳定性起主要作用的是抗蛇行液压减振器的阻尼。可以从转向架蛇行运动的特征方程解出频率特性，进而求出所需要的回转阻尼。

## 四、悬挂定位系统设计分析

### 1．悬挂定位系统的设计原则

如果轨道车辆的动态性能满足以下三方面的要求，则可以认为其参数选择设计是合理的：①相对于设计速度具有足够的临界速度储备；②在所有运营速度范围内，运行性能、轮轨力和安全系数均满足在直线和曲线上运行的标准要求；③摩擦部件和车轮踏面的磨耗在可接受的极限范围内。

在轨道车辆初步设计阶段，可以使用简单的经验公式进行悬挂参数估算分析。为了确保参数设计的合理性，应进一步通过计算机模拟进行细化分析。

### 2．定位和限位

定位和限位是限制转向架组成在纵向和横向相对位移的组成装置。

**1) 导框式定位**

简单的一系轴箱悬挂设计使用轴箱导框式定位来限制轴箱的纵向和横向相对位移（图 4-48）。这种定位设计结构简单、便于组装和维修，存在的缺点主要有内外导框接触摩擦表面的快速磨耗会导致导框间隙加大；导框间纵向和横向缺乏弹性；在牵引和制动时，轴箱被挤压偏向一侧，会导致垂向摩擦力增加。该定位设计可以通过采用不需要润滑并具有高耐磨性的抗摩擦材料来改善接触摩擦表面磨耗。

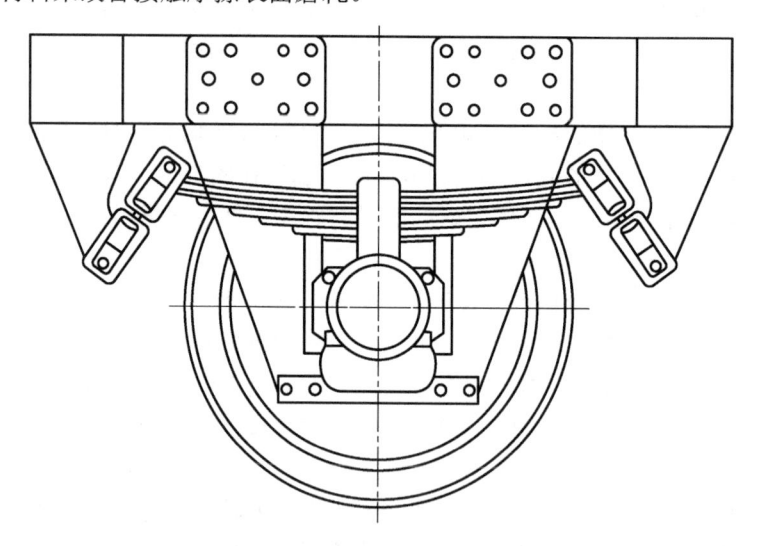

图 4-48　轴箱导框式定位

**2) 导柱式定位**

导柱式定位由垂向导柱和沿导柱运行的导筒结构组成，如图 4-49 所示。通常将垂直导柱装置安装固定到转向架构架上，而将导筒通过橡胶同轴衬套安装固定到轴箱上。因此，在纵向和横向上均为轮对和构架间提供了一定的刚度。由于橡胶衬套的轴对称性，其纵向和横向的刚度是相同的,这可能会限制悬挂系统发挥最佳特性。

对于带有导柱的轴箱定位,轴箱沿导柱的位移可通过多层金属-橡胶堆的剪切变形来满足,避免了传统结构缺乏弹性连接的问题。为获得水平和垂直刚度的最佳关系,橡胶堆可采用变截面形状(图4-50)。

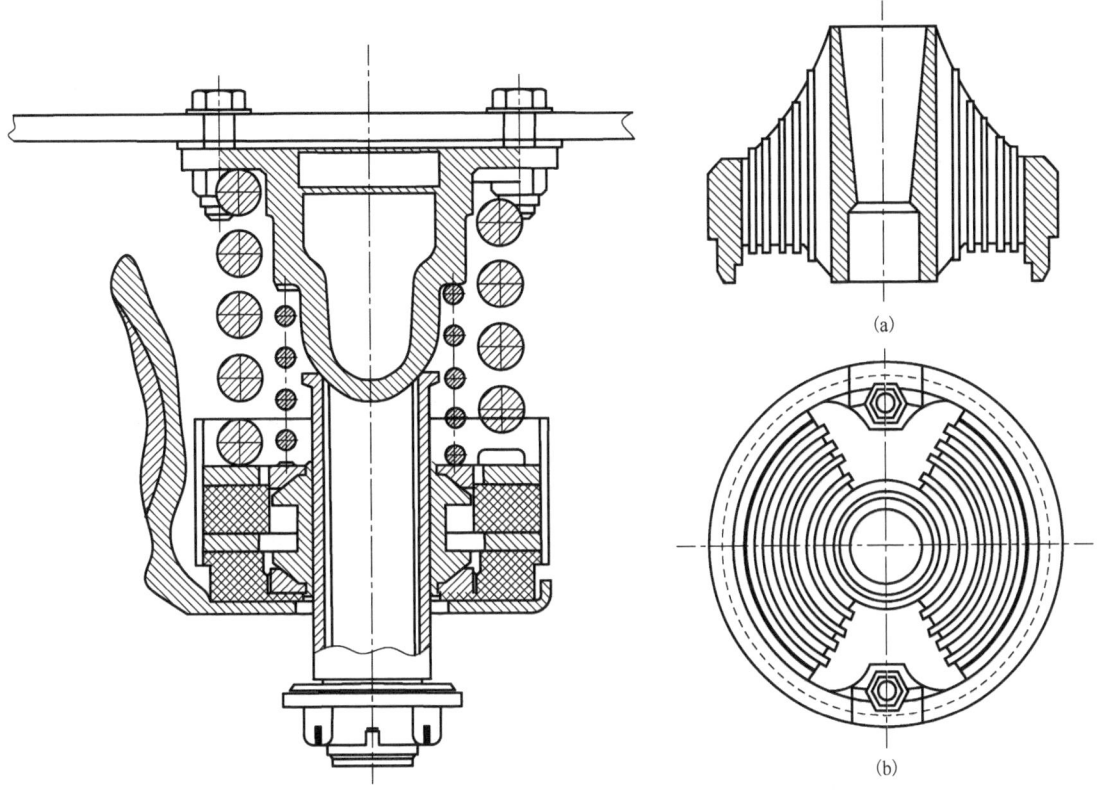

图4-49 使用导柱式定位的轴箱与转向架构架间的连接

图4-50 连接轴箱和转向架构架的变截面金属-橡胶堆

**3) 拉板式定位**

为避免轴箱装置磨耗,发展了沿纵向弹性拉板定位的形式(图4-51)。当一系轴箱弹簧产生垂向变形时,拉板会产生弯曲;对于牵引和制动工况,拉板会受到拉伸和压缩。为使该装置具备垂向灵活性,至少有一个拉杆必须具有纵向弹性,这可通过将拉杆连接到柔性弹簧支撑上或通过径向橡胶弹性节点将拉杆与构架相连接来实现,这种设计的主要缺点是在拉杆两端的连接周围会产生较大的应力。

**4) 拉杆式定位**

金属-橡胶衬套的使用避免了表面摩擦和相应的磨耗。当拉杆转动时,该定位装置的主要问题是如何保证轴箱的线性运动。图4-52是一种常见的对角拉杆式定位,拉杆以反向平行四边形配置在不同的高度上,将轴箱与构架连接的拉杆可以保证轴箱中心的线性运动。通过仔细选择橡胶元件的尺寸和材料,可以获得不同方向所需的刚度值。由于拉杆的位置,横向位移不会导致轴箱偏心错位,为轴承提供了最佳受力环境。

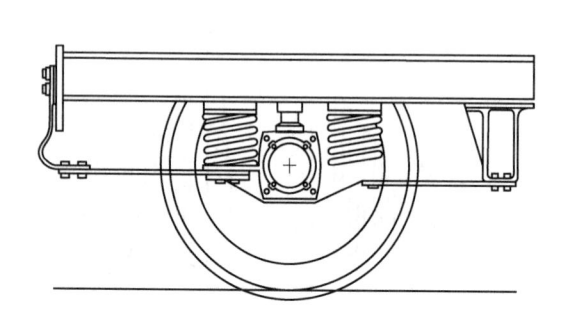

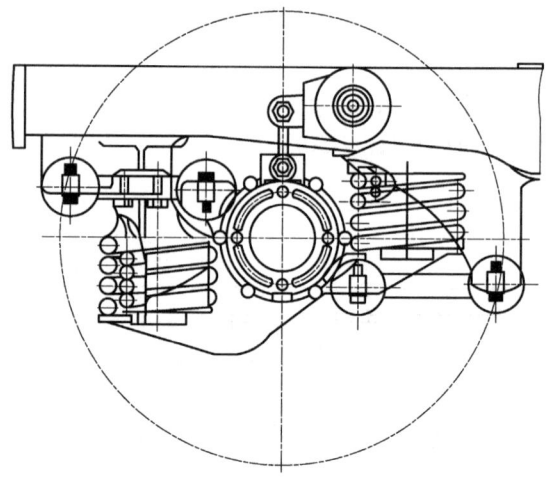

图 4-51　轴箱与构架间的拉板式定位连接　　　图 4-52　不同高度的对角拉杆式定位

拉杆式定位装置的缺点主要是因橡胶衬套扭转产生的轴箱垂直刚度显著增大，此外增加拉杆的长度会降低垂直刚度，但受转向架构架空间尺寸的限制，其长度不能增加太多。

**5) 轴箱转臂式定位**

轴箱转臂式定位允许设计尺寸更短、重量更轻的转向架构架。这种设计现广泛应用于客车的一系悬挂定位设计中，如图 4-53 所示。这种装置的设计缺点是弹簧的垂直位移会引起轴箱的纵向位移；轮对横向位移会产生作用于转向架构架的扭矩。

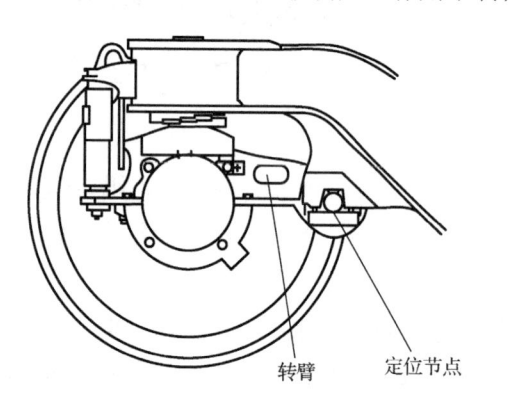

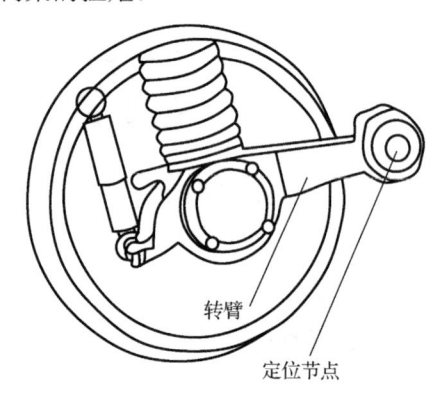

图 4-53　轴箱转臂式定位

**6) 牵引杆装置**

牵引杆装置通常用于在一系悬挂或二系悬挂中传递纵向力(牵引和制动)，通常由带有橡胶圈的杆件或两端有弹性橡胶衬套的杆组成，长度通常是可调节的，以适应车轮或悬挂部件磨耗时，杆长度产生相应线性变化的要求(图 4-54)。

图 4-54　牵引杆装置

## 3. 垂向悬挂装置的设计分析

垂向悬挂装置性能的设计应控制和衰减车辆中簧上和簧下质量的运动，以获得最佳的运行品质，同时严格满足特定运营限制（载重）下的安全要求。转向架弹性元件有多种不同的结构方式，如钢弹簧、空气弹簧、橡胶弹簧、跌板弹簧等，在对垂向载荷特性进行初步分析时，重要的不是弹性单元的具体结构，而是它所提供的力-位移性能 $P=P(f)$ 能否满足运用过程中的要求。

具有线性特性（常刚度）的弹性元件静挠度为

$$f_{st} = \frac{P_{st}}{C} \tag{4-9}$$

式中，$C$ 为刚度；$P_{st}$ 为载荷。

对于线性弹性元件，其固有频率与静挠度之间的关系为

$$\omega^2 = \frac{C}{M} = g/f_{st} \tag{4-10}$$

式中，$M$ 为簧上质量；$g$ 为重力加速度。

研究表明，在其他条件不变的情况下，降低弹簧刚度有利于改善轨道车辆的动态性能。一般来说，刚度越低，产生的加速度也越低，但实际上需考虑车钩连接高度、地板面高度等要求，在空车和重车状态下的弹簧高度差应相对较小。此外，必须考虑乘客对一定频率范围内振动的感知舒适性问题。对于客车，车体浮沉频率一般要求控制为 0.9~1.2Hz；而对于货车，重载时该频率可升至 2.5Hz，空车时可达 4Hz。

为避免弹簧压死，现代弹簧设计中采用非线性弹簧特性，以满足对应所需载荷下弹簧静挠度附近提供合理的刚度性能。

在具有变刚度弹簧特性的弹簧中（图 4-55），在静态平衡位置附近出现的动态振动，可使用等效刚度和等效挠度来评估分析振动频率：

$$C_{eq} = \frac{dP}{df}\bigg|_{P=P_{st}}, \quad f_{eq} = \frac{P_{st}}{C_{eq}} \tag{4-11}$$

(a) 硬刚度特性

(b) 软刚度特性

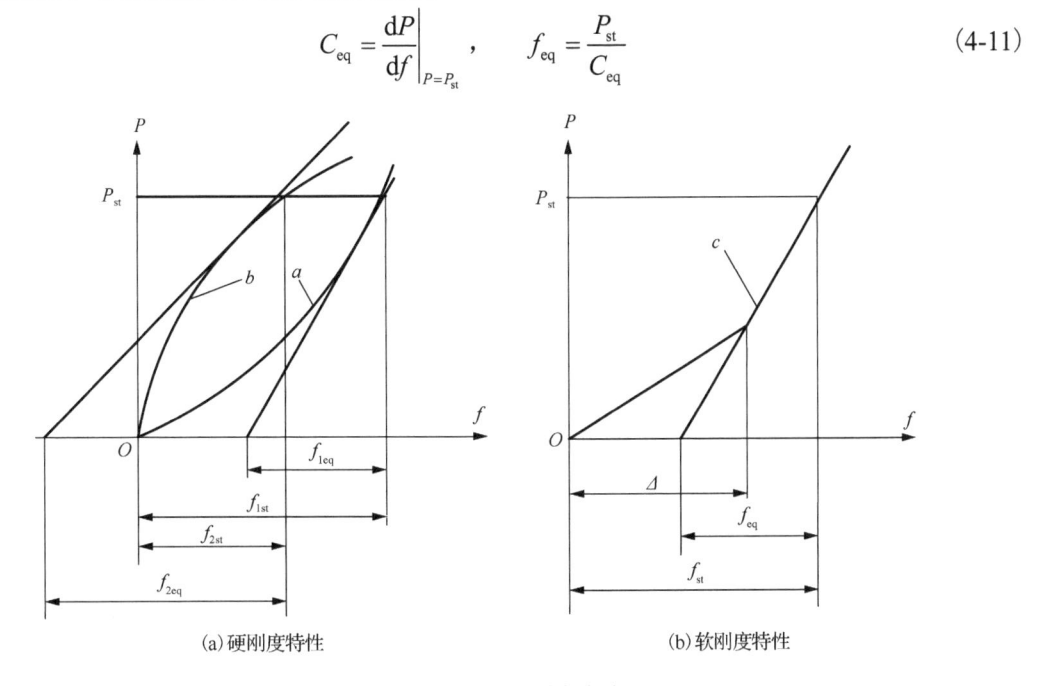

图 4-55 弹性元件非线性性能

*a*-硬刚度特性；*b*-软刚度特性；*c*-二级刚度特性

如图 4-55 所示,弹簧具有硬刚度特性时,$f_{eq}<f_{st}$;具有软刚度特性时,$f_{eq}>f_{st}$,其中 $f_{st}$ 为总的静挠度。

货车空、重车载荷相差比较大,通常使用具有二级刚度的弹簧。第一、二级刚度 $C_1$、$C_2$ 分别对应于空、重车刚度。在这种情况下,有

$$C_{eq}=\begin{cases} C_1 \\ C_2 \end{cases}, \quad f_{eq}=\begin{cases} \dfrac{P_{st}}{C_1} & (P_{st} \leqslant C_1 \Delta) \\ \dfrac{P_{st}}{C_2} & (P_{st} > C_1 \Delta) \end{cases} \quad (4\text{-}12)$$

式中,$\Delta$ 为对应二级刚度转折点的挠度,$\Delta$ 值的选择通常大于空车振动变化范围。

下面分析使用条件对弹簧静挠度值的进一步限制要求。一个重要的限制条件是相邻车辆连挂车钩之间的高度差问题,最严重的工况可能出现在一辆满载且转向架部件(如车轮)接近磨耗到极限的车辆车钩与另一辆转向架全新(无磨耗)且空载的车辆的车钩连挂的情况下,此时引起车钩高度差的原因主要有不同载荷条件下弹簧的挠度值、弹性元件的老化变形以及转向架相关部件的磨耗(如车轮踏面、心盘和旁承的磨耗等)。

在运行过程中,必须限制车体的侧滚,以防止通过超高曲线时出现侧翻,确保轮重减载率在规定的限度内。一旦建立了车体允许的最大侧滚角和最大横向力(离心力、风和在曲线上的车辆间相互作用的横向分力)的平衡方程,就可推导出弹簧系统可接受的最小垂向刚度值。

**4. 一系轴箱横向和纵向刚度的设计选择**

理论和实验研究表明,增大一系弹簧刚度有利于提高轮对的运行稳定性。然而,这种依赖关系具有高度的非线性,弹簧刚度与车轮质量和锥度之间的关系也影响着运行的临界速度。增大一系悬挂弹簧的纵向刚度削弱了轮对在曲线上处于径向位置的可能性,恶化了导向性能;而增大一系悬挂弹簧的横向刚度又会降低轮对安全通过曲线和大的横向不平顺线路的性能。

良好的高速直线运行稳定性和曲线通过性能之间存在着基本矛盾,如要同时满足两个要求,必须对一系纵向和横向刚度值的选择进行折中分析。为做出合理的选择,必须对刚度与运行品质之间的定性和定量分析方法有一定的认识理解,可参考相关简化方法进行分析。

图 4-56 和图 4-57 给出了从某二轴转向架线性运动模型获得的固有振动运行模式示例,分析结果表明:①同相摇头(图 4-56(a))时,轮对中心 $O_1$ 和 $O_2$ 与转向架中心之间存在相对横移;②反相横移(图 4-57(b))时,也出现了类似的横移;③轮对中心 $O_1$ 和 $O_2$ 之间的相对偏转仅出现在轮对的反相摇头运动中(图 4-57(a))。

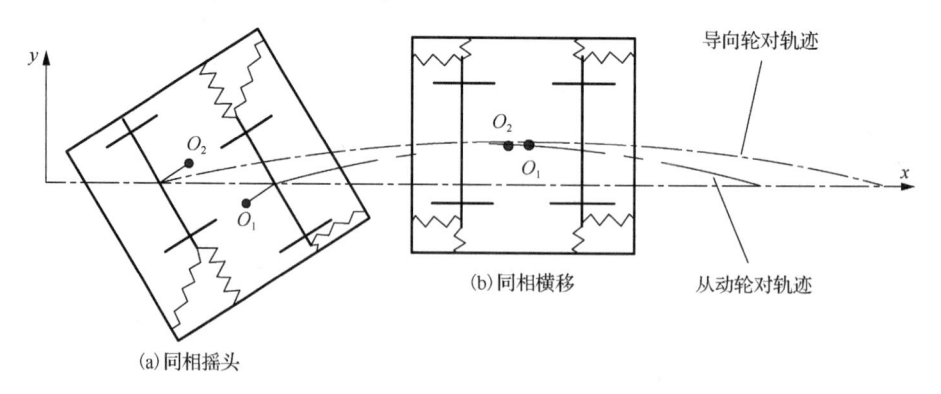

图 4-56 二轴转向架轮对运动模式一

(a)反相摇头　　　　　　(b)反相横移

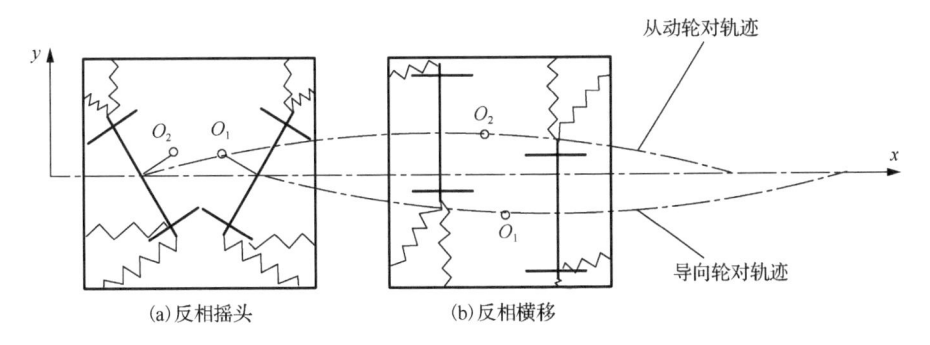

图 4-57　二轴转向架轮对运动模式二

因此，根据上述振型特点，可对转向架引入 2 个广义参数：①剪切刚度 $K_s$，对应两轮对中心相对横移的刚度；②弯曲刚度 $K_b$，对应两轮对间相对偏转的刚度。

图 4-58 给出了转向架剪切刚度和弯曲刚度传统的描述方式。广义刚度 $K_s$ 和 $K_b$ 有特定的物理含义，剪切刚度 $K_s$ 对车辆临界速度有较大的影响，弯曲刚度 $K_b$ 则主要确定曲线上轮对的冲角。可利用剪切刚度和弯曲刚度简化地表示一系悬挂刚度，无须考虑转向架构架的惯量，避免了考虑转向架具体结构形式，选择刚度值时更为方便快捷。

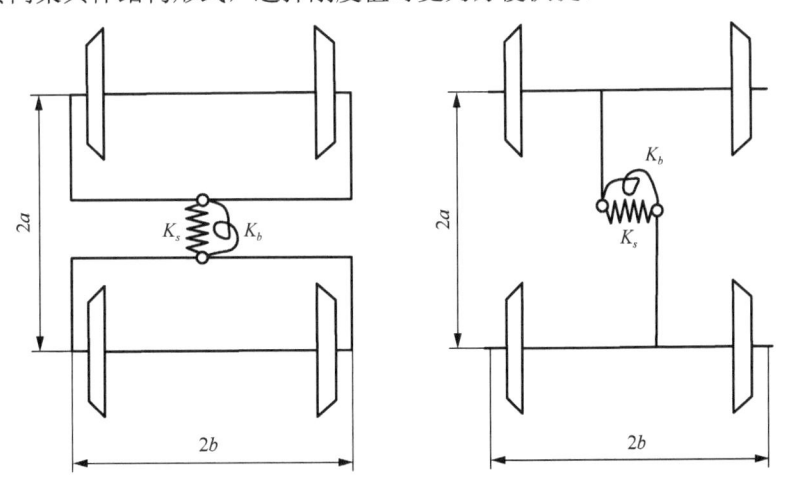

图 4-58　利用剪切刚度和弯曲刚度简化表示一系悬挂刚度

运行稳定性问题的分析求解表明，传统轨道车辆的临界速度是其剪切刚度和弯曲刚度的函数，如图 4-59 所示。曲线通过的品质可以通过磨耗数(车辆所有车轮的蠕滑力总和)与剪切刚度和弯曲刚度的关系来估算，如图 4-60 所示。这些关系表明，为获得所需的临界速度，转向架的弯曲刚度应最小值，剪切刚度应在所选弯曲刚度的临界速度范围内选取数值。

**5. 空气弹簧的设计计算**

空气弹簧的弹性特性是利用在柔性密闭容器中储存的压力空气的可压缩性来实现的。车辆上采用的空气弹簧悬挂系统主要由空气弹簧本体、附加空气室、高度控制阀等几部分组成。

**1)空气弹簧的特点**

(1)空气弹簧具有非线性特性，可以根据技术要求将其设计成比较理想的曲线，如图 4-61 所示。

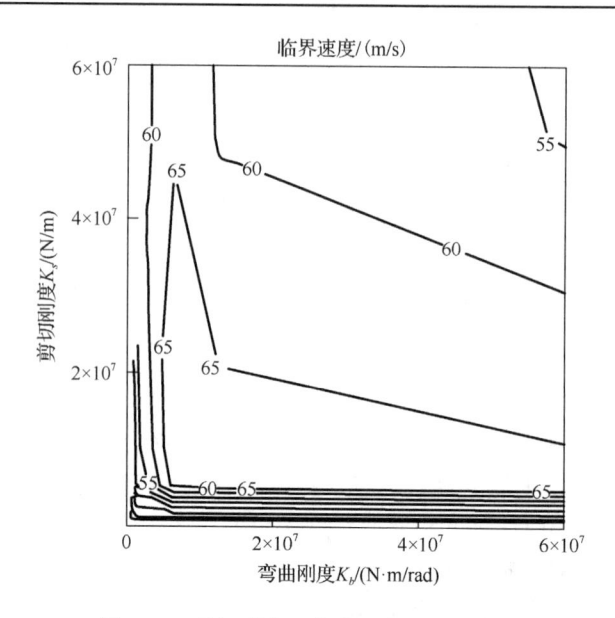

图 4-59 剪切刚度、弯曲刚度与临界速度

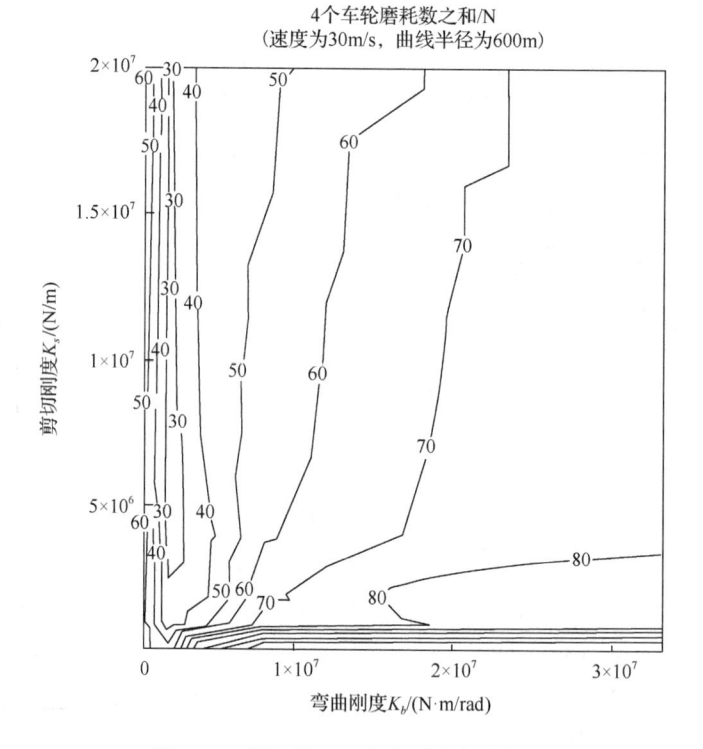

图 4-60 剪切刚度、弯曲刚度与磨耗数

如图 4-61 所示，在曲线中间区段较平缓，具有比较低的刚度，而在拉伸和压缩行程的边缘区段，刚度逐渐增加。这样，可以保证车辆在正常行车时运行较为舒适和柔软，而在通过曲线和道岔时，空气弹簧被大幅度拉伸和压缩，逐渐变硬，从而限制车体的振幅，而普通钢弹簧不具备这一性能。

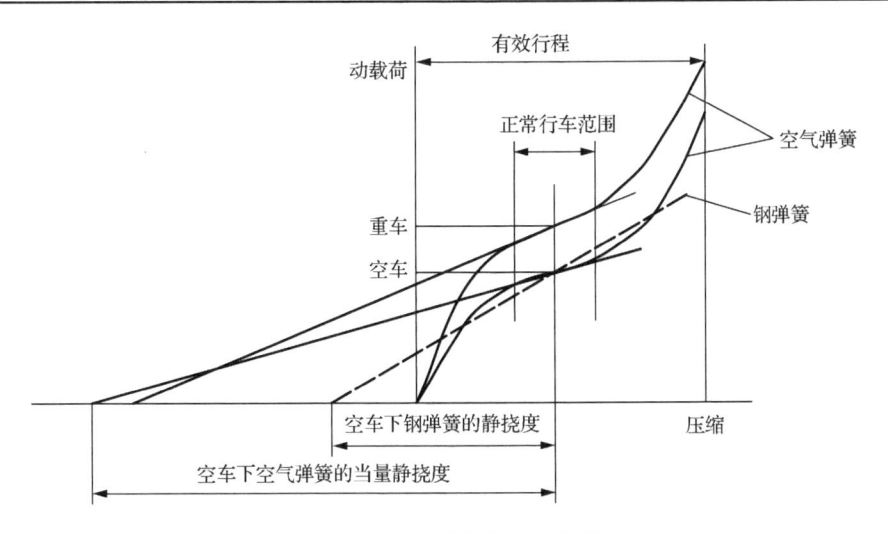

图 4-61 空气弹簧挠度与载荷

设计时，弹簧的高度、承载能力、弹簧常数等是彼此独立的，并可在相当宽的范围内选择，可以借助改变空气的工作压力、增加附加气室的容积来降低系统刚度。因此，可设计出很柔软的弹簧。

(2) 对于空气弹簧，当承载增加时，弹簧的内压也增加，弹簧的承载能力随内压线性提高，而弹簧常数又与内压成正比，所以空气弹簧的刚度随载荷而变化，在不同载荷下，其固有频率几乎保持不变。如图 4-62 所示，图中虚线表示空气弹簧的设计位置，可根据设计技术要求确定，设计位置确定后，则静变形在所有使用载荷条件下都保持近似不变，因此系统的固有振动频率也保持近似不变，系统的减振效果也近似不变；空气弹簧的刚度和承载能力可以通过调节橡胶气囊的内压得以调节，可以采用增大附加空气室的容积的办法降低其刚度。

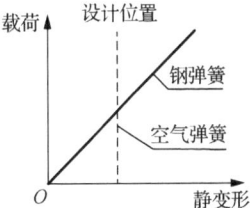

图 4-62 空气弹簧与钢弹簧的静变形比较

(3) 通过高度调整系统，空气弹簧的工作高度在任意载荷下都保持一定，而弹簧在同一载荷作用下也可具有不同的高度，因此有利于工程应用。

(4) 空气弹簧质量轻，内耗小，对高频振动有很好的隔振消声能力，但空气弹簧的制造工艺复杂，费用高。

(5) 设置节流孔衰减振动，可不设置液压减振器。

**2) 空气弹簧的密封形式及橡胶囊的组成**

空气弹簧的密封性要好，以保证弹簧性能并节省压缩空气，一般采用两种方法：一种方法是压力自封式，利用空气囊内部的空气压力，将空气囊端面与盖板卡紧加以密封；另一种方法是螺钉紧闭式，利用金属卡板与螺钉夹紧加以密封。压力自封式结构简单，组装检修方便，应用较多。

空气弹簧橡胶囊由内外橡胶层、帘线层和成形钢丝圈组成。

(1) 帘线的材质。空气弹簧上的载荷主要是由帘线承受，而帘线的材质对空气弹簧的耐压性和耐久性起决定性作用，因此采用高强度的人造丝、维尼龙或卡普龙作为帘线。

(2) 帘线的层数。帘线的层数为偶数，一般为两层或四层，层层交叉，并与空气囊的经线方向呈一角度布置。

(3)橡胶的材质。内层橡胶主要用于密封,需采用气密性和耐油性较好的橡胶。外层橡胶除了起密封作用外,还有保护作用,因此外层橡胶应采用能抵抗太阳辐射和臭氧侵蚀且耐老化、适应环境温度的橡胶,一般为氯丁橡胶。

**3)空气弹簧刚度计算**

(1)垂向刚度计算。

自由膜式空气弹簧的垂向(轴向)刚度 $K$ 的计算公式如下:

$$\begin{cases} K = n(P_a + P_0)\dfrac{A_0^2}{V_0} + aP_0 A_0 \\ a = \dfrac{1}{R}\dfrac{\sin\theta\cos\theta + \theta(\sin^2\theta - \cos^2\varphi)}{\sin\theta(\sin\theta - \theta\cos\theta)} \end{cases} \tag{4-13}$$

式中,$P_0$ 为空气弹簧的内压力,通常动车组上采用的空气弹簧内压力 $P_0<0.6\text{MPa}$,一般为 $0.3\sim0.5\text{ MPa}$,它影响空气弹簧几何参数 $R$ 的选取,静载荷 $P = P_0 A_0 = \pi R^2 P_0 x$;$P_a$ 为大气压力,计算时一般取 $P_a=0.1\text{MPa}$;$A_0$ 为处于静平衡位置时空气弹簧的有效承压面积;$V_0$ 为静载荷作用下空气弹簧的容积(空气弹簧本身的容积 $V_1$ 和附加空气室容积 $V_2$ 之和);$n$ 为多变指数,通常在计算时取 $n=1.3\sim1.38$;$a$ 为空气弹簧的垂直特性形状系数;$R$、$\theta$、$\varphi$ 为空气弹簧几何参数(参见图4-63),其中 $\varphi$ 是橡胶囊圆弧部分的回转轴与空气弹簧中心线的夹角,该回转轴是指圆弧中点与该弧圆心的连线,$\theta$ 是橡胶囊圆弧部分形成的包角的一半。

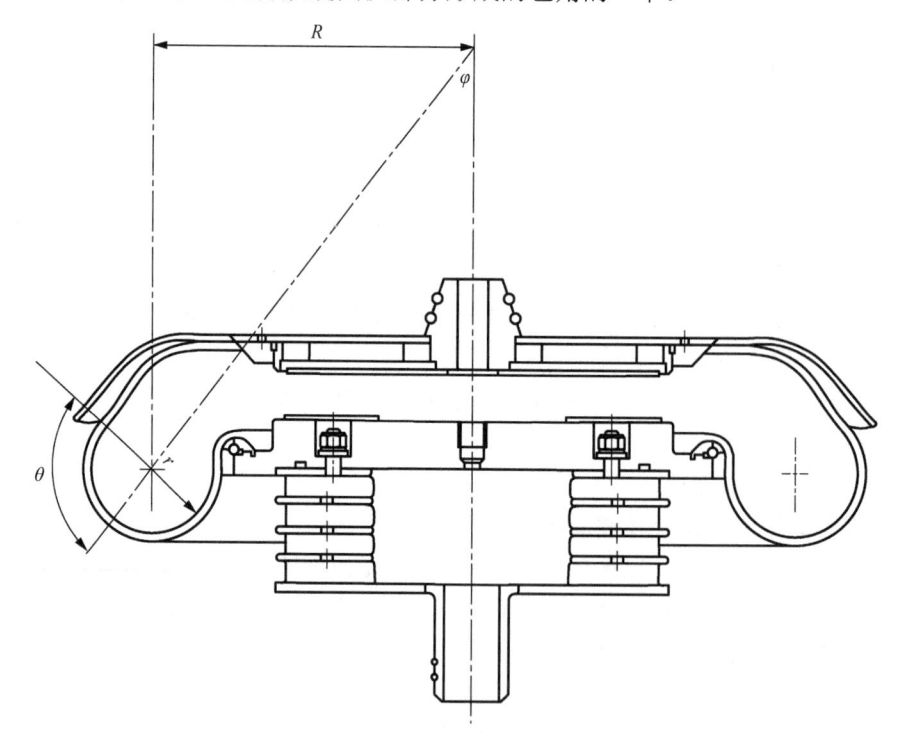

图 4-63 空气弹簧几何参数示意图

根据式(4-13)可得出自由膜式空气弹簧的几何参数 $R$、$\theta$、$\varphi$ 与垂直特性形状系数 $a$ 的关系曲线图。使用该曲线图可以很方便地根据需要选择适宜的几何参数。

(2) 横向刚度计算。

自由膜式空气弹簧的横向(径向)刚度 $K_1$ 的计算公式如下：

$$\begin{cases} K_1 = bP_0A_0 + K_1' \\ b = \dfrac{1}{2R}\dfrac{\sin\theta\cos\theta + \theta(\sin^2\theta - \sin^2\varphi)}{\sin\theta(\sin\theta - \theta\cos\theta)} \end{cases} \quad (4\text{-}14)$$

式中，$K_1'$ 为橡胶囊本身的横向刚度（可通过试验确定）；$b$ 为空气弹簧的横向特性形状系数。

空气弹簧的横向特性形状系数 $b$ 取决于空气弹簧的几何形状，它与几何参数 $R$、$\theta$、$\varphi$ 有关。同样，根据式(4-14)可得出 $b$ 的关系曲线图。

**4) 空气弹簧的减振阻尼计算**

在空气弹簧本体和附加空气室之间装设节流孔，可起到减振阻尼的作用。若选择适宜的节流孔直径，可获得最佳阻尼，以代替安装垂向减振器。理论研究表明，最佳阻尼 $\mu_0$ 可由如下公式确定。

对于自由振动，有

$$\mu_0^0 = \frac{1}{2}\sqrt[4]{\xi(1+\xi)^3} \quad (4\text{-}15)$$

对于强迫振动，振幅为

$$\mu_0' = \frac{1+\xi}{2}\sqrt{\frac{1+2\xi}{2(1+\xi)}} \quad (4\text{-}16)$$

对于强迫振动，加速度为

$$\mu_0'' = \frac{1}{2}\sqrt{\frac{\xi(1+2\xi)}{2}} \quad (4\text{-}17)$$

式中，$\xi$ 为空气弹簧本体容积 $V_1$ 与附加空气室的容积 $V_2$ 的比值，即容积比 $\xi = V_1/V_2$。

从上述公式中可以看出，最佳阻尼 $\mu_0$ 仅决定于容积比 $\xi$，并且在 $\xi$ 值相同时，有 $\mu_0' > \mu_0^0 > \mu_0''$。为兼顾各种情况，可取其平均值。

当已知最佳阻尼 $\mu_0$ 时，节流孔的最佳直径可以由式(4-18)近似计算：

$$d_0 = 0.0185\left(\frac{A_0}{\mu_0}\right)^{1/3}\left[\frac{(P_0+1)V_1}{m}\right]^{1/6} \quad (4\text{-}18)$$

式中，$m$ 为一个空气弹簧的负载质量。

**5) 空气弹簧的强度计算**

空气弹簧的强度计算主要是橡胶囊的计算，为了判定空气弹簧橡胶囊的强度，需要已知空气弹簧的临界压力，其计算公式为

$$P_{\text{cr}} = \frac{n_0\rho N_{\text{cr}}}{r}\left(\frac{i}{\cos^2\psi} + \frac{j}{\sin^2\psi}\frac{E_a}{E_\psi}\right)^{-1} \quad (4\text{-}19)$$

式中，$n_0$ 为帘线的层数（一般为偶数）；$\rho$ 为帘线的密度（在与帘线垂直方向上单位宽度的帘线根数）；$r$ 为空气弹簧几何参数，为橡胶囊圆弧部分的半径；$\psi$ 为帘线角（一般取 10° 左右）；$N_{\text{cr}}$ 为一根帘线的抗拉强度；$E_a$ 为 $\alpha$ 方向（指橡胶囊的周向）膜厚度与弹性模量之积（膜单位宽度的弹性模量）；$E_\psi$ 为 $\psi$ 方向（指橡胶囊圆弧部分的径向）的膜厚度与弹性模量之积；$i$、$j$ 为系数。

$$E_a = E_f n_0 \rho \sin^4 \psi \tag{4-20}$$

$$E_\psi = E_f n_0 \rho \cos^4 \psi \tag{4-21}$$

系数 $i$ 和 $j$ 与空气弹簧几何参数 $R$ 和 $r$ 有关,对于实际使用的空气弹簧橡胶囊,一般 $\frac{R}{r} > 1$, $\theta = 60° \sim 120°$,此时 $i = 0.75 \sim 1$。

$i$ 确定后,系数 $j$ 的计算如下:

$$j = \frac{\dfrac{R}{r} + \dfrac{\sin\theta}{\theta}}{\dfrac{R}{r} + 1} k_1 \tag{4-22}$$

式中,$k_1 = \dfrac{r}{R+r} \dfrac{\theta(1-\cos\theta)}{(\sin\theta - \theta\cos\theta)} i$。

**6)空气弹簧的特性分析**

(1)空气弹簧的刚度特性。

设空气弹簧胶囊内的气体为理想气体,空气弹簧受到垂直载荷 $F$ 的作用,此时内部的绝对气压为 $P$,外部气压为 $P_a$,则有以下关系式:

$$F = (P - P_a)A_e \tag{4-23}$$

$$PV^n = P_0 V_0^n = 常数 \tag{4-24}$$

式中,$A_e$ 为空气弹簧的有效面积;$n$ 为多变指数,与气体的流动数度有关,气体缓慢流动时相当于等温过程,$n=1$,快速流动时接近绝热过程,$n=1.4$,一般情况下,$n=1.3\sim 1.38$;$P_0$、$V_0$ 分别为空气弹簧处于静平衡位置时内部气体的绝对压力和容积。

由式(4-23)和式(4-24)可得

$$F = (P_0 V_0^n / V^n - P_a)A_e \tag{4-25}$$

将式(4-24)对空气弹簧的垂直位移 $S$ 求导数,其中 $A_e = \mathrm{d}V/\mathrm{d}S$,负号表示空气弹簧受载荷压缩时容积减少,则可得空气弹簧的垂直刚度计算公式为

$$K = (P_0 V_0^n / V^n - P_a)(\mathrm{d}A_e / \mathrm{d}S) - A_e n P_0 V_0^n / V^{n+1} (\mathrm{d}V/\mathrm{d}S) \tag{4-26}$$

由上述可知,空气弹簧刚度的影响因素有两个,即容积变化率(有效面积)和有效面积变化率。通过添加附加气室可以改变容积变化率,通过改变空气弹簧的结构可以控制有效面积变化率,这样便可以进一步降低空气弹簧的刚度。

(2)空气弹簧的频率特性。

若设 $\mathrm{d}V/\mathrm{d}S = -A_e$,空气弹簧的固有频率与有效面积变化率 $\mathrm{d}A_e/\mathrm{d}S$ 有关,$\mathrm{d}A_e/\mathrm{d}S$ 越大,固有频率 $f$ 越高,若想通过 $\mathrm{d}A_e/\mathrm{d}S$ 来降低固有频率,则需要将其设计成负值。由于此公式过于复杂,需要进行简化才能得到 $f$ 与压力 $P$ 之间的关系,例如,对于约束膜式的空气弹簧,$A_e =$ 常数,则空气弹簧的固有频率计算公式可简化为

$$f = k\sqrt{\frac{nA_e P_0 V_0^n / V^n}{(P_0 - P_a)V}} = k\sqrt{\frac{nA_e P}{(P_0 - P_a)V}} \tag{4-27}$$

式中,$P$ 为此时刻空气弹簧内部的绝对气压;$k$ 为刚度系数。

式(4-27)说明了空气弹簧内的压力和固有频率有关联关系,代入一组数值计算可得下列结果,见表 4-3。

表 4-3 空气弹簧内的压力和固有频率的关系

| P/MPa | 0.2 | 0.5 | 1.0 | 2.0 |
|---|---|---|---|---|
| f/Hz | 1.22 | 1.10 | 1.05 | 1.02 |

计算结果说明虽然空气弹簧系统的固有频率是变化的(随着空气弹簧内部气体绝对压力的变化而变化),但变化幅度非常小。

传统的金属弹簧刚度一般是固定的,由式(4-27)可知,当簧载质量发生变化时,减振系统的固有频率也随之发生变化。当簧载质量增加时,系统的固有频率下降,反之上升。在簧载质量,即载荷发生较大变化时,空气弹簧的内部工作压力因高度调节阀的作用而也随之改变(空气弹簧产生变形时,其有效面积往往变化不大,空气弹簧的承载能力 $F$ 几乎与 $P_a$ 成正比);另一方面,由式(4-27)可知,$k$ 与 $P_0+P_a$ 成正比,所以弹簧刚度与弹簧载荷的比值基本保持为一个定值,即空气弹簧上的载荷变化对系统的固有频率影响不大,可称为准等频特性。

另外,可以通过降低空气弹簧的工作压力、减小有效面积变化率、增大空气弹簧容积等简单的措施来减小其刚度,从而使空气弹簧系统具有较低的固有频率。空气弹簧系统的固有频率特性可以为改善列车的平稳舒适性提供有利条件。

(3) 带附加气室的空气弹簧的阻尼特性。

对于有附加气室的空气弹簧来说,在空气弹簧主气室和附加气室之间设有一个节流孔(也称阻尼孔)或一个管路,如今在设计先进的空气弹簧中,无论是节流孔还是管路处都有一个电控阀,用来控制空气弹簧中空气的总体积,保持弹簧常数不变。当空气弹簧发生变形时,空气弹簧主气室和附加气室之间就会产生压力差,空气就会经节流孔或管路在两者之间流动,于是就会产生阻尼,从而吸收一部分振动能量,起到减振的作用。

根据流体力学知识,连接空气弹簧主气室和附加气室的节流孔的流量特性可以近似地表示为

$$\frac{\mathrm{d}q}{\mathrm{d}t}=c_0 a_0\sqrt{\frac{2g}{\gamma}(\mathrm{d}P_1-\mathrm{d}P_2)} \tag{4-28}$$

式中,$a_0$ 为节流孔的面积;$c_0$ 为节流孔的流量系数;$\gamma$ 为空气的重度,在常温下,与空气绝对压力 $P$ 有关,$\gamma=12P(\mathrm{N/m^3})$;$q$ 为通过节流孔的空气重量;$\mathrm{d}P_1$、$\mathrm{d}P_2$ 分别为空气弹簧主气室和附加气室内压力的变化量;$g$ 为重力加速度。

由式(4-28)可以看出,空气的流量和压力差之间为非线性关系,为了便于分析,将其简化为如下线性关系:

$$\mathrm{d}q/\mathrm{d}t=\mathrm{d}P_1-\mathrm{d}P_2 \tag{4-29}$$

设 $R=\mathrm{d}q/\mathrm{d}t$,其中 $R$ 为流量系数,根据国外的实验结果,节流孔直径 $D_0$ 与流量系数之间的关系可近似表示为:$R=12.6D_0^{-3}$,在标准状态下,按照式(4-24),空气弹簧和附加气室的多变过程可以表述为

$$PV_1^n=(P+\mathrm{d}P_1)(V_1-\mathrm{d}V_1+q/\gamma)^n \tag{4-30}$$

$$PV_2^n=(P+\mathrm{d}P_2)(V_2-\mathrm{d}V_2+q/\gamma)^n \tag{4-31}$$

将式(4-31)展开成级数并略去高阶微量后得

$$V_1\gamma\mathrm{d}P_1+nPq=nP\gamma\mathrm{d}V \tag{4-32}$$

$$V_1\gamma\mathrm{d}P_2+nPq=0$$

当空气弹簧从平衡状态产生位移 $S$ 时，其上的弹簧力为
$$F = PA_e + S(P - P_a)\mathrm{d}A_e / \mathrm{d}S \tag{4-33}$$

消去 $q$、$\mathrm{d}P_1$、$\mathrm{d}V$，并简化得
$$F = F' + K_2 S + K_1(S - Y) \tag{4-34}$$
$$C_1 Y + \beta K_1 Y = K_1(S - Y)$$

式中，$K_1 = nP(A_e^2 / V_1)$；$K_2 = (P - P_a)\mathrm{d}A_e / \mathrm{d}S$；$C_1 = R\gamma A_e^2$；$\beta = V_2 / V_1$；$F' = (P - P_a)A_e$。

由此得出了带有附加气室的有阻尼空气弹簧简化计算模型，如图 4-64 所示，这说明带有附加气室的空气弹簧相当于一个弹性支承的减振系统，即容积为 $V_2$、有效面积为 $A_e$ 的空气弹簧与阻尼系数为 $C_1$ 的减振器并联，然后与容积为 $V_1$、有效面积为 $A_e$ 的空气弹簧串联，最后和与有效面积变化率有关的空气弹簧并联。此模型适用于简单分析单自由度和两自由度空气弹簧减振系统的振动频率和减振效果。

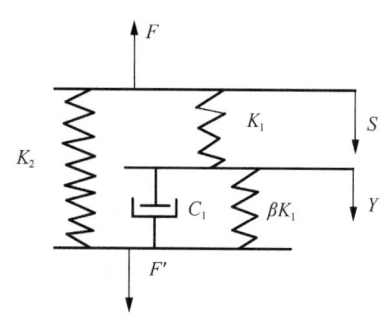

图 4-64 带有附加气室的有阻尼空气弹簧的简化计算模型

对于用管路连接主气室和附加气室的空气弹簧的阻尼特性，研究结果表明，在高频区，附加气室基本无用，带有附加气室的空气弹簧与不带附加气室空气弹簧的动力学弹性系数基本相同；对于利用管路连接附加气室的空气弹簧系统，不能简单地将管路用等效的节流孔代替，因为管路的阻尼是由管路中气体摩擦和空气的惯性联合作用导致的。

(4) 空气弹簧的非线性成分分析。

20 世纪 80 年代后期，欧美等先进国家开始利用非线性有限元对空气弹簧的性能进行仿真分析，得到了满意的结果。空气弹簧的非线性主要包括材料非线性、几何非线性和接触非线性，是三大非线性三重耦合的强非线性。空气弹簧的胶囊和橡胶垫的材料——橡胶，就是典型的超弹性材料，它的计算就涉及材料的非线性，并且胶囊是由帘线和橡胶硫化而成的层合板状结构，由多层铺层组成，各铺层方向可根据设计任意调整，各铺层的帘线互成一定角度，而且帘线还是主要的承载部件，因此胶囊呈现出各向异性的特点。空气弹簧的变形主要是胶囊和橡胶垫的变形，它们的变形不再是小变形而是大变形，属于几何非线性问题，换句话说，在计算应变位移矩阵时，应当考虑位移的高阶导数项的响应。空气弹簧的接触非线性问题则是由上下盖板与胶囊的接触引起的，上下盖板一般为金属，胶囊为非金属，它们的接触属于刚体柔体的非线性接触问题。

(5) 空气弹簧的有效面积特性。

在刚度计算公式 $K = P_e \dfrac{\partial A_e}{\partial S} + n(P_0 + P_e)\dfrac{A_e^2}{V}$ 中，$P_e \dfrac{\partial A_e}{\partial S}$ 表示有效面积变化率对空气弹簧刚度的影响。由于空气弹簧是一个弹性体，一般情况下在空气弹簧产生变形时，其有效面积 $A_e$ 是变化的，而且不同结构形式的空气弹簧的有效面积 $A_e$ 的变化是不同的。囊式空气弹簧的有效面积变化率较大，弹簧刚度较大，但可通过增加气囊的曲数减小有效面积变化率(气囊产生变形时由各个曲部平均分担，有效直径变化率较小)或采用附加气室以减小其刚度。膜式空气弹簧有效面积的变化率比囊式空气弹簧小，并可通过改变底座形状的方法控制其有效面积变化率，以获得比较理想的弹性特性。对于膜式空气弹簧，当轮廓为圆柱形时，其有效面积几乎不随位移变化而变化，此时空气弹簧刚度计算公式可简化为

$$K = n(P_0 + P_e)\dfrac{A_e^2}{V} \tag{4-35}$$

### 7) 空气弹簧设计计算主要过程

(1) 空气弹簧减振设计分析。

首先是减振体和振源的分析。应给出车体的重量和重心位置，提供与车体有关的连接形式、安装尺寸，分析振源的类型及传给车体的频率和响应，并应尽可能进行振动测量和频谱分析。其次是减振措施的选择。一般减振器(空气弹簧装置)的固有频率应为强迫振动(转向架构架振动)频率的三分之一。

(2) 空气弹簧材质的选择。

帘线的材质选取维纶，维纶纤维的断裂强度如表 4-4 所示。外层橡胶选用氯丁橡胶，表 4-5 为氯丁橡胶的抗张强度。

表 4-4 维纶纤维的断裂强度 （单位：kg/cm）

| 状况 | 短纤维 普通 | 短纤维 强力 | 长纤维 普通 | 长纤维 强力 |
| --- | --- | --- | --- | --- |
| 干态 | 0.36~0.54 | 0.61~0.9 | 0.27~0.36 | 0.54~0.86 |
| 湿态 | 0.29~0.47 | 0.39~0.77 | 0.19~0.29 | 0.45~0.77 |

表 4-5 氯丁橡胶的抗张强度

| 分类 | 未补强硫化胶 | 补强硫化胶 |
| --- | --- | --- |
| 抗张强度/(kg/cm) | 150~200 | 250~270 |

内层橡胶可以选用氯磺化聚乙烯橡胶、丙烯酸酯橡胶、聚氨酯橡胶、氟橡胶、聚硫橡胶等，也可以选用氯丁橡胶。

内层橡胶和外层橡胶都可以选用氯丁橡胶，氯丁橡胶的一些特性和性能如下：

① 耐候性好，耐臭氧老化，有自熄性，耐油性良好且仅次于丁腈橡胶，拉伸强度、伸长率、弹性优良，但电绝缘性、储存稳定性差，使用温度为-35~130℃。适用范围为可代替天然橡胶制作轮胎、胶鞋、胶管、胶带以及其他通用制品等。

② 氯丁二烯为单体，由乳液聚合而成的聚合体。

③ 扯断强度为 24.5~26.5 MPa，扯断伸长率为 800%~1000%，回弹率为 50%~80%，压缩率(100℃×70h)为 2%~40%，硬度(邵氏硬度 $A$)为 20~95，长期工作温度为-40~120℃，最高使用温度为 150℃，脆化温度为-35~-42℃，膨胀率为(汽油)10%~45%、（苯)100%~300%、(丙酮)15%~50%、（乙醇)5%~2%，耐油性(矿物油)为良，耐油性(动植物油)为良，耐碱性为良，耐酸性为(强酸)可~良，耐酸性(弱酸)优，耐燃性为良~优，气密性为良~优。

④ 有效直径为 450~640mm，垂直静/动刚度一般为 0.3~0.4MN/m，水平静/动刚度一般为 0.15~0.2MN/m，最大允许的垂向位移为±30mm，最大允许的横向位移为±60~±120mm，工作高度为 200~300mm。

(3) 空气弹簧减振设计。

空气弹簧有效承压面积的确定：根据支撑载荷，确定空气弹簧有效承压面积。设空车状态下的支撑载荷为 $W_{min}$，重车状态下的支撑载荷为 $W_z$，支撑载荷应考虑超载时的作用载荷，超载 50%时的最大载荷为

$$W_{max} = 1.5 \times (W_z - W_{min}) + W_{min} \tag{4-36}$$

选取空气弹簧有效承压面积的直径为 $R$，有效承压面积为

$$A_{e0} = \pi R^2 \tag{4-37}$$

空气弹簧内压计算：工作压力 $P_0$ 的计算公式为

$$W_z = NP_0 A_{e0} \tag{4-38}$$

式中，$W_z$ 为减振体重量+减振支座重量+附属物重量；$N$ 为空气弹簧个数；$A_{e0}$ 为空气弹簧有效承压面积。

$$P_0 = \frac{W_z}{NA_{e0}} \tag{4-39}$$

空气弹簧内空气压力的最大值为

$$P_{\max} = \frac{(1+\eta)W_{\max}}{NA_{e0}} \tag{4-40}$$

式中，$\eta$ 为动荷系数，一般取 $\eta = 0.2$。

空气弹簧内空气压力最小值(不考虑动荷系数)为

$$P_{\min} = \frac{W_{\min}}{NA_{e0}} \tag{4-41}$$

因此，空气弹簧内的空气压力应满足如下条件：

$$P_{\min} \leqslant P_0 \leqslant P_{\max} \tag{4-42}$$

空气弹簧容积 $V_1$ 和附加空气室容积 $V_2$ 的确定：附加空气室的容积一般为 60～70L。

空气弹簧几何参数的确定：依据经验确定多变指数 $n$，空气弹簧的垂直特性形状系数 $a$ 的计算公式：

$$a = \frac{1}{R} \frac{\sin\theta\cos\theta + \theta(\sin^2\theta - \cos^2\varphi)}{\sin\theta(\sin\theta - \theta\cos\theta)}$$

根据上式可得出自由膜式空气弹簧的几何参数 $R$、$\theta$、$\varphi$ 与形状系数 $a$ 的关系曲线图，使用该曲线图可以很方便地根据需要选择确定适宜的几何参数。

空气弹簧垂直刚度为

$$K = n(P_0 + P_a)\frac{A_0^2}{V_0} + aP_0 A_0$$

横向刚度为

$$K_1 = bP_0 A_0 + K_1'$$

总刚度为

$$\sum K = NK$$

空气弹簧振动的固有频率为

$$f_n = \frac{1}{2\pi}\sqrt{\frac{g\sum K}{W}} \tag{4-43}$$

空气弹簧的折算高度 $H$ 为

$$H = \frac{V_1 + V_2}{A_{e0}} \tag{4-44}$$

式中，$V_1$、$V_2$ 分别为空气弹簧容积和附加空气室容积。

空气弹簧限位量的确定：根据空间尺寸限制，可确定空气弹簧的垂向和横向限位量，一

第四章 转向架设计

一般可取垂向限位量 $x_1$ 和横向限位量 $y_1$ 为 20～30mm。

最小下降量 $Hx_{\min}$ 的计算：

$$Hx_{\min} = \Delta hx - \Delta rx \tag{4-45}$$

式中，

$$\Delta hx = \frac{1}{A}[1 + \cos(\theta + \varphi) + (\pi + \varphi + \theta)\cos\varphi\sin\theta]x_1$$

$$A = 2 + 2\cos(\varphi + \theta) + (\pi + \varphi + \theta)\sin(\varphi + \theta)$$

$$= 2 + 2\cos(-30° + 30°) + \left(\pi - \frac{\pi}{6} + \frac{\pi}{6}\right)\sin(-30° + 30°) = 4$$

**6．螺旋钢弹簧设计计算**

动车组轴箱钢弹簧的簧条截面通常都是圆形，广泛采用硅锰弹簧钢，它在合金弹簧钢中是较为价廉的一种，在进行热处理时有较高的淬透性，加热时产生的氧化皮较少，能获得较好的表面质量和较高的疲劳强度。

**1）圆柱压缩螺旋钢弹簧轴向特性计算**

圆柱压缩螺旋钢弹簧见图 4-65，螺旋钢弹簧的主要参数有簧条直径 $d$、弹簧平均直径 $D$、有效圈数 $n$、总圈数 $N$、弹簧全压缩高度 $H_a$、自由高度 $H_0$、最大应力 $\tau_{\max}$、弹簧的垂直静挠度 $f_v$ 和垂直刚度 $K_v$ 等，有关计算公式如下：

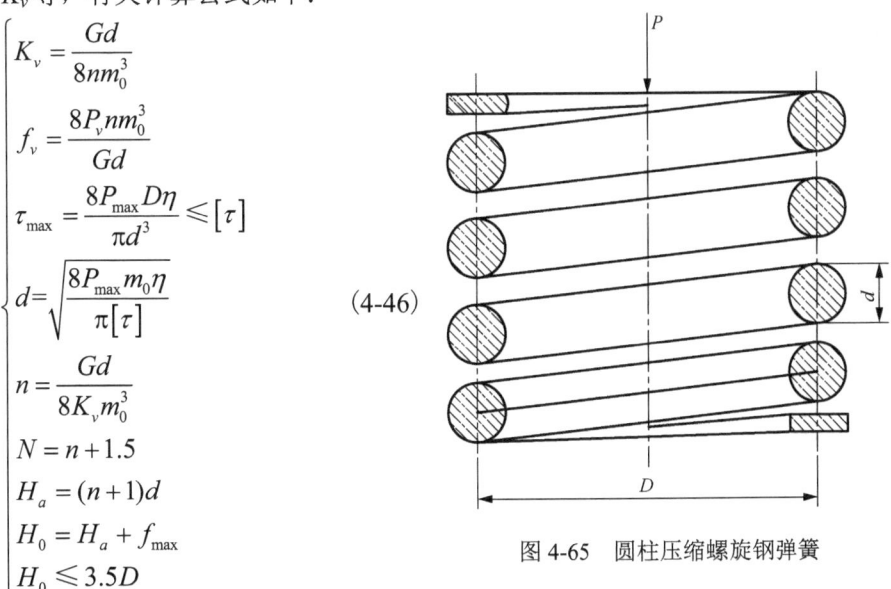

$$\begin{cases} K_v = \dfrac{Gd}{8nm_0^3} \\ f_v = \dfrac{8P_v nm_0^3}{Gd} \\ \tau_{\max} = \dfrac{8P_{\max}D\eta}{\pi d^3} \leqslant [\tau] \\ d = \sqrt{\dfrac{8P_{\max}m_0\eta}{\pi[\tau]}} \\ n = \dfrac{Gd}{8K_v m_0^3} \\ N = n + 1.5 \\ H_a = (n+1)d \\ H_0 = H_a + f_{\max} \\ H_0 \leqslant 3.5D \end{cases} \tag{4-46}$$

图 4-65 圆柱压缩螺旋钢弹簧

式中，$G$ 为剪切弹性模量，弹簧钢取 80GPa；$P_v$ 为作用于弹簧上的垂直静载荷；$P_{\max}$ 为作用于弹簧上的最大垂直静载荷，$P_{\max} = P_v(1 + k_{dl})$，其中 $k_{dl}$ 为弹簧挠度的裕量系数，其取值规定为，弹簧装置中有减振装置时取 $\geqslant 0.5$，无减振装置时或减振阻力过小时取 $\geqslant 0.6$；$m_0$ 为弹簧指数，又称旋绕比，$m_0 = \dfrac{D}{d}$，铁路车辆弹簧一般取 $m_0 = 4 \sim 7$，选取的 $D$ 值应能与弹簧空间位置相适应，选取的 $d$ 值应符合弹簧钢材规格中标准簧料的直径值，见表 4-6；$\eta$ 为应力修正系数，$\eta = \dfrac{4m_0 - 1}{4m_0 - 4} + \dfrac{0.615}{m_0}$；$f_{\max}$ 为最大挠度，$f_{\max} = f_v(1 + k_{dl})$；$[\tau]$ 为许用应力，对于 55Si2Mn 和 60Si2Mn 弹簧钢，取 750MPa。

在设计计算车辆悬挂装置中的弹簧时,为改善振动特性,在结构空间位置、车钩高差等条件允许的情况下,应尽量增大弹簧总静挠度。为此,在设计计算弹簧参数时,必须注重垂直刚度 $K_v$ 与垂直静挠度 $f_v$ 值的选取。在实际的设计中,在符合许用应力及有关要求下,可不必按一般弹簧的设计要求选取某参数值,如弹簧有效圈数的尾数值、平均直径 $D$ 值和自由高 $H_0$ 值都可以不按有关要求选取(表 4-6)。

表 4-6 圆截面弹簧材料直径系列 （单位：mm）

| | | | | | | | | | |
|---|---|---|---|---|---|---|---|---|---|
| 第一系列 | 0.1 | 0.15 | 0.2 | 0.25 | 0.3 | 0.35 | 0.4 | 0.45 | 0.5 |
| | 0.6 | 0.8 | 1 | 1.2 | 1.6 | 2 | 2.5 | 3 | 3.5 |
| | 4 | 4.5 | 5 | 6 | 8 | 10 | 12 | 16 | 20 |
| | 25 | 30 | 35 | 40 | 45 | 50 | 60 | 70 | 80 |
| 第二系列 | 0.7 | 0.9 | 1.4 | (1.5) | 1.8 | 2.2 | 2.8 | 3.2 | 3.8 |
| | 4.2 | 5.5 | 7 | 9 | 14 | 18 | 22 | (27) | 28 |
| | 32 | 36 | 38 | 42 | (55) | 65 | | | |

注：应优先采用第一系列；带括号的直径只适用于目前不能更换的产品。

**2) 圆柱压缩螺旋弹簧的径向特性计算**

圆柱压缩螺旋弹簧的径向特性主要包括径向刚度、径向稳定性及应力状况等。

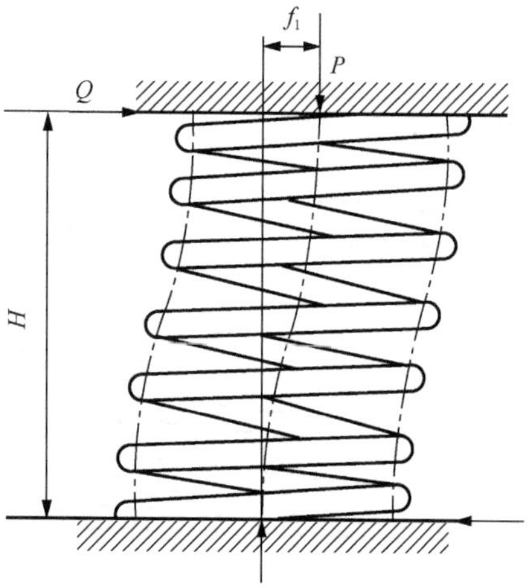

(1) 径向刚度的计算。

同时承受轴向(垂向)力 $P$ 和径向(横向)力 $Q$ 的螺旋弹簧的横向刚度的一般计算简图如图 4-66 所示。

假设在 $P$ 和 $Q$ 的作用下,弹簧的上、下支承面在运动过程中保持平行,则挠度比为

$$\frac{f_l}{f_v} = \frac{Q}{P}\left[0.295\left(\frac{H}{D}\right)^2 + 0.384\right]i \quad (4-47)$$

刚度公式为

$$K_1 = \frac{K_v}{\left[0.295\left(\frac{H}{D}\right)^2 + 0.384\right]i} \quad (4-48)$$

图 4-66 螺旋弹簧横向刚度计算简图

式中,$f_v$ 为弹簧在 $P$ 作用下的垂直挠度(m)；$f_l$ 为弹簧在 $Q$ 作用下的横向挠度(m)；$K_v$ 为弹簧垂直刚度(kN/m)；$K_1$ 为弹簧横向刚度(kN/m)；$D$ 为弹簧平均直径(m)；$H$ 为弹簧有效工作高度(m),指弹簧在垂直载荷 $P$ 作用下,螺旋弹簧上、下支承面之间的高度 $H'$ 和簧条直径之差,即 $H = H' - d$；$i$ 为垂直载荷 $P$ 对弹簧横向变形的影响系数。

$$i = \frac{1}{1 - \frac{P}{P_{cr}}} \quad (4-49)$$

式中,$P_{cr}$ 为考虑横向变形后的临界压缩载荷值(kN),它可由式(4-50)计算。

$$\frac{P}{P_{cr}} = \left\{1.3\left[\sqrt{1 + 4.29\left(\frac{D}{H}\right)^2} - 1\right]\right\}^{-1} \frac{f_v}{H} \quad (4-50)$$

假设在 $P$ 和 $Q$ 力作用下,弹簧的上、下支承面能相对转动,则挠度比公式为

$$\frac{f_l}{f_v} = \frac{Q}{P}\left[1.18\left(\frac{H}{D}\right)^2 + 0.384\right]i' \tag{4-51}$$

刚度公式为

$$K_1 = \frac{K_v}{\left[1.18\left(\frac{H}{D}\right)^2 + 0.384\right]i'} \tag{4-52}$$

式中,$i' = \dfrac{1}{1-\dfrac{P'}{P'_{cr}}}$,则

$$\frac{P'}{P'_{cr}} = \left\{1.3\left[\sqrt{1+1.07\left(\frac{D}{H}\right)^2} - 1\right]\right\}^{-1}\frac{f_v}{H} \tag{4-53}$$

(2) 径向稳定性计算。

为了能充分利用螺旋弹簧的横向特性,通常将其设计得细而高。但是,同时必须注意保证弹簧具有必要的径向稳定性,径向稳定性包括径向弹性稳定性和倾覆稳定性两个方面。

保证径向弹性稳定性应满足的条件为

$$\frac{K_1}{K_v} \geqslant 1.2\frac{f_v}{H} \tag{4-54}$$

保证倾覆稳定性应满足的条件为

$$\begin{cases} f_l \leqslant \dfrac{PD}{K_1 H + P} \\ Q \leqslant \dfrac{PDK_l}{K_1 H + P} \end{cases} \tag{4-55}$$

(3) 应力计算。

螺旋弹簧的最大切应力发生在端部簧圈的内侧,其计算公式为

$$\tau_{\max} = \tau\left[1 + \frac{f_l}{D}\left(1 + \frac{K_1 H}{K_v f_v}\right)\right] \leqslant [\tau] \tag{4-56}$$

式中,$\tau$ 为仅有轴向力 $P$ 作用时螺旋弹簧的切应力,可用前面计算应力的公式求解,但需将式中 $P_{\max}$ 改换为相应螺旋弹簧有效工作高度为 $H$ 时的轴向力 $P$,其他符号意义同前。

由式(4-56)可见,切应力 $\tau_{\max}$ 随着横向挠度 $f_l$ 的增大而呈线性关系增加。在一般情况下,由于横向挠度所产生的附加应力数值比较大,所以利用横向弹性的螺旋弹簧时必须考虑这个因素,要把弹簧的横向挠度限制在应力状态允许的范围内,以保证弹簧具有足够的强度。所允许的横向挠度 $f_l$ 可由式(4-57)确定:

$$f_l = D\left(\frac{[\tau]}{\tau} - 1\right)\left(1 + \frac{K_1 H}{K_v f_v}\right)^{-1} \tag{4-57}$$

式中,$[\tau]$ 为许用应力。

对于双卷弹簧,由于外卷比内卷承受的横向载荷大,在设计中,初步计算垂向载荷作用下的剪切应力 $\tau$ 时,可适当增大内卷剪应力,减小外卷剪应力。这样,当弹簧同时承受垂向与横向载荷时,可使内、外卷接近等强度。

### 3) 双卷螺旋弹簧的计算

为使结构紧凑，减少弹簧占用的空间位置，时常采用作用相同的双卷弹簧来代替单卷弹簧，个别情况下也有采用三卷弹簧的。凡是采用双卷或三卷螺旋弹簧时，要求其相邻的两层簧的螺旋方向相反，即一个左旋，另一个则必须右旋，以免相互卡住或使簧组产生转动。双卷螺旋弹簧的关系简图见图 4-67。

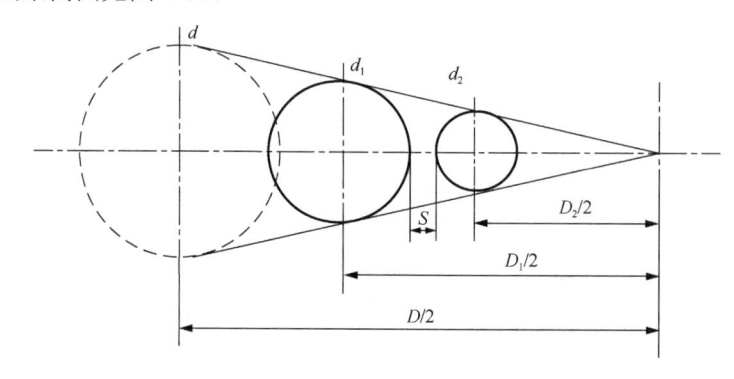

图 4-67 双卷螺旋弹簧关系简图

采用双卷螺旋弹簧代替单卷螺旋弹簧时，为不改变原弹簧的弹性特性，应使下列各式成立：

$$\begin{cases} P = P_1 + P_2 & \text{(载荷)} \\ f = f_1 = f_2 & \text{(挠度)} \\ \tau = \tau_1 = \tau_2 & \text{(应力)} \end{cases} \tag{4-58}$$

为此，应满足下列三个条件：

$$\begin{cases} \dfrac{D}{d} = \dfrac{D_1}{d_1} = \dfrac{D_2}{d_2} = m \\ nD = n_1 D_1 = n_2 D_2 \\ d^2 = d_1^2 + d_2^2 \end{cases} \tag{4-59}$$

由于弹簧外径、簧条直径和弹簧垂直度有公差，并且变形时弹簧直径要发生变化，为避免内、外卷螺旋弹簧互相接触，其间应保持一定的间隙，建议间隙取 $S = \dfrac{d_1 - d_2}{2}$，因此可以得到 $d_1$ 和 $d_2$ 之间的补充关系式

$$\begin{cases} d_1 = \dfrac{d}{\sqrt{1+\alpha^2}} + \dfrac{2\alpha\beta}{1+\alpha^2} \\ d_2 = \dfrac{\alpha d}{\sqrt{1+\alpha^2}} - \dfrac{2\beta}{1+\alpha^2} \\ \alpha = \dfrac{m-1}{m+1} \\ \beta = \dfrac{S}{m+1} \\ S = \dfrac{d_1 - d_2}{2} \end{cases} \tag{4-60}$$

在式(4-58)～式(4-60)中，下标为"1"表示外卷螺旋弹簧的各参数，下标为"2"表示内

卷螺旋弹簧的各参数。根据单卷螺旋弹簧的参数，按式(4-60)可先求得 $d_1$ 和 $d_2$ 的值，再按式 (4-59)求得双卷螺旋弹簧的其他参数。

实际上，由于簧条直径规格等条件的限制，只能近似地满足式(4-59)中的三个条件，因而需要对有关参数进行修正，修正时要保持内、外卷螺旋弹簧的当量刚度和挠度值与原单卷螺旋弹簧的参数值一致，设法使内、外卷螺旋弹簧的压缩高度相等(特定条件的除外)，并使各应力均在许用应力范围之内。

CRH5 型动车组转向架双卷螺旋弹簧的有关参数值如表4-7所示，供设计计算时参考。

表4-7　CRH5 型动车组转向架双卷螺旋弹簧规格

| 转向架形式 | 弹簧名称 | $d$/mm | $D$/mm | $n$ | $H_0$/mm |
| --- | --- | --- | --- | --- | --- |
| CRH5 型 | 轴箱外侧弹簧(内圈) | 20 | 103 | 9.15 | 257.5 |
| | 轴箱外侧弹簧(外圈) | 29.5 | 163.5 | R6.75 | 257.5 |
| | 轴箱内侧弹簧(内圈) | 20 | 103 | 8.85 | 248.5 |
| | 轴箱内侧弹簧(外圈) | 29.5 | 165.5 | 6.6 | 248.5 |

依据设计任务书提出的具体要求(如自重、载重、挠度、刚度等)，参照表 4-7 中双卷螺旋弹簧的参数值，也可直接分别设计计算内、外卷螺旋弹簧的各参数及组合当量刚度等。或者，在初步设计计算时，将内、外卷螺旋弹簧所承受的载荷按 1:2 的比例进行分配。对于三卷螺旋弹簧，内、中、外三卷所承受的载荷按 1:2:4 的比例进行分配，然后分别进行各单卷螺旋弹簧参数、簧卷间隙及组合当量刚度等值的设计计算，并适当给以修正，满足设计要求。上述这两种方法较为简便，在实际中应用较多。

**7. 减振阻尼设计选择**

减振阻尼通常通过摩擦或液压减振装置来提供。有些橡胶弹性减振元件、叠板弹簧等，有足够的内摩擦阻尼，不需要再单独增加阻尼器。最佳阻尼值的设计选择比悬挂刚度的选择更为复杂，高阻尼会降低共振情况下的振幅，但会显著增加作用到车体上的更高频率激励输入，如来自轨道的不平顺的短波长输入等。

液压减振器普遍用于客车转向架设计中。考虑阻尼力与速度呈正比的比例阻尼模型，在这种情况下，车辆振动的衰减特性由特征值实部与对应的固有频率的比值确定，这就是阻尼系数，显然，固有频率不同时，阻尼系数的值是不同的，可表示为

$$d_i = \frac{1}{2\omega_i} \frac{\{v_i\}^\mathrm{T} [D] \{v_i\}}{\{v_i\}^\mathrm{T} [M] \{v_i\}} \tag{4-61}$$

式中，$[D]$、$[M]$ 分别为车辆多体模型的阻尼矩阵和惯性矩阵；$\{v_i\}$ 为第 $i$ 阶模态的列向量，$\omega_i$ 为第 $i$ 阶模态的固有频率。

在一个简化的多体模型中，车体、轮对和转向架构架均可用刚体表示，再通过弹簧和阻尼单元连接为一个车辆系统模型。

根据理论和实验分析可获得轨道车辆振动的有效阻尼系数的设计值，通常，垂直振动取 0.2~0.3，水平振动为 0.3~0.4，车体侧滚取 0.1~0.2。

在货车转向架中，最常用的是摩擦阻尼减振器。在进行参数的初步选择时，根据共振情况下的振幅不增加原则，对减振器内的摩擦力进行估算确定。假定在一个周期内共振的振幅增加了 $\Delta A'$，而减振器产生的摩擦力 $F$ 使其减小了 $\Delta A''$，为防止共振情况增加振幅，必须满

足以下条件：

$$\Delta A'' \geqslant \Delta A' \tag{4-62}$$

单个周期内，干摩擦系统的等效阻尼力满足如下条件：

$$F \geqslant \frac{\pi q}{4} K_{eq} \tag{4-63}$$

式中，$q$ 为周期线路不平顺的估计幅值（可参考标准中规定值）；$K_{eq}$ 是减振装置中的等效刚度。

因为相对摩擦系数等于摩擦力与静态垂直载荷之比，所以可容易估算出摩擦力的大小为

$$\varphi = \frac{F}{P_{st}} \geqslant \frac{\pi q}{4 f_{eq}}, \qquad f_{eq} = \frac{P_{st}}{K_{eq}} \tag{4-64}$$

对于货车，相对摩擦系数的推荐值通常为 0.05~0.15。相对摩擦系数是货车的通用参数，摩擦力的最佳值取决于减振悬挂系统的等效静挠度，对非线性减振悬挂系统而言，该值取决于垂向载荷。

## 第四节 转向架主要结构部件强度校核计算

### 一、构架结构强度校核计算

#### 1. CRH2 型动车组转向架构架

CRH2 型动车组转向架构架（图 4-68）为 H 形，主要由侧梁、横梁、纵向辅助梁、空气弹簧支撑梁、定位臂和齿轮传动装置座等组成。动车转向架构架和拖车转向架构架可通过安装托架实现互换性，在焊接组装后对转向架构架进行退火处理。

#### 2. 构架的强度计算与评定

1）有限元计算方法

目前，转向架结构强度主要零部件的强度和疲劳强度计算均采用有限元法。有限元法的基本思路就是将复杂的结构视为由简单的基本的有限个单元组成，是一种离散化的数值计算方法。有限元分析的步骤一般为建立结构几何模型、结构离散、载荷和边界条件的施加、计算求解、结果后处理。在获得所设计结构的应力分布后进行强度和疲劳强度的评价。

图 4-68 CRH2 型动车组转向架构架

（1）合理确定几何模型。

结构几何模型的建立是进行有限元分析的基础，根据结构的实际构造情况，合理地进行简化，简化后的几何模型要能反映结构受载的实际情况，结构上的一些附属的不影响结构强度的部件可以省略，这样既可以保证计算精度，又可以提高计算分析效率。进行几何建模时应充分利用结构的对称性等特性，提高建模效率。

（2）结构的离散。

结构的几何模型确定后，就可以进行结构的离散化处理，主要包括选择合适的单元类型、划分合适的单元网格。例如，转向架构架的横梁和侧梁一般是由钢板组焊而成的箱形结构，这种结构可以用三维空间板壳单元进行结构离散。结构单元的划分力求规整，单元的大小要根据计算的精度要求、计算机容量及计算时间的要求来确定。在保证必要的计算精度的前提

下，尽量少取单元。在应力变化较大的部分，单元网格可以密一些，反之可以稀疏一些。相邻单元的面积尽量不要相差太大，因此网格的疏密应尽可能逐步过渡。

(3) 载荷和边界条件的施加。

采用有限元法计算时，必须给定载荷，在计算模型的某些节点上设置一定的约束条件，使得有限元方程组可解。

施加载荷时可根据载荷作用的位置，按照实际载荷的方向，施加到节点上。

根据结构的实际情况设置约束，例如，转向架轴箱弹簧支撑就可以采用若干个与实际轴箱弹簧刚度等效的弹性单元来模拟。

考虑到结构和载荷的对称性，如果在计算时采用 1/2 或 1/4 结构作为计算对象，应在截开的对称面上所有的节点上设置相应的约束条件。对称面上的约束应是放松的不影响结构对称性的约束，将破坏结构对称性的位移约束死。

另外，应根据限制整个结构的刚性位移条件设置约束。当结构承受平衡力系作用而无支撑，或者结构虽具有实际支撑，但这些支撑条件不足以限制整个结构的刚体位移时，需要添加限制整个结构刚体位移的约束，但是必须保证结构是静定的。

**2) 构架的静态和动态作用载荷**

作为既承载又作用于线路上的高速运行的转向架结构，在运行过程中会受到各种复杂且随机的载荷的作用。为确保转向架结构具有足够的强度，应分析这些载荷，并确定它们的取值以及它们之间的组合情况。

转向架构架上所受到的载荷一般包括垂直载荷、横向载荷、斜对承载和在各种悬吊装置上所产生的静载荷和动载荷。根据相关标准和多年的实践，进行转向架构架设计时应分别考虑两种载荷情况，一种是在整个车辆使用寿命期内极少出现的载荷情况，甚至可能只出现一次或数次，但出现时载荷的数值较大；另一种是在构架上较为频繁出现的交变载荷，这种载荷对构架的寿命具有重要的影响。前一种载荷称为超常载荷，即转向架构架在整个寿命期内可能出现的最大载荷，为转向架构架的静态设计提供了载荷设计依据；后一种载荷称为模拟运行载荷，即实际运营中经常出现的载荷。根据车辆和转向架的基本参数，通过相关标准和规范确定各种载荷。目前，动车组转向架构架一般采用无摇枕空气弹簧技术，构架为 H 形的焊接构架，垂直载荷作用于构架两侧梁上的空气弹簧支撑座位置处，横向载荷主要作用于横向止档位置处，各种悬吊装置产生的静载荷和动载荷作用于各种悬吊的位置处，转向架构架主要载荷作用位置如图 4-69 所示。

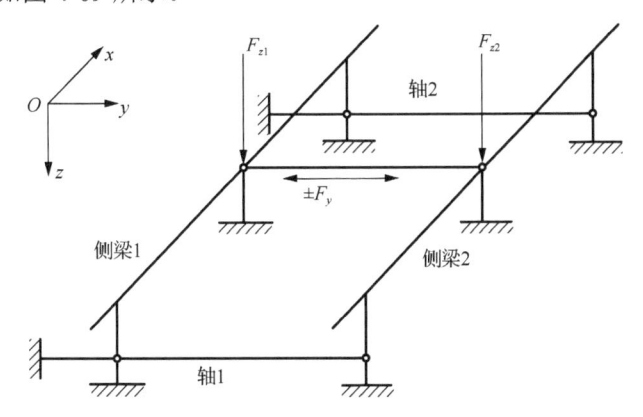

图 4-69 转向架构架主要载荷作用位置示意图

**3) 构架强度评价**

(1) 构架静强度评价。

在各载荷单独作用及组合作用下,转向架构架中任意一点的应力均不能超过所规定的超常载荷许用应力并不得产生残余变形。

许用应力是根据所用材料的特性及《机车车辆强度设计及试验鉴定规范 转向架 第 1 部分:转向架构架》(TB/T 3549.1—2019)的规定予以确定,安全系数值见表 4-8。

表 4-8 安全系数值

| 材料极限 | 最大可能载荷或超常载荷 | | 运用载荷 | |
|---|---|---|---|---|
| | 无焊缝区 | 有焊缝区 | 无焊缝区 | 有焊缝区 |
| $\sigma_b$(适用于钢) | 1.5 | | 2.2 | |
| $\sigma_s$ | 1.0 | 1.1 | 1.5 | 1.65 |

(2) 构架疲劳强度评价。

由各种载荷工况得出相应的应力值 $\sigma_1,\cdots,\sigma_{13}$,从中确定其最大值 $\sigma_{max}$ 和最小值 $\sigma_{min}$,计算平均应力 $\sigma_m$ 和应力幅值 $\Delta\sigma$。

上述应力应符合疲劳极限线图规定的许用应力范围,即动应力值落在古德曼疲劳极限线图的范围内,则说明该构架的疲劳强度满足要求。图 4-70 就是国际铁路联盟给出的 ST52 钢的古德曼疲劳极限线图。

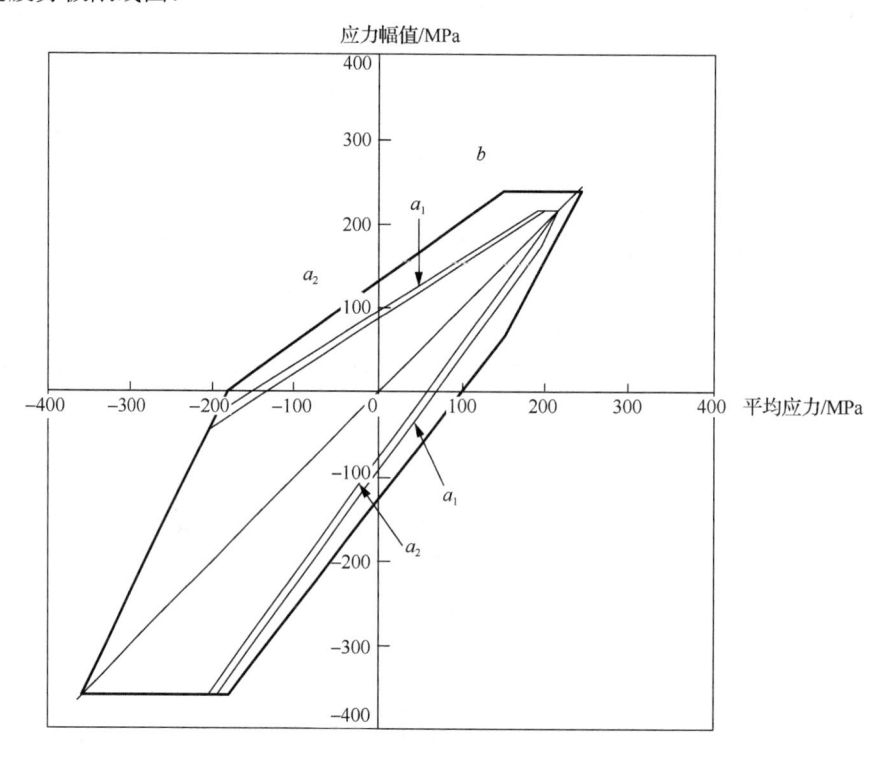

图 4-70 ST52 钢的古德曼疲劳极限线图

图 4-70 中,曲线 $a_1$ 适用于测量焊缝增强未清除的对焊组装区,以及切口效应较低的截面变化区内的测点。在实际混合载荷作用下,它考虑了较低的切口效应,并且焊缝质量必须符合规范要求。曲线 $a_2$ 暂定用于其他类型切口(主要是角焊缝),并应符合规范中关于焊接质量

的要求。曲线 b 适用于非焊接钢制件。

应力计算及评价按相关日本工业标准(Japanese Industrial Standards,JIS)(类似前面所述方法)进行。

**3．构架计算过程**

以 CRH2 型动车组动力转向架为例，进行分析校核计算。

**1) 转向架主要技术参数**

轴重(200%定员时)：15.68t，电机质量：0.44t，动车转向架质量：7.364t，齿轮箱组成质量：0.2764t。

**2) 载荷确定**

(1) 超常载荷。

超常垂向静载荷为

$$F_{z1\max} = F_{z2\max} = \frac{1.4g}{2n_b}(m_c - n_b m^+) = 167.631 \text{kN} \tag{4-65}$$

式中，$F_{z1\max}$、$F_{z2\max}$ 为构架侧梁一侧的超常垂向静载荷；$m_c$ 为超员车辆总质量；$n_b$ 为转向架数；$m^+$ 为转向架质量。

超常横向静载荷为

$$F_{y\max} = 2\left(10 + \frac{m_c g}{3n_e n_b}\right) = 124.533 (\text{kN}) \tag{4-66}$$

式中，$F_{y\max}$ 为每构架的超常横向静载荷；$n_e$ 为每一转向架的轮对数。

超常纵向静载荷为

$$F_{x\max} = 超常垂向静载荷 \times 0.3 = 100.579 (\text{kN}) \tag{4-67}$$

式中，$F_{x\max}$ 为每个构架的超常纵向载荷。

电机超常垂向载荷为

$$电机超常垂向载荷 = 电机质量 \times 10g = 4.4 \times 10 = 44.000 (\text{kN}) \tag{4-68}$$

$$驱动装置自重载荷 = 驱动装置重量 \times 0.3 \times 5 = 2.95 \times 0.3 \times 5 = 4.425 (\text{kN})$$

考虑轮轨间黏着系数为 0.3 时，齿轮箱吊座上由驱动装置引起的载荷为

$$P = 轴重 \times 0.3 \times 车轮半径/驱动半径 \times 1.3$$
$$= 15.68g \times 0.3 \times 430/542.731 \times 1.3 = 48.450 (\text{kN}) \tag{4-69}$$

制动盘的最大制动力为 22.68kN。斜对称载荷按轨道扭曲量 10‰考虑，取 7.772kN。

(2) 模拟运营载荷。

垂向载荷为

$$F_z = \frac{g}{2n_b}(m_c - n_b m^+) = 119.98 (\text{kN}) \tag{4-70}$$

横向载荷为

$$F_y = 0.5(F_z + 0.5m^+ g) = 78.4 (\text{kN}) \tag{4-71}$$

纵向载荷为

$$F_x = 垂直静载荷 \times 0.3 = 119.98 \times 2 \times 0.3 = 71.988 (\text{kN})$$

电机垂向动载荷为

$$电机垂向动载荷 = 电机质量 \times 10g = 4.4 \times 10 = 44.000 (\text{kN})$$

驱动装置自重载荷=驱动装置重量×0.3×4=2.95×0.3×4=3.54(kN)

考虑轮轨间黏着系数为 0.3 时，齿轮箱吊座上由驱动引起的载荷为

$$P=轴重×0.3×车轮半径/驱动半径$$
$$=15.68g×0.3×430/542.731=37.269(kN)$$

制动盘的最大制动力为 22.68kN。斜对称载荷按轨道扭曲量 5‰考虑，取 3.886kN。模拟运行载荷工况的组合参见相关规范，转向架载荷示意图见图 4-71。

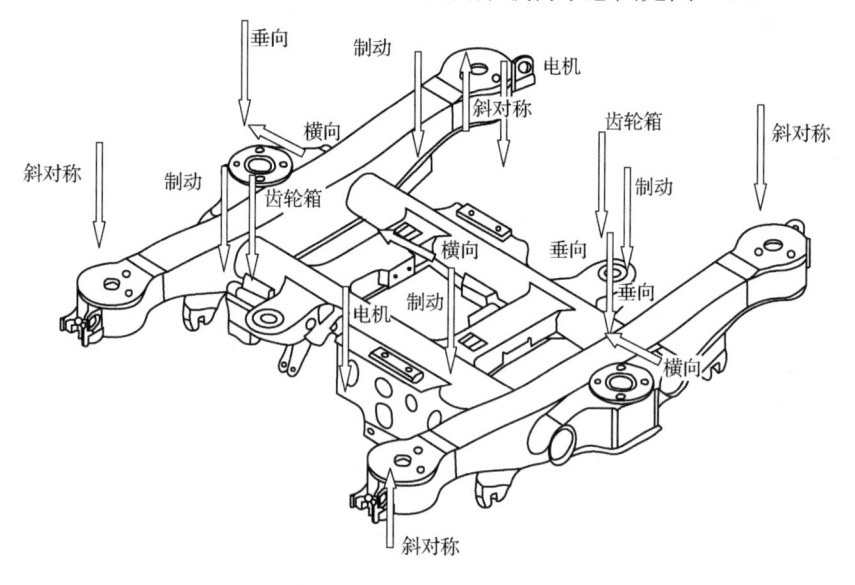

图 4-71　转向架载荷示意图

**3）约束条件及计算结果**

在轴箱弹簧座和定位臂座处，按照减振元件的实际刚度施加弹性边界元约束，见图 4-72 和图 4-73。

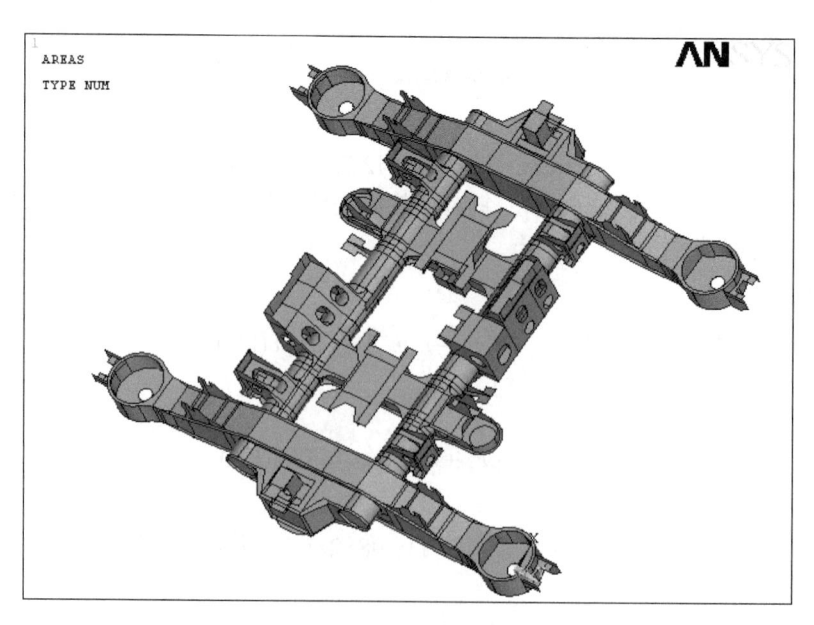

图 4-72　转向架实体模型

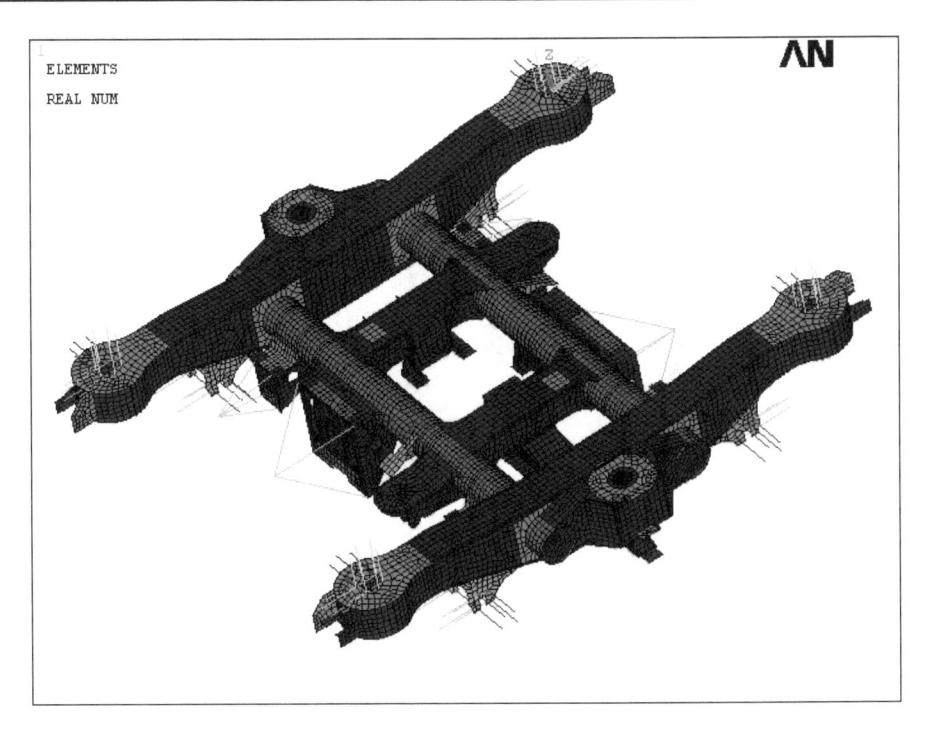

图 4-73　转向架有限元模型

主要计算结果参见图 4-74 和图 4-75。在超常载荷工况下，构架上的最大应力发生在侧梁下盖板与定位臂座板根部连接焊缝处，其值约为 297.0 MPa，小于 AQ400NH 钢焊接接头的许用应力(322MPa)，因此该构架静强度满足要求。

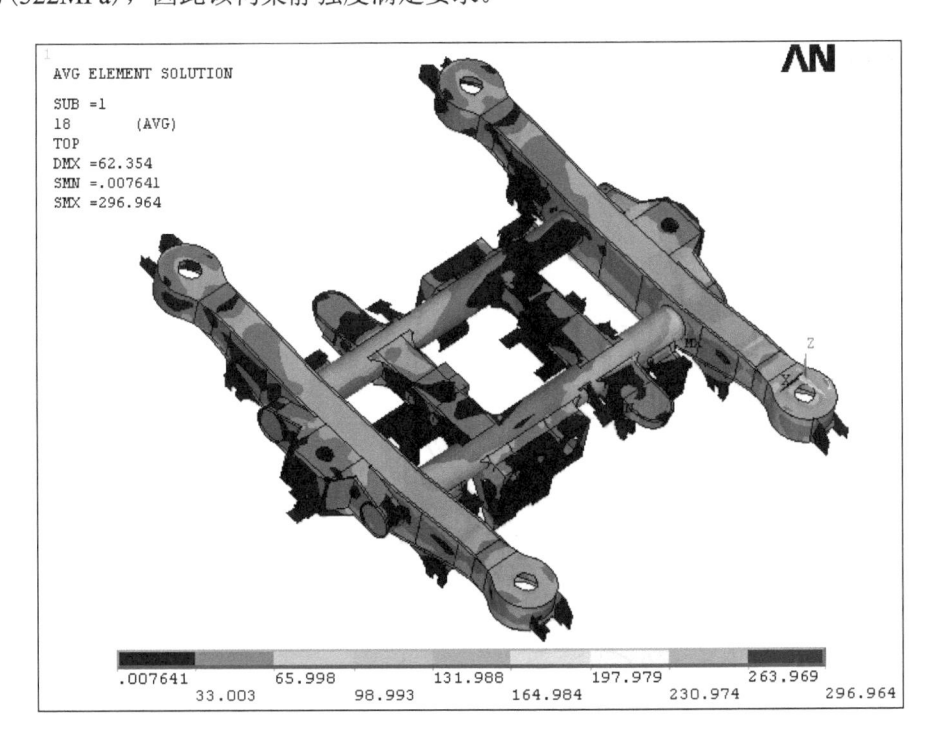

图 4-74　超常载荷计算结果

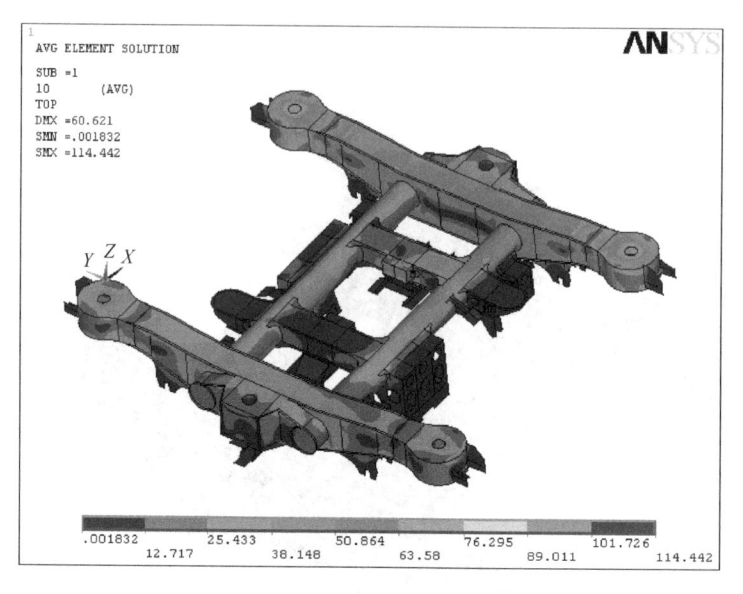

图 4-75　模拟运营载荷计算结果

## 二、车轮强度校核设计计算

轮对是车辆最基本的部件之一，它的破损几乎都是疲劳破损，所以设计时要重点考虑轮对的疲劳强度。

**1. 轮轨间接触应力的计算**

假设车轮和钢轨是由两个不同半径的曲面所构成的弹性接触体，如图 4-76 所示。根据赫兹应力分布，轮轨间的弹性接触面呈椭圆形状，最大压应力为 $q_0$ 发生在椭圆中心，其值为

$$q_0 = \frac{3P}{2\pi ab} \tag{4-72}$$

式中，$P$ 为轮载荷(N)；$a$、$b$ 分别为接触面椭圆的长、短半轴(mm)。

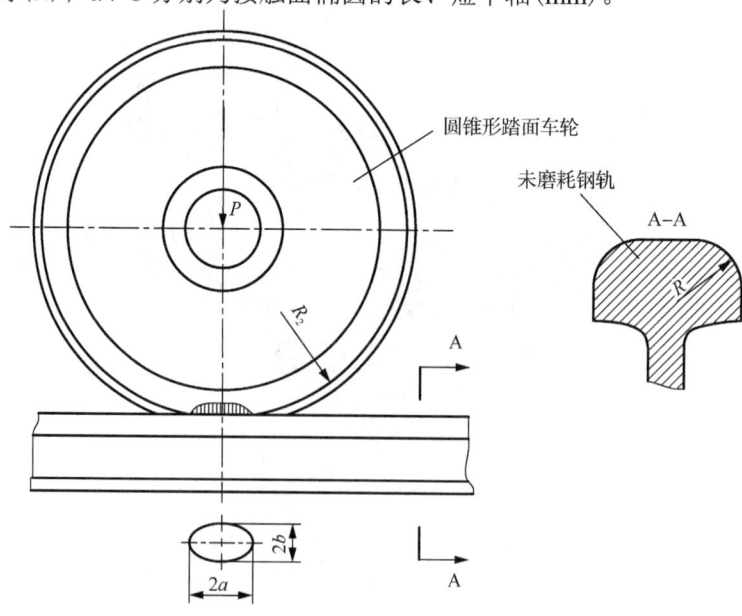

图 4-76　轮轨间的弹性接触

$a$ 和 $b$ 的计算公式分别为

$$a = m\sqrt[3]{\frac{3(1-\mu^2)P}{2E(A+B)}}, \quad b = n\sqrt[3]{\frac{3(1-\mu^2)P}{2E(A+B)}} = \frac{n}{m}a \tag{4-73}$$

式中，$E$ 为弹性模量；$\mu$ 为泊松比。

设 $R_1$ 和 $R_1'$ 分别为车轮踏面的最小和最大曲率半径，$R_2$ 和 $R_2'$ 分别为钢轨顶面的最小和最大曲率半径，$\psi$ 为包含 $R_1$ 的平面与包含 $R_2$ 的平面之间的夹角。对于未磨耗的锥形踏面车轮和钢轨，$R_1'$ 和 $R_2'$ 为无穷大，而 $\theta = \frac{\pi}{2}$。式(4-73)中的系数有如下关系：

$$a + b = \frac{1}{2}\left(\frac{1}{R_1} + \frac{1}{R_1'} + \frac{1}{R_2} + \frac{1}{R_2'}\right) \tag{4-74}$$

$$b - a = \frac{1}{2}\sqrt{\left(\frac{1}{R_1} - \frac{1}{R_1'}\right)^2 + \left(\frac{1}{R_2} - \frac{1}{R_2'}\right)^2 + 2\left(\frac{1}{R_1} - \frac{1}{R_1'}\right)\left(\frac{1}{R_2} - \frac{1}{R_2'}\right)\cos\theta} \tag{4-75}$$

同时，$\cos\theta = \dfrac{b-a}{b+a}$。

根据 $\theta$ 的计算值，查表 4-9，便可确定式(7-73)中的系数 $m$ 和 $n$。

表 4-9 $\theta$ 角与系数 $m$、$n$ 的关系

| $\theta /(°)$ | 0 | 10 | 20 | 30 | 35 | 40 | 45 | 50 |
|---|---|---|---|---|---|---|---|---|
| $m$ | ∞ | 6.612 | 3.778 | 2.731 | 2.397 | 2.136 | 1.926 | 1.754 |
| $n$ | 0 | 0.319 | 0.480 | 0.493 | 0.530 | 0.567 | 0.641 | 0.641 |
| $\theta /(°)$ | 55 | 60 | 65 | 70 | 75 | 80 | 85 | 90 |
| $m$ | 1.611 | 1.486 | 1.378 | 1.284 | 1.202 | 1.128 | 1.061 | 1.000 |
| $n$ | 0.678 | 0.717 | 0.759 | 0.802 | 0.846 | 0.893 | 0.944 | 1.000 |

轮轨接触时，最大剪应力发生在接触面以下某一深度处，其距离为

$$Z = \left[0.47 - 0.35\left(1 - \frac{b}{a}\right)\right]a \tag{4-76}$$

该处的最大剪应力

$$\tau \approx 0.315 q_0 \tag{4-77}$$

各国的接触应力计算值见表 4-10。由于轮轨间的磨耗变形，实际接触应力比计算值小。对于抗拉强度为 833MPa、屈服极限为 689MPa 的车轮材质，日本对接触应力的极限值取为 1176MPa。

表 4-10 各国的接触应力计算值 （单位：MPa）

| 国家 | 日本 | 英国 | 苏联 | 中国 |
|---|---|---|---|---|
| 接触应力计算值 | 980~1176 | ≈1470 | 1323~1372 | 1130~1270 |

**2. 作用于车轮的载荷**

作用于车轮的机械载荷工况依据 UIC510-5 标准确定，加载位置如图 4-77 所示，共分为三种载荷工况。

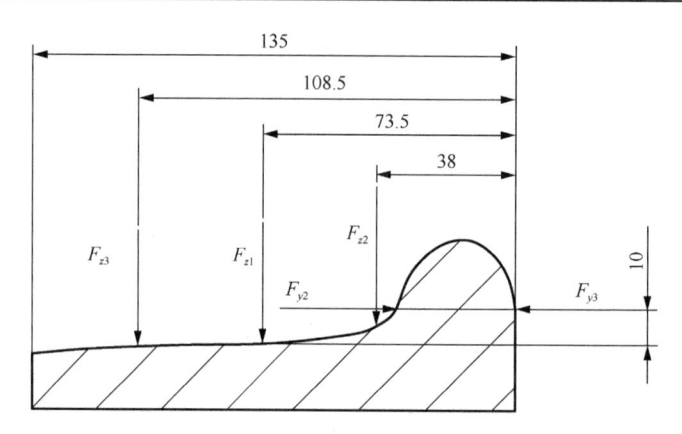

图 4-77 车轮加载位置示意图(单位：mm)

(1) 工况 1：车辆在轨道直线区段运行。

$$\begin{cases} F_{z1} = 1.25Qg \\ F_{y1} = 0 \end{cases} \tag{4-78}$$

(2) 工况 2：完全在曲线上通过。

$$F_{z2} = 1.25Qg \tag{4-79}$$

对于导向轴，有

$$F_{y2} = 0.7Qg \tag{4-80}$$

对于非导向轴，有

$$F_{y2} = 0.6Qg \tag{4-81}$$

(3) 工况 3：通过道岔时。

$$F_{z3} = -1.25Qg \tag{4-82}$$

对于导向轴，有

$$F_{y3} = -0.42Qg \tag{4-83}$$

对于非导向轴，有

$$F_{y3} = -0.36Qg \tag{4-84}$$

式中，$Q$ 为满轴重静态轮载；$g$ 为重力加速度(m/s²)。

**3. 车轮强度评定**

对于车轮所规定的三种工况下各点的最大应力，确定与之相应的最小应力，得到下列参数。

$$\sigma_m = \frac{\sigma_{\max} + \sigma_{\min}}{2} \quad (均值) \tag{4-85}$$

$$\sigma_a = \frac{\sigma_{\max} - \sigma_{\min}}{2} \quad (应力幅值) \tag{4-86}$$

$$\Delta\sigma_m = \sigma_{\max} - \sigma_{\min}$$

对于轮心已进行过机加工的车轮，$\Delta\sigma_m < [\sigma_0]$；对于轮心未进行过机加工的车轮，$\Delta\sigma_m < [\sigma_0']$。这里 $[\sigma_0]$ 和 $[\sigma_0']$ 分别为对应条件下的许用应力。

同时，确保车轮上各个点在三个工况下的 von-Mises 等效应力值小于材料的弹性极限，安全因子为

$$\eta = \frac{[\sigma]}{\Delta \sigma_m} = \frac{[\sigma]}{2\sigma_a} \tag{4-87}$$

式中，$[\sigma]$ 为材料的许用应力或弹性极限。

**4. 车轮的有限元法计算结果示例**

CRH5 型动车组车轮直径为 890mm，轴重为 17t，轮轴的最大和最小过盈配合量分别为 0.300mm 和 0.240mm。车轮材料的对称循环疲劳极限为 360MPa，材料的弹性极限为 355MPa。意大利 Lucchini RS 公司对 CRH5 型动车组车轮进行了有限元分析计算。

**1) 计算载荷工况**

满轴重静态轮载为 $Q = 8500$kg，轮轨垂向力 $F_z = -1.25Qg$(kN)，轮轨横向力 $F_y = 0.7Qg$(kN)。计算载荷工况见表 4-11。

表 4-11 计算载荷工况值     （单位：N）

| 工况 | $F_z$ | $F_y$ |
| --- | --- | --- |
| 工况 1（直线） | −104231.3 | 0 |
| 工况 2（曲线） | −104231.3 | 58369.5 |
| 工况 3（道岔） | −104231.3 | −35021.7 |

**2) 有限元网格划分与计算**

(1) 有限元网格划分。

网格划分采用 ANSYS 程序的四边形简谐轴对称单元（PLANE 25），车轮和车轴组装后的有限元网格模型如图 4-78 所示。

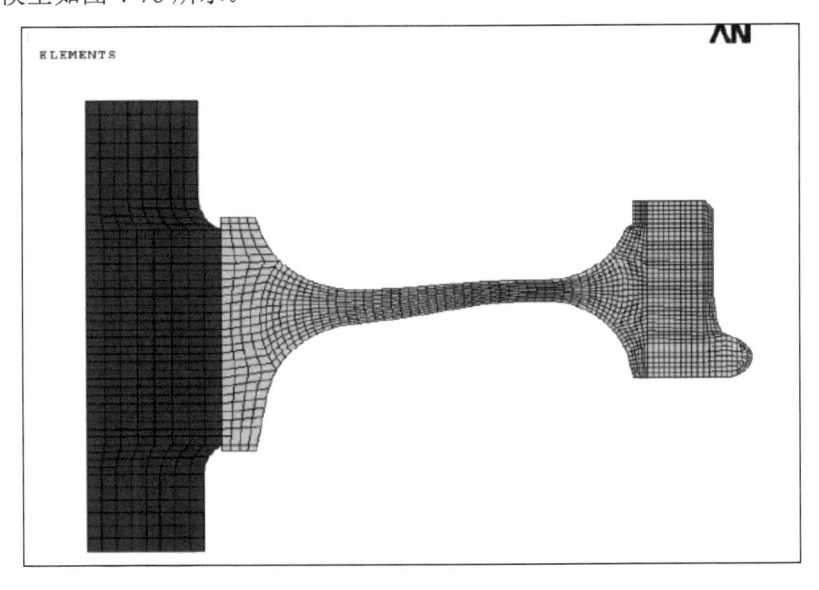

图 4-78 CRH5 型动车组车轮和车轴有限元网格模型

机械载荷（踏面上的作用载荷）作用下的计算，属于轴对称体（即车轮）承受非轴对称载荷的有限元计算。由于采用的是二维简谐轴对称单元，首先需把机械载荷进行傅里叶级数展开，并根据计算精度的要求截取其前几项代替原载荷，然后对展开的每一载荷项分别进行计算，最后按叠加原理叠加，就可以得到机械载荷作用下车轮计算的近似解。

(2) 三种工况下车轮的有限元计算结果。

在最大过盈配合时,三种工况下车轮的有限元计算应力结果如图 4-79～图 4-81 所示。

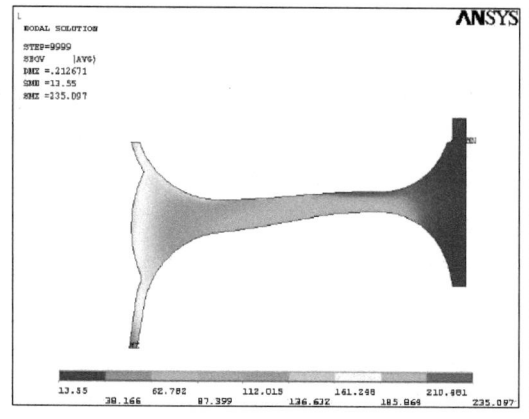

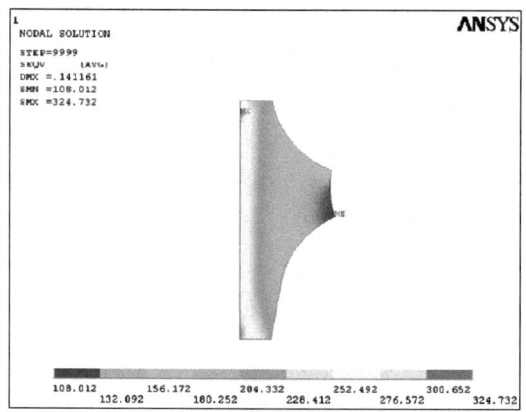

(a) 车轮腹板　　　　　　　　　　　　(b) 轮毂孔区

图 4-79　车轮腹板和轮毂孔区的 von-Mises 等效应力(工况 1)

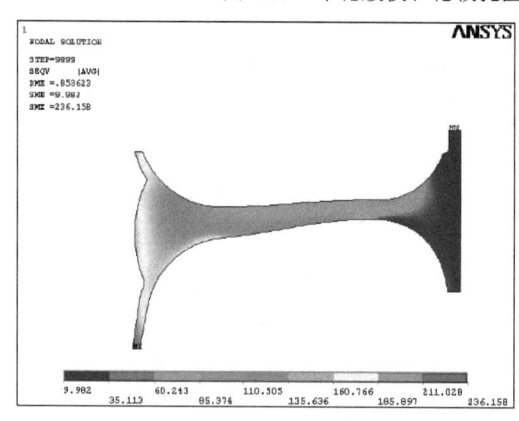

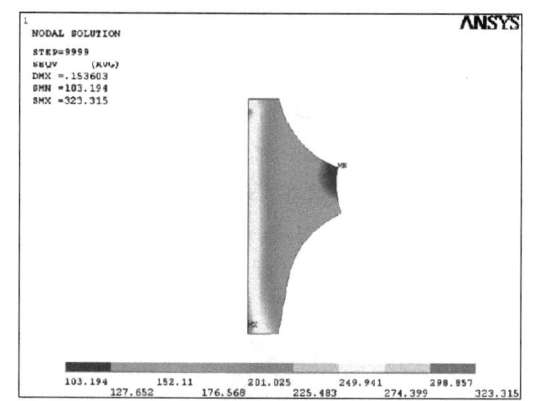

(a) 车轮腹板　　　　　　　　　　　　(b) 轮毂孔区

图 4-80　车轮腹板和轮毂孔区的 von-Mises 等效应力(工况 2)

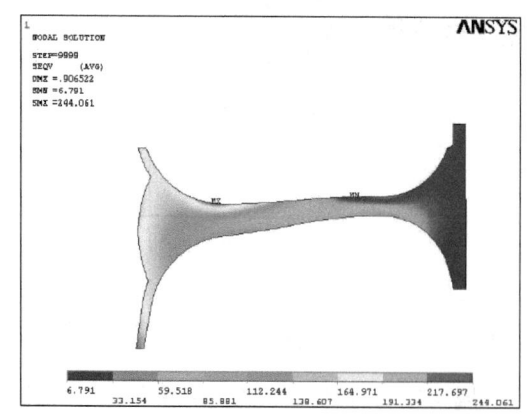

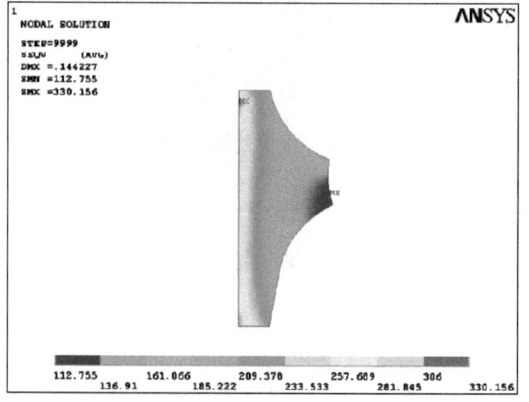

(a) 车轮腹板　　　　　　　　　　　　(b) 轮毂孔区

图 4-81　车轮腹板和轮毂孔区的 von-Mises 等效应力(工况 3)

### 3) 静强度校验

在最大过盈配合时，三种工况下的静强度校验见表 4-12，由表中的结果可见其满足静强度要求。

表 4-12 最大 von-Mises 等效应力和安全因子计算结果

| 参数 | 工况 1 | 工况 2 | 工况 3 |
|---|---|---|---|
| $\sigma_{max}$ /(N/mm$^2$) | 324.73 | 323.32 | 330.16 |
| $\eta$（安全因子） | 1.09 | 1.10 | 1.08 |

### 4) 疲劳强度校核

按照 UIC510-5 进行疲劳强度校核，计算车轮腹板内、外两个面上的所有节点在三种载荷工况和最大过盈配合条件下的组合应力，并进行疲劳强度校核。

计算各节点在各个方向的最大和最小主应力值，即 $\sigma_{11}$、$\sigma_{12}$、$\sigma_{21}$、$\sigma_{22}$、$\sigma_{33}$ 方向的最大和最小主应力值，得出循环应力汇总值(表 4-13)。

表 4-13 循环应力汇总

| 参数 | $\sigma_{11}$ 方向 | $\sigma_{12}$ 方向 | $\sigma_{21}$ 方向 | $\sigma_{22}$ 方向 | $\sigma_{33}$ 方向 |
|---|---|---|---|---|---|
| $\sigma_{max}$ | $\sigma_{11max}$ | $\sigma_{12max}$ | $\sigma_{21max}$ | $\sigma_{22max}$ | $\sigma_{33max}$ |
| $\sigma_{min}$ | $\sigma_{11min}$ | $\sigma_{12min}$ | $\sigma_{21min}$ | $\sigma_{22min}$ | $\sigma_{33min}$ |
| $\sigma_m$ | $\dfrac{\sigma_{12max}+\sigma_{12min}}{2}$ | $\dfrac{\sigma_{12max}+\sigma_{12min}}{2}$ | $\dfrac{\sigma_{21max}+\sigma_{21min}}{2}$ | $\dfrac{\sigma_{22max}+\sigma_{22min}}{2}$ | $\dfrac{\sigma_{33max}+\sigma_{33min}}{2}$ |
| $\sigma_a$ | $\dfrac{\sigma_{11max}-\sigma_{11min}}{2}$ | $\dfrac{\sigma_{12max}-\sigma_{12min}}{2}$ | $\dfrac{\sigma_{21max}-\sigma_{21min}}{2}$ | $\dfrac{\sigma_{22max}-\sigma_{22min}}{2}$ | $\dfrac{\sigma_{33max}-\sigma_{33min}}{2}$ |

从表 4-13 中可进一步得到对应的疲劳强度安全因子 $\eta_{11}$、$\eta_{12}$、$\eta_{21}$、$\eta_{22}$ 和 $\eta_{33}$。通过有限元分析，可找出最大关键应力点，即需要重点校核的疲劳关键点，如图 4-82 所示。由计算结果可知，这些关键点的疲劳强度安全因子均大于 1.0。

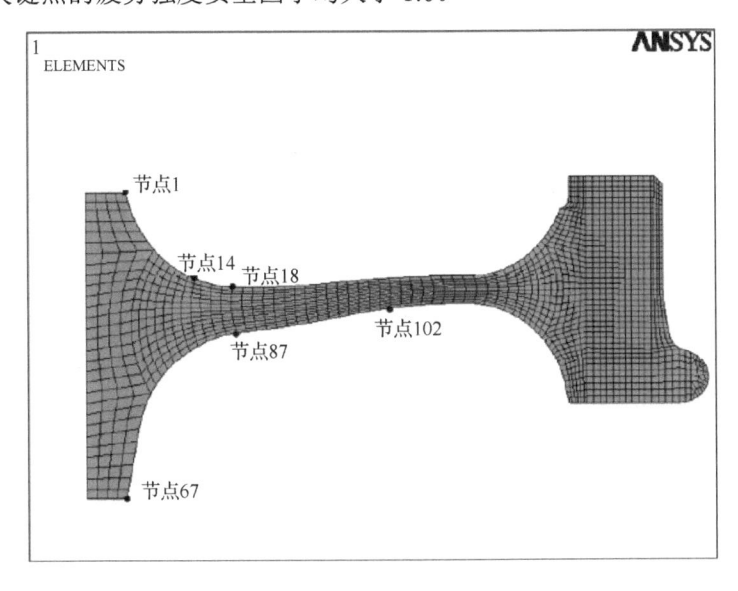

图 4-82 疲劳关键点

根据 UIC 510-5 中的要求，对车轮进行的静强度和疲劳强度的校核分析，得出车轮的静强度安全因子和疲劳强度安全因子均大于 1.0，满足要求。

### 5. 车轮的断裂力学分析原则

车轮破损的条件为

$$K_1 > K_{1C} \tag{4-88}$$

式中，$K_1$ 为应力强度因子，综合反映热裂纹尖端的应力状态，可根据轮辋内部的残余应力分布和热裂纹状态求得；$K_{1C}$ 为车轮材料的断裂韧性值。

$K_1$ 的计算式为

$$K_1 = 1.15\sqrt{\pi a / Q}$$
$$Q = f(a,c) \tag{4-89}$$

当 $K_1 = K_{1C}$ 时，会发生断裂，$a$ 和 $c$ 的定义见图 4-83。

$K_{1C}$ 的值可通过车轮改变化学成分来提高，也可以通过添加铝使晶粒细化，从而提高 $K_{1C}$。我国车轮 $K_{1C}$ 的实测值为 $1862\sim1911\mathrm{MPa\cdot mm}^{1/2}$，国外车轮 $K_{1C}$ 的值为 $2548\sim2744\mathrm{MPa\cdot mm}^{1/2}$。

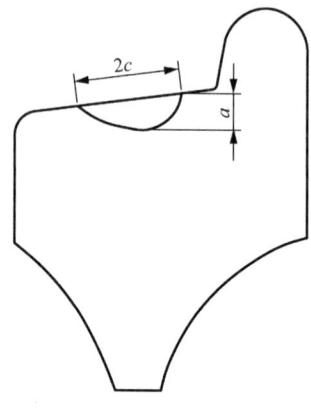

图 4-83 车轮破损参数示意图

## 三、车轴强度校核设计计算

车轴的强度是车轴设计的关键问题之一，主要是疲劳强度设计问题。据统计，裂纹大多发生在轮座部位，占全部裂纹的 81.4%；其次是轴身部位，占 16.4%。裂纹深度在 1mm 以下的占 80%以上，深度超过 2.5mm 的裂纹不到 5%。按照《铁道车辆轮对及轴承形式与基本尺寸》(TB/T 1010—2016)制造新车轴，增大轮座和轴中央部位直径，结构设计更趋合理，这对提高车轴的运行是有利的。

### 1. 车轴的简化计算

**1) 车轴上的作用载荷**

拖车车轴的载荷主要包括：①在车轴上的各种部件所产生的作用力；②制动力和制动力矩(包括弯矩和扭矩)；③对于动车车轴，还应包括牵引力和牵引力矩(包括弯矩和扭矩)。

车轴受力状况见图 4-84(可参照《铁路应用轮对和转向架-第 1 部分：带外侧轴颈车轴的设计方法》(EN13103-1-2017)标准)。图中，$P_1$ 表示作用在增载侧轴颈上的垂直力；$P_2$ 表示作用在减载侧轴颈上的垂直力；$Y_1$ 表示增载侧轴颈端车轮作用在钢轨上的横向力；$Y_2$ 表示减载侧轴颈端车轮作用在钢轨上的横向力；$H$ 表示平衡 $Y_1$ 和 $Y_2$ 的力；$Q_1$ 表示位于增载侧轴颈端车轮上的垂直反作用力；$Q_2$ 表示位于减载侧轴颈端车轮上的垂直反作用力；$F_i$ 表示位于两车轮间的簧下部分(制动盘、齿轮等)部件施加的作用力；$2b_1$ 表示轴颈上垂直力作用点间的距离；$2b$ 表示车轮滚动圆间的距离；$h_1$ 表示车体重心距车轴中心线的高度；$y_i$ 表示车轮滚动圆和力 $F_i$ 之间的横向距离；$r$ 表示车轮滚动圆名义半径。

在静态载荷作用下，车轴上的作用载荷按照以下各式计算：

$$\begin{cases} P_{1,2} = (0.625 \pm 0.0875 h_1 / b_1) m_1 g \\ Y_1 = 0.35 m_1 g \\ Y_2 = 0.175 m_1 g \\ H = Y_1 - Y_2 = 0.175 m_1 g \end{cases} \tag{4-90}$$

$$\begin{cases} Q_1 = \dfrac{1}{2b}[P_1(b_1+b) - P_2(b_1-b) + (Y_1-Y_2)r - F_1(2b-y_i)] \\ Q_2 = \dfrac{1}{2b}[P_2(b_1+b) - P_1(b_1-b) - (Y_1-Y_2)r - F_1 y_i] \end{cases} \quad (4\text{-}91)$$

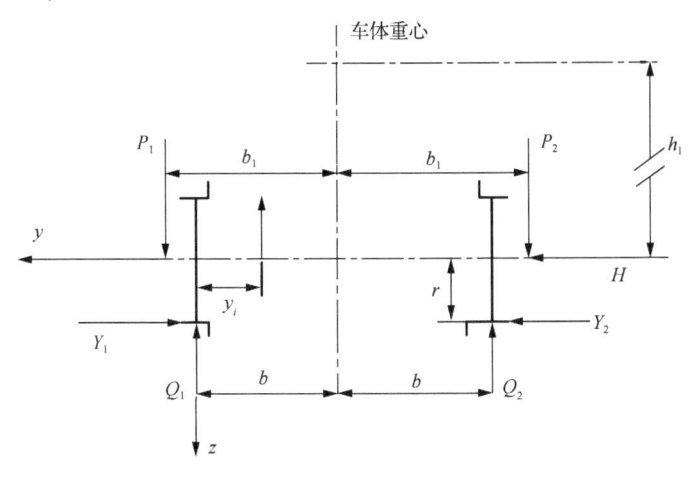

图 4-84 车轴受力状况示意图

**2) 车轴上弯矩的计算**

(1) 正常运行工况引起的弯矩。

在动车组正常运行工况下，由作用于车轴的载荷，可推导得出作用于车轴的力矩 $M_x$、$M_y$ 和 $M_z$，见图 4-85，它们分别是由作用于车轮和制动盘的垂向力、切向力和纵向（水平）力产生的。

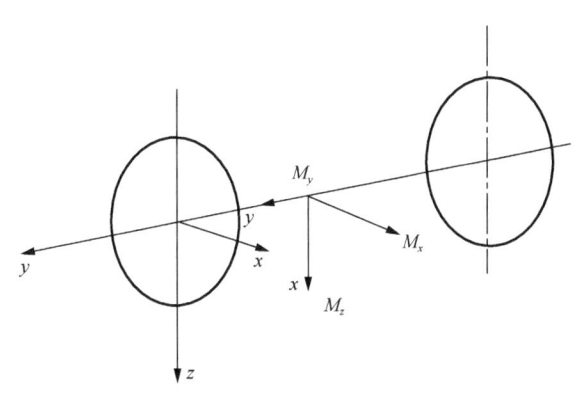

图 4-85 车轴弯矩示意图

在轴颈中心到车轮之间的弯矩为

$$M_x = P_1 y \quad (4\text{-}92)$$

式中，$y$ 为轴颈中心到车轮之间的任一位置。

在两车轮之间的弯矩为

$$M_x = P_1 y - Q_1(y - b_1 + b) + Y_1 r - F_i(y - b_1 + b - y_i) \quad (4\text{-}93)$$

注意这时作用力 $F_i$ 在所考虑横断面的左侧。

除上述作用载荷外，还应分别考虑制动载荷和牵引载荷引起的车轴力矩。

(2) 制动载荷引起的弯矩。

考虑车轴上装有两个制动盘，其受力弯矩图见图 4-86。在制动盘与轴承垂向加载平面之间，车轴的垂向弯矩为

$$M'_x = F_f \Gamma y \tag{4-94}$$

式中，$\Gamma$ 为车轮制动闸片和制动盘间的平均摩擦系数；$F_f$ 为车轴上制动盘与制动闸片的接触面作用力。

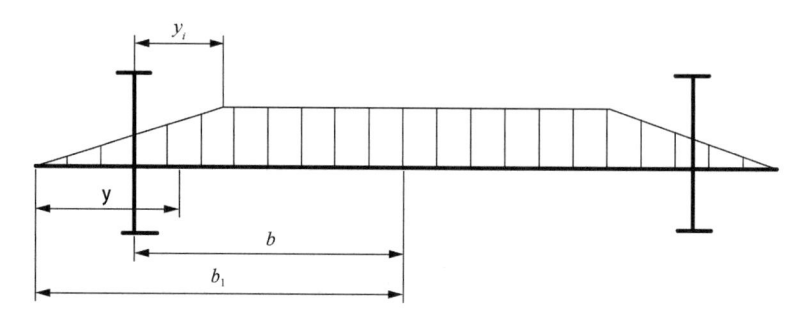

图 4-86 两个制动盘车轴在制动载荷下的受力状况示意图

在两个制动盘之间，车轴的垂向弯矩为

$$M'_x = F_f \Gamma (b_1 - b + y_i) \tag{4-95}$$

在制动盘与轴承垂向加载平面之间，沿纵向弯矩为

$$M'_z = F_f \Gamma \frac{r_b}{r} y \tag{4-96}$$

式中，$r_b$ 为制动盘半径；$r$ 为车轮滚动圆名义半径。

在两个制动盘之间，沿纵向弯矩为

$$M'_z = F_f \Gamma \frac{r_b}{r} (b_1 - b) \tag{4-97}$$

在两个制动盘之间的扭矩为

$$M'_y = 0.3 P r \tag{4-98}$$

$$P = \frac{(m_1 + m_2)}{2} \tag{4-99}$$

式中，$m_1$ 为每个轮对轴颈上的质量（包括轴承和轴箱质量）；$m_2$ 为轮对质量和轮对滚动面间的质量（制动盘、齿轮等）。

$$m_1 = 使用质量 + 1.2 \times 有效载荷$$

式中，使用质量是指没有乘客，且水箱、砂箱、燃油箱等装满时的车辆质量；有效载荷指包括手提行李的一名乘客的质量（估计为80kg），一个座位有 1 名乘客，每平方米的走廊和门廊有 2 名乘客，每个服务员车厢有 2 名乘客，行李车厢每平方米 300kg。

(3) 牵引载荷。

计算和经验表明，牵引力产生的弯矩 $M''_x$、$M''_z$ 和扭矩 $M''_y$ 比制动工况下小得多，且牵引和制动这两种工况不可能同时产生。因此，在进行校核计算时，按恶劣的工况，即制动工况进行校核计算即可。

**3) 车轴应力的合成计算**

车轴的合成应力是作用于车轴合成力矩结果的体现，在车轴的任一横断面上，作用的合成力矩 $MR$ 为

$$M_R = \sqrt{M_x^2 + M_z^2 + M_y^2} \quad (4\text{-}100)$$

式中，

$$\begin{cases} M_x = M_x + M_x' \\ M_z = M_z' \\ M_y = M_y' \end{cases} \quad (4\text{-}101)$$

车轴的应力可由弯矩-应力公式求出，即

$$\sigma_i = \frac{M_i}{W_i} \quad (4\text{-}102)$$

式中，$\sigma_i$ 为车轴某一断面的应力值；$M_i$ 为车轴某一断面的弯矩值；$W_i$ 为与 $M_i$ 所在截面对应的抗弯模数，$W_i = \frac{\pi}{32}d_i^3$，其中 $d_i$ 是该截面在运用中的最小直径。

法向应力为

$$\sigma_n = \frac{32MF}{\pi d^3}, \quad MF = \sqrt{M_x^2 + M_z^2} \quad (4\text{-}103)$$

切向应力为

$$\sigma_t = \frac{16MY}{\pi d^3} \quad (4\text{-}104)$$

通过合成法向和切向应力可得出两个方向上的最大和最小主应力 $\sigma_1$ 和 $\sigma_2$：

$$\sigma_1 = \frac{\sigma_n + \sqrt{\sigma_n^2 + 4\sigma_t^2}}{2}, \quad \sigma_2 = \frac{\sigma_n - \sqrt{\sigma_n^2 + 4\sigma_t^2}}{2} \quad (4\text{-}105)$$

**4) 车轴断面直径的简化计算**

由于法向应力的绝对值要远大于切向应力（一般大 10～20 倍），车轴断面的直径可通过最大应力幅 $(\sigma_1 - \sigma_2)$ 获取，从而求得车轴断面的最小许用直径：

$$\sigma_1 - \sigma_2 = \sqrt{\sigma_n^2 + 4\sigma_t^2} = \frac{32MR}{\pi d^3} \leqslant [\sigma] \quad (4\text{-}106)$$

式中，$[\sigma]$ 为许用应力（MPa）。

以上的计算是针对实心车轴，对空心车轴的计算如下。

对外表面：

$$\sigma_1 - \sigma_2 = \frac{32MRd}{\pi(d^4 - d'^4)} \quad (4\text{-}107)$$

对内孔：

$$\sigma_1 - \sigma_2 = \frac{32MRd'}{\pi(d^4 - d'^4)} \quad (4\text{-}108)$$

式中，$d$ 和 $d'$ 分别表示空心车轴的外径和内径。

根据计算出的直径，从规定的标准直径号中选择车轴。一般，为了保证在磨耗后能够加工车轴，新轴直径应在计算的最小直径的基础上设置增大量，滚动轴承轴径处的加大量≥2mm，

轮座处的加大量≥6mm。

### 2. 车轴疲劳强度的计算方法

**1) 欧洲方法**

根据《铁路应用轮对和转向架-第1部分：带外侧轴颈车轴的设计方法》(EN 13103—1—2017)，车轴的疲劳极限可以根据车轴各部分旋转弯曲的疲劳极限、钢的等级和驱动扭矩传动方法的设计而确定。

对实心轴：非过盈配合量为200MPa，过盈配合量为120MPa。

对空心轴：非过盈配合量为200MPa，除轴颈外的过盈配合量为110MPa，轴颈上的过盈配合量为94MPa，孔表面为80MPa。

只有当车轴采取了良好的保养措施，并确保车轴具有永久抗腐蚀保护的功效时，才可以采用上述值。如果对提供抗腐蚀保护有疑问，那么极限应力要除以一个安全系数，这个安全系数一般由设计师和使用单位共同确定。

表4-14和表4-15分别为EA1N钢实心轴和空心轴的最大许用应力和安全系数。

表4-14 EA1N钢实心轴的最大许用应力和安全系数

| 车轴用途 | 安全系数 $S$ | 范围1/MPa | 范围2/MPa |
|---|---|---|---|
| 带有过盈配合主动齿轮或小齿轮的动轴 | 1.5 | 133 | 80 |
| 其他情况 | 1.3 | 154 | 92 |

注：范围1为轴身、滑动轴承座、凹槽底面、其他摩擦密封、圆角；范围2为轮座、制动盘轴承座、滚动轴承座、小齿轮座、轴环轴承面。

表4-15 EA1N钢空心轴的最大许用应力和安全系数

| 车轴用途 | 安全系数 $S$ | 范围1/MPa | 范围2/MPa | 范围3/MPa | 范围4/MPa |
|---|---|---|---|---|---|
| 带有过盈配合主动齿轮或小齿轮的动轴 | 1.5 | 133 | 73 | 63 | 53 |
| 其他情况 | 1.3 | 154 | 85 | 72 | 62 |

注：范围1为轴身、滑动轴承座、凹槽底面、其他摩擦密封、圆角；范围2为除轴颈和滑动轴承座外的所有座；范围3为轴颈（滚动轴承下）；范围4为孔。

对于非EA1N钢，应根据该种材料的疲劳极限和EA1N钢的安全系数来确定其安全系数，其安全系数为

$$S = 1.3(或1.5) \times \frac{q(其他钢)}{q(\text{EA1N}钢)} \tag{4-109}$$

$$q(\text{EA1N}钢) = \frac{250\text{MPa}}{170\text{MPa}} = 1.47 \tag{4-110}$$

$$q(其他钢) = \frac{R_{fL}}{R_{fE}} \tag{4-111}$$

式中，$R_{fL}$为光滑试样旋转弯曲循环$10^7$次的疲劳极限；$R_{fE}$为缺口试样旋转弯曲循环$10^7$次的疲劳极限。

缺口试样的尺寸如图4-87所示。

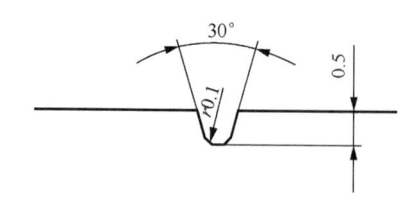

图4-87 缺口试样尺寸（单位：mm）

例如，车轴采用25CrMo4钢时，①实心轴的疲劳极限：非过盈配合量为240 MPa，过盈配合量为145 MPa；②空心轴的疲劳极限：非过盈配合量为240 MPa，过盈配合量

为，除轮对车轴轴颈外为 132 MPa，轮对车轴轴颈上的过盈配合量为 113 MPa，孔表面为 96 MPa。

$R_{fL}$＝350 MPa，$R_{fE}$＝215MPa，从而可求出安全系数。

$$q = \frac{350}{215} = 1.63 \tag{4-112}$$

对于带有过盈配合的主动齿轮或小齿轮的动轴，有

$$S = 1.5 \times 1.63 / 1.47 = 1.66 \tag{4-113}$$

对于其他情况，有

$$S = 1.3 \times 1.63 / 1.47 = 1.44 \tag{4-114}$$

表 4-16 和表 4-17 分别列出了 25CrMo4 钢实心轴和空心轴的最大许用应力和安全系数。

表 4-16　25CrMo4 钢实心轴的最大许用应力和安全系数

| 车轴用途 | 安全系数 $S$ | 范围 1/MPa | 范围 2/MPa |
|---|---|---|---|
| 带有过盈配合主动齿轮或小齿轮的动轴 | 1.66 | 144 | 87 |
| 其他情况 | 1.44 | 167 | 101 |

注：范围 1 为轴身、滑动轴承座、凹槽底面、其他摩擦密封、圆角；范围 2 为轮座、制动盘轴承座、滚动轴承座、小齿轮座、轴环轴承面。

表 4-17　25CrMo4 钢空心轴的最大许用应力和安全系数

| 车轴用途 | 安全系数 $S$ | 范围 1/MPa | 范围 2/MPa | 范围 3/MPa | 范围 4/MPa |
|---|---|---|---|---|---|
| 带有过盈配合主动齿轮或小齿轮的动轴 | 1.66 | 145 | 80 | 68 | 58 |
| 其他情况 | 1.44 | 167 | 92 | 78 | 67 |

注：范围 1 为轴身、滑动轴承座、凹槽底面、其他摩擦密封、圆角；范围 2 为除轴颈和滑动轴承座外的所有座；范围 3 为轴颈（滚动轴承下）；范围 4 为孔。

**2) 日本的疲劳安全系数法**

(1) 计算载荷。

假定在车体重心上作用有垂直力 $P$ 和侧向力 $H$，若轴重为 $P_i$，则有

$$\begin{cases} P = (1+K_d)P_i \\ H = K_h P_i \end{cases} \tag{4-115}$$

式中，$K_d$、$K_h$ 分别为垂直和侧向力动荷系数，一般分别取 0.7 和 0.5。

对于装有电机传动齿轮的动力轴，除考虑两种载荷外，还要考虑驱动装置作用在车轴上的载荷。而这种载荷必然产生扭矩，从而引起车轴的扭转应力。

(2) 计算简图。

车轴的计算简图如图 4-88 所示，图中各符号的意义如下：$2b$ 为两车轮滚动圆之间的距离；$2b_1$ 为轴颈中心线之间的距离；$a_1$ 为轴颈中心至轴颈后肩的距离；$a_2$ 为轴颈中心至轮毂外缘的距离；$l$ 为轮毂长度；$x$、$y$ 分别为滚动圆至轮毂外缘和内缘的距离；$h_c$ 为车体重心至轮轴中心线的高度；$r_0$ 为车轮名义半径。

垂直载荷 $P$ 作用到轴颈中心上的载荷等于车轮的支反力，即

$$W_0 = \frac{P}{2} = \frac{1}{2}(1+K_d)P_i \tag{4-116}$$

侧向力引起左、右轴颈中心的增减载荷 $Q_0$，同时引起左、右车轮的垂直增、减支反力 $R_0$，其值分别为

$$Q_0 = \frac{Hh_c}{2b_1} = \frac{K_h h_c}{2b_1} P_i$$

$$R_0 = \frac{h_c + r_0}{2b} H = \frac{h_c + r_0}{2b} K_h P_i \tag{4-117}$$

车轮支反力按与 $x$、$y$ 成反比分解为 $W_1$、$W_2$、$R_1$、$R_2$，作为车轴的支反力作用在截面Ⅰ、Ⅱ、Ⅰ′、Ⅱ′各个轮毂端面上，即

$$W_1 = \frac{y_1}{l} W_0, \qquad W_2 = \frac{x}{l} W_0 \tag{4-118}$$

$$R_1 = \frac{y}{l} R_0, \qquad R_2 = \frac{x}{l} R_0 \tag{4-119}$$

在侧向力 $H$ 作用下，处于曲线外侧的左轮缘的水平反力值也等于 $H$，它使左轮毂端面Ⅰ和Ⅱ上各产生一个力偶矩，其值为

$$R_3 = \frac{r_0}{l} = \frac{K_h r_0}{l} P_i, \qquad R_4 = -R_3 \tag{4-120}$$

如果是动轴，还要考虑牵引电机经牵引电机齿轮传动装置作用在车轴上的载荷，这种载荷随牵引电机悬挂方式的不同而异。

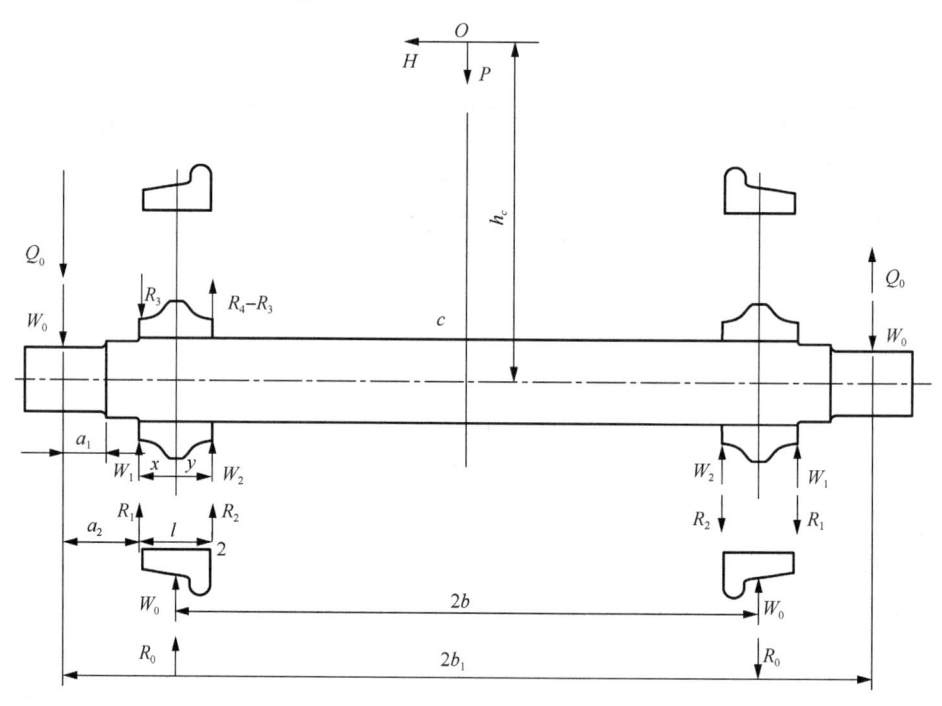

图 4-88 车轴计算简图

(3) 弯矩和弯曲应力的计算。

按图 4-88 计算如下截面的弯矩和弯曲应力：轴颈后肩处截面 $A$，防尘板座处截面 $B$，轮毂外缘处截面Ⅰ，轮毂外缘处截面Ⅱ和车轴中央处截面 $C$。对于动轴，除计算上述截面的弯矩、扭矩、弯曲应力和扭转应力外，还要计算齿轮座部位某些截面的应力。

弯曲应力 $\sigma_b$ 和扭转应力 $\tau$ 的计算公式为

$$\begin{cases} \sigma_b = M/W_b \\ \tau = \dfrac{T}{W} \end{cases} \tag{4-121}$$

式中，$M$、$T$ 分别为计算截面的弯矩和扭矩($\mathrm{N \cdot mm}$)；$W_b$、$W$ 分别为计算截面的抗弯和抗扭模数。

$$W_b = \frac{\pi d^3}{32}, \qquad W = \frac{\pi d^3}{16} \tag{4-122}$$

式中，$d$ 为计算截面的最小直径(mm)。

(4) 计算疲劳安全系数 $n$。

$$n = \frac{1}{\sqrt{\left(\dfrac{\sigma_b}{\sigma_{wb}}\right)^2 + \left(\dfrac{\tau}{\tau_b}\right)^2}} \tag{4-123}$$

式中，$\sigma_{wb}$ 为仅受交变弯曲应力作用时的弯曲疲劳极限，即 $\sigma_{-1}$(MPa)；$\tau_b$ 为仅受扭转应力作用时的扭转弹性极限(MPa)，具体数值可参见相关资料。

所计算的疲劳安全系数 $n$ 应大于 1.0 以上，此时可保证车轴的寿命达 20 年(或运行 1000 万千米以上)。

**3. 车轴疲劳寿命的计算**

随着车辆运行速度和运用率的不断提高，以车辆运行里程确定报废标准与检修标准，当然比按达到折损时间来确定更加合理。若能预估车轴寿命，就可以提高车辆运行的安全性。这一工作需要进行大量的实验并掌握大量的车轴裂纹和断裂资料，目前我国正积极开展这方面的研究工作。

**1) 确定车轴的 S-N 曲线**

车轴的破坏包含产生裂纹和断裂两层含义，所以要研究裂纹 S-N 曲线和断裂 S-N 曲线。当交变次数 $N > 10^7$ 时，把开始出现裂纹的最小应力振幅定义为 $\sigma_{w1}$，把不发生断裂的应力振幅的最大值定义为 $\sigma_{w2}$。

我国的统计结果表明，轮座部位的裂纹占车轴裂纹的 80%以上，并且轮座内侧裂纹又多于轮座外侧裂纹，二者比值为 6：4，这与日本等国的统计结果一致，所以应重点研究车轴压带配合部位的 S-N 曲线。

日本从车轴出现裂纹的应力频度和疲劳试验结果出发，采用直径为 50～140 mm 的压带配合试件进行室内试验，求得车轴压带配合部位的 S-N 曲线。但实际车轴的应力是复杂变化的，并且车轴裂纹的产生原因也是多方面的，所以应对室内的 S-N 曲线进行适当的修正。

**2) 确定车轴在不同弯曲应力下的应力强度**

首先确定车轴在不产生任何振动的理想状态下的静应力 $\sigma$，然后实测运行中的动弯曲应力 $\sigma_d$，根据实测结果绘制应力频度图。

**3) 计算车轴的疲劳寿命**

按照 Miner 线性损伤累积法则，应有

$$\frac{n_1}{N_1} + \cdots + \frac{n_i}{N_i} + \cdots + \frac{n_m}{N_m} = \sum_{i=1}^{m} \frac{n_i}{N_i} = 1 \tag{4-124}$$

式中，$n_i$ 为发生交变应力 $\sigma_i$ 的频度；$N_i$ 为在 $\sigma_i$ 作用下达到破坏损伤的交变次数(寿命)。

但是对于车轴，还不能忽视低于疲劳极限的应力对疲劳寿命的影响，为此要对该法则加以修正。

日本对车轴疲劳寿命 $\lambda$（年）的计算公式为

$$\lambda = \left(2\pi r_0 \sum 10^6 n_i\right) \frac{1}{\sum \dfrac{n_i}{N_i}} \frac{1}{365L} \qquad (4\text{-}125)$$

式中，$r_0$ 为车轮半径(mm)；$L$ 为平均每天的行走公里数(km)。

表 4-18 是日本回声号列车的车轴疲劳寿命的计算结果，其中计算疲劳寿命时，$L$ 取 1000km，由该表可以看出，采用不同的 $S$-$N$ 曲线，车轴的疲劳寿命的估算值有显著差别。

表 4-18　日本回声号列车车轴疲劳寿命计算结果

| 所采用的 $S$-$N$ 曲线 | Ⅰ | Ⅱ | Ⅲ |
|---|---|---|---|
| 行走公里数/km | $1.21\times10^6$ | $3.08\times10^6$ | $13.34\times10^6$ |
| 寿命/年 | 3.3 | 8.4 | 36.5 |

**4．提高车轴疲劳强度的措施**

**1) 适当加粗轮座直径**

已证实，压装车轮以后的轮座部位，其疲劳强度比压装车轮前降低 1/2～1/3。这是因为在压带配合端部附近会产生应力集中，同时在压带配合面之间存在着微小的相对滑动摩擦，由此引起摩蚀，导致轮座部位的疲劳强度降低。采取加粗轮座直径的措施，可以降低轮座的工作应力水平，从而提高车轴的使用寿命。

目前按《铁道车辆轮对及轴承型式与基本尺寸》(TB/T 1010—2016)制造的车轴，已把 D 轴的轮座直径从原来的 182 mm 增加到 194 mm。该标准规定，无论是滚动轴承的车轴还是滑动轴承的车轴，只要型号相同，其轮座直径就相同。B 轴、C 轴、D 轴、E 轴的轮座直径分别为：155 mm、178 mm、194 mm、206 mm，其他国家的轮座直径见表 4-19，其中 A 轴是国际铁路联盟的老轴，而新轴按 B 轴制造。

表 4-19　各国/组织轮座和轴身部位尺寸表

| 国家 | 轴型 | 轮座直径/mm | 轮座内侧圆角处轴身直径 $d_5$/mm | 轮座内侧过渡圆角半径/mm | $d_4/d_5$ | $\rho/d_4$ |
|---|---|---|---|---|---|---|
| 中国 | RD2 | 194 | 174 | 75 | 1.115 | 0.387 |
|  | RD3 | 194 | 172 | 76 | 1.128 | 0.392 |
| UIC | A | 185 | 160 | 双圆弧 | 1.156 | 0.405 |
|  | B | 200 | 173 | $R15$ 和 $R75$ | 1.156 | 0.375 |
| 苏联 | PY Ⅲ | 194 | 182 | — | 1.066 | — |

**2) 适当选择轮座直径与轴身直径的比值和过渡圆角半径**

通过车轴实物试验可以发现，车轴轮座直径和轴身直径的比值 $d_4/d_5$ 对疲劳强度有重要影响。法国的研究结果如下：当该比值小于 1.12 时，最大应力和裂纹发生在轮座内侧部位；而当该比值大于 1.12 时，最大应力和裂纹发生在靠近轮座的轴身部位。他们从维护和检验裂纹的角度出发，认为 $d_4/d_5 > 1.12$ 是有利的。日本的研究结果表明，轮座和轴身部分的形状和尺寸参数对疲劳强度也有影响。若轮座与轴身间的过渡圆角半径为 $\rho$，则适当组合 $d_4/d_5$ 和

$\rho$，可使 $\sigma_{w1}$ 和 $\sigma_{w2}$ 分别提高到光轴直压配合轴的 2 倍和 1.5 倍。表 4-19 还列出了各国/组织轮座和轴身部位的尺寸参数。

**3) 采用圆柱形轴身**

在近年来的车轴冷切事故统计中，车轴轴身部位的冷切事故占 55.85%，其中轴中央部分（包括中央位置附近 200 mm）占 51.2%，轴身其他部位仅占 4.65%。这说明车轴中央的直径偏小，而工作应力偏大。为加大车轴中央的直径，《铁道车辆轮对及轴承型式与基本尺寸》(TB/T 1010—2016) 要求把轴身设计成圆柱形。车轴中央直径加粗后，可使该部位的应力水平比老轴降低 56%。同时，圆柱形轴身便于加工，可以减少应力集中和质量的不均衡。

《铁道车辆用车轴型式与基本尺寸》(TB/T 3169—2007) 规定，B 轴、C 轴、D 轴、E 轴的轴身直径分别为：138mm、158mm、174mm、184mm。

**4) 采取表面强化措施**

采用滚压、高频淬火等表面强化措施，可以使车轴表面硬化并产生压缩残余应力，从而延缓车轴表面细微裂纹的扩展，提高车轴的疲劳寿命。从各国的研究结果来看，表面滚压对裂纹疲劳强度 $\sigma_{w1}$ 的影响甚微，但能提高断裂疲劳强度 $\sigma_{w2}$，国外的试验结果证实了上述论点。当然，表面滚压的效果还与滚压压力的大小有关，有些国家认为滚压压力为 20~30kN 时较为合适。

日本采用高频淬火进行表面强化处理，高频淬火后，疲劳强度可提高 50% 以上。

另外，提高车轴疲劳强度的措施还有以下几方面：提高轴端螺栓强度，提高运用的可靠性；严格车轴的机械加工，加强车轴探伤，检修时防止电焊烧伤；运行中禁止超载；加强车轴材质的研究。

**5. 轮对的压装**

**1) 轮对压装的主要要求**

(1) 轮座与轮毂孔之间的过盈量应符合图纸要求，包括过盈量和最大圆柱度的要求等，要保证压装的最终压力吨数。

(2) 压装后轮背内侧距离。轮辐宽度为 135mm 及以上时，要求压装后轮背内侧距离为 1353±2mm。

(3) 压装在同一根车轴上的车轮，类型和材质应相同，国产车轮与进口车轮不得混装。

**2) 轮轴压装时的接触应力**

假设轮座与轮毂压装后所产生的接触应力 $P_K$ 沿轴向均布，则有

$$P_K = \frac{E\delta}{d(\xi_N + \xi_W)} \tag{4-126}$$

式中，$E$ 为弹性模量，对于车轴和辗钢车轮，$E=205.8\text{GPa}$；$\delta$ 为过盈量，包括压装部位的最大圆柱度(cm)；$\xi_W$ 为空、实车轴系数，一般取 1；$\xi_N = \dfrac{D^2+d^2}{D^2-d^2}$，其中 $D$ 为车轮直径(cm)。

# 第五节 转向架动态性能的设计计算分析

## 一、锥形踏面轮对的蛇形运动和几何曲线通过

**1. 自由轮对在线路上的蛇形运动**

设车轮踏面斜度和滚动圆半径分别为 $\lambda$ 和 $r_0$，轮对中心偏离轨道中心线的距离为 $y$，轮对

在线路上运行时，轮对中心的运动轨迹是一段圆弧，如图 4-89 所示，从几何关系可得出圆弧曲率半径为

$$R = \frac{br_0}{\lambda y} \tag{4-127}$$

由高等数学可知，任意曲线的曲率表达式为

$$\frac{1}{R} = \frac{-\dfrac{\mathrm{d}^2 y}{\mathrm{d}x^2}}{\left[1 + \dfrac{\mathrm{d}y}{\mathrm{d}x}\right]^{\frac{3}{2}}} \tag{4-128}$$

可近似取

$$\frac{1}{R} = \frac{-\mathrm{d}^2 y}{\mathrm{d}x^2} \tag{4-129}$$

得

$$\frac{\mathrm{d}^2 y}{\mathrm{d}x^2} + \frac{\lambda y}{br_0} = 0 \tag{4-130}$$

假定初始条件如下：

$$\begin{cases} x = 0, \quad y = 0 \\ x = \dfrac{\pi}{2}\sqrt{\dfrac{br_0}{\lambda}}, \quad y = y_0 \end{cases}$$

解得

$$y = y_0 \sin\sqrt{\frac{\lambda}{br_0}}x = y_0 \sin V\sqrt{\frac{\lambda}{br_0}}t \tag{4-131}$$

式(4-131)对应的现象就是由于轮对前进过程中伴随着左右摆动，接触直径不断发生变化，轮对中心在直线线路上的走行轨迹称为自由轮对的蛇行运动。

进一步可求出蛇形运动周期和波长：

$$T = \frac{2\pi}{\omega} = \frac{2\pi}{V}\sqrt{\frac{br_0}{\lambda}}$$

$$L = TV = 2\pi\sqrt{\frac{br_0}{\lambda}} \tag{4-132}$$

从以上得出的现象可知，轮对蛇形运动是一种自激振动现象，是由车轮踏面锥度引起的。

**2. 自由轮对通过曲线线路**

车轮踏面有锥度的好处之一，就是在直线运行时可自动对中。其次，踏面设计成锥形，还可解决轮对通过曲线的问题。当轮对通过曲线时，由于踏面有锥度，轮对向外移动后，外轨与车轮接触点的直径较大，走行距离长，内轨与车轮接触点的直径小，走行距离短，这样便可以顺利通过曲线，见图 4-90。通过推导得出通过曲线时的几何关系如下：

因为　　　　　　　　　$\triangle OAB \cong \triangle OCD$

所以　　　　　　　　$(r_0 - \lambda y)/(R - b) = (r_0 + \lambda y)/(R + b)$ 　　　　　(4-133)

$$y = r_0 b / R\lambda$$

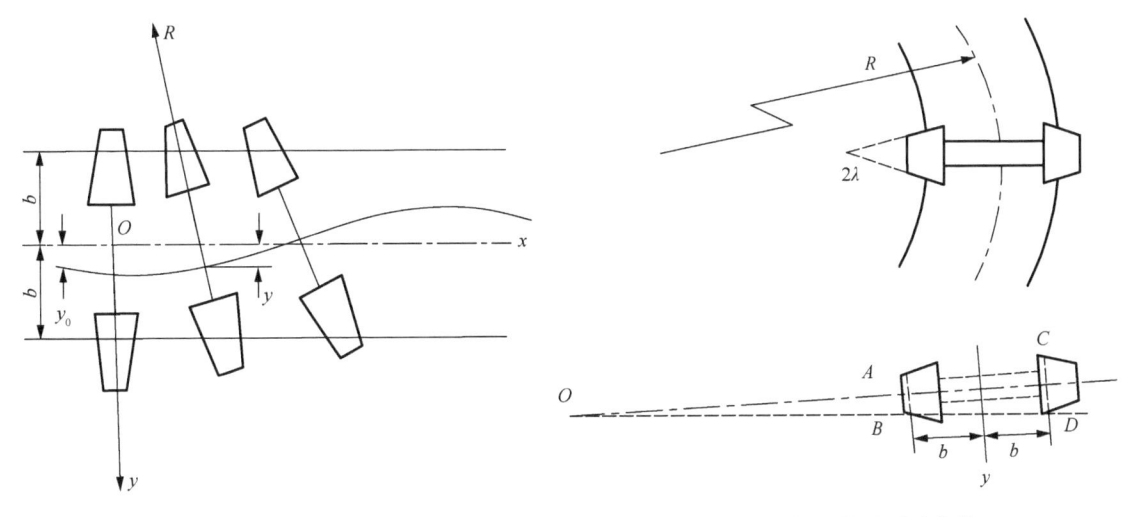

图 4-89 自由轮对运动

图 4-90 锥形轮对通过曲线

## 二、单轮对有约束横向失稳临界速度分析

由上述推导的式(4-133)可知，公式不包含阻尼衰减项，因此一旦有干扰作用于轮对产生横向摆动时，单轮对将永久持续振动。也就是说，轮对的运动本质上是不稳定的，因此为使其保持稳定，需要施加相关约束，如图4-91所示。在研究稳定性问题时，因为仅考虑接触平衡位置处小位移下形成的线性系统稳定性问题，可将非线性因素等效线性化后，再进行有弹性约束时轮对的运动特性分析。此状态下，可认为纵向和横向蠕滑系数近似相等，即 $f = f_{11} = f_{22}$，且假定不考虑重力效应，由此可列出有弹性约束轮对的蛇形运动微分方程如下：

$$\begin{cases} m\ddot{y}_w + 2f\dfrac{\dot{y}_w}{V} + k_y y_w - 2f\psi_w = 0 \\ mi_w^2\ddot{\psi}_w + 2f\dfrac{b^2}{V}\dot{\psi}_w + 2f\dfrac{b\lambda}{r_0}y_w + k_\psi\psi_w = 0 \end{cases} \quad (4\text{-}134)$$

式中，$i_w$ 为惯性矩。

上述方程可转化为 2×2 阶矩阵方程：

$$M\begin{Bmatrix}\ddot{y}\\\ddot{\psi}\end{Bmatrix} + C\begin{Bmatrix}\dot{y}\\\dot{\psi}\end{Bmatrix} + K\begin{Bmatrix}y\\\psi\end{Bmatrix} = 0 \quad (4\text{-}135)$$

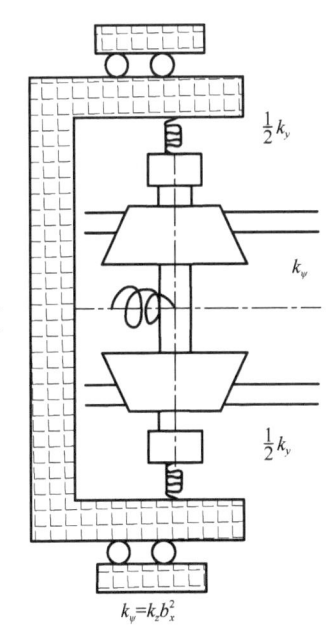

图 4-91 单轮对转向架模型

式中，$M = \begin{bmatrix} m & 0 \\ 0 & mi_w^2 \end{bmatrix}$；$C = \dfrac{1}{V}\begin{bmatrix} 2f & 0 \\ 0 & 2fb^2 \end{bmatrix}$；$K = \begin{bmatrix} k_y & -2f \\ 2f\dfrac{b\lambda}{r_0} & k_x b^2 \end{bmatrix}$。

定义向量 $x = \begin{bmatrix}\dot{y}_w & \dot{\psi}_w & y_w & \psi_w\end{bmatrix}^T$，可得出上述二阶矩阵方程降为一阶状态方程的表达式：

$$\dot{x} = Ax \quad (4\text{-}136)$$

式中，$A = \begin{bmatrix} -M^{-1}C & -M^{-1}K \\ I_{2\times 2} & 0 \end{bmatrix}_{4\times 4}$。

设解 $\dot{x} = Xe^{\gamma t}$，则 $AX = \gamma IX$。$\gamma$ 为矩阵 $A$ 的特征值，$X$ 为特征向量，特性方程可用如下 4 次方程表示：

$$m^2 i_w^2 \gamma^4 + \frac{2fm(b^2 + i_w^2)}{V}\gamma^3 + \left(mk_y i_w^2 + mk_\psi + \frac{2f^2 b^2}{V}\right)\gamma^2$$

$$+ \frac{2f(k_y b^2 + k_\psi)}{V}\gamma + k_y k_\psi + \frac{4f^2 b\lambda}{r_0} = 0 \tag{4-137}$$

通常情况下，4 次方程的求解很困难，这里只着眼于临界速度，可简化求解过程。上述特征方程的解，可近似采用如下形式：

$$\begin{cases} \gamma_1 = -\dfrac{2f}{mV}, \quad \gamma_2 = -\dfrac{2fb^2}{mi_w^2 V}, \quad \gamma_{3,4} = \alpha \pm j\omega \\ \omega = V\sqrt{\dfrac{r_0}{b\lambda}}, \quad \alpha = -\dfrac{V}{4fb^2}\left\{k_y b^2 + k_\psi - \dfrac{m\lambda V^2(b^2 + i_w^2)}{br_0}\right\} \end{cases} \tag{4-138}$$

可见，$\gamma_1$ 和 $\gamma_2$ 为稳定的负实根，横向运动很快衰减到零。对于 $\gamma_{3,4}$，主要分析其实部 $\alpha$，虚部仅表示频率特性，若实部小于 0，则为稳定衰减运动；若实部大于或等于 0，则为不稳定运动。因此，临界速度可由对应实部为 0 时的临界状态求出，有

$$V_{cr} = \sqrt{\frac{k_y b^2 + k_\psi}{b^2 + i_w^2} \cdot \frac{br_0}{m\lambda}} \tag{4-139}$$

由式(4-139)可知，通过增加刚度、降低质量或减小等效锥度，均可达到提高临界速度的目的。

## 三、车辆垂向振动计算分析

车辆垂向振动是指浮沉振动和点头振动，它们发生在车体的纵向铅垂面上。车辆在运行过程中既存在着自由振动又存在着强迫振动。

**1. 重心对称的无阻尼自由振动**

**1) 无阻尼自由振动的原理**

客车垂向振动系统模型如图 4-92 所示，车体重心对称时，其浮沉和点头振动是彼此独立解耦的。

设振动系统模型中各项符号定义如下：$M$ 为车体质量；$M_1$ 为转向架簧上部分质量；$K_{11}$ 为一根车轴的轴箱弹簧刚度；$K_1$ 为转向架轴箱弹簧并联刚度；$K_2$ 为转向架中央弹簧并联刚度；$Z_1$ 为转向架簧上部分质量 $M_1$ 的垂直位移；$Z_2$ 为车体质量 $M$ 的垂直位移；$J_\varphi$ 为车体相对于通过其重心的横向水平轴的转动惯量；$\varphi$ 为车体相对于通过其重心的横向水平轴的角位移；$J_{1\varphi}$ 为相对于通过其重心的横向水平轴的转动惯量；$\varphi_1$ 为转向架簧上部分相对于通过其重心的横向水平轴的角位移；$\varphi_0$ 为前后转向架簧上部分质量 $M_1$ 相对于通过其组合重心 $O_1$ 点的横向水平轴的角位移；$2l$ 为车辆定距；$2l_1$ 为转向架固定轴距。

客车浮沉振动的自振频率 $P_1$（低频）和 $P_2$（高频）分别为

$$P_1 = \sqrt{\frac{g}{f_{s1} + f_{s2}}}, \qquad P_2 = \sqrt{\frac{f_{s1} + f_{s2}}{f_{s1} f_{s2}}\left(1 + \frac{M}{2M_1}\right)g} \tag{4-140}$$

式中，$f_{s1}$ 为轴箱弹簧的静挠度；$f_{s2}$ 为中央弹簧的静挠度。

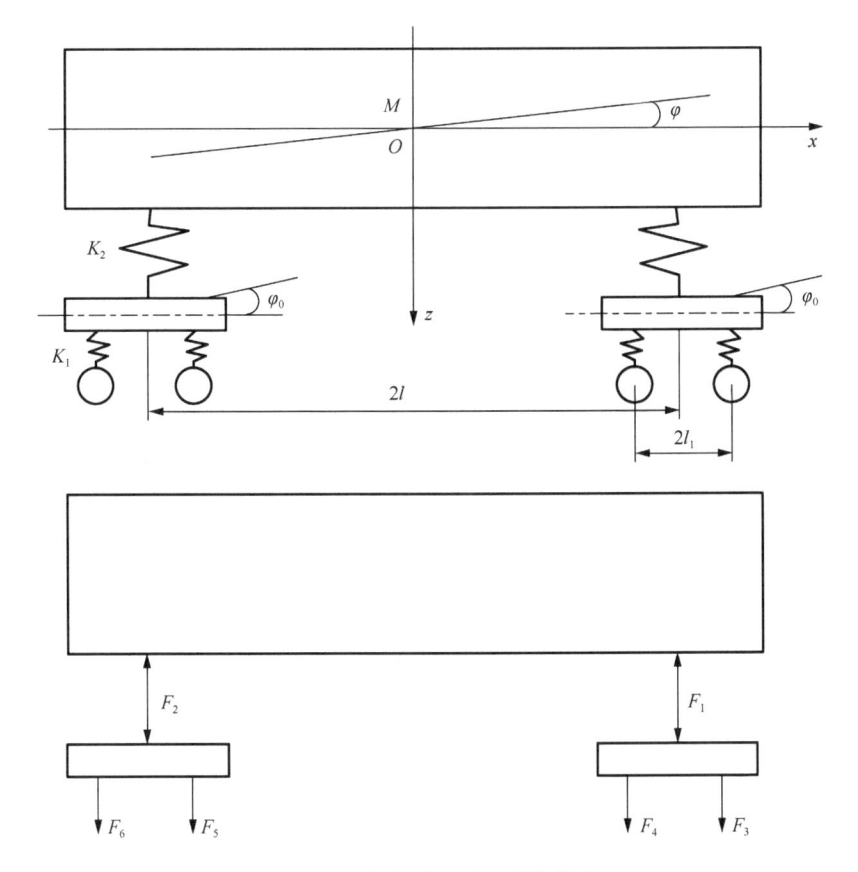

图 4-92 客车垂向振动系统模型

由此可见，两自由度振动系统就有两个自振频率，低频 $P_1$ 只和系统的静挠度有关，与静挠度在两系中的分配无关；高频 $P_2$ 除和静挠度有关外，还与静挠度在两系中的分配及两系质量比有关。通常，转向架在载重时的总静挠度为 160～200mm，浮沉自振频率 $f_{n1}\left(\dfrac{P_1}{2\pi}\right)$ 为 1～1.5Hz，$f_{n2}\left(\dfrac{P_2}{2\pi}\right)$ 为 8～11Hz。

**2) 无阻尼自由振动**

(1) 车辆自由振动方程。

当车辆自由振动时，车体与转向架的受力情况如图 4-92 所示。车辆自由振动时，车体上受前后转向架的第二系悬挂弹簧的垂向作用力 $F_1$、$F_2$ 分别为

$$\begin{cases} F_1 = -2K_{sz}(z_c - l\varphi_c - z_{b1}) \\ F_2 = -2K_{sz}(z_c + l\varphi_c - z_{b1}) \end{cases} \tag{4-141}$$

前后转向架上所受的第二系悬挂弹簧的垂向作用力为 $-F_1$、$-F_2$。

前转向架上的第一系悬挂弹簧的垂向作用力为 $F_3$、$F_4$：

$$\begin{cases} F_3 = -2K_{pz}(z_{b1} - l_1\varphi_{b1}) \\ F_4 = -2K_{pz}(z_{b1} + l_1\varphi_{b1}) \end{cases} \tag{4-142}$$

后转向架上的第一系悬挂弹簧的垂向作用力为

$$\begin{cases} F_5 = -2K_{pz}(z_{b2} - l_1\varphi_{b2}) \\ F_6 = -2K_{pz}(z_{b2} + l_1\varphi_{b2}) \end{cases} \quad (4\text{-}143)$$

根据牛顿第二定律，列出作用在车体和转向架上的外力及外力矩的平衡方程：

$$\begin{cases} M_c z = F_1 + F_2 = -4K_{sz}\left[z_c - \dfrac{1}{2}(z_{b1} + z_{b2})\right] \\ J_{cj}\varphi_c = -F_1 l + F_2 l = -4K_{sz}\left[l^2\varphi_c - \dfrac{1}{2}(z_{b2} - z_{b1})\right] \end{cases} \quad (4\text{-}144)$$

$$\begin{cases} M_b z_{b1} = -F_1 + F_3 + F_4 = 2K_{sz}(z_c - l\varphi_c) - (4K_{pz} + 2K_{sz})z_{b1} \\ J_{by}\varphi_{b1} = -F_3 l_1 + F_4 l_1 = -4K_{pz}l^2\varphi_{b1} \end{cases} \quad (4\text{-}145)$$

$$\begin{cases} M_b \ddot{z}_{b2} = -F_2 + F_5 + F_6 = 2K_{sz}(z_c + l\varphi_c) - (4K_{pz} + 2K_{sz})z_{b2} \\ J_{by}\ddot{\varphi}_{b2} = -F_5 l_1 + F_6 l_1 = -4K_{pz}l^2\varphi_{b2} \end{cases} \quad (4\text{-}146)$$

式(4-145)与式(4-146)中的第一式相加得

$$M_b(\ddot{z}_{b1} + \ddot{z}_{b2}) = 4K_{sz}z_c - (4K_{pz} + 2K_{sz})(z_{b1} + z_{b2}) \quad (4\text{-}147)$$

式(4-145)与式(4-146)中的第一式相减得

$$M_b(\ddot{z}_{b2} - \ddot{z}_{b1}) = -4K_x l\varphi_c - (4K_{pz} + 2K_s)(z_{b2} - z_{b1}) \quad (4\text{-}148)$$

经整理得

$$\begin{cases} M_c \ddot{z}_c + 4K_{sz}(z_c - z_1) = 0 \\ 2M_b = 4K_{sz}\ddot{z}_c + (4K_{sz} + 8K_{pz})z_1 = 0 \end{cases} \quad (4\text{-}149)$$

$$\begin{cases} J_{cy}\ddot{\varphi}_c + 4K_{sz}l^2\varphi - 4K_{sz}lz_2 = 0 \\ 2M_b\ddot{z}_2 - 4K_{sz}l^2\varphi_c + (4K_{sz} + 8K_{pz})z_2 = 0 \end{cases} \quad (4\text{-}150)$$

$$J_{by}\ddot{\varphi}_{b_1} + 4K_{pz}l^2\varphi_{b1} = 0 \quad (4\text{-}151)$$

$$J_{by}\ddot{\varphi}_{b_2} + 4K_{pz}l^2\varphi_{b2} = 0 \quad (4\text{-}152)$$

式中，$z_1 = \dfrac{1}{2}(z_{b1} + z_{b2})$；$z_2 = \dfrac{1}{2}(z_{b2} - z_{b1})$。

由式(4-149)可以得到车体的浮沉 $z_c$ 与两转向架浮沉平均值 $z_1$ 相互耦合在一起的车辆浮沉振动。令

$$a_1 = \frac{4K_{sz}}{M_c}, \quad a_2 = \frac{-4K_{sz}}{M_c}, \quad a_3 = \frac{4K_{sz}}{2M_b}, \quad a_4 = \frac{4K_{sz} + 8K_{pz}}{2M_b}$$

故式(4-149)可简化为

$$\begin{cases} \ddot{z}_c + a_1 z_c + a_2 z_1 = 0 \\ \ddot{z}_1 + a_3 z_c + a_4 z_1 = 0 \end{cases} \quad (4\text{-}153)$$

式(4-153)是两个变量的二阶常系数齐次线性方程组，其解为

$$\begin{cases} z_1 = A\sin(Pt + \alpha) \\ z_c = B\sin(Pt + \alpha) \end{cases} \quad (4\text{-}154)$$

式中，$A$、$B$ 分别为转向架构架的自由振动振幅，由初始条件确定；$P$ 为系统的自振频率；$\alpha$ 为相位角。

(2) 求系统的自振频率。

将式(4-154)代入式(4-153)得

$$\begin{cases}(a_1-P^2)B+a_2A=0\\ a_3B+(a_4-P^2)A=0\end{cases} \tag{4-155}$$

当 $A=0$、$B=0$ 时为一组解，该组解为振幅为零的静平衡情况，对于振动研究没有意义，故式(4-155)在满足下列行列式为零的情况下有解：

$$\begin{vmatrix}a_1-P^2 & a_2\\ a_3 & a_4-P^2\end{vmatrix}=0 \tag{4-156}$$

解得

$$P_{1,2}^2=\frac{1}{2}\left[(a_1+a_4)\pm\sqrt{(a_1-a_4)^2+a_2a_3}\right] \tag{4-157}$$

将 $a_1$、$a_2$、$a_3$、$a_4$ 代入式(4-157)得

$$P_{1,2}^2=\frac{1}{2}\left[\left(\frac{4K_{sz}}{M_c}+\frac{4K_{sz}+8K_{pz}}{2M_b}\right)\pm\sqrt{\left(\frac{4K_{sz}}{M_c}+\frac{4K_{sz}+8K_{pz}}{2M_b}\right)^2-\frac{16K_{sz}8K_{pz}}{2M_cM_b}}\right] \tag{4-158}$$

已知 $M_c\gg 2M_b$，则根的近似值为

$$\sqrt{\left(\frac{4K_{sz}}{M_c}+\frac{4K_{sz}+8K_{pz}}{2M_b}\right)^2-\frac{16K_{sz}8K_{pz}}{2M_cM_b}}$$

$$\approx\frac{4K_{sz}}{M_c}+\frac{4K_{sz}+8K_{pz}}{2M_b}-\frac{1}{2}\frac{16K_{sz}8K_{pz}}{2M_cM_b\left(\frac{4K_{sz}}{M_c}+\frac{4K_{sz}+8K_{pz}}{2M_b}\right)} \tag{4-159}$$

将式(4-159)代入式(4-158)得

$$P_1=\sqrt{\frac{16K_{sz}8K_{pz}}{M_cM_b\left(\frac{4K_{sz}}{M_c}+\frac{4K_{sz}+8K_{pz}}{2M_b}\right)}}=\sqrt{\frac{1}{\frac{2M_b}{8K_{pz}}+\frac{M_c}{8K_{pz}}+\frac{M_c}{4K_{sz}}}}$$

$$=\sqrt{\frac{1}{\frac{2M_b+M_c}{8K_{pz}}+\frac{M_c}{4K_{sz}}}}=\sqrt{\frac{g}{f_{st1}+f_{st2}}}=\sqrt{\frac{g}{f_{st}}} \tag{4-160}$$

式中，$f_{st1}=\left(\frac{2M_b+M_c}{8K_{pz}}\right)g$，为第一系悬挂静挠度；$f_{st2}=\left(\frac{M_c}{4K_{sz}}\right)g$，为第二系悬挂静挠度；$f_{st}=f_{st1}+f_{st2}$，为车辆悬挂装置总静挠度。

同理，较高的频率为

$$P_2=\sqrt{\left(\frac{4K_{sz}}{M_c}+\frac{4K_{sz}+8K_{pz}}{2M_b}\right)^2-\frac{16K_{sz}8K_{pz}}{2M_cM_b\left(\frac{4K_{sz}}{M_c}+\frac{4K_{sz}+8K_{pz}}{2M_b}\right)}} \tag{4-161}$$

式(4-161)根号中的后一项比前一项小得多，可忽略，采用如下公式：

$$8K_{pz} = \frac{(M_c + 2M_b)g}{f_{st1}} - 4K_{sz} = \frac{M_c + g}{f_{st2}}$$

得

$$P_2 = \sqrt{\frac{g}{f_{st2}} + \frac{M_c g}{2M_b f_{st2}} + \frac{(M_c + 2M_b)g}{2M_b f_{st1}}}$$

$$= \sqrt{\frac{2M_b f_{st1} g + M_c f_{st1} g + (M_c + 2M_b) g f_{st2}}{2M_b f_{st1} f_{st2}}}$$

$$= \sqrt{\frac{f_{st1} + f_{st2}}{f_{st1} f_{st2}} \left(\frac{M_c + 2M_b}{2M_b}\right) g} = \sqrt{\frac{f_{st1} + f_{st2}}{f_{st1} f_{st2}} \left(1 + \frac{M_c}{2M_b}\right) g} \quad (4\text{-}162)$$

车辆在重车条件下，转向架装置的静挠度一般为 160~200mm，因此浮沉的自振频率 $\frac{P_1}{2\pi}$ 为 1~1.5Hz，$\frac{P_2}{2\pi}$ 为 8~11Hz。

车体及转向架构架的浮沉自由振动都是由两种振动频率的振动波形叠加而形成的，即

$$\begin{cases} z_c = B_1 \sin(P_1 t + \alpha_1) + B_2 \sin(P_2 t + \alpha_2) \\ z_b = A_1 \sin(P_1 t + \alpha_1) + A_2 \sin(P_2 t + \alpha_2) \end{cases} \quad (4\text{-}163)$$

式中，$B_1$、$B_2$ 分别为车体的浮沉自由振动中的低频和高频振动波形的振幅；$A_1$、$A_2$ 分别为转向架构架的浮沉自由振动中的低频和高频振动波形的振幅。

当 $P = P_1$，在较低频率振动时，有

$$\frac{A_1}{B_1} = \frac{a_1 - P_1^2}{-a_2} = \frac{-a_3}{a_4 - P_1^2}$$

当 $P = P_2$，在较高频率振动时，有

$$\frac{A_2}{B_2} = \frac{a_1 - P_2^2}{-a_2} = \frac{-a_3}{a_4 - P_2^2}$$

式中，$a_2$ 为负值；$-a_2$ 为正值；$a_1 - P_1^2 > 0$；$a_1 - P_2^2 < 0$，即 $A_1$ 和 $B_1$ 同号，$A_2$ 和 $B_2$ 反号。

转向架构架的低频振幅为 $A_1$，高频振幅为 $A_2$；车体的低频振幅为 $B_1$，高频振幅为 $B_2$，则有

$$\frac{A_1}{B_1} = \frac{a_1 - P_1^2}{-a_2} > 0, \qquad \frac{A_2}{B_2} = \frac{a_1 - P_1^2}{-a_2} < 0 \quad (4\text{-}164)$$

式中，$a_1 = \frac{2K_2}{m}$。

当以低频 $P_1$ 振动时，车体和转向架构架的位移是相同的；以高频 $P_2$ 振动时，车体和转向架构架的位移是反相的。振幅的比值 $A/B$ 只和系统的参数有关，而与振幅本身的大小无关。

图 4-93 清楚地表明了两自由度车辆的浮沉振动规律，其中图(b)左图表示系统做低频振动时车体和转向架构架的振幅比值，两者同相振动；图(b)右图表示反相振动，这两种振动形式分别称为低频主振型和高频主振型。图(c)和图(d)是根据两种振动频率的振动波叠加，给定参数值可求解得到的，分别表明每一个振动质量的高低频波形叠加关系，即高频波叠加在低频波上面，并且还表明了高低频波形的相位关系。同理，图(e)和图(f)分别表明了改变频

率 $P_1$ 和 $P_2$ 的值时，将振动波叠加得到的结果。

研究结果表明：车体的低频率振幅 $B_1$ 大于高频振幅 $B_2$；转向架构架的高频振幅 $A_2$ 大于低频振幅 $A_1$，即车体以低频振动为主，转向架构架以高频振动为主。

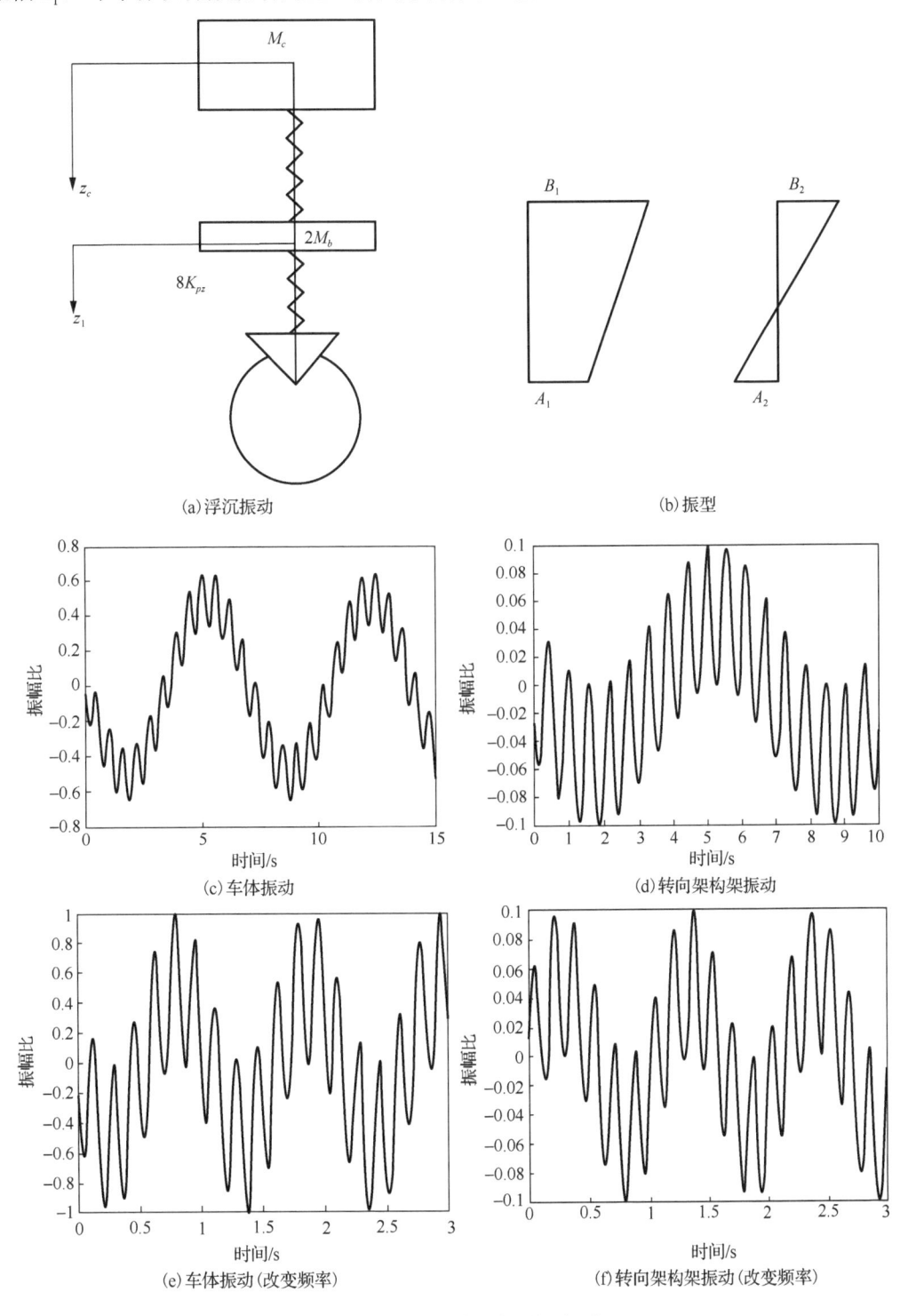

图 4-93 两自由度车辆浮沉振动

### 3) 无阻尼自由振动

(1) 垂向振动。

根据前面的数学模型,通过改变质量大小数值,可得出悬挂挠度比对车辆浮沉垂向振动的频率和车体与转向架构架的振幅比的关系。

工况 1:

$$M_c = 45\text{t}, \quad 2M_b = 4.5\text{t}, \quad f_{st} = f_{st1} + f_{st2} = 170\text{mm}$$

$$P_1 = \sqrt{\frac{g}{f_{st}}} = \sqrt{\frac{9.8}{170 \times 10^{-3}}} = 7.59(\text{s}^{-1})$$

$$\frac{P_1}{2\pi} = \sqrt{\frac{g}{f_{st}}} / (2\pi) = \sqrt{\frac{9.8}{0.17}} / (2\pi) = 1.21(\text{Hz})$$

$$P_2 = \sqrt{\frac{f_{st}}{f_{st2} f_{st1}} \left(1 + \frac{M_c}{2M_b}\right) g}$$

$$B_1 / A_1 = f_{st} / f_{st1}, \quad -B_2 / A_2 = \frac{g}{P_2^2 f_{st2} - g}$$

分别取 $f_{st2} / f_{st1} = 83/17$、$76/24$、$65/35$、$40/60$、$25/75$:

当 $f_{st2}/f_{st1} = 83/17$ 时,$\frac{P_2}{2\pi} = 11.3\text{Hz}$,$B_1 / A_1 = f_{st2} / f_{st1} = 5.9$,$-B_2 / A_2 = \frac{g}{P_2^2 f_{st2} - g} = 0.016$。

同理计算 $f_{st2} / f_{st1} = 76/24$、$65/35$、$40/60$、$25/75$ 等几组的相应值,计算结果见表4-20。

表 4-20 悬挂挠度比对车辆浮沉垂向振动的频率和车体与转向架构架的振幅比的影响(工况 1)

| $f_{st2} / f_{st1}$ | 83/17 | 76/24 | 65/35 | 55/45 | 40/60 | 25/75 |
|---|---|---|---|---|---|---|
| $\frac{P_1}{2\pi}$ / Hz | 1.21 | 1.21 | 1.21 | 1.21 | 1.21 | 1.21 |
| $\frac{P_2}{2\pi}$ / Hz | 11.3 | 10.0 | 8.9 | 8.5 | 8.7 | 9.8 |
| $B_1 / A_1$ | 5.9 | 4.2 | 2.9 | 2.2 | 1.7 | 1.3 |
| $-B_2 / A_2$ | 0.016 | 0.023 | 0.034 | 0.043 | 0.059 | 0.075 |

工况 2:

$$M_c = 40\text{t}, \quad 2M_b = 5\text{t}, \quad f_{st} = f_{st1} + f_{st2} = 170\text{mm}$$

$$\frac{P_1}{2\pi} = \sqrt{\frac{g}{f_{st}}} / (2\pi) = \sqrt{\frac{9.8}{0.17}} / (2\pi) = 1.21\text{Hz}$$

$$P_2 = \sqrt{\frac{f_{st}}{f_{st2} f_{st1}} \left(1 + \frac{M_c}{2M_b}\right) g}$$

$$B_1 / A_1 = f_{st} / f_{st1}, \quad -B_2 / A_2 = \frac{g}{P_2^2 f_{st2} - g}$$

分别取 $f_{st2} / f_{st1} = 83/17$、$76/24$、$65/35$、$40/60$、$25/75$:

当 $f_{st2} / f_{st1} = 83/17$ 时,有

$$\frac{P_2}{2\pi} = 9.7\text{Hz}$$

$$B_1 / A_1 = f_{st} / f_{st1} = 5.9$$

第四章　转向架设计

$$-B_2/A_2 = \frac{g}{P_2^2 f_{st2} - g} = 0.019$$

当 $f_{st2}/f_{st1} = 76/24$ 时，有

$$\frac{P_2}{2\pi} = \sqrt{\frac{f_{st}}{f_{st2}f_{st1}}\left(1+\frac{M_c}{2M_b}\right)g}\bigg/(2\pi) = 8.5\text{Hz}$$

$$B_1/A_1 = 4.2$$

$$-B_2/A_2 = \frac{g}{P_2^2 f_{st2} - g} = 0.027$$

当 $f_{st2}/f_{st1} = 65/35$ 时，有

$$\frac{P_2}{2\pi} = \sqrt{\frac{f_{st}}{f_{st2}f_{st1}}\left(1+\frac{M_c}{2M_b}\right)g}\bigg/(2\pi) = 7.6\text{Hz}$$

$$-B_2/A_2 = \frac{g}{P_2^2 f_{st2} - g} = 0.039$$

当 $f_{st2}/f_{st1} = 55/45$ 时，有

$$\frac{P_2}{2\pi} = \sqrt{\frac{f_{st}}{f_{st2}f_{st1}}\left(1+\frac{M_c}{2M_b}\right)g}\bigg/(2\pi) = 7.3\text{Hz}$$

$$-B_2/A_2 = \frac{g}{P_2^2 f_{st2} - g} = 0.052$$

当 $f_{st2}/f_{st1} = 40/60$ 时，有

$$\frac{P_2}{2\pi} = \sqrt{\frac{f_{st}}{f_{st2}f_{st1}}\left(1+\frac{M_c}{2M_b}\right)g}\bigg/(2\pi) = 7.4\text{Hz}$$

$$-B_2/A_2 = \frac{g}{P_2^2 f_{st2} - g} = 0.072$$

当 $f_{st2}/f_{st1} = 25/75$ 时，有

$$\frac{P_2}{2\pi} = \sqrt{\frac{f_{st}}{f_{st2}f_{st1}}\left(1+\frac{M_c}{2M_b}\right)g}\bigg/(2\pi) = 8.4\text{Hz}$$

$$-B_2/A_2 = \frac{g}{P_2^2 f_{st2} - g} = 0.091$$

将计算结果列于表 4-21。

表 4-21　悬挂挠度比对车辆浮沉垂向振动的频率和车体与转向架构架的振幅比的影响（工况 2）

| $f_{st2}/f_{st1}$ | 83/17 | 76/24 | 65/35 | 55/45 | 40/60 | 25/75 |
|---|---|---|---|---|---|---|
| $\dfrac{P_1}{2\pi}$/Hz | 1.21 | 1.21 | 1.21 | 1.21 | 1.21 | 1.21 |
| $\dfrac{P_2}{2\pi}$/Hz | 9.7 | 8.5 | 7.6 | 7.3 | 7.4 | 8.4 |
| $B_1/A_1$ | 5.9 | 4.2 | 2.9 | 2.2 | 1.7 | 1.3 |
| $-B_2/A_2$ | 0.019 | 0.027 | 0.039 | 0.052 | 0.072 | 0.091 |

图 4-95(a)所示模型是一个两系悬挂的轮对簧上质量振动系统。这种两系悬挂系统的振动方程为式(4-149)，其中一系悬挂刚度为车辆各轴箱弹簧刚度之和，二系悬挂刚度为车体和转向架间弹簧刚度之和。

由式(4-158)和式(4-159)可以看出，在车体-转向架构架浮沉振动的两种频率中，比较低的频率 $P_1$ 与车辆的总静挠度 $f_{st}$ 有关，与两系静挠度之间的分配关系不大；而较高的频率 $P_2$ 不仅与总静挠度有关，还与两系悬挂挠度分配以及车体与转向架构架的质量比有关。客车在重车条件下的转向架悬挂装置的总静挠度一般取 160～200mm，因此浮沉的自振频率 $P_1/(2\pi)$ 为 1～1.5Hz，$P_2/(2\pi)$ 为 8～11Hz。

如表 4-20 和表 4-21 所示，在低频振动分量下，车体振幅大于转向架构架的振幅；在高频振动分量下，转向架构架的振幅大于车体振幅。在实际客车转向架结构中，为了减少车体的高频振动，一般情况下，悬挂静挠度大部分都分配到二系悬挂中。

(2)点头振动。

由前面的公式推导可知，车辆点头振动有两个频率。

低频时为

$$P_3 = \frac{g}{\sqrt{f_{st1} + \left(\frac{P_{cy}}{l}\right)f_{st2}}} \tag{4-165}$$

高频时为

$$P_4 = \sqrt{\frac{\left[f_{st1} + \left(\frac{P_{cy}}{l}\right)f_{st2}\left(1 + \frac{M}{2M_b}\right)\right]g}{f_{st2}f_{st1}\left(\frac{P_{cy}}{l}\right)^2}} \tag{4-166}$$

式中，$P_{cy}$ 为车体绕 $y$ 轴的惯性半径；$l$ 为车体定距之半。

因为 $P_{cy} < l$，所以点头振动频率要略高于浮沉自振频率。

**2. 有阻尼的自由振动**

具有黏性阻尼的二系悬挂两自由度车辆浮沉自振系统模型如图 4-94 所示。车辆垂向振动方程为

$$\begin{cases} M_c \ddot{z}_c + 4C_{sz}(\dot{z}_c - \dot{z}_1) + 4K_{sz}(z_c - z_1) = 0 \\ 2M_b \ddot{z}_1 - 4C_{sz}(\dot{z}_c - \dot{z}_1) - 4K_{sz}(z - z_1) + 8K_{pz}z_1 = 0 \end{cases} \tag{4-167}$$

$$\begin{cases} J_{cy}\ddot{\varphi}_c + 4C_{sz}(l^2\dot{\varphi} - l\dot{z}_2) + 4K_{sz}(l^2\varphi_c - lz_2) = 0 \\ 2M_b \ddot{z}_b - 4C_{sz}(l\dot{\varphi}_c - \dot{z}_2) - 4K_{sz} - (\varphi_c - z_2) + 8K_{pz}z_2 = 0 \end{cases} \tag{4-168}$$

$$\begin{cases} J_{cy}\ddot{\varphi}_{b1} + 4K_{pz}l^2\varphi_{b1} = 0 \\ J_{cy}\ddot{\varphi}_{b2} + 4K_{pz}l^2\varphi_{b2} = 0 \end{cases} \tag{4-169}$$

式中，$z_1$ 为前后转向架构架平均垂向位移，$z_1 = \frac{1}{2}(z_{b1} + z_{b2})$；$z_2$ 为前后两个转向架构架垂向位移差的一半，其值为 $z_2 = \frac{1}{2}(z_{b2} - z_{b1})$。

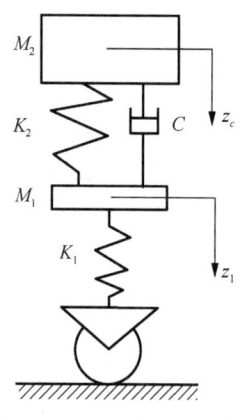

图 4-94 具有黏性阻尼的两自由度车辆浮沉自振系统模型

为求解式(4-167)中车体及转向架构架的垂向振动，可令

$$m_1 = \frac{4C_{sz}}{M_c}, \quad a_1 = \frac{4K_{sz}}{M_c}, \quad a_2 = \frac{-4K_{sz}}{M_c}$$

$$m_2 = \frac{4C_{sz}}{2M_b}, \quad a_3 = \frac{-4K_{sz}}{M_b}, \quad a_4 = \frac{4K_{sz} + 8K_{pz}}{2M_b}$$

式(4-167)可简化为

$$\begin{cases} \ddot{z}_c + m_1\dot{z}_c + a_1 z_c - m_1\dot{z}_1 + a_2 z_1 = 0 \\ \ddot{z}_1 - m_2\dot{z}_c + a_3 z_c + m_2\dot{z}_1 + a_4 z_1 = 0 \end{cases} \tag{4-170}$$

设其解为 $z_c = Be^{\lambda t}$，$z_1 = Ae^{\lambda t}$，其中 $A$、$B$、$\lambda$ 为待定系数，则有

$$\begin{cases} (\lambda^2 + m_1\lambda + a_1)B + (-m_1\lambda + a_2)A = 0 \\ (\lambda^2 + m_2\lambda + a_4)A + (-m_2\lambda + a_3)B = 0 \end{cases} \tag{4-171}$$

欲使 $A$ 和 $B$ 有非零解，则

$$\begin{vmatrix} \lambda^2 + m_1\lambda + a_1 & -m_2\lambda + a_3 \\ -m_2\lambda + a_3 & \lambda^2 + m_2\lambda + a_4 \end{vmatrix} = 0 \tag{4-172}$$

展开式(4-172)，得

$$\lambda^4 + (m_1 + m_2)\lambda^3 + (a_1 + a_4)\lambda^2 + [m_1(a_3 + a_4) + m_2(a_1 + a_2)]\lambda + a_1 a_4 - a_2 a_3 = 0 \tag{4-173}$$

该方程为一元四次方程，一般无通用解析式，只能采用数值解。当阻尼不太大时，解析式为两对共轭复根，即

$$\begin{cases} \lambda_{1,2} = -n_1 \pm iP_1 \\ \lambda_{3,4} = -n_2 \pm iP_2 \end{cases} \tag{4-174}$$

式中，$n_1$、$n_2$ 表示阻尼大小，前面负号表示振动是衰减的；$P_1$、$P_2$ 表示有阻尼振动的频率。

由欧拉公式 $e^{iPt} = \cos(Pt) + i\sin(Pt)$，可知式(4-170)的解为

$$\begin{cases} z_c = B_1 e^{-n_1 t}\sin(P_1 t + \beta_1) + B_2 e^{-n_2 t}\sin(P_2 t + \beta_2) \\ z_1 = A_1 e^{-n_1 t}\sin(P_1 t + \beta_1) + A_2 e^{-n_2 t}\sin(P_2 t + \beta_2) \end{cases} \tag{4-175}$$

式中，$\beta_1$、$\beta_2$ 为相位角。

对待定系数 $\beta_1$、$\beta_2$、$P_1$、$P_2$、$B_1$、$B_2$、$A_1$、$A_2$、$n_1$、$n_2$ 赋值，可得到车体和转向架构架的振幅，振幅图如图 4-95 所示。

### 3. 车辆垂向强迫振动

车辆垂向强迫振动的一般系统简化模型如图 4-96 所示，无阻尼时，其振幅为

$$\begin{cases} A = \dfrac{q(a_1 - \omega^2)}{(a_1 - \omega^2)(a_2 - \omega^2) - a_1 a_3} \\ B = \dfrac{a_1 q}{(a_1 - \omega^2)(a_2 - \omega^2) - a_1 a_3} \end{cases} \tag{4-176}$$

式中，$a_1 = \dfrac{K_2}{M_2}$；$a_2 = \dfrac{K_2 + K_1}{M_1}$；$a_3 = \dfrac{K_2}{M_1}$；$a_4 = \dfrac{K_1 a}{M_1}$。

当强迫振动频率和系统的自振频率相同时，产生共振，这时有

$$(a_1 - P_{1,2}^2)(a_2 - P_{1,2}^2) - a_1 a_3 = 0 \tag{4-177}$$

于是，振幅 $A$ 和 $B$ 将成为无穷大。由此可知，两自由度系统就有两个共振频率。

由式(4-176)得到两质量强迫振动的振幅比值为

$$\frac{A}{B} = \frac{a_1 - \omega^2}{a_1} \tag{4-178}$$

对于任一共振条件，当 $\omega = P_1$ 或 $\omega = P_2$ 时，两质量强迫振动就按对应的自振主振型进行振动。

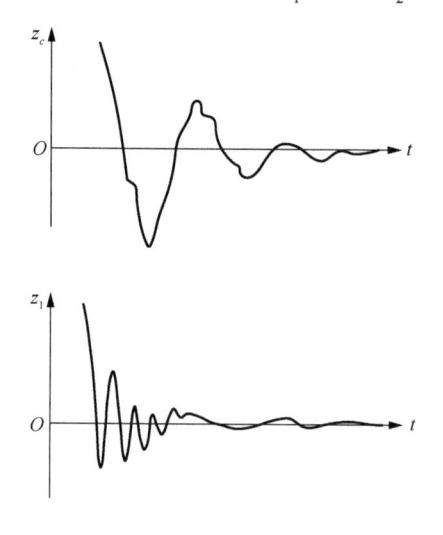

图 4-95　有黏性阻尼车辆浮沉振动振幅图

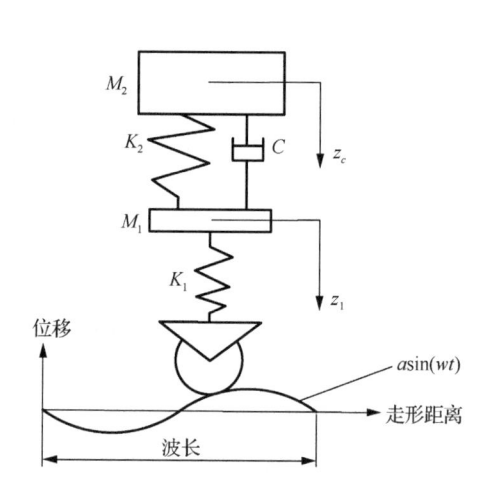

图 4-96　车辆垂向强迫振动系统简化模型

**4．具有黏性阻尼的强迫振动**

安装于二系悬挂中的减振器，不仅可以衰减车体和转向架构架的自由振动，而且可有效地限制两者在强迫振动中的振幅和加速度，防止在临界速度附近运行时产生振动放大现象，以达到车辆平稳运行的目的。

如图 4-96 所示，系统具有黏性阻尼的减振器时，其振幅为

$$A = a\sqrt{\frac{K_1^2(K_2 - M_2\omega)^2 + (K_1 C\omega)^2}{\left\{M_1 M_2 \omega^4 - \left[(K_1+K_2)M_2 + M_1 K_2\right]\omega^2 + K_1 K_2\right\}^2 + \left[K_1 C\omega - C(M_1+M_2)\omega^3\right]^2}} \tag{4-179}$$

振幅比为

$$\frac{A}{B} = \sqrt{\frac{K_1^2(K_2 - M_2\omega)^2 + (K_1 C\omega)^2}{(K_1 K_2)^2 + (K_1 C\omega)^2}} \tag{4-180}$$

车体与转向架构架的强迫振动加速度 $B\omega^2$ 和 $A\omega^2$ 可按上述公式求得。

与前述单自由度系统一样，阻尼的大小对车体强迫振动加速度的影响很大，特别是第一共振速度。显然，过小的阻尼值将增大曲线在两个共振区的峰值，这是不利的。但如果阻尼过大，虽然共振时，特别是低频共振时的振幅被抑制，可以使峰值消失，但在低频共振之后却出现了新的加速度峰值，阻尼越大，峰值越高。这种现象的物理意义是：阻尼越大，则通过阻尼而传给车体的动作用力也越大，导致车体振动加速度增大；在极端情况下，当 $C$ 值增加到无穷大时，两个质量 $M_1$ 和 $M_2$ 彼此相互锁住，两者不能产生相对运动，阻尼也不能产生阻力功，这时的两自由度系统就成为一个由质量 $M_1 + M_2$ 和刚度为 $K_1$ 的弹簧组成的单自由度无阻尼系统，当 $\omega = \sqrt{K_1/(M_1+M_2)}$ 时，达到了共振频率，振幅就趋于无穷大。

两系弹簧的静挠度比可在一定的范围内进行变更和选择，阻尼系数 $C$ 的选择范围更广。若两者选择和匹配适当，可以得到最佳的或者是满意的振动加速度响应。这种响应是指当车辆运行时，在各种激振频率下都能使车体保持较低的振动加速度，也就是图 4-97 中的曲线在 $\omega$ 取任意值时都能保持低值且变化平缓。

例如，当静挠度比取图 4-97(b) 中的 $f_{st1}/f_{st2}=36/64$ 或其附近值时，减振因数（阻尼比）$D_1$ 值为 0.20~0.26 时可得到满意的响应。由给定的各种阻尼系数 $C$，按 $C_e = C\left(\dfrac{f_{st}-f_{st1}}{f_{st}}\right)^2 = C\left(\dfrac{f_{st2}}{f_{st}}\right)^2$ 算出相应的 $C_e$ 值，再按式 $D_1 = C_e/(2M_e P_1)$ 求出 $D_1$ 值。若两系中的弹簧静挠度比取为相等值，则由图 4-97(a) 可见，车体振动加速度曲线在低频共振发生后的区域内变化很陡。如果中央弹簧挠度比取得过大，由图 4-97(c) 可见，车体振动加速度曲线也不如图 4-97(b) 中平缓。

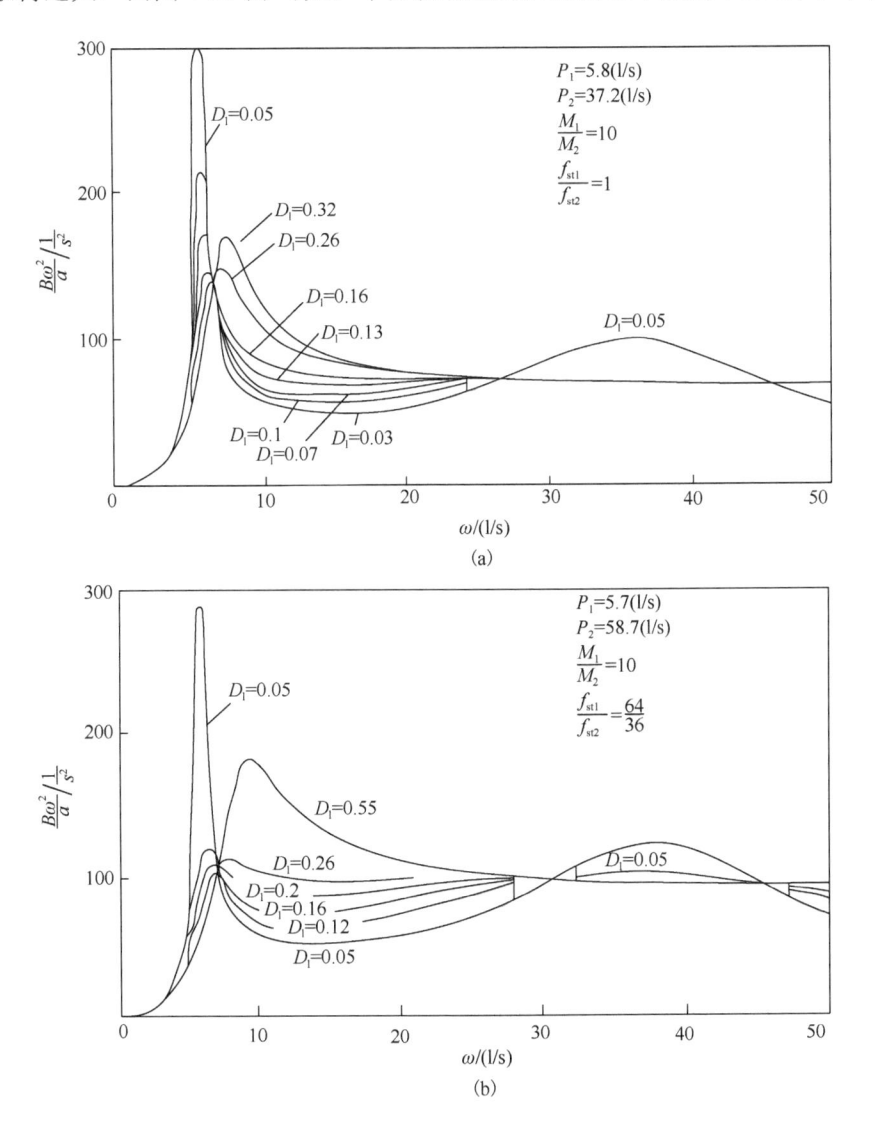

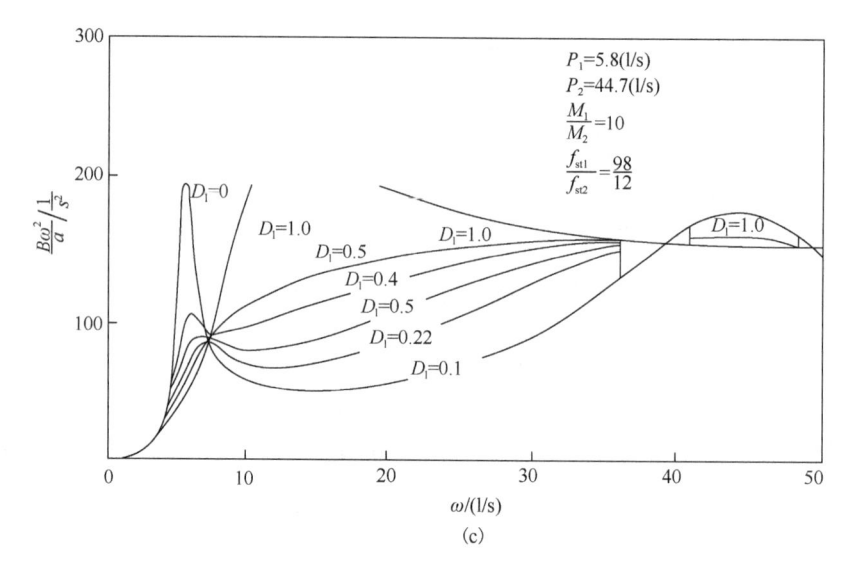

图 4-97 车辆有阻尼垂向强迫振动响应

综上所述，设计弹簧减振装置时，应在将总静挠度选得尽可能大的前提下选定合适的静挠度比，静挠度比相差过大或过小都不利，轴箱弹簧与中央弹簧的静挠度比通常选择为 35～65 或 25～75 为宜。再根据弹簧静挠度比一定时的车体振动加速度响应曲线来确定最佳的阻尼值，对应于上述弹簧静挠度比的阻尼比 $D_1$ 为 0.2～0.3，这一数值正好与前述的单自由度系统对应的 $D_1$ 值相符。

通常在确定车辆的弹簧减振参数时，并不一定都要绘制出振动加速度曲线，可参照已有的类似的曲线来确定弹簧静挠度比和减振因数 $D_1$ 值，其中 $D_1$ 由公式 $D_1 = C_e/(2M_e P_1)$ 得出，其中 $C_e = C\left(\dfrac{f_{st2}}{f_{st}}\right)^2$。

虽然理论上可对 $C$ 值进行任意选择，但实际应用中为了使减振器通用化，其阻尼系数也有一定的规格，故 $C$ 值也不能随意使用。

## 四、车辆横向振动的计算分析

车辆在线路上运行时，轮对在轨道横向不平顺的激扰下，车体就连同悬挂装置一起产生横向自由振动和强迫振动。

当车体重心位于纵向和横向的对称位置时，可独立出现车体摇头振动，但横摆振动和侧滚振动则是同时发生的。这是因为产生横摆振动时，车体重心的位移将引起侧滚振动；而产生侧滚振动时，车体的重心位移又将引起横摆振动，因此这两种振动总是耦合在一起的。

当车辆运行时，受到横向突变力的作用，车体就产生横向自由振动。车体横向自由振动的特性与悬挂装置的参数有关，所以需要推导出相关计算公式并查询对应数据以进行计算。

**1. 具有一系悬挂的车辆的横向自由振动**

具有一系悬挂的车辆的数学模型见图 4-98，一系悬挂车辆在横向的运动有车体横摆 $y_c$、侧滚 $\theta_c$ 和摇头 $\varphi_c$ 三个自由度。

设每台转向架上的每侧都有一组弹簧悬挂装置，其垂向刚度为 $K_z$，横向刚度为 $K_y$，悬挂中无阻尼。当车体有横摆 $y_c$、侧滚 $\theta_c$ 和摇头 $\varphi_c$ 位移时，前转向架弹簧的横向变形为

$H_1 = y_c - \theta_c h_c + l\varphi_c$，后转向架弹簧的横向变形为 $H_2 = y_c - \theta_c h_c - l\varphi_c$。

根据车体上各力平衡的条件可得出车体横向自由振动的微分方程，即

$$\begin{cases} M_c \ddot{y}_c + 2K_y(y_c - \theta_c h_c + \varphi_c l) + 2K_y(y_c - \theta_c h_c - \varphi_c l) = 0 \\ J_{cx}\ddot{\theta}_c - 2K_y h_c(y_c - \theta_c h_c + \varphi_c l) - 2K_y h_c(y_c - \theta_c h_c - \varphi_c l) \\ + 4K_z b^2 \theta_c - M_c g h_c \theta_c = 0 \\ J_{cz}\ddot{\varphi}_c + 2K_y l(y_c - \theta_c h_c + \varphi_c l) - 2K_y l(y_c - \theta_c h_c - \varphi_c l) = 0 \end{cases} \quad (4\text{-}181)$$

式中，$2b$ 为一系悬挂横向跨距；$2l$ 为两转向架中心距；$h_c$ 为车体重心离悬挂上支撑面的高度；$M_c g$ 为车体重量。

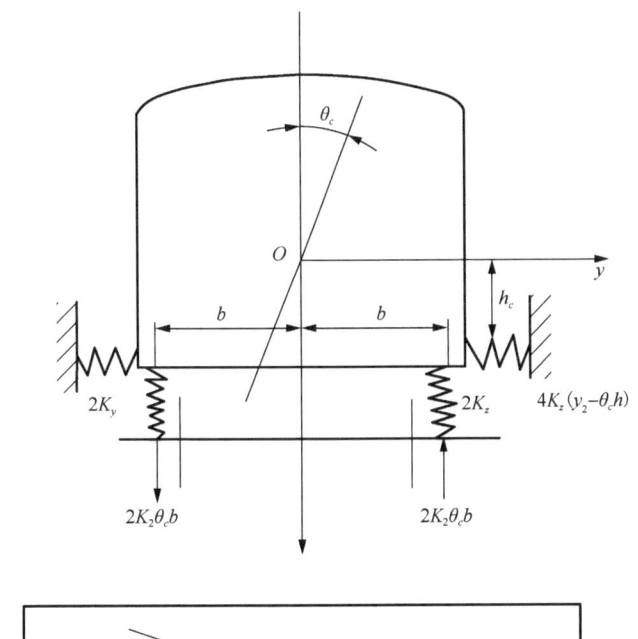

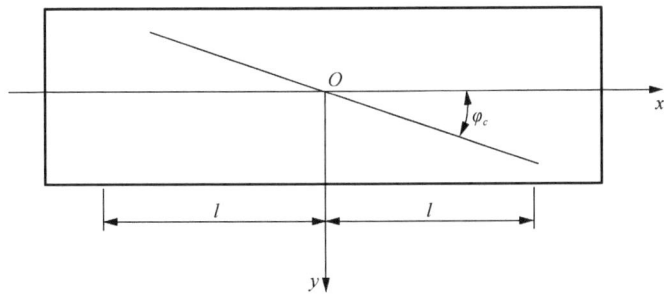

图 4-98 一系悬挂车辆数学模型

对式(4-181)整理后得

$$\begin{cases} M_c \ddot{y}_c + 4K_y y_c - 4K_y h_c \theta_c = 0 \\ J_{cx}\ddot{\theta}_c - 4K_y h_c y_c + (4K_y h_c^2 + 4K_z b^2 - M_c g h_c)\theta_c = 0 \\ J_{cz}\ddot{\varphi}_c + 4K_y l^2 \varphi_c = 0 \end{cases} \quad (4\text{-}182)$$

由式(4-182)可见，车体横摆与车体侧滚是耦合在一起的，但车体摇头振动是独立的。

下面分析车体横摆与侧滚耦合在一起的自由振动，令

$$a_1 = \frac{4K_y}{M_c}, \quad a_2 = \frac{-4K_y h_c}{M_c}, \quad a_3 = \frac{-4K_y h_c}{J_{cx}}, \quad a_4 = \frac{4K_y h_c^2 + 4K_z b^2 - M_c g h_c}{J_{cx}}$$

由此得到

$$\begin{cases} \ddot{y}_c + a_1 y_c + a_2 \theta_c = 0 \\ \ddot{\theta}_c + a_3 y_c + a_4 \theta_c = 0 \\ J_{cz} \ddot{\varphi}_c + 4K_y l^2 \varphi_c = 0 \end{cases} \tag{4-183}$$

设方程组的解为

$$\begin{cases} y_c = B\sin(\omega t + \beta) \\ \theta_c = A\sin(\omega t + \beta) \end{cases} \tag{4-184}$$

对车体横摆及侧滚耦合的振动频率求解后，可以写成如下形式：

$$P_{1,2}^2 = \frac{1}{2}\left[a_1 + a_4 \pm \sqrt{(a_1+a_4)^2 + 4(a_2 a_3 - a_1 a_4)}\right] = \frac{1}{2}\left[a_1 + a_4 \pm \sqrt{(a_1-a_4)^2 + a_2 a_3}\right] \tag{4-185}$$

两自由度的车体横摆和侧滚自由振动也具有两自振频率和相应的振型，$y_c$ 和 $\theta_c$ 均为两种频率的振动，即

$$\begin{cases} y_c = B_1 \sin(P_1 t + \beta_1) + B_2 \sin(P_2 t + \beta_2) \\ \theta_c = A_1 \sin(P_1 t + \beta_1) + A_2 \sin(P_2 t + \beta_2) \end{cases} \tag{4-186}$$

式中，$P_1$、$P_2$ 为频率；$\beta_1$、$\beta_2$ 为相位角；$A_1$、$A_2$、$B_1$、$B_2$ 为车体侧滚及横摆时的振幅。

车体侧滚及横摆时，其振幅和相位角可根据振动的初始条件求出，但是在同一频率下的车体横摆及侧滚的振幅保持一定的比例，比例由系统结构决定。根据两自由度自由振动的特点，在第一阶频率 $P_1$ 情况下，车体横摆及侧滚的振幅比为

$$\frac{B_1}{A_1} = \frac{-a_2}{a_1 - P_1^2} \tag{4-187}$$

在第二阶频率 $P_2$ 情况下，车体横摆及侧滚的振幅比为

$$\frac{B_2}{A_2} = \frac{-a_2}{a_1 - P_2^2} \tag{4-188}$$

根据 $a_2$ 的定义，$-a_2$ 为正值，在正常条件下，有

$$4K_y h_c^2 + 4K_z b^2 > M_c g h_c \tag{4-189}$$

故 $a_4 > 0$，$a_3$ 为负值，于是得

$$\begin{cases} a_1 - P_1^2 = \frac{1}{2}\left(a_1 - a_4 + \sqrt{(a_1-a_4)^2 + 4a_2 a_3}\right) > 0 \\ a_1 - P_2^2 = \frac{1}{2}\left(a_1 - a_4 - \sqrt{(a_1-a_4)^2 + 4a_2 a_3}\right) < 0 \end{cases} \tag{4-190}$$

从而可得

$$\frac{B_1}{A_1} = \frac{-a_2}{a_1 - P_1^2} > 0 \quad （B_1 与 A_1 的符号相同）$$

$$\frac{B_2}{A_2} = \frac{-a_2}{a_1 - P_2^2} < 0 \quad （B_2 与 A_2 的符号相反）$$

也就是说当车体以低频 $P_1$ 产生横摆及侧滚耦合振动时，横摆与侧滚同相，于是两种运动

耦合成的振动将是绕 $O_1$ 轴转动的滚摆振动，如图 4-99 所示。$O_1$ 在车体重心以下的距离 $h_1$ 可以根据 $O_1$ 点在 $P_1$ 频率下滚摆时的无横向位移条件求出：

$$A_1 h_1 + B_1 = 0 \tag{4-191}$$

或

$$h_1 = \frac{a_2}{a_1 - P_1^2} = \frac{a_2}{\frac{1}{2}\left(a_1 - a_4 + \sqrt{(a_1 - a_4)^2 + 4a_2 a_3}\right)} \tag{4-192}$$

这种振动称为下心滚摆，如图 4-99(a) 所示。

当车体以高频 $P_2$ 产生横摆及侧滚耦合振动时，横摆和侧滚反相，于是两种运动耦合而成的振动将是绕 $O_2$ 轴转动的滚摆振动，振动轴 $O_2$ 在车体重心之上，其距离 $h_2$ 可根据 $O_2$ 点在 $P_2$ 频率下振动时的无横向位移条件求出：

$$A_2 h_2 + B_2 = 0 \tag{4-193}$$

或

$$h_2 = \frac{a_2}{a_1 - P_2^2} = \frac{a_2}{\frac{1}{2}\left(a_1 - a_4 - \sqrt{(a_1 - a_4)^2 + 4a_2 a_3}\right)} \tag{4-194}$$

这种振动称为上心滚摆，如图 4-99(b) 所示。

**2. 具有两系悬挂的车辆的横向自由振动**

下面讨论具有两系悬挂的车辆的横向自由振动。有些转向架的第二系悬挂中采用摇动台结构，如图 4-100 所示。摇动台的作用类似单摆，在横向力作用下，摇动台产生横向位移，当横向力消失后，摇动台在重力作用下会自动摆向平衡位置，故摇动台也是一种横向弹性装置。对于有垂向吊杆的摇动台，在横向摆动量不大的情况下，每台转向架一侧的摇动台吊杆的换算横向刚度(不包括弹簧横向刚度)为

$$K_{s1} = \frac{M_c g}{4 l_{s1}} \tag{4-195}$$

式中，$M_c$ 为车体及摇枕质量；$l_{s1}$ 为摇动台吊杆两销孔的垂向中心距。

图 4-99　车体的横摆和侧滚耦合振动

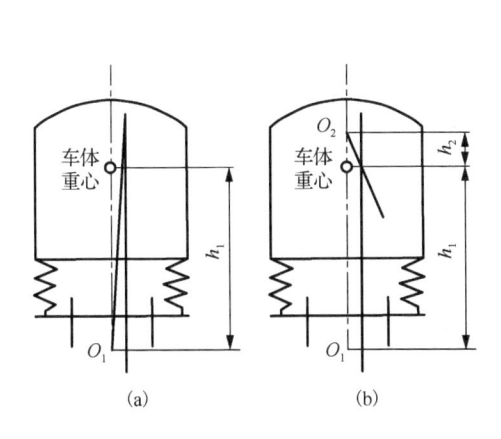

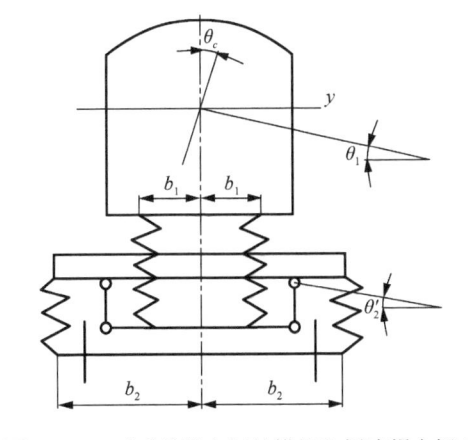

图 4-100　两系悬挂车辆的横摆和侧滚耦合振动

由式(4-195)可见，吊杆长度越长，摇动台的换算刚度越小。目前，客车转向架的摇动台都采用垂向吊杆，其长度为 500～600mm，故摇动台的换算横向刚度均不大。

某些客车上采用倾斜安装的吊杆，每台转向架一侧的换算横向刚度为

$$K_{s1} = \frac{M_c g}{4l_{s1}\left[\cos\alpha - \left(\dfrac{h_c}{b_c}\right)\sin\alpha\right]} \quad (4\text{-}196)$$

式中，$\alpha$ 为在静止情况下吊杆中心线与垂线间的倾斜角；$h_c$ 为车体重心至第二系弹簧下支承面之间的距离；$2b_c$ 为摇动台左右吊杆下销中心的横向跨距。

对于一般转向架，$\alpha$ 的数值不大，所以式(4-196)分母中的中括号内一般是一个略小于 1 的数值。由此可见，斜吊杆摇动台的换算横向刚度略大于垂向吊杆。

除摇枕吊杆以外，摇动台上起横向弹性作用的还有二系弹簧装置。设二系弹簧装置中每台转向架一侧的横向刚度为 $K_{ss}$，在横向力作用下，两种弹性元件起串联作用，因此第二系悬挂在每台转向架一侧的横向刚度为

$$K_{sy} = \frac{1}{\dfrac{1}{K_{s1}} + \dfrac{1}{K_{ss}}} \quad (4\text{-}197)$$

根据已知的一系和二系悬挂的垂向刚度和横向刚度、一系和二系悬挂的横向跨距和车体质心离第二系悬挂上支承面之间的垂向距离可以列出车体及转向架构架的横向运动方程。在车辆纵垂面和横垂面对称的条件下可以得出车体和转向架构架横移与测滚耦合在一起的 4 个自由度的滚摆振动方程，这种方程由于无通用的解析式，一般只能用数值解。这里介绍一种简化方法，即认为转向架构架的质量相对于车体而言较小，在分析中可以不计其惯性作用，于是可以把 4 个自由度系统简化为 2 个自由度系统。在进行简化时必须把两系悬挂的垂向刚度和横向刚度正确换算成当量一系悬挂刚度，尽可能减小由于简化造成的误差。

(1) 当量一系悬挂横向刚度。

当量一系悬挂横向刚度相当于两系悬挂车辆的第一系弹簧的横向刚度和第二系弹簧横向刚度串联，即

$$K_{cy} = \frac{1}{\dfrac{1}{K_{s1}} + \dfrac{1}{K_{ss}} + \dfrac{1}{2K_{py}}} \quad (4\text{-}198)$$

式中，$K_{py}$ 为每台转向架上一侧轴箱上弹簧组的横向刚度。

(2) 当量一系悬挂垂向刚度。

当车体上有横向力矩 $T_c$ 作用时，车体相对转向架构架的转角为 $\theta_2$，转向架构架相对轮对的转向角为 $\theta_1$。于是车体相对轮对的转角 $\theta_c$ 为

$$\theta_c = \theta_2 + \theta_1 \quad (4\text{-}199)$$

当车体相对轮对偏转时，一系悬挂和二系悬挂的复原力矩均等于作用力矩 $T_c$，其值为

$$T_c = 4K_{sz}b_2^2\theta_2 = 8K_{pz}b_1^2\theta_1 \quad (4\text{-}200)$$

式中，$2b_1$、$2b_2$ 分别为第一系悬挂和第二系悬挂的横向跨距。

根据以上关系可以求出转角 $\theta_1$、$\theta_2$ 分别为

$$\theta_1 = \frac{T_c}{8K_{pz}b_1^2}, \qquad \theta_2 = \frac{T_c}{4K_{sz}b_2^2} \quad (4\text{-}201)$$

设每台转向架一侧的当量一系悬挂垂向刚度为 $K_{ez}$，其横向跨距为 $2b_2$，在横向力矩 $T_c$ 作用下车体相对轮对的转角为 $\theta_c$，于是有

$$T_c = 4K_{ez}b_2^2\theta_c, \qquad \theta_c = \frac{T_c}{4K_{sz}b_2^2} \tag{4-202}$$

根据 $\theta_c = \theta_2 + \theta_1$ 的条件可以求得

$$K_{ez} = \frac{2K_{pz}K_{sz}}{2K_{pz} + K_{sz}\left(\dfrac{b_2}{b_1}\right)^2} \tag{4-203}$$

用一系悬挂当量垂向刚度 $K_{ez}$ 和横向刚度 $K_{ey}$ 代替原公式中的 $K_z$、$K_y$，即可求出简化后的两系悬挂车辆的横向自振频率和振型。

上述简化计算方法仅适用于研究自振频率较低的车辆横向振动，若要研究自振频率较高的车辆横向振动，则需解出 4 个自由度的车辆滚摆振动。

**3．车体及转向架各参数对横向振动的影响**

(1) 车体横向振动的自振频率都随摇动台吊杆长度的增加而降低，但吊杆过长，频率的下降趋势也会逐渐缓慢。常用的吊杆长度为 300～600mm，为了降低自振频率，在近代客车转向架上大多趋向于采用长吊杆，但长度大于 600mm 后，自振频率的减小趋势就不再明显了。

(2) 二系弹簧横向间距增大时，角刚度也随之增加，提高滚摆自振频率。但角刚度的增大，可使车体在一定的横向力作用下的角位移减小，仍有利于车辆平稳运行。

(3) 减小弹簧的垂直刚度可降低滚摆自振频率，故增大弹簧静挠度对垂向振动和横向振动都是有利的。车体在外力作用下产生滚摆角位移 $\theta$，当外力释去后，若车体不能恢复到原来的平衡位置而继续保持倾斜状态，则称车体失去在簧上的抗倾覆稳定性，这是不允许的。车体抗倾覆的稳定条件为

$$\frac{b_2^2}{f_{st}} - h_1 > 2\text{m} \tag{4-204}$$

(4) 近代客车均采用较大的弹簧静挠度 $f_{st}$，为了保证车体仍具良好的抗倾覆稳定性和较小的角位移，有效的方法是采用外侧悬挂，以增大中央弹簧的横向间距 $2b_2$，同时降低车体重心的高度或提高中央弹簧上支承面，以减小 $h_1$。

## 五、曲线运行安全性的计算与校核

高速动车组在线路上运行时，必须保证其安全性。影响车辆运行安全性的事故有车辆倾覆、车轮脱轨等。为了保证车辆在线路上运行安全，不发生任何重大的事故，在车辆设计、制造、维修和运行工作中，应采取各种措施保证轮轨之间的正常接触，使车辆所受的力保持在安全范围之内。

**1．车辆倾覆的安全性原理**

(1) 车辆的倾覆类型。

车辆倾覆，是指车辆在运行过程中受到各种侧向力和垂向力的作用，在最不利组合情况下使整个车辆向一侧倾倒，它有以下三种情况：

① 曲线外倾覆。车辆在曲线上运行，由于受风力、离心力和横向振动惯性力等的作用时，车辆向曲线外侧倾覆。

② 曲线内倾覆。当车缓慢驶入曲线时，由于车体内倾，并同时在风力、振动惯性力等的作用下，车辆向曲线内侧倾覆。

③ 直线倾覆。当车辆在直线上运行时，由于受极大的侧向风力作用，或者加上线路原因，使车辆产生严重的横向振动，致使车辆倾覆。

(2)车辆倾覆的评定方法。

车辆在曲线上运行中所受的作用力见图 4-101。

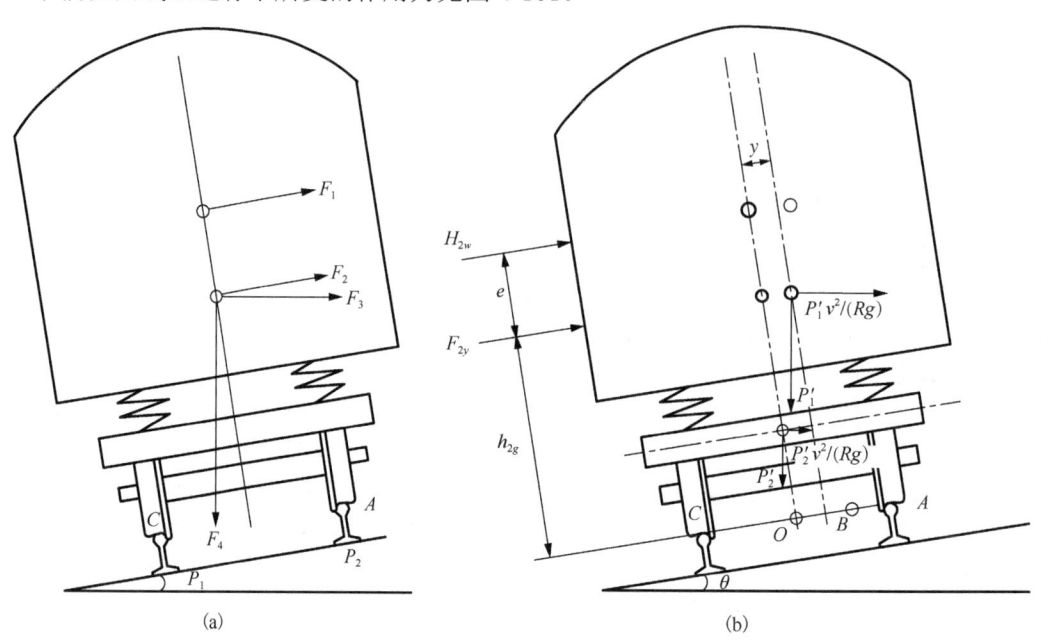

图 4-101 车辆在曲线上运行时所受的作用力

$F_1$-侧向风力;$F_2$-横向振动惯性力;$F_3$-离心力;$F_4$-重力

设 $D$ 为倾覆系数,用来评定车辆倾覆:

$$D = \frac{P_2 - P_1}{P_2 + P_1}$$

式中,$P_1$、$P_2$ 分别为内、外侧轨轮轨之间的作用力。

我国采用的倾覆系数 $D$ 标准为:容许值 $D<1$;安全值 $D<0.8$。

(3)倾覆系数的计算。

在推导车辆倾覆系数 $D$ 的计算公式时,只考虑其主要作用力:车体横向振动惯性力、侧向风力及离心力,一些影响较小的次要因素可略去不计。

当车辆在有超高的曲线上运行时,车体受侧向风力 $H_{2w}$、横向振动惯性力 $F_{2y}$ 及重力、离心力,如图 4-101(b)所示。

对车体和车体以下两部分所受的力在横向、垂向方向进行合成:

$$\begin{cases} Y = H_{2w} + F_{2y} + P_1' \left( \frac{v^2}{Rg} \cos\theta - \sin\theta \right) \\ Z = P_1' \left( \frac{v^2}{Rg} \sin\theta + \cos\theta \right) \\ Y^1 = P_2' \left( \frac{v^2}{Rg} \cos\theta - \sin\theta \right) \\ Z^1 = P_2' \left( \frac{v^2}{Rg} \sin\theta + \cos\theta \right) \\ M = -H_{2w} e \end{cases} \quad (4\text{-}205)$$

式中，$P_1'$ 为车体自重和载重；$P_2'$ 为两台转向架的重量；$M$ 为作用于车体上的倾覆力矩；$\theta$ 为曲线外轨超高角；$e$ 为侧向风压中心与车体重心间的距离。

式(4-205)中，$Y$、$Y^1$ 向右为正，$Z$、$Z^1$ 向下为正，$M$ 逆时针为正，$P_1'\dfrac{v^2}{Rg}$、$P_2'\dfrac{v^2}{Rg}$ 分别为作用车体和两台转向架的离心力。

承受侧向力 $Y$ 和 $M$ 时，车体重心的侧向偏移量 $y$ 为

$$y = C_y Y + C_{y\theta} M \tag{4-206}$$

式中，$C_y$、$C_{y\theta}$ 为偏移系数。

$$C_y = \frac{1}{2K_y}, \qquad C_{y\theta} = \frac{h_5}{2b_2^2 K} \tag{4-207}$$

式中，$h_5$ 为车体重心至车轴中心线的高度；$K_y$ 为一台转向架弹簧的横向刚度；$K$ 为一台转向架弹簧的垂向刚度；$2b_2$ 为轴距。

假设作用在车辆上所有力和力矩在两轨顶面连线的 $B$ 点的合力矩为 0，因此有

$$(OB - y)Z + OBZ' = h_{2g}Y + r_0 Y' - M \tag{4-208a}$$

已知图 4-101 中，在点 $A$ 时，$D=1$；在中心点 $O$ 时，$D=0$，故当作用于车辆的合力通过点 $B$ 时，可得下列关系式：

$$\frac{OB}{D} = \frac{OA}{1} = b \tag{4-208b}$$

将式(4-208b)代入式(4-208a)中得

$$(bD - y)Z + bDZ' = h_{2g}Y + r_0 Y' - M \tag{4-209}$$

因曲线外轨超高 $h$ 值不大，则 $\cos\theta \approx 1, \sin\theta \approx 0$，且 $\dfrac{v^2}{Rg}\sin\theta = \dfrac{v^2}{Rg}\dfrac{h}{2b}$，比 $\cos\theta \approx 1$ 小得多，因此 $\dfrac{v^2}{Rg}\sin\theta + \cos\theta \approx 1$。

又因 $F_{2y} = Mj_{2y} = \dfrac{P_1'}{g}j_{2y}$，其中 $M$ 为车体（自重和载重）质量，$j_{2y}$ 为车体横向振动加速度。

而且 $H_{2w} = P_{2w}LH$，其中 $P_{2w}$ 为侧向风力的单位压力，$H$ 为车体的高度，$L$ 为车体的长度。

将式(4-205)和式(4-207)代入式(4-209)，并结合以上关系式可得

$$D = \frac{1}{b_1 + \mu}\left\{ (C_y P_1' + h_{2g} + \mu r_0)\left(\frac{v^2}{Rg} - \frac{h}{2b}\right) + (C_y P_1' + h_{2g})\frac{j_{2y}}{g} \right.$$
$$\left. + [h_{2w} + (C_y - C_{y\varphi}l)]\frac{P_{2w}LH}{P_1'} \right\} \tag{4-210}$$

式中，$\mu = \dfrac{P_2'}{P_1'}$；$h_{2w}$ 为车体侧向风压中心至轨面的高度，其值为 $h_{2w} = h_{2g} + e$；$h_{2g}$ 为车体重心至轨面的高度。

又因 $h_g = \dfrac{P_1' h_{2g} + P_2' r_0}{P} = \dfrac{h_{2g} + \mu r_0}{1 + \mu}$，其中 $h_g$ 为车辆总重重心至轨面的高度，$P$ 为车辆总重，

即设 $P = P_1' + P_2'$。

$$\begin{cases} h_g' = h_g + \dfrac{1}{1+\mu}C_y P_1' \\ h_{2w}' = h_{2w} + \left(C_y - C_{y\phi 1}\right)P_1' \end{cases} \tag{4-211}$$

将式(4-211)代入式(4-210)，整理后，得到车辆倾覆系数的计算公式为

$$D = \frac{h_g'}{b}\left(\frac{v^2}{Rg} - \frac{h}{2b}\right) + \frac{h_g'}{b}\left(1 - \frac{\mu}{1+\mu}\frac{r_0}{h_g'}\right)\frac{j_{2y}}{g} + \frac{h_{2w}'P_{2w}LH}{Pb} \tag{4-212}$$

由式(4-212)可求得车辆的倾覆系数，从而可以校核列车在通过曲线时的倾覆安全性。

式(4-212)为向曲线外侧倾覆的情况，而风压相反时，则为向曲线内侧倾覆的情况，公式等号右边的第二、三项的符号由"+"变成"－"。

式(4-212)中，第一项是由于车辆通过曲线时未平衡的离心力引起的，第二项是由于车辆横向振动惯性力引起的，第三项是由于侧向风力引起的。

### 2. 轮对抗脱轨安全性原理

**1) 轮对发生脱轨的原因**

车辆沿轨道直线运行时，在正常工作的条件下，车轮的踏面部分与钢轨顶面相接触。当车辆进入曲线时，由于各种横向力，如离心力、风力、横向振动惯性力等的作用，前轮对外侧车轮的轮缘贴靠钢轨侧面。如果轮对前进方向相对轨道有正冲角时，则轮轨接触点 $A$ 不在过轮对中心线的垂向平面内，接触点 $A$ 离开垂直平面到 $B$，如图 4-102(a) 所示。在点 $B$，车轮给钢轨的横向作用力为 $Q$，钢轨给车轮的横向反力称为导向力。在导向力作用下，轮对连同转向架沿曲线方向前进。如果在某种特定的条件下，车轮给钢轨的横向力 $Q$ 很大，而车轮给钢轨的垂向力 $P$ 很小，点 $B$ 将会逐渐移向轮缘顶部，车轮逐渐升高。如果轮轨接触点达到轮缘圆弧面的拐点，即车轮轮缘根部与钢轨接触，此时就达到了爬轨的临界点。

如图 4-102(b) 所示，在达到临界点以前，$Q$ 减小或 $P$ 增大，轮对可以向下滑动，恢复到原来的稳定位置。当超过临界点，如果 $Q$、$P$ 变化不大，由于轮缘角较小，车轮可能爬上钢轨顶部而发生脱轨。

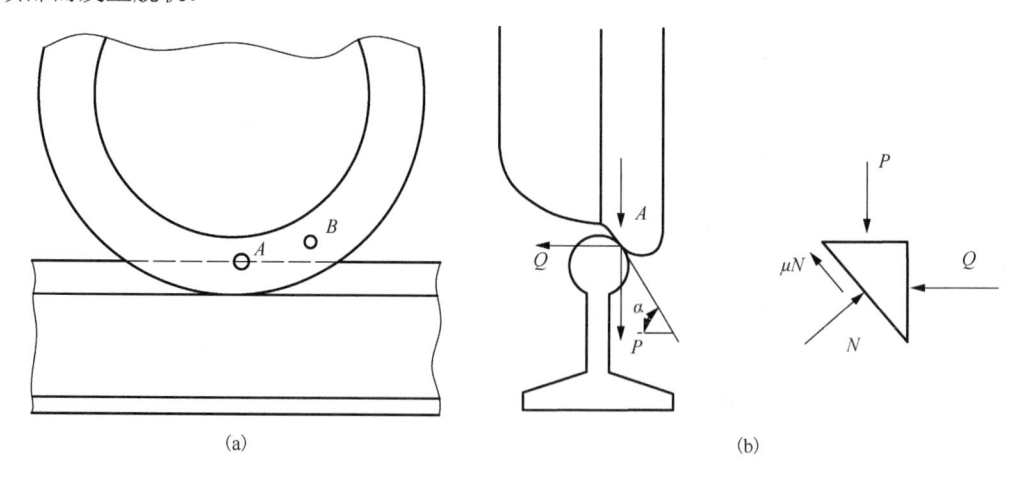

图 4-102 车轮轮缘根部与钢轨接触

车轮爬上钢轨顶部需要一段时间，这种脱轨方式称为爬轨，一般发生在低速情况下。另外一种为跳轨，发生在高速运行时，是由于轮轨间的冲击力造成的脱轨。

### 2) 轮对脱轨安全性标准的原理

(1) 根据车轮作用于钢轨的横向力 $Q$ 评定车轮抗脱轨安全性。

此评定方法由 Nadal 提出，设有一对车轮，已经开始爬轨并达到临界点（即已经达到轮缘倾角最大点），为了简化分析，不考虑轮对冲角和轮轨接触点提前量的作用。

取轮缘上的轮轨接触斑为隔离体，见图 4-102(b)。作用在接触斑上的车轮垂向作用力为 $P$，横向力为 $Q$，钢轨作用在接触斑上的法向作用力为 $N$，阻止车轮向下滑动，钢轨给接触斑的摩擦力为 $\mu N$。设接触斑在以上作用力的作用下处于平衡状态，即车轮处于向下滑而不能滑的状态。将以上的作用力在法线方向和切线法向分解后，可求得车轮爬轨的条件：

$$\begin{cases} P\sin\alpha - Q\cos\alpha = \mu N \\ N = P\cos\alpha + Q\sin\alpha \end{cases} \tag{4-213}$$

式中，$\alpha$ 为最大轮缘倾角（简称轮缘角）；$\mu$ 为轮缘与钢轨侧面的摩擦系数。

解式(4-213)得

$$\frac{Q}{P} = \frac{\tan\alpha - \mu}{1 + \mu\tan\alpha} \tag{4-214}$$

式(4-214)表示轮对在爬轨临界点的平衡状态，如果 $\frac{Q}{P}$ 大于 $\frac{\tan\alpha - \mu}{1 + \mu\tan\alpha}$，车轮有可能爬上钢轨，反之则下滑。因此，车轮爬轨的条件为

$$\frac{Q}{P} \geqslant \frac{\tan\alpha - \mu}{1 + \mu\tan\alpha} \tag{4-215}$$

式中，比值 $\frac{Q}{P}$ 为车轮脱轨系数；$\frac{\tan\alpha - \mu}{1 + \mu\tan\alpha}$ 为车轮开始爬轨时的临界值，简称车轮脱轨系数临界值，与轮缘角 $\alpha$ 和轮缘与钢轨侧面的摩擦系数 $\mu$ 有关。

我国车辆车轮的轮缘角为 60°～70°，摩擦系数一般为 0.2～0.3，在确定脱轨系数允许限度时，可取摩擦系数的上限为 0.3～0.35。不同摩擦系数 $\mu$ 和轮缘角 $\alpha$ 下的车轮脱轨系数临界值如图 4-103 所示。

(2) 根据轮重减载率评定车轮抗脱轨安全性。

前面分析了轮轨横向力及构架横向力对轮对脱轨的影响，这是横向力 $Q$ 大而垂向力 $P$ 小的结果。但在实际的运行中还发现，在横向力并不很大而一侧车轮严重减载的情况下也有脱轨可能，下面分析这种情况下的脱轨原理。

设有一对轮对，其左轮正处于爬轨的临界状态，即轮对处于向下滑而不滑的状态，这时左右钢轨与左右车轮的摩擦力的方向都是阻止轮对向右滑的方向，如图 4-104 所示。

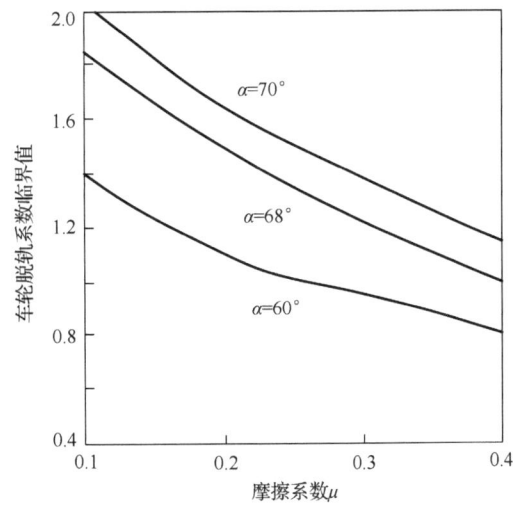

图 4-103 不同摩擦系数和轮缘角下的车轮脱轨系数临界值

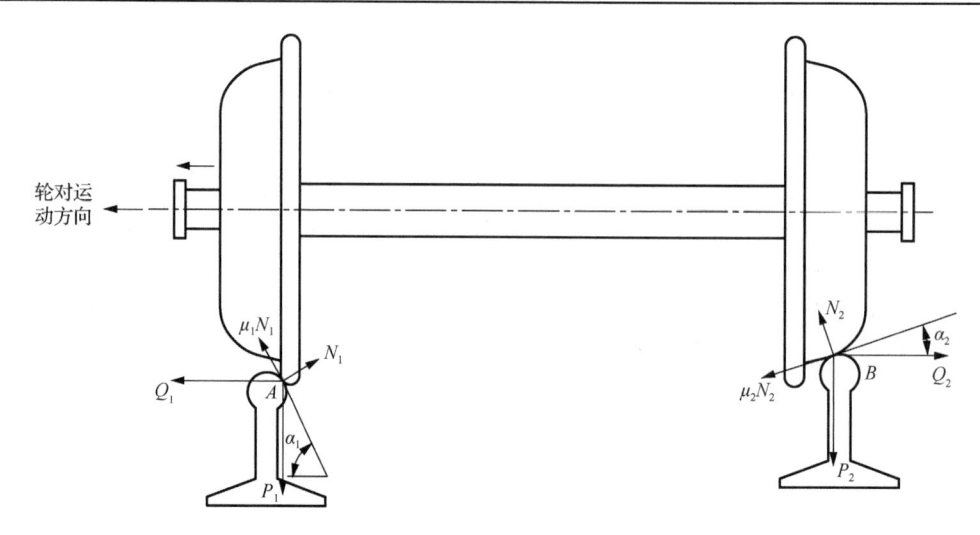

图 4-104 轮对受力状况

分别取左轮接触斑 $A$ 和右轮接触斑 $B$ 为隔离体，左轮作用在接触斑 $A$ 上的垂向力和横向力分别为 $P_1$、$Q_1$，右左轮作用在接触斑 $B$ 上的垂向力和横向力分别为 $P_2$、$Q_2$。左轨作用在接触斑 $A$ 上的力分别为法向力 $N_1$ 和阻止车轮下滑的摩擦力 $\mu_1 N_1$，右轨作用在接触斑 $B$ 上的力分别为法向力 $N_2$ 和阻止车轮下滑的摩擦力 $\mu_2 N_2$。由于左右轮上的作用力平衡，可得以下的平衡方程：

$$\begin{cases} \dfrac{Q_1}{P_1} = \dfrac{\tan\alpha_1 - \mu_1}{1 + \mu_1 \tan\alpha_1} \\ \dfrac{Q_2}{P_2} = \dfrac{\tan\alpha_2 - \mu_2}{1 - \mu_2 \tan\alpha_2} \end{cases} \tag{4-216}$$

式中，$\alpha_1$、$\alpha_2$ 分别为左轮轮缘角和右轮轮缘角；$\mu_1$、$\mu_2$ 分别为左轮轮缘和右轮踏面与钢轨之间的摩擦力。

左右车轮给左右接触斑的水平力 $Q_1$、$Q_2$ 是由转向架构架力产生的，由图 4-104 可知，$H = Q_1 - Q_2$，于是有

$$\frac{H}{P_1} = \frac{Q_1}{P_1} - \frac{Q_2}{P_1} = \frac{Q_1}{P_1} - \frac{P_2}{P_1}\left(\frac{\tan\alpha_2 + \mu_2}{1 - \mu_2 \tan\alpha_2}\right) \tag{4-217}$$

$\tan\alpha_2$ 值较小，可取 $\tan\alpha_2 \approx 0$，于是得到轮对脱轨条件为

$$\frac{Q_1}{P_1} \approx \frac{H + \mu_2 P_2}{P_1} \geqslant \frac{\tan\alpha_1 - \mu_1}{1 + \mu_1 \tan\alpha_1} \tag{4-218}$$

构架力 $H$ 很小，设 $H \approx 0$，而 $P_2$ 很大、$P_1$ 很小，即 $P_2 \gg P_1$，由于某种原因，左轮轮缘已经在轮缘角最大处与钢轨接触。右轮在较大的踏面摩擦力 $\mu_2 N_2$ 的作用下，左轮仍旧保持脱轨的临界状态。

令式(4-217)中的 $H=0$，并将所得式子代入式(4-218)得

$$\frac{P_2}{P_1}\left(\frac{\tan\alpha_2 + \mu_2}{1 - \mu_2 \tan\alpha_2}\right) \geqslant \frac{\tan\alpha_1 - \mu_1}{1 + \mu_1 \tan\alpha_1} \tag{4-219}$$

设
$$P = \frac{1}{2}(P_2 + P_1), \quad \Delta P = \frac{1}{2}(P_2 - P_1)$$

于是有
$$P_1 = P - \Delta P, \quad P_2 = P + \Delta P \tag{4-220}$$

式中，$P$ 为左右轮平均轮轨垂向力，即轮重；$\Delta P$ 为轮重减载量。

将式(4-219)代入式(4-220)得

$$\frac{\Delta P}{P} \geqslant \frac{\dfrac{\tan\alpha_1 - \mu_1}{1 + \mu_1 \tan\alpha_1} - \dfrac{\tan\alpha_2 + \mu_2}{1 - \mu_2 \tan\alpha_2}}{\dfrac{\tan\alpha_1 - \mu_1}{1 + \mu_1 \tan\alpha_1} + \dfrac{\tan\alpha_2 + \mu_2}{1 - \mu_2 \tan\alpha_2}} \tag{4-221}$$

式中，$\dfrac{\Delta P}{P}$ 为轮重减载率临界值，当轮重减载率超过轮重减载率临界值时，轮对有脱轨的趋势。

我国车辆踏面的缘角 $\alpha_1$ 为 $68°\sim70°$，$\alpha_2 \approx \arctan\left(\dfrac{1}{20}\right)$，$\mu_1$ 为 $0.2\sim0.25$，则计算得 $\dfrac{\Delta P}{P} \geqslant 0.65$。

我国对轮重减载率的规定如下：

$$\frac{\Delta P}{P} \leqslant 0.65 \quad (\text{容许标准}) \tag{4-222}$$

$$\frac{\Delta P}{P} \leqslant 0.60 \quad (\text{安全标准}) \tag{4-223}$$

## 六、影响高速转向架动力学性能的因素

高速转向架是一个复杂的机械系统，实际应用经验和理论分析表明，构成系统的各个元件所起的作用或影响大小各不相同，有些元件的结构和参数影响较大，有的参数的影响非常小；有的参数对某一种响应至关重要，而对另一种性能则关系甚微。认识这些关系和影响程度，对转向架设计十分重要，有些影响因素尚待进一步研究。

转向架结构参数、线路条件、车辆运行速度等对车辆的脱轨、倾覆、振动、蛇行运动以及曲线通过等动力性能都有很大影响。就转向架结构参数而言，转向架的任一参数都与某些动力学性能有关，改变某些结构参数，可能对几项动力性能的改善都有利；也可能对某些动力性能有利，而对另一些则不利。因此，在拟定转向架的最佳设计方案时，要从各个方面来权衡并综合考虑。

### 1. 直线运行稳定性

直线运行稳定性问题是高速转向架设计的首要关键技术问题，它也是高速转向架区别于低速转向架的主要特点。

对车辆运动稳定性进行传统分析，是根据车轮踏面锥度及轮轨游间建立线性运动方程，然后求解蛇行运动速度和频率。或由线性微分方程稳定性理论，求解失稳临界速度。实际上，在高速直线运行中出现的蛇行运动，是由轮/轨滚动接触引起的自激振动，研究这种自激振动稳定性问题最好应用非线性理论。前面所列的软件中，有的采用线性理论和方法，有的采用部分非线性方法计算失稳前的临界速度。

**1) 等效斜度**

车轮踏面斜度是影响横向振动稳定性的最显著的因素之一，主要影响轮对各振型的稳定性，其失稳临界速度与踏面等效斜度的平方根近似成反比。我国的车轮运用情况表明，对于踏面斜度为 0.05 的锥形车轮，其踏面磨耗后的平均等效斜度接近 0.25。踏面磨耗后，临界速度会降低。

**2) 轴箱定位刚度**

轴箱横向定位刚度与纵向定位刚度对直线运动稳定性有较大影响，轴箱横向定位刚度主要影响以转向架构架和轮对横摆运动为主的振型，适当增大横向定位刚度，可提高直线运动稳定性。轴箱纵向定位刚度主要影响轮对摇头振型，增大纵向定位刚度，可显著提高运行的稳定性。

因为轴箱定位刚度对车辆直线运行稳定性和曲线通过性能都有显著的影响，所以必须兼顾，合理地选取定位参数。在设计转向架时，轴箱定位刚度一般是较易改变的结构参数，故可选择多组参数进行多方案比较，从而获得最佳的匹配关系。

**3) 二系中央悬挂的横向刚度**

二系中央悬挂的横向刚度主要影响车体各振型，增加其横向刚度对提高车体以横摆和摇头为主的振型稳定性效果明显，但对车体上心滚摆为主的振型会产生严重的不利影响。

二系中央悬挂的横向刚度增加不大时（如 50% 以下），对车辆临界速度的影响不大，当增加较大时，会提高临界速度。

总之，在选取二系中央悬挂的横向刚度参数值时，还应考虑车辆的横向舒适性要求。实际上，各国的高速转向架都倾向于采用柔软的横向弹簧装置。

**4) 二系中央悬挂的纵向刚度**

一般情况下，受二系中央悬挂纵向刚度影响明显的振型是车体和转向架以摇头为主的振型，增加纵向刚度，有利于提高转向架摇头振型的临界速度，从而使车体摇头振型的失稳区扩大。

以上简述了有关刚度参数对车辆直线运行稳定性的影响，在设计选择有关参数时还必须考虑其对车辆通过曲线性能的影响，因为几乎所有参数对车辆的这两种性能的影响都是相互矛盾的。此外，轴箱弹簧与中央弹簧的垂直方向刚度和阻尼对直线横向稳定性基本上没有影响，这些参数的值应根据垂直方向振动特性的要求来确定。

**2. 横向振动与振动有源控制**

高速列车的稳定性、平稳性和曲线通过性能是动力学中的三个主要方面，而三者对于系统参数的选取和结构设计又是矛盾的。例如，直线运行稳定性与曲线通过性能在轴箱定位刚度的选取上就相互矛盾；二系中央悬挂参数（包括弹簧刚度和阻尼特性）的选择要兼顾平稳性和相对位移之间的矛盾。为了同时使横向加速度响应和悬挂行程都处于较低值，二系中央悬挂的刚度与阻尼值只能在一定范围内取折中值。因此，在高速下的横向振动，始终是一个难以克服的问题。

如前所述，车辆悬挂系统结构和参数是根据实际运用条件，包括车速、曲线半径、超高以及线路不平顺等，再综合分析车辆系统动力学性能来加以协调优化的，这种优化总是在一定条件下进行的。悬挂系统一旦设计完成，其特性便与外部激扰无关，且不能改变，也就是不具备适应复杂的具有随机性线路的能力。因此，采用主动或半主动控制悬挂技术是目前解决横向振动或进一步提高列车速度和乘坐舒适性的发展方向。

主动控制是指采用液压作动器装置,在控制系统指令的控制下产生适当的液压作用力来抑制振动的发生或扩大。主动控制技术在航空、汽车和国外一些铁路车辆上已有所应用或正处于研究阶段。比较成功的应用于高速列车的振动控制技术,主要是半主动(或半有源)控制,即控制系统控制液压阻尼器,使其改变阻尼特性和阻尼力,对振动加以抑制,它比主动控制技术的结构和装置简单,可靠性高,但对振动的拟制作用有一定局限性。

**3. 转向架各组成参数与动力学性能的关系**

尽管通过模拟分析可以定量地得到转向架系统的各项结构参数对动力学性能的作用和影响大小,但建模都是针对具体结构形式的转向架和车辆进行的,并没有一个通用的、普遍适应的计算模型。表 4-22 中列出了根据设计者和实用经验得到的转向架结构参数与车辆动力学性能之间的定性关系,为转向架设计提供了有益的参考。

表 4-22 转向架结构参数与车辆动力学性能的定性关系

| 参数 | | 稳定性 | 轮重变化 | 曲线横向力 | 抗倾覆 | 舒适性 | 轨道破坏 |
|---|---|---|---|---|---|---|---|
| 轴距 | | ○ | | × | | | × |
| 车轮 | 直径 | × | | ◎ | | | |
| | 踏面等效锥度 | | | | | | |
| 轴箱定位纵向刚度 | | ◎ | | × | | | × |
| 一系弹簧刚度 | | | △ | | | ○ | × |
| 二系弹簧 | 垂向刚度 | | △ | | ◎ | | × |
| | 横向刚度 | | △ | | ◎ | | ◎ |
| 转向架回转力矩 | | ◎ | | × | | | × |
| 转向架质量 | 簧间质量 | △ | | | | △ | |
| | 簧下质量 | × | × | | | | × |
| 转向架转动惯量 | | × | | × | | | × |

注:◎表示参数值越大,越能产生有利的影响;○表示参数值越大,越能产生一定好处,但实际差别不大;△表示参数值越大,越能产生一定的不利影响,但不明显;×表示参数值越大,越能产生坏的影响;空格则表示相互关系不大。

**4. 线路轨道激励**

进行动力学分析时需要输入的外界激励需按线路条件确定,除了平直线、不同半径曲线和轨道超高外,轨道不平顺参数是必不可缺的重要参数,如轨道的长、短波长及相应波幅,纵向高低不平顺,方向不平顺,三角坑等,这些既可以是确定性的和随机的时域值,也可以是频域统计值。

目前,欧洲高速铁路统一采用德国高速线路的功率谱密度函数作为轨道不平顺的频域输入函数来计算高速列车车辆的振动舒适性,功率谱密度函数的解析描述如下。

垂向不平顺:

$$S_V(\Omega) = \frac{A V \Omega_c^2}{\left(\Omega^2 + \Omega_r^2\right)\left(\Omega^2 + \Omega_c^2\right)} \tag{4-224}$$

方向不平顺:

$$S_A(\Omega) = \frac{A_A \Omega_c^2}{\left(\Omega^2 + \Omega_r^2\right)\left(\Omega^2 + \Omega_c^2\right)} \tag{4-225}$$

水平不平顺：

$$S_c(\Omega) = \frac{A_v / b^2 \Omega_c^2 \Omega^2}{\left(\Omega^2 + \Omega_r^2\right)\left(\Omega^2 + \Omega_c^2\right)\left(\Omega^2 + \Omega_s^2\right)} \quad (4\text{-}226)$$

式中，截断频率 $\Omega_c = 0.8246\text{rad}/\text{m}$；$\Omega_r = 0.0206\text{rad}/\text{m}$；$\Omega_s = 0.4380\text{rad}/\text{m}$；$b$ 为名义滚动圆距离的一半；$\Omega$ 为空间频率，与圆频率 $\omega$ 的关系为 $\omega = V\Omega$，$S(\omega) = S(\Omega)/V$。

不平顺程序分低干扰和高干扰两种等级水平：低干扰水平系数为 $A_A = 2.119 \times 10^{-7}\text{m}\cdot\text{rad}$，$A_v = 4.032 \times 10^{-7}\text{m}\cdot\text{rad}$；高干扰水平系数为 $A_A = 6.125 \times 10^{-7}\text{m}\cdot\text{rad}$，$A_v = 1.080 \times 10^{-6}\text{m}\cdot\text{rad}$。

## 第六节　转向架结构设计的常用规范及标准

### 一、列车运行安全性和平稳性及其评价标准

一般将安全性、平稳性统称为动力学性能，各国对安全性和平稳性的定量评价各有不同。从发展历史看，由于测量技术和数据处理技术的发展，有关安全性与平稳性的认识也在不断研究更新，下面对相关评价方法和指标进行综合介绍。

**1. 运行安全性及其评价**

列车走行部是决定列车能否在高速运行时保证安全和平稳的关键部件。运行安全性（也称运行稳定性），是指为保证列车在设计规定的最高速度范围内，在规定的线路条件下，不会产生脱轨、颠覆和对轨道产生破坏的基本性能。运行安全（稳定）性通常以脱轨系数、轮重减载率及倾覆系数来衡量。

**1) UIC-518 标准规定的安全性的限度值**

(1) 横向力（2m 轨道长度范围之内）的合力，也称导向力之和。

$$(\Sigma Y)_{2m} \leqslant (10 + P_0/3) \quad (4\text{-}227)$$

式中，$P_0$ 为轴重(kN)。

(2) 每个车轮的 $Y/Q$ 比值。

$$Y/Q \leqslant 0.8 \quad (\text{线路 } R \geqslant 300\text{m}) \quad (4\text{-}228)$$

(3) 每个车轮的垂向载荷，即附加垂直方向动作用力加车轮的静载荷之和。

$$Q_{\lim} = 90 + Q_0 \quad (4\text{-}229)$$

式中，$Q_0$ 为每个车轮的最大静重。

垂向载荷的极限值为

$$\begin{cases} Q_{\lim} \leqslant 200\text{kN} & (V_{\lim} \leqslant 160\text{km}/\text{h}) \\ Q_{\lim} \leqslant 190\text{kN} & (160\text{km}/\text{h} < V_{\lim} \leqslant 200\text{km}/\text{h}) \\ Q_{\lim} \leqslant 180\text{kN} & (200\text{km}/\text{h} < V_{\lim} \leqslant 250\text{km}/\text{h}) \\ Q_{\lim} \leqslant 170\text{kN} & (250\text{km}/\text{h} < V_{\lim} \leqslant 300\text{km}/\text{h}) \\ Q_{\lim} \leqslant 160\text{kN} & (V_{\lim} > 300\text{km}/\text{h}) \end{cases} \quad (4\text{-}230)$$

式中，$V_{\lim}$ 为车辆运营最高速度。

**2) 我国机车车辆的限值规定与 UIC-518 标准的不同点**

(1) 我国规定的轨道抗位移安全限值为 $Y \leqslant 0.85(10 + P_0/3)$，这里的 $Y$ 为导向轮对的横向力，即 UIC-518 中的 $\Sigma Y$。

(2) 引入 $Y/Q$ 值的作用时间。应用 $Y/Q$ 值作为评定车轮是否脱轨的指标，这个方法来自著名的 Nadal 公式，该公式以静力平衡关系导出轮缘爬上钢轨的条件，与车轮的轮缘角和轮轨的磨擦系数有关。$Y/Q \leqslant 0.85$ 是根据该公式的计算值乘上一定的安全系数得出的，是一个虽然得到公认，但是偏于保守的经验性限值。实际上，曾有多次试验中的 $Y/Q$ 值超过 1.2 甚至更高，但没有发生脱轨。

研究表明，从达到爬轨条件到轮缘爬上钢轨需要一定的时间过程。这个发生发展过程又受一些随机条件的影响，因此有的研究文献推荐采用 0.5m 的钢轨长度，有的国家采用 0.05s 的持续时间，但是脱轨时力的作用时间小于该数值也可能产生脱轨。从机理分析，这已不再属于爬轨，而是高的横向冲击速度产生的跳跃而导致的脱轨。因此，在瞬间可能允许有较高的 $Y/Q$ 限值。日本铁道技术研究所通过试验研究得出了引入时间变量的脱轨限值的计算公式：

$$\frac{Y_{\max}}{Q} \approx 0.04 \frac{1}{t_1} \tag{4-231}$$

按爬轨极限值，可得

$$\frac{Y_{\max}}{Q} \approx 0.8$$

由以上两式得到

$$t_1 = 0.05\text{s}$$

因此，爬轨和跳轨脱轨的分界点时间为 0.05s。

我国机车车辆的有关标准的规定如下。

当横向力作用时间大于 0.05s 时，应满足安全评定条件：
$$Y/Q \leqslant 0.8 \tag{4-232}$$

当横向力作用时间小于 0.05s 时，应满足安全评定条件：
$$Y/Q \leqslant 0.04 \frac{1}{t_1} \tag{4-233}$$

式中，$t_1$ 为横向力作用时间（$t_1 < 0.05\text{s}$）。

由于我国机车车轮轮缘角和簧下质量等参数与车辆有一定区别，得到的计算限度值为

$$\frac{Y_{\max}}{Q} \approx 0.065 \frac{1}{t_1} \tag{4-234}$$

这时如果取 $Y/Q=0.8$，则由式（4-234）得

$$t_1 = 0.08\text{s}$$

因此，将我国有关机车车辆安全评定的标准用于高速列车的动力车时，有如下要求：①当采用连续测量轮/轨力时，$Y/Q$ 值超过 0.8 的持续时间不得超过 0.08s；②当 $Y/Q$ 值超过 0.8 的持续时间超过 0.08s 时，$Y/Q$ 在该持续时间内的最大值应满足如下要求。

$$(Y/Q)_{\max} \leqslant 0.065 \frac{1}{t_1} \tag{4-235}$$

为了方便数据处理，又将 $t_1$ 进行了更明确的定义，见图 4-105。

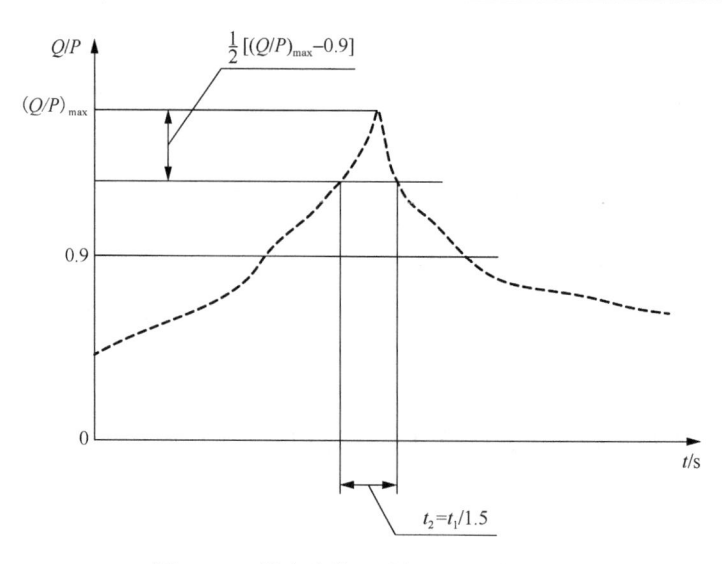

图 4-105 横向力作用时间 $t_1$ 的定义图示

**3)增加的评定项目和指标**

与 UIC-518 标准相比,我国机车车辆的动力学评定标准中,还增加了如下一些评定项目。

(1)轮重减载率。

$$\frac{\Delta P}{\overline{P}} \leqslant 0.6 \tag{4-236}$$

式中,$\Delta P$ 为测得的轮重减载量(kN);$\overline{P}$ 为平均轮重(kN)。

(2)倾覆系数。用于评定车辆在侧向风力、离心力、横向振动惯性力等作用下,是否会导致车辆倾覆。

$$D = \frac{P_d}{P_{st}} < 0.8 \tag{4-237}$$

式中,$D$ 为倾覆系数;$P_d$ 为车辆或转向架同一侧车轮的垂直动载荷(kN);$P_{st}$ 为相应车轮的静载荷(kN)。

当车辆同侧各车轮或一台转向架的同侧各车轮的倾覆系数同时达到或超过 0.8 时,可认定为不安全。

(3)运行特征限度值。参照欧洲路网对高速列车直线运行稳定性的要求,我国也采纳了有关规定:转向架构架横向加速度峰值不得连续 6 次以上达到或超过 8~10m/s² 的限值(与转向架构架的设计相适应),测量时,取滤波频率为 0.5~10Hz。

**2. 运行舒适性及其评价标准**

运行舒适性(或称运行平稳性)是指列车在规定的线路条件下以设计速度范围运行,不会产生过大的振动,并尽量使乘客感到舒适,设备能平稳工作。一般以车辆指定部位的振动加速度及其计算值作为平稳性或振动舒适度标准的评价参数,测量位置为车体的地板上或底架上。为了评价车厢内旅客舒适性,还需要用规定的测量方法和设备测量座椅的振动加速度。

**1)UIC-518 标准对运行品质的评价规定**

(1)加速度值 $\ddot{y}$、$\ddot{z} \leqslant 2.5 \text{m/s}^2$。

(2)计权加速度均方根值 $S_y$、$S_z \leqslant 0.5 \text{m/s}^2$。

(3)准静态横向加速度 $\ddot{y}_{qst}$ 的评定值暂无。

同时，UIC还制定了《铁路车辆内旅客振动舒适性评价准则》（UIC—513R），它以国际通用标准《机械振动与冲击-人体处于全身振动的评价 第1部分：一般要求》（ISO 2631—1 AMD1—2010）等为依据，制定较为合理的评价列车车内振动的平稳性标准。该标准是为评价旅客乘车舒适性而进行的运行试验的条件，规定了必须测量的参数及其评估因素的确定方法，并提供了旅客舒适性的评价尺度。该标准包括振动测量、分析和评估方法，以及数据处理方法，它考虑了铁路机车车辆内机械振动所具有的特点，不但规定了车辆在规定运行条件下的旅客舒适性评估方法，而且还有助于鉴定不舒适的原因（如车地板某处振动太大、通过座椅使振动加剧等），现对该标准进行概括性介绍。

(1)测量值：在车地板和坐椅的座面和靠背上的不同点测量振动和速度值。

(2)计算值：$a$ 为加速度有效值（均方根值）；$a_w$ 为按计数曲线处理后的频率计权加速度有效值；$N$ 为舒适度指数。

(3)旅客平均舒适性：评估方法可分两种，即简化法和完整法。简化法仅以车地板上测得的加速度值来近似评估乘客在坐姿状态下的舒适度；完整法则必须同时以车地板和座椅上测量的加速度对其进行全面评估。

评价指数的尺度共分五种等级，即非常好的舒适性、好的舒适性、中等舒适性、差的舒适性、很差的舒适性。

**2)我国运行平稳性或舒适性评定标准**

我国机车车辆动力学试验评定标准中，关于平稳性或舒适性的评定测量值是车辆地板的振动加速度。而计算值和评估值多年来都采用铁路车辆传统的方法，即Spering方法获得，该方法的评价计算值为平稳性指数：

$$w = 0.896 \sqrt[10]{\sum_{1}^{n} \frac{b_i^3}{f_i} F(f_i)} \tag{4-238}$$

式中，$w$ 为平稳性（舒适性）指标；$b_i$ 为振动加速度按频率分布测量值；$F(f_i)$ 为频率计权函数；$f_i$ 为频率级（Hz）。

Spering方法存在的问题是：①没有规定统一的数据处理方法；②频率计权函数与国际通用标准 ISO2631 中的与人体有关的频率计权函数存在一定差异；③没有综合各方向和各位置（地板或座椅）的测量值而得出综合评价尺度。

我国《机车车辆动力学性能评定及试验鉴定规范》（GB/T 5599—2019）也采用了《振动和冲击对人的影响的评价准则》（ISO2631）的频率计权函数和相应的数据处理方法。有关我国的列车平稳性或舒适性评价方法及指标可参阅《机车车辆动力学性能评定及试验鉴定规范》（GB/T 5599—2019），本书不再详述。

## 二、转向架结构强度评定规范

转向架结构强度评定，一般包括三方面的内容，即作用载荷（或力）的分析确定、静强度分析与评定、疲劳强度分析与评定。

**1. 转向架结构作用载荷（或力）的分析确定**

既承受载荷又作用于线路上的高速运行的转向架结构承受着各种复杂且随机的作用载荷

(或力)，因此如何分析确定这些载荷之间的组合及取值是十分必要的。多年的实践表明，在转向架结构分析中应区别以下两种载荷：一种是在车辆使用寿命期中出现次数极少，甚至只有一次或数次，但其数值十分大的载荷；另一种是构架上的大部分交变载荷，这种载荷出现极为频繁，对使用寿命有着重要影响。前一种称为超常载荷，即运用中可能发生的最大载荷，它为转向架的静态设计提供了载荷计算依据(包括垂直载荷、横向载荷和斜对称载荷)；后一种称为模拟运营载荷，即实际运营中经常发生的载荷，它为转向架疲劳分析和疲劳试验提供了准静态和动态载荷值。此外，还需考虑构架上各悬吊装置产生的动载荷，在相关的标准中均有具体的分析。

因此，主要从两个方面考虑作用在高速转向架上的载荷：①超常载荷——运用中可能发生的最大载荷；②模拟运营载荷——指实际运营中经常发生的载荷。

### 2. 转向架结构在载荷作用下的静强度分析与评定

**1) 转向架结构强度计算**

传统方法是利用理论力学、材料力学、结构力学和弹性力学来求解转向架结构强度，其中力法在铁道车辆结构强度计算中得到了普及和广泛使用，这种方法的计算精度较差，尤其对不规则的结构形状，计算误差较大。随着有限元法的发展和普及，目前在对铁道车辆结构的计算中，有限元法已起到了主导作用，可以获得较高的计算精度，并可以通过应力云图显示结构上的应力分布等。

**2) 转向架静强度试验**

超常载荷下静强度试验的目的是检验转向架结构在最大可能载荷组合下发生的破坏和永久变形，通过在大应力区(特别是应力集中区)布置应变片或应变花获得各载荷下的应力值。

**3) 静强度评定**

各载荷单独及组合作用下，转向架结构上任何点的应力值均不得超过母材/接头超常载荷许用应力。

计算及试验载荷工况可根据《机车车辆强度设计及试验鉴定规范 转向架 第1部分：转向架构架》(TB/T 3549.1—2019)或参照 UIC 标准和 JIS 中对转向架部分的各项规定。

### 3. 转向架构架疲劳强度分析与评定

为实现车辆的高速化，采用轻量化的转向架结构，因此正确评价转向架构架的安全性和可靠性是非常重要的。转向架构架是走行装置的重要部件，它承受着复杂的交变载荷。目前，在高速转向架焊接构架的疲劳强度设计方面，已形成了以 UIC 评价方法和《铁道车辆-转向架-构架强度设计通则》(JISE 4207—2019)(以下简称 JIS 技术条件)为代表的设计和评价体系。

**1) UIC 评定方法**

首先确定构架疲劳载荷，包括运营载荷工况及其组合、模拟运用中的个别特殊载荷等。

(1) 模拟运行载荷。

构架运行载荷工况组合(疲劳评估载荷)按表 4-23 考虑。

表 4-23 中的各项参数含义如下：$F_z$ 为转向架一侧的基本垂向载荷；$F_y$ 为 $0.5(F_z+0.5M_bg)$，其中 $M_b$ 为一台转向架的质量，$F_y$ 为横向载荷；斜对称载荷 $F_n$ 按轨道最大扭曲量为 5‰考虑；系数 $\alpha$ 表示车体在曲线上做滚摆运动引起的垂向载荷的动态变化；系数 $\beta$ 表示车体浮沉运动引起的垂向载荷的动态变化。

表 4-23 构架运行载荷工况组合表　　　　　　　　　　（载荷单位：kN）

| 种类 | 工况 | 侧梁上垂向载荷 左侧梁 | 侧梁上垂向载荷 右侧梁 | 横向载荷 | 斜对称载荷 |
|---|---|---|---|---|---|
| 模拟运行 $\alpha=0.1$, $\beta=0.2$ | 1 | $F_z$ | $F_z$ | 0 | 0 |
| | 2 | $(1+\alpha-\beta)F_z$ | $(1-\alpha-\beta)F_z$ | 0 | 0 |
| | 3 | $(1+\alpha-\beta)F_z$ | $(1-\alpha-\beta)F_z$ | $+F_y$ | 0 |
| | 4 | $(1+\alpha+\beta)F_z$ | $(1-\alpha+\beta)F_z$ | 0 | 0 |
| | 5 | $(1+\alpha+\beta)F_z$ | $(1-\alpha+\beta)F_z$ | $+F_y$ | 0 |
| | 6 | $(1-\alpha-\beta)F_z$ | $(1+\alpha-\beta)F_z$ | 0 | 0 |
| | 7 | $(1-\alpha-\beta)F_z$ | $(1+\alpha-\beta)F_z$ | $-F_y$ | 0 |
| | 8 | $(1-\alpha+\beta)F_z$ | $(1+\alpha+\beta)F_z$ | 0 | 0 |
| | 9 | $(1-\alpha+\beta)F_z$ | $(1+\alpha+\beta)F_z$ | $-F_y$ | 0 |
| | 10 | $(1+\alpha-\beta)F_z$ | $(1-\alpha-\beta)F_z$ | $+F_y$ | $F_n$ |
| | 11 | $(1+\alpha+\beta)F_z$ | $(1-\alpha+\beta)F_z$ | $+F_y$ | $F_n$ |
| | 12 | $(1-\alpha-\beta)F_z$ | $(1+\alpha-\beta)F_z$ | $-F_y$ | $F_n$ |
| | 13 | $(1+\alpha-\beta)F_z$ | $(1+\alpha+\beta)F_z$ | $-F_y$ | $F_n$ |

(2) 模拟特殊载荷。

模拟特殊载荷见表 4-24。

表 4-24 模拟特殊载荷

| 分类 | 动载荷 |
|---|---|
| 牵引电机惯性力 | ①在主横梁安装点处，为电机重量×2<br>②在端梁安装点处，为其上部件重量×3 |
| 驱动载荷 | ①模拟构架作用的驱动载荷均施加于轴箱平面内<br>②模拟电机的反作用扭矩均施加于构架上支撑平面内 |
| 制动力 | 闸片作用于制动盘上的力 |
| 减振器力 | 作用在安装座上，减振器在额定速度时产生的力 |
| 纵向载荷 | $0.1(F_z+M_bg/2)$ |

(3) 动应力计算。

按表 4-23 的各种载荷工况计算得到应力 $\sigma_1,\sigma_2,\cdots,\sigma_{13}$，从中确定最大值 $\sigma_{max}$ 和最小值 $\sigma_{min}$。按式(4-239)计算平均应力 $\sigma_m$ 和应力幅值 $\sigma_a$：

$$\begin{cases} \sigma_m = \dfrac{\sigma_{max}+\sigma_{min}}{2} \\ \sigma_a = \dfrac{\sigma_{max}-\sigma_{min}}{2} \end{cases} \quad (4\text{-}239)$$

对于各种特殊载荷，首先沿一个方向施加载荷，然后再沿反方向施加，这样就可以得出构架上某部位的最大和最小应力，由此确定对应的应力幅值和平均应力。

(4) 疲劳评价。

最后采用古德曼疲劳极限曲线(图 4-106)进行疲劳评价，将构架上由模拟运行载荷工况计算得出的动应力与同一部位由特殊载荷工况计算得出的动应力相叠加，进行疲劳评价：动应力值在古德曼疲劳极限曲线范围内，说明该构架结构安全，否则为不安全。

**2) JIS 技术条件方法**

首先，确定构架所承受的载荷，包括静态载荷和动态载荷，然后分别计算出包括在牵引和制动工况下构架中各单元的平均应力 $\sigma_m$ 和应力幅值 $\sigma_a$，再利用材料的疲劳极限曲线进行疲劳强度评价。图 4-107 所示的疲劳极限曲线是以材料的屈服许用应力为纵坐标和横坐标，构成一个等腰三角形，在高上截取 $\sigma_{w1}$（$\sigma_{w2}$、$\sigma_{w3}$），与横坐标正向的抗拉强度 $\sigma_b$ 相连，得到的实线图分别为母材、修磨后和未修磨焊接接头的疲劳极限曲线。

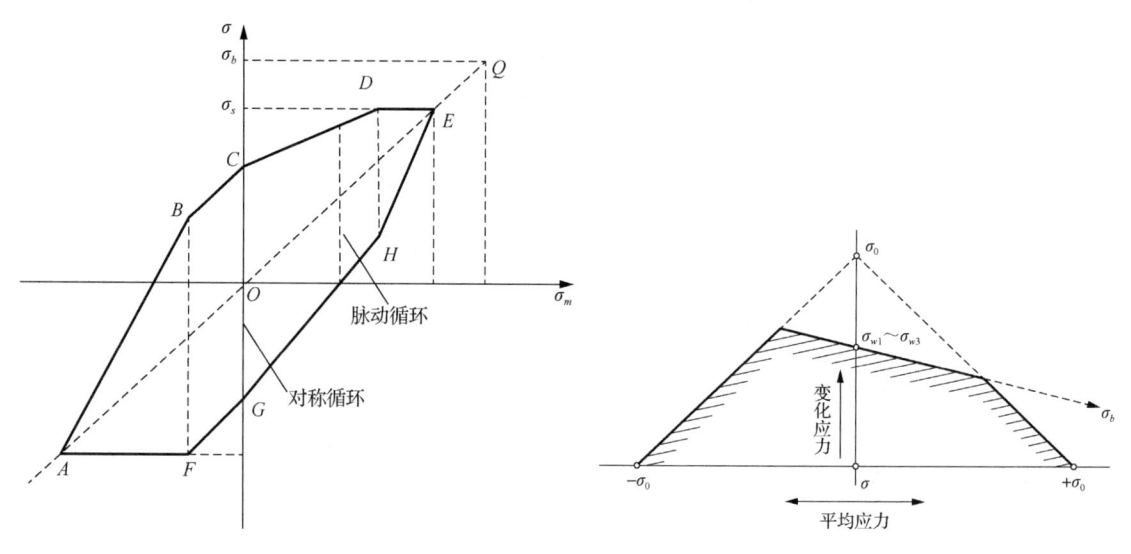

图 4-106 古德曼疲劳极限曲线示意图

图 4-107 疲劳极限曲线示意

（1）转向架构架疲劳载荷。

转向架构架的动载荷列于表 4-25。

表 4-25 转向架构架动载荷

| 分类 | 产生原因 | | 动载荷 | 备注（例） |
|---|---|---|---|---|
| 垂向 | 由静载荷垂向振动产生的载荷 | | $(0.2\sim0.5)\times W$ | |
| | 由安装的零部件的振动引起的载荷 | 侧梁上 | $(1\sim2)\times L_P$ | 制动件 |
| | | 横梁上 | $(3\sim5)\times L_P$ | 牵引电机、驱动装置 |
| | | 端梁上 | $(5\sim10)\times L_P$ | 制动件、排障器 |
| | 由驱动引起的载荷 | | $(0.2\sim0.4)\times L_a$ | |
| | 由制动引起的载荷 | | $P\times f$ | |
| 横向 | 由横向振动和离心力引起的载荷 | | $(0.2\sim0.3)\times W$ | |
| | 由安装的零部件振动引起的载荷 | | $(2\sim4)\times L_P$ | 牵引电机、制动件 |
| 纵向 | 由纵向振动和牵引力引起的载荷 | | $(0.2\sim0.4)\times W$ | |
| | 由安装的零部件振动引起的载荷 | | $(1\sim3)\times L_P$ | 牵引电机、制动件 |
| | 由制动引起的载荷 | | $P$ | |
| 扭转 | 由外轨超高等引起的载荷 | | 按转向架对角车轮相对水平位置变位 10～15mm 时的静载荷计算 | |

表 4-25 中，$W$ 为构架上的静载荷；$L_P$ 为安装的零部件自重；$L_a$ 为轴重；$P$ 为闸片压力；$f$ 为闸片与制动盘间的摩擦系数。

(2) 应力计算。

在构架上作用静载荷和动载荷的情况下，按每种载荷计算应力，并区分为平均应力和动应力(应力幅值)，按下述方法进行应力合成。

平均应力为静载荷产生的应力，但具有脉动载荷时的平均应力，应把脉动载荷应力的 1/2 加到静载荷产生的应力中，作为静载荷工况下的平均应力。

动应力为动载荷产生的应力，按式(4-240)进行计算：

$$\sigma_a = \sqrt{\sigma_1^2 + \sigma_2^2 + \sigma_3^2 + \cdots + \sigma_n^2} \tag{4-240}$$

式中，$\sigma_a$ 为动应力；$\sigma_1, \sigma_2, \cdots, \sigma_n$ 为由各动载荷计算的应力。

对于脉动载荷所产生的应力 $\sigma_i$，则用该应力的 1/2 进行合成：

$$\sigma_a = \sqrt{\sigma_1^2 + \sigma_2^2 + \cdots + \left(\frac{\sigma_i}{2}\right)^2 + \cdots + \sigma_n^2} \tag{4-241}$$

(3) 疲劳评价。

由转向架构架静载荷和动载荷计算所得构架各处的平均应力和动应力，若均在疲劳极限曲线的界限之内，则说明构架结构安全，否则为不安全。

## 第七节　转向架结构疲劳可靠性评估的一般方法

高速动车组转向架在运行过程中受到来自轮轨的干扰作用，因此实际上转向架所受到的载荷是一种随机载荷。这种载荷的幅值大小、作用频率都是随时间变化的，而且是不确定的。对承受随机载荷作用的部件进行疲劳强度计算或评估疲劳寿命时，首先必须确定部件上关键危险部位的应力-时间历程，通过统计计数法编制应力谱。应力谱是一种具有统计特性，能够本质地反映部件受载的情况的一种条统计特性图。获得应力谱后，采用线性累积损伤理论对转向架构架的疲劳寿命或可靠性进行评价，也可以在获得测试应力后按国际铁路联盟(UIC)试验研究所(ORE)B12 委员会提供的方法进行疲劳评估。

### 一、雨流计数法

雨流计数法是由 Matsnishi 和 Endo 提出的，是一种既有统计趋势，又不勿略小的交变信号，使应力-时间历程的每一部分均能参加计算，而且只计数一次的方法，特别是它能将条件分析工程与材料的疲劳性能联系在一起，利用材料的循环应力-应变概念来估算部件的疲劳寿命。利用计算机易于实现数据的自动化处理，其计数原理和规则如图 4-108(a)所示。

对一个实际的应力-时间历程，取垂直向下的纵坐标轴表示时间，横坐标轴表示应力。这样，应力-时间历程形同一座宝塔，雨点以峰值、谷值为起点向下流动，根据雨点向下流动的迹线，确定载荷循环，这就是雨流法(或称塔顶法)名称的由来，其计数规则如下。

(1) 雨流依次在每个峰(谷)值的内侧开始。

(2) 雨流在下一个峰(谷)值处落下，直到对面有一个比开始时的峰(谷)值更大(更小)值为止。

(3) 当雨流遇到来自上面屋顶流下的雨时就停止。

(4) 取出所有的全循环，并记下各自的振程。

(5) 按正、负斜率取出所有的半循环,并记下各自的振程。

(6) 把取出的半循环按雨流法第二阶段计数法则处理并计数。

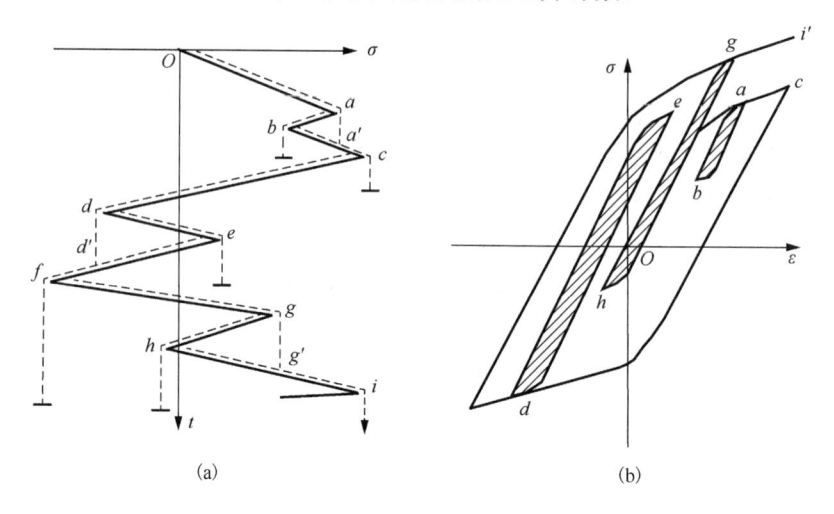

图 4-108 雨流计数法示意图

根据上述规则,图 4-108(a) 中的第 1 个雨流应从 o 点开始,流到 a 点停下,经 b 点与 c 点之间的 a' 点继续流到 c 点落下,最后停止在比谷值 o 更小的谷值 d 的对应处,取出一个半循环 o—a—a'—c。第二个雨流从峰值 a 的内侧开始,由 b 点落下,由于峰值 c 比 a 大,雨流停止于 c 的对应处,取出半循环 a—b。第三个雨流从 b 点开始流下,由于遇到来自上面的雨流 o—a—a',止于 a' 点,取出半循环 b—a'。因 b—a' 与 a—b 构成闭合的应力-应变回线,则形成一个全循环 a'—b—a。依次处理,最后可以得到图 4-110(a) 所示的应力-时间历程中的三个全循环:a'—b—a、d'—c—d、g'—h—g 和三个半循环:o—a—a'—c、c—d—d'—f、f—g—g'—i。

图 4-108(b) 是该载荷历程作用下的材料应力-应变回线,可见所得结果与雨流法计数是一致的。

## 二、线性累积损伤理论

线性累积损伤理论模型最早由 Palmgren 于 1924 年提出,1945 年 Miner 将此模型公式化。由于该模型形式简单,使用方便,在工程中得到了广泛的应用。

Miner 假设:试样所吸收的能量达到极限值时产生疲劳破坏,从这一假设出发,设破坏前试样可吸收的能量极限值为 $w$,试样破坏前的总循环次数为 $N$,在某一循环次数 $N_1$ 后,试样吸收的能量为 $W_1$。由于试样吸收的能量与其循环次数之间存在着正比关系,因此有

$$\frac{w_1}{w} = \frac{N_1}{N} \tag{4-242}$$

而在变幅加载下,疲劳破坏是由不同频次和不同幅值的载荷所造成的损伤逐渐累积的结果。若试样的加载历史为 $\sigma_1, \sigma_2, \cdots, \sigma_p$,由 $p$ 个不同的应力水平构成,各应力水平下的疲劳寿命依次为 $N_1, N_2, \cdots, N_p$,而在各应力水平下的循环次数依次为 $n_1, n_2, \cdots, n_p$,材料内部总的疲劳损伤为

$$D = \sum_{i=1}^{p} \frac{n_i}{N_i} \tag{4-243}$$

当疲劳损伤 $D=1$ 时，试样发生疲劳破坏，这就是 Miner 法则的数学表达式。

根据线性累积损伤假设，在 $D=1$ 时就产生疲劳破坏，实际的总损伤值可能与这一假设有所差别，则上述表达式可以修正为

$$D = \sum_{i=1}^{p} \frac{n_i}{N_i} = \alpha \tag{4-244}$$

当疲劳损伤 $D=\alpha$ 时，试样发生疲劳破坏，其中 $\alpha$ 为材料常数，该值既可能大于 1，也可能小于 1。

## 三、疲劳寿命估算

对于焊接接头，一般取对应于 $5×10^6$ 次循环时的应力水平为试样的条件疲劳极限。根据 Palmgren-Miner 的线性累积损伤假设，只要应力幅低于疲劳极限，应力循环次数再大也不会引起疲劳损伤。Radaj 指出，如果在低于疲劳极限的应力幅值作用后，再施以较高（高于疲劳极限）的应力幅值，在这种情况下，前者引起的损伤不可忽略，即低于疲劳极限的小载荷对线性累积损伤也有贡献。因此，在变幅加载条件下应对长寿命区的 S-N 曲线进行修正，修正的方法有两种，如图 4-109 所示。

图 4-109 中曲线 a 为常幅疲劳试验的 S-N 曲线，

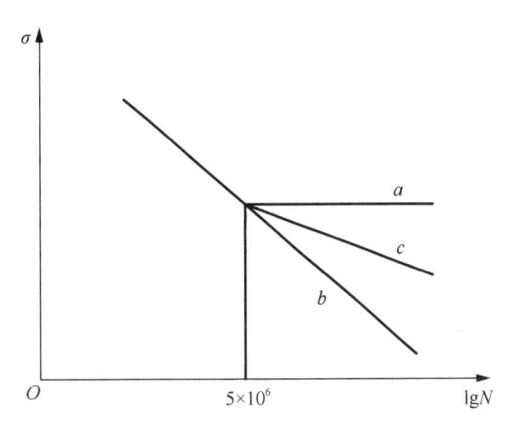

图 4-109 三种方式的 S-N 曲线

当应力小于条件疲劳极限时，是一条水平线。曲线 b 是美国国家航空航天局建议使用的方法，北美公路桥梁标准所使用的就是这种方法，它将条件疲劳极限以上的 S-N 曲线延长，表示条件疲劳极限以下的变化规律。曲线 c 是欧洲钢结构规范所建议使用的方法，它是用原 S-N 曲线下的直线延长线（曲线 b）与水平线之间夹角的角平分线来代替 S-N 曲线在条件疲劳极限以下的规律，为了计算方便规定：若疲劳极限以上区段 S-N 曲线的斜率为 $m$，则曲线 c 的斜率为 $2m-1$。三种方式的 S-N 曲线可分别表示为

$$(\Delta\sigma)^m N = C_1, \quad \Delta\sigma > \Delta\sigma_0 \text{（曲线 } a\text{）} \tag{4-245}$$

$$(\Delta\sigma)^m N = C_1 \text{（曲线 } b\text{）} \tag{4-246}$$

$$\begin{cases} (\Delta\sigma)^m N = C_1 & (\Delta\sigma > \Delta\sigma_0) \\ (\Delta\sigma)^{2m-1} N = C_2 & (\Delta\sigma \leqslant \Delta\sigma_0) \end{cases} \text{（曲线 } c\text{）} \tag{4-247}$$

式中，$m$、$C_1$、$C_2$ 为材料常数；$\Delta\sigma_0$ 为条件疲劳极限。

根据铁路车辆转向架焊接构架的应力分布特征，车辆在运行过程中的大应力循环较少，小应力循环所占的比例很大。因此，小应力循环对疲劳损伤的贡献是必须考虑的。另外，美国铁路货车的寿命评估也采用美国国家航空航天局建议的方法。因此，估算构架疲劳寿命时也采用这种方法，即图 4-109 中的曲线 b。

应力比 $r=-1$，可靠度 $R=99\%$，置信度 $r=95\%$ 的 S-N 曲线，是通过试验得到的，而对于实测中所得到的 $r \neq 0$ 的应力循环，按古德曼方程将其等效为 $r=-1$ 时的情形，再利用试验曲线进行寿命计算。

古德曼方程的表达式为

$$\sigma_a = \sigma_{-1}\left(1 - \frac{\sigma_m}{\sigma_b}\right) = \sigma_{-1}\left(\frac{\sigma_b - \sigma_m}{\sigma_b}\right) \tag{4-248}$$

此时，Miner 法则的计算公式为

$$D = \frac{1}{C_1}\sum_{i=1}^{j} n_i (\Delta\sigma_i)^m \tag{4-249}$$

式中，$\Delta\sigma_i$ 为推断谱中第 $i$ 级载荷的应力变化范围；$n_i$ 为应力谱中第 $i$ 级载荷的循环次数；$j$ 为应力级数；$C_1$、$m$ 均为材料常数。

当 $D=1$ 时，构架发生疲劳破坏，故疲劳寿命计算公式为

$$N_f = \frac{1}{D} \tag{4-250}$$

式中，$N_f$ 为应力谱的重复次数。

若在编制应力谱时，在动应力测试的全过程中，车辆的实际运行距离为 $L_1$，进行扩展后其相当的运行距离为 $L$，则构架发生破坏时，车辆运行的总里程为

$$S = N_f L \tag{4-251}$$

若假设车辆的年运行里程为 $M$ 万公里，则车辆的运行寿命为

$$Y = \frac{S}{M} \tag{4-252}$$

## 四、疲劳强度评估

通过实测数据统计，获得各个测点的应力谱后，通过线性累积损伤法则(Miner 法则)和相应部位材料或焊接接头的 P-S-N 曲线，计算由各个大应力测点应力谱造成的损伤等效的应力幅，并用等效应力幅进行疲劳评估。

等效应力幅的计算公式如下：

$$\sigma_{aeq} = \left[\frac{L}{L_1 N}\sum n_i (\sigma_{ai})^m\right]^{\frac{1}{m}} \tag{4-253}$$

式中，$L$ 为转向架构架在规定使用年限内的总运行公里数，一般取 30 年内为 1200 万公里；$L_1$ 为实测动应力时的运行公里数；$n_i$ 为与各级应力水平对应的应力循环次数，即各测点应力谱中各级应力的出现次数；$\sigma_{ai}$ 为各级应力水平的幅值(8 级谱有 8 个 $\sigma_a$ 值)；$m$ 为材料或焊接接头的 P-S-N 曲线方程指数。

在得到等效应力幅值后，与材料或焊接接头的疲劳许用应力比较，进行疲劳强度评估。

## 五、UIC 规程的疲劳强度评估方法

疲劳强度评估可以定性地给出在役结构是否满足抗疲劳设计要求。焊接构架疲劳强度的评估采用了国际铁路联盟专业委员会所建议的方法，该方法是以 $2\times10^6$ 次循环寿命的古德曼疲劳极限线曲线为基础，其基本思想是对于每一个测点的应力-时间历程，找出其对应的特征动应力 $\sigma_{max}$ 和 $\sigma_{min}$，然后与在役结构相应的焊接接头的古德曼疲劳极限线曲线进行比较，若超出古德曼疲劳极限线曲线，则为不满足设计要求；反之，若落在古德曼疲劳极限线曲线以内，则说明疲劳强度足够。

## 1. 记录信号的处理

国际铁路联盟专业委员会的研究表明,在分析信号时,必须对所采集的信号进行处理。全程测量运行车辆转向架构架的动应力时,测试时间长,工作环境比较恶劣,时常会受到来自外界的各种各样的干扰,因此在进行正式的数据处理以前必须对原始测试信号进行排噪处理。在去掉噪声以后,还需对信号进行 0.5Hz 的高通滤波处理,排除信号的静应力分量,以便消除零点漂移和长期的记录过程所引起的偏差。对于各个测点在某些运行工况下出现的准静态载荷(如车辆通过曲线时或在制动工况下等),需要将其从动态应力测量信号中分离出来,并把它归入静态载荷,其分离计算方法如图 4-110 所示,图 4-110(a)中 $AB$ 段为通过曲线段时的应力波形,图 4-110(b)为进行 0.5Hz 的高通滤波处理后的波形,其波形用于统计计算动应力的最大、最小值。图 4-110(a)中的虚线为准静态载荷,即将车辆在整个曲线上,即图 4-110(a)所示的 $AB$ 时间段上的所有应力进行统计平均即得到准静态应力。将准静态应力与静态应力叠加即得到了总的静应力,在统计得出动应力的最大值、最小值和静应力后,即可由式(4-254)和式(4-255)得出最大和最小应力。

$$\sigma_{\max} = \sigma_{D\max} + \sigma_{\text{static}} \tag{4-254}$$

$$\sigma_{\min} = \sigma_{D\min} + \sigma_{\text{static}} \tag{4-255}$$

式中,$\sigma_{D\max}$、$\sigma_{D\min}$ 分别表示动应力的最大值和最小值;$\sigma_{\text{static}}$ 为静态应力,在准静态情况下,$\sigma_{\text{static}}$ 为静态应力和准静态应力的叠加。

按古德曼疲劳极限线曲线进行疲劳强度评估所需的应力参量由式(4-239)给出:

$$\sigma_m = \frac{\sigma_{\max} + \sigma_{\min}}{2}$$

$$\Delta\sigma = \frac{\sigma_{\max} - \sigma_{\min}}{2}$$

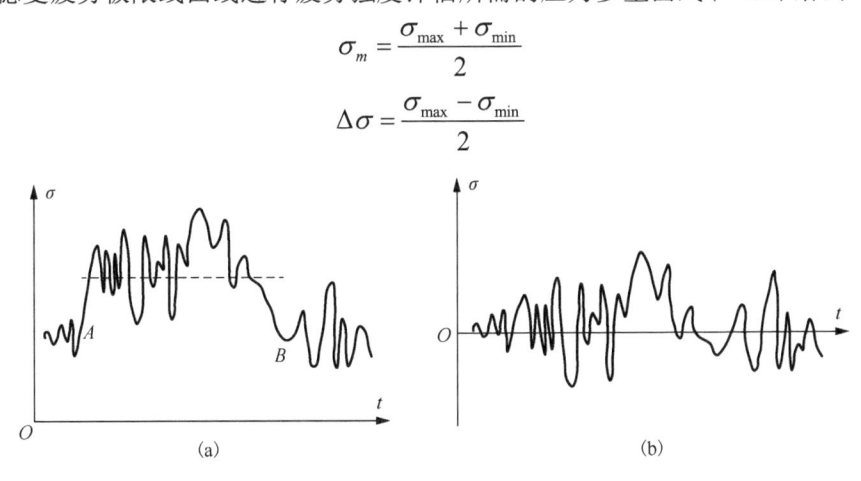

图 4-110 高通滤波后的应力-时间历程

## 2. $\sigma_{D\max}$ 和 $\sigma_{D\min}$ 的确定

通过转向架构架动态应力测试所得到的应力-时间历程是一个随机过程,因此有必要采用统计的方法来确定动应力峰值。首先根据 UIC ORE B12 专业委员会的建议,抽取若干长度为 1km 的运行区段的应力-时间历程子样,然后对其进行高通滤波后得到零均值的应力信号,对这个零均值信号所采用的计数方法类似于穿越记数法,具体的做法如下:在信号两次穿越零点之间,若在这两点之间的应力信号全部在零线上方,则寻找该段信号的最大值记为 $\sigma_H$;若这两点间的信号全部在零线下方,则寻找该段信号的最小值,记为 $\sigma_L$,如图 4-111 所示。图中的×表示信号穿越零线的点,●表示两次穿越之间的有效记数点。在确定 $\sigma_{D\max}$ 和 $\sigma_{D\min}$ 时首先要确定应力的近似分布函数。为了将特殊环境下的一些独立事件的影响减至最小,这里借用了正态分布中的±3σ概念:对于一个服从正态分布的随机变量,在排除特殊环境下一些独立事件的影响时,其取值范围为正负 3 倍的标准差。取随机变量值范围的上下限分别对应使分布函数为 0.135%和 99.865%的值,也就是说随机变量的最大值应取对应分布函数为 99.865%的值,而最小值应取对应分布函数为 0.135%的值。因此,$\sigma_{D\max}$ 和 $\sigma_{D\min}$ 分别为

$$\sigma_{D\min} = \sigma_{0.135\%} \tag{4-256}$$

$$\sigma_{D\max} = \sigma_{99.865\%} \tag{4-257}$$

式中,$\sigma_{0.135\%}$ 为应力统计值中存活率为 0.135%时(分布函数为 0.135%)的应力值;$\sigma_{99.865\%}$ 为应力统计值中存活率为 99.865%(分布函数为 99.865%)的应力值。

在确定 $\sigma_{D\max}$ 和 $\sigma_{D\min}$ 时首先要确定应力的近似分布函数,采用中位秩计算应力的近似分布函数。首先,将 1km 区段内的应力-时间历程中记数后的应力峰值作为一个子样,并把它们从小到大依次排列成为顺序子样,若子样总数为 N 个,则第 i 个子样所对应的分布函数值可由式(4-258)估计:

$$P_i = \frac{i+0.3}{N} \tag{4-258}$$

利用式(4-258)得到分布函数的近似值,截取相应于 0.135%和 99.865%处的应力值分别作为 $\sigma_{D\max}$ 和 $\sigma_{D\min}$,如图 4-112 所示。

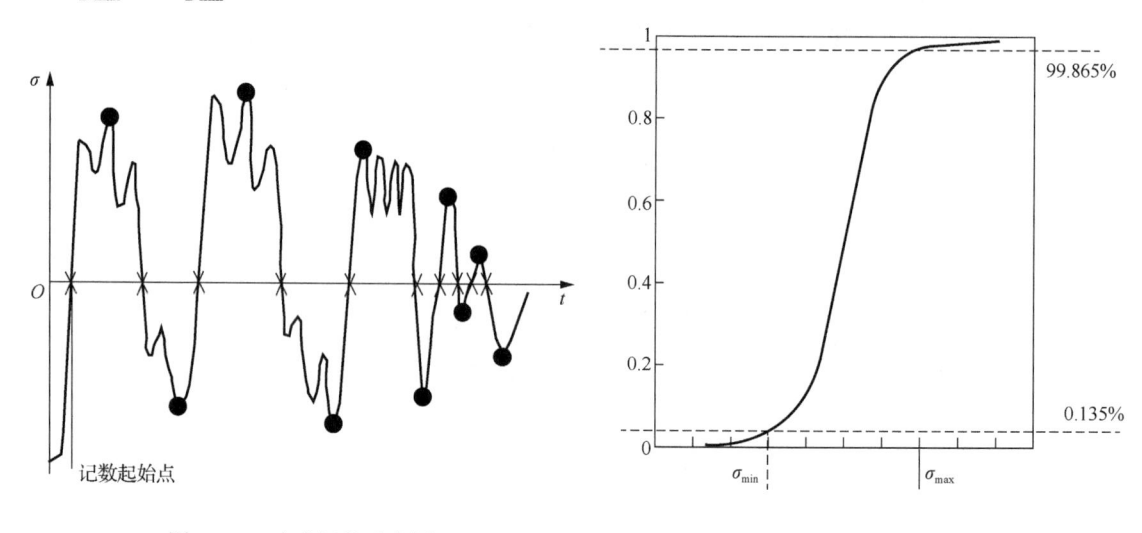

图 4-111 应力记数示意图

图 4-112 应力分布函数图

### 3. $\sigma_{\text{static}}$ 的确定

无准静态应力时,$\sigma_{\text{static}}$ 为落车状态下静应力的实测值。而有准静态应力时(如制动、过弯道等工况),将应力-时间历程进行 0.5Hz 低通滤波后的值取平均后作为准静态应力,然后与落车状态下的静应力叠加作为静态值 $\sigma_{\text{static}}$。

在确定了 $\sigma_{\text{static}}$、$\sigma_{D\max}$ 和 $\sigma_{D\min}$ 后,可以得到:

$$\sigma_{\max} = \sigma_{99.865\%} + \sigma_{\text{static}} \tag{4-259}$$

$$\sigma_{\min} = \sigma_{0.135\%} + \sigma_{\text{static}} \tag{4-260}$$

将 $\sigma_{\max}$、$\sigma_{\min}$ 代入式(4-140)和式(4-141)就得到了用古德曼疲劳极限曲线进行疲劳强度评估所

需的两个应力参量 $\sigma_m$ 和 $\Delta\sigma$。

若动态应力值落在古德曼疲劳极限曲线图的范围内,则该构架的疲劳强度满足要求。

# 复习思考题

4-1 转向架总体设计的主要原则和要求是什么?转向架总体设计的步骤是什么?

4-2 低地板转向架主要设计特点有哪些?普通转向架如何实现低地板结构设计?

4-3 轴箱装置为何要采用密封设计?迷宫式结构设计的特点是什么?

4-4 径向转向架主要有哪些类型?各自的控制原理有哪些?从机构设计上如何实现?

4-5 摩擦减振器主要有哪些类型?设计特点是什么?

4-6 试论述影响高速转向架动力学性能的因素主要有哪些?

4-7 采用哪些指标对高速列车运行安全性和平稳性进行评定?

4-8 高速转向架的强度设计规范主要有哪些?

4-9 高速转向架一系轴箱定位方式有哪些?各有什么特点?

4-10 作用在转向架上的载荷有哪几种?转向架的设计载荷与计算工况如何确定?

4-11 转向架构架结构强度校核的主要流程是什么?如何评价?

4-12 轮轴的设计载荷如何确定?车轴断面直径如何确定?车轴断面安全系数如何确定?

4-13 如何使用古德曼疲劳极限曲线评价疲劳强度?

4-14 转向架中各液压减振器的功能特点以及设计参数选择的主要依据是什么?

4-15 空气弹簧设计的主要要求和特点是什么?空气弹簧的刚度和强度的计算方法是什么?

4-16 空气弹簧设计的主要流程是什么?如何确定车体的减振频率?

4-17 单轮对蛇形运动的频率主要与哪些因素有关?如何提高单轮对转向架的临界速度?

4-18 采用三卷弹簧代替单卷弹簧时,如何推导相应的关系式?

4-19 客车一系和二系弹簧静挠度比对车辆垂向振动的影响是什么?如何选择确定一系和二系弹簧静挠度比?

4-20 货车转向架为何采用二级刚度弹簧设计?二级刚度特点是什么?

4-21 车体和转向架之间的主要连接方式有哪些?各自特点是什么?

4-22 试简述转向架悬挂参数与动力学性能的关系。

4-23 试分析轮重减载率与倾覆系数的差异和特点。安全性评价中主要指标的特点是什么?

4-24 运用有限元方法对转向架结构进行强度分析时,合理确定计算模型时应主要考虑哪些问题?

4-25 如何进行转向架疲劳强度评估?

# 第五章 车端连接装置设计

## 第一节 车端连接装置主要组成及功能设计

车端连接装置为车辆组成部件中一个必不可少的重要装置,从某种意义上来说,正是车端连接装置的存在才将列车中各个车厢(车辆)连接组成了真正意义上的列车,见图5-1,而车端连接装置的性能会直接影响动车组(列车)的运行品质及运行安全。

图 5-1 列车组成

### 一、车端连接装置主要组成与设计原则

车端连接系统通常包括车钩缓冲装置、电气与风管连接器、风挡等部件。其中,车钩缓冲装置安装于车辆底架上,该装置传递列车运行过程中的牵引力及制动力,缓和制动过程中的纵向冲动。电气与风管连接器通常与车钩组合成一个复合部件,构成整个列车中低压电气系统的通路及全车空气系统的通路。风挡装设于车辆端墙外侧,由柔性材料及渡板组成密闭通道,供乘客及乘务人员通行。

车辆与车辆或车辆与机车的车端连接在车辆设计中是一个非常重要的环节,因为它不仅要实现车辆间的机械连接、气路连接,还要实现车辆与车辆之间的电气连接,涉及车辆之间作用力的传递、车辆的限界、空气动力学、车辆动力学等多个方面。除此以外,还要考虑为旅客提供安全、舒适的通道等。

车钩用来实现机车与车辆或车辆与车辆之间的连挂,传递牵引力及冲击力,并使车辆之间保持一定距离。按开启方式,车钩分为上作用式及下作用式两种,通过车钩钩头上部的提升机构开启的车钩为上作用式(一般货车大都采用此类型车钩),借助钩头下部推顶杠杆的动作实现开启的车钩为下作用式(客车采用)。按其结构类型,车钩分为密接式自动车钩、自动车钩及旋转车钩等,密接式自动车钩为大量城市地铁、动车组、高速/准高速铁路客车车辆所采用,旋转车钩主要在铁路重载单元货车中采用,其他普通客货车辆一般均采用自动车钩。自动车钩,就是指先将一个车钩的提杆提起,用机车拉开车辆或与另一车辆车钩碰撞时,能自动完成摘钩或挂钩的动作,我国铁路目前所使用的车钩均为自动车钩,即通过拉动钩提杆就能完成解钩动作,两车低速碰撞时就能自动完成连挂动作。普通客车普遍使用15号车钩,一般货车则采用13号车钩。

设计车端连接装置时,首先需要由列车运行的整体参数得到对车端连接装置性能的要求,对照设计规范确定整个系统的性能参数。然后,从系统功能考虑,设计出能够完成该功能的系统组件,根据某零部件在组件中的功能确定其运动状态,完成机构设计。根据机构设计结果计算其受力状态，进行强度校核，从而完成相应零部件的设计。最后，将零部件组装成系统，有条件时可以利用仿真环境校验系统功能，必要时返回需要改进的环节重新进行设计，直至全部达到系统的要求。

## 二、车钩缓冲装置主要功能设计

车钩主要由钩头、钩身、钩尾三个部分组成，车钩前端粗大的部分称为钩头，在钩头内装有钩舌、钩舌销、锁提销、钩舌推铁和钩锁铁。车钩后部称为钩尾，在钩尾上开有垂直扁锁孔，以便与钩尾框连接。为了实现挂钩或摘钩，使车辆连接或分离，车钩具有以下三种位置，也就是车钩三态：锁闭位置——车钩的钩舌被钩锁铁挡住，不能向外转开的位置，两个车辆连挂在一起时车钩就处在这种位置；开锁位置——钩锁铁被提起，钩舌只要受到拉力就可以向外转开的位置，摘钩时，只要其中一个车钩处在开锁位置，就可以把两辆连挂在一起的车分开；全开位置——钩舌已经完全向外转开的位置，见图 5-2。当两车需要连挂时，只要其中一个车钩处在全开位置，与另一辆车钩碰撞后就可连挂。旋转车钩的构造与普通车钩不同，钩尾开有锁孔，钩尾销与钩尾框的转动套相互连接。钩尾端面为球面，顶紧在带有凹球面的前从板上。当钩头受到扭转力矩作用时，钩身连同尾销及转动套一起转动。旋转车钩只安装在专为大秦铁路运煤单元组合列车设计的车辆上，这种车辆的一端装设旋转车钩，另一端装设固定车钩，列车上每组连接的车钩，两两相互搭配。当满载煤炭的车辆进入卸煤区的翻车机位时，翻车机带动车辆翻转 180°，将煤炭倾倒出来。旋转车钩可以使车辆翻转卸货时实现不摘钩连续作业，缩短了卸货作业时间，见图 5-3。密接式车钩一般在高速铁路和地下铁道的车辆上使用，它的体积小、重量轻，两车钩连挂后，各方向的相对移动量很小，可实现真正的"密接"；同时，密接式车钩对提高制动软管、电气接头自动对接的可靠性极为有利，其主要组成见图 5-4。

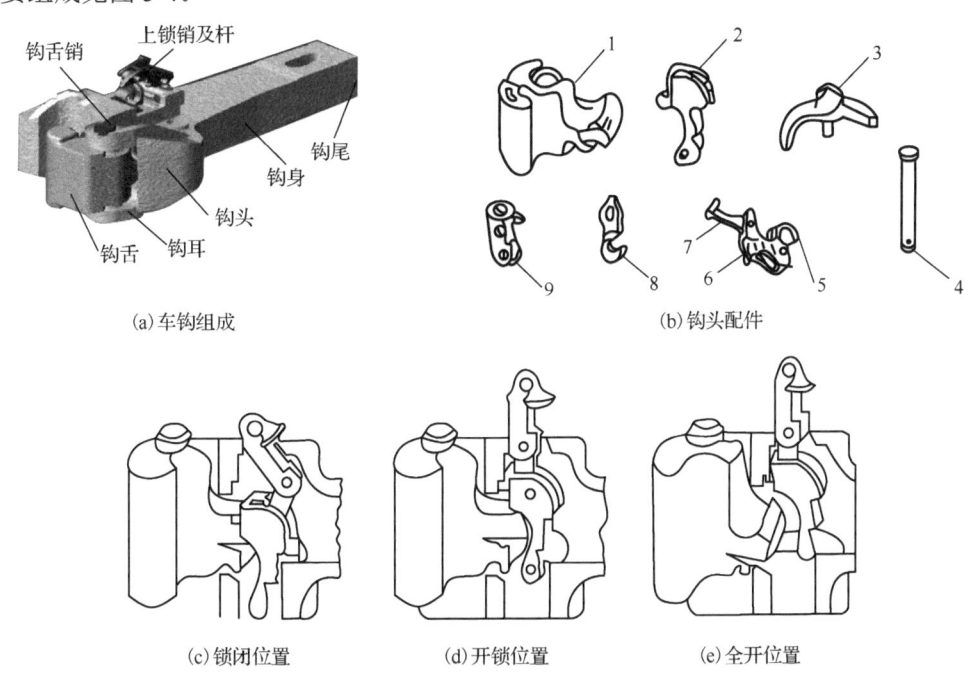

(a) 车钩组成　　(b) 钩头配件

(c) 锁闭位置　　(d) 开锁位置　　(e) 全开位置

图 5-2　普通车钩主要组成及三态

1-钩舌；2-钩锁铁；3-钩舌推铁；4-钩舌销；5-下锁销钩；6-下锁销体；7-下锁销；8-上锁销杆；9-上锁销

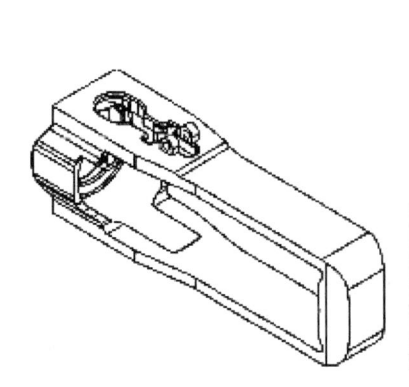

图 5-3　旋转车钩及翻车机带动车辆翻转

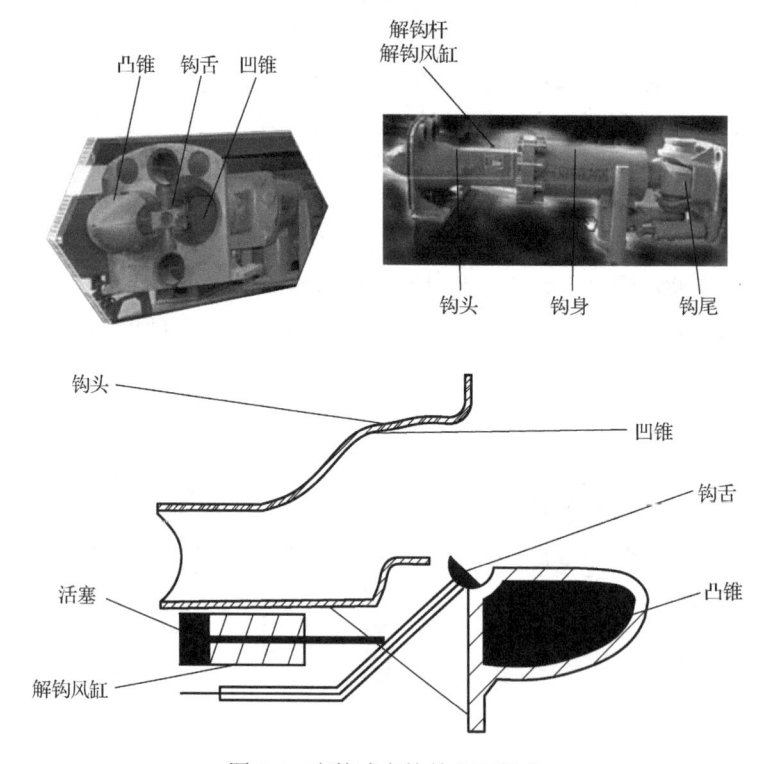

图 5-4　密接式车钩的主要组成

缓冲器用来缓和列车在运行中由于列车牵引力的变化或在启动、制动及调车作业时车辆相互碰撞而引起的纵向冲击和振动。缓冲器有耗散车辆之间冲击和振动的功能，从而减轻对车体结构和装载货物的破坏作用，其工作原理是借助于压缩弹性元件来缓和冲击作用力，同时在弹性元件变形过程中利用摩擦和阻尼吸收冲击能量。

根据缓冲器的结构特征和工作原理，一般可分为摩擦缓冲器、橡胶缓冲器和液压缓冲器等。摩擦缓冲器由前、后两部分组成，前部分为螺旋弹簧（客车用）或环簧（货车用），后部分为内外环簧，彼此以锥面相配合，两部分之间由弹簧座板分隔。螺旋弹簧用来缓和冲击作用力，内外环簧滑动斜面间的摩擦力起到吸收能量的作用。当缓冲器受力压缩时，各环相互挤压，这时外环弹簧中储存大部分的冲击能量。同时，各内外环簧的滑动斜面之间因相互摩擦而将一部分冲击能量变成热能。当外力除去后，各环簧之间又产生摩擦，将储存能量的一部分再一次转变为摩擦热能而消散，因而起到了缓冲和减振的作用。橡胶缓冲器的头部为楔块摩擦部分，由三个形状完全相同且带倾角的楔块、压头和箱体等部分组成，楔块介于压头与箱体之间，整个缓冲器封闭在箱体内。橡胶缓冲器是借助橡胶分子内摩擦和弹性变形起到缓和冲击和消耗能量作用的。为了增大缓冲器容量，在头部装有金属摩擦部分，借助三个带有倾角的楔块，在受压时，与箱体及压头间的接触斜面产生相对位移，通过摩擦作用消耗冲击能量。

## 三、连接风挡结构组成

风挡是铁路客车的重要部件，它设置在车厢两端，是旅客从一个车厢到另一车厢的通道，在车辆拥挤时，风挡将承载部分旅客，主要作用是保证通行和承载安全，防止风沙、雨雪、灰尘进入车内。无论车辆处于何种相对位置，风挡均应接触严密，所以风挡是车辆间连接的重要部件，其设计技术参数必须能保证一定的可靠性、可维护性，应易于分解、连挂和承受一定载重，必须具备一定的密封性能、防火性能和阻尼性能。风挡组成系统的结构示意图如图 5-5 所示。

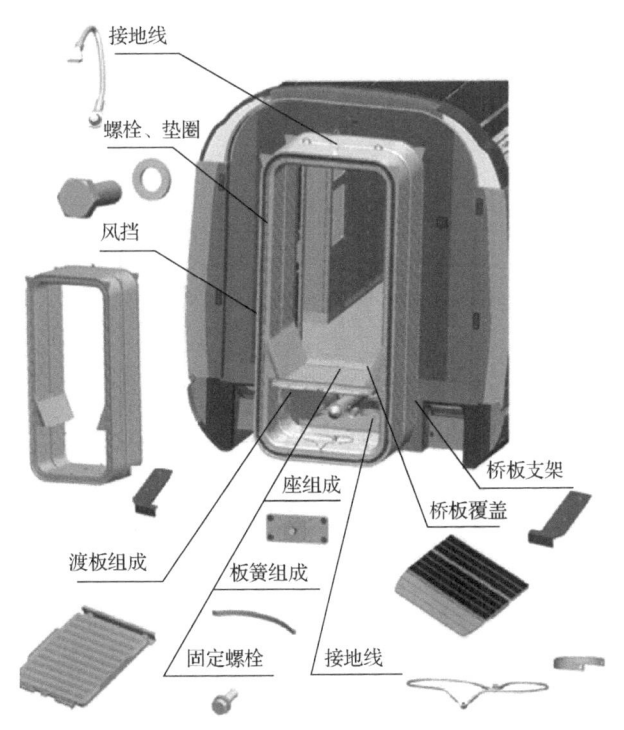

图 5-5 风挡组成系统结构示意图

我国铁路车辆装用的风挡结构形式主要经历了如下发展过程：铁风挡（耐磨风挡）→橡胶风挡→密封式折棚风挡（有单层和双层之分）→环形密封式胶囊风挡和双包风挡。

铁风挡结构车主要由下部缓冲装置、风挡弹簧、风挡板弹簧座、弹簧座磨耗板、内框、风挡胶板等组成。该类型风挡的主要特点为结构、制造工艺简单，车辆之间连挂迅速、方便、纵向伸缩性好，易于维修，能适应车辆的通过曲线并缓冲振动作用。

铁风挡接触不严密，风挡间隙大，密封性能不强，噪声较大，而且由于风挡连挂后，带有错动间隙的摩擦面边缘均裸露在车内，容易挤手碰脚，对旅客造成人身伤害。铁风挡面板较窄，错动间隙较大，曾发生过两风挡面板相互切入，造成面板变形、缓冲杆弯曲的事故，危及行车安全。

耐磨风挡是铁风挡的改进型，在铁风挡的风挡板、缓冲板表面敷贴磨耗板，以改善风挡的耐磨性并降低噪声。由于铁风挡有诸多不足，在新造铁路客车上已不再采用。

橡胶风挡结构有大的橡胶胶囊，噪声小、密封性较好，相对折棚风挡来说造价较低。橡胶风挡主要由一个横胶囊和两个立胶囊组成，横、立胶囊由胶板卷成圆筒状，和内、外压板组成单独部件，然后用螺栓固定在车端钢结构的支架上。车厢之间相互连挂时，胶囊被压成椭圆形状，起到密封作用。为了防止乘客挤伤手，在立胶囊的内侧设有挡手条，横胶囊上、下侧设有导雨条，防晒板覆盖在横胶囊上（图5-6）。胶囊一般是由10mm厚的橡胶板卷制而成，为了保证胶囊受压后具有一定承压性，对橡胶板的硬度要求比较高。由于结构限制，胶囊与渡板间、胶囊与胶囊间存在间隙，在车辆速度较高时，仍有灰尘进入车内，主要用于25B型及25G型客车或翻新改造客车。

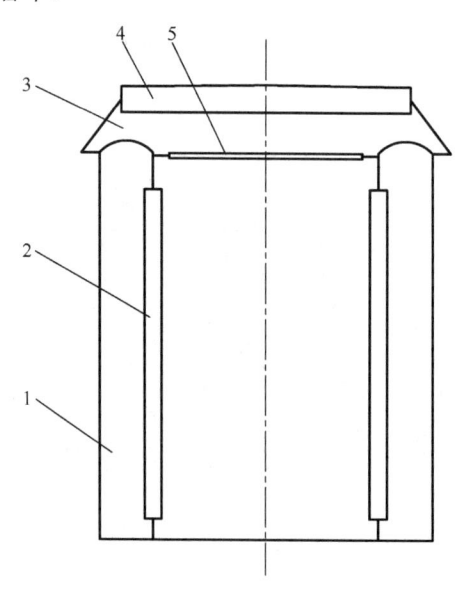

图5-6 橡胶风挡结构示意图
1-立胶囊；2-挡手条；3-横胶囊；4-防晒板；5-导雨条

采用类帆布材料构成的密封式折棚风挡，其基本结构由折棚、连接架、拉杆、四连杆式渡板、挂钩、板簧、锁盒等组成，密封式折棚风挡分单层和双层，其结构示意图见图5-7。与橡胶风挡相比，其密封性能进一步提高，较好地解决了传统列车连接处噪声大、灰尘多、气密性差及保温、隔热不良等问题，改善了列车的曲线通过性能。但该风挡取消了缓冲座，即取消了两车辆之间的阻尼，列车的动力学性能和运行平稳性可能会变差。为解决该问题，可在风挡上部增加车端阻尼器。

环形密封橡胶风挡主要由内外连接框、中间半圆形胶囊、内装饰板、摇动式渡板等组成（图5-8），提高了乘客通过的安全性；由于采用内饰板及新结构渡板，可以避免乘客挤伤手脚；具有良好的气密性，风、雨、雪、沙尘不能侵入，同时防噪声效果提升，提高了乘坐舒适性；可圆滑地过渡列车走行时发生在两车之间的相对错动；有一定的纵向、横向阻尼。环形密封橡胶挡的不足处主要有车辆间连挂较困难，通过小半径曲线性能差。

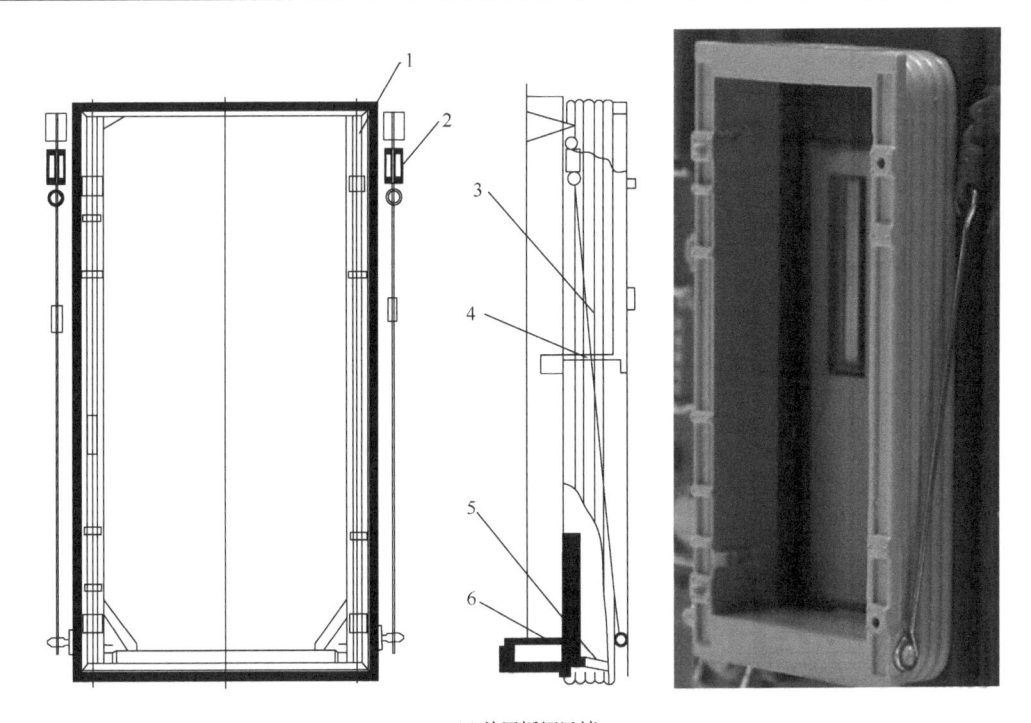

(a) 单层折棚风档

1-连接架；2-拉杆；3-折棚；4-挂钩；5-渡板；6-踏板

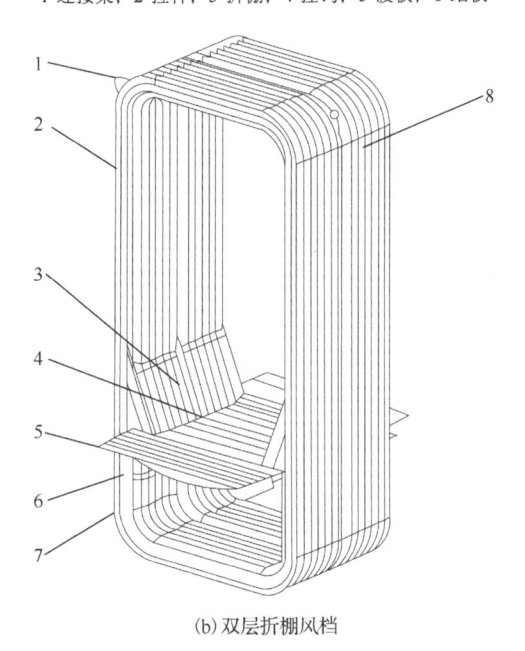

(b) 双层折棚风档

1-起吊连接片；2-安装框；3-防护裙边；4-带支架的渡板；5-桥板支架；6-板簧；7-板簧座；8-双层波浪式折棚

图 5-7　密封式折棚风挡结构示意图

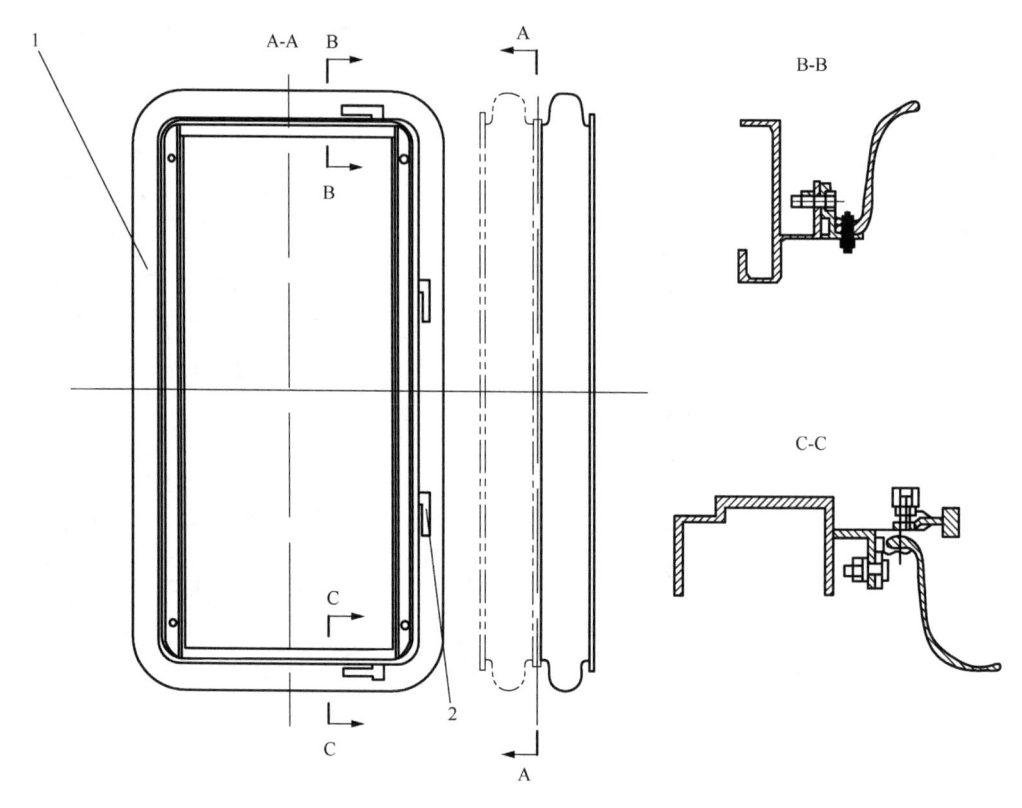

图 5-8 环形密封橡胶风挡结构示意图

1-胶囊组成；2-连挂机构

普通列车风挡为单层结构，其主要组成部分为由橡胶弹性材料制成的 U 形风挡胶囊，车辆外轮廓处未设置外风挡。随着高速动车组的出现及其运行速度的不断提高，普通列车风挡外侧的空气流速也不断提高，由此产生的噪声便透过风挡传入车内，导致车内噪声增大，大大降低了旅客乘坐的舒适度。单层风挡结构造成的车辆之间的空隙，还会使车辆进一步受到空气阻力的影响。此外，列车在高速运行时，由于车辆外部的高速气流影响，单层风挡外侧与内侧形成较大的气压差，容易造成风挡向内侧翻转并与其周围的零部件相互干涉，减少其使用寿命。因此，现代高速列车均采用了内、外风挡设计结构，外风挡设计结构由金属框架和橡胶型材或复合材料构成，能减小列车空气阻力，主要分为压缩式和非接触式。

# 第二节 车钩缓冲装置结构组成与设计

## 一、普通客车车钩缓冲装置

15 号客车车钩缓冲装置包括普通 15 号车钩、15 号高强度车钩、15 号小间隙车钩三种形式，其由车钩、缓冲器、钩尾框、前后从板和其他配件组成，借助于钩尾销把车钩和钩尾框连成一个整体。15 号车钩可分为钩头、钩身、钩尾三个主要部分，钩头与钩舌通过钩舌销相连，钩舌可绕钩舌销转动，钩头内部装有钩锁铁、钩舌推铁、钩提销等零件，这些零件处于不同的位置时，起着不同的作用，即"三态作用"。一般情况下，车钩由铸钢制成，并具有标准的连接轮廓，以便相互连挂。15 号车钩的组成见图 5-9。

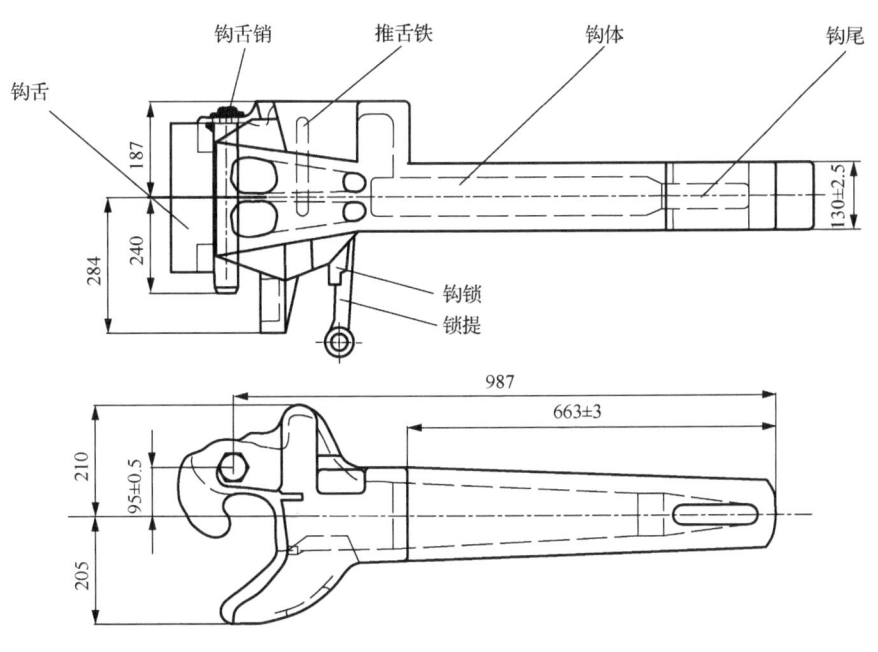

图 5-9 15 号车钩结构组成（单位：mm）

在机车或车辆承受冲击时，15 号车钩缓冲装置承受压力，推动钩尾框和前从板向后移动，冲击力经缓冲器传至后从板，此时后从板被后从板座阻挡，不能移动。列车牵引时，车钩受拉，通过钩尾销带动钩尾框和后从板向前移动，牵引力经缓冲器传至前从板，此时前从板被前从板座阻挡，不能移动。在这两种情况下，缓冲器都会受到压缩，起到吸收能量、缓和纵向冲击的作用，并把冲击力或牵引力传给牵引梁。

普通/高强度车钩缓冲装置的纵向连接间隙较大（约 27.5mm），运行时车辆之间的纵向冲击力也较大，严重影响旅客列车的舒适性，也是制约客车提速的重要因素之一。为了改善这种情况，研究人员开发了 15 号小间隙钩缓装置，其纵向连接间隙减小为 3.5～7mm。表 5-1 为三种 15 号（普通、高强度、小间隙）车钩的基本性能设计参数。

表 5-1 三种 15 号车钩的基本性能设计参数

| 车钩中心距轨面 | 主要材质 || 纵向连接间隙/mm || 最小破坏载荷/kN ||
| 理论高度/mm | 普通 | 高强度/小间隙 | 普通/高强度 | 小间隙 | 普通 | 高强度/小间隙 |
|---|---|---|---|---|---|---|
| 880 | ZG230-450 | C 级钢 | 27.5 | 3.5～7 | 1550 | 2000 |

车钩缓冲装置安装于车辆底架上的牵引梁内，车钩中心距轨面的理论高度为 880mm。一般在底架牵引梁上铆接或焊接车钩安装座，车钩就安装在该安装座上。15 号车钩分别装有前后从板座，用铆钉固定在车体牵引梁内侧，在前端梁上还装有冲击座。为了保证车辆连挂安全可靠和车钩缓冲装置的互换性，《机车车辆自动车钩缓冲装置 第 1 部分：装车要求》（TB/T 456.1—2019）、《机车车辆自动车钩缓冲装置 第 2 部分：自动车钩及附件》（TB/T 456.2—2019）、《机车车辆自动车钩缓冲装置 第 3 部分：钩尾框》（TB/T 456.3—2019）的相关标准中规定，车钩组装上车后，客车车钩中心线高为 $880^{+10}_{-5}$ mm，同一辆车 1、2 位端车钩中心线高度差应不大于 10mm。

15 号车钩主要安装结构设计参数图，见图 5-10。具体安装设计参数如下：从板与前、后从板座的接触量不小于 190mm，车钩提杆扁平部分与车钩提杆座扁孔的间隙不大于 2mm，钩肩与冲击座之间的水平距离为 75mm，前、后从板座之间的水平距离为 625mm，前、后从板座两承受面之间中心线与端梁外侧面的距离为 772.5mm。

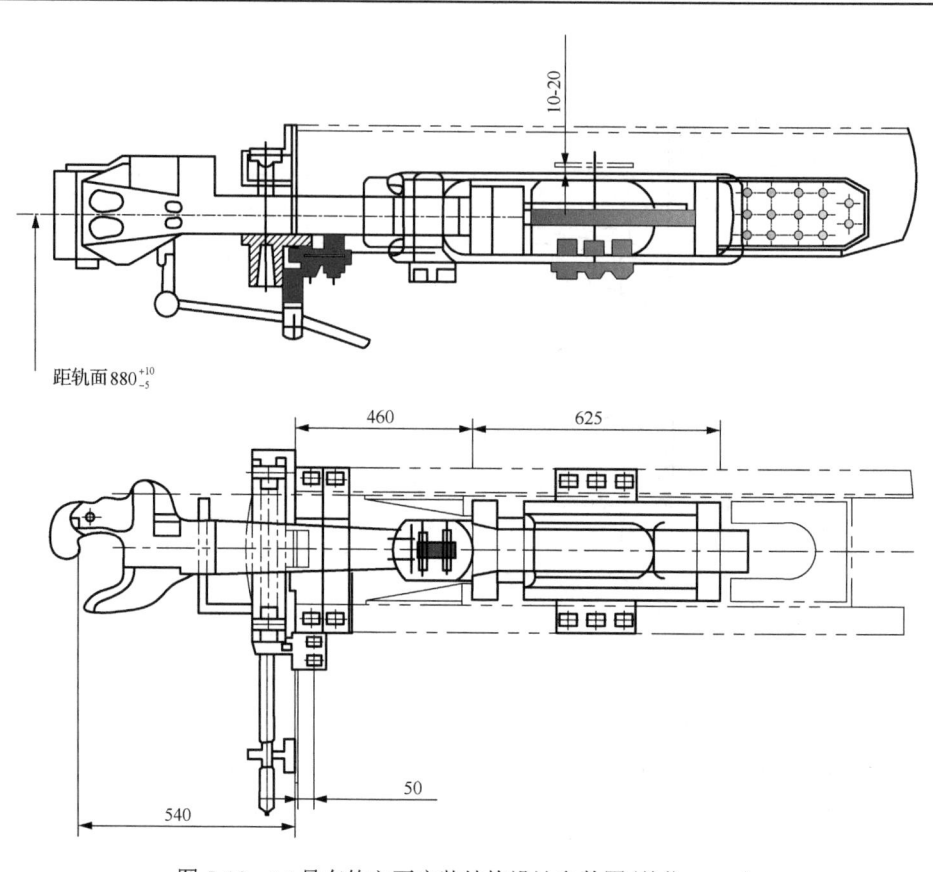

图 5-10　15 号车钩主要安装结构设计参数图(单位：mm)

缓冲器用来缓和列车在运行中由于牵引力的变化或在启动、制动及调车时车辆相互碰撞而引起的纵向冲击和振动。缓冲器有耗散车辆之间纵向冲击和振动的功能，从而减轻对车体结构和货物的破坏作用，提高旅客的舒适性和列车运行的平稳性。

按吸能方式，缓冲器可分为摩擦式缓冲器(含摩擦环簧式和润滑式缓冲器)、橡胶缓冲器(含弹性体缓冲器)、弹性胶泥缓冲器、液压缓冲器(含气液缓冲器)、组合式缓冲器五种。

15 号车钩缓冲装置中使用的是摩擦环簧式缓冲器，也是铁路客车上使用最多的一种缓冲器。密接式车钩缓冲装置中使用的缓冲器主要两种：弹性胶泥缓冲器和摩擦环簧式缓冲器。

决定缓冲器特性的主要参数是：缓冲器的行程、最大阻抗力、容量及能量吸收率等。缓冲器受力后产生的最大变形量称为行程，此时弹性元件处于全压缩状态，即使加大外力，变形量也不再增加，缓冲器产生最大变形量所对应的作用外力称为最大阻抗力。缓冲器在全压缩过程中，作用力在其行程上所做的功的总称为容量，它是衡量缓冲器能量大小的主要指标，若容量太小，则当冲击力较大时，就会使缓冲器全压缩而导致刚性冲击。缓冲器在全压缩过程中，有一部分能量被阻尼所消耗，所消耗部分的能量与缓冲器容量之比称为能量吸收率，吸收率越大，则表明缓冲器吸收冲击能量的能力越大，反冲作用越小，否则缓冲器必须在往复工作几次后方能将冲击能量耗尽，这将导致车钩、车底架过早产生疲劳损伤，并且加剧列车纵向冲动，所以一般要求能量吸收率不低于 60%。客车缓冲器的基本性能参数如表 5-2 所示。

表 5-2　客车缓冲器的基本性能参数

| 最大阻抗力/MN | 最大行程/mm | 容量/kJ | 能量吸收率/% | 额定冲击速度/(km/h) |
| --- | --- | --- | --- | --- |
| 1.0 | 73 | ≥20 | ≥60 | 10 |

图 5-11～图 5-15 是 15 号车钩缓冲装置的主要相关设计图。车钩的连接轮廓设计主要是由北美铁路协会的 10 号车钩轮廓经尺寸换算或可参考已有相关车钩外形轮廓得到的。由于车钩结构形状的复杂性与不规则性，需采用多个视角与抛面相结合的方式进行结构设计的描述。

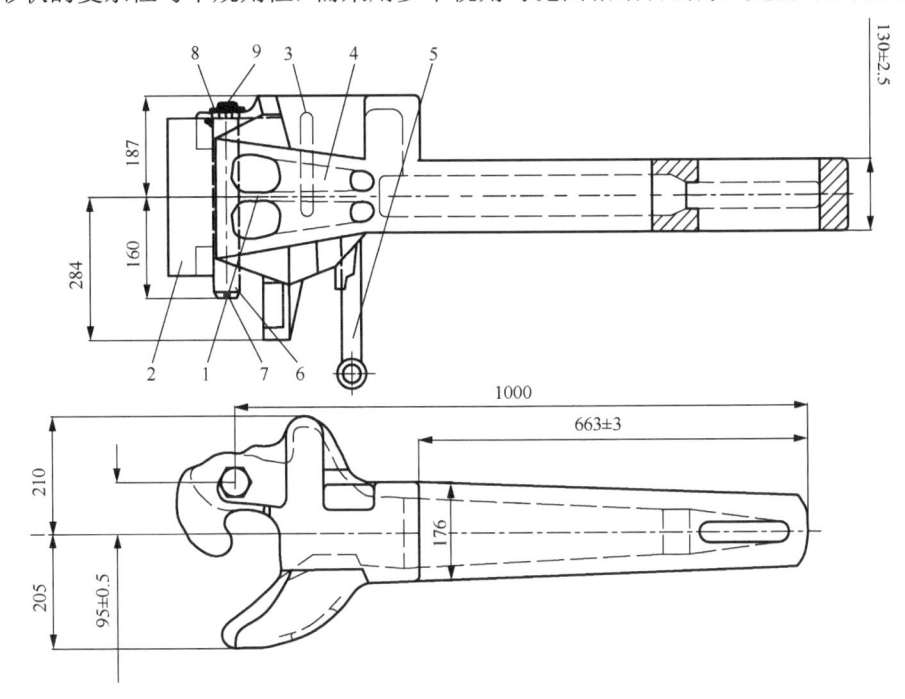

图 5-11 15 号车钩总图(单位：mm)
1-钩体；2-钩舌；3-钩舌推铁；4-钩锁；5-下锁销；6-钩舌销；7-销；8-螺母；9-销

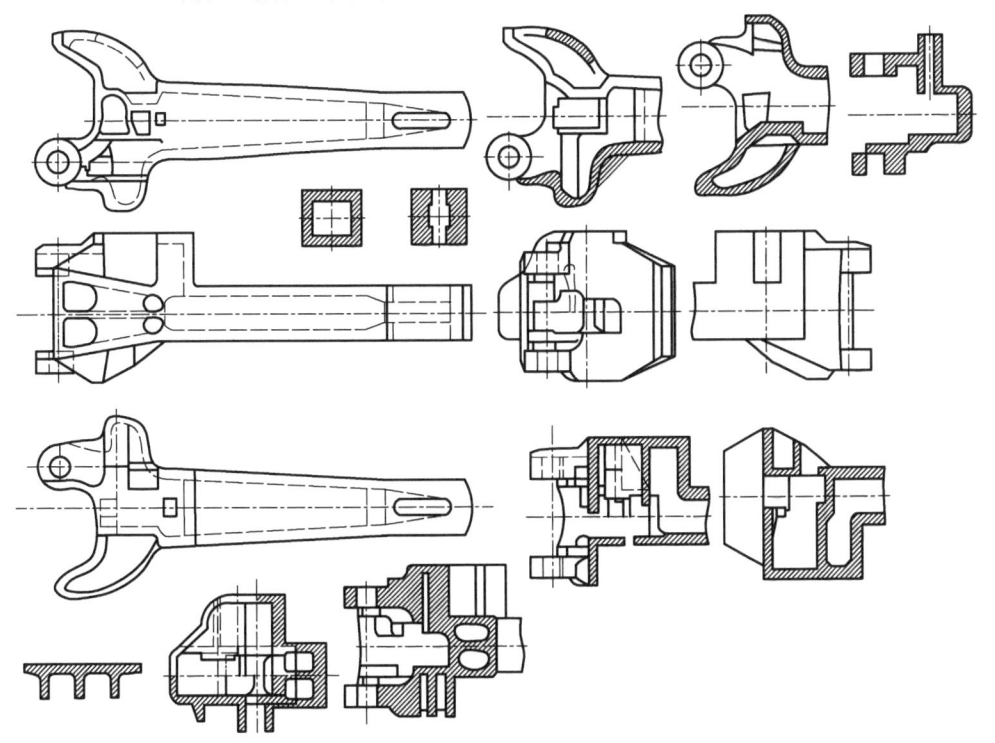

图 5-12 15 号车钩钩体

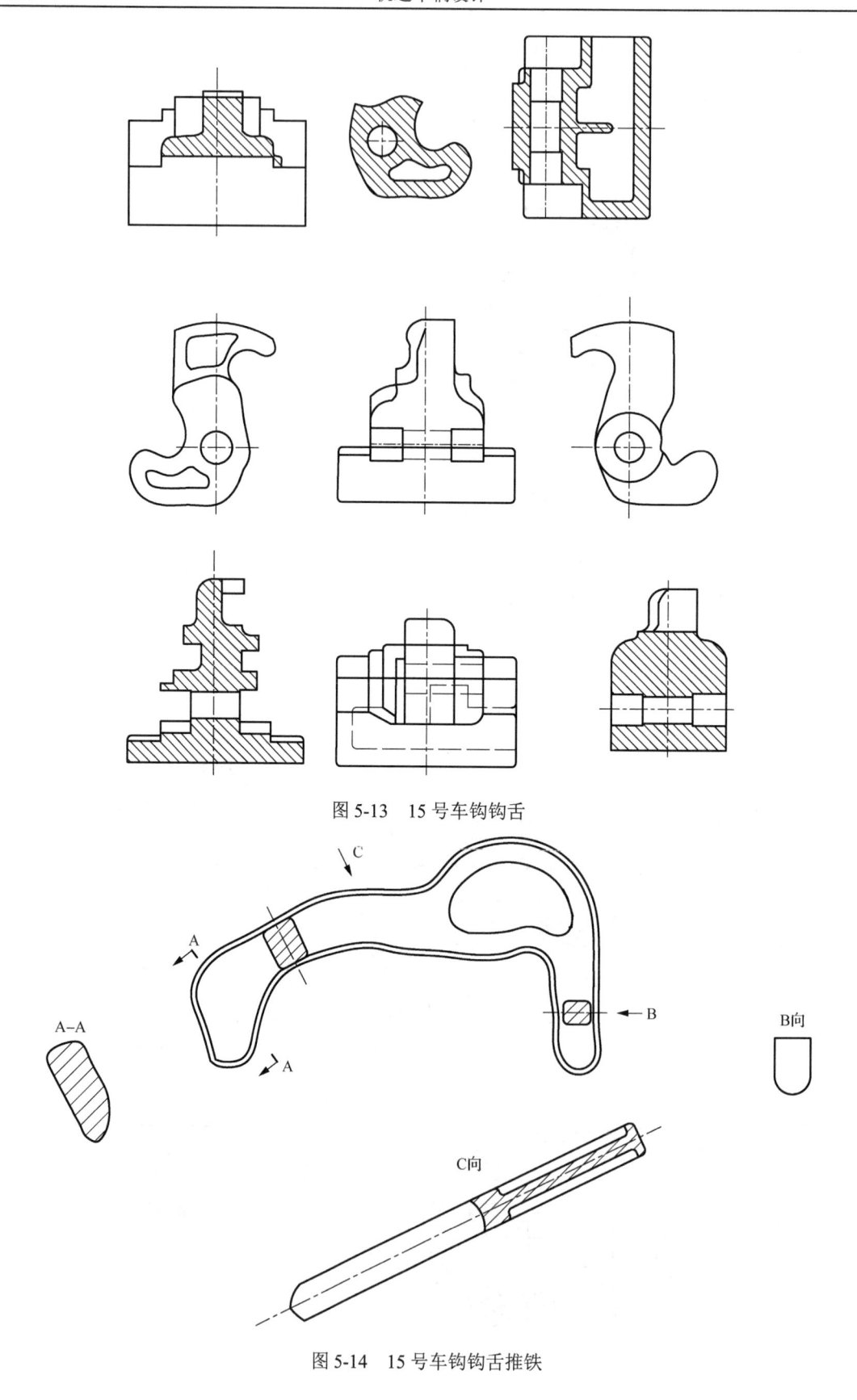

图 5-13　15 号车钩钩舌

图 5-14　15 号车钩钩舌推铁

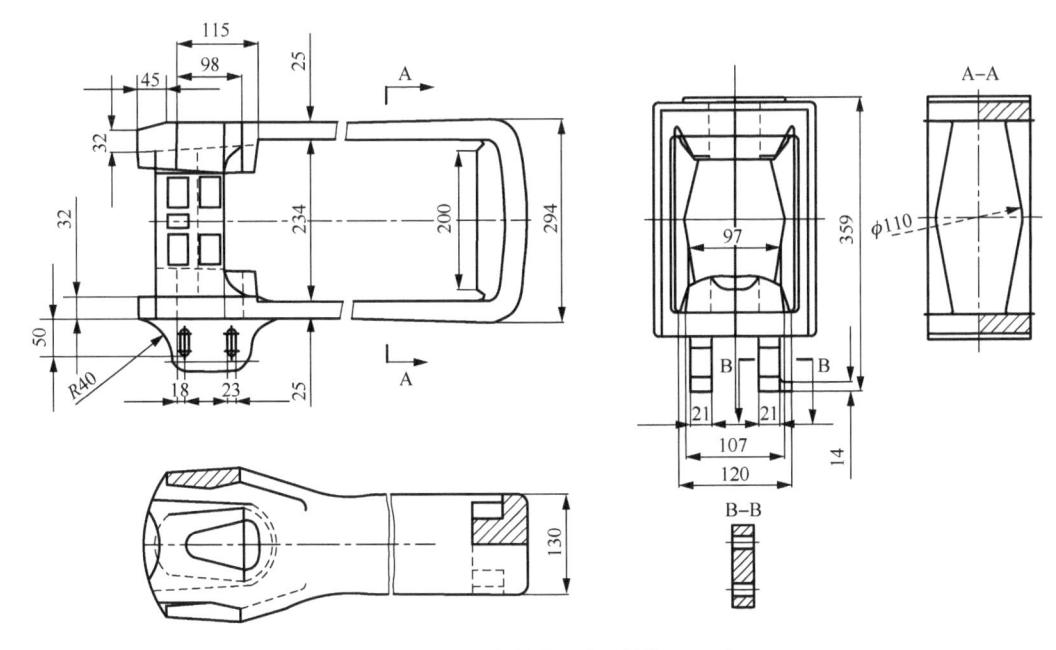

图 5-15　15 号车钩钩尾框(单位：mm)

## 二、密接式车钩缓冲装置设计

### 1. 密接式车钩主要结构的设计特点

高速列车、城市地铁和轻轨车辆常采用机械、电气管路均能同时实现自动连接的密接式车钩。这种车钩属刚性自动车钩，它要求在两钩连接后，其间没有上下和左右的移动，而且纵向间隙也限制在很小的范围内(1~2mm)，这对提高列车运行平稳性、降低车钩零件的磨耗和噪声均有重要意义。密接式车钩不能直接与普通车钩连挂，若特殊情况下要求车组与安装普通车钩的机车车辆连挂，可采用配备的专用过渡车钩。

在车钩头上设置空气管路接口和电气连接器，车钩就可以实现机械连挂、空气管路连接和电气管路连接，如果再给解钩机构和电连接器配置动作风缸及相应的机构，就可以实现机械、空气和电气的全自动连接和分离，完全由司机在司机室内完成操作，即全自动车钩。如果车钩电气连接器的连接和分离只能以手动方式完成，这种车钩就称为半自动车钩。全自动车钩一般设置在列车的端部，在两列车连挂运行、救援及库内调动时使用。半自动车钩一般设置在列车中部，用于列车的分段运行。

动车组和地铁列车一般为固定编组运行，正常情况下不解体，所以在每辆头车的二位端和每辆中间车的车端经常采用半永久车钩。这种车钩的结构简单，钩头部位是一个轴环，用卡环和螺栓紧密地连接在一起，其连接和分离都需要使用工具，参见图 5-16。

为了方便实现车辆之间的电气连接，在车钩上设置电气连接器，可以是手动或者自动。有时为了降低车辆的成本，不在半永久车钩上使用电气连接器，而是用电缆直接连接两个车体端墙上的电气插座。半自动车钩设置在列车的中部，需要连接的电气线路包括牵引线路、控制线路和各种信号线路，所以触点较多，而且各种触点区别较大。

密接式车钩的构造和工作原理与普通车钩不同，目前主要形成了欧洲和日本两种不同的密接式车钩技术流派，两大技术流派在车钩连接轮廓、钩缓装置整体结构、设计思路、缓冲性能、车体安装方式上都有差别，但共同特点是除满足车辆连接功能外，还具有制动、通风和电气连接功能。欧洲的主要形式为沙库(Schafenberg)密接式车钩与丹纳密接式车钩，根据不同要求，配备环簧缓冲器或气液缓冲器。日本的形式为柴田式密接式车钩，配备复式橡胶缓冲器。常用密接式车钩缓冲装置的结构总图如图 5-17 所示。

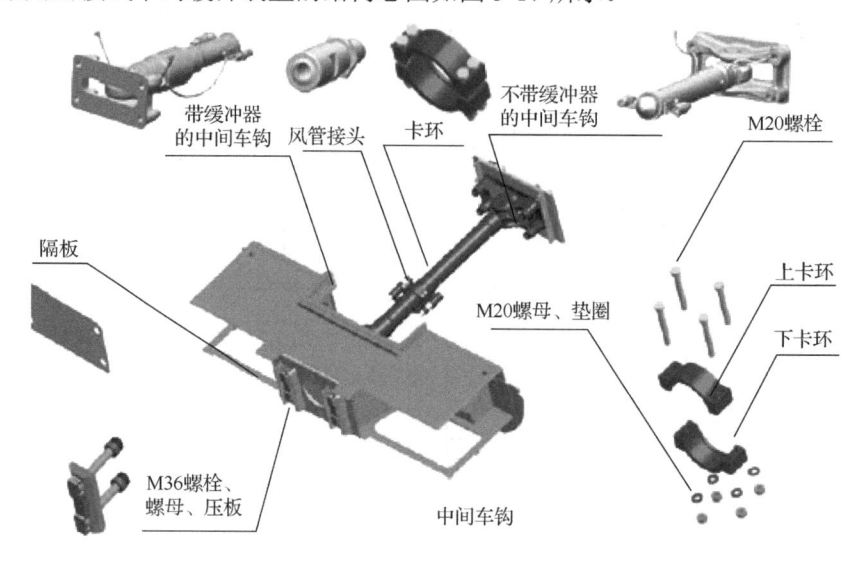

图 5-16　半永久车钩结构示意图

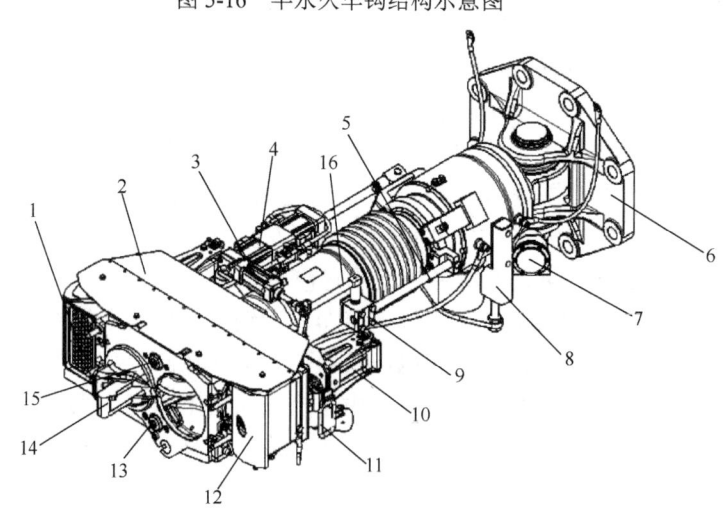

图 5-17　常用密接式车钩缓冲装置结构总图

1-电气车钩；2-盖板组成；3-气动控制系统；4-车钩牵引杆及伸缩气缸；5-圆柱齿条；
6-轴承座；7-对中装置；8-橡胶支撑；9-齿轮装置；10-推送机构；11-解钩手柄；
12-电气车钩保护盖；13-主风管连接器；14-连挂组成；15-阀组成；16-棘轮扳手

## 2. 沙库密接式车钩结构

沙库密接式车钩装置采用的是德国福伊特(VOITH)公司的 10 号车钩系统，是福伊特公司为高速动车组开发的自动车钩，它具有自动及手动连挂功能、自动及手动分解功能，自动工况下，可仅由司机一人操作就可进行摘挂作业。沙库密接式车钩缓冲装置的外形及连挂原理见图 5-18 和图 5-19。

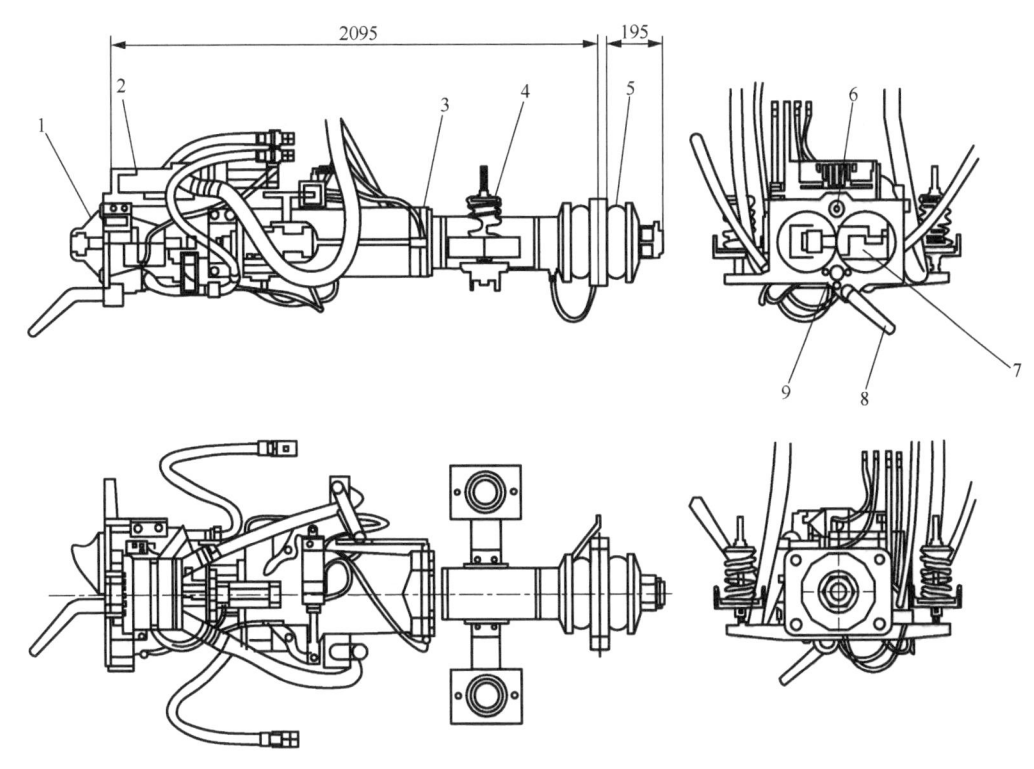

图 5-18 沙库密接式车钩缓冲装置外形（单位：mm）
1-机械钩头；2-电气连接器；3-车钩钩体与缓冲器；4-中心调整装置；5-尾部缓冲器；
6-制动风管连接器；7-解钩风缸；8-导向杆；9-总风管连接器

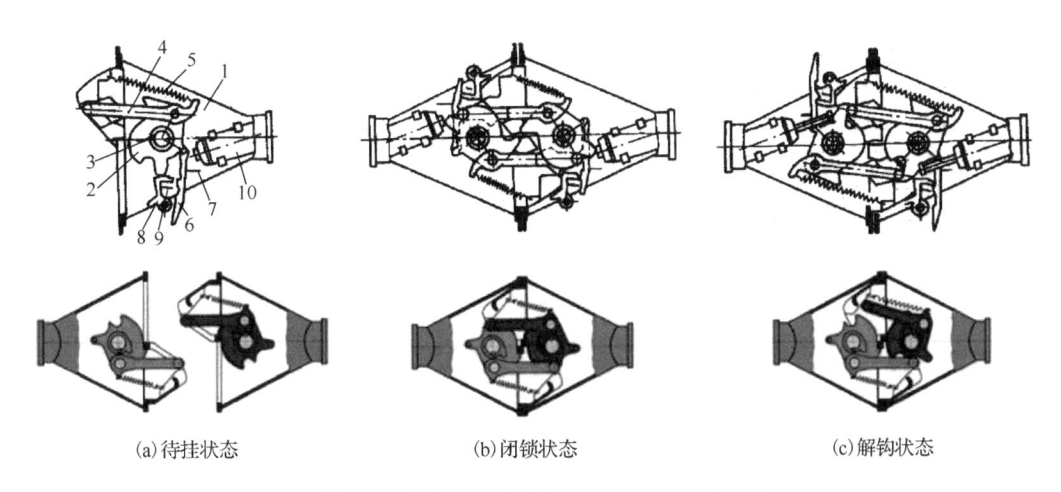

(a) 待挂状态　　　　　　　(b) 闭锁状态　　　　　　　(c) 解钩状态

图 5-19 沙库密接式车钩缓冲装置连挂原理
1-壳体；2-钩舌；3-中心轴；4-钩锁连杆；5-钩锁弹簧；6-钩舌定位杆；7-钩舌定位杆弹簧；
8-定位杆顶块；9-定位杆顶块弹簧；10-解钩风缸

## 3. 沙库密接式车钩缓冲装置的组成设计

沙库密接式车钩缓冲装置（图 5-19）主要由机械钩头、电气连接器、总风管连接器、尾部缓冲器、中心调整装置等部件组成。

钩头机械连接部分如图 5-19(a) 所示，它由壳体 1、钩舌 2、中心轴 3、钩锁连杆 4、钩锁弹簧 5、钩舌定位杆 6、钩舌定位杆弹簧 7、定位杆顶块 8、定位杆顶块弹簧 9、解钩风缸 10

等组成。壳体的前部，一半为凸锥体，一半为凹锥孔，两钩连挂时相邻车钩的凸锥体和凹锥孔互相插入；钩舌固定在中心轴上，钩舌绕中心轴转动时可带动钩锁连杆动作；钩舌呈不规则几何形状，设有供连接时定位和供解钩时解钩风缸活塞杆作用的凸舌，以及钩锁连杆的定位槽、钩嘴等，是车钩实现动作的关键零件；钩锁连杆在钩锁弹簧拉力作用下使车钩连接可靠；钩舌定位杆上设有两个定位凸缘，使钩舌定位在待挂或解钩状态；定位杆顶块可以在连挂时顶动钩舌定位杆，实现两钩的闭锁。

车钩前端的凸锥体和凹锥孔设计形成了严格而又紧密的连接，因此使车钩间隙降低到了最小值。结合车钩头的延长部分和控制角，给车钩提供了尽可能大的连挂范围。通过这种连挂设计方式，车钩间可容许一定的偏移和偏转。

#### 4. 三态作用原理

沙库自动密接式车钩有待挂、闭锁（连挂）和解钩三种状态，其原理如图 5-19 所示。

(1) 待挂（准备连挂）状态。车钩连接前的准备状态，此时钩舌定位杆被固定在待挂位置，钩锁弹簧处于最大拉伸状态，钩锁连杆退缩至钩头锥体内，钩舌上的钩嘴对着钩头正前方。

(2) 闭锁（连挂）状态。相邻两钩的凸锥体伸入对方的凹锥孔并推动定位杆顶块，定位杆顶块摆动迫使钩舌定位杆离开待挂位置，这时钩锁弹簧的恢复力使钩舌产生逆时针转动，并带动钩锁连杆伸进相邻车钩钩舌的钩嘴，完成两钩的连接闭锁。这时两钩的钩锁连杆和钩舌形成平行四边形连杆机构，处于力平衡状态。当车钩受牵引时，拉力由两钩的钩锁连杆均匀分担，使钩舌始终处于锁紧状态。当车钩受冲击时，压力通过两车钩的壳体凸缘传递。

(3) 解钩状态。司机操纵按钮，控制电磁阀使解钩风缸充气，风缸活塞杆推动钩舌顺时针转动，使两钩的钩锁连接杆脱开对方钩舌的钩嘴，同时使钩锁连接杆克服钩锁弹簧的拉力，缩入钩头锥体内，这时定位杆顶块控制钩舌定位杆使钩舌处于解钩状态。两钩分离后，解钩风缸排气，定位杆顶块由于弹簧作用复位，钩舌回到待挂位，车钩又恢复到待挂状态。

车钩头进行了特殊形式的设计，即使车辆处于曲线、坡道或者牵引状态，也能够实现车辆的解钩。为了保证绝对的安全性，只有车辆完全分离后，才能重新连挂。

#### 5. 车钩钩头连挂区域设计

车钩的钩头外形局部结构如图 5-20 所示。车钩前端面上有凸锥体和凹锥孔，具有导向功能，所以车钩头具有连挂范围（图 5-20(b) 阴影部分），当两车连挂时，只要两车钩头中心线在高度方向和水平方向的偏差不超出连挂范围，两车钩就可以正常连接，这样就保证了车钩高度有偏差及处于曲线上的车辆的连挂。有的车钩头增加了导向杆，进一步增大了连挂范围，其外形和连挂范围如图 5-20(c) 所示。

#### 6. 柴田式密接式车钩结构

柴田式密接式车钩缓冲装置如图 5-21 所示，主要包括密接式车钩、橡胶缓冲器、风管连接器、电气连接器和解钩风管连接器系统等几部分组成。车辆连挂时，依靠两车钩相邻钩头上的凸锥体和凹锥孔相互插入，起到紧密连接作用，同时自动将两车之间的电路、空气管路接通，并缓和连挂中车辆间的冲击作用。在两车分解时，也可自动解钩，并自动切断车辆间的电路和空气管路。

柴田式密接式车钩结构如图 5-22 所示。车钩由钩头、钩舌、解钩风缸、钩身、钩尾等部分组成。钩头为带一个平面的凸锥体，侧面是带有凹锥孔的钩身。两钩连挂时，凸锥体插进相应的凹锥孔中，此时凸锥体的内侧面在前进中推压对方的钩舌使其转动，这时解钩风缸的弹簧受压，钩舌沿逆时针方向旋转。当两钩连接面接触后，凸锥体的内侧面不再压迫对方的钩舌，此时，由于弹簧的作用，钩舌顺时针向旋转，恢复到原来的状态，此时处于闭锁位置，完成了两车连挂，见图 5-23。

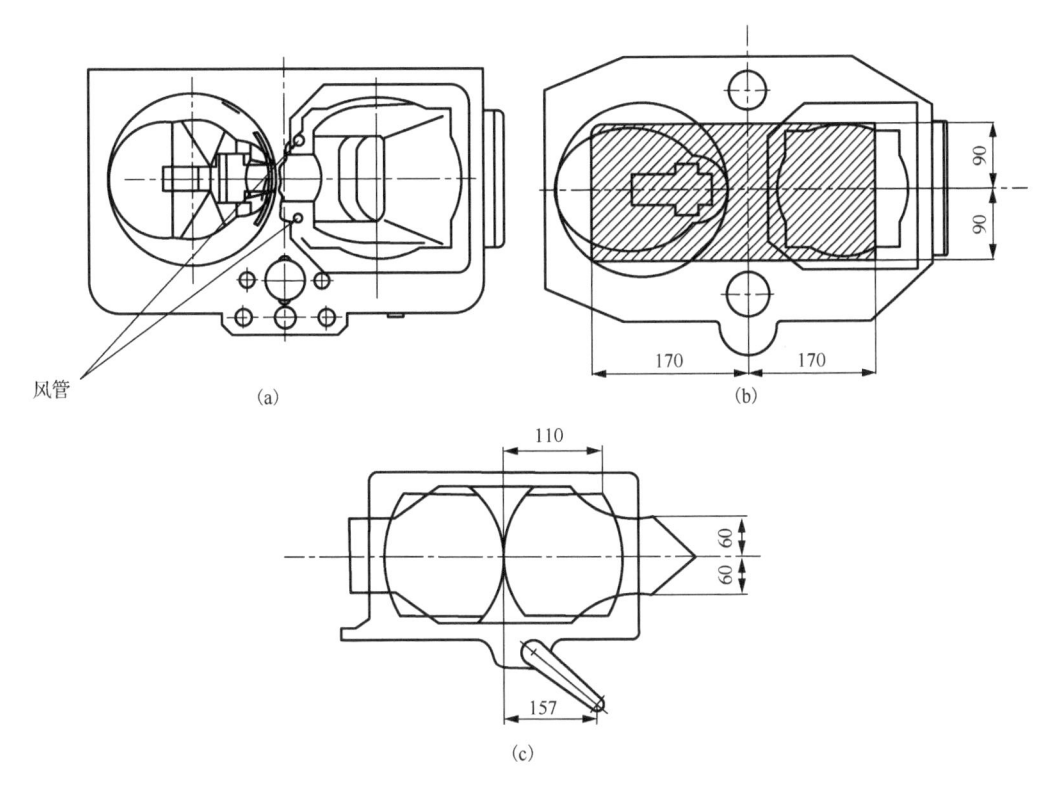

图 5-20 车钩钩头连挂范围设计（单位：mm）

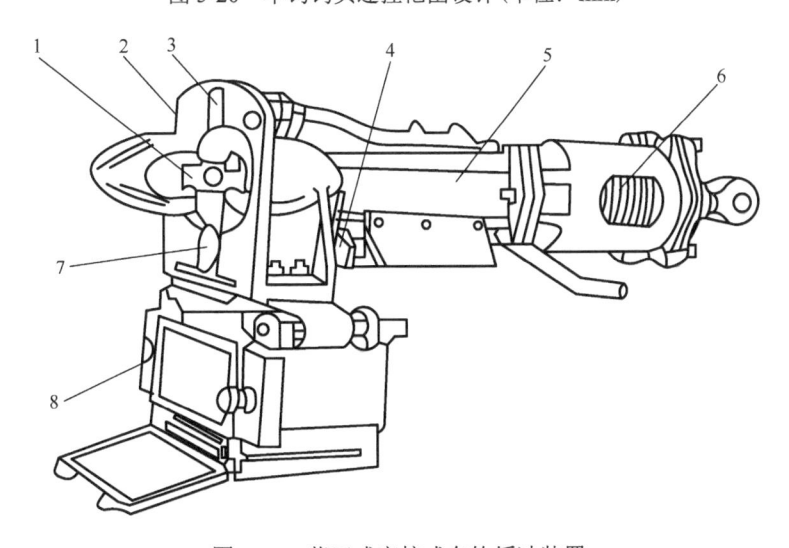

图 5-21 柴田式密接式车钩缓冲装置

1-钩舌；2-解钩风管连接器；3-总风管连接器；4-截断塞门；5-钩身；
6-橡胶缓冲器；7-制动风管连接器；8-电气连接器

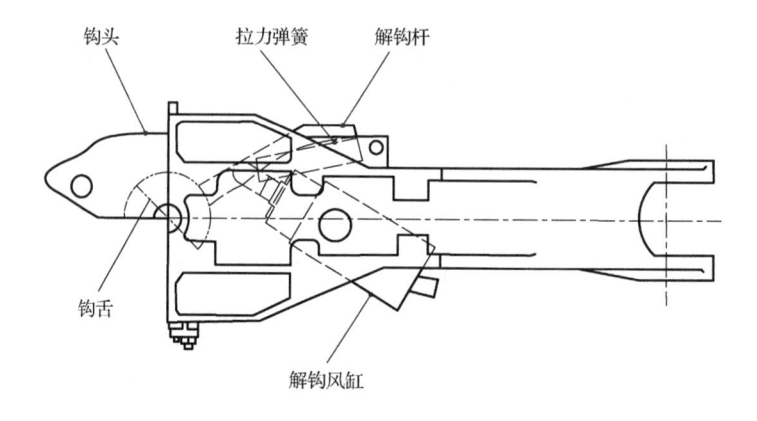

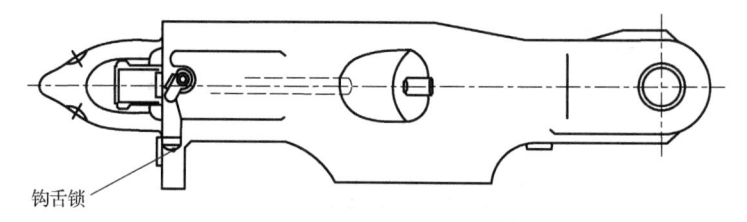

图 5-22 柴田式密接式车钩结构示意图

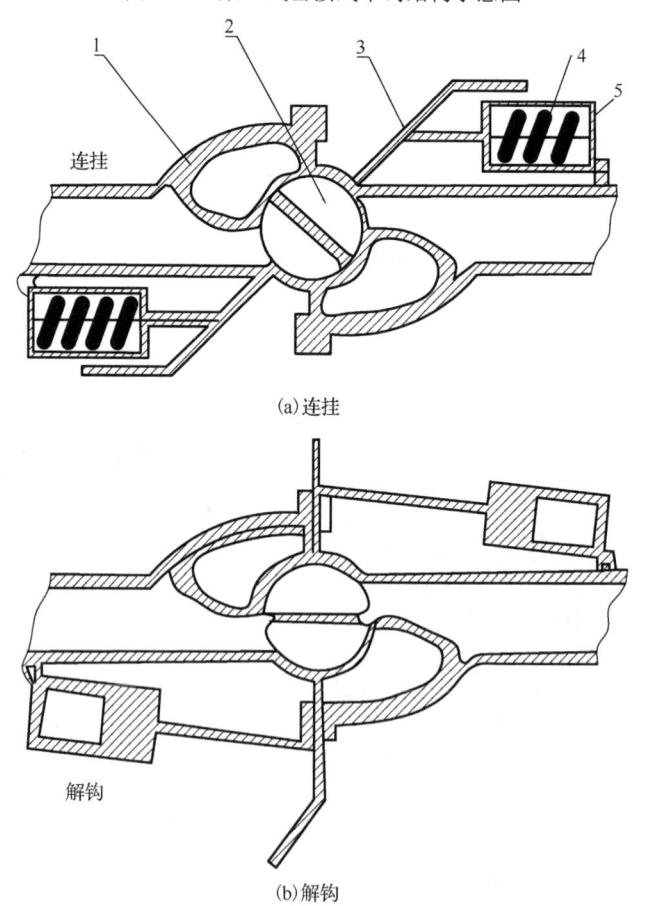

(a) 连挂

(b) 解钩

图 5-23 柴田式密接式车钩连挂和解钩状态
1-钩头；2-钩舌；3-解钩杆；4-弹簧；5-解钩风缸

要使两钩分解,由司机操纵解钩阀,压缩空气由总风管进入本车的解钩风缸,同时经解钩风管连接器将压缩空气送入相连挂的另一辆车的解钩风缸,活塞杆向前推并带动解钩杆,使钩舌转动至开锁位置,此时两钩即可解开。当采用手动解钩时,只要用人力推动解钩杆,使钩舌转动至开锁位置,从而实现两钩的分解。密接式车钩作用原理如图 5-24 所示。

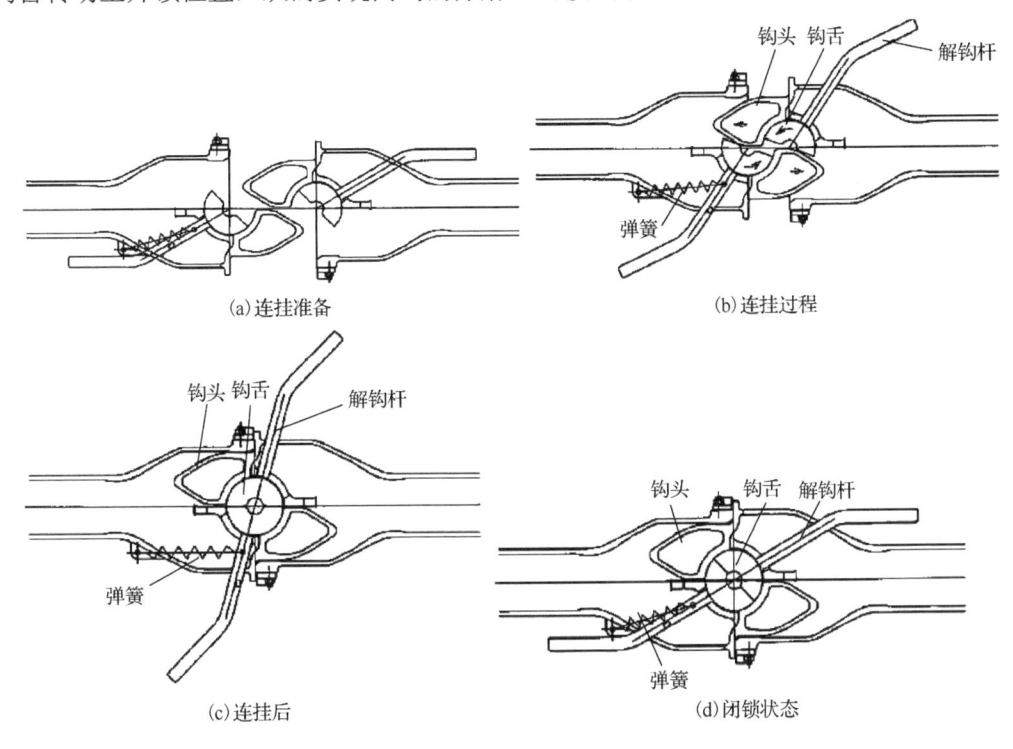

(a)连挂准备　　(b)连挂过程

(c)连挂后　　(d)闭锁状态

图 5-24　密接式车钩作用原理

### 7. 密接式车钩设计

车钩在动车组系统中起到将各个单一车辆组成一个完整系统的作用,因此车钩的设计必须要满足动车组运行中的要求。车钩设计分为功能设计和结构设计,功能设计是根据列车总体性能对钩缓系统的要求来进行的,如自动连接功能、自动分解功能、电气管路和空气管路自动连接功能等,而结构设计则是根据总体参数将各个分部件完成零部件设计并将各个分部件组成完整系统。

**1)包含电路、气路连接的车钩自动连挂和分解功能**

动车组在使用中需具有快速将小车组组成大车组及将大车组分解成小车组的能力,因此密接式车钩必须能实现自动连挂和分解,并具备手动连挂分解功能,以便在自动功能失灵的特殊情况下使用。高速列车的风挡等部件,占用了车端的有限空间,同时也对风管、电气连接系统的安装和连挂带来了不便。在现代动车组或城轨列车技术条件下,车组与车组之间有几十条通信线路与控制线路需要连通,因此要求电气连接系统小型化,具有整体和自动连接功能。同时,列车制动系统的列车管及制动管也需要同时连接。

为在一定半径的横曲线及竖曲线上完成车钩的连挂,机械钩头的形状一般都需要设计为凸凹锥形,利用其自导向作用来完成机械钩头的自动连挂,其中凸凹锥体的锥角大小需要根据最小连挂曲线半径来决定。我国主要动车组所用的车钩轮廓外形参数如表 5-3 所示,同时,也代表了国际上的主型车钩轮廓设计外形。

表 5-3 车钩轮廓外形参数

| 动车组型号 | 车钩轮廓类型 | 车钩中心距轨面理论高度/mm |
|---|---|---|
| CRH1 | 欧式 10 型车钩 | 880 |
| CRH2 | 柴田式密接式车钩 | 1000 |
| CRH3 | 欧式 10 型车钩 | 1000 |
| CRH5 | 欧式 10 型车钩 | 1025 |
| CHH380A/AL | 柴田式密接式车钩 | 1000 |
| CRH380B/BL | 欧式 10 型车钩 | 1000 |

**2) 间隙的要求**

目前，世界各国动车组普遍采用的密接式车钩中，两车钩连接面的纵向间隙均小于 2mm，上下、左右偏移也很小，这为提高列车的运行平稳性和电气管路、风管路的自动对接提供了保证。而我国普通客车目前所使用的 15 号车钩的纵向间隙有 30 余毫米，垂向高度差更可能达到 75mm。之所以要对连挂后的纵向间隙控制得较为严格，最重要也是最主要的原因是，当列车以超过 160km/h 的速度运行时，在遇到变坡点，列车速度发生变化时，前后车辆的车钩将因速度差而发生挤压或拉伸，间隙越大，相互撞击的力量也越大，对列车运行的品质影响也越大。

间隙确定原则：车钩间隙为车钩连挂后两相邻接触部件的松旷量，国际铁路联盟及铁道部均无此方面的要求，因此在保证成本的前提下，间隙越小越好。

**3) 强度要求**

车钩缓冲装置在列车中起传递纵向力的作用，高速列车对零部件的安全可靠性要求更高，因此应具有足够的强度和刚度。动力分散式与动力集中式动车组对车钩强度的要求不同，动力集中式动车组要求车钩的压缩载荷不小于 1500kN，拉伸载荷不小于 1000kN。动力分散式动车组要求车钩的压缩载荷及拉伸载荷均不小于 1000kN。

强度确定原则：根据引进动车组配用车钩制造厂商标准，动车组车钩的拉伸载荷、压缩载荷均为不小于 1000kN。

以 CRH5 型动车组为例，根据动车组总体运行参数校核车钩载荷。按一动一拖配置，单车质量约为 40t，启动加速度为 0.5m/s²，最大启动阻力约为 $f = w \times g \times \mu_0 \approx 120kN$，最大车钩力可用牛顿第二定律来计算：$F = f + ma$，将启动阻力、质量、加速度等值代入式中，结果为 320kN，再乘以 1.5 的动态系数可得 480kN，小于 1000kN 的拉伸载荷限值(我国铁路规定车钩只校核拉伸载荷)。

# 第三节 缓冲器结构作用原理与设计

车钩缓冲装置的主要类型有摩擦环簧式缓冲器、橡胶缓冲器、弹性胶泥缓冲器和气液缓冲器。

## 一、摩擦环簧式缓冲器结构

摩擦环簧式缓冲器主要由盒盖、簧盒、外卷弹簧、内卷弹簧、弹簧座板、外环弹簧、内环弹簧、半环弹簧、底板等部件组成，内、外卷弹簧并联安装在簧盒内，通过弹簧底板与内、外环弹簧串联而成，通过安装时的预紧力使其紧紧地安装在钩尾框内，摩擦环簧式缓冲器的结构见图 5-25。

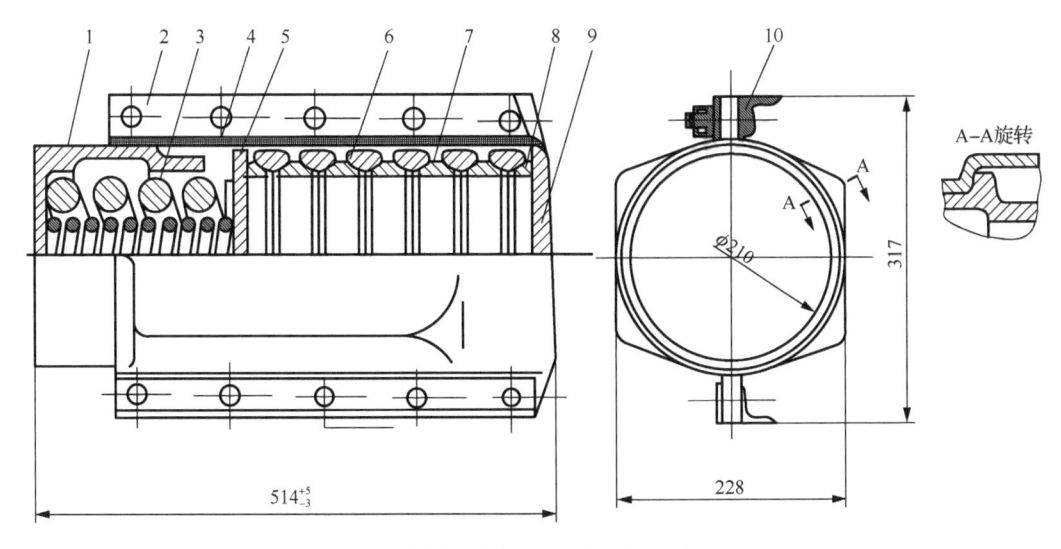

图 5-25 摩擦环簧式缓冲器结构(单位：mm)

1-盒盖；2-簧盒；3-外卷弹簧；4-内卷弹簧；5-弹簧座板；6-外环弹簧；7-内环弹簧；
8-半环弹簧；9-底板；10-角铁、螺栓

## 二、摩擦环簧式缓冲器作用原理

摩擦环簧式缓冲器主要利用内外卷弹簧间的相互摩擦产生热量，耗散车钩传递过来的机械能。当缓冲器受冲击力时，盒盖向内移动，压缩螺旋弹簧，并将力通过弹簧座板传递给环簧。当压缩量达到一定程度时，盒盖接触弹簧板座，此时螺旋弹簧不再起作用，外部冲击力将直接作用在内外环簧上。由于内外环为锥面配合，外环弹簧受力后扩张，内环弹簧缩小，产生轴向弹性变形，起到缓冲作用。与此同时，内外环锥面间有相对滑动，因摩擦而做功，从而使部分冲击能变为摩擦功而耗散。当外力去除后，各内外环由于弹力而复原，此时同样也要消耗部分冲击能量。

## 三、气液缓冲器结构

由于摩擦环簧式缓冲器的能量吸收率比较低，难以满足高速动车组对于缓冲器性能的要求，因此丹纳公司开发了气液缓冲器。气液缓冲器内装有两类缓冲元件，一类为环簧缓冲元件，另一类为气液缓冲元件。气液缓冲元件主要由柱塞、阀体、节流阻尼环、节流阻尼棒、缸体、浮动活塞等部件组成，气液缓冲元件内的浮动活塞将柱塞内腔分隔出油腔和气腔两个腔室，柱塞底座与缸体之间的间隔为另一油室，从而在气液缓冲元件内部形成两个油腔和一个气腔。油腔(油腔 1 和油腔 2)内充有液压油，气腔充有一定压力的氮气。气液缓冲器结构及气液缓冲元件结构图分别见图 5-26 及图 5-27。

## 四、气液缓冲器作用原理

在油腔 1 和油腔 2 中注满了液压油，在气腔中充有氮气(具有一定初始压强)，液压油与氮气之间通过浮动活塞隔离。当相邻车辆间发生碰撞时，柱塞即被推入油腔 1 中，油腔 1 中的液压油通过节流阻尼环与节流阻尼棒形成的环缝及单向锥阀与柱塞端部形成的锥阀节流孔流到油腔 2 中，使得油腔 2 的油量增大，从而使浮动活塞向右移动，气腔中的氮气被压缩。

在冲击过程中，绝大部分动能转变为热能，并由缸体逸散到大气中，只有少量能量转化为油液的液压能，因而气液缓冲器的能量吸收率比较大。当车辆间的冲击减缓或消失时，被压缩的氮气通过活塞给油腔 2 的液压油施以压力，并使液压油通过柱塞端部的单向阀流回到油腔 1 中，柱塞又回到原位。其中，单向锥阀可相对柱塞端部轴向移动，但只在气液缓冲器被压缩加载时打开。气液缓冲器卸载后，单向锥阀在油腔 2 的液压油作用下压紧在柱塞端部的阀座上，锥阀节流孔被封闭，因此油腔 2 的液压油只能通过柱塞端部的单向阀流回到油腔 1。

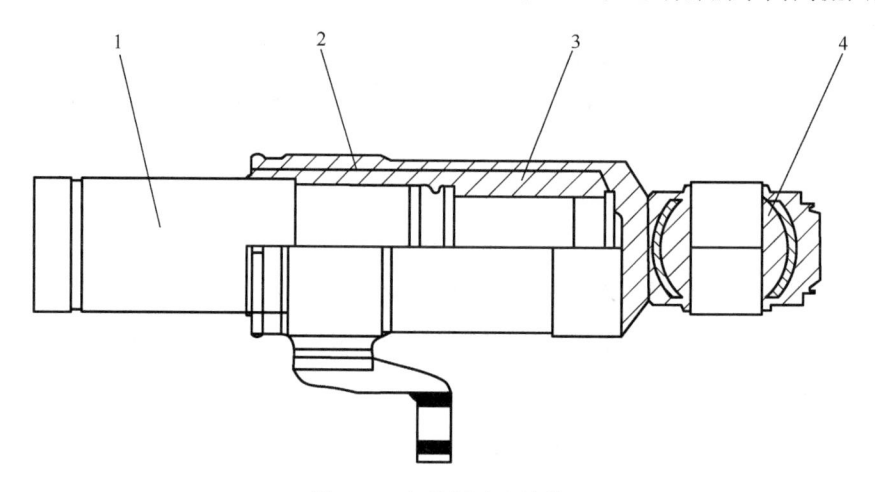

图 5-26 气液缓冲器结构

1-气液缓冲器；2-摩擦环簧式缓冲器；3-缓冲器缸体；4-球形弹性橡胶轴承

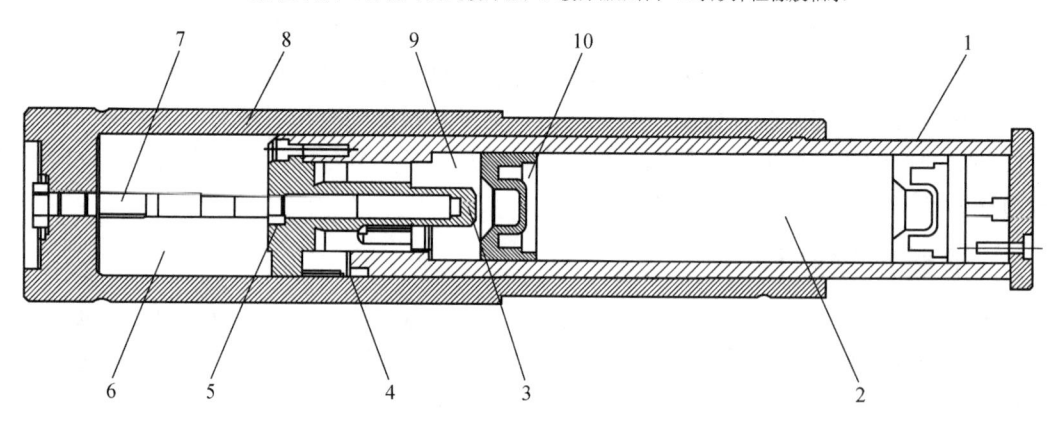

图 5-27 气液缓冲元件结构

1-柱塞；2-气腔；3-单向锥阀；4-单向阀；5-节流阻尼环；6-油腔 1；
7-节流阻尼棒；8-缸体；9-油腔 2；10-浮动活塞

## 五、缓冲器设计

缓冲器的主要作用为缓和车辆运行及调车作业时车辆间相互冲击碰撞产生的能量，决定缓冲器性能好坏的基本参数为额定阻抗力、最大阻抗力、额定行程、最大行程、正式容量、能量吸收率等，缓冲器缓冲容量的确定则是缓冲器设计的关键。《铁道车辆缓冲器》(TB/T 1961—2016)中对客车缓冲器的要求如下：额定阻抗力为 800kN，最大阻抗力为 1000kN，额定行程≤73mm，最大行程为 73mm，正式容量≥20kJ，能量吸收率≥80%。

## 1. 缓冲器容量确定

国际上较为通用的方法是根据两辆车之间相互冲击的速度和质量大小来计算缓冲器容量。

设有总重为 $W_1$ 和 $W_2$ 的车辆，各以 $v_1$ 和 $v_2$ 的速度运动（设 $v_1 > v_2$），产生冲击后两车以共同的速度 $v_0$ 一起运动，根据动量守恒定律，有

$$\frac{W_1}{g} \times v_1 + \frac{W_2}{g} \times v_2 = \frac{W_1 + W_2}{g} \times v_0 \tag{5-1}$$

$$v_0 = \frac{W_1 v_1 + W_2 v_2}{W_1 + W_2} \tag{5-2}$$

根据能量守恒定律，在两台车辆组成的系统中，冲击前后的动能损失应等于冲击力压缩缓冲器所做的功 $A_1$、冲击力压缩车体所做的功 $A_2$、冲击力使货物移动所做的功 $A_3$ 的总和，即

$$\frac{W_1}{2g} \times v_1^2 + \frac{W_2}{2g} \times v_2^2 - \frac{W_1 + W_2}{2g} \times v_0^2 = A_1 + A_2 + A_3 \tag{5-3}$$

由于车体变形相对于缓冲器的变形要小很多，$A_2$ 可以略去不计。货物相对车体移动所做的功 $A_3$ 也可略去，将式(5-2)代入式(5-3)，化简后得

$$A_1 = \frac{1}{2g} \frac{W_1 W_2}{W_1 + W_2} (v_1 - v_2)^2 \tag{5-4}$$

如果两个相互冲击的车辆装设同一型号的缓冲器，其容量为 $E$，则 $A_1 = 2E$，再令冲击速度 $v = v_1 - v_2$，代入式(5-4)，得每个缓冲器容量 $A$ 的计算公式为

$$A = \frac{1}{4g} \frac{W_1 W_2}{W_1 + W_2} v^2 \tag{5-5}$$

由式(5-5)不难看出，车辆质量越大、冲击速度越高，对缓冲器的容量要求也越大。

以一节车厢以 5km/h 的速度与七节已编组车辆连挂为例，试计算需要的缓冲器容量：单节车辆的质量取 40000kg，连挂速度取 5km/h，将上述数据代入式(5-5)，可得缓冲器所需容量为 17kJ。

## 2. 摩擦环簧式缓冲器设计计算

### 1）摩擦环簧式缓冲器受力分析

当摩擦环簧式缓冲器受外载荷 $P$ 作用时，外载荷 $P$ 通过内、外双卷弹簧依次传递给环簧，如图 5-28 所示。下面分别讨论双卷弹簧及环簧的受力情况。

（1）双卷弹簧。

双卷弹簧由外卷弹簧和内卷弹簧并联组成，承受外载荷 $P$。由圆弹簧的基本特性可知，圆弹簧的刚度为

$$C = \frac{Gd^4}{64nr^3} \tag{5-6}$$

式中，$C$ 为圆弹簧的刚度；$G$ 为抗剪切弹性模量，$G = 8 \times 10^7 \text{kN/m}^2$；$D$ 为簧丝直径(m)；$N$ 为圆弹簧的工作圈数；$r$ 为圆弹簧的平均直径。

由式(5-6)，可求得外卷弹簧的刚度 $C_w$ 和内卷弹簧的刚度 $C_n$，因此双卷弹簧的刚度为

$$C_s = C_w + C_n$$

由图 5-28 及摩擦环簧式缓冲器原理可知，双卷弹簧被压缩到一定程度后，弹簧盒盖将与

弹簧板座接触，此后双卷弹簧不再起作用，这个压缩的距离即双卷弹簧的最大挠度 $f_y$，双卷圆弹簧所承受的最大载荷为

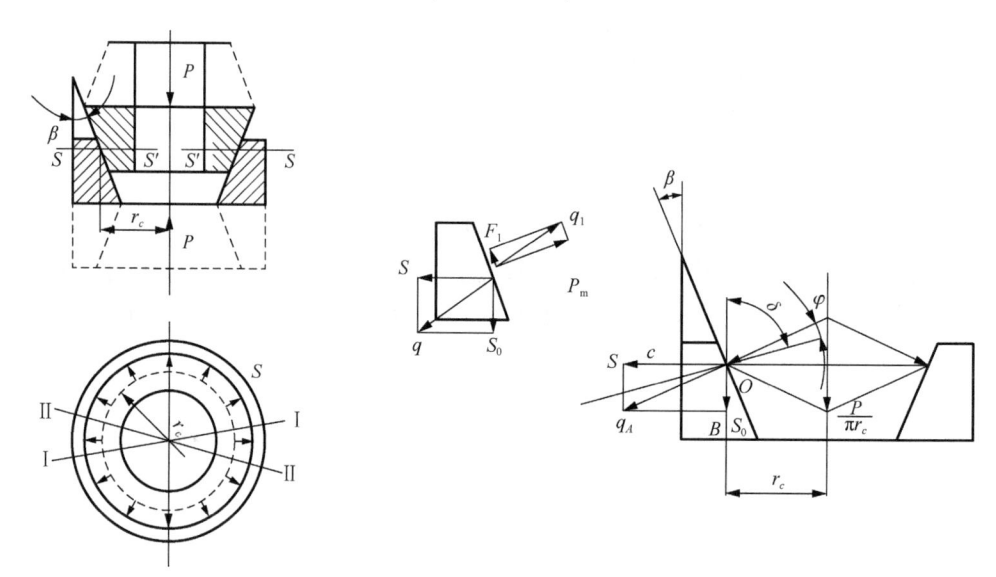

$$P_{y\max} = C_s \times f_y \tag{5-7}$$

图 5-28 环簧增载时的受力分析图

(2) 环簧。

由图 5-28 可知，当缓冲器受到外载荷 $P$ 冲击时，外环弹簧受拉伸而拉长，内环弹簧受压缩而变小，形成沿环簧的轴向移动。环簧的作用完全是借各环弹簧变形来实现的，而每一个外环弹簧和内环弹簧的轴向移动很小，为了使缓冲器具有足够的容量，缓冲器的行程应足够大，因此缓冲器必须由相当数量的环簧组成。以下取中间一组环簧为代表来分析其受力情况及变形情况。

增载时的情况。图 5-28 为一组环簧增载时的情况，作用在环簧上的载荷 $P$ 逐次传递给每一个环簧，假定环簧的应力与应变之间的关系符合胡克定律（$\sigma = E \times \varepsilon$），取 I-II 断面间所夹的单位弧长进行分析。

作用在环簧上的载荷 $P$，经内环弹簧传至外环弹簧，平均分布在内外环弹簧接触面的平均半径为 $r_c$ 的圆周上，其沿轴向半径弧长上的载荷为 $S_0$，$S_0 = \dfrac{P}{2\pi r_c}$，而由于它的作用，在内外簧之间产生水平均布力 $S$，其合力为 $q$，即 $q = S_0 + S$。同时，内环弹簧有沿载荷 $P$ 方向的移动，而外环弹簧产生阻止内环弹簧移动的一个摩擦力 $F_1$，并且外环弹簧又给内环弹簧一个反力 $P_m$，其合力为 $q_1$，即 $q_1 = F_1 + P_m$。

由力的平衡条件可知，$q = q_1$。由于在内外弹簧之间存在着摩擦作用，$q$ 与锥面的法线之间存在摩擦角 $\varphi$。由图 5-28 可知，作用在外环弹簧上的水平均布力 $S$ 可根据三角形正弦定理求得。在 $\triangle OAB$ 中，有

$$\frac{AB}{\sin \angle AOB} = \frac{OB}{\sin \angle OAB}$$

因为

$$\angle AOB = \delta = 90° - (\beta + \varphi)$$
$$\angle OAB = 90° - \angle AOB = \beta + \varphi$$
$$AB = S$$

所以
$$\frac{S}{\sin[90° - (\beta + \varphi)]} = \frac{\dfrac{P}{2\pi r_c}}{\sin(\beta + \varphi)}$$

得
$$S = \frac{P}{2\pi r_c}\operatorname{ctan}(\beta + \varphi) \tag{5-8}$$

式中，$\beta$ 为环簧的倾斜角；$\varphi$ 为摩擦角。

由于 $S$ 是均匀分布在 $r_c$ 圆周上，设外环弹簧断面积的一半为 $F_w$，则由图 5-29 可求出外环弹簧的拉伸应力 $\sigma_w$

$$\sigma_w = \frac{2T}{2F_w}$$

$$2T = \int_0^\pi S\sin\alpha\, r_c\, d\alpha = -Sr_c\cos\alpha\Big|_0^\pi = 2Sr_c$$

故
$$\sigma_w = \frac{P}{2\pi r_c F_w \tan(\beta + \varphi)} \tag{5-9}$$

式中，$F_w$ 为外环弹簧断面积的一半。

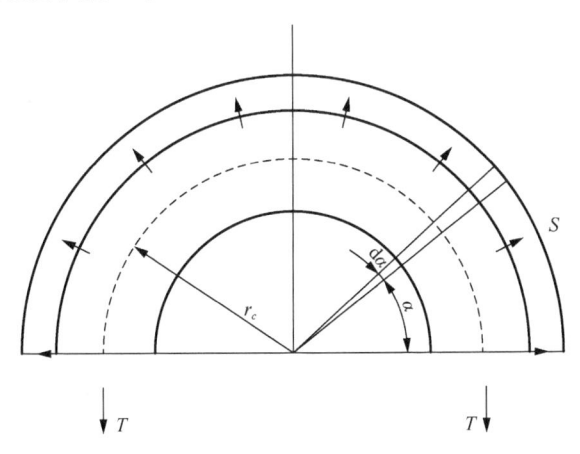

图 5-29 外环弹簧断面应力计算简图

同理，可求得内环弹簧的压缩应力为
$$\sigma_n = \frac{P}{2\pi r_c F_n \tan(\beta + \varphi)} \tag{5-10}$$

式中，$F_n$ 为内环弹簧断面积的一半。

设外环弹簧的应变为 $\Sigma w$，外环弹簧圆周长增加量为 $\Delta l_w$，外环弹簧半径增加量为 $\Delta r_{iw}$，在无外载荷作用时，自外环弹簧断面重心至环簧中心的距离为 $r_{iw}$，环簧材料的弹性模量为 $E$，可得

$$\Sigma w = \frac{\sigma_w}{E}$$

又因为
$$\Delta l_{\mathrm{w}} = 2\pi r_{\mathrm{iw}} \Sigma w = 2\pi r_{\mathrm{iw}} \frac{\sigma_{\mathrm{w}}}{E}$$

而
$$\Delta l_{\mathrm{w}} = 2\pi \Delta r_{\mathrm{iw}}$$

所以外环弹簧的半径增加量为

$$\Delta r_{\mathrm{iw}} = \frac{\Delta l_{\mathrm{w}}}{2\pi} = \frac{r_{iw}\sigma_{\mathrm{w}}}{E} \tag{5-11}$$

式中，$\Delta r_{\mathrm{iw}}$ 为外环弹簧半径增加量；$r_{\mathrm{iw}}$ 为外环弹簧断面重心至环簧中心的距离。

同理，内环弹簧的半径增加量为

$$\Delta r_{\mathrm{in}} = \frac{\Delta l_{\mathrm{n}}}{2\pi} = \frac{r_{\mathrm{in}}\sigma_{\mathrm{n}}}{E}$$

式中，$\Delta r_{\mathrm{in}}$ 为内环弹簧半径增加量；$r_{\mathrm{in}}$ 为外环弹簧断面重心至环簧中心的距离。

因此，内外环弹簧半径的变化总量为

$$\Delta r = \Delta r_{\mathrm{iw}} + \Delta r_{\mathrm{in}} = \frac{r_{\mathrm{iw}}\sigma_{\mathrm{w}} + r_{\mathrm{in}}\sigma_{\mathrm{n}}}{E} \tag{5-12}$$

由此引起的内外环簧在轴向的移动量 $\Delta f$ 如图 5-30 所示。

$$\Delta f = \frac{\Delta r}{\tan\beta} = \frac{r_{\mathrm{in}}\sigma_{\mathrm{n}} + r_{\mathrm{iw}}\sigma_{\mathrm{w}}}{E\tan\beta} \tag{5-13}$$

将 $\sigma_{\mathrm{w}}$、$\sigma_{\mathrm{n}}$ 的值代入式 (5-13) 中得

$$\Delta f = \frac{P}{2\pi E \tan(\beta+\varphi)}\left(\frac{r_{\mathrm{iw}}}{F_{\mathrm{w}}} + \frac{r_{\mathrm{in}}}{F_{\mathrm{n}}}\right) \tag{5-14}$$

对于具有几个接触面的环簧组，其全压缩量(环簧的总挠度)为

$$f = n \times \Delta f = \frac{nP}{2\pi E\tan(\beta+\varphi)}\left(\frac{r_{\mathrm{iw}}}{F_{\mathrm{w}}} + \frac{r_{\mathrm{in}}}{F_{\mathrm{n}}}\right) \tag{5-15}$$

通常，$\beta$ 的数值为 12°～15°，一号缓冲器中，$\beta$ 为 12°30′，$\varphi$ 为 8°30′～9°6′（在正常润滑条件下，$\mu = 0.15 \sim 0.16$。环簧的许用应力：内环弹簧的压缩应力为 1.1 MN/m²；外环弹簧的拉伸应力为 0.9 MN/m²（对 60Si2Mn 弹簧钢而言）。

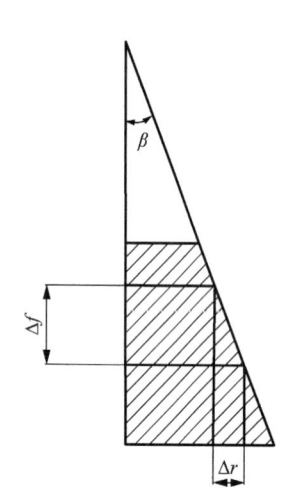

图 5-30 内外环簧轴向移动量示意图

以上是近似计算，若要得到较精确的结果，$\sigma_{\mathrm{w}}$ 与 $\sigma_{\mathrm{n}}$ 应进行如下修正：由于环簧的厚度产生弯曲应力，这种应力可使 $\sigma_{\mathrm{w}}$ 和 $\sigma_{\mathrm{n}}$ 增加 5%～7%；由于外载荷 $P$ 所引起的直接压缩应力，可使 $\sigma_{\mathrm{w}}$ 减小 3.5%，使 $\sigma_{\mathrm{n}}$ 增加 3%～5%。

减载时的情况。图 5-31 为一组环簧减载时的受力情况，减载时，外环弹簧的弹力克服内外环簧锥面间的摩擦力后将内环弹簧向外推。这时，内环弹簧受沿轴向外移的力 $S_0'$，且外环弹簧还作用在内环弹簧上一个径向水平力 $S'$，其合力为 $q'$。同样，内环弹簧沿锥面给外环弹簧一个摩擦力 $F_2$，以及正压力 $P_{x2}$，其合力为 $q_2$。根据力的平衡条件可知，$q' = q_2$。

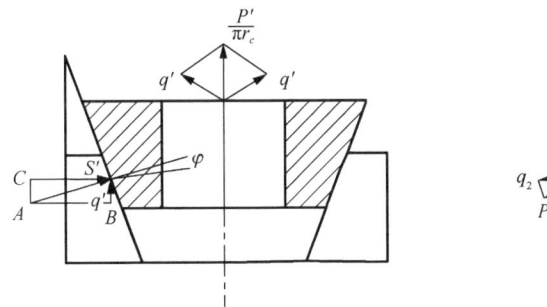

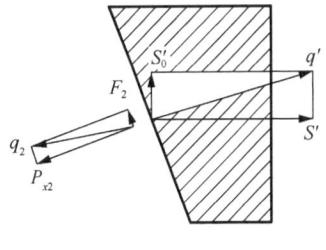

图 5-31 环簧减载时的受力分析图

同理，从 △OAB 中可求得

$$\frac{S}{\dfrac{P'}{2\pi r_c}} = \frac{\sin[90°-(\beta-\varphi)]}{\sin[90°-(90°-\beta+\varphi)]} = \frac{\cos(\beta-\varphi)}{\sin(\beta-\varphi)}$$

故

$$S' = \frac{P'}{2\pi r_c \tan(\beta+\varphi)} \tag{5-16}$$

由于分析的情况是环簧将复原时，但并未动作，此时两环（内环弹簧和外环弹簧）所受的径向水平力应相等，即

$$\frac{P'}{2\pi r_c \tan(\beta-\varphi)} = \frac{P}{2\pi r_c \tan(\beta+\varphi)}$$

故

$$P' = P\frac{\tan(\beta-\varphi)}{\tan(\beta+\varphi)} \tag{5-17}$$

式中，$P'$ 为最大恢复力。

**2) 摩擦环簧式缓冲器性能计算**

应用式(5-6)和式(5-7)，根据强度条件可求得缓冲器所能承受的最大外载荷 $P_{y\max}$；根据式(5-17)，又可求得缓冲器的最大恢复力 $P'_{\max}$，根据式(5-15)又可求得环簧的总挠度 $f$；缓冲器在最大外载荷 $P_{y\max}$ 作用下产生的压缩行程是由双卷圆弹簧产生的挠度和环簧产生的挠度两部分组成的。因此，若不考虑缓冲器的初始压缩量，则由上述已知条件可绘出摩擦环簧式缓冲器的挠力特性曲线，如图 5-32 所示。

摩擦环簧式缓冲器的容量和吸收性能如下。

(1) 容量 $A$。

容量 $A$ 的大小在数值上等于图 5-32 中 OFBD 所包围的面积，即

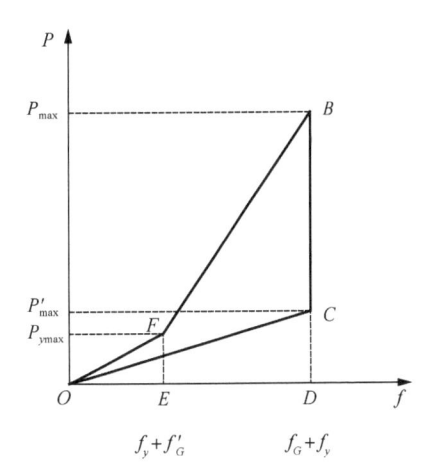

图 5-32 摩擦环簧式缓冲器的挠力特性曲线

$$A = \frac{1}{2}\Big[P_{y\max}\big(f_y+f'_G\big) + \big(P_{y\max}+P_{\max}\big)\big(f_G+f'_G\big)\Big]$$

式中，$f'_G$ 为在 $P_{y\max}$ 作用下环簧产生的挠度；$f_G$ 为在 $P_{\max}$ 作用下环簧产生的挠度。

(2)缓冲器恢复时释放的能量 $A_2$。

$A_2$ 的大小在数值上等于图 5-32 中 OCD 所包围的面积，即

$$A_2 = \frac{1}{2}\left[P'\left(f_G + f_y\right)\right]$$

(3)缓冲器吸收的能量 $A_1$。

$A_1$ 的大小在数值上等于图 5-32 中的 OFBC 所包围的面积，显然 $A_1=A-A_2$。

(4)缓冲器的能量吸收率 $\eta$。

$$\eta = \frac{A_1}{A} \times 100\% = \frac{A - A_2}{A} \times 100\%$$

### 3. 气液缓冲器设计

根据图 5-33 所示的气液缓冲器工作原理，可建立气液缓冲器的数学模型。图 5-33 中，$P_1$、$P_2$ 和 $A_1$、$A_2$ 分别为油腔 1、2 中液压油的压强和有效作用面积；$P_3$ 和 $A_3$ 分别为氮气腔的氮气压强和有效作用面积；$F_c$ 为缓冲器的阻抗力，在列车系统中为纵向车钩力；$\Delta x$ 和 $\Delta v$ 分别为缓冲器行程和速度，在列车系统中分别为相邻两节车的相对位移和相对速度。

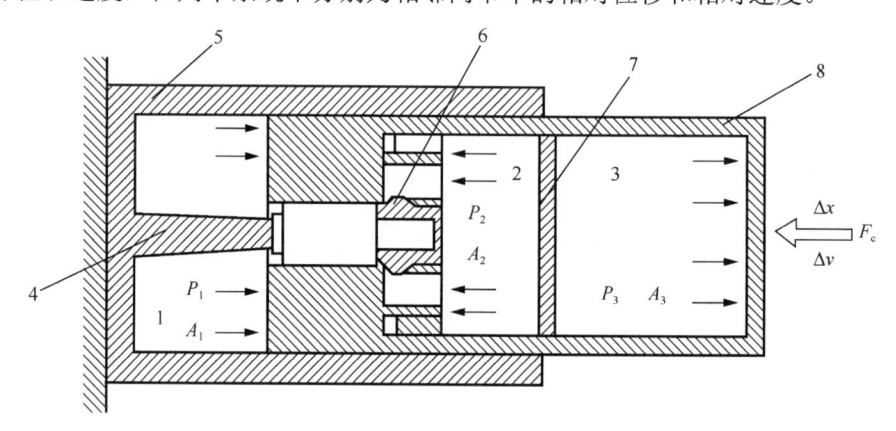

图 5-33 气液缓冲器工作原理图

1-油腔 1；2-油腔 2；3-气腔；4-节流阻尼棒；5-缸体；6-单向锥阀；7-浮动活塞；8-柱塞

由图 5-33 可得，柱塞 8 的力平衡方程为

$$F_c = P_1 \times A_1 - P_2 \times A_2 + P_3 \times A_3 \tag{5-18}$$

而对于气腔 3，气体状态方程为

$$P_3 = P_0\left[\frac{V_0}{V_0 - \Delta x A_3}\right]^K \tag{5-19}$$

式中，$V_0$ 为氮气腔中氮气的初始充气体积($m^3$)；$P_0$ 为氮气的初始充气压强(Pa)；$K$ 为气体多变指数，对于绝热过程，取 $K=1.4$。

对浮动活塞两侧，有补充方程：

$$P_2 \approx P_3 \tag{5-20}$$

故在式(5-18)中，为了求解 $F_c$，还需求解 $P_1$。根据流体力学理论，节流阻尼棒 4 与柱塞上节流孔所形成的环缝处的流量方程为

$$q_1 = \frac{\pi d_1 \delta^3}{12\mu l}\Delta P_1 - \frac{\pi d_1 \delta}{2}v \tag{5-21}$$

式中，$\Delta P_1$ 为节流孔前后压差(Pa)；$\mu$ 为液压油运动黏度(N·s/m)；$l$ 为节流阻尼环的长度(m)；$d_1$ 为节流孔直径(m)；$\delta$ 为节流阻尼缝隙长度，$\delta = d_1/2 - r_1$，其中 $r_1$ 为节流阻尼棒半径(m)；$v$ 为流体相对于缸体的运动速度(m/s)。

油腔 1 中流量的连续性方程：

$$A_1 \times v = q_1 + \frac{V_1}{K_0}\frac{dP_1}{dt} \tag{5-22}$$

式中，$V_1$ 为油腔 1 中液压油的体积($m^3$)；$K_0$ 为油液体积弹性模量(Pa)。

根据气液缓冲器的工作原理图可知，欲打开油腔 2 处的单向锥阀，单向锥阀 6 处节流孔前后必存在力平衡方程：

$$P_2 A_2 = P_2' A_2 \tag{5-23}$$

式中，$A_2$ 为单向锥阀节流孔前端有效作用面积($m^2$)；$P_2$ 为单向锥阀节流孔前端打开锥阀所需的基本压力(Pa)。

而油腔 2 处单向锥阀的流体阻力方程为

$$\Delta P_2 = \xi \frac{\varphi v_2^2}{2} \tag{5-24}$$

式中，$\Delta P_2$ 为单向锥阀节流孔前后压差(Pa)；$\xi$ 为单向锥阀流体阻力系数，根据流体力学理论，取经验值；$v_2$ 为流体流过锥阀节流孔的速度(m/s)。

由此，油腔 2 处单向锥阀节流孔前液压油的压强为

$$P_2 = P_2' + \Delta P_2 \tag{5-25}$$

于是可得油腔 1 的工作压强为

$$P_1 = P_2 + \Delta P_1 \tag{5-26}$$

将上述方程联立，则式(5-18)可解，即缓冲器阻抗力可求，再将其与列车纵向动力学微分方程联立，利用四阶龙阶-库塔(Ronge-Kutta)法求解，即可得到气液缓冲器的阻抗力、位移、速度及气液缓冲器内部各腔压力随时间的变化关系。

## 第四节  风挡结构组成设计

### 一、高速列车对风挡结构设计的要求

高速旅客列车风挡必须保证乘客可以安全舒适地在车辆之间自由走动，具有良好的纵向伸缩性和横向、垂向的柔性，以适应车辆运行中的振动并满足安全通过曲线、道岔的要求，保护乘客、内装及部分车端连接装置，使其避免受到水、雪和风的损害，而且在空气进行阻力性能、气密性、隔声性能和防火性能等方面也提出了更高的要求。

**1. 空气运行阻力应尽量小**

高速客车的运行阻力与客车速度的平方成正比，因此减少空气阻力对节约牵引功率、减少能源消耗、提高列车速度具有重要意义。一般的高速列车呈流线型，车体表面光滑，将两车厢间的风挡设计成包式结构等都是减少空气阻力的有效措施。车端风挡连接表面形状变化会产生空气绕流，增大附加阻力。通过研究列车风挡的尺寸大小对空气阻力的影响，可以发现空气流经通过小风挡位置时，有较强的空气绕流(流动分离)现象产生，因此采用小风挡的列车空气阻力较大；采用大风挡和全封闭风挡可明显降低列车运行中的空气阻力，其中大风

挡比小风挡列车的空气运行阻力减小 18.9%，全封闭风挡比小风挡列车的空气运行阻力减小 30.9%，这为进一步完善列车风挡气动外形设计提供了依据。

高速列车都装有外风挡，外风挡结构主要用来降低车辆运行时产生的空气阻力，并隔声降噪，同时抑制车体振动。外风挡一般由胶囊、安装框架和压条组成，胶囊使用压条固定在安装框架上，安装框架通过紧固螺栓固定在车体外端，内风挡和外风挡如图 5-34 所示。外风挡胶囊主要采用橡胶材料，上线运行一段时间后，橡胶材料极易产生划伤、龟裂及老化等问题，需要频繁进行更换。为克服这些问题，一般采用的措施是在胶囊外表面涂覆弹性涂料，对胶囊进行装饰与防护。

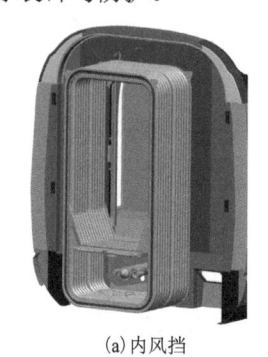

(a) 内风挡　　(b) 外风挡

图 5-34　内风挡和外风挡

### 2. 优良的气密性和隔声性

高速列车运行中的车体内外存在空气压力差，风挡与车体、车窗、车门等均要承受气压波载荷。因此，风挡的气密性会直接影响整列车的气密性，从而直接影响列车内部的乘车环境、旅客乘坐的安全舒适性等。当两列高速列车相向运行在隧道内交会时，车厢外的压力变化很大，根据相关测试结果，速度为 280 km/h 时，压力由+4.9kPa 变到-5.8kPa。如果车厢气密性差，该压力会波及车内，当车内压力变化瞬时超过 1kPa 时，会使旅客感到耳痛，因此高速客车风挡应具有较高的气密性。

此外，随着列车速度的提高，车内外噪声值也相应增大，列车速度每提高 10km/h，噪声相应增大 1~2dB。单层风挡的隔声量基本符合随质量增加而增加的质量定律。对于双层风挡，由于中间有一层空气层，起到了弹性作用，双层风挡的隔声量比单层风挡的隔声量要大。

风挡应具有良好的气密性，以保证车内的舒适性，要求车内气压从 4000Pa 降至 1000Pa 的时间不小于 50s。

为适应车外气压波变化，除保证气密性要求外，还要考虑气压波载荷作用下风挡强度的要求，高速列车气压波载荷要求为 4000~7500Pa。

隔声性能要求如下：以 250km/h 的速度通过隧道时，车内噪声不得超过 75dB。

### 3. 具有防火安全性

列车一旦失火，列车运行速度越高，则火势越大，对列车上的人员和财产危害就越大，所以高速列车的防火技术非常重要。为了保证高速列车的防火安全性，风挡必须采用具有阻燃性的材料，在紧急情况下风挡还应能自动分解开。

## 二、密接式风挡结构组成设计

密接式风挡包括折棚风挡和环形密封橡胶风挡，因其气密性和隔声性能好，在中高速列车上得到了广泛使用，有分割式和整体式的设计。风挡设计通过宽度应大于 800mm（不包括底部有防护裙边的区域）、通过高度不小于 1885mm。风挡设计技术参数必须能保证一定的可靠性、可维护性，风挡应易于分解、连挂和承受一定载重，同时必须具备一定的密封性能、防火性能和阻尼性能。

密接式风挡主要由风挡座、胶囊、对接框、风挡悬挂装置、内饰板、渡板、手动夹紧装置、密封条等组成，结构设计如图 5-35 所示。风挡座是由钢板制造的箱形框架，其等同于 25 型客车的风挡框，用螺栓紧固于列车外端墙上（也可焊装于外端墙上），风挡座主要用来支承和悬挂风挡装置。胶囊是风挡的主体，选用优质橡胶材料制成，具有足够的强度、弹性及良好的阻燃、隔声、隔热和防腐性能，它分别与风挡座、对接框密接，承受连挂车辆间由于各种相对运动造成的位移，使风挡相对车内保持密接状态。

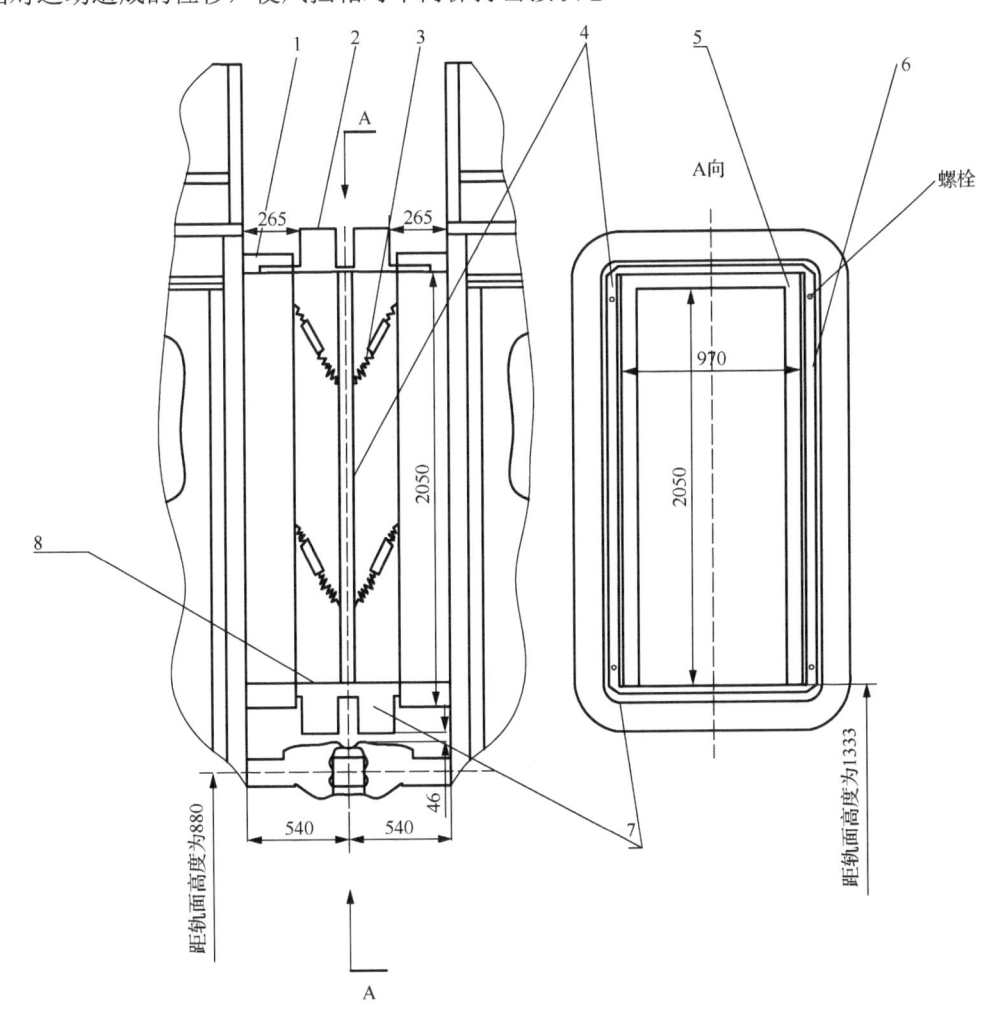

图 5-35 密接式风挡结构设计（单位：mm）

1-风挡座；2-胶囊；3-风挡悬挂装置；4-对接框；5-内饰板；6-手动夹紧装置；7-密封条；8-渡板

对接框可采用铝合金或不锈钢型材,一侧与胶囊密接,另一侧与邻车对接框连挂,上面镶有起密封作用的密封条,通过定位销定位,可靠地实现与邻车风挡的对接连挂,并保证接触面平整严密。风挡悬挂装置由风挡吊簧和各种簧座组成,可柔软平滑地承受、缓和各运动件的重力与冲击。

内饰板由内顶板和内侧板组成,主要通过合页与风挡座连接,其作用是装饰内面,防止挤伤旅客,同时改善风挡内表面的舒适性。渡板由数块板状部件及滑道构成,随着车辆间的相对运动而改变形状,方便乘客在运行的车辆间自由通行。

手动夹紧装置置于对接框内部,打开侧面装饰板即可摘挂或锁定,其作用是使连挂后的风挡始终处于弹性的密接状态,具有良好的气密性。密封条是起主要密封作用的部件,置于对接框连挂表面。

某型号密接式风挡的主要性能设计指标见表 5-4。

表 5-4 密接式风挡的主要性能设计指标

| 通道空间尺寸/mm | — |
|---|---|
| 最小通过高度/mm | 2030 |
| 最小通过宽度/mm | 850 |
| 通过曲线半径/m | 145 |
| 通过道岔 | 9 号 |
| 可适应两车最大横向错位/mm | 490 |
| 适用车速/(km/h) | 250 |
| 适用环境 | — |
| 温度/℃ | −40~+50 |
| 相对湿度 | 95% 以下 |
| 两连挂车辆外端墙之间的距离/mm | 1075 |
| 气密性 | 内部压力由 4000Pa 降至 1000Pa 时,时间不少于 40s |
| 隔声量/dB | 25 以上 |
| 质量/kg | 487.7(1 对,含风挡座) |
| 外形尺寸 | — |
| 最大高度/mm | 2490 |
| 最大宽度/mm | 1460 |

## 三、典型列车风挡结构组成设计

### 1. CRH1 型动车组采用的气密式折棚风挡

CRH1 动车组上的风挡设计有气密式内风挡和外风挡两部分。

**1) 内风挡结构**

气密式内风挡的结构主要包括支撑梁、横梁、折棚、安装框、内外支撑框、活动踏板和固定踏板等,如图 5-36~图 5-38 所示。

折棚由两个安装框、内外中间框和护边组成,由柔软的材料制成,内外棚布用铝型材压褶在一起。框架使折棚具有刚性,折棚材料使风挡具有韧性。在棚布端部,棚布和安装框及中间框相连,折棚底部带有排水孔。

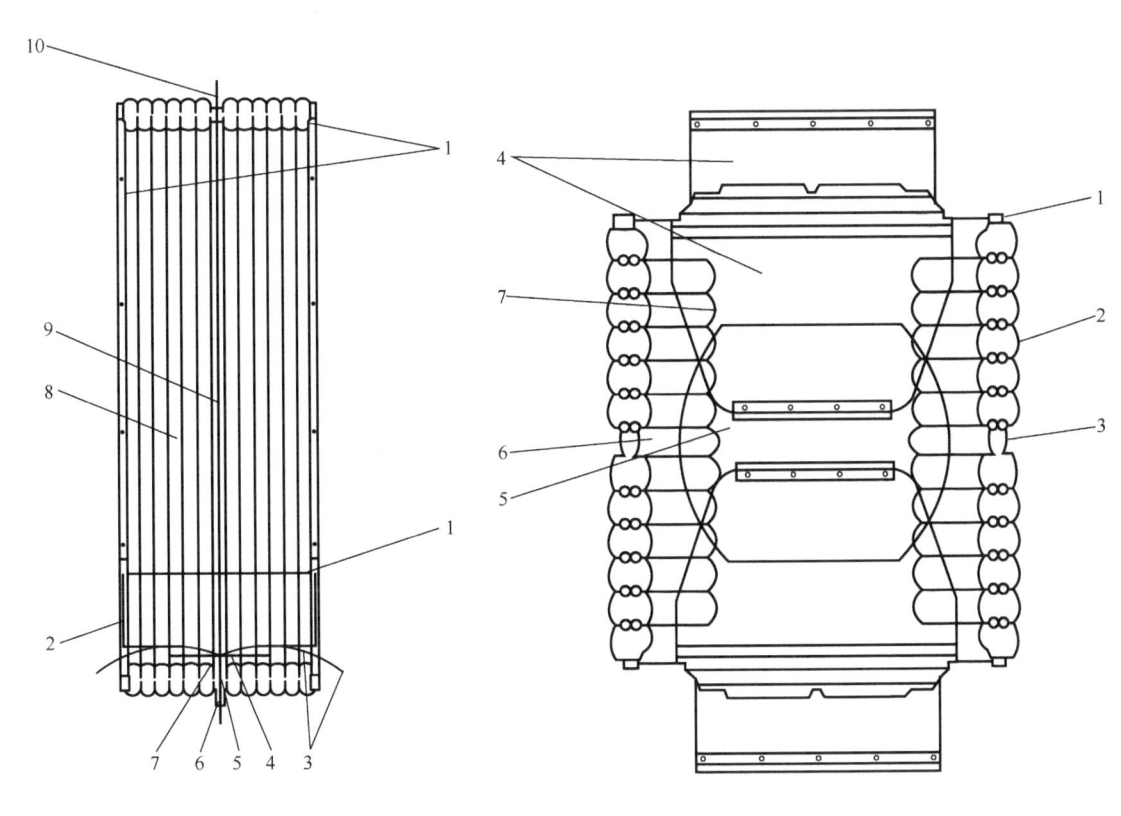

图 5-36 气密式内风挡(侧视图)

1-安装框架；2-边角部保护裙；3-活动踏板；
4-固定踏板；5-支撑梁；6-磨耗板；7-横梁；
8-褶皱式折棚；9-中间框架；10-吊眼

图 5-37 气密式内风挡踏板(俯视图)

1-安装框；2-褶皱式折棚；3-外中间框；4-活动踏板；5-固定踏板；
6-内中间框；7-边角部保护裙

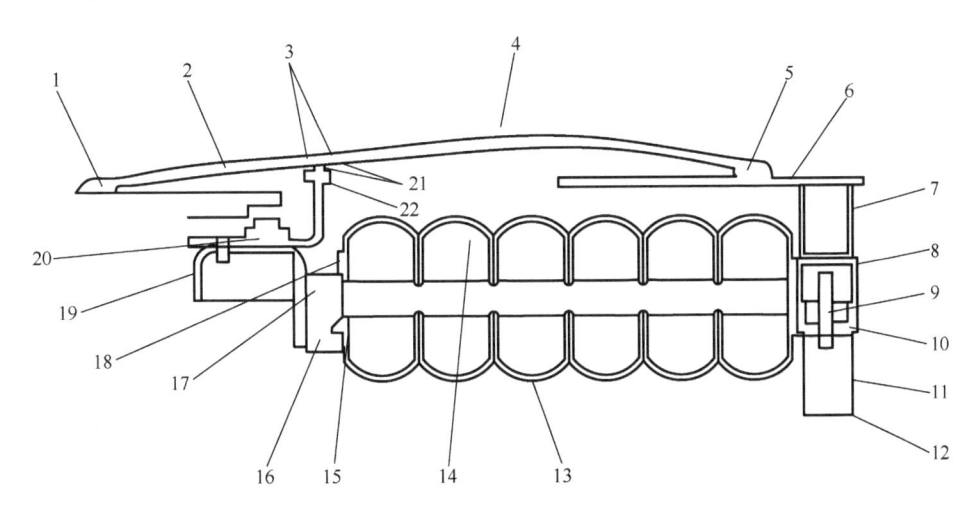

图 5-38 气密式内风挡踏板(侧视图)

1-磨耗垫；2-活动踏板；3-踏板铰接链；4-长活动踏板；5-活动踏板磨耗垫；6-固定踏板；7-横梁；
8-内中心梁；9-Allen 螺栓；10-外中心梁；11-支撑梁；12-中心梁磨耗垫；13-外褶皱式折棚；
14-内部褶皱式折棚；15-安装梁架；16-橡胶垫；17-螺母、平垫圈和弹簧垫圈；18-内部折棚安装螺栓；
19-车厢车端梁架；20-螺母、平垫圈和弹簧垫圈；21-Allen 螺栓和螺母；22-螺栓和螺母气密式内风挡通过其两端的安装支架用螺丝固定在车厢车端梁架上，不允许游动。安装支架上的橡胶垫可以起到加强密封作用，还可以遮风挡雨。

**2) 主要设计技术参数**

(1) 内风挡的外部长度×高度×宽度：794mm×2305mm（不包括磨耗垫和吊眼的高度）×1250mm。

(2) 内风挡内部过道的高度×宽度：1970mm×900mm。

(3) 半永久性车钩上支撑面的高度：1072mm。

(4) 内风挡单元的重量：210kg。

(5) 内风挡隔声指标：$R_w$=38dB。

(6) 在分别施加以下冲击载荷时，内风挡单元应保持所有的功能，不允许出现永久变形：列车的纵向方向为±3g；列车的横向方向为±1g；列车的垂直方向为±2g。

(7) 内风挡能承受的外部压力负荷：±2kPa；列车以 200km/h 的速度穿过隧道的典型值：±4kPa；当两辆列车以 200km/h 的速度穿过同一隧道会车时，压力脉冲的典型持续时间为 0.01s。

**2. CRH2 型动车组采用的气密式橡胶囊风挡**

CRH2 型动车组两车辆间设有压缩式外风挡、气密式内风挡和防雪风挡，它们均安装在车体车厢的外端墙上，见图 5-39。

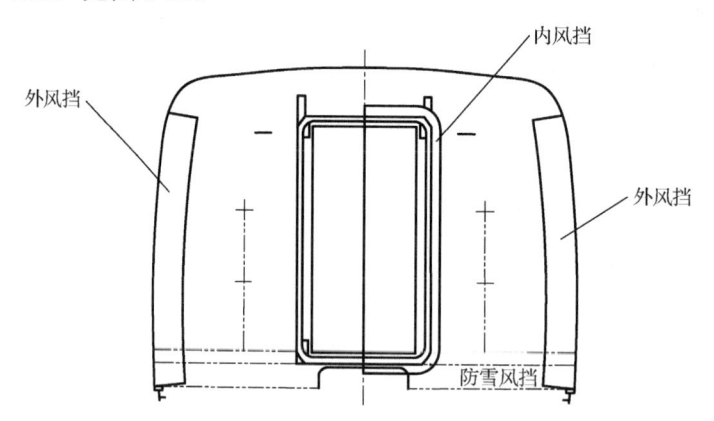

图 5-39 CRH2 型动车组风挡安装结构示意图

**1) 主要设计结构组成**

压缩式外风挡是为了降低和隔离车外的噪声而设置的防护装置，与通常的车端缓冲器具有同等的减振性能，同时还可以使车体间的车辆连接部位尽量平滑化，适当降低列车运行时的空气阻力。压缩式外风挡结构设计见图 5-40。

气密式内风挡主要靠螺栓及橡胶密封件形成气密结构，保证动车组内部的气压波动在标准值以内；气密式内风挡采用全波纹气密橡胶，由金属框、安装框（金属）、全波纹橡胶密封件和外罩等组成，具有良好的伸缩性、气密性和水密性，其结构示意图见图 5-41。全波纹橡胶密封件一端与安装框压缘处连接，另一端与金属框压缘处连接，安装框安装在车体端墙的支座上。金属框的一侧设有暗销，另一侧设有暗孔，两车连挂时，保证金属框对中，金属框两侧有连接螺栓施加密封，气密式内风挡外形设计结构参见图 5-42。

在内风挡内部的通道上，为使列车行驶时不妨碍乘客通行，应设有扶手及可动式渡板。另外，考虑到可动式渡板对通道通行有阻碍，应在上部设有搭板。

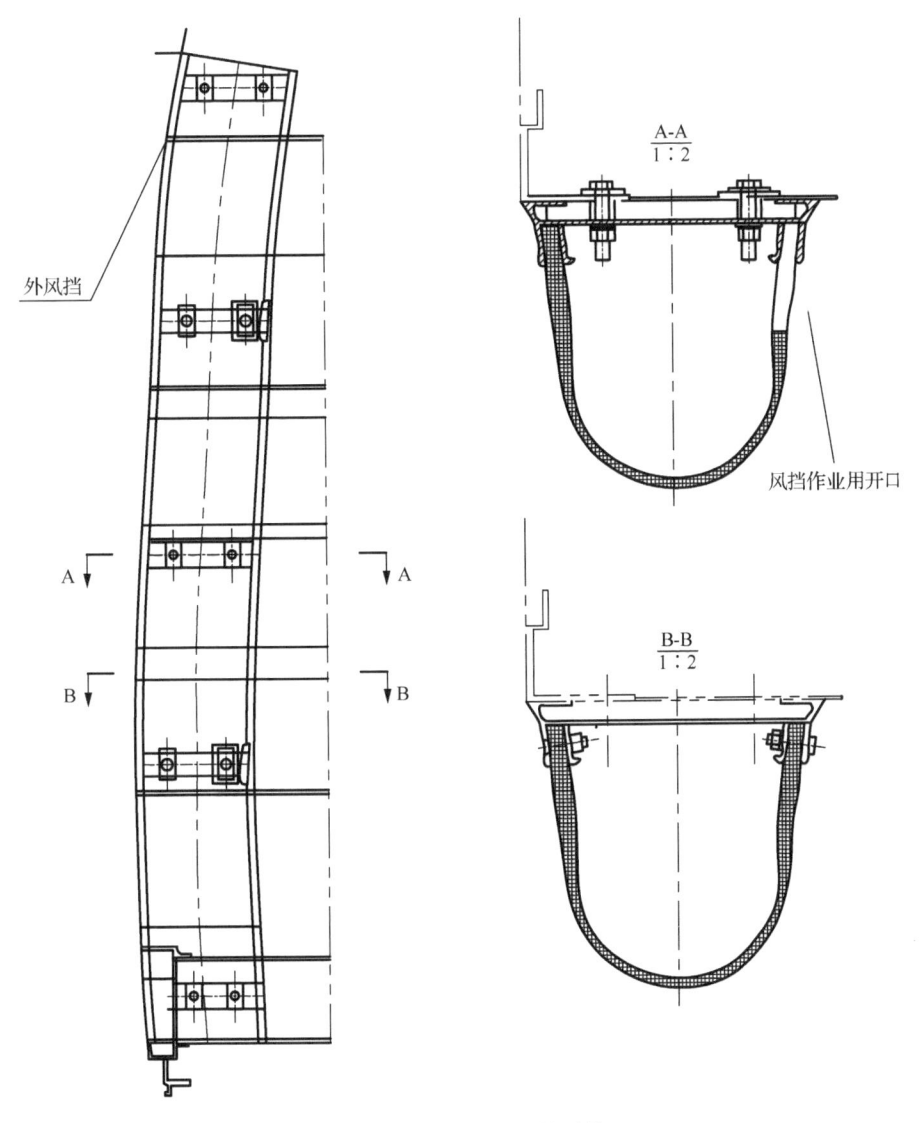

图 5-40　压缩式外风挡结构

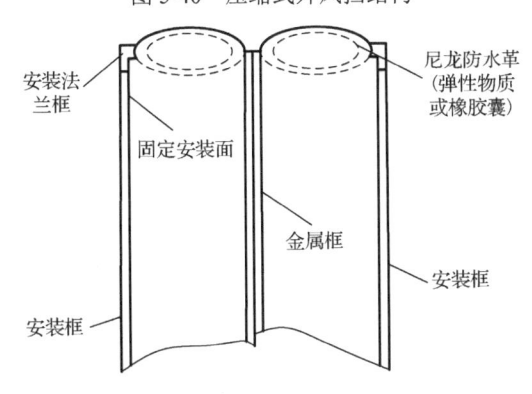

图 5-41　气密式内风挡结构示意图

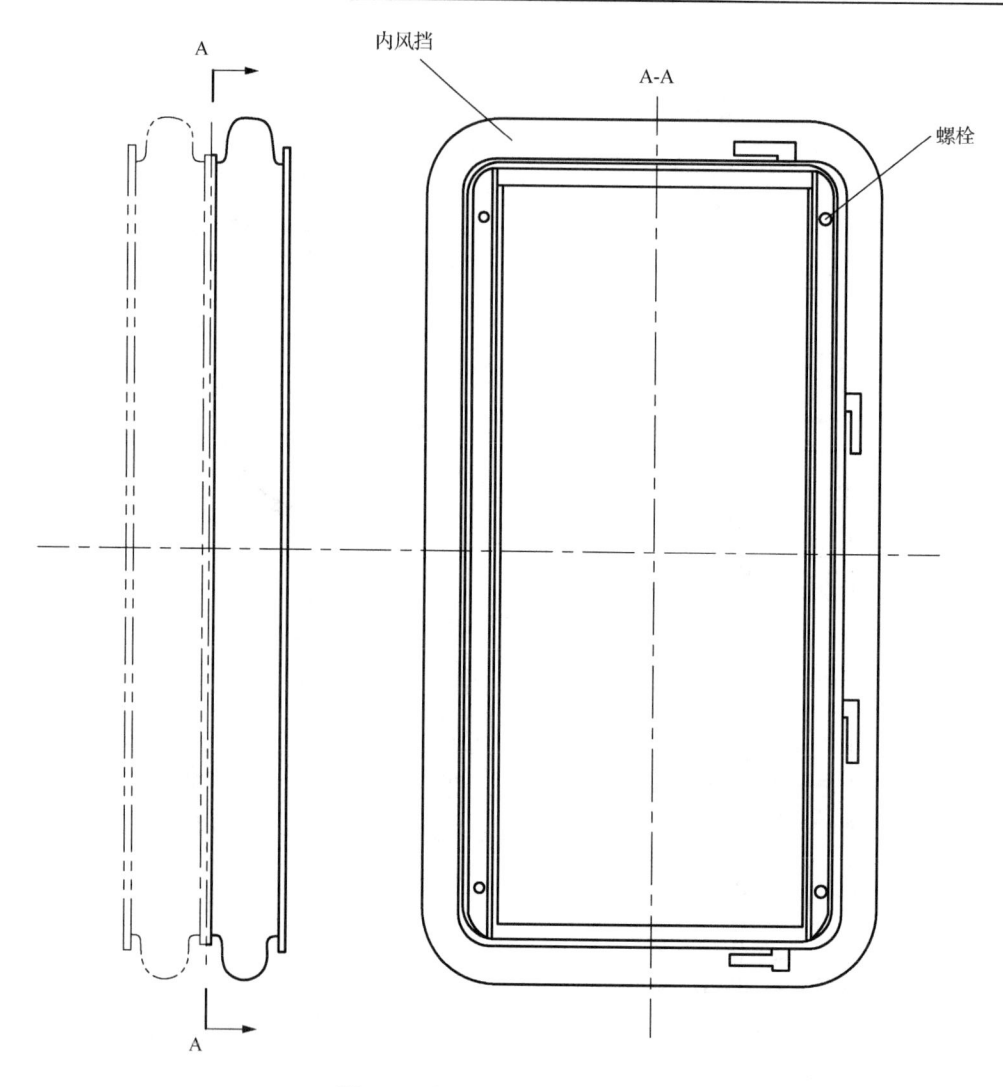

图 5-42　气密式内风挡外形设计结构

在大雪天气，轨道上的积雪会被列车卷起黏附在内外风挡下方，当附着的大块积雪在振动及风力的作用下掉落时，会激起碎石和冰块飞溅，为此，在车钩的下部设置了外形较为光滑、不易附着冰雪的防雪风挡，以防止运行时因为落雪而引起碎石等异物的飞溅。

为了防止风挡前端部下垂，设置了下侧的风挡压板，同时为了防止因黏附冰而损伤，应尽量将其做短，避免下垂。另外，为了防止冰雪损伤，下侧风挡压板安装螺栓的固定方法为从下侧插入螺栓，而上侧用特殊的螺母进行固定，详见图 5-43。

**2) 风挡的主要设计技术参数**

CRH2 型动车组两车厢间采用的气密式内风挡的主要技术参数如下：风挡内部（即内走廊净空）高度为 1935mm（地板以上为 1900mm），宽度为 820mm；风挡外部最大安装高度为 2240mm，宽度为 1210mm，长度为 500mm（两车厢间的名义安装间距为 420mm）。

### 3. CRH 380B 型动车组风挡

CRH 380B 型动车组车辆间设气密式内风挡和外风挡。

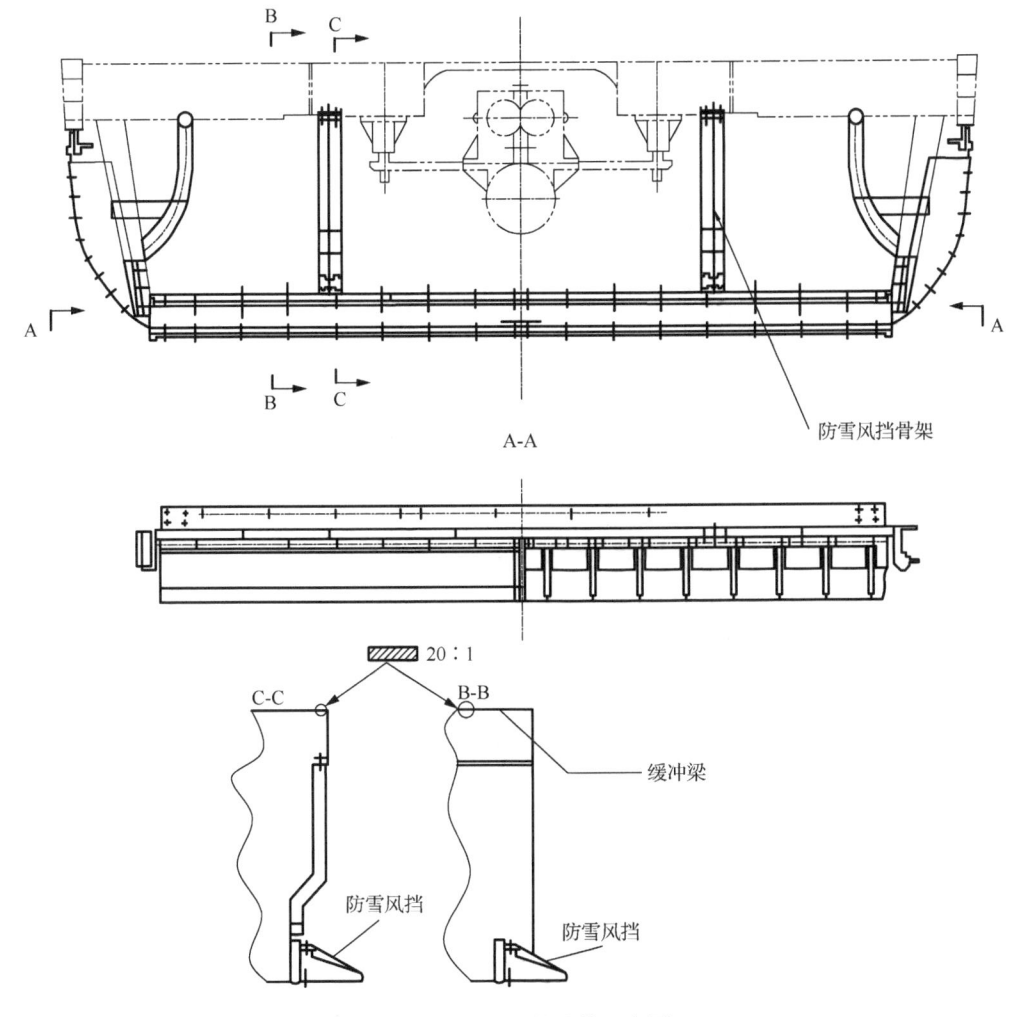

图 5-43 防雪风挡结构示意图

**1) 风挡设计结构组成**

CRH 380B 型动车组内风挡主要由内、外框和内、外折棚组成。折棚风挡具有足够的刚度和阻尼来抑制车体的相对振动，风挡内部是气密结构。风挡连挂后，内部气体被压缩，相邻两风挡结合成为密闭的空气囊，成为各个方向上具有较大刚度和阻尼值的减振结构，见图 5-44。

外风挡采用压缩式 U 形橡胶囊结构，其设计示意图见图 5-45。

**2) 风挡的主要设计技术参数**

双层折棚尺寸：2980 mm×1400 mm×850 mm；

通过宽度：在平直轨道上约为 1100mm，在地板区域缩小至约 807mm；

通过高度：在平直轨道上约为 2050 mm；

机械强度：外部压力为+3800 Pa，内部压力为-5700 Pa；

气密性要求：压力从 4000 Pa 降到 2200 Pa 的时间应大于 60s；

隔声性能：隔声量为 38dB，通过台处的噪声为 76dB；

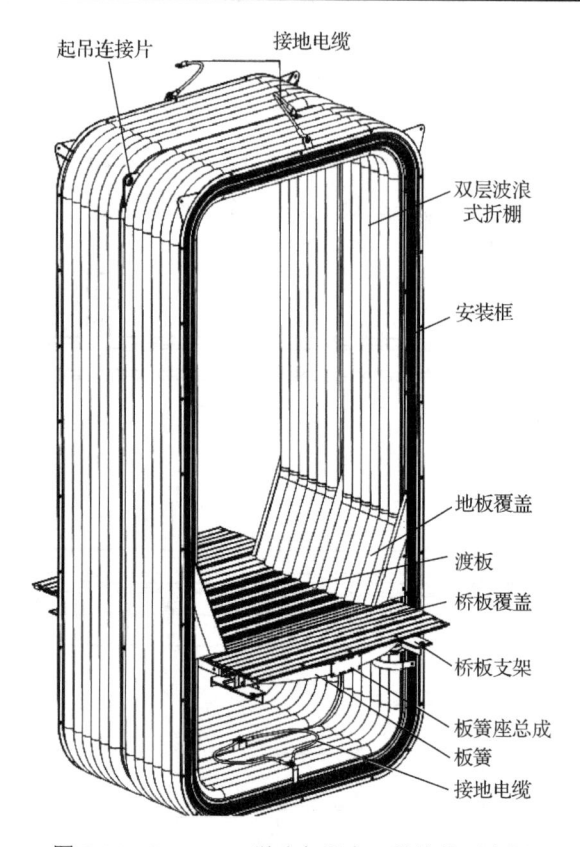

图 5-44　CRH380B 型动车组内风挡结构示意图

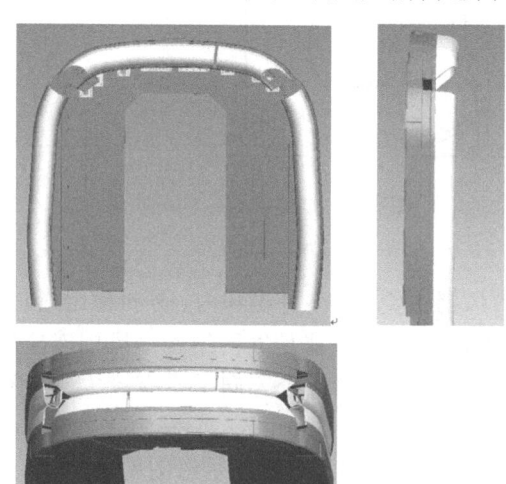

图 5-45　CRH380B 型动车组 U 形外风挡结构示意图

风挡系统总质量：470 kg；

运行温度：正常环境下，运行温度为-35～80℃。

**4．提速客车风挡安装设计**

风挡应正确地安装在客车上，使其正常发挥功能。在客车设计中，要彻底弄清楚风挡与车体的接口关系并在设计图上加以体现。

橡胶风挡对车体的要求是，风挡框上开孔，采用紧固件将橡胶风挡与车体连接，橡胶风挡安装方式示意图如图 5-46 所示。

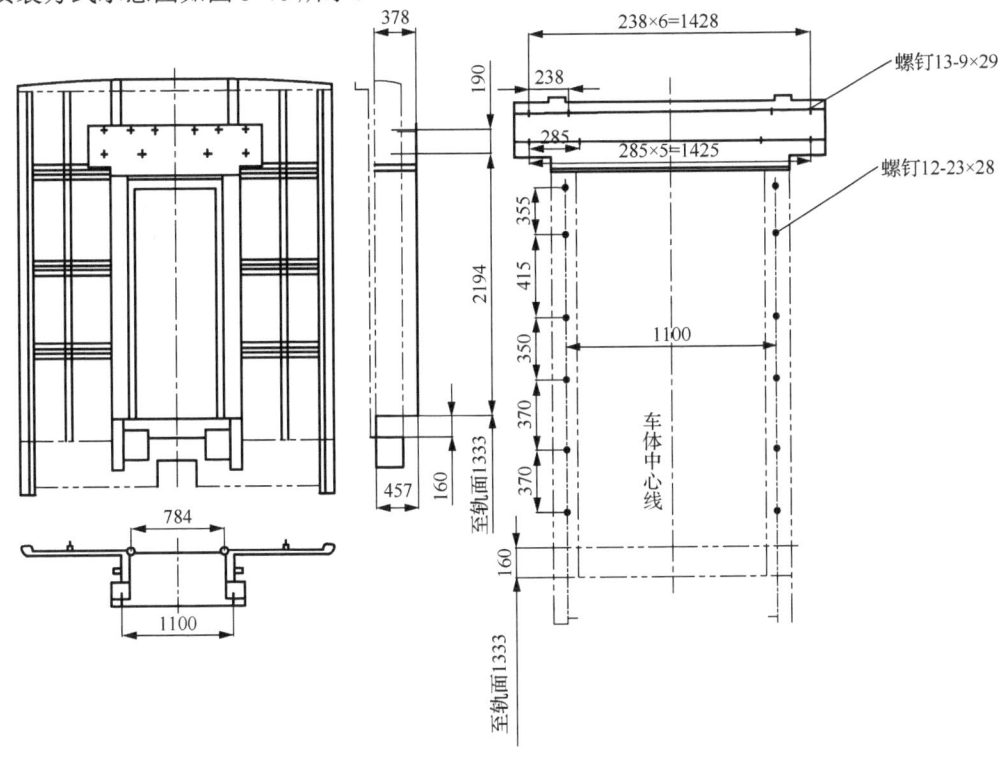

图 5-46 橡胶风挡安装方式示意图（单位：mm）

密封式折棚风挡对车体的要求，按照风挡的接口关系，采用模板在风挡框上钻眼攻丝，用螺钉将风挡固定在车体上，密封式折棚风挡安装方式示意图如图 5-47 所示。

# 复习思考题

5-1　车钩的主要组成部分有哪些？如何进行车钩外形轮廓设计？

5-2　15 号车钩主要由哪些设计部件组成？各自的特点是什么？

5-3　风挡的主要作用是什么？主要类型和特点有哪些？

5-4　动车组中通常采用哪些车钩类型？各自的特点是什么？如何实现"三态"功能？

5-5　从沙库密接式车钩和柴田式密接式车钩的主要结构上分析其牵引力传递路径，从结构设计角度上应如何考虑零件设计？

5-6　缓冲器的主要性能参数有哪些？如何确定缓冲器的容量？

5-7　对照摩擦环簧式缓冲器的示功图，解释各段曲线的形成原因。

5-8　从高速列车运行特点分析车辆间为何采用内外风挡？各自的主要功能什么？设计特点有哪些？

5-9　通常情况下，高速列车的内风挡主要由哪些部分组成？主要作用是什么？设计上如何实现？

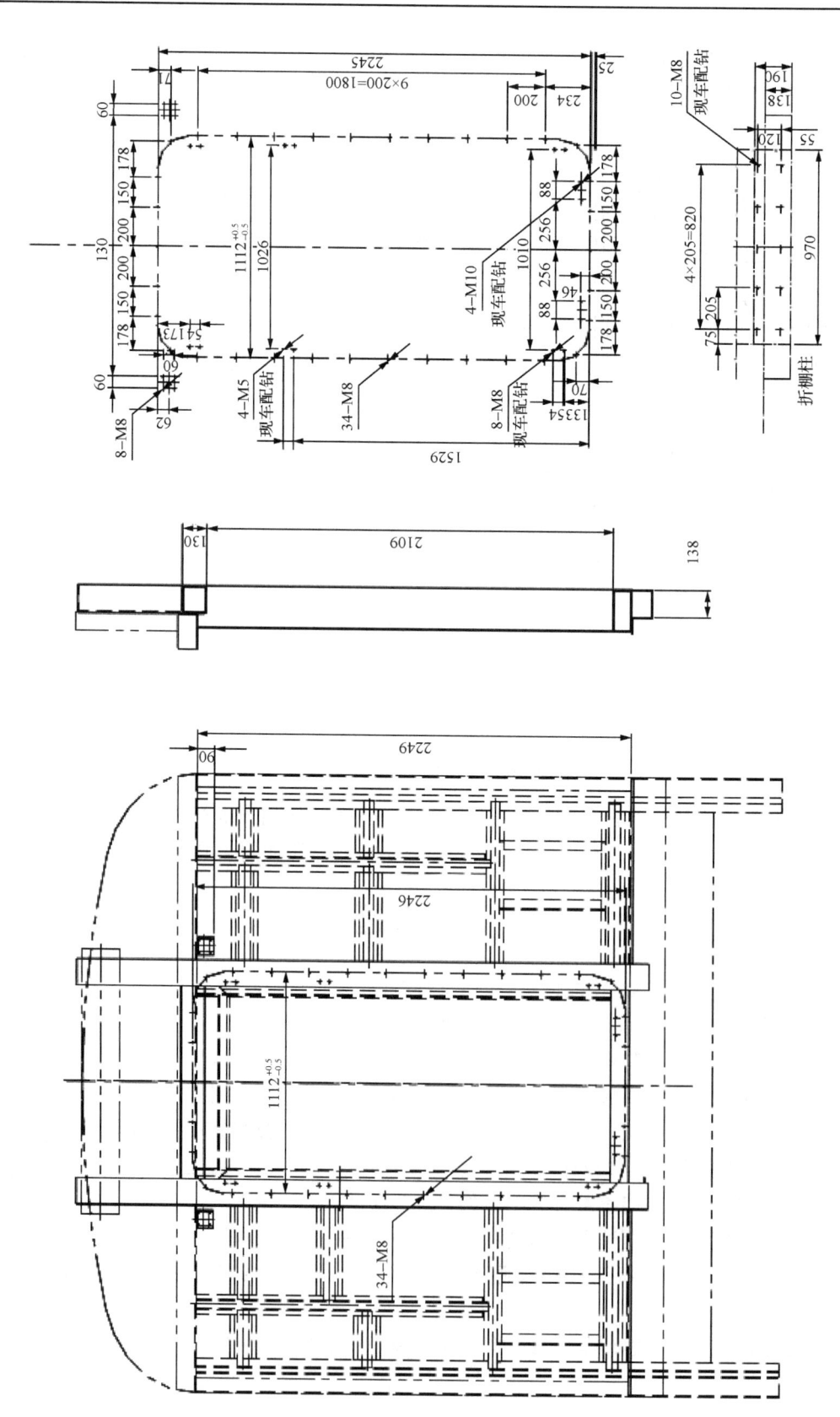

图 5-47 密封式折棚挡风挡安装方式示意图(单位：mm)

# 第六章 高速列车空气动力学与车体外形设计

随着列车运行速度的提高,列车与周围空气的动力作用明显加剧,一方面,气动力会对列车和列车运行产生影响;另一方面,列车高速运行引起的气动现象会对周围环境产生影响,这就是高速列车必须解决的空气动力学问题,而高速列车的车体外形设计与列车空气动力学密切相关。

## 第一节 列车空气动力学

高速铁道机车车辆空气动力学的研究内容大致有:明线(非隧道)上列车运行时的表面压力波、会车时的列车表面压力波、列车通过隧道时的表面压力波和微气压力波,以及列车风、气动阻力、运行阻力等。

### 一、明线(非隧道)上列车运行时的表面压力

当列车在空旷地带平直线高速行驶时,宏观上,列车周围基本是一个较稳定的流场,空气绕流列车外表面。从风洞试验结果来看,列车表面压力可以概述为三个区域。

(1)头车鼻尖部位正对来流方向为正压区,压力系数接近于1.0。

(2)车头部附近的高负压区,从鼻尖向上及向两侧,正压逐渐减小变为负压,到接近与车身连接处的顶部与侧面,负压达到最大值,最大压力系数大约为-0.7。

(3)头车车身、拖车和尾车车身的低负压区压力系数一般>-0.1,多数为-0.05左右。

在动车(头车)上布置空调装置及冷却系统进风口时,应布置在靠近鼻尖的区域内,此处正压较大,进风容易;而排风口则应布置在负压较大的顶部与侧面。

在侧向风作用下,列车表面压力分布会发生很大变化,对车顶的压力系数有很大影响,尤其对车顶小圆弧部位的影响最大。当列车在曲线上运行遇到强侧风时还会影响到列车的倾覆安全性。

对于隧道较少的高速铁路,高速列车主要在明线上运行,一般以明线上列车的表面压力为依据确定内部设备的性能参数。

### 二、会车时的列车表面压力

在两列车会车(包括一列车与另一列静止不动的列车会车,以及两列等速和不等速相对运行的列车会车)时,将在静止列车和两列相对运行的列车会车一侧的侧墙上引起压力波(压力脉冲)。这是由于相对运动的列车车头对空气的挤压,导致在列车间的侧墙上空气压力产生很大的波动,此压力波近似为正弦波,随着列车头部的运动在与之交会的另一列车侧墙上掠过。随着会车列车速度的大幅度提高,会车压力波的强度将急剧增大。图6-1是根据计算结果绘

制的压力波幅值 $\Delta P$ 与速度 $v$ 的关系曲线(侧墙间距 $Y$=1.9m，高度修正系数 $K_Z$=1，会车长度 $X_{mz}$=400m，车速比 $\lambda$=1，$\gamma$ 为列车头部长细比)。

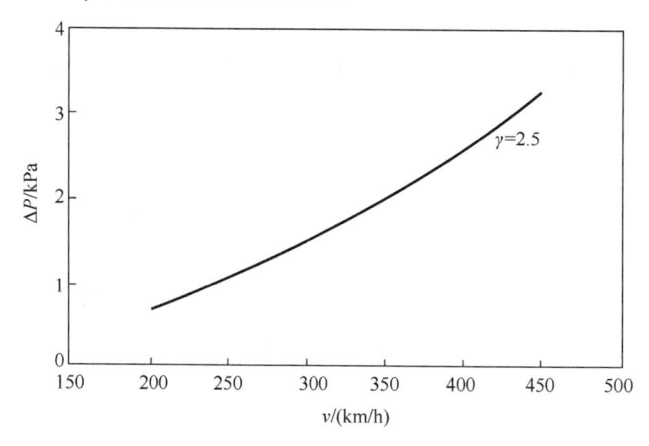

图 6-1 会车压力波幅值与速度的关系曲线

列车交会时产生的最大压力脉动值的大小是评价列车气动外形优劣的一项指标。会车时的强烈压力波会对列车、设施和站场员工的安全、车上乘客的舒适性产生影响。试验研究和计算表明，高速列车会车时，其会车压力波幅值大小与下列因素有关。

(1)随着会车列车速度的大幅度提高，会车引起的压力波的强度将急剧增大。由图 6-1 可见，当头部长细比 $\gamma$ 为 2.5，两列车以等速相对运行会车时，速度由 250km/h 提高到 350km/h，压力波幅值由 1015Pa 增至 1950Pa，约增大一倍。

(2)会车压力波幅值随着头部长细比的增大而近似线性地显著减小。为了有效地减小高速列车会车引起的压力波的强度，应将高速列车的头部设计成细长的流线型。

(3)会车压力波幅值随会车列车内侧墙间距增大而显著减小，但减小的幅度随会车内侧距离增大而逐渐减小。为了减小高速列车会车压力波及其影响，应适当增大会车列车内侧距，即适当增大铁路的线间距，我国《铁路技术管理规程》中规定区间双线线间距在行车速度 $v$≤140km/h 时为 4000mm，140km/h＜$v$≤160km/h 时为 4200mm，160km/h＜$v$≤200km/h 时为 4400mm。《京沪高速铁路线桥隧站设计暂行规定》中规定京沪高速铁路正线间距为 5000mm。

(4)会车压力波幅值随会车长度增大而近似线性增大。

(5)会车压力波幅值随侧墙高度增大而明显减小，但减小的幅度随侧墙高度增大而逐渐减小。

(6)经验计算公式表明，会车压力波近似地与 $\left(v_1+\dfrac{1}{8}v_2\right)^2$ 成正比($v_1$ 为通过车速度，$v_2$ 为观测车速度)，所以高中速列车会车时，中速车的压力波的幅值远大于高速车(一般高 1.8 倍以上)。这是由于会车压力波的主要影响因素是通过车速度，在高中速列车会车时，中速车压力波主要受其通过车(高速车)速度的影响，高速车压力波主要受其通过车(中速车)速度的影响，所以中速车的压力波幅值远大于高速车。

## 三、列车通过隧道时的表面压力

列车在隧道中运行时，引起隧道内的空气压力急剧波动，因此列车表面上各处的压力也会产生快速大幅度变动，完全不同于在明线上的表面压力分布。试验研究表明，压力幅值的变动与列车速度、列车长度、堵塞系数(列车横截面积与隧道横截面积的比值)、头形系数以及列车侧面和隧道侧面的摩擦系数等因素有关，其中堵塞系数和列车速度是较为重要的参数。国外有研究报告指出，单列车进入隧道的压力变化大约与列车速度的平方成正比，与堵塞系数的 1.3±0.25 次方成正比例。两列车在隧道内高速会车时，车体所受到的压力变化载荷更为严重，此时压力波与堵塞系数的 2.16±0.06 次方成正比，并且两列车进入隧道之间的时差对压力变化有极大的影响，当形成波形叠加时，压力幅值和变化率会很高，此时车体表面的瞬时压力可在正负数千帕之间变化。图 6-2 是一列速度为 200km/h 列车和一列速度为 250km/h 列车在长度为 2065m 的隧道中会车时压力波的实测情况，可以看出压力波动达到近 5kPa。

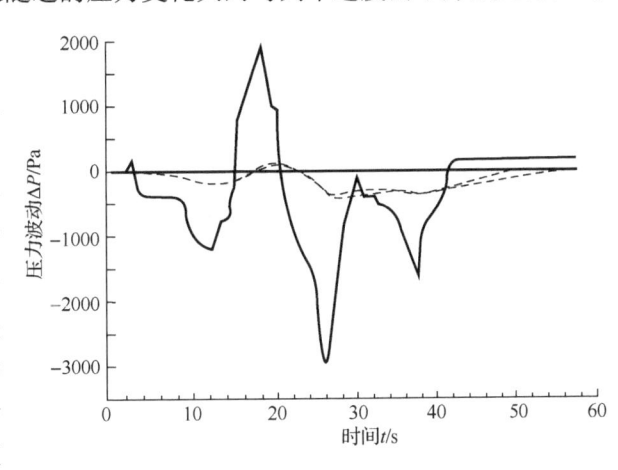

图 6-2　隧道中的会车压力波

## 四、隧道微气压力波

高速列车驶入隧道产生的压力波在隧道内以声速传播到达隧道口时，一部分压力波以脉冲波的形式向外放射，同时产生爆破声，造成了隧道口附近的环境问题，这种波称为隧道微气压力波，见图 6-3。微气压力波会对环境产生影响，所以必须予以关注和改善。

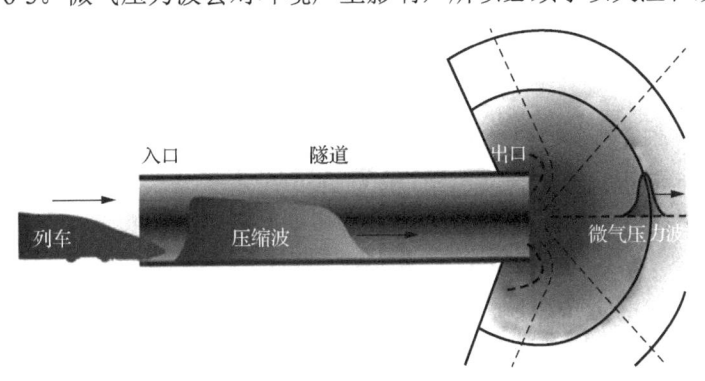

图 6-3　压缩波与微气压力波形成机理示意图

隧道微气压力波的大小与到达隧道口的压力波波面的压力梯度成比例。在短隧道的情况下，微气压力波的大小与列车进入隧道速度的三次方成正比；在长隧道的情况下，微气压力波还与轨道结构类型有关，若是石碴道床，则比短隧道的微气压力波小；若为轨枕板，则微气压力波比列车进入速度的三次方还要大，会在隧道口产生爆破声。

减小压力波梯度可以减少微气压力波，一般采取的措施有：在隧道入口处设置喇叭形的缓冲装置；利用隧道中的支坑道作为压力波的旁通通路，使压力外泄；用薄壳连接两个连续的隧道和开设沟槽，使压力波减弱；在设计上减小列车的横断面积或设计为流线型车头等。

## 五、列车风

当列车高速行驶时，在线路附近会产生空气运动，这就是列车风。当列车以 200km/h 的速度行驶时，根据测量，在轨面以上 0.814m、距列车 1.75m 处的空气运动速度将达到 17m/s，这是人站立不动时能够承受的风速，当列车以这样或更高的速度通过车站时，列车风将给铁路工作人员和旅客带来危害，所以高速铁路车站正线不设站台或在站台上设置防护栏。

高速列车通过隧道时，在隧道中所引起的纵向气流速度大概与列车速度成正比。在隧道中，列车风将使得道旁的工人失去平衡以及将固定不牢的设备等吹落在隧道中，这都是一些潜在的危险。国外有些铁路规定在列车速度大于 160km/h 时，不允许铁路员工进入隧道。列车速度稍低时，员工也不允许在隧道中行走和工作，必须要在避车洞内等待列车通过。

## 六、气动阻力

作用于列车上的空气动力学的力和力矩如图 6-4 所示，其中空气阻力关系到节能、列车速度，升力、横向力、纵向力、转动力矩关系到列车安全，这都是高速列车特别关注的问题。

**1) 空气阻力**

列车的运行阻力包括空气阻力和机械阻力，空气阻力和速度的平方成正比，机械阻力则和速度成正比。

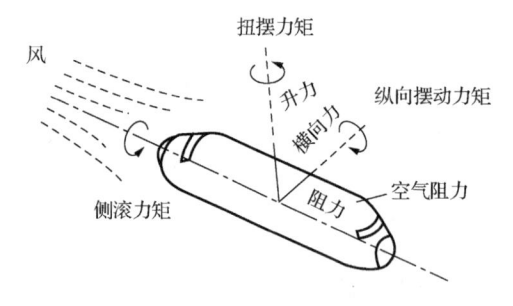

空气阻力可以简略地表示为

$$R = C_x \left(\frac{\rho}{2}\right) v^2 A \tag{6-1}$$

式中，$R$ 为空气阻力；$C_x$ 为空气阻力系数；$\rho$ 为空气密度；$v$ 为列车速度；$A$ 为列车横截面积。

随着列车速度的提高，空气阻力在运行阻力中所占的比例急剧增加。一列在平直线路上以 250km/h 的速度平稳运行的高速列车的空气阻力，占列车总阻力的 80%~90%。列车空气阻力

图 6-4 作用于列车上的空气动力学的力及力矩

主要由以下三个部分构成：头部及尾部压力差所引起的阻力，称为"压差阻力"；由于空气黏性而引起的作用于车体表面的剪切应力所造成的阻力，称为"摩擦阻力"；干扰车辆光滑表面的突出物(如手柄、门窗、转向架、车辆之间的连接风挡、车辆底架及车顶设备等)所引起的阻力，称为"干扰阻力"。研究结果表明，车辆底面离地面越近，空气阻力越小。

在隧道中，列车的阻力比在明线上高一倍以上，甚至可高出许多倍。隧道中空气阻力的大小很大程度上取决于隧道的横截面积和长度，以及隧道的其他特性和列车特性。

减小高速列车的空气阻力对于实现高速运行和节能都有重要意义，世界上发展高速铁路的国家都对车体外形进行了最优化选择，以最大可能地降低空气阻力。

**2) 气动升力**

前面我们已就高速列车的表面压力波进行了简单介绍，若局部压力高于周围空气压力，则称为正；若局部压力低于周围空气压力，则称为负。将车辆作为一个整体来看，其经受正的(向上的)还是负的(向下的)升力，取决于车辆所有截面的表面上压力累加的结果是正值还是负值。

气动升力与列车速度的平方成正比，高速列车的气动升力不可忽视。正升力将使轮轨的

接触压力减小，将对列车的牵引性能和动力学性能产生重要影响。

**3) 气动侧向力**

列车在运行中遇到环境的横向风时，车辆将受到侧向力和力矩作用，侧向力(阻力)可表示为

$$D = \frac{1}{2}\rho v_0^2 C_D A_0 \tag{6-2}$$

式中，$D$ 为侧向力；$\rho$ 为空气密度；$C_D$ 为侧向阻力系数(与车辆形状等因素有关)，由风洞试验得到；$A_0$ 为车体侧面投影面积；$v_0$ 为风速。

当风载荷达到一定程度时，侧向力及其侧滚力矩、扭摆力矩的作用将影响车辆的倾覆安全性。

试验研究结果表明，车辆受侧向风的气动阻力特性，与车辆形状和桥梁等的路基形状都有关。就车辆形状部而言，车顶棱角越多，其阻力越大。通过风洞的试验研究，最佳的车体横断面的形状应当是：车体侧面平坦而渐缩(可以降低升力)、顶部稍圆、车顶及车体侧面拐角处完全修圆(可以降低力矩)。

## 七、列车的运行阻力

列车的运行阻力包括空气阻力和机械阻力，空气阻力和速度的平方成正比，机械阻力则和速度成正比。列车的运行阻力占比示意图如图 6-5 所示。

(1) 速度为 100km/h 时，空气阻力和机械阻力约各占一半。

(2) 速度为 200km/h 时，空气阻力约占 70%，机械阻力约占 30%。

(3) 速度为 250km/h 时，空气阻力约占列车总阻力的 80%~90%。

列车的机械阻力包括：①摩擦阻力，主要指轴颈和轴承之间的摩擦阻力、车轮和钢轨之间的滚动摩擦阻力、滑动摩擦阻力等；②附加阻力，指列车在特定条件下运行时增加的阻力，主要有坡道附加阻力(列车在坡道上运行时，受重力分力的作用产生的附加阻力)、曲线附加阻力(列车在曲线线路上运行时，车轮轮缘与钢轨侧面产生的额外摩擦阻力)和隧道内空气附加阻力(列车在隧道内运行时因活塞效应而使空气阻力增大，其增大部分即隧道内的空气附加阻力)；③启动阻力(固定阻力)，列车从静态向动态转变所产生的阻力，主要是因车轮在停留中较深压入钢轨发生变形以及轴颈上润滑油被挤出而产生的额外阻力。

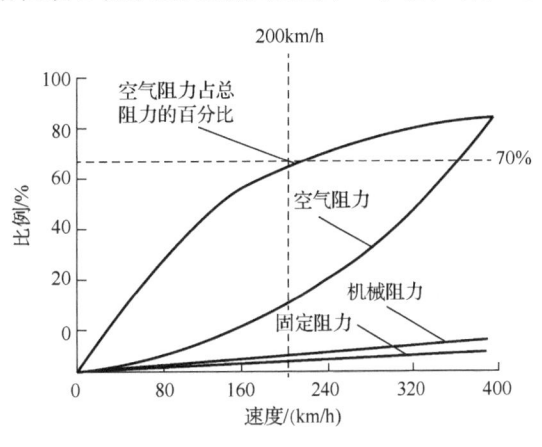

图 6-5 列车运行阻力占比示意图

## 第二节 列车头形设计及外形设计

对于高速列车来说，列车头形设计非常重要，研究车辆空气动力学的主要目的就是对车体外壳的形状进行最优化选择。好的头形设计可以有效减少运行空气阻力、列车交会压力波和提高高速列车运行稳定性。

# 一、列车头形设计的基本原则

## 1. 空气阻力的基本要求

### 1) 阻力系数

一些高速铁路发展比较早的国家,通过试验研究和理论计算,明确提出了列车阻力系数指标值。例如,《德国联邦铁路城间特快列车(ICE)技术任务书》中规定:列车前端的驱动头车空气阻力系数 $C_w$=0.17;列车末端的驱动头车空气阻力系数 $C_w$=0.19;中间车辆的空气阻力系数 $C_w$=0.07。

我国在研制第一列高速试验列车时,高速试验列车外形及空气动力学性能技术条件也采用的上述参数。

### 2) 头形系数

长细比可以简述为车头前端鼻形部位长度与车头后部圆柱部分断面半径之比。头、尾车阻力系数与流线型头部长细比直接相关,高速列车的长细比一般要求达到 3 左右,或更大。细尖的车头头形不仅可以减小阻力,还有利于减小会车时的压力波,由表 6-1 可以看出日本高速列车头形的变化情况。

表6-1 日本高速列车头形

| | 形式 | 头部长度/m |
|---|---|---|
| 0 系 | | 4.4 |
| 100 系 | | 5.5 |
| 300 系 | | 6.0 |
| 700 系 | | 9.2 |

此外,为了减小车底部扰流的影响,将底部除转向架外用封闭外罩全部包起来,车体表面应尽可能光滑平整。

## 2. 尽量减小列车交会压力波

前面已经讲到了当两列车交会,特别是在隧道内交会时,车体表面的瞬时压力可在正负数千帕之间变化,这一压力波动产生的冲击力会破坏门窗和车窗玻璃。压力波传入车内,还会引起乘客耳感不舒适,并且影响周围环境。我国广深线准高速列车开通后,运行不到一年时间内,在列车交会时,由于气压突变,机车前窗玻璃破碎了两次,客车侧窗玻璃破坏81块。

列车头尾端采用扁梭形,侧墙不垂直于底架及加大头车长细比都有利于减小列车交会压力波。

### 3. 提高高速列车运行稳定性

列车高速运行时，除空气阻力外，作用在列车的气动力还有升力、侧向力、侧滚力矩、偏转力矩和俯仰力矩。这些力和力矩，特别是侧向力和侧滚力矩对列车的运行平稳性和稳定性有较大影响。为减小这些气动力，除了头部外形设计外，车身横截面形状的设计也十分关键，侧墙上下应向车体内倾，与车顶和车底部的连接应用大圆弧过渡，即成为鼓形断面，还应注意头部下方的导流板设计。

## 二、列车头部流线型外形设计

### 1. 流线型外形设计基本方法

流线型外形的高速列车车体大致可以分为机车头部(驾驶室)和车身(车体中后部)。流线型的列车截面外形断面为腰鼓形，且列车驾驶室的空间曲面造型较为复杂，是高速列车车体结构设计的难点，同时列车外形结构应具备良好的气动性能及开阔的视野。

高速列车的流线型外形设计是根据空气动力学和高速列车设计相关理论，并且通过空气动力学数值模拟和比选后优化而成的。由于高速列车运行速度大，空气动力学的问题在高速铁路中占有重要的位置。空气阻力与运行速度的平方成正比，当列车速度达到300km/h时，其空气阻力约占列车全部阻力的80%，所以高速列车头形必须进行流线型气动性能的外形设计，另外还要考虑车体表面平滑化等各种减阻措施，同时要考虑气密性与气密强度的问题、舒适度的要求。

列车的气动阻力主要由摩擦阻力和压差阻力两部分组成，其中摩擦阻力是由空气黏性作用引起的，压差阻力是由列车头尾部压力差引起的。在列车长度及横截面积保持不变的条件下，摩擦阻力的大小主要与列车表面面积有关。而在上述条件下，列车表面面积变化较小，因此整体减阻的有效措施是控制列车周围流场不分离或减弱分离程度，减少由分离涡引起的能量耗散，以减小压差阻力。

为克服高速列车运行时的空气阻力，减小空气压力波(如列车交会、过隧道时)对列车本身、周围环境和人身安全产生的不利影响，高速列车头/尾部必须采用流线型外形，才能使之具备良好的空气动力性能。流线型外形为自由曲面，用薄板加工成蒙皮，固定在多根曲梁组成的支撑结构上，该支撑结构的每根曲梁均有一条与蒙皮内表面密贴的棱边，具有这种特点的结构称为流线型结构或自由曲面结构。

以往，我国在自由曲面结构设计方面的研究主要集中在飞机、船舶、汽车、流体机械和模具等行业，其自由曲面结构具有各自的特点：飞机为高投入、小批量生产、采用铝合金等高强度轻质材料；船舶的轮廓尺寸极大、单件或小批量生产、采用全钢焊接结构；汽车为大批量生产、采用薄钢板经冲压加工后的焊接结构。目前，高速列车为单件试制、多品种、全钢或铝合金焊接结构，其轮廓尺寸小于船舶，大于汽车，批量小且不宜采用模具加工，高速列车的这些特点必然导致其自由曲面结构形式与飞机等产品产生较大的差异。

在流线型结构设计过程中，受到各种因素的影响和制约，需要对外形和结构进行多次变动与修改。流线型结构设计多采用实体造型方法，由人工依次输入生成每根实体梁所需的参数，再由结构设计软件生成梁实体，重复这一步骤，直至流线型结构中所有梁实体全部生成。

### 2. 流线型头部外形典型方案

在分析国外高速列车头形设计的基础上，我国开展了高速车的头形设计研究工作，具有代表性的流线型头部外形方案见图6-6。

由图6-6可见，外形轮廓线形状由纵向对称面上的外形轮廓线和俯视最大轮廓线这两组主型线组成。最大纵向轮廓线为外凸流线型状，简称一拱，易于加工；最大纵向轮廓线为外凸和内凹相结合的双折流线型状，简称二拱，性能优，加工难。

纵向对称面上的外形轮廓线，要满足司机室净空高、前窗几何尺寸和玻璃形状要求，以及瞭望条件。在此基础上，应尽可能降低该轮廓线的垂向高度，使头部趋于扁形，这样可以减小压力冲击波，并改善尾部涡流影响。同时，将端部鼻锥部分设计成椭圆形状，可以减少列车运行时的空气阻力。

设计俯视最大轮廓线形时，首先要满足司机室的宽度要求，然后再将鼻锥部分设计为带锥度的椭圆形状。这样既有利于减小列车交会压力波和改善尾部涡流影响（梭形），又有利于降低空气阻力（椭圆面形）。此外，还应设计凹槽形的导流板，将气流引向车头两侧。

在主型线设计完成后，还要做到头部外形与车身外形严格相切；头部外形中，任意选取的两曲面之间也要严格相切，以保证头部外形的光滑性，这样既减少空气阻力，又可以降低列车交会时的压力波幅值。

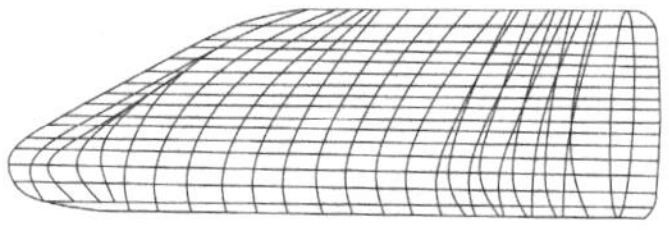

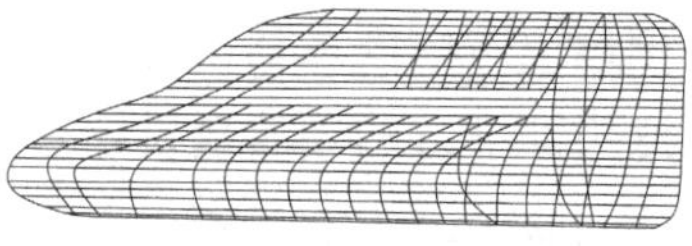

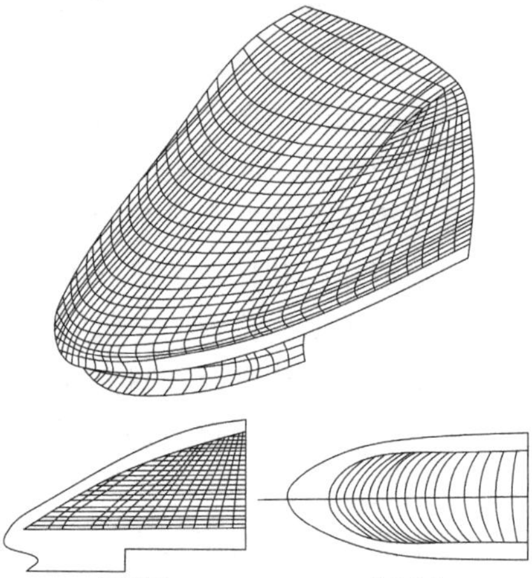

图 6-6　典型的流线型头部外形设计

## 三、列车外形设计

设计高速列车（包括动力车和拖车）车身时，主要考虑列车交会压力波及气动侧向力、侧滚力矩的作用，侧墙设计尽可能靠近腰鼓形，并要求车体外壳表面平整光滑。

一般来说，动力车和拖车的车体长、宽、高根据内部布置的要求由设计任务书规定的，所以车身气动外形设计工作主要是横截面形状设计，在设计车身横截面形状时应进行如下考虑。

(1)根据风洞试验结果，车辆底部形状对空气阻力的影响很大，为了避免地板下部机器部件的外露，应采用车底封闭外罩。

(2)研究结果表明，车辆底面离地面越近，空气阻力越小。

(3)车顶为圆弧形，侧墙下方向内倾斜并以圆弧过渡到车底，侧墙上部向内倾斜并以圆弧过渡到车顶，即整个断面成为一个腰鼓形，这将有利于交会压力波及气动侧向力、侧滚力矩作用的缓解。

图6-7(a)和(b)是我国25A型普通客车断面外形和高速列车拖车断面外形的示意图。图6-7(c)为德国城际特快列车车体断面形状，侧墙下部向内侧倾斜(5°左右)，并以圆弧过渡到底架，侧墙上部向内倾斜(3°左右)，并以圆弧过渡到车顶。

另外，就整个列车而言，还要求车体表面光滑平整，减少突出物；车辆间的连接处要求平滑过渡，如采用保持与车身基本平齐的外风挡等，避免形成涡流，以减小列车阻力。

(a) 我国25A型普通客车外形　　(b) 高速列车拖车断面外形

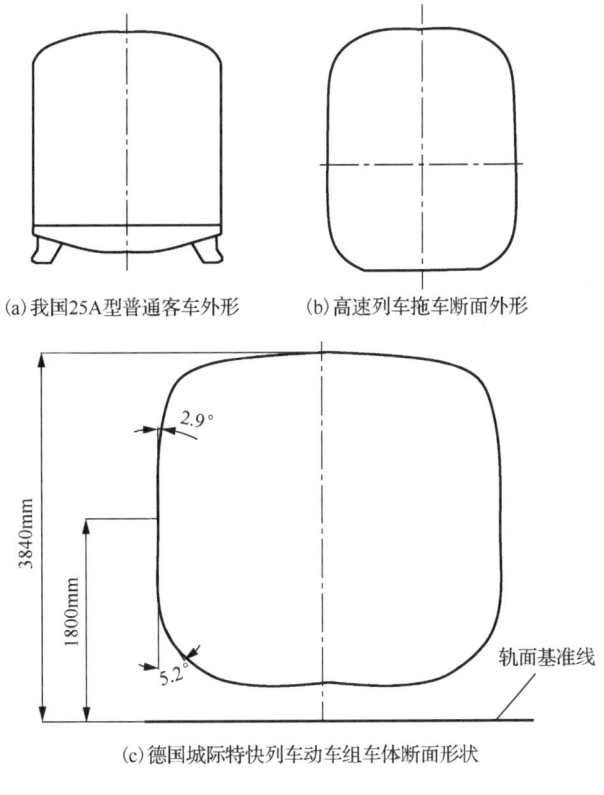

(c) 德国城际特快列车动车组车体断面形状

图 6-7　车体断面外形示意图

# 第三节　列车空气动力性能与外形设计

## 一、列车空气动力性能与流线型头部长度

流线型头部长度变化对列车交会压力波、列车空气阻力、升力均有影响，增加流线型头部长度，可以有效地改善列车的空气动力性能。

### 1. 列车交会空气压力波与流线型头部长度

为了研究列车交会空气压力波与列车流线型头部长度之间的关系，设计了车身截面相同，头部形状相似，流线型头部长度分别为 4m、4.5m、5m、6m、8m 的 5 种头形，见图 6-8。

通过分析可以得出，流线型头部越长，列车交会压力波幅值越小，增加列车流线型头部长度对降低交会压力波非常有效。流线型头部长度从 5m 增至 6m，交会压力波幅值平均下降 231Pa；流线型头部长度从 6m 增至 8m，交会压力波幅值平均下降 390Pa，这说明列车交会压力波幅的减小值与流线型头部长度的增加值之间为非线性关系。此外，分析表明，当头部长度<4m 时，列车交会压力波幅值增加非常迅速；当头部长度>8m

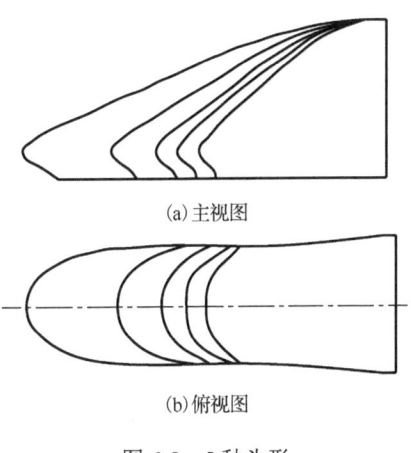

(a) 主视图

(b) 俯视图

图 6-8　5 种头形

时，列车交会压力波幅值减小地相对缓慢，说明随着流线型头部长度的不断增加，列车交会压力波幅值的下降幅度会减小。因此，为了降低列车交会压力波而无限制增加流线型头部长度并非一种好的办法。

### 2. 列车空气阻力、升力与流线型头部长度

对图 6-8 所示的 5 种头形进行试验，结果见表 6-2。

表 6-2 列车空气阻力、升力与流线型头部长度的关系

| 头部长度/m | 4 | 4.5 | 5 | 6 | 8 | 回归关系式 | 相关系数 |
|---|---|---|---|---|---|---|---|
| 长细比 | 2.2 | 2.5 | 2.7 | 3.2 | 4.3 | | |
| 头车阻力系数 $C_{XY}$ | 0.203 | 0.202 | 0.198 | 0.194 | 0.184 | $C_{XY}=-0.0048L_d+0.2229$ | $R^2=0.9933$ |
| 尾车阻力系数 $C_{XZ}$ | 0.396 | 0.349 | 0.306 | 0.245 | 0.221 | $C_{XZ}=0.0157D_d^2-0.2327L_d+1.0748$ | $R^2=0.9999$ |
| 头车升力系数 $C_{ZY}$ | −0.1595 | −0.1591 | −0.1586 | −0.1538 | −0.1420 | $C_{ZY}=0.0046L_d-0.1797$ | $R^2=0.9529$ |
| 尾车升力系数 $C_{ZX}$ | 0.3390 | 0.3010 | 0.2610 | 0.1635 | 0.1180 | $C_{ZX}=3.2957L_d^{1.6175}$ | $R^2=0.9757$ |

由表 6-2 可知，头车、尾车的阻力系数和升力系数的绝对值均随流线型头部长度的增加而减小。而头车、尾车的阻力系数越小，同样编组情况下的列车总阻力就越小，能耗也越少；对于轮轨系统列车，如果正升力过大，列车轮轨接触力降低，会导致列车产生"飘"现象，容易引起列车脱轨；若负升力过大，将增加列车动态轴重，使列车对钢轨的动力冲击加剧，也就是说列车空气阻力越小越好，气动升力应尽可能接近于零。因此，列车流线型头部长度越长，越有利于改善列车气动性能。

分析表 6-2 中的数据可以看出，头车阻力系数几乎与流线型头部长度呈线性关系，用线性关系式回归时，其相关系数约等于 1，也就是说流线型头部长度与头车空气阻力完全线性相关。尾车阻力系数与流线型头部长度呈二次幂关系，头车升力系数与流线型头部长度呈线性关系，而尾车升力系数与流线型头部长度呈非线性倒数关系，其相关系数均约等于 1。因此，改变流线型头部长度对列车头车阻力和升力的影响较小。

另外，列车流线型头部长度从 5m 增加到 6m 时，不同编组的中间车阻力系数有增有减，其变化量随着编组长度的减小而增加，说明改变流线型头部长度对中间车的空气阻力有一定影响。从空气动力学的角度讲，作为亚声速低速空气气流(马赫数 $Ma<1$)，物体运动时，其周围流场是一个整体，运动物体的前、后部流场会相互作用，相互交叉干扰，并非仅出现前部影响后部的现象。

因此，增加列车流线型头部长度时，将改变列车前部周围空气流场(速度场、压力场)，使列车周围中部和后部流场发生变化，导致列车表面压力分布规律改变，影响中间车气动力大小(由车体表面压力积分得到)，尽管其影响是由复杂的多因素耦合产生的，但这种影响依然符合低速空气流动规律。

## 二、列车空气动力性能与头部纵向剖面形状

### 1. 空气阻力、升力与头部纵向剖面形状

为研究列车气动力与列车头部纵向剖面形状之间的关系，设计了如图 6-9 所示的 4 种头部纵向剖面形状。

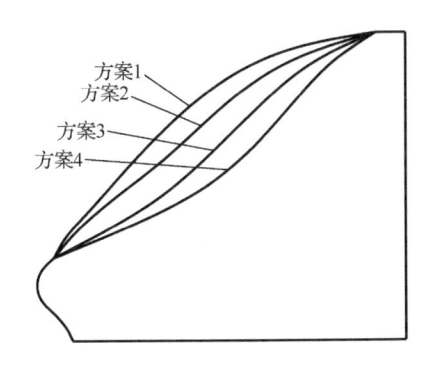

图 6-9　4 种头部纵向剖面形状

这 4 种头形的头部长度、宽度、高度相同，俯视最大控制型线和车体截面外形型线也相同，纵向对称面最大控制型线从外凸到内凹变化，纵向辅助控制型线也依次改变。在相同条件下分别对这 4 种头形编组的列车进行了风洞试验，试验结果列于表 6-3。

表 6-3　不同头部纵向剖面形状对应的头车空气阻力和空气升力系数

| 参数 | 方案 1 | 方案 2 | 方案 3 | 方案 4 |
| --- | --- | --- | --- | --- |
| 长细比 | 2.4595 | 2.4595 | 2.4595 | 2.4595 |
| 头车阻力系数 | 0.2021 | 0.2023 | 0.2042 | 0.2073 |
| 头车升力系数 | -0.0886 | -0.0897 | -0.0904 | -0.0917 |

由表 6-3 可以看出，纵向对称面最大控制型线从外凸到内凹(对应方案 1～方案 4)变化，头车空气阻力系数和升力系数绝对值几乎没有变化，仅有增加的趋势。

列车空气升力通过列车表面沿垂向的压力积分得到，由车体上部和下部的压差和黏性摩擦力构成，上部和下部的压差起主要作用。车体底部由转向架等形状不规则的部件组成，而车体底部流场的流动现象非常复杂，车体底部与上部的流场又相互交叉干扰。空气升力受车体底部流场的影响较大，在流线型头部长度一定时，与复杂的车体底部外形相比，头形上部形状的小范围改变对二维垂直流场的影响较小。因此，头部纵向对称面最大控制型线对空气升力影响较小。

**2. 列车交会空气压力波与头部纵向剖面形状**

为研究列车交会空气压力波与头部纵向剖面形状之间的关系，设计了如图 6-10 所示的 5 种头形，这 5 种头形的头部长度、宽度、高度相同，最大俯视控制型线和车体截面外形型线也相同，纵向对称面最大控制型线从鼓形到扁形变化，纵向辅助控制型线也依次改变。

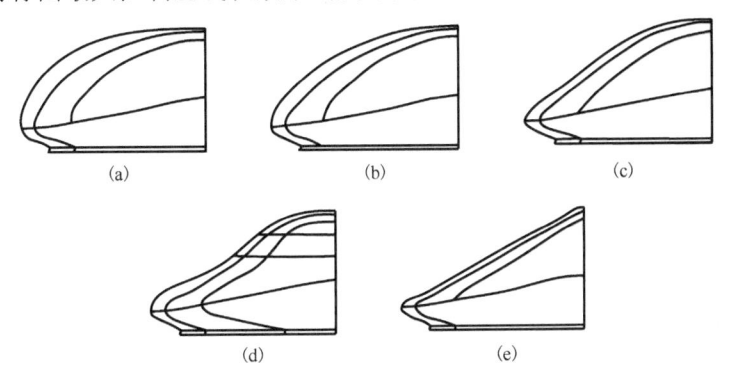

图 6-10　纵向剖面轮廓线不同的列车头形

如图 6-10 所示，方案(a)、(b)、(c)、(e)中俯视最大控制型线的下半部分完全相同，方案(d)在该部分稍有变化。为了详细分析，将该控制型线大体分为 3 段，即顶部曲线、前窗部位过渡曲线和鼻尖部位过渡曲线。方案(a)、(b)、(c)、(d)的顶部曲线基本相同，鼻尖部位过渡曲线稍有变化，这 4 种方案之间最大的区别是前窗部位过渡曲线。在同条件下分别对这 5 种头形进行了列车交会空气压力波分析，结果表明：纵向对称面最大控制型线从鼓形到扁形变化，列车交会压力波幅值依次减小，前窗部位过渡曲线对列车交会压力波幅值的影响较小。

为了研究鼻尖部位过渡曲线对列车交会压力波幅值的影响，设计了如图 6-11 所示的两种头形。研究结果表明，方案 1 比方案 2 产生的压力波幅值大。可以看出，减小鼻尖部位过渡曲线的曲率半径可以降低列车交会压力波，也就是说，为了降低列车交会压力波，鼻尖部位应尽可能扁平。

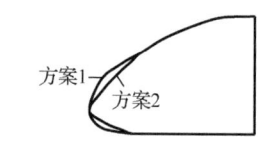

图 6-11 两种鼻尖部位头形方案

## 三、列车空气动力性能与头形俯视形状

为研究列车交会空气压力波与列车头形的俯视形状之间的关系，设计了如图 6-12 所示的 3 种极限头形。这 3 种头形的头部长度和高度相同，纵向对称面控制型线和车体截面外形型线也相同，俯视最大控制型线从宽到尖变化，俯视辅助控制型线也依次改变。

在相同条件下，分别对这 3 种头形进行列车交会空气压力波数值模拟计算，取交会列车中间车车身的 1 个观测点，将这 3 种头形对其产生的压力波幅值列于表 6-4。

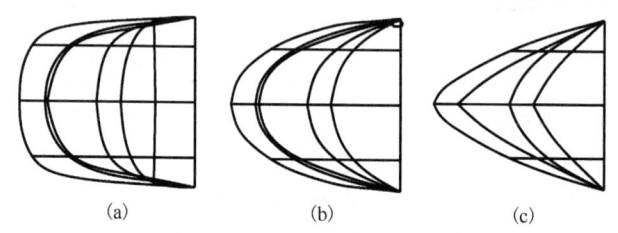

图 6-12 不同俯视形状头形的最大控制型线

表 6-4 3 种头形列车的交会空气压力波幅值　　　　　（单位：Pa）

| 参数 | 方案(a) | 方案(b) | 方案(c) |
|---|---|---|---|
| 正波幅值 | 649 | 628 | 616 |
| 负波幅值 | -687 | -754 | -829 |
| 总波幅值 | 1336 | 1382 | 1445 |

从表 6-4 可以看出，列车头部形状从宽到尖变化，对交会列车产生的压力波的影响如下：正波幅值依次减小，负波幅值依次增加，总波幅值依次增加。通过分析，可以得到：流线型头部越宽，列车交会压力波幅值越小。

为了得到列车交会空气压力波与头形俯视形状之间关系的规律，设计了如图 6-13 所示的 4 种头形。这 4 种头形的头部长度和高度相同，纵向对称面控制型线和车体截面外形型线也相同，前 3 种方案中俯视最大控制型线倾斜角依次为 0°、4°、8°，方案 4 的倾斜角也为 0°，但其前端为方形，方案 1 的前端为弧形。在相同条件下分别对这 4 种头形进

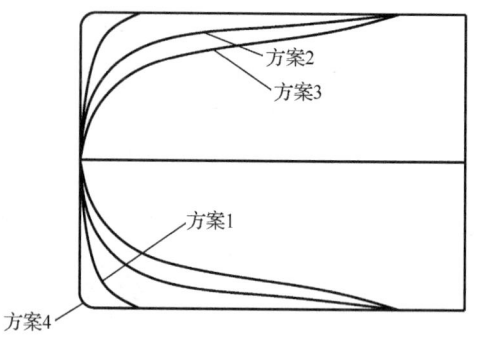

图 6-13 4 种头形方案

行了列车交会动模型试验,取交会列车中间车车身的 1 个观测点,将这 4 种头形对其产生的压力波幅值列于表 6-5。

表 6-5 4 种头形列车的交会空气压力波幅值

| 参数 | 方案 1 | 方案 2 | 方案 3 | 方案 4 |
| --- | --- | --- | --- | --- |
| 倾斜角/(°) | 0(弧形) | 4 | 8 | 0(方形) |
| 长细比 | 2.4595 | 2.4595 | 2.4595 | 2.4595 |
| 压力波幅值/Pa | 721 | 760 | 786 | 713 |

由表 6-5 可以看出,4 种头形对交会列车产生的空气压力波从小到大的排序为 $\Delta P_4<\Delta P_1<\Delta P_2<\Delta P_3$。

倾斜角同为 0°的方案 4 和方案 1 的交会空气压力波幅值稍有差异,方形方案 4 产生的交会空气压力波幅值小于弧形方案 1,即俯视最大控制型线前端为方形的头形产生的交会空气压力波幅值最小。对于方案 1、方案 2、方案 3,俯视最大控制型线倾斜角从 0°到 4°变化,倾斜角每增加 4°,列车交会空气压力波幅值增加 4%左右。

究其原因,主要是方案 4 和方案 1 头形的中部较平坦,方案 2 和方案 3 的头形较为圆滑尖锐,这使气流流经时主要朝车头两侧流动,且流线弯曲程度较大,压力变化较大。因此,宽形的流线型头部对降低交会压力波幅值非常有效。

## 四、CRH2 型动车组及其他高速列车头部外形设计示例

纵向对称面外形轮廓线是头形设计的主要型线之一,CRH2 型动车组列车头部外形设计在设计中综合考虑气动性能及前窗、侧窗、瞭望条件等要求后,采用了流线型双拱外形。

俯视图最大轮廓线是头形设计的另一重要主型线,考虑到交会压力波及外形整体美观,将其设计为三维光滑过渡的 S 形曲线。

由于采用双拱外形设计,而司机室后墙位置又已固定,司机室的空间相对来说较小。为了尽量增大视觉空间,在前窗采用了整块大自由曲面玻璃设计,侧窗采用手动向后开启方式。

外形与三维曲面保持一致,均采用大曲率的三维自由曲面设计。外形主型线控制尺寸设计完后,根据外形曲面的需要,自动生成中间控制型线。然后对这些型线进行修改调整,形成头部外形曲面。最后对外形曲面进行光照、曲率云图、等曲率线、等高线等多种外形质量检查,形成完整曲面外形。

头部主要承载结构区采用的是平面曲梁网状结构骨架形式。应用流线型列车头部结构设计模块,生成主要承载结构的平面曲梁定位型线图,然后自动生成平面曲梁的三维立体模型。

头部结构的主要承载部位集中在窗上梁和窗下梁的位置,故采用较厚的平面曲梁,并将其与车体侧墙及底架相连,并在前窗下采用多根立柱与底架直接相连。在前窗及侧窗的窗角及侧面均采用了较厚的平面曲梁,并在局部位置进行加强。

司机室车顶和侧面则用较薄的平面曲梁组成。采用平面曲梁组成的网格状头部骨架结构,既保证了流线型外形与承载结构合为一体,又避免了扭曲梁问题,同时具有良好的制造与装配工艺性,综合设计结果见图 6-14。

图 6-15 为某型高速列车头部流线型外形结构骨架组成。由于蒙皮为三维自由曲面,要使梁与蒙皮内表面形状吻合,采用槽形、角形、乙形等截面形式的压形件将导致翼板翘曲或腹板扭曲(图 6-15(b)),从而加大梁件加工及组装的工艺难度。采用矩形截面的板梁,其无翼板,

不存在翼板翘曲或腹板扭曲的问题,可以将其设计为平面曲梁,这样便于梁的制造与结构组装。

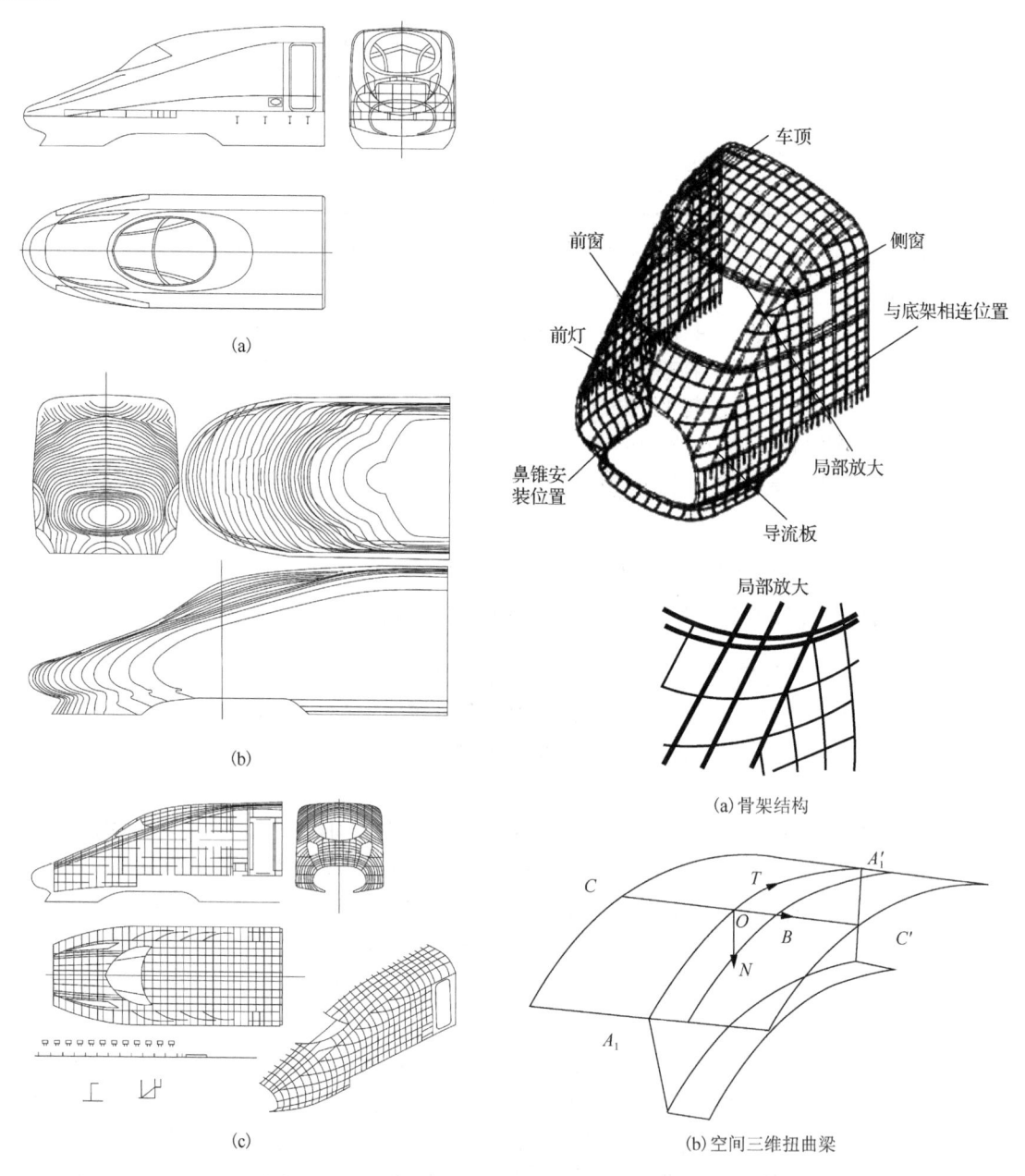

图 6-14 CRH2 型动车组列车头部外形设计

图 6-15 高速列车头部流线型外形结构骨架组成

对于头部结构受力较大的部位,如侧窗、灯框、前后端梁、窗上梁、窗下梁及主要的纵向梁等重要梁件,应采用较大的截面。而为了减轻头部结构的质量,在便于焊接蒙皮的前提下,其他梁件应采用较小的截面。

## 第四节 列车密封技术

实现车体良好的密封性是高速列车必须解决的一项关键技术。

## 一、压力波对旅客的影响

高速列车在会车时,特别是在隧道内会车时,车体表面将受到正负数千帕的瞬时压力变化。压力波动传递到车厢内,旅客会感到不舒适,轻则压迫耳膜,重则头晕恶心,甚至造成耳膜破裂。许多国家先后在压力波对旅客舒适性的影响方面进行了研究。

1973年,英国提出了暂定指标,见表6-6。在此基础上,经压力舱试验,英国于1976年正式提出了铁路舒适性和安全性压力变化极限指标,见表6-7。

表6-6 压力变化与生理学现象

| 压力变化/kPa | 生理学现象 | 压力变化/kPa | 生理学现象 |
| --- | --- | --- | --- |
| 2 | 可忍受 | 8 | 很痛 |
| 3 | 开始不舒适 | >9 | 强烈疼痛 |
| 4 | 非常不舒服 | >13 | 耳膜可能有破裂 |
| 5 | 不舒服的上限,开始有耳痛 | >23 | 几乎可以肯定耳膜有破裂 |

表6-7 英国铁路舒适性和安全性压力变化极限指标

| 情形 | 旅客舒适度/kPa | 乘坐安全性/kPa |
| --- | --- | --- |
| 当很少发生变化时(3s内) | 3 | 5 |
| 当反复发生变化时(即30min内每5~15s发生一次时) | 0.4 | 0.7 |

近年来,日本铁路采用舒适度耳感极限图(图6-16)来规定舒适程度,图中以压力变化幅值为横坐标,压力变化率为纵坐标,斜线以下部分为舒适区,斜线以上部分为非舒适区。

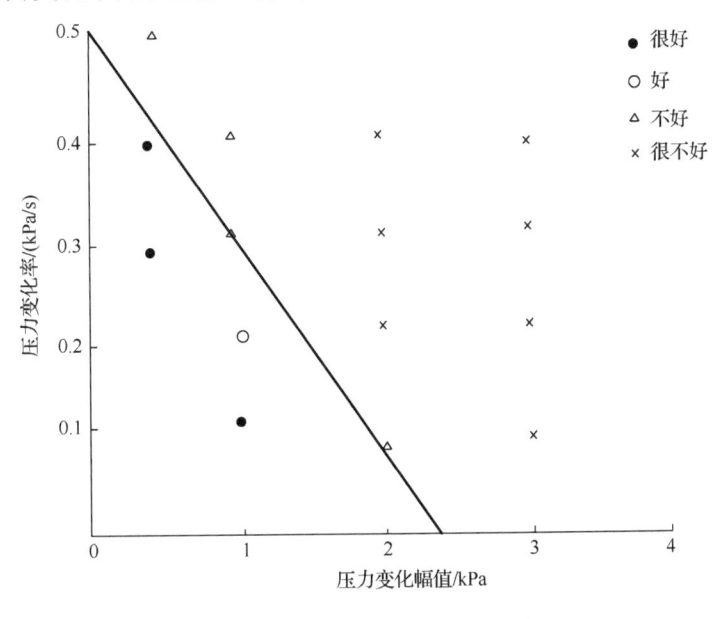

图6-16 日本舒适度耳感极限图

德国的试验研究表明，压力波对旅客舒适的影响取决于：空气压力波的变化幅值(Pa)、压力上升或下降的梯度(Pa/s)、发生该波动的频繁性。图 6-17 中的曲线为大多数乘客状态为"正好还没有不舒适感觉"时的压力变化与所需时间的关系。

## 二、对车辆压力密封性的要求

为了减少压力波的影响，保证旅客的舒适度，车辆需要采取措施进行空气压力密封，各国对高速列车都提出了自己的要求。

日本高速列车的密封试验要求是将车体所有开启部位堵塞，车内压力由 4000Pa 降至 1000Pa 的时间必须大于 50s。

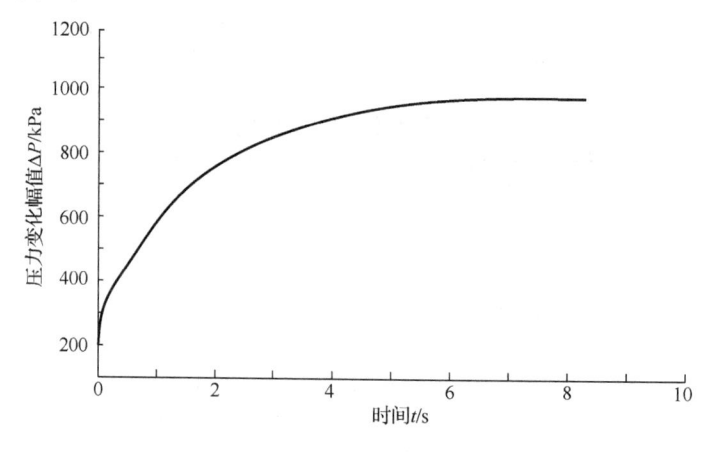

图 6-17 德国耳感不舒适度评定

欧洲高速列车曾采用的标准为压力从 4000Pa 降至 1000Pa 的时间大于 50s(车辆通过台和空调设备关闭)。目前，德国、意大利等国家转而采用压力从 3600Pa 降至 1350Pa 的时间大于 18s 的标准。

我国《200km/h 及以上速度级列车密封设计及试验鉴定暂行规定》中要求：整车落成后的密封性能要求车内外压力差从 3600Pa 降至 1350Pa 的时间大于 18s；车体结构的内外压力差从 3600Pa 降至 1350Pa 的时间须大于 36s；组成后的车窗、车门、风挡应能在±4000Pa 的气动载荷的作用下保持良好的密封性；空调通风装置、供排水系统和卫生系统等也有一定的密封性要求。

## 三、提高高速旅客列车密封性的主要措施

空气压力密封需要从车辆结构和部件上给予考虑，当前世界各国在高速列车上采用的密封技术主要有以下几点。

(1) 车体结构要取消排水孔，采用连续焊缝以消除焊接气隙，对直通车下的管路和电缆孔应采取必要的密封措施。

(2) 车窗的组装工艺要保证密封的可靠性和耐久性，同时保证组成后的车窗应能承受±6000Pa 的压力波造成的气动载荷，不会造成变形和破坏。

(3) 侧门采用密封性能良好的塞拉门，通过台风挡和端墙门均采用密封结构。

(4) 空调环控设备设立压力控制，如在客室进排气风口安装压力保护阀，在排气风道中装设带节气阀的排风机，安装压力保护通风机等，主要目的是保证正常的通风换气且保证车内

压力变化在限值内。

(5) 采用密封式集便厕所。

总之，为了保证车辆总体密封性，需要提高和保证车体结构和各部件的密封性。

## 四、密封性试验

高速列车密封性的试验项目应包括车体金属结构的漏气检查、车体气密性试验、车门气密性试验、车窗气密性试验、风挡的气密性试验、空调装置的气密性试验、整车落成后的车辆气密性试验、整车落成后的车辆水密性试验。

### 1) 车体金属结构的漏气检查

车体金属结构组焊完成后，将所有开口处进行气密封堵，车内充风，增压至大于 4000Pa，进行音响或肥皂水找漏，对发现的漏隙进行处理（补焊或用密封胶堵漏）。车体金属结构落成后应进行喷水试验。

### 2) 车体气密性试验

进行车体气密性试验时，将所有开口处进行气密封堵，以形成气密舱室，包括通过台部分。车体结构气密性试验可采用内部充气的方式进行，即使用压缩空气向车体金属结构内部缓慢充气加压，当车内气压达到预定的压力值后停止供气，测定从预定的压力值降至规定压力值所需的时间。

### 3) 车门和车窗气密性试验

组成后的车门可安装在特制的试验腔上进行气密性试验，试验腔一面有开口，用来安装试验件，安装试验件后，试验腔成为一个密闭容器。安装方式应尽可能与使用时相同，要求在规定的气动载荷作用下保持良好的密封性。

### 4) 风挡的气密性试验

组成后的风挡可安装在特制的试验架上进行气密性试验，试验架可用来安装试验件，安装试验件后，试验腔成为一个密闭容器。安装方式应尽可能与使用时相同，要求在规定的气动载荷作用下保持良好的密封性。

### 5) 空调装置的气密性试验

高速列车上选用的空调机组、新风机箱、废排箱应符合气密性要求，即箱内压力从 3600Pa 降至 1350Pa 所需的时间不得少于 36s。新风管道、回风管道以及连接部位等组成的通风道系统应符合气密性要求，即风道内压力从 3600Pa 降至 1350Pa 所需的时间不得少于 36s。

气密性试验应在车辆生产厂家组成风道后进行，试验时，应关闭空调通风系统的新风口和废排风口，并检查新风管道与车体新风口的连接部位，新风管道、回风管道与空气处理箱的连接部位，空气处理箱送风道与车体的连接部位，废气排风道与车体的连接部位，车顶上空气处理箱、新风机箱吊装后顶盖与车顶的密封部位，制冷管路及电缆穿孔部位，空调机组蒸发器冷凝水排水管穿过车体部位和水封部位等漏气部位。

### 6) 整车落成后的车辆气密性试验

试验方法与车体气密性试验相同，只是评价指标有所区别。

### 7) 整车落成后的车辆水密性试验

整车落成后，应进行喷水试验，试验完成后，结构各部分及所有门窗、风挡处不得有渗水和漏水的现象。

## 复习思考题

6-1 为什么要进行高速列车的车体外形设计？在进行车体外形设计时主要考虑哪些因素？

6-2 试分析为什么动车组的车体外形与其他普通列车具有较大差别？

6-3 一列以 100~200km/h 速度运行的动车组和一列速度为 250km/h 的动车组在线路上会车，试从不同动车组分析会车压力波的变化？

6-4 试分析在头形设计过程中，当降低气动阻力时，是否还需要考虑降低其他气动力？为什么？

6-5 长细比与哪些因素有关？在动车车头的前端鼻形部位，通常设计采用何种形式？导流槽的主要功能与作用是什么？

6-6 为什么要进行高速列车的密封性设计？主要具体措施有哪些？

# 第七章 轨道车辆碰撞安全设计

轨道车辆碰撞安全设计，就是设计车辆防撞系统来使碰撞过程按人为规定的合理顺序进行，尽最大可能吸收车辆碰撞能量，从而最大限度地保护司乘人员的人身安全，并降低碰撞造成的车辆损伤。

## 第一节 列车碰撞安全系统设计技术

### 一、主动与被动安全防护技术

随着列车速度的不断提高，在提高列车舒适性、便捷性的同时，列车的安全防御系统也发展到了一个前所未有的高度，发生列车碰撞事故的概率也越来越小。然而，铁路系统是极其复杂的，需要多方面的协调合作才能保证其正常运转，技术缺陷、设备故障、网络故障、操作失误以及自然环境的突然变化等不可抗因素都可能导致列车碰撞事故的发生，因此列车的碰撞事故又是不可完全杜绝的。旅客列车载客量大，一旦发生碰撞事故，不但会给旅客带来生命和财产的巨大损失，而且会打击人们对铁路安全性的信心，从而给铁路发展带来阴影。

因此，在积极主动地采取合理手段尽最大可能避免列车碰撞事故的同时，研究在碰撞事故发生时列车自身的结构特性及司乘人员的安全性，以及开发一种耐碰撞且可以给司乘人员提供保护的铁路车体结构也显得尤为重要。前者称为主动安全防护技术，研究各项防范措施，在现代高速列车设计中一直受到极为广泛的重视；后者称为被动安全防护技术，通过车辆耐撞性能设计，使车辆在事故发生的瞬间通过吸能装置将巨大的撞击动能耗散，从而达到最大可能地保护乘客生命安全的目的。就轨道车辆本身而言，研制耐冲击吸能车体可以减少客运列车碰撞事故造成的损失，有重要的实用价值。为了抵御冲击，按"为乘员提供安全空间及有效缓和撞击"的思路，重新分配车体各部分刚度，设计出具有合适吸能结构的耐冲击车体，即列车中车体结构均按前、中、后三种纵向刚度设置，前后两部分为弱刚度结构，中间部分为强刚度结构。这样，一旦发生列车碰撞事故，车体两端的弱刚度部分将产生塑性大变形而吸收冲击动能(吸能结构)，而车体中间的强刚度部分仅产生弹性变形(弹性结构)，最终达到保护乘客、司机与机器设备的目的。这种车体结构设计，不仅在较大碰撞速度下能对司乘人员起到保护作用，还可以提高轨道车辆车体结构设计水平。

主动安全防护技术是列车安全运行必备的，运用得当可有效防止碰撞事故的发生，该技术主要包括以下几个方面的安全防范措施：列车网络及列车控制技术、合理健全的铁路信号及报警系统、铁路限界安全防护、合理的平交道口管理及安全防范、制定健康合理的运营秩序和培养高素质的列车运营人员等。可见，主动安全防护技术涉及操作运用、检测维修、设备性能及可靠性、规章制定与执行、人员素质等方面，其复杂性不言而喻，即使是一个细微的环节出现问题都可能引发车毁人亡的灾难性后果。频繁发生的列车碰撞事故说明，主动安全防护技术不是百分之百可靠的。采用列车被动防护技术，在碰撞发生时可最大限度地保护列车结构、设备以及司乘人员的安全。

被动安全防护技术作为主动安全防护技术的必要补充，首先在汽车行业得到了长足的发展。自20世纪60年代应用到列车领域以来，该技术正处于一个不断完善的阶段。机车车辆工业发达的国家，如英国、法国、德国、美国等通过多年的调查研究，已制定了相关标准或法规，如欧洲标准 *Railway Applications-Crashworthiness Requirements for Railway Vehicle Bodie*(EN 15227)，英国标准 *Structural Requirements For Railway Vehicles*(GM/RT2100)，美国联邦运输安全管理局的安全法规第49编第238部分(*Code of Federal Regulations*，Title 49，Part 238)，这些标准都对新造旅客列车的耐碰撞性及乘员保护提出了明确的规定，不满足标准要求的列车一律不予采购。可见，被动安全防护技术已经在这些国家的高速列车及地铁列车上得到了强制性应用。近年来，被动安全防护技术已经在我国新造的部分机车车辆和地铁车辆上得到了初步运用。但是，由于起步较晚，研究和运用大多数仅仅局限在列车吸能装置及防爬器的开发上，对列车整车碰撞结构的研究相对缺少，技术向工程的转化程度相对较低。因此，我国的列车被动安全防护技术仍处于发展的初步阶段，与发达国家存在着差距。

## 二、列车碰撞事故的分类及特点

"安全"是铁路运输的永恒主题，根据已有碰撞事故的经验分析，可以将事故分为以下四种情况。

(1) 同一轨道上发生列车间或者车辆间的碰撞，包括同类和不同类的两种列车之间的碰撞。轨道终端碰撞具有相似的原因，故也包括在这一范围内。

(2) 列车在平交道口与非同类列车或障碍物的碰撞，如列车与重载公路交通运输车辆的碰撞。

(3) 列车与由于不可抗拒因素落入或闯入轨道的障碍物间发生的碰撞，如列车与石块、木头、养路设备等的碰撞。

(4) 单一列车事故，通常是由于支承和导向损失继而造成列车突然停车发生碰撞。

在所有碰撞事故中，最严重的是列车与列车的碰撞。由于包含了大量的车组质量，在碰撞瞬间，列车所携带的巨大动能将在极短的时间内以其他形式的能量耗散，这种碰撞会产生很大的冲击力和减速度，即使在中等冲击速度下，也常常会造成巨大的结构性破坏，并导致乘客及司乘人员的伤亡。

发生碰撞后列车的动态响应和伴随的乘客运动描述如下。

(1) 直线加速或减速。机车车辆在轨道上加速或减速，并且车辆端部结构有一定的压缩。由于加速或减速，乘客在冲击方向上可能与车内座位等发生二次碰撞。

(2) 爬车。爬车是指一辆车辆的底架骑在相邻车辆底架上，被压车辆的上部结构发生严重压碎破坏，被压车辆中的乘客也可能被挤压。

(3) 拱起。拱起是指车辆绕与轨道垂直的水平轴线的转动，即垂向折曲，乘客可能在车辆内部被扔出或滚出一定的距离。

(4) 褶曲。褶曲是指车辆绕与地面垂直的轴线的转动，即横向折曲。凸凹不平的地势和列车端部的挤压都有可能使车辆处于危险的环境，从而造成乘客的伤亡。

(5) 翻转。翻转是指车辆倾覆，与轨道成一定角度。翻转通常出现在较高的冲击速度下，乘客可能在车辆内部被扔出一定距离，甚至被抛出车外。

图 7-1 为碰撞发生后的列车响应示意图。

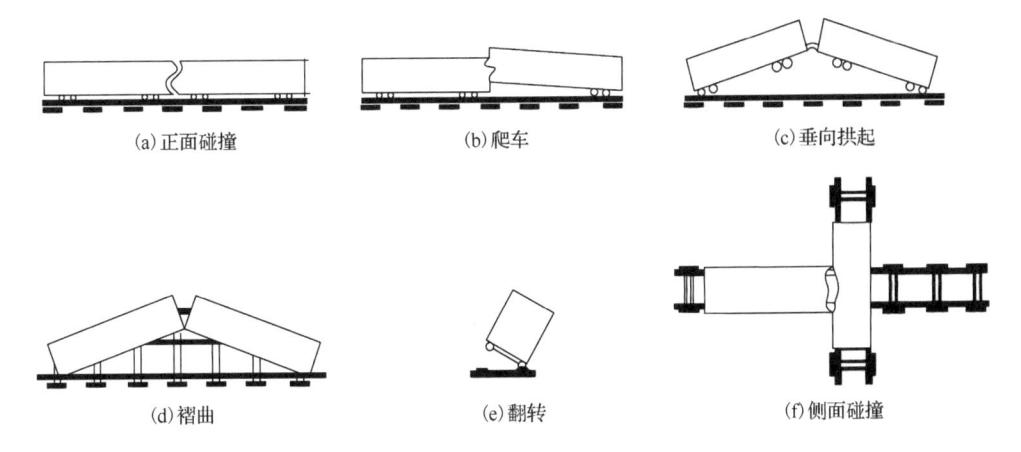

(a) 正面碰撞　　(b) 爬车　　(c) 垂向拱起

(d) 褶曲　　(e) 翻转　　(f) 侧面碰撞

图 7-1　碰撞发生后的列车响应示意图

通过对碰撞数据分析得到如下结论。

(1) 列车之间端部碰撞造成的碰撞在灾难性的事故中占有最高的比例。在特殊的情况下，一些铁路上发生过在平交道口与重载公路交通运输车辆碰撞的事故。

(2) 列车端部碰撞后，若一列车爬到另一列车上，由于生存空间的减少，伤亡率高达 20 倍。

(3) 由于大部分列车碰撞发生在车站地区或减速以后，碰撞速度为 56~65km/h，在平交道口发生碰撞时速度可能更高。

由此可见，列车碰撞事故一旦发生，人员的伤亡和由此带来的经济损失都是巨大的，并且会对整个铁路列车的行车系统造成严重的影响。

## 三、轨道车辆耐撞安全系统设计

车辆耐撞安全系统技术是实现撞击动能以可控、有序的方式予以消耗的技术。

### 1. 轨道车辆耐撞安全系统组成设计

耐撞性车辆结构设计中，参与能量吸收的装置、结构及设计主要包括：①车钩缓冲装置；②防爬吸能装置；③车钩剪切装置；④车体端部吸能结构；⑤车体纵向刚度设计；⑥司机室或客室内部设计。

参与能量吸收的比例随碰撞等级的不同而变化，如果发生碰撞的能量足够大，那么上述吸能结构将全部参与能量吸收，由于这些结构布置不同，一般情况下，参与能量吸收时，存在一定顺序。耐撞性车辆的理想纵向冲击力与变形行程之间的顺序关系如图 7-2 所示。

#### 1) 车钩缓冲装置设计

车钩缓冲装置用来连接列车中各车辆，并传递和缓和车辆间在运行或调车作业时所产生的纵向力和冲击力。传统的车钩缓冲器仅仅通过缓冲器来缓冲列车在运行中由于机车牵引力的变化或在启动、制动及调车作业时车辆间由相互碰撞引起的纵向冲击和振动，而车钩装置是刚性的，不具备对能量的耗散能力。缓冲器的容量相对较小，当列车发生碰撞事故时，显得微不足道，这显然不符合列车的耐撞性设计思想。

车钩装置可以设计为可吸能结构，可通过在车钩刚性结构中加入压溃管等吸能原件来实现。按照动作原理来分，现代全自动车钩所用的吸能装置主要有压溃管、液压缓冲器和气液缓冲器。压溃管是一段经过特殊热处理后屈服强度偏差非常小的钢管，安装在车钩钩身里承受压缩力，车钩拉伸力由压溃管内的芯轴承受。压溃管的强度略低于车底架的强度，高于车辆在正常连挂速度下产生的纵向冲击力。当车辆发生较高速度的冲击时，压溃管被车钩钩身撑开压入，压溃管发生塑性变形，吸收冲击能量，把列车内的纵向冲击力限制在车底架强度以下，保护车底架不受损坏。压溃管结构简单，成本较低，但是发生塑性变形后就必须更换，其结构和受力如图 7-3 所示。

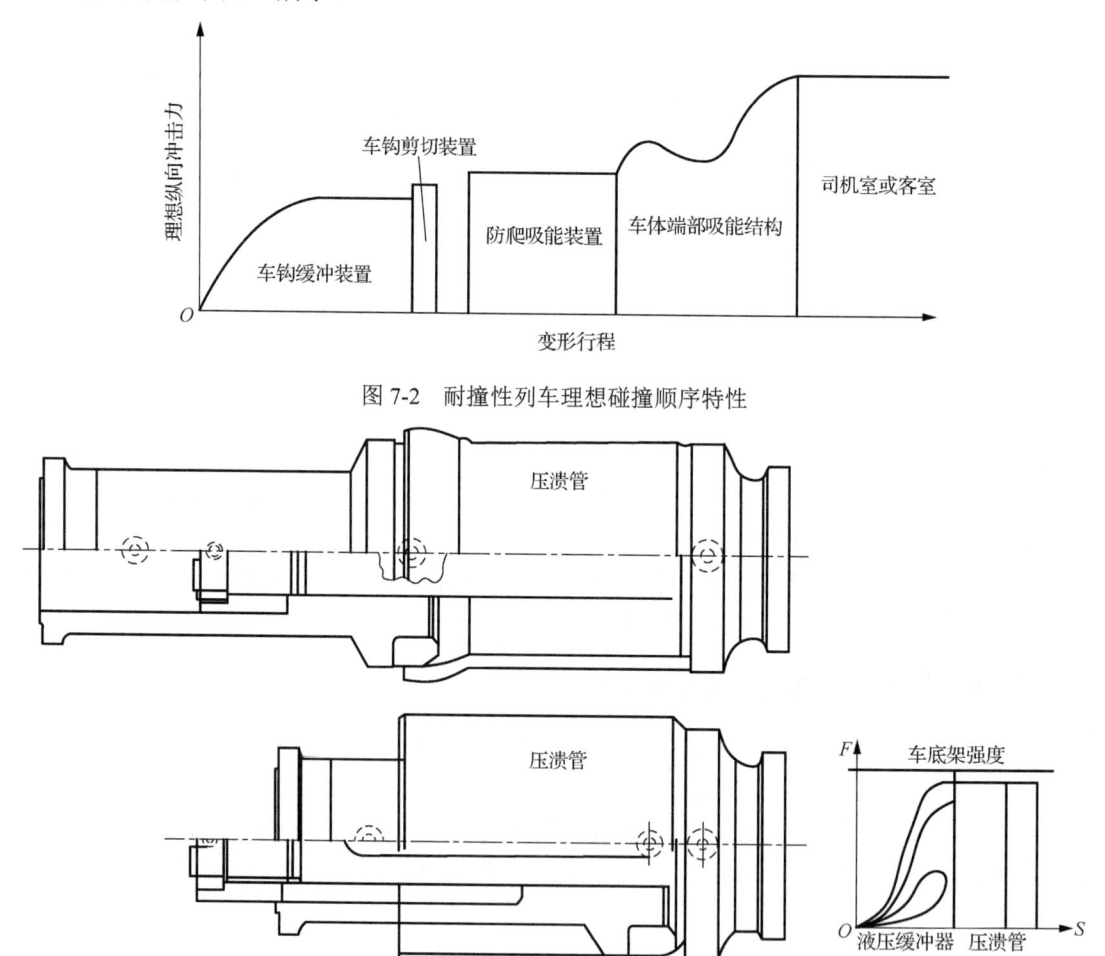

图 7-2　耐撞性列车理想碰撞顺序特性

图 7-3　压溃管结构和受力示意图

液压缓冲器主要是一个装有高黏度液压油的缸筒，里面有一个带有小孔的活塞，由于油的黏度很高，车钩在正常工作时，油不会通过小孔，缓冲器可以承受纵向力。当车钩受到较高速度的冲击时，油通过活塞上的小孔进入活塞另一侧的油腔，将冲击能量转化成热能，其结构和受力如图 7-4 所示。

气液缓冲器一般是靠高压氮气和液压油的组合来起到缓冲作用的，这种缓冲器在受到较小冲击时也会起到一定的缓冲吸能作用，所以这种吸能装置在车钩中一般与环簧和橡胶关节一起使用。环弹簧的楔面之间存在摩擦，车钩在拉伸方向受到冲击时，环簧受压缩，楔面之间发生滑动摩擦，吸收冲击能量。在压缩方向，当车辆正常运行和连挂时，气液缓冲器可以吸收一定的冲击能量。当发生较高速度的冲击时，气液缓冲器会发生较大变形，吸收冲击能量，保护车底架不被破坏。气液缓冲器在受到冲击，发挥吸能作用后可以自动恢复至初始状态，经检查确认没有损坏后可以继续使用，反复发挥吸能作用，其结构和受力如图 7-5 所示。

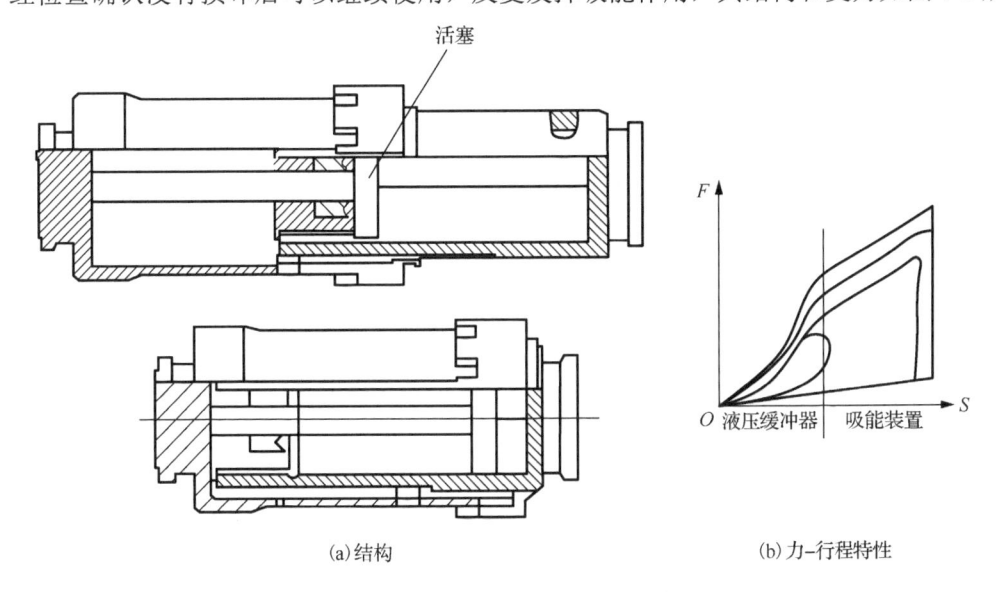

(a) 结构　　(b) 力-行程特性

图 7-4　液压缓冲器结构和受力示意图

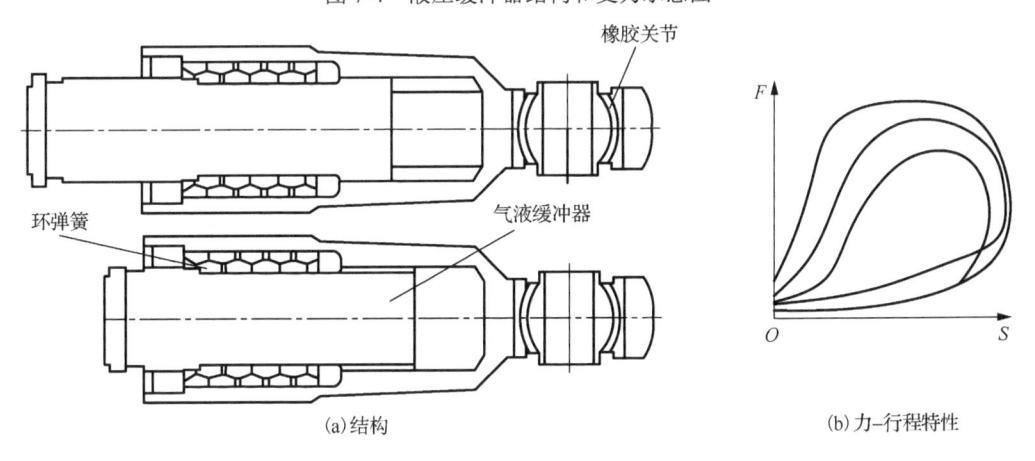

(a) 结构　　(b) 力-行程特性

图 7-5　气液缓冲器结构和受力示意图

当冲击速度较低时，气液缓冲器能够吸收更高的碰撞能量。但在较高速度的碰撞中，开始阶段的冲击力峰值已使压溃管或剪切装置动作，气液缓冲器就无法吸收到预定的碰撞能量。因此，此类缓冲器主要适用于低速碰撞。

**2) 防爬吸能装置设计**

当列车发生碰撞事故时，若一辆车爬上另一辆车，则会造成车辆的严重破坏和人员的重大伤亡。为防止列车碰撞时车辆之间发生攀爬，车辆端部通常设置防爬吸能装置。防爬吸能装置包括防爬器和吸能装置两个功能模块，该装置安装于列车端部，发生碰撞时，车钩装置剪断后，相互撞击的两相邻车端的防爬器啮合，限制车辆间的垂向位移，尽可能地将车辆限制在轨道上，这样就可以保证相互撞击的车端在纵向发生大变形，有利于上述耐撞性车辆的多级吸能装置充分发挥作用，所以一般将防爬器与吸能装置整合到一起。

防爬器结构示意图如图 7-6 所示，上面有多个横向齿条。在碰撞过程中，两个车辆防爬器的齿条相互啮合，从而阻止了车辆之间的攀爬。

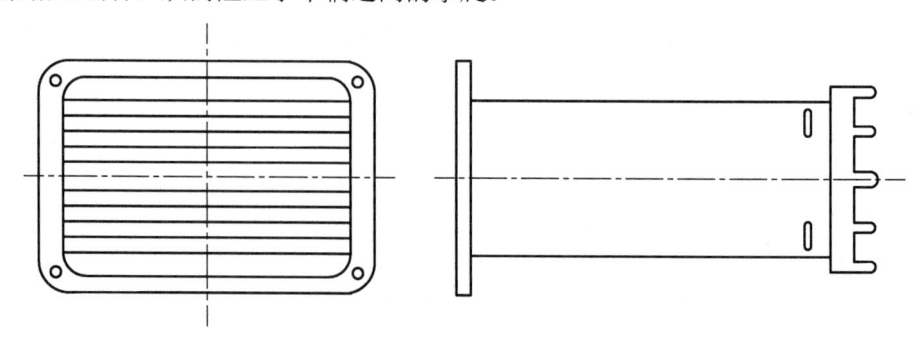

图 7-6 防爬器结构示意图

防爬器后通常设置变形吸能元件，如压溃管、泡沫铝或蜂窝状铝型材等，以缓和冲击，吸收部分碰撞能量。防爬器的吸能能力与变形力和行程成正比，但由于受到以下三方面的限制，不能无限增大：①碰撞过程中，防爬器承受的冲击力不能超过车体所能承受的纵向载荷极值；②通过小半径曲线，防爬器不能发生干涉；③防爬器在碰撞过程中相互啮合，承受的弯矩不能引起过大应力。

**3) 车钩剪切装置**

车钩剪切装置用于底架的过载保护，分为内剪切装置和外剪切装置，都属于安全装置。内剪切装置(图 7-7)位于车钩钩身内部，当来自车钩的冲击力超过阀值时，保险销装置发生剪切。一旦缓冲器完全挤压，内剪切装置可以防止发生撑杆效应现象(在一个压缩力作用下，车钩变成一个刚性杆，能够把一辆车撑起)，并避免自动车钩在碰撞过程中掉到轨道上，在连接或碰撞的情况下支撑贯通道。

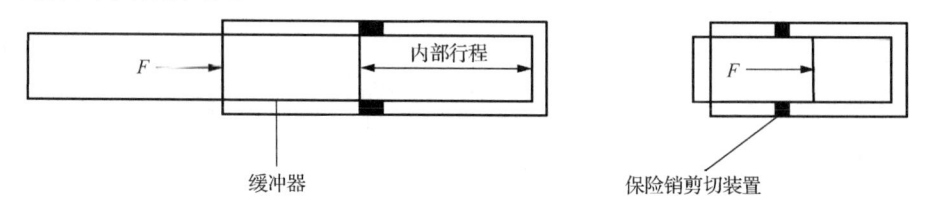

图 7-7 内剪切装置示意图

外剪切装置是车钩座与车体的连接部件，由模套和剪切环组成（图 7-8）。通过车钩固定螺栓，模套和剪切环牢固连接起来，充当垫块。当来自车钩的冲击力达到临界值时，剪切环发生溃败变形，模套和剪切环之间发生滑动，剪切环和螺栓一起穿过模套形成剪切，车钩后退，与底架脱离，车钩将不再承受碰撞冲击力。

**4) 车体端部吸能结构**

根据能量守恒原理，列车发生碰撞事故时，将发生能量转移，即运动列车的动能将转变为热能、变形能等，因此塑性变形的发生是不可避免的。若塑性变形发生在司机工作区和客室，车辆设备会损坏甚至报废，对司乘人员来说则意味着失去生存空间而伤亡。在低速碰撞中，车钩缓冲器、防爬器和压溃管等吸能元件可完成能量的吸收和转移，从而降低车辆损失和人员伤亡。若碰撞速度继续提高，上述装置已不能完全吸收碰撞能量，则应设立专门的变形吸能结构来吸收和转移剩余碰撞能量，减轻客运列车碰撞事故造成的损失。

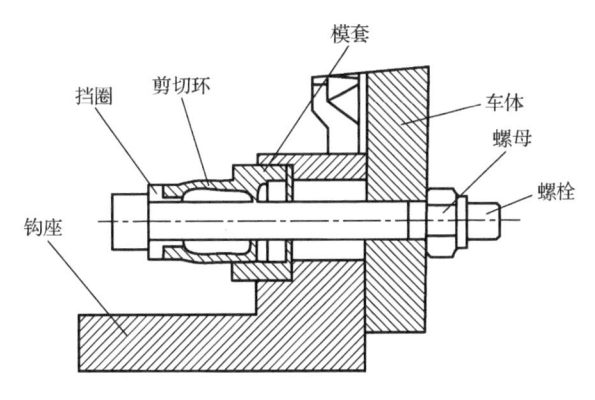

图 7-8 外剪切装置示意图

车体吸能结构分为承载吸能结构和专用吸能结构。承载吸能结构在日常运营中能很好地传递纵向力，在发生撞击事故时产生塑性大变形，吸收能量。在列车碰撞过程中，为使变形以可控有序的方式进行，需合理设计变形吸能结构各部分的强度和刚度，尽可能减小车辆主体结构的损伤。现代耐碰撞列车的吸能结构通常布置在司机室底架前端（图 7-9），与车体主结构之间大多采用螺栓或铆钉连接，便于损坏后维修、更换。

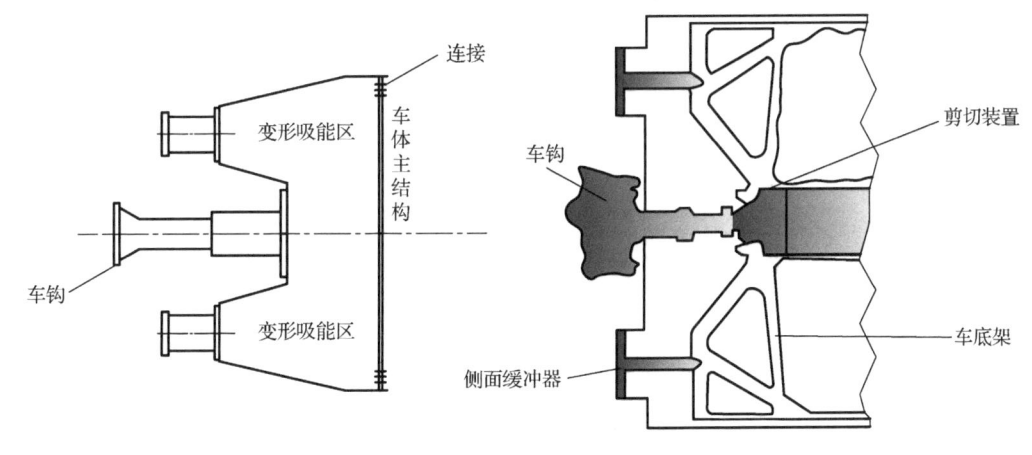

图 7-9 车体吸能结构

### 5) 车体纵向刚度设计

发生严重碰撞事故时，布置在车体端部的钩缓装置、吸能装置等不足以耗散全部的碰撞能量，此时，相邻车辆的车端将发生碰撞。传统设计的车辆，车体纵向刚度在车长方向几乎是不变的，当车体两端受到严重挤压而不发生爬车或横向折曲时，车体一般会从中间向上拱起，而列车中部是客室结构，这种变形将严重减少旅客的生存空间，如图 7-10 所示。其中，$k_1$ 和 $k_2$ 分别是车端和中部的刚度。

耐撞性车辆的设计中，车体结构应该在其纵向的两端设置弱刚度的吸能车端，车体纵向刚度应该按"弱-强-弱"设置，这样当车端受到严重碰撞时，其弱刚度结构将发生大变形而吸收碰撞能量，保护客室的安全，而车端一般仅布置卫生间，不设乘客座椅。

### 6) 司机室或客室内部设计

耐撞性车辆的客室设计应该以降低乘客二次碰撞伤害程度为目的，其中座椅布置及座椅性能是客室内部设计的关键。客车内部设计应从以下几个方面入手。

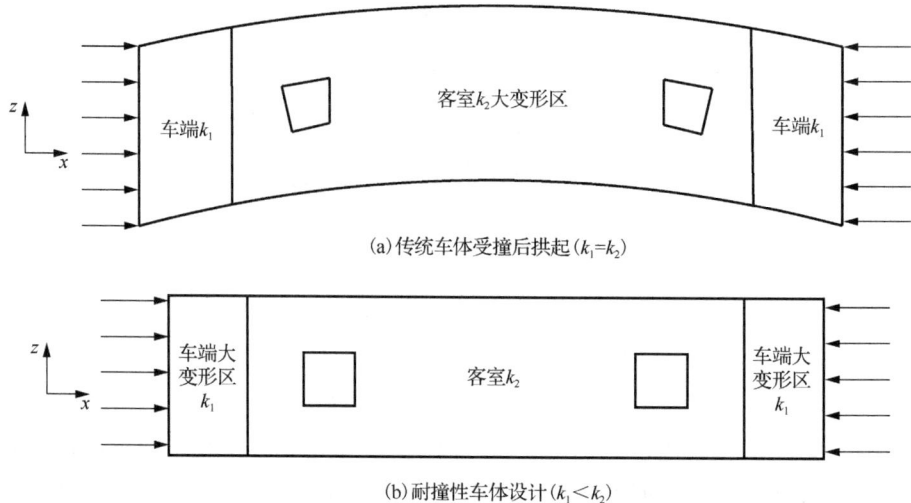

图7-10 传统车体与耐撞性车体设计示意图
(a) 传统车体受撞后拱起（$k_1=k_2$）
(b) 耐撞性车体设计（$k_1<k_2$）

(1) 列车座椅结构应在列车受到严重碰撞冲击时保护乘客。
(2) 列车座椅应合理布置，尽量避免碰撞发生时，座椅结构与乘客发生强烈碰撞。
(3) 应当积极开展适合铁路的吸能座椅研发工作。
(4) 在列车座椅上采用类似汽车、飞机等座椅的安全带，有效保护乘客。

关于列车座椅的合理布置及座椅结构的合理设计，国外已做过大量的研究工作，美国针对铁路客车座椅布置及座椅结构技术指标的专用标准规定，铁路座椅在 $8g$ 的三角脉冲的纵向冲击下，必须保证乘客伤害指标低于标准规定的极限值，三角脉冲加速度如图 7-11 所示。

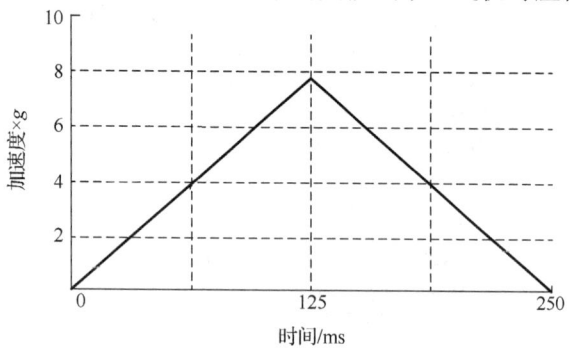

图7-11 美国铁路客车座椅测试中的三角脉冲加速度

**2. 轨道车辆碰撞过程**

轨道车辆的碰撞安全系统的设计任务，就是通过合理地分配车体各部位的承载能力，控制碰撞过程中各部分的变形程度与方式，使碰撞能量以可控、有序的方式进行转移与吸收，从而达到有效减小车辆损伤与人员伤亡的目的。具有碰撞安全系统的两列车的碰撞过程，可分为以下几个阶段。

**1) 两列车头部车钩接触连挂**

两列车撞击时，为使车钩缓冲器发挥缓和冲击、吸收碰撞能量的作用，应保证两车头部车钩能有效地自动接触并连挂在一起。

**2) 车钩缓冲器压缩并吸收碰撞能量**

两列车撞击，头部车钩有效地连挂在一起之后，可恢复型车钩缓冲器产生压缩，开始吸收碰撞能量。车钩缓冲器类型多样，有橡胶缓冲器、液压缓冲器、气液缓冲器。

**3) 内剪切装置动作，钩头后移**

**4) 车钩压溃管压缩并吸收碰撞能量**

两列车撞击，当可恢复型车钩缓冲器压缩到全行程或冲击力快速上升到一个阀值时，车钩尾部的压溃管开始吸收碰撞能量。

**5) 外剪切装置动作，车钩脱离**

为保护车辆主体结构，当车钩缓冲装置承受的冲击力达到一个限值时，车钩与车体之间的安全剪切装置发生剪切，车钩后退，不再承受冲击力。

**6) 两车空走**

车钩后退与车辆脱离后，两车之间还有一段空走距离，车辆在空走中自我调节在轨道上的姿态、位置，准备与防爬器啮合。

**7) 防爬器啮合，后面压溃管压缩并吸收碰撞能量**

车辆空走完成后，防爬器啮合，车辆发生第二次碰撞。防爬器啮合，是为了阻止撞击车辆之间的相互攀爬，从而确保两车正面相撞，保证防爬器后面的压溃管或其他能量吸收装置吸收碰撞能量。

**8) 车端吸能结构变形，吸收碰撞能量**

当碰撞速度较高时，由紧固件连接到车体上便于更换的车钩缓冲器和防爬装置不能完全吸收、转移碰撞能量，需要车端的吸能结构通过塑性变形来参与吸能过程。对于中高等强度的碰撞，车端吸能结构是主要的吸能结构，它将吸收和转移大部分的碰撞能量。

碰撞过程中，为了在有效的变形行程内提高变形结构吸收的能量，减小最大冲击加速度，使车辆中部仅发生弹性变形，应尽量降低结构在出现塑性大变形前的冲击力峰值，提高平均碰撞力，增加变形行程。同时，碰撞力不应超过车辆主体只发生弹性变形的载荷极限。

**9) 车体主结构变形，吸收碰撞能量**

当在上述过程中，碰撞能量不能完全吸收、转移时，车辆主体结构就会发生塑性变形来吸收碰撞能量。由于车辆主体结构变形会侵占乘客的生存空间，会带来重大的人员伤亡和财产损失，因此这种情况是应该竭力避免的。

## 四、碰撞设计相关标准及规范

轨道车辆耐撞性评价标准首先在轨道车辆发达的欧美国家发展起来，随着轨道车辆种类及构造的不断更新和列车运行速度等级的不断提高，将不断有列车碰撞新工况涌现，所以这些国家的相关标准仍处于不断完善的阶段。目前，我国还处于列车耐撞性评价标准研究阶段，下面介绍几种主要可用于旅客车辆设计的耐撞性评价标准。

**1.《铁路应用——铁路车辆车体耐撞性要求》（DIN EN 15227：2016）**

自欧洲颁布了该法规后，SAFETRAIN 等项目的研究成果表明，车间的防爬器能承受垂直力 150kN，而且如果两车的垂直高度错开 100~140mm 后，将有爬车的危险，建议不超过 100mm，客室的最大减速度不超过 $5g$。中间车端部结构 0.5m 的变形行程内有最大载荷为 3000kN 的情况下，能吸收 0.7MJ 的能量，头车最大变形为 1.8m，可承受的最大载荷 3400kN，吸收能量 4.6MJ，救生空间的塑性应变应当控制在 10%范围内。

**2.《客车车体及零部件的载荷》（UIC-566）**

UIC-566 中规定车钩缓冲器能承受的最小载荷为 2000kN，车钩中心线上部 350mm 高出的车体端墙能承受的最小载荷为 400kN，车窗上下缘高度的车体端墙能承受 300kN 的载荷，侧墙上边梁高度能承受 300kN 的载荷。

### 3. Structrual Requirements for Railway Vehicles(GM/RT 2100)

英国的 Structrual Requirements for Railway Vehicles(GM/RT 2100)规定，对耐碰撞车辆设计要求为：两列相同类型的列车发生碰撞时，车辆端部纵向变形量在 1m 之内，车辆前端的能量吸收能力不得小于 1.0MJ；对于动车组及固定编组的列车，碰撞最大纵向冲击力不得超过 3000kN；对于其他类型编组列车(机车等)，碰撞最大纵向冲击力不得超过为 4000kN，车辆防爬器能承受 100kN 的垂直载荷。

### 4．法国和德国的标准

法国和德国的标准的具体规定：列车以 110km/h 速度撞击质量为 80t 的物体，整列车至少吸收 20MJ 的能量，头车吸收 8MJ 能量，次位的车辆吸收 5MJ 的能量，其余车辆吸收 7MJ 的能量。

### 5．美国联邦交通运输法规(49CFR Part 229 和 49CFR Part 238)的规定

美国联邦交通运输法规的第 238 部分：客运设备安全标准(Part 238：Passenger Equipment Safety Standards)和第 229 部分：铁路机车安全标准(Part 229.141：Railway Locomotive Safety Standards)，以及美国公共交通协会(American Public Transportation Association，APTA)颁布的铁路客运车辆设计和制造标准 Standards for the Design and Construction of Passenger Railroad Rolling Stock(APTA-SS-C&S-034-99)，是北美铁路车辆进行碰撞设计的指导性文件。美国联邦运输安全管理局采用上述标准规定，车间的防爬器应能承受 450kN 的载荷，车头的防爬器能承受 890kN 的载荷。当列车运行速度超过 200km/h 后，列车须具备总共吸收能量可达 13MJ 的能力，其中头车(机车)前端结构可吸收 5MJ 的碰撞能量，头车末端具备吸收 3MJ 能量的能力，且与头车相连挂的第一节客车车辆靠近头车的一端须具备吸收 5MJ 能量的能力。当两列车以 48km/h 的相对速度碰撞后，客车最大减速度值不能超过 8$g$。

## 第二节　轨道车辆碰撞能量及吸能结构原理分析

列车耐撞性结构设计是列车被动防护技术的核心，其主要目的是通过对列车结构的合理设计，尽可能地减少事故导致的生命和财产损失。列车碰撞能量巨大，传统列车客室结构可能发生的大变形和大脉冲加速度(或减速度)是碰撞事故发生后导致车毁人亡的主要原因。列车结构的耐撞性设计与传统列车最主要的区别在于传统列车注重列车承载结构的完整性，不以受损为目的，而耐撞性列车车体结构设计的目标则是通过人为设置吸能结构或大变形区域，在碰撞发生时产生有序可控的变形来吸收碰撞能量，以保护客室结构的完整性，以及缓冲碰撞冲击的加速度，这样乘客可以免受大加速度的冲击。

## 一、列车碰撞能量分析

两列车撞击的情况主要可分为迎面碰撞、追击、与一列静止列车相撞三种，下面分别讨论分析。

### 1．一列运动的列车与一列相同型号的静止列车相撞的工况

碰撞前以速度 $v$ 运动的列车动能为

$$E_k = \frac{1}{2}mv^2 \tag{7-1}$$

碰撞后两列车以速度 $u$ 运行的动能为

$$E = \frac{1}{2}(m+m)u^2 \tag{7-2}$$

根据动量守恒定理(撞前的动量和等于碰撞后的动量和),可知

$$u = \frac{1}{2}v \tag{7-3}$$

式(7-1)减去式(7-2),得出碰撞过程中需要耗散的碰撞能量为

$$E_e = \frac{1}{2}\left(\frac{1}{2}mv^2\right) = \frac{1}{2}E_k \tag{7-4}$$

式(7-4)说明,理想情况下,碰撞能量是总动能的50%,因此碰撞过程中的碰撞能量是非常大的。考虑到这个能量的一部分可以作为动能再次出现,故能被碰撞安全系统吸收的能量应少于50%。在计算中,通常会发现碰撞能量所占比例比50%稍微大一些,这是因为静止列车被施加了轮轨摩擦制动。碰撞能量在各个碰撞界面的分布是不均匀的,列车前端的碰撞界面上吸收的能量比其他碰撞界面要多很多。

**2. 追击和迎面碰撞工况**

设撞击前,两列车的总质量和运行速度分别为 $M_1$、$M_2$、$v_1$、$v_2$,撞击后的运行速度为 $u$,则撞击前的总动能为

$$W_f = \frac{1}{2}M_1v_1^2 \tag{7-5}$$

撞击后的总动能为

$$W_k = \frac{1}{2}(M_1+M_2)u^2 \tag{7-6}$$

由动量守恒定理得,撞击前的动量和等于撞击后的动量和,这样,当一列车追尾另一列车时,有

$$M_1v_1^2 + M_2v_2^2 = (M_1+M_2)u \tag{7-7}$$

当两列车为迎面碰撞时,有

$$M_1v_1^2 - M_2v_2^2 = (M_1+M_2)u \tag{7-8}$$

则

$$u = (M_1v_1 \pm M_2v_2)/(M_1+M_2) \tag{7-9}$$

式(7-5)减去式(7-6),得到撞击过程中需要耗散的总动能为

$$W_D = \frac{1}{2}(M_1M_2)(v_1 \mp v_2)^2/(M_1+M_2) \tag{7-10}$$

式中,负号为追尾工况;正号为迎面撞击工况。

由式(7-10)知,当列车有一定的速度差时,碰撞过程中需要耗散的总动能将是巨大的。

根据能量守恒原理,能量只能转移不能消失,因此需要采取措施转移这些冲击动能。在撞击过程中,尽管列车的制动力和运行阻力可以消耗一部分能量,但远不足以抵挡这一巨大的冲击动能。参考汽车、船舶上的吸能装置,在车体上可以设置产生大塑性变形的部位,使需要耗散的大部分冲击动能转变为车体变形能。

为了实现被动安全保护,将组成列车的动车、车辆车体结构设计为两部分:一部分为吸能结构,即在正常运行时,这部分结构需要有足够的强度和刚度,满足相应规范的规定要求。在较高速度下发生碰撞事故时,需要沿所希望的方向产生塑性大变形,以吸收足够多的冲击

动能;另一部分为弹变结构,即无论是正常运行还是发生碰撞时,这部分结构均不发生塑性变形。

吸能结构设置部位:对于具有一定长度、流线型设计的头车司机室,为了确保司乘人员及设备的安全,机器间、司机座椅周围应按弹变形结构设计,这样吸能结构可设置在司机前端的鼻锥部分;对于中间车或客车,吸能结构应设在车体两端部非载人区(如通过台、洗手间等部位),该部分的端墙、底架、车门、车顶均可以设计成吸能结构。

## 二、能量吸收装置元件结构形式与塑性变形能和极限载荷

能量吸收装置的基本原理是利用元件材料的塑性变形能来耗散所遭受的冲击动能,一般材料可忽略其强化性能,当作理想刚塑性体。在外载荷达到某一定值时,理想刚塑性体可在外载荷不变的情况下发生塑性流动,即产生无限制的塑性大变形,这时称元件或结构处于极限状态,所受的载荷称为元件或结构的极限承载能力,或称极限载荷,与之相对应的速度场称为塑性损伤机构或塑性流动(可动)机构。

若元件或结构有几个塑性流动机构,则对应地可求得几个不同的极限载荷值,在极限状态下应选取最小值作为该元件或结构的极限载荷值,即极限载荷是唯一确定的。

从能量吸收装置的元件变形情况看,不宜采用单独拉伸或扭转变形元件,因为理想刚塑性材料载荷一旦达到材料的屈服极限,其变形会无限增大,直至断裂,很难控制。另外,实际材料存在拉伸颈缩变形失稳现象,行程一般较短,难以满足要求。为了满足设计要求,能量吸收装置大多采用受弯曲变形或压缩变形的性能稳定可靠元件。

### 1. 受弯曲变形的元件

由材料力学可知,当在梁两端纵向对称面内作用大小相等、方向相反的力矩或受垂直于梁轴线的横向力时,梁会发生弯曲变形。梁横截面上的主要内力是弯矩,弯矩引起的横截面上的应力分布见图 7-12。在中性轴上,应力为零,离中性轴越远,其应力绝对值越大。

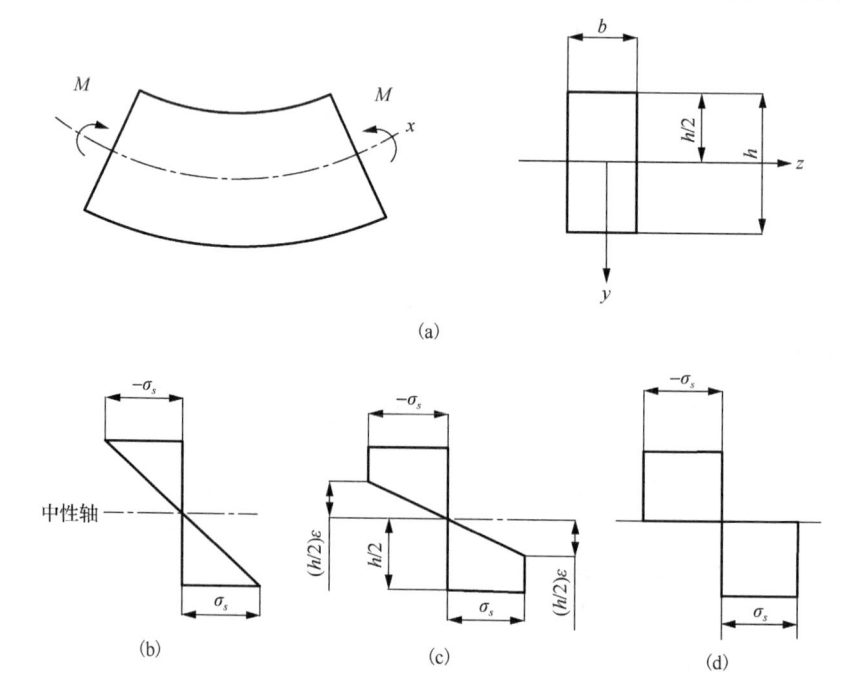

图 7-12 梁的弹性、弹塑性和完全塑性弯曲时的应力分布

如果梁为矩形截面，那么其上下边缘层的应力绝对值相同，符号相反。随着弯矩 $M$ 的变化，梁的上下边缘层的最大应力及截面应力将出现以下 3 种情况。

**1) 弹性极限弯曲**

当梁截面上下边缘层的最大应力达到屈服极限 $\sigma_{\max} = \sigma_s$ 时，其对应的载荷称为弹性极限载荷 $F_e$ 由图 7-12(b) 可求得

$$F_e = \frac{bh^2}{6}\sigma_s \tag{7-11}$$

式中，$\sigma_s$ 为材料的屈服极限。

**2) 弹塑性弯曲**

当载荷继续增大到 $F > F_e$ 时，塑性区自截面的上下边缘向内扩展，至 $y = \pm h\zeta/2$，即截面上出现部分塑性区和部分弹性区[图 7-12(c)]，称为弹塑性弯曲，其对应的弹塑性弯矩 $M(\zeta)$ 表达式为

$$M(\zeta) = 2b\left[\int_0^{\frac{h}{2}\zeta} \frac{\sigma_s}{\frac{h}{2}\zeta}y^2\mathrm{d}y + \int_{\frac{h}{2}\zeta}^{\frac{h}{2}} \sigma_s y\mathrm{d}y\right] = \sigma_s\frac{b(h\zeta)^2}{6} + \sigma_s b\left[\left(\frac{h}{2}\right)^2 - \left(\frac{h\zeta}{2}\right)^2\right]$$

$$= \frac{1}{12}\sigma_s bh^2\left[3-\zeta^2\right] = \frac{F_e}{2}\left(3-\zeta^2\right) \quad (0 \leqslant \zeta \leqslant 1) \tag{7-12}$$

**3) 塑性弯曲**

当载荷再增大到截面上应力值全部达到 $\pm\sigma_s$ 时[图 7-12(d)]，$\zeta = 0$，中性层内出现应力间断，称为塑性弯曲，与其对应的载荷为塑性极限载荷 $F_p$，其表达式可由式(7-12)得出：

$$F_p = \frac{3}{2}\cdot F_e = \frac{bh^2}{4}\sigma_s \tag{7-13}$$

当载荷增大到使最大弯矩截面上的弯矩达到塑性极限弯矩时，该截面即形成塑性铰，它可以转动。塑性铰与一般铰的不同点是可以传递弯矩，且有方向性，此时对应的载荷为极限载荷。

梁的极限载荷可根据虚位移原理求得，即外力(极限载荷)在其对应的位移上做的功(外功)，等于内力(塑性弯矩)在其虚位移(转角)上做的功(内功)。

**2. 圆管或圆环元件**

圆管或圆环元件是应用较广的能量吸收元件，这是由于其结构简单，易于制造，同时可提供相当大的受压行程。根据其受力和约束条件的不同，其性能有较大的差异。

**1) 受集中载荷的径向压缩圆环**

设圆环的平均半径为 $R$，当集中载荷 $P$ 达到极限载荷 $P_s$ 时，在圆环的 4 个最大弹性弯矩的截面处出现 4 个塑性铰(图 7-13)，成为可动机构。很容易看出，如果圆环中心 $O$ 保持不动，在各铰之间的 4 个刚性圆弧段以角速度 $\Omega$ 绕各自的瞬时中心 $I$ 转动；载荷 $P$ 以速度 $R\Omega$ 向中心 $O$ 产生位移，所以外力功为 $2P_s R\Omega$，而内力所耗散的塑性功为 $8M_p\Omega$，由虚位移原理可得

$$2P_s R\Omega = 8M_p\Omega$$

$$P_s = \frac{4M_p}{R} \tag{7-14}$$

式中，$P_s$ 为极限载荷；$M_p$ 为圆环内力矩。

(1) 重物 $M$ 以低速 $v_0$ 碰撞圆环。

质量为 $M$ 的重物以低速 $v_0$ 冲撞支承于某一平面的圆环(图 7-14)，圆环的惯性可忽略不计，$M$ 的全部动能耗散在圆环的塑性变形过程中。

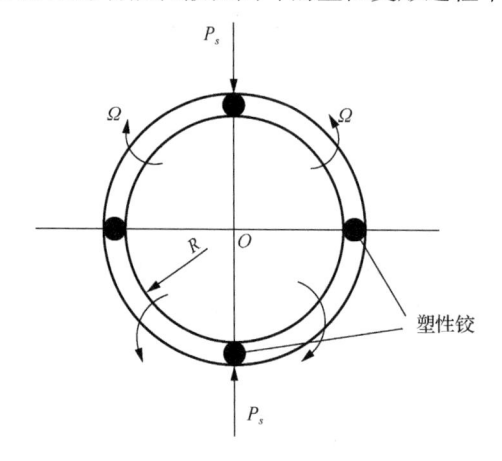

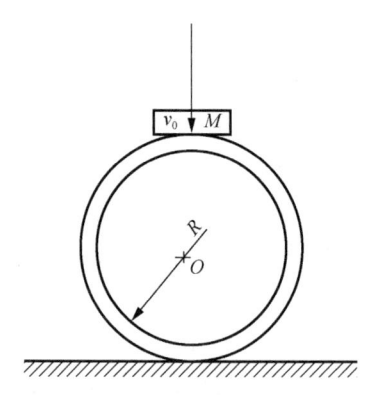

图 7-13 受集中载荷的径向压缩圆环

图 7-14 重物 $M$ 以低速 $v_0$ 碰撞圆环

设径向压缩量为 $\Delta D$，利用式(7-14)，由于 $\Delta D / D$ 为微小量，可近似地得到

$$\frac{4M_p}{\frac{D}{2}}\Delta D = \frac{1}{2}Mv_0^2$$

$$\Delta D = \frac{Mv_0^2 D}{16M_p} \tag{7-15}$$

(2) 圆环在两平行刚性体间的准静态碰撞。

随着碰撞力的增大，圆环的垂直径向变形也增大，原来的 4 个塑性铰仍保持不变，但 $P_s$ 的作用点偏离了中心线，分成 2 个对称相等的量 $P_s/2$。每个 1/2 圆环仍认为保持刚性转动，根据虚位移原理，有

$$\frac{P_s}{2}NI\Omega = 2M_p\Omega$$

$$P_s = \frac{4M_p}{NI} \tag{7-16}$$

如果以 $W$ 表示圆环的总挠度，由图 7-15 可得，$NI^2 = (D^2 - W^2)/4$，代入式(7-16)，可得

$$\frac{P_s}{4M_p/R} = \frac{1}{\left[1-(W/D)^2\right]^{1/2}} \tag{7-17}$$

**2) 受轴向压力作用的圆管**

受轴向压力作用的圆管或圆筒，可能出现 3 种屈曲模式，即欧拉压杆式弹性屈曲、轴对称屈曲和非轴对称屈曲。作为能量吸收装置中的元件，摒弃前者，采用后两种模式，并假设材料为理想刚塑性，按其形状和变形形式可分为以下 3 种情况。

(1) 圆管轴对称屈曲。

圆管在两平行刚性体间压力 $P$ 的作用下，发生轴对称屈曲，产生波纹状或手风琴式的塑

性大变形。这种变形模式最先由 Alexander 给出，后来 Jahson 对其进行了分析(图 7-16)，认为当一个环状波完全折曲时(角度 $\theta$ 从 0 增大到 $\pi/2$)，所耗散的能量由两部分组成：4 个环状塑性铰线处金属产生塑性弯曲变形所耗散的能量，以及在各塑性铰线间金属管壁伸张，由塑性变形耗散的能量。

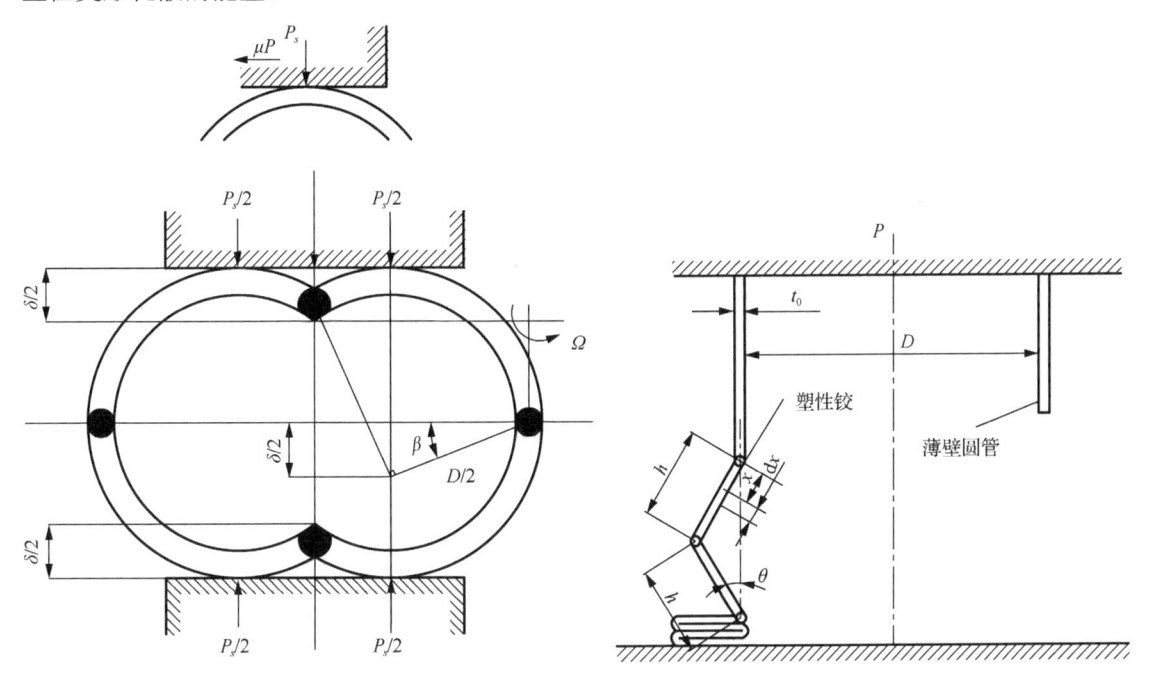

图 7-15 圆环在两平行刚性体间的准静态碰撞

图 7-16 圆管轴对称屈曲模型

塑性弯曲变形能为

$$W_B = 2\dot{M}_e \pi \times D \frac{\pi}{2} + 2\dot{M}_e \int_0^{\frac{\pi}{2}} \pi(D + 2h\sin\theta)\mathrm{d}\theta = 2\dot{M}_e \pi(\pi D + 2h) \tag{7-18}$$

式中，$\dot{M}_e$ 为管壁单位周长塑性极限弯矩，根据 von-Mises 屈服条件，$\dot{M}_e = \frac{2}{\sqrt{3}}\frac{1}{4}\sigma_s t_0^2$，$t_0$ 为管壁厚度，$\sigma_s$ 为屈服极限；$h$ 为圆管待定屈曲长度。

管壁伸张塑性变形能为

$$W_s = 2\int_0^h \sigma_s \pi D t_0 \ln\frac{(D + 2x\sin\theta)}{D}\mathrm{d}x \tag{7-19}$$

当 $\theta = 90°$ 时，有

$$W_s \approx 2\pi\sigma_s t_0 \int_0^h D \frac{2x}{D}\mathrm{d}x = 2\pi\sigma_s t_0 h^2 \tag{7-20}$$

以上为圆管向外屈曲产生的轴对称变形，圆管也可能向内屈曲产生轴对称变形，其弯曲塑性功表达式与式(7-18)相同。管壁向内屈曲时，管壁金属受压缩，压缩塑性变形能仍为正值，且与式(7-19)相同。因此，对于圆管向外、向内或内外兼有的屈曲情况，塑性功或耗散的能量是一样的。

以上推导中假定塑性弯曲和塑性伸张(或压缩)变形间无交互作用，并假定 $t_0$ 和 $h$ 在变形过程中都保持不变，这样，一个环状塑性铰线完全屈曲，等效于一个环状波幅完全被吸收，

外力 $P$ 做的功为 $T = 2P_s h$，而内力所做的功为 $W_B + W_S$，由虚位移原理，将式(7-18)和式(7-20)代入，可得

$$\begin{cases} 2P_s h = 2\left(\dfrac{2}{\sqrt{3}}\dfrac{1}{4}\sigma_s t_0^2\right)\pi(\pi D + 2h) + 2\pi\sigma_s t_0 h^2 \\ \dfrac{P_s}{\sigma_s} = \dfrac{\pi t_0^2}{\sqrt{3}}\left(\dfrac{\pi D}{2h} + 1\right) + \pi h t_0 \end{cases} \quad (7\text{-}21)$$

式(7-21)给出了 $P_s$ 与 $h$ 间的关系，真实的 $h$ 值应使 $P_s$ 最小，故对 $h$ 求导，使之等于零。

$$\begin{cases} \dfrac{\mathrm{d}}{\mathrm{d}h}\left(\dfrac{P_s}{\sigma_s}\right) = \dfrac{\pi t_0^2}{\sqrt{3}}\left(-\dfrac{\pi D}{2h^2}\right) + \pi t_0 = 0 \\ h = \left(\dfrac{\pi}{2\sqrt{3}}\right)^{1/2}(D t_0)^{1/2} \approx 0.95(D t_0)^{1/2} \end{cases} \quad (7\text{-}22)$$

代回式(7-21)，求得

$$\dfrac{P_s}{\sigma_s} = 6 t_0 (D t_0)^{1/2} + 1.8 t_0^2 \quad (7\text{-}23)$$

对于各种车辆的车体结构，可用式(7-23)粗略地估算其耐撞性。若行驶中的车辆质量为 $M$，运行速度为 $v$，碰撞过程中，结构的屈曲压溃长度(行程)为 $d$，则由功-能关系可得

$$P_s d = \dfrac{1}{2} M v^2 \quad (7\text{-}24)$$

式中，$P_s$ 可根据式(7-23)求得；$M$ 与 $v$ 为已知值，这样可粗略地计算出 $d$。

(2)圆管非轴对称屈曲。

研究圆柱壳体在轴向压力作用下同时存在轴向和环向波纹的非轴对称屈曲模式。进一步研究发现，这种模式在塑性大屈曲变形中也存在，且产生由若干个三角块体折叠起来的折曲变形，故又称为金刚石模式(图 7-17)，图中 $n$ 和 $m$ 分别表示横行和垂向单元数。

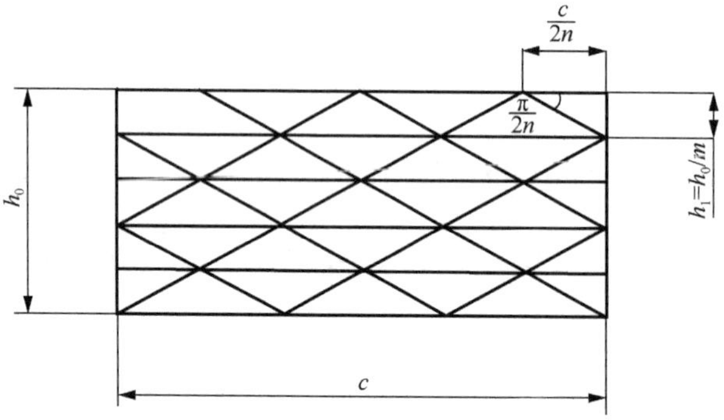

在这种模式下，极限载荷的求解可从能量吸收方面考虑，对其变形进行一些假设，得出简化的可动机构，采用半经验的方法确定有关系数，提出的计算式为

图 7-17 圆管非轴对称屈曲模型

$$\dfrac{P_s}{2\pi\sigma_s R t_0} = \dfrac{10 t_0}{R} + 0.3 \quad (R/t_0 \geqslant 50) \quad (7\text{-}25)$$

不断改进后，又提出了新的计算式

$$\dfrac{P_s}{2\pi\sigma_s R t_0} = 3.64\left(\dfrac{t_0}{R}\right)^{1/2} \quad (7\text{-}26)$$

采用计算公式所得的结果，与工程中某些材料在一定的几何尺寸范围内的实验数据能较好地吻合。

(3)圆管在轴向被压入模具。

圆管的一端或两端与设有向外翻或向内翻的导槽的模具相嵌套，在轴向压力作用下，管一端或两端的金属沿导槽向外或向内卷曲变形(图 7-18)。

无论是向外还是向内卷曲，管壁金属都会产生拉伸或压缩变形，计算这两部分塑性变形能，可求得极限载荷为

$$\frac{P_s}{\sigma_s} = 7.5 t_0 (Dt_0)^{1/2} \tag{7-27}$$

比较式(7-27)与式(7-23)可知，极限载荷比轴对称屈曲变形模式高约 25%。

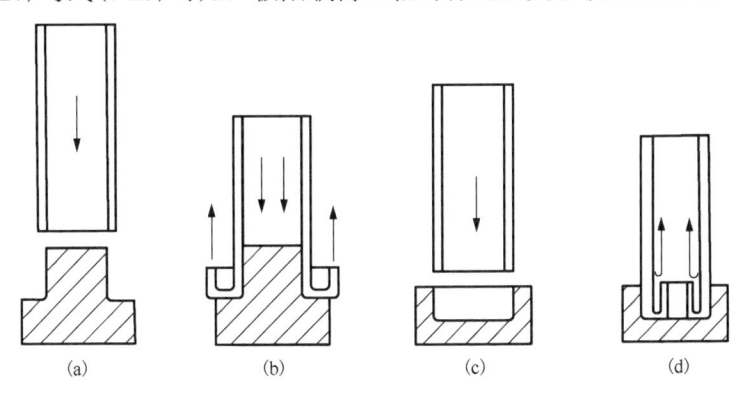

图 7-18 圆管卷曲变形

卷曲模式下的承载能力比较稳定，接近于常数，缺点是需要配置模具和润滑，所以结构较复杂。试验表明，当采用的模具的导槽半径 $r$ 很小，$r/t_0 < 4$ 时，圆管在翻卷过程中会发生破碎。这样，圆管在轴向压力作用下，一边翻卷一边破碎，直到整个管子全部破碎为止，其行程为圆管的全长，其比耗能是相当高的。但是，这样会产生大量的碎片，不宜在离人较近的场合采用。

**3) 超静定结构的极限载荷**

结构承载能力(极限载荷)的确定是实现车辆强度规范设计的重要一步，在车辆发生碰撞时，部分结构要屈曲变形，也要耗散一部分碰撞动能，在车体设计中应予考虑。以下介绍几种超静定结构的极限载荷的计算方法。

(1) 一端固定、一端铰支的超静定悬臂梁。

梁的跨度为 $2l$，梁长的中点处作用集中载荷 $P$(图 7-19)。由材料力学可求得弯矩沿梁的长度方向分布为

$$M(x) = \begin{cases} P\left[\dfrac{5}{16}(2l-x)-(l-x)\right] & (0 \leqslant x \leqslant l) \\ P\dfrac{5}{16}(2l-x) & (l < x \leqslant 2l) \end{cases} \tag{7-28}$$

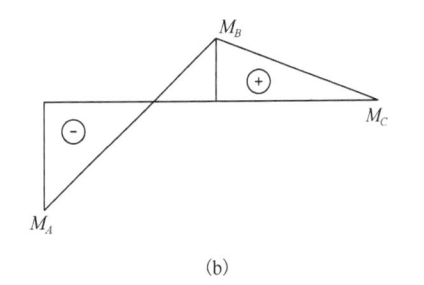

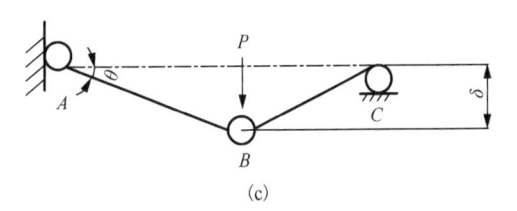

图 7-19 超静定悬臂梁

最大弯矩发生在梁的固定端 $A$，即在 $x=0$ 处

$$M_A = |M|_{\max} = \frac{3}{8}Pl \tag{7-29}$$

由式(7-29)可知，随着 $P$ 的增大，$M_A$ 的绝对值增大，当 $|M_A| = M_p$ 时，相应的载荷为 $P_1 = 8M_p/3l$。当 $P > P_1$ 时，$A$ 点形成塑性铰，可以转动。这时，由于梁的其他部分仍处在弹性(或刚性)状态，塑性铰受到约束，不能自动转动，梁还没有变成一个可动机构。但是，$A$ 点成为塑性铰后，这里的弯矩恒等于 $-M_p$，不再增大，于是梁就成为静定梁。此时，容易求出 $C$ 点的支反力 $R_C$ 和梁内的弯矩分布分别为

$$R_C = \frac{P}{2} - \frac{M_p}{2l} \tag{7-30}$$

$$M(x) = \begin{cases} R_C(2l-x) - P(l-x) & (0 \leqslant x \leqslant l) \\ R_C(2l-x) & (l < x \leqslant 2l) \end{cases} \tag{7-31}$$

正弯矩的最大值发生在梁长中点 $B$ 处：

$$M_B = R_C l = \frac{Pl}{2} - \frac{M_p}{2} \tag{7-32}$$

若载荷 $P$ 继续增大，当 $M_B = M_p$ 时，相应的载荷为 $P_2 = 3M_p/l$，这时点 $A$ 和点 $B$ 都变成塑性铰，见图 7-19(c)，梁成为一个可动机构，此时 $P_2$ 就是该超静定梁的极限载荷 $P_s$。由式(7-32)可知，当 $M_B = M_p$ 时，可得

$$P_s = \frac{3M_p}{l} \tag{7-33}$$

同样可由虚位移原理和理想刚塑性材料假设求得极限载荷 $P_s$，由图 7-19(c)可得，设点 $A$ 转角为 $\theta$，则点 $B$ 转角为 $2\theta$，载荷 $P$ 在垂直方向发生的位移为 $l\theta$，故外力做功 $T = P_s l\theta$，内力功 $V = M_p\theta + 2M_p\theta$，由 $T = V$ 可得，$P_s l\theta = 3M_P\theta$，所以有 $P_s = 3M_p/l$，与式(7-33)相同。

以上在分析 $M(x)$、$R_C$ 和 $P_s$ 时都与弹性模量 $E$ 无关，所以前者对结构采用弹塑性模型，后者用理想刚塑性模型分析，两者求得的极限载荷完全相同。因此，把材料假定为理想刚塑性不仅不会影响所得结果，而且方法更加简便。

(2) 超静定刚架。

刚架受均布载荷 $q$ 和集中载荷 $P = 0.4ql$ 的作用，如图 7-20(a)所示。设柱和梁的塑性极限弯矩分别为 $M_p$ 和 $2M_p$。刚架的破坏有 3 种情况，见图 7-20(b)~(d)。

① 如图 7-20(b)所示的可动机构，在柱的上端和梁的中点处出现 3 个塑性铰，塑性铰处弯矩为极限弯矩 $M_p$，内力功为

$$V = \theta M_p + 2\theta \cdot 2M_p + \theta M_p = 6\theta M_p$$

外力功为

$$T = 2ql \cdot \frac{\theta l}{2} = \theta q l^2$$

由 $T = V$ 可得

$$q = \frac{6M_p}{l^2} \tag{7-34}$$

② 如图 7-20(c)所示的可动机构，在柱的上下端弯矩最大截面外出现塑性铰，其弯矩等于塑性极限弯矩 $M_p$，这时，内力功 $V$ 和外力功 $T$ 分别为

$$V = 4\theta M_p$$

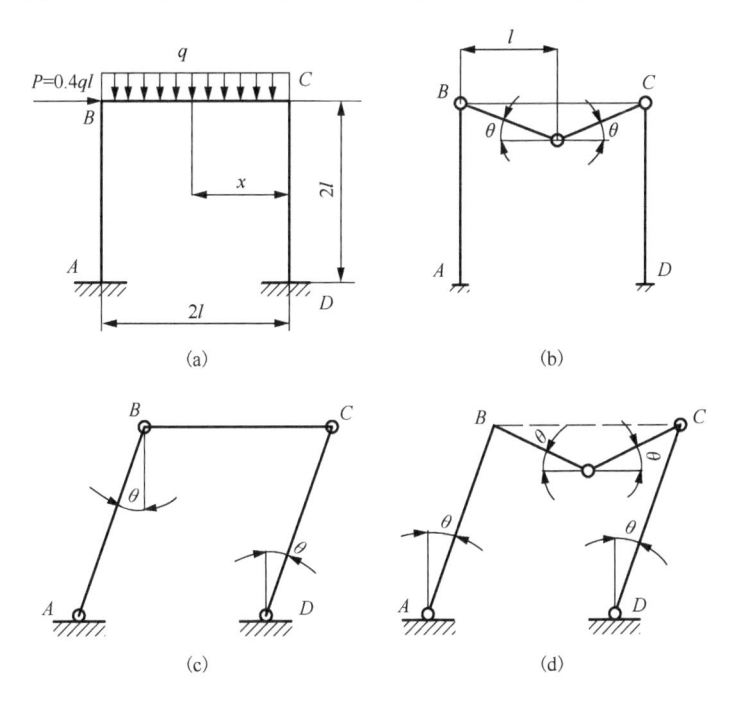

图 7-20 刚架载荷、变形机构简图

$$T = 0.4ql \cdot 2\theta l = 0.8\theta q l^2$$

由 $T = V$，有

$$0.8\theta q l^2 = 4\theta M_p$$

$$q = \frac{5M_p}{l^2} \tag{7-35}$$

③ 如图 7-20(d) 所示的可动机构，在柱的上下端和梁的中点处出现塑性铰，内力功 $V$ 和外力功 $T$ 分别为

$$V = \theta M_p + 2\theta \cdot 2M_p + 3\theta M_p = 8\theta M_p$$

$$T = 0.4ql \cdot 2\theta l + 2ql \cdot \frac{l\theta}{2} = 1.8\theta q l^2$$

由 $T = V$，有

$$1.8\theta q l^2 = 8\theta M_p$$

$$q = \frac{40}{9}\frac{M_p}{l^2} \tag{7-36}$$

比较式(7-34)~式(7-36)，选取其中的最小值，得到刚架的极限载荷为

$$P_s = \frac{40}{9}\frac{M_p}{l^2} \tag{7-37}$$

对各种能量吸收装置的元件和有关结构进行塑性分析之后，就可对具有防碰撞设施的车体结构进行总的碰撞力、碰撞行程和加速度、总的能量耗散等方面的理论分析，以期达到衰减加速度、减少人员伤亡和财产损失的目的。

## 第三节　耐撞车体的结构设计

尽管轨道车辆系统中采用了大量的主动安全性措施,但是仍然不能完全避免列车碰撞事故。因此,近年来,如何在更高碰撞速度的情况下,提高轨道列车的被动安全性这一问题受到了越来越多的重视,传统的车体结构不能发生永久变形的既有设计概念应变为基于可控制能量吸收过程的耐撞车体设计理念。

## 一、车辆耐撞性设计要求与方法

### 1. 耐撞安全性设计要求

要求在客室区域发生显著的塑性变形之前,车辆端部的碰撞变形能量吸收装置首先按预先设定的过程进行动作,尽可能多地吸收碰撞能量,从而起到保护乘客安全的作用。对于轨道车辆,通常的碰撞安全性设计要求可以归纳为以下几点。

(1) 典型的列车碰撞假设条件是基于相同或相似类型列车在头部或尾部发生碰撞。

(2) 车体结构设计要求的重点为车辆端部的碰撞变形能量吸收区,塑性压溃变形应该在这些车辆端部区域产生,并按设定的过程渐进式发展。

(3) 最大碰撞冲击力极限值的设定应确保发生列车碰撞时的减速度保持在一个适度的水平,以便保护乘务人员及乘客的安全,并避免设备安装、内装及转向架连接装置脱落或损坏。

(4) 客室区域车体结构的承载能力必须大于碰撞变形能量吸收区。

(5) 碰撞变形能量吸收区的设计通常需要在给定的碰撞假设条件下进行,包括列车编组、碰撞速度及车钩缓冲装置布置等。

为了避免一辆车爬升冲入另一辆车,必须在列车端部采用防爬装置。根据欧盟有关研究项目的建议,列车端部的防爬装置应当能够承受 150 kN 垂直方向的载荷,并且在发生碰撞的车辆之间存在 100mm 垂直方向位置偏差的情况下,防爬装置仍然能够正常工作。

在一个典型的理想碰撞过程中,压缩力与压缩变形行程的关系曲线见图 7-21,反映了采用现代碰撞安全性系统原理设计的车辆在列车端部发生碰撞时的情况。

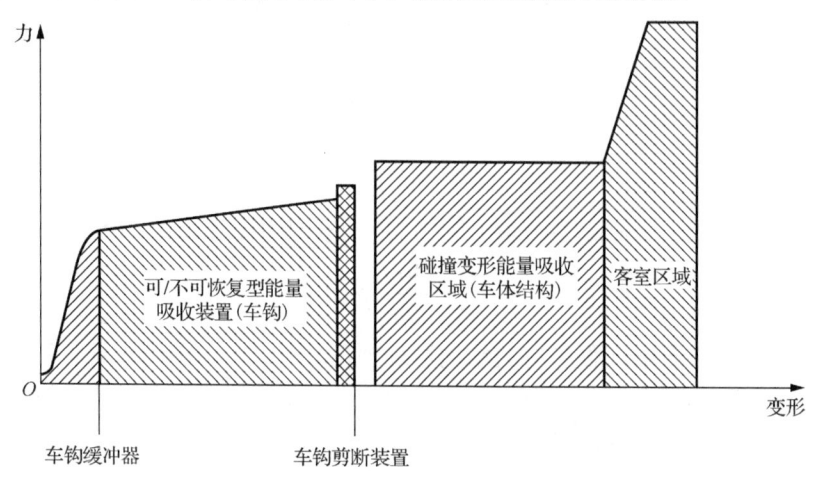

图 7-21　车辆碰撞变形能量吸收顺序系统设计原理

对于在非专用线路上运行的列车或者与其他类型的列车混合运行的情况，车体结构的碰撞安全性设计可能还应考虑其他的碰撞假设条件，如与其他类型列车碰撞、在平交道口与大货车或小汽车碰撞等。

### 2. 结构设计方法和工具

轨道车辆碰撞变形能量吸收系统设计方法与步骤见表 7-1。由于每一步骤的主要目标不同，相应适用的设计方法也有很大差别，既有比较简单的仿真计算方法，如能量守恒模型、多体动力学工具、刚性和塑性假设方法等，也有专业的有限元碰撞分析软件。

表 7-1 轨道车辆碰撞变形能量吸收系统设计方法与步骤

| 设计步骤 | 步骤名称 | 设计方法与工具 | 获得结果 |
|---|---|---|---|
| 1 | 简化列车动力学仿真计算 | 多体动力学程序 | 车钩设计原则<br>碰撞变形能量吸收区需要的载荷及能量水平<br>平均减速度水平 |
| 2 | 能量吸收元件的设计（含相关子系统） | 定性分析<br>简化数值分析<br>非线性有限元分析：准静态、动态 | 能量吸收元件的设计条件或基本参数 |
| 3 | 能量吸收元件的验证 | 准静态试验<br>动态试验 | 载荷-变形特性曲线<br>能量吸收能力数值<br>仿真计算模型的验证 |
| 4 | 碰撞变形能量吸收区的设计 | 有限元准静态分析<br>有限元动态分析 | 载荷-变形特性曲线<br>能量吸收能力数值 |
| 5 | 列车动力学仿真(在 2~4 步骤结果的基础上进行) | 多体动力学程序 | 详细的车钩设计条件<br>列车碰撞过程特性<br>力、速度、加速度 |
| 6 | 整车碰撞特性的详细动力学分析 | 有限元碰撞分析软件 | 变形特性<br>加速度 |
| 7 | 整车碰撞试验 | 准静态试验或动态试验 | 变形特性<br>力、加速度<br>仿真计算结果的验证 |

与汽车工业不同，铁道车辆行业很少进行成本高昂的整车碰撞破坏性实物试验，通常仅要求进行基于仿真分析计算方法的碰撞安全性设计及验证。然而，为了获得可靠的结果，通过试验验证仿真分析计算方法也是非常必要的。为此，通常需要对材料或碰撞变形能量吸收元件进行静态或动态试验。

对于城轨列车的碰撞安全性设计来说，表 7-1 中的步骤 1~5 是标准工作任务，并且，通常情况下，规定的碰撞速度范围已经足够了。整车碰撞特性的详细动力学分析(步骤 6)仅应用于个别项目，如需要研究高速碰撞的情况。整车碰撞试验(步骤 7)成本很高，目前仅适用于研究与开发项目，显然超出了轨道车辆设计工程项目的工作范围。

## 二、碰撞结构设计理念

### 1. 碰撞结构设计的方式

轨道车辆中通常采用车钩中配置的能量吸收元件以及车辆端部配置的碰撞变形能量吸收区来实现碰撞安全性设计，其中主要为底架结构中的变形元件，专门用来吸收超过车钩系统能量吸收限度的碰撞能量,一旦发生事故,可以降低乘客受到伤害的风险。

为了保证碰撞过程中产生的塑性变形局限于预先设定的专门的碰撞变形能量吸收区内,客室区域车体结构的承载能力必须明显高于车辆端部。

高度恰当的防爬器要布置在碰撞变形能量吸收区的前方,防止车辆发生严重碰撞时产生爬升情况而挤压到客室区域。

碰撞变形能量吸收元件的设计通常采用筒形结构(正方形、长方形、六边形、多单元组合断面等)单元,在纵向冲击力的作用下,这些吸能元件能够发生逐步渐进式的塑性屈曲变形,其特性曲线呈现振荡波形,但在碰撞冲击变形的很长距离内,冲击力水平基本保持一致。吸能元件初始长度的 70%~75%可以用来吸收能量,它与吸能元件的断面形状有关。通常采用的触发机构形式包括局部弱化处理、锥形结构等,目的是把碰撞初始过程的冲击力峰值降低到合理的水平,并明确定义结构屈服发生的起始位置。

车辆端部的设计方式主要通过以下两种方法来实现:①车辆端部碰撞变形能量吸收区与车体结构完全集成在一起;②由吸能元件构成的碰撞变形能量吸收区与防爬器板状结构集成在一起,组成一个模块化部件,然后通过螺栓等机械连接组装到底架结构前端。

**1) 与车体结构完全集成在一起的碰撞变形能量吸收区设计**

底架端部结构通常包括一个前方安装防爬器的端梁,碰撞变形能量吸收区布置在端梁的正后方,并通过车钩横梁及底架枕梁与车体主结构连接成一体。端墙结构通常由梁柱组成的框架结构(端角柱、抗撞击立柱、窗横梁)以及外面覆盖的蒙皮壳组成。其中,抗撞击立柱的主要作用是保证端墙有足够的承载能力,以防止发生碰撞时障碍物挤入司机室结构中。另外,端墙结构与车顶结构的连接方式必须进行恰当的设计,以保证其与碰撞变形能量吸收区的设计相协调,如承受垂直方向的力、对底架端部变形区压溃过程的动态影响等。

车辆端部碰撞安全性设计的主要挑战之一是必须同时满足多个并且经常相互矛盾的要求,因为集成的碰撞变形能量吸收区不仅要承受碰撞冲击时的载荷,还要传递静态载荷,如作用在防爬器上的纵向及垂向载荷、作用在端墙结构上的局部载荷、车钩载荷、架车引起的载荷等。静强度设计通常会使车体端部结构的刚性较强,但是碰撞安全性设计要求具有一个可以变形的区域,并能够恰当地控制能量吸收的过程及碰撞冲击力的水平。碰撞变形能量吸收区本身的设计与评估已经非常复杂,但是为了兼顾静强度及碰撞安全性两个方面的要求,通常车辆端部的结构设计需要反复进行,而最终的设计结果通常是兼顾两个方面的折中方案。

**2) 碰撞变形能量吸收元件附加组装到车辆端部结构上的设计**

碰撞变形能量吸收元件与防爬装置组成一个模块,然后附加组装到车辆端部结构上,而不是与车体结构设计集成在一起,这是另一种提高铁道车辆被动安全性的常用设计方案,这种附加组装方式的碰撞变形能量吸收装置主要具有如下优点。

(1) 可较少受到来自车体结构静强度设计要求的限制,避免车体静强度设计要求与碰撞安全性设计要求相互冲突,允许从优化角度设计能量吸收元件。与集成设计方案比较,通常情况下,采用该方法可以获得较低的碰撞挤压力及减速度水平。

(2) 附加组装到车辆端部结构上的能量吸收装置容易修理与更换。对于车辆之间发生中低速碰撞的情况,造成的损坏可以仅限于能量吸收元件(这也与能量吸收装置凸出车体结构之外的长度有关),可以较为容易地实现受损能量吸收装置的更换。即使碰撞过程造成司机室前端结构损坏,通常破坏程度也是有限的,可以比较容易且低成本地进行修复。

对于理想的对中碰撞情况，通常附加组装的能量吸收装置工作状况良好，但是还需要特别考虑非理想的碰撞情况，如发生碰撞的车辆在垂直方向或水平方向存在错位的情况，这时可能导致车辆爬升现象。根据欧洲项目 SAFETRAIN 的研究结果，车辆结构端部的防爬装置应该在承受 150kN 垂直方向的作用力，同时在发生碰撞的车辆之间存在 100mm 垂直方向错位的情况下仍然能够正常工作。对于附加组装到车辆端部结构上的碰撞变形能量吸收装置，通常还需要其他结构装置来传递那些非理想碰撞情况导致的横向力及附加弯矩，同时不影响或不降低能量吸收。

采用一种结构简单却非常有效的导向机构设计方案，它适用于前端安装防爬板的筒形能量吸收装置，即使在受垂直方向作用力及产生错位碰撞的情况下，也能保证能量吸收装置具有稳定的变形过程。该设计方案是专门针对地铁车辆应用环境而开发的，主要由位于筒形铝合金吸能材料内部的滑动导向机构来实现，它可以限制前端防爬器板的扭转，并传递大部分偏心力矩。验证分析的结果表明，即使在车辆发生很大错位碰撞的情况下，能量吸收元件仍然具有正确的工作模式。

特别地，如果采用附加组装碰撞能量吸收区与车端集成碰撞安全性两种方法的综合解决方案，可能会得到更有吸引力的设计。这样的设计方案除了可以保证高效的碰撞能量吸收功能以外，还可以把意外事故碰撞对车体结构造成的损坏降低到最低，同时提供城轨列车需要考虑的全部事故碰撞速度范围内容易修理的解决方案。

对于耐撞车体结构的设计，既要安全可靠，又要减轻自重，不能因为增加了吸能结构而增大自重。因此，在设计车体结构时，一方面要在吸能结构的设计上采取措施；另一方面，要对整体结构按薄壁筒形承载结构进行设计，尽可能使各梁件形成一系列的封闭框架。在一定碰撞速度下，对于仅允许发生弹性变形的车体中部载人区，除底架的局部结构外，原则上应尽可能采用中国客运列车主型动车及车辆，因为这种车体结构经受了长期的运营考核。

**2. 车辆碰撞纵向刚度的设计**

**1) 车辆碰撞纵向设计载荷与变形的关系**

通过对各种元件和结构的极限状态进行塑性分析，可得到塑性功。塑性功是不可逆的，需要消耗与之相当的能量(外力功)，因此可根据一定的条件和要求，将它们应用于防撞车辆结构设计中，在车辆发生碰撞事故时，可以吸收冲击动能，这为防撞车辆设计提供了可靠、简便的分析方法和理论基础。

防撞车辆的设计载荷(纵向载荷)的确定与一般传统车辆强度设计是不同的，传统车辆的强度设计载荷是考虑不受损伤，由最恶劣的运行条件下的载荷值，再加上一定裕量(强度储备)来确定，车辆在此载荷下不允许有永久变形。而防撞车辆是借助于结构的塑性变形(即永久变形)，力图将碰撞时车辆所承受的纵向载荷降低到最小值，以降低碰撞加速度，减轻人员伤亡。

对于车辆运行中受到的载荷和产生的碰撞动能，人们对冲击力的容忍实际上是对加速度、车辆屈曲变形行程和能量吸收等因素的综合忍受程度。通常根据列车碰撞速度，可以比较理想地将车体碰撞纵向设计载荷与变形的关系大致分为四个等级，如表 7-2 所示。同时，这也代表了通常碰撞事故的分类，需要注意的是，随着防撞列车设计技术的不断发展，列车碰撞等级的速度界限也将不断提高。

表 7-2　车体碰撞纵向设计荷载(阻力)与变形的关系

| 碰撞等级 | 速度等级/(km/h) | 可接受的响应 |
| --- | --- | --- |
| 1 转轨作业冲击 | 7～10 | 能量靠钩缓耗散，车钩缓冲器系统不应丧失使用性能，车辆保持完好状态 |
| 2 轻度碰撞 | 10～18 | 冲击力为 600～800 kN，能量靠钩缓装置和吸能原件(如防爬装置等)来耗散，允许车体有小于 0.2 m 的变形，车体客室部分不会受损 |
| 3 中度碰撞 | 18～36 | 能量靠钩缓装置、吸能装置和部分车体端部结构来耗散，其冲击力最大值不超过 1000kN，约比前者(第 2 种情况)高 25%，防爬装置起作用，车体最大变形量须小于 1m，客室无损伤，所产生的加速度脉冲不会使乘客受到伤害 |
| 4 严重碰撞 | >36 | 能量主要由多个车体端部可变形结构的塑性变形来耗散，其冲击力值约高于第 2 种情况的 50%，但仍比客室屈曲阻力低 50%～100%，可变形区域最大变形量一般不超过 1m，而客室结构应该是安全的，车辆上的设备不会脱离约束和产生重大变形 |

**2) 车体纵向刚度的设计分析**

车体纵向刚度是车辆耐撞性的重要参数之一，客运列车耐撞击车体的纵向刚度可按以下三种设计方案考虑。

方案 1：耐撞击车体设计为具有较大的纵向刚度，在与其他车辆撞击过程中只产生很小的变形。

方案 2：耐撞击车体与其他既有车车体具有基本相同的纵向刚度。

方案 3：耐撞击车体比现有车体纵向刚度小。

对于方案 1，可以用车体纵向的变形能量分析耐冲击车体纵向刚度过大的情况，互撞车体沿纵向变形所吸收的能量 $W$ 分别为

$$\begin{cases} W_{11} = \int F(\delta_1) \mathrm{d}\delta_1 \\ W_{22} = \int F(\delta_2) \mathrm{d}\delta_2 \end{cases} \tag{7-38}$$

由式(7-38)可知，每辆车所吸收的变形能量仅与该车在撞击过程中产生的变形 $\delta_{1,2}$ 和作用力 $F(\delta_{1,2})$ 有关，由于互撞的两车在接触面上的作用力总是相等的，而方案 1 的车体纵向刚度大于既有车的车体纵向刚度，使得新造车在撞击过程中的变形较小，吸收能量相对较小，与之相撞的另一辆车将产生大变形而吸收相对较大的能量。这样，尽管耐撞击车体受到保护，但与之相撞的另一辆车更易被撞坏，显然，以牺牲一种车辆而保护另一种车辆的设计方案是不可取的。

同理，在方案 3 中，耐撞击车体与现有车体相比，其纵向刚度较弱，耐撞击车体将吸收较大的冲击能量，难以实现被动安全保护。

基于上述分析，在设计耐撞击车体时，按方案 2 选取其纵向刚度，即耐撞击车体纵向刚度与既有车辆的车体纵向刚度基本相当。这样，在两种车体发生碰撞事故时，不会因刚度相差太大导致刚度弱的车体被完全破坏，而是靠耐撞击车体的吸能结构吸收撞击能量，达到安全被动保护的目的。

**3. 吸能结构设计方法**

吸能结构设计应符合下述要求。

(1) 碰撞动能尽可能不可逆地转换为变形能，即以塑性变形(塑性弯曲、塑性扭曲、塑性屈曲、裂纹扩展和断裂)吸收动能，而不是以弹性变形来储存这种能量。

(2) 吸能结构变形规律应当稳定，具有可靠性。

(3) 吸能结构在吸能过程中应具有接近定常的承载能力。
(4) 为了吸收更多的冲击动能，应有足够长的变形行程。
(5) 自重轻，具有良好的比耗能，即单位重量吸收的能量。
(6) 吸能零部件尽可能既是吸能部件又是传力元件。
(7) 由于吸能结构是一次性使用，成本应低，并便于制造。

按照吸能结构设计要求，动车、客车车体吸能结构的设计应满足以下要求：在正常运行条件下（冲击力或静压力为 1500 kN），该结构有足够的强度和刚度，并具有良好的传递纵向力性能；在较高速度下发生碰撞事故时，结构在一定冲击力作用下产生大变形，能吸收足够的冲击动能，即将冲击动能尽可能转换为吸能结构的变形能。车体吸能结构一般分承载吸能结构和专用吸能结构。

**1) 承载吸能结构**

承载吸能结构：在正常运行及制动情况下，具有良好的传递纵向力性能，在发生撞击事故时产生塑性大变形，吸收能量。以底架为主要吸能结构，为了控制这部分结构在撞击过程中首先产生塑性大变形吸收能量，可以用下述方法实现。

在相关底架梁件上开设不同方向的椭圆孔，这样当发生碰撞事故时，梁件在靠近椭圆孔周围部分的应力急剧增加，局部首先屈曲失稳，撞击力继续作用，梁件失稳处开始产生大变形，最后将梁件压成皱褶。由于各纵向梁的开孔方向不同，皱褶分别向上下和向两侧有序进行，这样在撞击过程中所产生的变形大小及方向均得到了控制，吸能结构的变形模式较为稳定，使变形具有可靠性。同时，梁件上的开孔减轻了车体自重，提高了比耗能。

**2) 专用吸能结构**

专用吸能结构不传递纵向力，仅在发生撞击事故时产生塑性大变形来吸收能量。为了提高结构的耐撞击性及所吸收的能量，应控制车体自重，增加吸能结构的比耗能，设置一些专用的吸能结构。根据相关研究结果表明，6 方格蜂窝状结构铝合金吸能材料的比耗能较大，其具有以下特征。

(1) 相对密度较小，是理想轻质结构材料。
(2) 是典型的各向异性材料，抗拉压强度较大，变形能力大，具有很好的吸能效果。
(3) 具有良好的隔热性能。

因此，可以在底架的吸能部位沿纵向设置 6 方格蜂窝状吸能结构，为使吸收的能量尽可能按一种有控制的方式进行，应降低结构在产生塑性变形前的撞击力峰值，即降低减速度，增加吸能面积，固定 6 方格蜂窝状吸能结构的连接方式需要进行特殊设计。

# 三、耐撞车体结构设计实例解析

## 1. 英国铁路公司防撞车体结构设计

英国铁路公司（British Railways，BR）对铁路车辆碰撞进行了较深入的理论分析和试验研究。在对多辆有代表性的旧型车辆进行碰撞试验的基础上，经总结、改进设计了带司机室的防撞车结构。图 7-22 中仅展示了司机室的钢结构简图，其他部分与一般传统形式车辆的结构类似。

由图 7-22 可知，司机室前端有端门，在端门柱（缓冲柱）和角柱间设有瞭望窗，两侧设有侧门，侧门的前门柱和角柱间设有侧窗。左右侧门与端门间内部有通道相连，这样设计，在产生碰撞时，全部结构在前门柱前方的折曲变形行程约有1m，并留有足够空间容纳司机。除专门设计的能量吸收元件外，车体各构件在屈曲时也可以吸收一部分能量，每车端总的吸收能量约为1 MJ，车辆自重为24 t（其中车体16 t，转向架4 t）。

**1) 牵引缓冲装置**

牵引缓冲装置的作用与一般的钩缓装置相同，起牵引、连接、缓冲作用，借助于防爬缓冲器能吸收一定的冲击动能。通过受剪切的螺栓将其与底架相连接，螺栓的剪切破坏载荷为480 kN，当纵向力达到480 kN时，螺栓剪断，牵引缓冲装置与底架脱离，这时缓冲器已达最大容量。

**2) 可更换式能量吸收装置**

在底架缓冲梁两端原本安装缓冲饼的位置处，各安装1个玻璃钢增强塑料圆管，圆管的根部固定在缓冲梁上，另

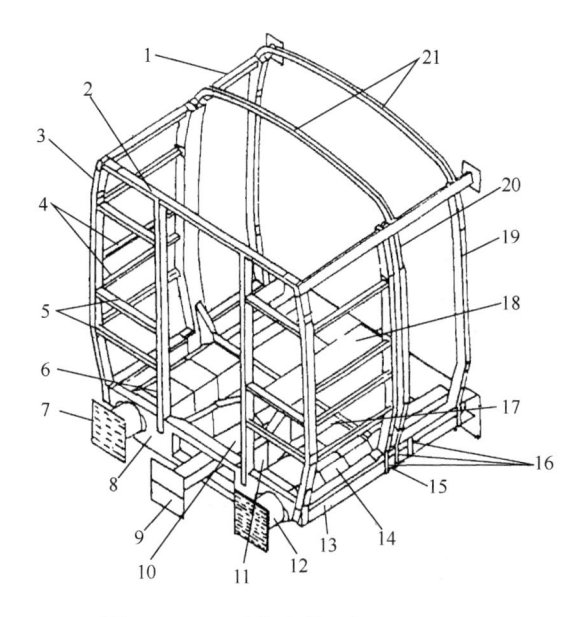

图7-22 BR防撞车体司机室结构简图

1-侧门上框；2-上缓冲梁；3-角柱；4-侧墙板承梁；5-端墙板承梁；6-端门柱；7-防爬缓冲器；8-缓冲梁；9-车钩；10-能量吸收牵引装置；11-斜撑；12-可更换式缓冲能量吸收元件；13-下侧梁；14-铝质蜂窝板；15-下侧梁剪切连接铰；16-下侧梁导架；17-横梁；18-牵引缓冲结构；19-后门柱；20-前门柱；21-车顶弯梁

一端头部与带有加强筋的防爬板相连。当车辆碰撞时，相邻两车的防爬板相接触，圆管元件屈曲变形，同时防爬板应具有阻止垂向位移的能力，在塑料圆管内防爬板的内侧焊有心轴，而心轴支撑在底架上，当圆管屈曲时，心轴向底架内滑入，吸收能量。

**3) 底架结构**

底架由下侧梁、横梁、缓冲梁、斜撑和波纹地板等组成，其按预定方式对车体产生屈曲，并保持碰撞阻力为常数，影响很大。两根斜撑上设有弯曲转向结，以诱导起始屈曲。在下侧梁前侧门柱的下方设有几个剪切连接结，将下侧梁分割为前段和后段两部分，前段为引导部分，当纵向力达到某一定值时，连接结被剪断后，它便滑入略大一点的后段的主下侧梁内。与此同时，车体发生屈曲。除了车体结构发生屈曲，吸收能量外，还需借助专门设置的能量吸收装置，以控制其阻力为常数，这里包括在底架上安装铝质蜂窝板，下边开有一个小孔，防爬缓冲器心轴由此穿过。底架后面部分与一般车的结构相同，具有较强的抗冲击能力，在一般碰撞情况下不会发生屈曲。

司机室地板为波纹状，横向铺设，焊在下侧梁、缓冲梁和横梁上，在屈曲时阻力很小。

底架设计的屈曲顺序为：①纵向力为480 kN时，车钩脱离；②纵向力为800 kN时，可更换式圆管屈曲；③纵向力为960 kN时，下侧梁剪切连接结破坏；④载荷传到斜撑上，它在弯曲中屈曲，并允许缓冲梁被迫向后推压屈曲；⑤一旦消除缓冲梁和蜂窝板间的间隙（25 mm），载荷通过蜂窝板作用，并连同结构的屈曲阻力一起可达到的阻抗力为960 kN。

**4) 上部结构**

与一般传统车相同，耐撞车的上部结构由端门柱（缓冲柱）、角柱、上侧梁、上缓冲梁、

车顶弯梁、上侧门框、顶板、侧墙板和端墙板等组成。其中，上侧梁和上侧门框上开有切口，使之向外屈曲，以减少入侵容纳司机的空间。

**5) 各构件的连接结**

对于各构件节点处的连接结，要求在大的塑性变形情况下，保持其完整性。全部的焊接连接结均设计为由节点处较弱的构件承受该节点处的全部塑性弯矩，这样在结构发生屈曲时，连接结可继续传递各构件之间必要的弯矩和最终载荷。

**2. ORE耐撞车体结构设计**

欧洲铁道研究所(European Railway Research Institute，ERRI)，对司机室的动载荷进行了研究，其底架结构设计如图7-23所示。通过试验分析，进一步取得有关设计参数和结构形式的改进，并为计算机模拟分析建立数据，其设计碰撞速度和能量吸收列于表7-3。该车与前述英国铁路公司的防撞车设计的不同点主要如下。

(1) 牵引缓冲装置，拟安装能吸收弹性能量的缓冲器，在纵向力为600 kN时，可吸收能量80 kJ。用一个受剪切的连接结使之与底架连接，该连接结的破坏载荷为750kN。

(2) 司机室侧墙和端墙(瞭望窗台以下)内敷设能量吸收衬层——铝质蜂窝板。

(3) 底架上焊有钢质的蜂窝板块，斜撑和下侧梁开有切口，以控制其折曲方向和能量吸收。

该车进行了爬车碰撞(碰撞后一辆车爬上另一辆车)和非爬车碰撞试验，其阻力与位移(变形)关系较接近设计的要求。在完成非爬车碰撞试验后，底架发生变形，基本按预期方式屈曲，变形比较对称。如果底架和车体屈曲变形不对称，发生扭曲，容易引起转向架的轮对脱轨。此外，若无防爬措施及两相邻车体相对高度差在100mm以上时，容易发生爬车碰撞，其危害性最为严重。

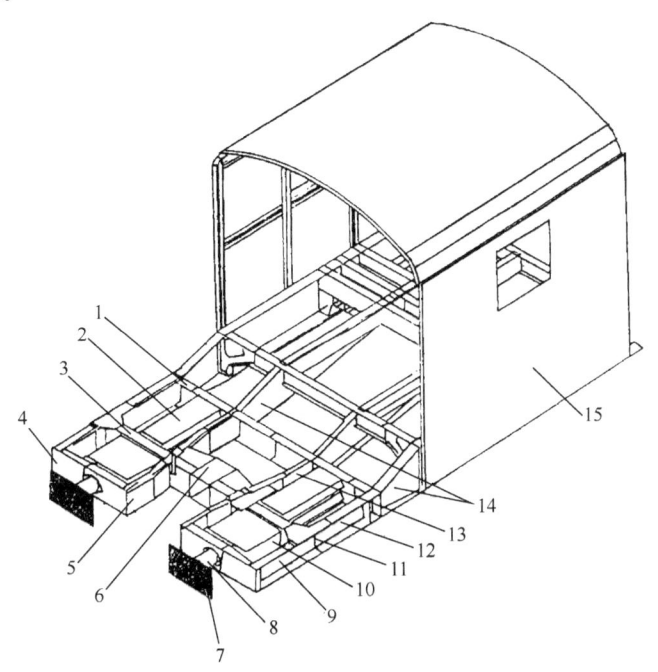

图7-23 ORE耐撞试验车体司机室底架结构图

1-横梁；2-能量吸收装置；3-缓冲梁；4-前端缓冲梁；5-前斜撑；6-牵引座(安装钩缓)；7-防爬板；8-可更换式缓冲能量吸收元件；9-前下侧梁；10-铝质蜂窝板；11-下侧梁剪切连接结；12-下侧梁；13-斜撑；14-过渡梁；15-车体

对该车试验结果进行总结分析后,对今后的车辆制造提出如下要求。

(1)端墙的强度要比底架的高,这样在发生碰撞,尤其是追尾碰撞时,不易发生爬车碰撞事故,可更好地保护旅客和乘务人员,并从中得到更多的能量耗散。

(2)要有切实可靠的办法保证车体有控地按预定方式屈曲,并且使能量逐渐吸收,屈曲完成后应保留一定空间,以容纳事故幸存者。

(3)要限制纵向力的大小,需配备防爬装置,有利于预防超越碰撞事故的发生,以减少伤亡人数。

(4)应设计对应车速为 40 km/h 的能量吸收装置,以提高碰撞保护性能。

(5)进一步研究保护司机的措施,降低能量吸收装置的费用,开发非线性大变形分析的计算机软件。

表 7-3 设计碰撞速度和能量吸收(ORE 司机室)

| 工况 | | 冲击速度/(km/h) | 碰撞能量吸收(每车)/kJ | 车体加速度/(m/s²) | 阻力/kN | 变形/m |
|---|---|---|---|---|---|---|
| 非爬车碰撞 | 调车 | 14.4 | 80 | 20 | 600 | 0.17 |
| | 轻型碰撞 | 25.2 | 245 | 25 | 750 | 0.28 |
| | 中等碰撞 | 43.2 | 720 | 50 | 1500 | 0.40 |
| | 严重碰撞 | 57.6 | 1280 | 67 | 2000 | 0.35 |
| 累计 ||||||| 1.20 |
| 爬车碰撞 | 中等碰撞 | 43.2 | 720 | 33 | 1000 | 1.03 |

**3. 某耐撞客车车体的设计**

按照耐撞车体的设计思路,车体两端一般为厕所、配电柜、通过台及功能区。车顶靠近二位端设有空调安装框,便于车体碰撞时在两端产生变形,中间为乘客区。该车体为薄壁筒形整体承载结构,全钢焊接而成,由底架、侧墙、车顶和端墙四大部件组成,各部件由梁柱和蒙皮组成,车顶板和地板均为波纹板,车体钢结构如图 7-24(a)所示。车体结构强度、刚度和稳定性按标准《铁路应用-铁道车辆车体结构要求》(EN12663)中 P Ⅱ 类设计,车体纵向压缩载荷为 1500kN,纵向拉伸载荷为 1000kN,经静强度计算,车体各项指标均满足标准要求。

根据耐撞车体的设计要求,车体两端刚度比车体中要小一些。因为底架的强度远远大于侧墙和车顶,车体两端的刚度主要由底架的刚度决定,所以底架两端的刚度需弱化,底架两端结构如图 7-24(b)所示。底架采用牵引梁结构,牵引梁厚度为 8mm,刚度很大,有利于车体纵向力的传递,但不利于耐撞车体的变形吸能,主要是车钩安装座之后的牵引梁传递纵向载荷,故牵引梁前端,即车钩座前端与端梁连接部位牵引梁板厚为 3mm,牵引梁上盖板(车钩座后方)厚度为 4mm,车钩座前方板厚为 3mm。这样既可保证车辆正常运行过程中纵向力的传递,同时又可提供碰撞时所需的弱刚度。车体一位端有两个脚蹬,安装防爬吸能装置的空间较小,故在牵引梁车钩座后边与边梁之间加两根斜梁,斜梁和牵引梁一起传递车体纵向载荷,斜梁靠枕梁一侧加 4 块筋板,保证斜梁本身的强度。另一侧加一个支撑台,为防爬吸能装置提供安装根基。一位端脚蹬刚度过大也不利于车体变形,所以脚蹬板厚度为 3mm;二位端无脚蹬,因侧梁刚度较大,侧梁端部每侧根据空间位置各开 3 个减载孔,以减弱边梁的刚度。

(a) 车体钢结构

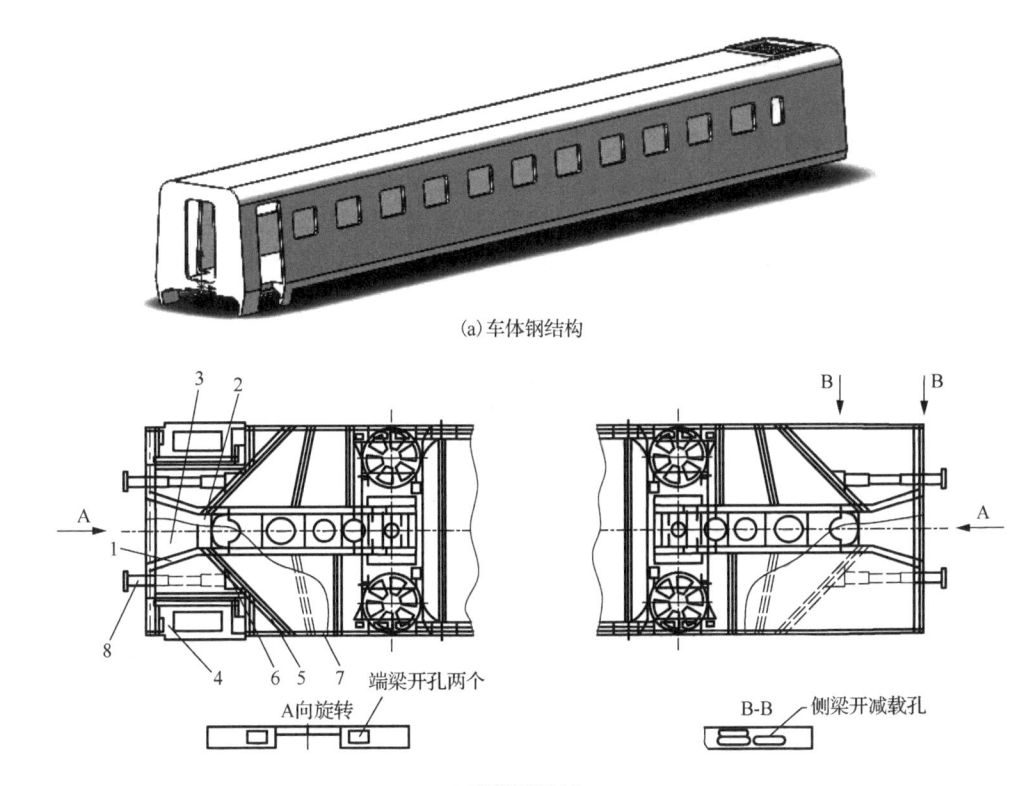

(b) 底架两端结构

图 7-24 耐撞车体结构

1-牵引梁；2-车钩座；3-牵引梁上盖板；4-脚蹬；5-斜梁；6-支撑台；7-侧梁；8-防爬吸能装置

因车体变形区域设在车体两端，侧门框门上横梁刚度也不宜过大，故在其上横梁开 6 个减载孔，如图 7-25 所示，以此来降低门框上横梁的刚度，使其在发生碰撞时容易产生变形。车顶空调安装框靠近二位端部，便于碰撞事故发生时，车顶产生变形而吸能。

底架两端设防爬吸能装置，作为附加式吸能结构。防爬吸能装置主要由吸能元件、连接元件及防爬器等组成，如图 7-26 所示。防爬吸能装置的界面力小于车体纵向载荷(1500kN)，最大吸收能量为 323.68kJ。

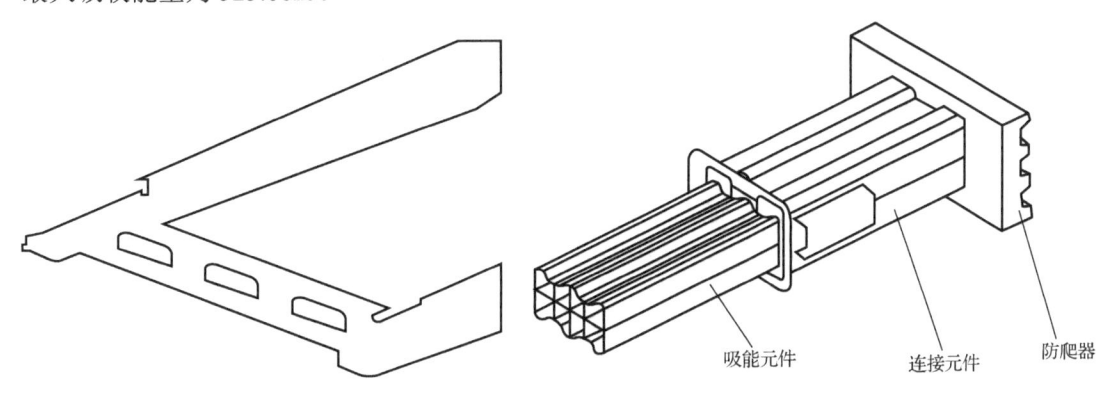

图 7-25 侧门框门上横梁

图 7-26 防爬吸能装置

### 4. 某耐撞市郊客车车体设计

如图 7-27 所示为一辆具有碰撞安全性底架端部结构的市郊列车设计实例，其碰撞变形能量吸收区的设计主要为：在发生严重碰撞时，可以逐步发生屈曲塑性变形的能量吸收型材构件同时构成了底架端部的纵向中梁结构。为了获得比较大的屈曲变形行程，能量吸收构件的动作划分为前后两个阶段进行。渐进式的屈曲塑性变形首先在前端的第一部分进行，然后才是后面的第二部分。在端梁与边梁之间还布置了斜支撑梁，以保证边梁将发生弯曲变形（它对纵向冲击挤压力的贡献相对较小），从而使总的冲击挤压力保持在设定的范围内。布置在前端第一阶段变形区内的触发机构可以降低屈曲塑性变形初始阶段的最大峰值载荷。

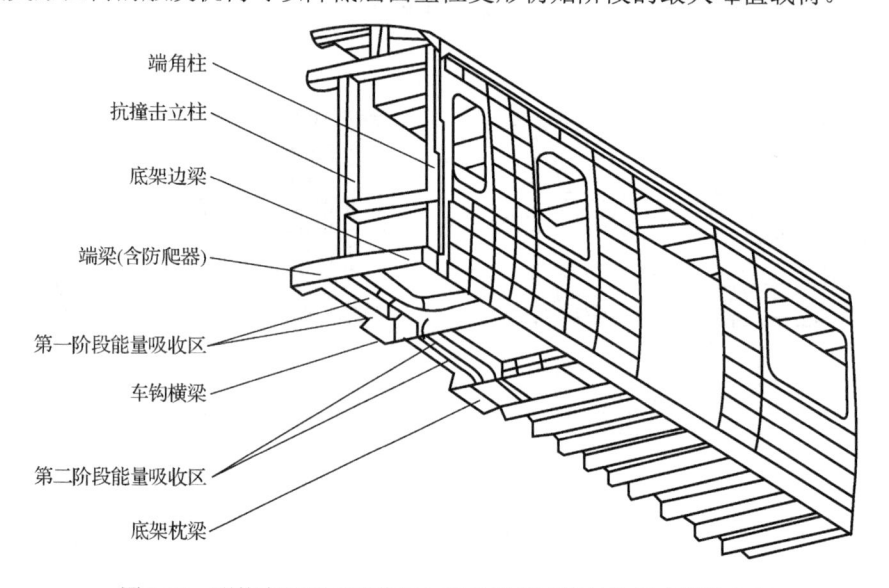

图 7-27 碰撞变形能量吸收区与车体端部底架结构集成设计方案

# 复习思考题

7-1 主动与被动安全防护技术的主要特点和差异是什么？在轨道车辆设计中应如何考虑？

7-2 试分析如何在车辆设计中实现列车的理想碰撞顺序性能？

7-3 能量吸收装置主要有哪些？压溃管的功能和作用是什么？

7-4 碰撞设计相关标准及规范主要有哪些？简述 EN15227 中，对不同类型车辆（机车、客车、货车、城轨车等）碰撞设计的主要要求与差异是什么？设计中的生存空间如何确定，要求是什么？

7-5 在纵向刚度设计中，传统与耐撞车体之间的主要差异与特点有哪些？

7-6 一辆质量 $m_1 = 3.0 \times 10^3 \mathrm{kg}$ 的小火车因故障停在车道上，后面一辆质量 $m_2 = 1.5 \times 10^3 \mathrm{kg}$ 的轿车来不及刹车，直接撞入货车尾部后失去动力，两车相撞后一起沿轿车运动方向滑行了 $s = 6.75 \mathrm{m}$ 停下，已知车轮与路面的动摩擦因数 $\mu = 0.6$，求碰撞前轿车的速度大小（重力加速度取 $g = 10 \mathrm{m/s^2}$）？

7-7 何谓塑性铰？圆环和超静定刚架塑性铰一般都有几个？都出现在何处？

7-8 根据耐撞安全性设计要求，试述应如何在车辆设计中实现？

7-9 依据车辆速度，碰撞事故的分类有哪些？特点是什么？

7-10 车辆端部的设计一般有哪些方式？各自的特点是什么？

# 参 考 文 献

金新灿，2016. 轨道车辆设计综合实践教程[M]. 北京：科学出版社.

李强，金新灿，2011. 动车组设计[M]. 北京：铁道出版社.

孙邦成，2014. CRH380BL 型动车组[M]. 北京：中国铁道出版社.

田红旗，2006. 中国列车空气动力学研究进展[J]. 交通运输工程学报，(3):11-14.

闻邦椿，2010. 机械设计手册[M]. 北京：机械工业出版社.

严隽耄，傅茂海，2008. 车辆工程[M]. 3 版. 北京：中国铁道出版社.

张景绘，2001. 动力学系统建模[M]. 北京：国防工业出版社.

IWNICKI S, 2006. Handbook of railway vehicle dynamics[M]. London: Taylor & Francis Group.